Le Cinéma français contemporain

Manuel de classe

Le Cinéma français contemporain

Manuel de classe

Alan Singerman
Davidson College
Emeritus

Michèle Bissière
University of North Carolina
at Charlotte

focus an imprint of
Hackett Publishing Company, Inc.
Indianapolis/Cambridge

A Focus book

Focus an imprint of
Hackett Publishing Company

Copyright © 2017 by Hackett Publishing Company, Inc.

20   19   18   17   1   2   3   4   5   6   7

For further information, please address
   Hackett Publishing Company, Inc.
   P.O. Box 44937
   Indianapolis, Indiana 46244-0937

   www.hackettpublishing.com

Cover design by Brian Rak
Composition by Integrated Composition Systems

Library of Congress Cataloging-in-Publication Data

Names: Singerman, Alan J., author. | Bissière, Michèle, author.
Title: Le cinéma français contemporain : manuel de classe / Alan Singerman,
  Davidson College Emeritus, Michèle Bissière, University of North Carolina
  at Charlotte.
Description: Indianapolis : Focus, an imprint of Hackett Publishing Company, Inc.,
  2017. | Includes bibliographical references and index.
Identifiers: LCCN 2017024815 | ISBN 9781585108602 (paperback)
Subjects: LCSH: Motion pictures—France. | French language—Textbooks for foreign
  speakers—English.
Classification: LCC PN1993.5.F7 S544 2017 | DDC 791.43/0944—dc23
LC record available at https://lccn.loc.gov/2017024815

∞

Pour Noah, dans l'espoir qu'il aimera le cinéma
français autant que son grand-père.—AJS

A mes parents.—MB

Table des matières

Illustrations

© Photofest

1. François Truffaut, *Le Dernier Métro*: Marion Steiner (Catherine Deneuve) défend son théâtre auprès des autorités allemandes.

2. Louis Malle, *Au revoir les enfants*: Les enfants au collège Saint-Jean-de-la-Croix sous l'Occupation.

3. Claire Denis, *Chocolat*: France enfant (Cécile Ducasse) et Protée le domestique (Isaach de Bankolé), au Cameroun.

4. Régis Wargnier, *Indochine*: Eliane (Catherine Deneuve) et sa fille adoptive, Camille (Linh Dan Pham), apprennent à danser le tango.

5. Mathieu Kassovitz, *La Haine*: Les trois copains banlieusards (Vinz, Hubert et Saïd) arrivent à Paris.

6. Bruno Dumont, *La Vie de Jésus*: Freddy (David Douche) et sa bande d'amis glandent devant la mairie: rien à faire.

7. Erick Zonca, *La Vie rêvée des anges*: Isa (Elodie Bouchez) et Marie (Natacha Régnier) se font des confidences.

8. Abdellatif Kechiche, *L'Esquive*: On répète *Le Jeu de l'amour et du hasard* en classe.

9. Laurent Cantet, *Entre les murs*: Discussion avec les élèves.

10. Philippe Lioret, *Welcome*: Bilal (Firat Ayverdi) envisage la traversée de la Manche à la nage sous les yeux de Simon, son maître-nageur (Vincent Lindon).

11. Jean-Jacques Beineix, *Diva*: Cynthia Hawkins (Wilhelmenia Wiggins Fernandez) et Jules (Frédéric Andréi) au jardin du Luxembourg à Paris.

12. Michel Haneke, *Caché*: La confrontation entre Georges (Daniel Auteuil) et le cycliste (Diouc Koma).

13. Jacques Audiard, *Un prophète*: Malik (Tahar Rahim) assis à côté du caïd César (Niels Arestrup) dans la cour de la prison.

14. Diane Kurys, *Coup de foudre / Entre nous*: Les rapports entre Léna (Isabelle Huppert) et Madeleine (Miou-Miou) se resserrent.

15. André Téchiné, *Les Roseaux sauvages*: François (Gaël Morel) et Serge (Stéphane Rideau) vont à Toulouse à mobylette.

16. Agnès Varda, *Les Glaneurs et la glaneuse*: L'amour de la glane—une pomme de terre en forme de cœur.

Remerciements

Nous voudrions exprimer toute notre reconnaissance à ceux et à celles qui nous ont si bien aidés et soutenus pendant la préparation de ce nouveau manuel de cinéma français. Merci aux collègues qui nous ont donné un coup de main en cours de route, et en particulier Marc Buffat, anciennement de l'Université de Paris VII, Brigitte Humbert de Middlebury College, Jonathan Walsh de Wheaton College, le personnel du service "prêt-inter" de nos universités respectives, en particulier Joe Gutekanst de Davidson College (qui a su dénicher le moindre livre ou article dont nous avions besoin pour ce projet), et Paul Brantley, technologue de Davidson College, qui nous a appris à mettre les extraits de films à la disposition de nos étudiants. Nous avons été très sensibles aussi à la grande gentillesse d'Agnès Varda, qui nous a fourni des renseignements précieux sur son chef-d'œuvre documentaire *Les Glaneurs et la glaneuse*.

Nous tenons aussi à remercier les étudiants qui ont participé à nos cours de cinéma français contemporain au printemps 2016 à Davidson College et à UNC Charlotte, où le manuscrit de ce livre a servi de manuel de classe. Nous les avons écoutés et avons mis à profit leurs réflexions sur les matériaux en cours d'élaboration. L'inclusion de certains films doit aussi beaucoup aux projets effectués par des étudiants d'UNC Charlotte dans des cours antérieurs, une constante source d'inspiration pour Michèle. Merci à eux!

Nous avons également apprécié le soutien et l'encouragement continuels de l'équipe de Hackett Publishing Company pendant toute la rédaction de ce livre, dont notamment Brian Rak et Laura Clark, ainsi que leur relectrice Katherine Gilbert dont l'apport nous a été inestimable dans le peaufinage.

Pour terminer, quelques remerciements plus personnels: Michèle est infiniment reconnaissante à Alan de lui avoir fait confiance dans cette belle aventure et d'avoir "tenu le cap" avec détermination et exigence, ainsi que générosité et bienveillance. Elle remercie UNC Charlotte de lui avoir octroyé un semestre sabbatique en automne 2017 pour mener à bien ce projet. Enfin, elle n'ignore pas tout ce qu'elle doit à ses filles Carin, Audrey et Lea et ses amis Beth et Jean-Pierre, qui l'ont accompagnée avec patience et gentillesse au cours de la rédaction de ce manuel. Alan, de son côté, voudrait dire toute sa gratitude à Michèle, dont l'intelligence, la finesse et la puissance de travail lui ont donné du courage tout au long du périple qu'ils ont accompli ensemble. Il garde le meilleur pour la fin en remerciant tout particulièrement sa partenaire Véronique, non seulement pour son soutien moral indéfectible pendant ces longs mois d'écriture, mais aussi pour ses lectures serrées du texte et ses conseils infailliblement précieux.

Remarques préliminaires

D'abord, qu'est-ce que le "cinéma français contemporain"? Y a-t-il un moment où l'on peut déceler des courants nouveaux qui marquent une rupture avec ce qui a précédé et annoncent le début d'un cinéma de notre époque? Nous tenons à préciser tout de suite qu'il n'y a aucune époque où une tendance donnée de cinéma disparaît subitement pour céder la place aux nouvelles modes. Les conceptions du cinéma, anciennes et nouvelles, se chevauchent longuement, et certains courants, comme le réalisme social, ne s'éclipsent pendant un moment que pour réapparaître dans la décennie suivante, parfois sous de nouvelles formes. Par rapport à la Nouvelle Vague, qui a bouleversé les habitudes dans le monde du cinéma à la fin des années 50 et au début des années 60, et à ses héritiers dans les années 60 et 70, nous pensons que c'est le début des années 80, avec, à la fois, l'avènement spectaculaire du **cinéma du look** et celui du **film patrimonial** (*heritage film*), qui a donné un nouveau départ au septième art en France. C'est également une époque où **les femmes** commencent à s'imposer de plus en plus derrière la caméra, et où **le cinéma beur** fait ses premiers pas avec des films tournés dans les banlieues, tendances qui iront croissant dans les décennies suivantes.

Nous présentons donc dans ce manuel de classe **vingt films français** parmi les plus primés et qui ont joui du plus grand succès de 1980 jusqu'au début de la deuxième décennie du vingt-et-unième siècle. Les films sont groupés en **six catégories** très larges qui reflètent, à peu de choses près, la plus grande partie de la production française pendant cette période: I. Films historiques: l'Occupation et l'époque coloniale; II. Thèmes de société 1: banlieue, chômage, marginalité; III. Thèmes de société 2: école, immigration; IV. Polars; V. Histoires personnelles: drames et documentaires et VI. La Comédie. Il va de soi qu'on ne peut pas enseigner vingt films en un semestre, mais nous voulions donner un **choix très étendu** aux enseignants pour être sûrs que chacun pourra trouver un ensemble de films selon ses goûts—tout en sachant que quels que soient les films choisis, tous sont des chefs-d'œuvre du cinéma contemporain reconnus par les critiques et le grand public français.

Chaque chapitre de ce livre est organisé de la même manière. La première partie, l'introduction du film, contient un **synopsis** (qui ne dévoile pas l'issue de l'intrigue), suivi de sections sur **le réalisateur / la réalisatrice, la réalisation, les interprètes, la réception** du film et une section qui donne **le contexte** (historique, économique, linguistique ou cinématographique) du film, selon les besoins d'éclaircissement. Cette première partie du chapitre est suivie d'un **Dossier pédagogique** en quatre sections. **Qu'est-ce qui se passe dans ce film?** et **Vrai ou Faux?** portent sur l'action du film, dont la bonne connaissance est la première étape essentielle pour la discussion, tandis que le **Contrôle des connaissances** vérifie ensuite si les étudiants ont lu l'introduction avec attention. Dans **Pistes de réflexion et de discussion**, finalement, l'exercice culminant pour chaque film, il s'agit d'un **approfondissement de la signification du film**, avec des questions qui portent sur les personnages, les thèmes, les motifs et les aspects cinématographiques les plus importants. Dans les **Pistes**, les opinions des étudiants sont souvent sollicitées sur des citations du film et sur des perspectives proposées par divers critiques de cinéma ou par des théoriciens éminents. Pour faciliter la discussion, nous signa-lons également **les extraits du film** que les étudiants devraient revoir. Ces extraits sont généralement disponibles sur **la page web** de Hackett Publishing Company consacrée à ce manuel.

Pour finir, chaque chapitre contient une **Filmographie** du réalisateur / de la réalisa-trice et une liste d'**Œuvres consultées**.

Chaque enseignant(e) décidera, évidemment, de **l'exploitation pédagogique** des films qui lui convient, et il est normal que chacun privilégie les éléments de l'introduction et du dossier pédagogique qui lui semblent les plus importants. Il n'y a rien de prescrip-tif dans notre présentation des films de ce livre. Notre expérience avec ces chapitres en classe nous amène à recommander, cependant, qu'un **premier cours** soit consacré à la discussion de l'action du film et du contenu de l'introduction. Nous avons trouvé utile aussi de donner de brèves interrogations écrites dans ce premier cours pour encourager les étudiants à prêter attention à ce qui se passe dans le film et aux informations géné-rales sur sa réalisation. Un **deuxième cours** devrait porter sur les **Pistes de réflexion et de discussion,** et cette discussion approfondie du film pourrait bien s'étendre au début du cours suivant. Comme cet exercice représente un plus grand défi pour les étudiants que les précédents, nous recommandons que l'enseignant demande à certains de prendre la responsabilité de commenter une ou plusieurs "pistes" en classe tout en se préparant à discuter l'ensemble des questions.

Qu'il s'agisse d'un cours qui se réunit deux fois ou trois fois par semaine, il faut donc prévoir **au moins une semaine par film** et souvent un peu plus selon la richesse et la complexité de l'œuvre.

En tout cas, nous souhaitons "Bon voyage" à tous les utilisateurs de ce livre. Nous espérons que vous et vos étudiants aurez autant de plaisir que nous à chaque étape de votre périple cinématographique, quel qu'en soit l'itinéraire. N'hésitez pas à nous envoyer vos impressions!

Alan Singerman
Davidson College
Emeritus
Davidson, NC

Michèle Bissière
University of North Carolina
at Charlotte, NC

Le Cinéma français:
un survol rapide

Les Premiers Temps

Le cinéma français fut l'un des tout premiers de l'histoire du cinéma mondial. Des chercheurs français, et notamment les frères Lumière (**Auguste** et **Louis Lumière**)**,** ont participé à l'invention même du médium dans la dernière décennie du dix-neuvième siècle en apportant des innovations technologiques qui ont permis au cinéma mondial de dépasser le kinétoscope de **Thomas Edison**, qui limitait le visionnement d'un film à un spectateur à la fois. C'est Louis Lumière qui découvre, en 1895, le moyen de projeter des images stables sur un écran, ce qui ouvre la voie au cinéma moderne, le spectacle "grand public" par excellence.

Non content d'avoir inventé **le cinématographe**, le premier appareil mobile—qui servait à la fois de caméra et de projecteur—, Louis Lumière a également inauguré un des deux genres principaux du cinéma, le documentaire, ainsi que les actualités, expédiant aux quatre coins du monde des opérateurs pour filmer des personnages et des événements publics importants. L'autre genre principal, le film de fiction, c'est encore à un Français qu'on le doit, **Georges Méliès**. Prestidigitateur et directeur de théâtre à Paris, Méliès comprend d'emblée le potentiel de cette invention dans le domaine du spectacle, et il a tôt fait d'adapter au cinéma ses tours de prestidigitation les plus spectaculaires avant de tourner les premiers films de fiction, dont *Voyage dans la lune* (1902) reste le plus célèbre. En cours de route, il invente ou vulgarise la plupart des **effets spéciaux,** ou "trucages", utilisés au cinéma encore aujourd'hui: **le truc à arrêt** ou **à substitution** (où l'on arrête la caméra pendant la prise de vues pour substituer un nouveau sujet à celui qui était devant l'objectif), **les surimpressions, les fondus au noir, les fondus-enchaînés, les accélérés** et **les ralentis,** entre autres.

Sous l'impulsion des premières grandes maisons de production, celles de **Charles Pathé** et de **Léon Gaumont**, le cinéma français s'impose bientôt dans le monde entier. L'école comique française produit la première grande vedette de cinéma internationale, **Max Linder**, qui triomphe à partir de 1910 et dont l'admirateur le plus célèbre fut **Charles Chaplin.** Simultanément s'impose la mode des ciné-romans, des films à épisodes ou *serials*, dont les plus célèbres sont les *Nick Carter*, la première série policière (dès 1908) de **Victorin Jasset** et les feuilletons de **Louis Feuillade**, *Fantômas* (1913–14), *Les Vampires* (1915–16) et *Judex* (1916). La Première Guerre mondiale mettra fin à la domination du cinéma français, et c'est le cinéma américain qui prendra le relais, avec les films de **Thomas Ince** (le western), **Mack Sennett** (le film comique) et, surtout, **D. W. Griffith** et Chaplin.

Les Années 20

L'après-guerre et les années 20 introduisent une période d'intense créativité et d'innovation dans le monde du cinéma. C'est l'époque où le cinéma muet s'épanouit, atteint sa maturité et devient un véritable art qui sait mettre en œuvre tous ses moyens. Les premiers grands courants européens sont nés: l'**expressionnisme** et *le Kammerspiel* en Allemagne (**Robert Wiene, F. W. Murnau** et **Fritz Lang**) et l'**école du montage** en Union soviétique (**Lev Koulechov, Dziga Vertov** et **Sergei Eisenstein**). A Hollywood, Chaplin réalise ses premiers longs métrages, des succès monumentaux: *Le Gosse* (*The Kid*, 1921), *La Ruée vers l'or* (*The Gold Rush*, 1925) et *Les Lumières de la ville* (*City Lights*, 1930). A côté de Chaplin, les westerns de **John Ford**, les films à grand spectacle de **Cecil B. DeMille**, les comédies de l'Allemand **Ernst Lubitsch** et le naturalisme de l'Autrichien **Erich Von Stroheim** séduisent le public.

En France, **Abel Gance** étonne les spectateurs avec son *Napoléon*, une fresque immense de plus de neuf heures à l'origine (mai 1927) qui présente quelques épisodes critiques de la vie de l'Empereur dans un style extrêmement flamboyant que René Prédal n'hésite pas à qualifier de "feu d'artifice visuel qui marque un des sommets de l'art muet" (*Histoire*, 55). Gance réussit à créer une ambiance survoltée par l'emploi de multiples surimpressions, de flous, de mouvements d'appareil et du montage rapide. Comme Eisenstein, il crée des métaphores frappantes grâce à l'utilisation du montage parallèle, et il parfait la technique de la caméra subjective (qui donne le point de vue d'un personnage) liée aux travellings, ainsi que l'utilisation du triple écran (la "polyvision") pendant le dernier volet du film, la campagne d'Italie. Si les films de Gance brillent par leurs innovations dans le domaine de la narration, **les années 20 en France** sont surtout une période de **révolte,** de **provocation** et d'**expérimentation formelle** qui tranche avec l'évolution conventionnelle de l'art narratif au cinéma. C'est l'époque de l'**impressionnisme**, du **dadaïsme** et du **surréalisme**.

1. L'Impressionnisme

Pour les cinéastes de l'école impressionniste, le courant le plus "poétique" de l'avant-garde, ce qui importe le plus, c'est de **peindre une atmosphère ou d'évoquer un fantasme ou un fragment de rêve** plutôt que raconter une histoire. On se lance ainsi dans des recherches plastiques (visuelles et rythmiques) de toutes sortes. Les traits les plus caractéristiques du mouvement sont l'emploi systématique du montage rapide et du flou (ce qui est nouveau au cinéma, dans les deux cas), du ralenti, des surimpressions, des déformations, des jeux de lumière et de la caméra subjective. Parmi les réalisateurs et les films "impressionnistes" les plus importants, on compte une des premières femmes cinéastes, **Germaine Dulac** (*La Fête espagnole*, 1919; *La Souriante Madame Beudet*, 1922), ainsi que **Louis Delluc** (*Fièvre*, 1921; *La Femme de nulle part*, 1922), **Marcel L'Herbier** (*Eldorado*, 1921) et **Jean Epstein** (*Cœur fidèle*, 1923).

Les recherches impressionnistes débouchent sur un cinéma abstrait dont l'ambition est de **se rapprocher de la composition musicale** en se servant de formes en mouvement pour représenter, visuellement, le rythme pur. En 1925 Dulac, la théoricienne du "cinéma pur", résume bien cette ambition: "Le film intégral que nous rêvons tous de composer, c'est une symphonie visuelle faite d'images rythmées, et que seule la sensation d'un artiste coordonne et jette sur l'écran" (Mitry, *Histoire II* 444). Parmi les réalisateurs les plus connus de films abstraits, on note **Fernand Léger** et **Dudley Murphy** (*Ballet mécanique*, 1924), **Jean Grémillon** (*Photogénie mécanique*, 1925), **Henri Chomette** (*Cinq minutes de cinéma pur*, 1926), **Marcel Duchamp** (*Anémic cinéma*, 1925) et Dulac (*Disque 957*, 1927).

2. Le Dadaïsme

Que ce soit en poésie, au théâtre, en peinture ou au cinéma, les dadaïstes veulent surtout **surprendre, choquer** et **provoquer**. Le chef-d'œuvre du cinéma dadaïste (et le seul film de ce courant que l'on regarde toujours aujourd'hui) est incontestablement *Entr'acte* (1924) de **René Clair.** Qualifié d'"images en liberté" par Clair, *Entr'acte* est en fait un montage savant et très calculé d'images destinées à tourner en ridicule ce que révère le public bourgeois, tout en amusant celui-ci. Dans la séquence principale du film, Clair se moque d'une cérémonie sacrée, des obsèques, en mettant en scène un corbillard tiré par un dromadaire et suivi d'une cohue de messieurs en chapeau haut de forme et habit noir, courant au ralenti ... Plus loin, le corbillard se détache du chameau et s'emballe, entraînant toute la bande derrière lui dans une course folle—en accéléré de plus en rapide.

En réalisant ce film hallucinant, bardé de gags visuels amusants, Clair met en œuvre toute la gamme des procédés spécifiquement cinématographiques, tels que le ralenti et l'accéléré, le travelling (avant et arrière), les panoramiques filés, la surimpression, les expositions multiples (caches), le fondu-enchaîné, la projection à l'envers, le trucage par substitution, le penché, la plongée et la contre-plongée, le flou, la caméra subjective et, bien sûr, le montage accéléré. Contrairement à la plupart des autres films de l'avant-garde, *Entr'acte* jouit d'un grand succès tant auprès du public qu'auprès des critiques de cinéma de l'époque.

3. Le Surréalisme

Le surréalisme est un mouvement artistique (politiquement engagé à gauche) fondé par le poète-essayiste **André Breton** et défini ainsi en 1924 dans son premier *Manifeste du surréalisme*: "Automatisme psychique pur par lequel on se propose d'examiner, soit verbalement, soit par écrit, soit de toute autre manière, le fonctionnement réel de la pensée. Dictée de la pensée, en l'absence de tout contrôle exercé par la raison, en dehors de toute préoccupation esthétique ou morale" (37). Breton s'inspire des écrits de **Freud** et du poète **Lautréamont** pour donner une nouvelle conception de la poésie, qui deviendrait une "écriture automatique" dont le but serait de reproduire le contenu et la démarche de la pensée inconsciente en libérant son pouvoir expressif de l'emprise de la logique ou de la morale. La poésie doit donc devenir, ainsi que le rêve selon Freud, l'expression de la réalité psychologique profonde de l'être humain.

Il y eut pourtant peu de films véritablement "surréalistes", et les seuls qu'on regarde toujours aujourd'hui sont deux œuvres de l'Espagnol **Luis Buñuel**, *Un chien andalou* (1928), sur un scénario écrit avec le peintre **Salvador Dalí**, et *L'Âge d'or* (1930). Peu de films ont soulevé autant de controverse qu'*Un chien andalou*, ce court métrage (moins de dix-sept minutes) tourné en quinze jours au Havre. Depuis sa sortie, il a été l'objet d'innombrables études proposant les interprétations les plus diverses et souvent inconciliables—à l'instar, d'ailleurs, des commentaires du réalisateur lui-même. Buñuel brouille les pistes exégétiques à loisir, affirmant, par exemple, que "rien dans le film ne symbolise aucune chose", mais en ajoutant tout de suite après que "la seule méthode d'examen des symboles serait, peut-être, la psychanalyse" (Buñuel 30). Buñuel indique pourtant quelques pistes en remarquant, "*Un chien andalou* n'essaie pas de raconter un rêve, mais il procède d'un mécanisme analogue à celui du rêve" (Liebman 155) et que "les actes des protagonistes sont déterminés par des pulsions" (Aranda 17), ce qui autorise assez clairement des hypothèses d'ordre psychanalytique.

Quoi qu'il en soit, la critique se met d'accord de plus en plus aujourd'hui sur le principe qu'il est impossible de cerner avec certitude la signification d'*Un chien andalou*.

Ce qui est certain, c'est que le film a étonné tout le monde à l'époque de sa réalisation et qu'il continue de fasciner aujourd'hui. En démontrant que le cinéma français était capable de traiter les sujets les plus sérieux et les plus complexes, de rivaliser avec la poésie la plus subtile, Buñuel a contribué à **mettre le "septième art" sur un pied d'égalité avec les genres littéraires et artistiques consacrés**.

La Fin du muet

La fin des années 20 est marquée par la sortie du premier film parlant, *The Jazz Singer* (1927) de l'Américain **Alan Crosland**, sonnant le glas du film muet. Le chef-d'œuvre de **Carl Dreyer**, *La Passion de Jeanne d'Arc* (1928), classé parmi les "douze meilleurs films de tous les temps" en 1958, restera comme un monument définitif à l'art du muet. A partir des années 30 commence le règne du film parlant et le triomphe progressif du grand courant de **"l'âge classique" du cinéma français, le réalisme poétique**.

Le Réalisme poétique

Il est convenu d'appeler la première grande époque du cinéma français, du début du cinéma parlant (1930) jusqu'à la Libération (1945), celle de l'"Ecole française", ou, si l'on considère l'une de ses tendances les plus prononcées, celle du "réalisme poétique". A l'instar de l'expression "Nouvelle Vague" trente ans plus tard, le réalisme poétique n'est au fond qu'un terme général qui sert à unir une dizaine de "cinéastes poètes" très différents les uns des autres qui ont dominé une période où le cinéma français s'impose comme un des tout premiers du monde: **René Clair, Jean Vigo, Jean Grémillon, Julien Duvivier, Jean Renoir, Marcel Carné, Jacques Becker, Jacques Feyder, Marcel Pagnol, Sacha Guitry**. De la fantaisie des films de Clair, comme *Le Million* (1931), au pessimisme noir du tandem Carné–Jacques Prévert (son scénariste attitré) dans *Quai des brumes* (1938) ou *Le Jour se lève* (1939), en passant par l'humanisme de Renoir dans *Toni* (1934) ou *La Grande Illusion* (1937), le réalisme poétique comprend les courants les plus variés, les préoccupations les plus personnelles, les influences les plus diverses. Chez les uns, comme Vigo notamment, c'est l'héritage du surréalisme des années 20—l'étrangeté et la bizarrerie—qui se fait sentir dans *Zéro de conduite* (1933), comme dans *L'Atalante* (1934); chez d'autres, Jean Renoir par exemple, c'est la peinture impressionniste qui laisse son empreinte (*Partie de campagne*, 1936/1946), ou encore le populisme et le naturalisme littéraires d'**Emile Zola** (*La Bête humaine*, 1938). Quant à Carné et Prévert, c'est plutôt **l'expressionnisme**, avec sa création de décors évocateurs et d'atmosphères prégnantes, qui se fait sentir dans tous leurs films.

Si l'on voulait à tout prix dégager quelques traits principaux de cette école, on pourrait constater d'emblée **la richesse thématique** qui caractérise ses chefs-d'œuvre. Dans le réalisme poétique, la réalité sert constamment de "support" aux thèmes, qui sont souvent véhiculés par des **métaphores** et des **symboles**—c'est la "poétisation" de la réalité. On pense tout de suite—c'est l'embarras du choix—au thème de la liberté dans *Zéro de conduite*, au motif de la pêche dans *Partie de campagne* ou à celui du théâtre dans *La Grande Illusion*, à l'ours en peluche et à la broche du *Jour se lève* ou aux poupées mécaniques de *La Règle du jeu* (1939). Mais l'image de marque du réalisme poétique repose principalement sur une thématique particulière que l'on retrouve chez plusieurs réalisateurs, et d'abord chez Feyder. Celui-ci développe dans ses films (par exemple, *Pension Mimosa*, 1935) un **réalisme social sordide et pessimiste** qui caractérisera plus tard les films de Carné. Chez lui, le pessimisme se mue carrément en désespoir et devient une affaire de destin: ses héros, gens du peuple, sont condamnés au malheur par une fatalité tenace; l'aspiration vers le bonheur par l'amour est toujours vouée à l'échec. Prédal résume bien le réalisme poétique de Carné–Prévert en constatant que leurs films fondent "une thématique (poids du destin, passions malheureuses, échec), une atmosphère (huis clos, décors poisseux, villes vides et mouillées, nuits grises) et un style (dialogues ciselés, mouvements d'appareils somptueux) spécifiquement cinématographiques" (*Histoire*, 76). Mais c'est surtout l'idée de la chiennerie de la vie, où les crapules triomphent sur les braves gens, où l'évasion vers le bonheur est impossible, qui se dégage de cette collaboration.

Pendant l'Occupation, pour terminer, ce qu'on appelle toujours le réalisme poétique revêt un tout autre caractère. Soumis à la censure allemande et vichyssoise qui interdisait des sujets d'actualité (à part les comédies légères), et répondant au besoin des Français d'échapper à leur existence pénible à cette époque, les cinéastes qui continuent de tourner en France—parmi lesquels Carné, **Jean Delannoy** et **Jean Cocteau**—se lancent dans un cinéma d'évasion, cultivant tantôt le fantastique situé à des époques éloignées, tantôt l'esthétisme. Avec Cocteau comme scénariste, Delannoy réalise ainsi *L'Eternel Retour* (1943), une version modernisée du mythe médiéval de Tristan et Iseut, tandis que Carné triomphe avec *Les Visiteurs du soir* (1942), dont l'action se situe dans un Moyen Âge fabuleux, et avec son œuvre maîtresse, *Les Enfants du paradis* (1945), une histoire d'amour malheureuse doublée d'une réflexion sur les rapports entre le théâtre et la vie. Ce sont les plus grands succès, avec le conte de fées *La Belle et la Bête* de Cocteau (1946), de cet ultime avatar du réalisme poétique.

Les Années 50

Dès la fin des années 40, le gouvernement français s'est servi du Centre national de la cinématographie (CNC, 1946) pour promouvoir l'industrie cinématographique en France, sévèrement réprimée pendant l'Occupation. Le CNC a ainsi créé **la prime à la qualité**, assurant le financement de films qui mettaient en valeur la culture française. Il s'agissait surtout d'adaptations de romans célèbres tels que ceux de Stendhal, *La Chartreuse de Parme* par **Christian-Jaque** (1948) et *Le Rouge et le Noir* par **Claude Autant-Lara** (1954), ainsi que *Gervaise*, l'adaptation de *L'Assommoir* de Zola par **René Clément** (1955). Ces films de grands studios, très coûteux et dont la forme est aussi léchée que conventionnelle, seront identifiés à ce qu'on appelle **la tradition de qualité** dans le cinéma français.

En même temps, sous l'influence du **néo-réalisme italien** d'après-guerre, il s'est développé en France un courant de réalisme dont le premier exemple est le film de guerre de René Clément, *La Bataille du rail* (1945), suivi de *Jeux interdits* (1952), le chef-d'œuvre de celui-ci, dont l'action est située au moment de l'exode vers le Midi de la France en juin 1940, devant l'invasion allemande. Ce courant sera exploité surtout, de manière extrêmement stylisée et idiosyncratique, par un des cinéastes français les plus iconoclastes et généralement considéré comme "inclassable", **Robert Bresson**. Avec des films tels qu'*Un condamné à mort s'est échappé* (1956) et *Pickpocket* (1959), Bresson deviendra une référence majeure dans le cinéma mondial, et les films de maints réalisateurs, dont certains représentés dans ce volume, porteront l'empreinte de son esthétique, qui insiste sur **la spécificité du langage cinématographique** par rapport au théâtre. Il refuse ainsi l'utilisation d'acteurs professionnels, préférant des amateurs qu'il peut modeler à son gré et qu'il appelle justement des "modèles". En quête d'un dépouillement toujours plus absolu, une "écriture blanche", Bresson réduit l'action de ses films aux paroles et aux gestes les plus essentiels et prête une attention méticuleuse au montage (elliptique) des images et de la bande-son. La musique d'ambiance, elle, finit par être totalement proscrite de ses films, ce qui, avec l'emploi d'interprètes non professionnels, influera sur bien des cinéastes du jeune cinéma français des années 90.

Les années 50 seront marquées également par les comédies inédites de **Jacques Tati**. Tout aussi original que Bresson, mais dans un genre tout autre, Tati crée dans *Les Vacances de M. Hulot* (1953) et *Mon oncle* (1958) une forme de comique unique et impossible à imiter avec son protagoniste M. Hulot, personnage naïf et aimable mais incurablement maladroit, qui a le génie (inconscient) de semer la zizanie autour de lui. Comme Bresson, Tati accorde une importance primordiale à la bande-son, dont le montage minutieux et inédit relève d'un grand talent créateur dans ce domaine.

On voit aussi dans cette décennie l'emprise progressive, sous l'égide du grand théoricien de cinéma **André Bazin**, des jeunes critiques des *Cahiers du cinéma* qui s'insurgent contre la **"tradition de qualité"**. Le ton est donné par un article incendiaire de **François Truffaut**, "Une certaine tendance du cinéma français", publié dans les *Cahiers* en janvier 1954, où il prend violemment à partie deux des scénaristes **les plus éminents des grands studios, Jean Aurenche** et **Pierre Bost**. Cette révolte est un appel au renouveau du cinéma en France qui prépare la voie à **la Nouvelle Vague**, mouvement qui va dominer la fin de cette ère cinématographique.

La Nouvelle Vague

Lorsqu'on arrive vers la fin des années 50, le cinéma français semble s'essouffler. Les grands réalisateurs de "l'âge d'or" (1930–45) sont en fin de carrière: Jean Renoir, René Clair, Sacha Guitry, Marcel Pagnol, Jean Cocteau. **Max Ophüls** est déjà mort, tandis que Jean Grémillon et Jacques Becker nous quitteront bientôt. Marcel Carné tourne toujours mais n'arrive pas à se renouveler. Ceux qui ont pris la relève après la guerre—Christian-Jaque, Claude Autant-Lara, **Henri-Georges Clouzot**, Jean Delannoy et René Clément en premier lieu—se sont révélés aptes surtout à perpétuer la tradition du bon cinéma conventionnel de la "qualité française." Mais d'autres attendent dans les coulisses, ruent dans les brancards, réclament leur tour: c'est la "Nouvelle Vague" qui va bientôt déferler sur la France. Mais d'abord, **qu'est-ce que c'est que la Nouvelle Vague?**

C'est d'abord un terme de journaliste (**Françoise Giroud** de *L'Express*), inventé en octobre 1957 pour décrire la nouvelle génération de jeunes Français qui commencent, eux aussi, à se rebeller vers le milieu des années cinquante, au moment où la France s'enfonce dans la guerre d'Algérie (1956–62), la défaite cuisante en Indochine (1954) à peine digérée. L'expression sera vite empruntée pour désigner un groupe de jeunes cinéastes qui connaissent un vif succès en 1959 et 1960, tant auprès du public qu'auprès des critiques, et cela au mépris de toutes les règles, comme de l'institution cinématographique en général. Il s'agit principalement de François Truffaut (*Les Quatre Cents Coups*, 1959) et de **Jean-Luc Godard** (*A bout de souffle*, 1960), mais aussi, dans un tout autre genre, d'**Alain Resnais** (*Hiroshima mon amour*, 1959). Entre 1958 et 1962, non moins de quatre-vingt-dix-sept jeunes cinéastes français réalisent leur premier film avant que la "révolution" ne se calme.

Loin d'être une "école" avec un programme homogène, la Nouvelle Vague rassemble des réalisateurs qui se distinguent surtout par leurs différences. Comme le dit Truffaut avec humour, "Notre seul point commun est le goût des billards électriques", et il ajoute que "la Nouvelle Vague, ce n'est ni un mouvement, ni une école, ni un groupe, c'est [...] une appellation collective inventée par la presse pour grouper cinquante nouveaux noms qui ont surgi en deux ans dans une profession où l'on n'acceptait guère que trois ou quatre noms nouveaux chaque année" (Douin 14). D'où viennent ces nouveaux cinéastes? D'abord, il ne faut pas exagérer le nombre de vraies "valeurs" parmi les nouveaux réalisateurs de films. Tout au plus pourrait-on distinguer deux petits groupes, l'un sortant de l'équipe de critiques de la toute nouvelle revue de cinéma, les *Cahiers du cinéma* (fondés en 1952)—**Eric Rohmer**, **Claude Chabrol**, François Truffaut, Jean-Luc Godard, **Jacques Rivette**, **Jacques Doniol-Valcroze**, notamment—l'autre des rangs des spécialistes de courts métrages, comme Alain Resnais, **Chris Marker**, **Georges Franju**, **Pierre Kast** et **Jacques Demy**. Ce dernier groupe, que rejoint Agnès Varda et que l'on désigne souvent sous le nom de **Rive Gauche**, se distingue du premier groupe par son orientation politique clairement de gauche, ainsi que par le caractère littéraire de ses films.

Ce que les Jeunes Turcs des *Cahiers du cinéma* ont en commun, c'est, d'abord, l'idée que le **cinéma est une forme d'"écriture"**. Cette conception élevée du cinéma est formulée dans une sorte d'article-manifeste d'**Alexandre Astruc** paru en 1948 qui exprime le plus clairement leurs ambitions: "Le cinéma [...] devient peu à peu un langage. Un langage, c'est-à-dire une forme dans laquelle et par laquelle un artiste peut exprimer sa pensée, aussi abstraite soit-elle, ou traduire ses obsessions exactement comme il en est aujourd'hui de l'essai ou du roman. C'est pourquoi j'appelle ce nouvel âge du cinéma celui de la *Caméra stylo*". Le cinéma, poursuit-il, est en train de devenir "un moyen d'écriture aussi souple et aussi subtil que celui du langage écrit" (39). Les réalisateurs de la Nouvelle Vague vont donc se considérer comme des "auteurs" à part entière, établissant une distinction entre le **cinéma d'auteur** et les **films de genre** (thrillers, comédies, films d'épouvante) grand public, distinction qui dure jusqu'à nos jours. Par ailleurs, ils ont également en commun la cinéphilie, la passion du cinéma. Ils connaissent à fond toutes les traditions cinématographiques. S'ils critiquent certains réalisateurs, ils vouent une sorte de culte à un groupe de cinéastes qu'ils considèrent comme leurs maîtres: Jean Renoir, Abel Gance, Max Ophüls, Jean Cocteau, Robert Bresson en France; **Alfred Hitchcock**, **Howard Hawks**, John Ford, **Orson Welles** et **Nicholas Ray** aux Etats-Unis; **Roberto Rossellini** et **Luchino Visconti** en Italie. Ils s'indignent de la **sclérose de la qualité française** où les films des cinéastes en place, techniquement parfaits mais remplis de poncifs thématiques et stylistiques, se ressemblent tous. Ils veulent que le cinéma français se renouvelle, qu'il sorte des ornières, qu'il devienne plus personnel, plus sincère, qu'il s'ouvre à la vie.

Le grand problème des jeunes qui veulent faire des films d'une autre manière, c'est qu'il est très difficile, à l'époque, de devenir réalisateur de cinéma. Le CNC exigeait, par exemple, qu'on suive trois stages, qu'on travaille trois fois comme second assistant à la réalisation et trois fois comme premier assistant avant de pouvoir passer à la mise en scène d'un film. Et puis, comme tous les films sont réalisés, principalement, en studio—avec une équipe très lourde de techniciens de toutes sortes et des vedettes très chères—le coût est prohibitif pour les nouveaux. Signe avant-coureur de la révolte des jeunes: déjà, en 1955, Agnès Varda tournait son premier film (*La Pointe courte*) sans l'autorisation du CNC, comme le feront quelques années plus tard Louis Malle (*Ascenseur pour l'échafaud*, 1957) et Claude Chabrol (*Le Beau Serge*, 1958). Le financement des films de jeunes cinéastes est facilité à la fois par "la prime à la qualité" et, à partir de 1959, l'avance sur recettes (créée par le ministre de la Culture, **André Malraux**) que le CNC met à la disposition des nouveaux réalisateurs qui présentent des projets de films jugés valables.

La réussite de la Nouvelle Vague est donc une affaire à la fois financière et esthétique. Rejetant la lourde et coûteuse machinerie des studios et profitant d'une nouvelle technologie qui met à leur disposition des caméras légères que l'on peut porter à la main et une pellicule extra-sensible qui leur permet de se passer de projecteurs, les jeunes metteurs en scène vont pouvoir tourner en lumière naturelle, à l'extérieur comme à l'intérieur, et faire leurs travellings sans rails. A l'exception d'Alain Resnais, court métragiste chevronné et monteur extraordinaire, la méthode est plus artisanale, les images moins léchées, les acteurs moins célèbres, mais les films ne coûtent que le quart d'un film conventionnel—et ils respirent la sincérité, l'authenticité et l'originalité. Certains, comme Godard, écrivent leurs propres scénarios et improvisent en tournant. On travaille avec quelques amis, dans la rue au milieu de passants curieux qui regardent ouvertement la caméra.

Les jeunes de la Nouvelle Vague ont libéré le cinéma du corporatisme (les difficultés administratives et financières, les exigences des syndicats de techniciens) et de l'académisme (les conventions techniques), mais aussi des bienséances morales qui ne correspondaient plus à l'esprit de la jeunesse en France. A l'instar de **Roger Vadim**, qui osa mettre en scène la sexualité féminine en tournant *Et Dieu créa la femme* (qui révéla **Brigitte Bardot**) en 1956, les nouveaux cinéastes débarrassent le cinéma de ses réticences en matière de mœurs, que ce soit dans *Les Amants* de Louis Malle (1958), *Les Cousins* de Claude Chabrol (1959), *Les Quatre Cents Coups*, *A bout de souffle* ou *Hiroshima mon amour*.

Le succès de la Nouvelle Vague est de courte durée. Son dernier grand triomphe sera *Les Parapluies de Cherbourg* de **Jacques Demy** (1964), dont le dialogue (tout en langage parlé, quotidien) est chanté sur une musique de jazz composée par **Michel Legrand**. A partir de 1965, les recettes des films d'auteur de ce courant baissent dramatiquement, et les producteurs se montrent de plus en plus réticents à financer de nouveaux projets. Si la Nouvelle Vague à proprement parler n'aura vécu que quelques années, son influence sera durable; tous les cinémas du monde vont s'en ressentir à divers degrés.

Après la Nouvelle Vague:
la fin des années 60 et les années 70

1. Maurice Pialat et Bertrand Blier

Vers la fin des années 60 et le début des années 70 arrivent sur la scène deux réalisateurs d'une grande originalité qui feront des carrières remarquées et exerceront une influence durable. Il s'agit d'abord de **Maurice Pialat** (*L'Enfance nue*, 1968; *Passe ton bac d'abord*, 1978; *Loulou*, 1980), "sans doute le cinéaste de sa génération qui aura le plus influencé les auteurs plus jeunes" (Frodon 960). Pialat cultive un **réalisme**—voire un **naturalisme**—**social** qui servira de modèle pour le grand renouveau de cette tendance dans les années 90. En phase avec son temps, il met en scène des femmes fortes et libérées face à des hommes plutôt fragiles. **Bertrand Blier** fait tandem avec Pialat en renchérissant sur son naturalisme. Il étonne le monde du cinéma avec *Les Valseuses* (1974), *Préparez vos mouchoirs* (1978, Oscar du Meilleur film étranger), *Buffet froid* (1979) et *Tenue de soirée* (1986).

Les films de Blier sont des **comédies satiriques mordantes** qui présentent souvent des relations triangulaires, tout en mettant en question la virilité de ses protagonistes masculins, si ce n'est leur identité sexuelle tout court. Cette **anxiété masculine** peut se sentir en filigrane dans bien des films des années 70 (Forbes 183), y compris *La Grande Bouffe* de **Marco Ferreri** (1973) et *Vincent, François, Paul et les autres* de **Claude Sautet** (1974), et elle se manifestera encore plus ouvertement dans la décennie suivante, ce qui amènera un critique (Powrie) à consacrer un livre à la **"crise de masculinité"** dans le cinéma français des années 80.

2. Les Héritiers

La Nouvelle Vague aura des héritiers notoires parmi les cinéastes qui commenceront leur carrière dans les années 70, à commencer par **Jean Eustache**, considéré par certains comme le modèle même de l'auteur à cette époque-là, tant pour ses documentaires très novateurs (et d'un réalisme brutal) que pour ses quelques films de fiction. Parmi ceux-ci son œuvre majeure, *La Maman et la putain* (1973), fonctionne, en trois heures et demie, comme un résumé des préoccupations personnelles (sexuelles) et sociales de la jeunesse de cette époque. Selon Forbes, ce film serait à lui seul "un monument à un style de réalisation et à toute une génération" (149). L'esthétique de la Nouvelle Vague influencera aussi d'autres débutants des années 70 aux œuvres très variées comme **Claude Miller** (*La Meilleure Façon de marcher*, 1976; *Garde à vue*, 1981; *La Petite Voleuse*, 1988); le très iconoclaste **Philippe Garrel** (*Un ange passe*, 1975; *L'Enfant secret*, 1983; *Les Amants réguliers*, 2005); Jacques Doillon (*Le Petit Criminel*, 1990, et *Ponette*, 1996, notamment) et **André Téchiné**, un ancien des *Cahiers du cinéma* dont le film *Les Roseaux sauvages* (1994) est présenté dans ce volume.

3. Cinéma historique et socio-politique

La décennie 70 se caractérise surtout par un tâtonnement dans tous les sens, sans qu'on puisse déceler un courant dominant. En plus du réalisme social très poussé, ainsi qu'un intimisme qui se préoccupe des jeunes et des problèmes liés à la sexualité, on constate, dans le registre historique et socio-politique, **la mode rétro** qui se manifeste dès le début des années 70. Celle-ci s'attaque à la vogue du "**résistancialisme**" dont le meilleur exemple est sans doute le film de **Jean-Pierre Melville**, *L'Armée des ombres* (1969), dédié à l'héroïsme de la résistance gaulliste. Dans l'esprit contestataire de Mai 68, des cinéastes font exploser un ensemble de mythes qui masquaient le vrai comportement de beaucoup de Français pendant l'Occupation. Marcel Ophüls, par exemple, dévoile l'ampleur du soutien à Vichy, si ce n'est la franche collaboration avec les occupants, dans son long documentaire *Le Chagrin et la pitié* (1971). L'année d'après, **André Harris** et **Alain de Sédouy**, profitant de la disparition du général de Gaulle de la scène politique, mettent en question le gaullisme dans leur documentaire *Français si vous saviez*, qui, comme le film d'Ophüls, renouvelle en même temps la forme du film documentaire. Louis Malle bravera ensuite les foudres de l'opinion publique en réalisant *Lacombe Lucien* (1974), un film sur un petit milicien du sud-ouest de la France et un groupe de gestapistes français représentatifs du genre d'individus qui faisaient partie de ce milieu.

Les événements de Mai 68 ont aussi inspiré **le film politique**, représenté brillamment par *Tout va bien* de **Jean-Luc Godard** et **Jean-Pierre Gorin** et par *Coup pour coup* de **Marin Karmitz**: ces deux films sortis en 1972 font des grèves du mois de mai leur sujet principal. Comme le remarque Forbes, ils dévoilent au public un segment de la population rarement montré au cinéma, ce qui témoigne de l'intérêt porté par le cinéma des années 70 aux groupes marginaux ou minoritaires de toutes sortes (25).

Du côté du film socio-politique toujours, **Costa-Gavras** s'impose avec sa trilogie politique (toujours avec Yves Montand en vedette), *Z* (1969), *L'Aveu* (1970) et *État de siège* (1973), avant de sortir un des avatars les plus percutants de la mode rétro, *Section spéciale* (1975), qui cible le comportement collaborationniste de la justice française pendant l'Occupation. On remarque également les œuvres d'**Yves Boisset**, qui dénonce le racisme dans *Dupoint Lajoie* (1974), la guerre d'Algérie dans *R.A.S.* la même année et la justice, comme la police, dans *Le Juge Fayard, dit "Le Sheriff"* (1976).

En matière de films historiques, dont certains à caractère politique, il faut mentionner aussi ceux de **Bertrand Tavernier**. Cet auteur anti-Nouvelle Vague revient au réalisme psychologique cher aux années 50 dans un premier film situé en plein Mai 68, *L'Horloger de Saint-Paul* (1974), puis il enchaîne avec une réflexion sur la Révolution française dans *Que la fête commence* (1975) et sur un tueur en série de la fin du dix-neuvième siècle, *Le Juge et l'assassin* (1976). Dans ce domaine, on doit signaler finalement, parmi bien d'autres, *Stavisky* d'**Alain Resnais** (1974), *Souvenirs d'en France* d'**André Téchiné** (1975), qui évoque les moments forts de l'histoire politique et économique de la France depuis la Grande Guerre jusqu'aux années 70, ainsi que *Les Camisards* (1972) et *Moi, Pierre Rivière, ayant égorgé ma mère, ma sœur, mon frère* de **René Allio** (1976), qui portent à l'écran des événements perdus dans la nuit du temps.

Le courant historique aura des échos très forts dans les années 80 et 90, et nous en présentons dans ce livre quatre exemples remarquables, ***Le Dernier Métro*** de **François Truffaut** (1980), ***Au revoir les enfants*** de **Louis Malle** (1986), ***Chocolat*** de **Claire Denis** (1988) et ***Indochine*** de **Régis Wargnier** (1992). Le film de Wargnier fait partie, par ailleurs, des "films patrimoniaux" (*heritage films*) qui ont connu une vogue importante à cette époque (voir plus bas et Chapitre 4).

4. Les Femmes derrière la caméra

En ce qui concerne les femmes, la suite de Mai 68 est très marquée par le **Mouvement de libération des femmes**, ce qui n'est pas étranger au nombre croissant de celles-ci qui passent à la réalisation de films. Quatorze réalisatrices, remarque Frodon, apparaissent entre 1968 et 1975 (321). En plus des "anciennes" comme Agnès Varda (*L'Une chante, l'autre pas*, 1977) et **Marguerite Duras** (*Nathalie Granger*, 1972; *India Song*, 1975)—les plus vénérées—, **Yannick Bellon** réalise, par exemple, des œuvres féministes telles que *La Femme de Jean* (1974), *L'Amour violé* (1978) et *L'Amour nu* (ce dernier, en 1981, sur le cancer du sein), et **Coline Serreau** son documentaire tout aussi féministe *Mais qu'est-ce qu'elles veulent?* (1975), le très osé *Pourquoi pas?* (1978) sur le thème du ménage à trois (mais inversé), et son plus grand succès, *Trois hommes et un couffin*, César du Meilleur film en 1986. Ce n'est là qu'un petit échantillon, et nous reviendrons sur le sujet des "films de femmes" dans le chapitre consacré au film de **Diane Kurys, *Coup de foudre / Entre nous*** (1983). Cette arrivée des femmes derrière la caméra est une tendance qui se concrétise de plus en plus dans les décennies suivantes: la moyenne de films faits par des femmes chaque année passe de treize dans les années 80 à dix-sept dans les années 90, puis à deux fois ce nombre depuis 2000—et c'est en France que l'on trouve aujourd'hui le pourcentage le plus élevé de premiers films réalisés par des femmes (Rollet 402, 413).

5. Films de genre: polars et comédies

A toutes les époques, les polars et les comédies font florès. **Jean-Pierre Melville** donne un nouveau style au polar dans sa trilogie célèbre avec **Alain Delon**, *Le Deuxième Souffle* (1966), *Le Cercle rouge* (1970) et *Un flic* (1972). S'affranchissant de ses modèles américains, Melville donne l'impulsion au "'thriller à la française' qui connaîtra une expansion spectaculaire dans les années 70" (Prédal, *Cinéma français* 53). A la suite de Melville, **Robin Davis** connut un succès solide avec des polars tels que *La Guerre des polices* (1979), *Le Choc* (1982) et *J'ai épousé une ombre* (1983), et **Bob Swaim** (un Américain) transforma le genre avec son approche sociologique dans *La Balance* (1982).

   Mais bon an, mal an, la moitié des films qui sont tournés en France sont des comédies, et l'un des films les plus populaires de tous les temps fut *La Grande Vadrouille* (1966), une comédie de **Gérard Oury** sur la Résistance. Celui-ci continue de dominer le genre dans les années 70 et connaît un autre grand succès avec les simagrées de Louis de Funès dans *Les Aventures de Rabbi Jacob* (1973), mais le sommet comique de la décennie est indiscutablement *La Cage aux folles*, portrait hilarant d'un couple homosexuel par **Edouard Molinaro** en 1978. Comme le remarque Raphaëlle Moine, la comédie, en se servant du rire, est le moyen par excellence de "rendre visible, plus puissamment que les autres genres", les mutations et résistances sociales dans les domaines du genre, des classes, et de l'ethnicité (235); voir l'introduction à la partie VI de ce livre, "La Comédie", pour un aperçu plus approfondi sur les films français comiques.

Les Années 80

1. *"Cinéma du look" et films patrimoniaux*

Dans les années 80, à l'encontre de la décennie précédente, deux courants se dessinent nettement, le soi-disant "cinéma du look", avec son esthétisme sans états d'âme (représenté dans ce livre par le thriller de **Jean-Jacques Beineix**, *Diva*, 1981), et les **films patrimoniaux**, œuvres qui mettent en valeur un sens de l'identité nationale et font appel à la nostalgie du passé français. Austin n'hésite pas à traiter les années 80 de "décennie du film patrimonial" (168), mode qui est lancée en 1982, selon lui, par deux films, *Le Retour de Martin Guerre* de **Daniel Vigne** et *La Nuit de Varennes* d'**Ettore Scola**, et consolidée par le diptyque de **Claude Berri**, *Jean de Florette* et *Manon des sources*, tous deux de 1986, et les films de **Bertrand Tavernier** comme *Un dimanche à la campagne* (1984), *La Passion Béatrice* (1987) et *La Vie et rien d'autre* (1989).

Soucieux de remonter le box-office du film français qui s'essoufflait au cours des années 80 et de mettre en valeur la culture et l'identité nationales, le ministère de la Culture sous **Jack Lang** encourage et subventionne le cinéma patrimonial, ce qui explique, au début de la décennie suivante, la sortie de blockbusters comme *Cyrano de Bergerac* (1990) de **Jean-Paul Rappeneau**, *Indochine* (1992) de **Régis Wargnier** (voir Chapitre 4), *Germinal* de **Claude Berri** (1993) et *La Reine Margot* de **Patrice Chéreau** (1994).

Les Années 90 (et au-delà)

En même temps que la vogue de courte durée des films patrimoniaux, on constate au fur et à mesure des années 90 et dans le nouveau siècle, chez les jeunes cinéastes et les pas si jeunes, un renouveau d'intérêt pour le réalisme social (tendant souvent vers un naturalisme documentaire très dur) et pour les marginaux. On le voit surtout dans **les films de banlieue** comme *La Haine* (1995) de **Mathieu Kassovitz**, mais le souci des marginaux est un centre d'intérêt qui s'imposera de plus en plus à cette époque, comme en témoignent, chacun à sa manière, bien des films présentés, outre *La Haine*, dans ce présent ouvrage: *La Vie de Jésus* de **Bruno Dumont** (1997), *La Vie rêvée des anges* d'**Erick Zonca** (1998), le documentaire d'**Agnès Varda** *Les Glaneurs et la glaneuse* (2000), *L'Esquive* d'**Abdellatif Kechiche** (2003), *Entre les murs* de **Laurent Cantet** (2008) et *Welcome* de **Philippe Lioret** (2009). On constate également, dans ce domaine, les films de **Robert Guédiguian** tels que *Marius et Jeannette* (1997), *La Ville est tranquille* (2000) et *Les Neiges du Kilimandjaro* (2011), qui mettent en scène la vie du peuple modeste de l'Estaque à Marseille.

En matière de marginalité on note également le vif intérêt que le cinéma français, comme d'autres cinémas nationaux, porte à l'homosexualité et au lesbianisme à l'époque contemporaine. Nous en présentons trois exemples dans ce livre en consacrant des chapitres aux films de **Diane Kurys, *Coup de foudre / Entre nous*** (1983), d'**André Téchiné, *Les Roseaux sauvages*** (1994) et de **Josiane Balasko, *Gazon maudit*** (1995); voir l'introduction à la Partie V, "Histoires personnelles: drames et documentaires", pour plus de renseignements à ce sujet.

Le Nouveau Siècle

A l'aube des années 2000, le goût du style documentaire qui se fait sentir si fortement dans les films naturalistes de la nouvelle génération s'exprimera aussi par un nouveau courant de documentaires d'une très grande qualité à commencer par *Les Glaneurs et la glaneuse* d'**Agnès Varda** (2000). La décennie qui suit sera scandée par d'autres documentaires pour le grand écran qui connaissent un succès populaire peu commun, comme *Etre et avoir* (2002) de **Nicolas Philibert**, *La Marche de l'empereur* (2005) de **Luc Jacquet** et *Océans* (2010) de **Jacques Cluzaud** et **Jacques Perrin**—sans oublier le documentaire remarquable de **Sandrine Bonnaire**, passée derrière la caméra, sur sa sœur autiste, *Elle s'appelle Sabine* (2007).

Le film pornographique, qui a connu un moment de gloire dans les années 70, a disparu du circuit commercial à la fin de la décennie suivante. Certains de ses traits caractéristiques, pourtant, à commencer par l'acte sexuel non simulé, vont marquer la production française de nos jours. On peut déceler une "trajectoire contemporaine majeure" dans le "cinéma du corps" (Palmer 424), où la simple animalité sexuelle le dispute parfois au viol et à la perversité, souvent d'une violence inouïe. On note, dans cette catégorie générale et à titre d'exemple, les films de **Bruno Dumont** comme *La Vie de Jésus* (1997), *L'Humanité* (1999) et *Twentynine Palms* (2003), ainsi que *Romance* (1999) et *A ma sœur* (2001) de **Catherine Breillat**, *Les Amants criminels* (1999) de **François Ozon**, *Baise-moi* (2000) de **Virginie Despentes** et **Coralie Trinh Thi**, *Trouble Every Day* (2001) de **Claire Denis** (un cas limite où le désir sexuel débouche sur le cannibalisme), *Irréversible* (2002) de **Gaspar Noé** et, plus près de nous, dans les domaines respectifs du lesbianisme et de l'homosexualité, *La Vie d'Adèle* d'**Abdellatif Kechiche** et *L'Inconnu du lac* d'**Alain Guiraudie**, tous deux en 2013.

Les films de genre, polars et comédies, connaissent toujours autant de succès au box-office au vingt-et-unième siècle, et certains thrillers, tels que *Caché* de **Michael Haneke** (2005) et *Un prophète* de **Jacques Audiard** (2009), tous deux présentés dans ce volume, étonnent par leur originalité. Quant à la comédie, après une décennie de réalisateurs de génie tels que **Jean-Marie Poiré, Michel Blanc, Claude Zidi, Etienne Chatiliez** et **Francis Veber** (pour n'en citer que quelques-uns), la veine comique ne décroît pas dans les années 2000, bien au contraire, comme on le verra dans les divers chapitres de ce livre sur *Le Goût des autres*, comédie d'auteur d'**Agnès Jaoui** (2000), *Le Fabuleux Destin d'Amélie Poulain* de **Jean-Pierre Jeunet** (2001) et *Intouchables* d'**Olivier Nakache** et **Eric Toledano** (2011), ces deux dernières œuvres atteignant des taux de popularité mondiale jamais vus pour des films français. Le champion du box-office pour un film français en France, d'ailleurs (plus de vingt millions d'entrées), reste *Bienvenue chez les Ch'tis* de **Dany Boon** (2008). Finalement, la toute récente comédie dramatique de **Michel Hazanavicius**, *The Artist* (2011), un film "muet", a mis sens dessus dessous le monde du septième art en raflant cinq Oscars et trois Golden Globes aux Etats-Unis, ainsi que six Césars en France.

Certains des films mentionnés dans cette introduction forment la matière même de ce livre, qui présente vingt chefs-d'œuvre du cinéma français de 1980 à l'époque actuelle. Nous approfondirons les traditions cinématographiques et les contextes socio-économiques ou historiques des films, selon leur pertinence, à l'intérieur de chaque chapitre. Mais nous ne prétendons aucunement offrir un aperçu complet ni, bien entendu, donner une définition précise du cinéma français d'aujourd'hui. En effet, comme le constate Frodon, l'extrême richesse et la diversité de celui-ci découragent toute tentative de le réduire à un courant caractéristique quelconque (1063).

Œuvres consultées

Note: Les sections sur l'évolution du cinéma français des premiers temps jusqu'à la Nouvelle Vague sont adaptées du manuel de cinéma d'Alan Singerman, *Apprentissage du cinéma français. Livre de l'étudiant* (Indianapolis: Hackett Publishing), pp. 9–25, 45–46, 229–31. Edition originale de 2004 par Focus Publishing/R. Pullins.

Aranda, Juan Francisco. "La Réalisation d'*Un chien andalou*". *Revue belge du cinéma* 33–35 (1993): 17–21.

Astruc, Alexandre. "Naissance d'une nouvelle avant-garde: la caméra-stylo". *L'Ecran français* 144 (30 mars 1948): 39–40.

Austin, Guy. *Contemporary French Cinema*. Manchester, UK: Manchester UP, 2008.

Betton, Gérard. *Histoire du cinéma*. Paris: PUF, 1984.

Breton, André. *Manifestes du surréalisme*. Paris: Gallimard, 1977.

Buñuel, Luis. "Notes on the Making of *Un chien andalou*". *Art in Cinema*. Ed. Frank Stauffacher. San Francisco: San Francisco Museum of Art, 1947. 29–30.

Daney, Serge. "La Nouvelle Vague—essai d'approche généalogique". *D'un cinéma l'autre*. Ed. Jean-Loup Passek. Paris: Centre Georges Pompidou, 1988. 72–74.

de Baecque, Antoine. *La Nouvelle Vague. Portrait d'une jeunesse*. Paris: Flammarion, 1998.

Douin, Jean-Luc, éd. *La Nouvelle Vague 25 ans après*. Paris: Editions du Cerf, 1983.

Forbes, Jill. *The Cinema in France after the New Wave*. Bloomington: Indiana UP, 1992.

Fox, Alistair et al, éds. *A Companion to Contemporary French Cinema*. Malden, MA: Wiley-Blackwell, 2015.

Frodon, Jean-Michel. *Le Cinéma français, de la Nouvelle Vague à nos jours*. Paris: Cahiers du cinéma, 2010.

Gillain, Anne. *Le Cinéma selon François Truffaut*. Paris: Flammarion, 1988.

Jeancolas, Jean-Pierre. *Histoire du cinéma français*. Paris: Nathan, 1995.

Liebman, Stuart. "Le Traitement de la langue". *Revue belge du cinéma* 33–35 (1993): 155–61.

Marie, Michel. "The Veterans of the New Wave, Their Heirs, and Contemporary French Cinema". *A Companion to Contemporary French Cinema*. Eds. Alistair Fox et al. Malden, MA: Wiley-Blackwell, 2015. 163–83.

Mitry, Jean. *Histoire du cinéma*, II. Paris: Editions universitaires, 1969.

————. "Le Réalisme poétique en France". *Histoire du cinéma*, IV. Paris: Delarge, 1980. 325–52.

Moine, Raphaëlle. "Contemporary French Comedy as Social Laboratory". *A Companion to Contemporary French Cinema*. Eds. Alistair Fox et al. Malden, MA: Wiley-Blackwell, 2015. 234–55.

Palmer, Tim. "Modes of Masculinity in Contemporary French Cinema". *A Companion to Contemporary French Cinema*. Eds. Alistair Fox et al. Malden, MA: Wiley-Blackwell, 2015. 419–38.

Passek, Jean-Loup, éd. *D'un cinéma l'autre*. Paris: Centre Georges Pompidou, 1988.

Powrie, Phil. *French Cinema in the 1980s. Nostalgia and the Crisis of Masculinity*. Oxford: Oxford UP, 1997.

Prédal, René. *Le Cinéma français contemporain*. Paris: Cerf, 1984

————. *Histoire du cinéma*. Courbevoie: CinémAction-Corlet, 1994.

Radner, Hilary. "The Historical Film and Contemporary French Cinema. Representing the Past in the Present". *A Companion to Contemporary French Cinema*. Eds. Alistair Fox et al. Malden, MA: Wiley-Blackwell, 2015. 289–313.

Revault d'Allonnes, Fabrice. "Genèse d'une vague bien précise". *D'un cinéma l'autre*. Ed. Jean-Loup Passek. Paris: Centre Georges Pompidou, 1988. 76–92.

Rollet, Brigitte. "French Women Directors Since the 1990s. Trends, New Developments, and Challenges". *A Companion to Contemporary French Cinema*. Eds. Alistair Fox et al. Malden, MA: Wiley-Blackwell, 2015. 399–418.

Sadoul, Georges. *Le Cinéma français*. Paris: Flammarion, 1962.

————. *Histoire du cinéma mondial des origines à nos jours*, 9e éd. Paris: Flammarion, 1949.

La Lecture du film*

Dans leur *Précis d'analyse filmique*, Vanoye et Goliot-Lété rappellent que le film est "un produit culturel inscrit dans un contexte socio-historique" (43), en précisant le caractère des rapports qu'un film entretient avec son contexte:

> Dans un film, quel que soit son projet (décrire, distraire, critiquer, dénoncer, militer), la société n'est pas à proprement parler *montrée*, elle est mise en scène. En d'autres termes, le film opère des choix, organise des éléments entre eux, découpe dans le réel et dans l'imaginaire, construit un monde possible qui entretient avec le monde réel des relations complexes [. . .]. Reflet ou refus, le film constitue un *point de vue* sur tel ou tel aspect du monde qui lui est contemporain. Il structure la représentation de la société en spectacle, en drame (au sens général du terme), et c'est cette structuration qui fait l'objet de l'analyste. (Vanoye et Goliot-Lété 44–45)

Cette conception de l'objet de l'analyse de films, très juste, implique, évidemment, la description par l'analyste de cette "structuration" de la représentation qui est opérée par le film, que ce soit une représentation de la société ou de la vie intérieure d'un personnage ou de n'importe quel univers diégétique (fictif) mis en scène par le réalisateur. S'il est convenu que "l'analyse des films est une activité avant tout descriptive" (Aumont et Marie 11), cette entreprise n'est pas pour autant simple. Comme le reconnaissent de nombreux théoriciens, parmi lesquels Aumont et Marie, le travail de description est en même temps une activité herméneutique. Pour décrire un film—c'est-à-dire pour l'analyser—on est obligé, dans un premier temps, de le décomposer en ses éléments constitutifs; dans un deuxième temps, il faut tâcher de comprendre les rapports entre ces éléments pour apprécier la façon dont le film produit ses diverses significations. Cette activité de reconstruction est elle-même productrice de sens, tant et si bien que le point de vue du lecteur du film (formé par sa culture personnelle, ses opinions, ses préjugés) vient se superposer au point de vue qui est inscrit dans le film. Si nous évoquons d'emblée cette complication, c'est pour insister à la fois sur le rôle de la description dans l'analyse du film et sur l'importance de garder constamment à l'esprit les perspectives qui sont développées dans le film, en évitant d'y substituer nos centres d'intérêt personnels. Aumont et Marie proposent comme règle générale de "ne jamais réaliser une analyse qui perde de vue totalement le film analysé, mais au contraire d'y revenir chaque fois que possible" (56). Ou, comme le disent Vanoye et Goliot-Lété: "le film est donc le point de départ et le point d'arrivée de l'analyse" (10). Ceci dit, qu'entend-on, précisément, par la "description" d'un film?

---

* *Note*: Ce chapitre est adapté du manuel de cinéma d'Alan Singerman, *Apprentissage du cinéma français: Livre de l'étudiant* (Indianapolis: Hackett Publishing), pp. 27–44. Edition originale de 2004 par Focus Publishing/R. Pullins. Les films donnés en exemple ici font partie des meilleurs films français classiques.

Le "Langage" cinématographique

Introduisons tout de suite la notion de "langage filmique". Pour certains, comme André Bazin ou Marcel Martin, le cinéma est un véritable langage, dans la mesure où il dispose d'"innombrables procédés d'expression qui sont utilisés par lui avec une souplesse et une efficacité comparables à celles du langage verbal" (Martin 15). Martin précise (en citant Alexandre Arnoux) que "le cinéma est un langage d'images avec son vocabulaire, sa syntaxe, ses flexions, ses ellipses, ses conventions, sa grammaire" (15), tout en reconnaissant que le langage cinématographique ressemble le plus au langage poétique (domaine où l'image est reine aussi). Pour les linguistes, pourtant, les éléments de base de la représentation cinématographique ne peuvent équivaloir aux unités élémentaires de signification des langages naturels (phonèmes, morphèmes ou même mots), de par le caractère analogique des images et la "continuité" du signifiant visuel. Comme un langage naturel (l'anglais, le français, etc.) n'est ni analogique (pour la plupart, les mots ne "ressemblent" pas à ce qu'ils signifient) ni continu (c'est une suite de phonèmes discrets), il ne peut s'agir là que d'une métaphore. Comprise littéralement ou métaphoriquement, la notion de "langage cinématographique", en tant qu'ensemble de procédés techniques utilisés au cinéma, est infiniment pratique pour discuter la lecture du film. Comme le langage narratif verbal, qui se divise en unités de signification allant du simple mot à tout un roman, en passant par les phrases, les paragraphes et les chapitres, le film aussi se prête à une segmentation—on dit **découpage**—en unités signifiantes, ce qui est le point de départ obligatoire dans la description d'un film.

L'Image filmique

Martin a raison d'insister là-dessus: "*Il faut apprendre à lire un film*, à déchiffrer le sens des images comme on déchiffre celui des mots et des concepts, à comprendre les subtilités du langage cinématographique" (29). Il en va du cinéma comme de n'importe quel autre domaine du savoir (les mathématiques, la biologie, la psychanalyse, la linguistique, etc.): pour le comprendre, il faut apprendre son langage, parce qu'en même temps que son langage on apprend ses concepts fondamentaux. L'élément de base du cinéma, c'est **l'image**. En termes narratifs, l'image est l'équivalent (métaphorique) du mot, et c'est sur l'image, conjuguée au son, que se construira le film. Remarquons tout de suite que l'image filmique a sa propre spécificité: elle est toujours "au présent" (le passé au cinéma se construit mentalement par le spectateur, à partir du contexte ou d'indices techniques); elle est **réaliste**—c'est-à-dire qu'elle crée, grâce au mouvement, comme le signale le sémioticien Christian Metz, une "impression de réalité" (16–19); elle est **polysémique** (elle renferme des significations multiples) et se prête donc à des interprétations diverses, bien que son sens soit ancré, partiellement du moins, par son contexte, par le son et par son articulation avec d'autres images (le montage, dont nous parlerons plus bas). Etant donné le caractère polysémique de l'image, il est généralement convenu que l'analyse d'un film n'est jamais finie, son sens n'est jamais "épuisé" par un commentaire quelconque.

Pour finir cette introduction à l'image, notons que l'image au cinéma est toujours délimitée par un **cadre**, tout comme une photographie. Quand le chef-opérateur (ou caméraman) "cadre" une portion d'espace, cet espace (qui correspond à l'image que nous voyons sur l'écran) s'appelle **le champ**. Lorsqu'on discute une image, on parle de ce qui se trouve dans le champ et, éventuellement, de ce qui est **hors champ**. Le hors-champ est le prolongement du champ visible; c'est l'espace, invisible à l'écran, où se trouve "l'ensemble des éléments (personnages, décors, etc.) qui, n'étant pas inclus dans le champ, lui sont néanmoins rattachés imaginairement" par le spectateur (Aumont, Bergala et al. 15). Dans un film, **la voix *off*** (une voix qu'on entend mais dont on ne voit pas la source sur l'écran), par exemple, appartient souvent à un personnage situé "hors-champ".

Plan, séquence, scène

Si l'on poursuit la comparaison avec le modèle langagier, comme les mots se combinent pour faire une phrase, les images individuelles se combinent pour former une unité plus grande qu'on appelle un **plan**, ce qui est la portion du film comprise entre la mise en marche et l'arrêt de l'appareil de prise de vues (la caméra). Une suite de plans qui forment une unité dramatique distincte (comme une "scène" au théâtre) s'appelle une **séquence**, qui peut être comparée aussi soit à un paragraphe soit à un chapitre dans un texte narratif écrit. Un seul plan peut composer, d'ailleurs, une unité dramatique du film; c'est ce qu'on appelle un **plan-séquence**, technique qui est perfectionnée, par exemple, dans les films de Jean Renoir, comme *La Grande Illusion*. A partir des travaux de Metz, on reconnaît souvent une autre distinction technique utile, entre la séquence et **la scène**. Celle-ci indique, dans la taxonomie metzienne, un type de séquence qui se déroule en temps réel, tandis que le terme "séquence" est réservé à celles qui comportent des ellipses temporelles (Metz 130–31). Il n'en reste pas moins que les deux termes, "scène" et "séquence", s'emploient souvent de manière interchangeable. L'ensemble des séquences constitue, finalement, le film entier, comme l'ensemble des chapitres compose le roman.

Pour comprendre la structure dramatique d'un film, il faut savoir commenter son **découpage**, c'est-à-dire repérer dans le film les diverses séquences qui le composent et constater leur articulation. Pour pouvoir apprécier les nuances du style du réalisateur, il faut pouvoir distinguer également les plans qui constituent telle séquence et savoir les décrire, ainsi que la manière dont les plans sont raccordés (reliés les uns aux autres). Dans les paragraphes qui suivent, nous parlerons des caractéristiques fondamentales des divers types de plans, y compris l'échelle (grosseur relative) et la durée, les angles de prises de vues, les mouvements de la caméra, les divers raccords utilisés entre les plans, et, pour finir, les ressources de la profondeur de champ et le rôle du son.

La Durée du plan

Commençons par **la durée** du plan. Si la durée "moyenne" d'un plan est de huit à dix secondes, celle-ci peut varier d'une fraction de seconde à toute une bobine (ce qui est quand même archi-rare!). La durée des plans détermine le rythme du film: une suite de plans très brefs crée, par exemple, une ambiance de nervosité, de tension, voire de choc, tandis qu'un plan très long, qui met en valeur l'écoulement du temps réel, peut donner l'impression, par exemple, du calme, de la réflexion ou de la monotonie . . . ou il peut créer du suspense. Un analyste professionnel, travaillant sur une table de montage, ira jusqu'à chronométrer chaque plan pour pouvoir tirer des conclusions quant au style rythmique du film.

L'Echelle des plans

Parmi les composantes du plan, on doit être sensible à **la grosseur**, qui est déterminée, de manière générale, par la distance entre la caméra et le sujet filmé. On parle souvent de **l'échelle des plans**, qui fait allusion à toute la gamme des plans qu'on trouve dans les films, du gros plan au plan de grand ensemble. La "rhétorique" conventionnelle du film, établie très tôt dans l'histoire du cinéma, dictait qu'on commence par un **plan général** qui révélait au public le contexte géographique de l'action. Dans un western, par exemple, cela pouvait être une grande plaine avec des buttes. Le plan général était suivi d'un **plan d'ensemble** qui montrait, normalement, des personnages dans le décor; par exemple, une ville du Far-West avec des gens dans les rues. Et à celui-ci succédait un plan de **demi-ensemble** qui cadrait certains personnages dans un décor plus précis (comme l'intérieur d'un saloon). C'est un peu l'équivalent de la description du milieu qui sert d'entrée en matière dans un roman de Balzac. Evidemment, cette convention est dépassée depuis longtemps, et on voit de nombreux films qui ne commencent pas par un plan général— *La Grande Illusion* (1937) de Renoir, par exemple, commence par un gros plan sur un disque qui tourne. C'est en se plaçant par rapport aux personnages que l'on comprend le mieux la série des plans plus rapprochés. Par ordre de grosseur décroissante, on passe du plan de demi-ensemble au **plan moyen**. Un personnage filmé en plan moyen est montré "en pied", c'est-à-dire en entier, de pied en cap. On appelle **plan américain** un plan qui cadre les acteurs à mi-cuisses; c'est le plan le plus typique de la comédie américaine des années 30, le plan qui s'avère être, selon André Bazin, "le plus conforme à l'attention spontanée du spectateur" (72). Un **plan rapproché** cadre le comédien à hauteur de la poitrine, tandis que le **gros plan** isole son visage et **le très gros plan** (ou **insert**) un petit détail du visage—comme l'œil larmoyant d'Henriette dans le célèbre plan vers la fin de *Partie de campagne* (1936, 1946) de Renoir. Il est bien entendu que cette échelle de plans (à part le plan américain) s'applique aussi bien aux décors et aux objets qu'aux personnages.

Parmi les diverses grosseurs de plans, il faut signaler le caractère et le rôle particuliers du plan général d'un côté, et du gros plan de l'autre, les deux types de plans les plus spécifiques au cinéma dans la mesure où ils n'ont pas d'équivalent au théâtre. Le plan général sert avant tout à inscrire l'homme dans le monde, à l'objectiver, à le réduire à ses justes proportions, tout en créant les ambiances les plus diverses, tantôt pathétique ou menaçante, tantôt dramatique ou comique, tantôt lyrique ou épique. Le plan général donne souvent le ton. Quant au gros plan, c'est un des moyens les plus puissants et les plus expressifs du cinéma. Comme le remarque Martin, "c'est dans le gros plan du visage humain que se manifeste le mieux la puissance de signification psychologique et dramatique du film" (42). Lorsque la caméra s'approche du visage d'un personnage jusqu'au gros plan, nous avons l'impression de pénétrer dans sa vie intérieure; par ailleurs, le gros plan du visage suggère souvent "une forte tension mentale chez le personnage" (44), sinon de l'angoisse, comme on le voit dans le cas de François dans *Le Jour se lève* (1939) de Marcel Carné, avant que l'ouvrier ne parte dans ses souvenirs pour chercher à comprendre son acte meurtrier. De même, les plans très rapprochés et les gros plans créent une tension chez le spectateur: les films de Hitchcock ont démontré sans contredit que le suspense monte à mesure que la caméra s'approche d'un personnage (surtout si c'est au milieu de la nuit dans une forêt . . .). Dans le cas d'un objet, le gros plan dramatise sa présence, le charge de signification—même si l'on ne sait pas encore de quelle signification—comme la main de l'amant japonais dans *Hiroshima mon amour* (1960) d'Alain Resnais.

Les Angles de prises de vues

En plus de la grosseur du plan à tourner, le réalisateur doit choisir l'angle de prise de vues le plus approprié à son sujet, c'est-à-dire la perspective particulière sous laquelle il va montrer le sujet. Si la caméra est positionnée au-dessus du sujet (au-dessus du niveau normal du regard), de telle sorte que le point de vue est plongeant, il s'agit d'une prise de vue en **plongée** (ou tout simplement d'une **plongée**). Par contre, si la caméra est placée au-dessous du sujet, nous avons affaire à une **contre-plongée**. Sans que ce soit une règle générale, les angles de prises de vues qui s'écartent du niveau habituel du regard peuvent avoir une fonction psychologique particulière. Une contre-plongée, quand il s'agit de personnages, donne au sujet une position nettement dominante par rapport à celui qu'il regarde; l'objet de son regard (ainsi que le spectateur) tend à se sentir écrasé. Inversement, dans le cas de la plongée, c'est le sujet de la prise de vue qui est dominé par le regard, qui est rapetissé; le spectateur se trouve du côté de celui qui regarde, en position supérieure. Dans les cas extrêmes, pour produire des effets de choc, il peut y avoir des plongées ou des contre-plongées verticales. Dans la célèbre séquence du dortoir dans *Zéro de conduite* (1933), par exemple, Jean Vigo monte sa caméra au plafond pour filmer en plongée quasi-verticale les enfants courant sur les lits. René Clair, dans *Entr'acte*, filme une danseuse par en-dessous, en contre-plongée verticale, à travers un plancher en verre, pour épater le spectateur bourgeois …

On peut distinguer, finalement, dans le domaine des angles de prises de vues, deux sortes de cadrages plutôt rares: **les cadrages penchés**, où la caméra est basculée sur le côté, vers la gauche ou vers la droite, et ce que Martin appelle des **cadrages désordonnés** où la caméra est carrément secouée en tous sens. Un cadrage penché, dans le cas de la caméra "subjective", peut traduire un état psychologique ou moral aberrant, un personnage ivre ou détraqué, par exemple. Quant au cadrage désordonné, Abel Gance en donne un bel exemple dans son *Napoléon* (1925–27) en mettant sa caméra dans un ballon de foot qu'il lance en l'air pour simuler le point de vue d'un soldat propulsé en l'air par un obus qui éclate!

Les Mouvements d'appareil

Au début de l'histoire du cinéma, la caméra était fixe, immobile. Elle enregistrait tout simplement l'action qui se déroulait devant elle. "L'histoire de la technique cinématographique", dit le théoricien Alexandre Astruc, "peut être considérée dans son ensemble comme l'histoire de la libération de la caméra" (Martin 32). Qui dit libération dit mouvement: la caméra est devenue mobile, pouvant s'assimiler désormais aussi bien au regard du spectateur qu'à celui d'un personnage de film. Il y a deux types de mouvements d'appareil: **le panoramique** et **le travelling**. Le panoramique est une rotation de la caméra autour de son axe vertical ou horizontal sans déplacement du pied sur lequel l'appareil est monté. Autrement dit, en exécutant un panoramique, la caméra pivote vers la droite, vers la gauche, vers le bas ou vers le haut. Les panoramiques, qui ne font souvent qu'accompagner le mouvement (d'un personnage, d'un véhicule), peuvent avoir une fonction descriptive importante. Celle-ci peut être soit **objective** (l'œil de la caméra balaie un espace, comme dans la séquence de la description de la chambre de Rauffenstein à Wintersborn dans *La Grande Illusion*), soit **subjective** (le regard d'un personnage se promène, comme celui d'Antoine qui parcourt le commissariat de police à travers les barreaux de sa cellule dans *Les Quatre Cents Coups* [1959] de François Truffaut).

Le travelling est un déplacement de la caméra, qui quitte son axe horizontal ou vertical pour se rapprocher ou s'éloigner de son sujet, ou encore pour l'accompagner. Si la caméra s'approche du sujet, il s'agit d'un **travelling avant**; si elle s'en éloigne, c'est un **travelling arrière**. Si l'appareil effectue un mouvement parallèle à un sujet immobile, on l'appelle un **travelling latéral**; si le travelling accompagne un objet en mouvement, c'est, très logiquement, un **travelling d'accompagnement**. Dans le cas des travellings avant et arrière, le mouvement de l'appareil peut être simulé par des moyens optiques (un objectif à focale variable), qui permettent de s'approcher ou de s'éloigner du sujet sans que la caméra se déplace. On parle dans ce cas-là de **zoom** (travelling optique). Comme le panoramique, un travelling peut être objectif ou subjectif. Dans le cas où la caméra épouse le regard d'un personnage, on peut parler de **travelling subjectif**, ce qui se voit très fréquemment au cinéma. Les travellings de toutes sortes, d'ailleurs—y compris des travellings verticaux—ont envahi le cinéma, à des fins tant descriptives que dramatiques. Le travelling avant jusqu'au gros plan sur le visage d'un personnage, comme nous l'avons vu dans le cas de François dans *Le Jour se lève*, a pour effet de matérialiser son état d'esprit, de suggérer une grande tension psychologique. Le travelling arrière produit des effets divers, selon son contexte, y compris l'impression de solitude ou d'aliénation, comme dans la fameuse séquence du fourgon dans *Les Quatre Cents Coups*, où Antoine suit du regard, en travelling arrière, son éloignement du quartier de Pigalle où il habitait.

Pour conclure, il faut remarquer que le panoramique et le travelling peuvent se conjuguer en des mouvements relativement compliqués, ce qui arrive souvent au début d'un film (pendant le générique, par exemple) pour introduire le spectateur dans le monde diégétique. Ainsi, au début des *Quatre Cents Coups* la caméra parcourt les rues de Paris à toute vitesse, balayant en même temps les façades des immeubles, avant de contourner la Tour Eiffel, en panotant pour la prendre en contre-plongée. Chez Renoir les panoramiques se combinent souvent avec des travellings, en une savante chorégraphie, comme dans les séquences bien connues de la répétition pour la fête des prisonniers dans *La Grande Illusion* et la "Danse macabre" au château de La Colinière dans *La Règle du jeu* (1939).

Le Montage

Comme la syntaxe est à la base de l'ordre logique des mots et des phrases dans un texte écrit, le montage est à la base de la construction chronologique et logique d'un film. "Le montage", déclare Gérard Betton, "est l'élément le plus spécifique du langage cinématographique" (72), dans la mesure où il préside à l'organisation du réel. Dans son acception la plus élémentaire, le montage est l'assemblage des plans d'un film dans l'ordre voulu par le réalisateur. Dans le cas du **montage narratif**, le genre de montage le plus répandu, il s'agit d'établir une suite de plans qui garantisse la progression logique de l'action. Si les plans et les séquences sont présentés en ordre chronologique, on parle de **montage linéaire**. Le montage linéaire peut comporter l'emploi du **montage alterné**, où il s'agit de l'alternance d'actions qui se passent en même temps, comme dans certains westerns où (pour créer du suspense) il y a un va-et-vient entre les plans qui montrent un fort attaqué par les Indiens et ceux qui nous font voir la cavalerie qui arrive à bride abattue pour sauver les gens assiégés. Dans d'autres cas, l'ordre chronologique de l'action peut être bouleversé, le plus souvent par un ou plusieurs **retours en arrière** (*flashbacks*), entremêlant le passé et le présent; on peut parler, en ce cas, de "montage inversé".

Outre la cohérence narrative du film, le montage crée son rythme par le choix de la longueur et de la grosseur des plans. Comme nous l'avons indiqué plus haut, plus les plans sont courts, plus ils sont intenses, dynamiques; les suites de plans courts ont tendance à dominer, par exemple, dans un film d'action. Inversement, les plans longs mettent en relief le plus souvent l'état d'esprit des personnages (tristesse, ennui, introspection, etc.); on trouve souvent des successions de plans longs dans les films à tendance psychologique. Le niveau d'intensité varie également selon la grosseur des plans, ceux-ci provoquant un choc psychologique d'autant plus grand que le plan est plus rapproché (plus gros).

Il est généralement convenu que c'est le cinéaste américain D. W. Griffith qui a "découvert" le montage narratif, c'est-à-dire qu'il en a exploité toutes les ressources et l'a conduit à sa forme moderne en variant la durée et la grosseur des plans à des fins narratives et expressives. Sur le plan expressif, pourtant, c'est surtout l'école soviétique qui a montré la voie au monde entier en démontrant que le montage n'est pas seulement l'organisation logique des plans en vue de raconter une action dramatique: c'est aussi l'art de la confrontation des plans entre eux pour faire ressortir des émotions et des idées. Comme le dit Sergei Eisenstein, le théoricien et cinéaste soviétique le plus célèbre, "Le montage est l'art d'exprimer ou de signifier par le rapport de deux plans juxtaposés, de telle sorte que cette juxtaposition fasse naître l'idée ou exprime quelque chose qui n'est contenu dans aucun des deux plans pris séparément. L'ensemble est supérieur à la somme des parties" (Betton 75). Ou plus simplement, "le montage [est] une idée qui naît du choc de deux éléments distincts" (Eisenstein 49). La découverte que la confrontation de deux plans peut produire une signification qui ne se trouve pas dans les plans pris séparément revient, d'ailleurs, à Lev Koulechov, un des maîtres d'Eisenstein, qui a mené une expérience célèbre. Il a fait un montage où alternaient un plan du visage inexpressif de l'acteur Ivan Mosjoukine—toujours le même plan—et des plans qui montraient une assiette de soupe fumante, puis un revolver, un cercueil d'enfant et une scène érotique (selon une des versions). Les spectateurs qui ont été invités à la projection de cette courte séquence furent étonnés par la subtilité des jeux de physionomie de Mosjoukine dont le visage (parfaitement inexpressif, on se le rappelle) semblait exprimer successivement la faim, la peur, la tristesse et le désir. Une signification a donc été créée par la seule juxtaposition des plans: c'est le fameux "effet Koulechov".

Eisenstein édifie toute une théorie du montage où il élabore les différentes méthodes de montage possibles en précisant l'effet voulu sur le spectateur. Il distingue ainsi entre **le montage métrique**, fondé sur la longueur des plans, **le montage rythmique,** fondé à la fois sur la longueur des plans et le mouvement dans le cadre, le contenu du plan, **le montage tonal,** basé sur la "résonance émotionnelle", la "tonalité générale" du plan et, finalement, **le montage intellectuel.** Ce dernier, décrit par Eisenstein comme "la combinaison conflictuelle d'affects intellectuels concomitants" (71), est à la base du **montage idéologique** pour lequel le réalisateur soviétique est le plus célèbre. Il s'agit d'un rapprochement de plans qui fait surgir soit un sentiment, soit une idée précise par le choc de leur juxtaposition. **Le montage parallèle,** par exemple, est un cas particulier de montage idéologique où il s'agit du rapprochement symbolique de deux ou plusieurs actions. L'un des exemples les plus célèbres se trouve dans le tout premier film d'Eisenstein, *La Grève* (1924): un plan qui montre des ouvriers fusillés est immédiatement suivi d'un plan où l'on voit des animaux égorgés dans un abattoir. Le spectateur en tire les conclusions qui s'imposent. Dans ce cas, le montage parallèle des deux plans produit une métaphore, ce qui fait qu'on parle aussi de **montage métaphorique**. Si cette taxonomie du montage, et la réflexion qu'elle comportait, est "largement dépassée" aujourd'hui (Aumont, Bergala et al. 49), elle garde son importance en ce qui concerne la prise de conscience des moyens spécifiques dont le cinéma dispose pour narrer une histoire, provoquer des réactions affectives, produire des significations et créer des ambiances.

Les Raccords

Pour pouvoir parler du montage dans un film, il faut comprendre, évidemment, comment se fait la transition entre deux plans ou entre deux séquences. Une telle transition s'appelle un **raccord**, et les procédés utilisés à cette fin constituent la "ponctuation" du film. En ce qui concerne la succession des plans, le type de raccord le plus élémentaire et le plus courant est la **coupe franche**, c'est-à-dire, la simple juxtaposition de deux plans, la substitution brusque d'une image à la précédente. C'est ce qu'on appelle couramment **le montage cut**. En principe, le montage *cut* est neutre; il n'ajoute pas de signification supplémentaire au passage d'un plan à un autre. Mais la coupe franche, par son caractère brusque, peut avoir un effet de choc, et ce n'est pas par hasard que les films d'Eisenstein, où le choc produit par la rencontre des images est producteur de sens, sont dominés par des **coupes franches** entre les plans comme entre les séquences.

Dans le cas des raccords entre les séquences, plusieurs sortes de liaisons s'emploient couramment dans le cinéma classique. Et lorsque la liaison entre deux séquences se fait par un procédé technique particulier, c'est toujours (au moins dans les bons films) pour produire un effet particulier, pour signifier quelque chose. Pour indiquer la fin d'une séquence, par exemple, on utilise souvent **le fondu au noir** (la disparition progressive de l'image jusqu'au noir). C'est une marque de ponctuation très forte qui nous fait comprendre que c'est la fin d'un segment du récit. Inversement, **l'ouverture en fondu** (l'apparition progressive de l'image à partir du noir) indique le commencement d'une nouvelle action, à la suite de celle qui vient de s'achever.

Dans les vieux films, à l'époque du cinéma muet surtout, on utilisait souvent **l'iris**, forme particulière de fermeture et d'ouverture où le passage d'une image à la suivante se faisait au moyen d'une ouverture circulaire qui diminuait jusqu'au noir (fin de la séquence) ou grossissait à partir du noir (ouverture de la séquence suivante). L'iris servait souvent à attirer l'attention du spectateur sur tel ou tel détail de l'image. Cette technique, passée de mode depuis longtemps, se voit parfois dans des films modernes lorsque le réalisateur veut évoquer les origines du cinéma (ou thématiser le cinéma lui-même). Dans *A bout de souffle* (1960), par exemple, Godard utilise une fermeture en iris sur quelques pièces de monnaie dans la main de Michel pour mettre en relief son besoin d'argent.

Un des procédés de transition les plus usités et les plus expressifs dans le cinéma classique est **le fondu enchaîné**, où l'image disparaît progressivement tandis qu'apparaît en surimpression l'image suivante. Le fondu enchaîné indique le plus souvent un écoulement du temps en passant d'une séquence à la suivante. Il s'agit normalement d'une simple progression dans le temps (avec ellipse), mais le fondu enchaîné (surtout lorsqu'il se prolonge) peut aussi introduire un retour en arrière, comme dans le cas de François dans *Le Jour se lève*. On voit aussi, d'ailleurs, l'utilisation du fondu enchaîné à l'intérieur d'une même séquence, comme dans la séquence du train dans *La Grande Illusion*, où la longue série de fondus enchaînés indique à la fois le passage du temps et le transfert des officiers français de prison en prison. Ou encore, comme dans la séquence de l'interview avec la psychologue dans *Les 400 Coups*, où une série de fondus enchaînés sur le visage d'Antoine ("plan sur plan") implique des ellipses temporelles malgré la continuité du dialogue.

Il faut signaler, finalement, l'utilisation du **fondu enchaîné sonore**, où la liaison entre deux séquences se fait par une musique ou un bruitage qui remplace progressivement l'effet sonore qui accompagnait l'image précédente. On en voit un très bel exemple à la fin de la séquence du *Jour se lève* où François, perdu dans le souvenir de sa première confrontation avec Valentin, au cabaret, revient lentement au présent.

La Profondeur de champ

Quand on parle de la "profondeur de champ" en photographie, il s'agit de l'étendue du champ de netteté d'une image donnée. S'il y a très peu de profondeur de champ, les personnages ou objets qui se trouvent à l'avant-plan ou à l'arrière-plan de l'image seront flous. Tourner en profondeur de champ signifie donc que tout ce qui est dans l'image sera dans le champ de netteté. L'utilisation de la profondeur de champ, connue depuis les débuts du cinéma, prendra une signification particulière par rapport au passage de l'esthétique du cinéma muet à celle du film parlant dans les années 30 et 40. S'il faut en croire André Bazin, "le parlant a sonné le glas d'une certaine esthétique du langage cinématographique" (78). Le cinéma muet avait, en effet, amené l'art du montage à son apogée. Or, le propre du montage est la fragmentation de l'espace, ce qui, toujours selon Bazin, nuit à la représentation réaliste du monde, que celui-ci présente comme le but principal du cinéma. Le monde créé par le montage est un monde plus intellectuel, plus abstrait. La profondeur de champ (souvent conjuguée aux mouvements d'appareil et aux déplacements des personnages), dans la mesure où elle respecte l'intégralité de l'espace, "place le spectateur dans un rapport avec l'image plus proche de celui qu'il entretient avec la réalité" (75). Par ailleurs, la profondeur de champ aurait un effet libérateur sur le spectateur, liberté dont il est privé par le découpage classique, qui dirige sans cesse son attention et impose certaines significations. Le montage s'oppose, par là même, à un aspect essentiel de la réalité, à savoir son ambiguïté fondamentale. Le cinéma d'Eisenstein, fondé sur le principe du montage, a tendance justement, comme le remarque Roland Barthes, à détruire l'ambiguïté du réel (Aumont, Bergala et al. 59). La profondeur de champ (et son corollaire, le plan-séquence) accorderaient ainsi au spectateur une plus grande liberté, tout en sollicitant sa participation active à la construction du sens du film.

Tout le monde n'est pas d'accord, d'ailleurs, sur la fonction libératrice de la profondeur de champ. Marcel Martin, notamment, exprime des réserves en ce qui concerne la liberté véritable offerte au spectateur par la profondeur de champ (197–98). De multiples procédés—tels que les paroles et les déplacements des personnages, ainsi que les emplacements des objets et l'organisation de l'espace—servent en fait à fixer l'attention du spectateur et à ancrer certaines significations, comme dans la séquence du repas des domestiques dans *La Règle du jeu*, dont on trouvera une analyse à la fin de ce chapitre. Martin cite d'autres avantages de la profondeur de champ, pourtant, comme la possibilité de représenter plusieurs actions en même temps (en avant-plan et en arrière-plan) et de valoriser le drame psychologique en "incrustant" les personnages dans le décor en de longs plans fixes (194). Mais l'importance de la profondeur de champ dans l'évolution du cinéma ne laisse de doute pour personne, car, comme le dit Martin, "elle implique une conception de la mise en scène et même une conception du cinéma" (189). Entre les mains d'un grand réalisateur, tel Renoir (ou encore Orson Welles), l'utilisation consciente de la profondeur de champ tend à créer "un récit cinématographique capable de tout exprimer sans morceler le monde, de révéler le sens caché des êtres et des choses sans en briser l'unité naturelle" (Bazin 78).

Quoi qu'il en soit, l'opposition entre le parti-pris esthétique de Bazin, fondé sur la représentation de la réalité, et celui d'Eisenstein, fondé sur la construction du sens, traduit un des débats idéologiques les plus importants de l'histoire du cinéma mondial. Il y va de la conception même du cinéma, car la théorie de Bazin sous-entend une certaine "transparence" du récit cinématographique (toute l'attention du spectateur est dirigée vers l'illusion de la réalité), tandis que le montage eisensteinien met en valeur le cinéma lui-même, attirant l'attention du spectateur sur les moyens spécifiques du septième art (Aumont, Bergala et al. 52).

Le Son

Les grands maîtres du cinéma muet se sont acharnés sur le cinéma parlant à ses débuts, vers la fin des années 20, lui reprochant de nuire aux moyens les plus spécifiques du cinéma. Chaplin l'accusait ainsi d'abîmer l'art de la pantomime sur lequel reposait le cinéma muet, tandis qu'Eisenstein et ses confrères soviétiques lui reprochaient de détruire l'art du montage. Personne ne doute plus aujourd'hui de l'apport précieux du son au cinéma; en transformant son esthétique, il est devenu un de ses moyens les plus fondamentaux. Tout le monde s'accorde à reconnaître que la bande sonore augmente de manière générale l'impression de réalité produite par le cinéma, comme elle renforce l'impression de continuité de la bande image (discontinue par nature).

L'utilisation des bruits et de la parole a permis de supprimer les intertitres du cinéma muet (les cartons où étaient inscrites les paroles des personnages ou des explications) et la nécessité de recourir à des métaphores ou à des symboles visuels pour communiquer certaines idées—comme les mains qui secouent un shaker pour évoquer la sonnerie de la porte dans *Un chien andalou* (1928). La voix *off* (hors champ), de son côté, "ouvre au cinéma le riche domaine de la psychologie en profondeur en rendant possible l'extériorisation des pensées les plus intimes" (Martin 130). Le son *off* enrichit en général la représentation cinématographique, en valorisant le hors-champ de manière bien plus précise et plus variée que le cinéma muet. La musique, finalement, joue un rôle primordial dans le film parlant—dans la mesure, toutefois, où elle n'est pas une simple paraphrase de l'image (comme c'est trop souvent le cas). Dans le meilleur des cas, soit la musique a une fonction dramatique, puisqu'elle crée une ambiance qui soutient l'action représentée, soit elle constitue elle-même une source de significations complémentaires à celles qui sont véhiculées par la bande-image. Des exemples de musiques qui sont absolument essentielles à la réussite de telle ou telle scène, si ce n'est d'un film entier, abondent dans le cinéma français, à commencer par la célèbre musique de Maurice

Jaubert dans la scène du dortoir de *Zéro de conduite* de Jean Vigo; la musique du même compositeur dans *Le Jour se lève* de Marcel Carné; celle de Joseph Kosma dans *Partie de campagne* de Jean Renoir; *Danse macabre* de Saint-Saëns dans la séquence de la fête au château dans *La Règle du jeu* de Renoir ou encore la partition de Giovanni Fusco pour *Hiroshima mon amour* d'Alain Resnais, pour ne citer que quelques musiques de film parmi les plus renommées.

Commentaires de séquences

Nous présentons ici, à titre d'exemple, deux analyses de séquences (ou de sous-séquences), où nous montrons la mise en pratique de quelques-uns des concepts présentés dans cette introduction à la lecture du film. Nous avons choisi des extraits de deux films parmi les plus célèbres de l'histoire du cinéma français: *La Règle du jeu* de Jean Renoir (1939), une des plus grandes œuvres du courant de réalisme poétique des années 30, et *A bout de souffle* de Jean-Luc Godard (1960), le film emblématique de la Nouvelle Vague. L'extrait de *La Règle du jeu*, la séquence du repas des domestiques, est un exemple frappant du plan-séquence, technique pour laquelle Renoir est célèbre, où l'utilisation de la profondeur de champ et des mouvements de la caméra joue un rôle primordial. Par contre, dans *A bout de souffle*, nous avons choisi un extrait où l'esthétique du montage atteint une sorte d'apogée; c'est la sous-séquence vers le début du film où le protagoniste, Michel, tue le policier (le motard qui l'avait pris en chasse) d'un coup de revolver. A moins d'une indication contraire, les raccords entre les plans sont des coupes franches (montage *cut*).

Séquence 1. Le Repas des domestiques dans La Règle du jeu

Le début du repas des domestiques montre que le monde de ceux-ci est une réplique très fidèle de celui des maîtres, dans la mesure, du moins, où il est structuré par le même genre de hiérarchie. Le maître d'hôtel, Corneille, règne sur ce monde, tandis que Lisette, la femme de chambre de Madame (l'épouse du marquis), occupe le deuxième rang. Lisette ira jusqu'à répondre en anglais (en parfaite snob!) quand un des domestiques demande de la moutarde; sa réplique, "If you please", rappelle la conversation en anglais entre les deux aristocrates, Boëldieu et Rauffenstein, dans *La Grande Illusion* (1937), du même réalisateur. La conversation des domestiques à table, avant le début de l'extrait que nous commentons ici, reflète, au demeurant, le même souci des convenances—et les mêmes préjugés—que chez les maîtres. Il n'est question que de l'inconvenance de la présence au château du célèbre aviateur André Jurieu, que tout le monde considère comme l'ancien amant de Madame, ainsi que des préjugés à l'égard du marquis, qui est "métèque", c'est-à-dire étranger et, qui plus est, d'origine juive allemande. C'est le contexte du remarquable plan-séquence de presque deux minutes qui commence par l'arrivée du garde-chasse, Schumacher, le mari de Lisette. Au cours de la scène, Schumacher va s'en aller au moment même où arrive Marceau, un braconnier que le garde-chasse déteste mais que le marquis vient de prendre à son service.

La table où dînent les domestiques est située à l'avant-plan d'une grande salle qui donne sur les cuisines, qu'on aperçoit dans le fond du plan. Pendant la plupart de la scène dont il est question, qui se passe en temps réel, Renoir jouera sur la grande profondeur de champ pour mieux intégrer l'action dans le monde des domestiques, qui est celui, justement, des cuisines et du service.

Plan 1 (1 min. 50 sec.): Plan moyen en contre-plongée sur Schumacher qui s'arrête dans l'escalier pour répondre à une question qu'on lui a posée. Schumacher: *"Je ne sais pas de quoi tu parles; j'arrive"*. Panoramique vers le bas et à droite suivant la descente de Schumacher dans la salle. Léger travelling avant pour accueillir le chef-cuisinier qui s'arrête en plan rapproché juste derrière deux domestiques assis à table. Derrière le chef, on aperçoit de temps en temps, pendant qu'il parle, un cuisinier qui se déplace dans les cuisines tout au fond, mettant en relief la grande profondeur de champ. Le chef: *"A propos de Juifs, avant de venir ici, j'étais chez le baron d'Epinay. Je vous garantis que là, il n'y en a pas. Mais je vous garantis aussi qu'ils bouffaient comme des cochons. C'est d'ailleurs pour ça que je les ai quittés"*. Tandis que le chef s'éloigne vers le fond, court panoramique vers la droite pour cadrer Schumacher en plan rapproché derrière Lisette. Schumacher: *"Tu en as pour longtemps, Lisette"*? Lisette: *"Je ne sais pas. Madame a encore besoin de moi"*. Panoramique en sens inverse pour recadrer le chef qui revient, s'arrête de nouveau en plan rapproché devant la table, et reprend son discours: *"La Chesnaye, tout métèque qu'il est, m'a fait appeler l'autre jour pour m'engueuler pour une salade de pommes de terre. Vous savez, ou plutôt vous ne savez pas, que pour que cette salade soit mangeable, il faut verser le vin blanc sur les pommes de terre lorsque celles-ci sont encore absolument bouillantes—ce que Célestin n'avait pas fait parce qu'il n'aime pas se brûler les doigts. Eh bien, lui, le patron, il a reniflé ça tout de suite! Vous me direz ce que vous voudrez, mais ça, c'est un homme du monde"*. Pendant que le chef parle, Schumacher s'éloigne de la table pour remonter l'escalier. Lorsque le chef s'éloigne encore une fois, panoramique vers la gauche accompagnant le départ de Schumacher, qui croise Marceau dans l'escalier. Bref arrêt des deux hommes, ainsi que de la caméra; échange de regards, puis le panoramique reprend pour accompagner la descente de Marceau qui remonte ensuite vers la caméra jusqu'au plan américain. Pendant l'arrivée de Marceau, on entend en voix *off* un domestique qui demande: *"Qui c'est, celui-là?"* Marceau: *"Je voudrais parler à M. Corneille"*. Corneille: *"Vous désirez, mon ami"*? Marceau: *"Je suis le nouveau domestique. M. le Marquis, il a dû vous parler de moi"*. Corneille: *"Qu'est-ce que vous savez faire, mon ami"*? Marceau: *"Moi? Oh, ben, je ne sais pas moi, moi . . . un petit peu de tout"*. Corneille: *"Vous savez graisser les bottes, mon ami"*? Marceau: *"Ah oui, M. Corneille, moi, pour tout ce qui est de la toilette, je suis comme qui dirait un spécialiste"*! Corneille: *"Bon, eh bien, demain matin, vous irez prendre les bottes devant les portes des chambres et vous vous en occuperez"*. Marceau: *"Bien, M. Corneille"*. Pendant cet échange, la domestique qui sert à table remonte du fond de la salle; on voit dans le fond le va-et-vient du chef et de l'autre cuisinier dans les cuisines. Comme nous l'avons souligné plus haut, Renoir tient visiblement à insister sur la globalité de l'espace, à ne pas séparer l'action de son contexte socioculturel. Marceau, se penchant vers Corneille: *"C'est là qu'on dîne"*? Corneille: *"Oui, mon ami"*. Panoramique vers la droite, s'arrêtant sur le domestique assis à côté de Lisette. Celui-ci se lève, en disant, *"Il faut que j'aille prendre mon service"*. Léger recadrage vers la gauche pour rencontrer l'arrivée de Marceau à côté de Lisette. Celle-ci demande à la serveuse de mettre une assiette pour Marceau, puis lui demande: *"Comment vous appelez-vous"*? Marceau: *"Marceau. Et vous, Mademoiselle?"* Lisette: *"Madame. Je m'appelle Lisette. Je suis Mme Schumacher"*. Marceau tique très fort, commence à s'éloigner. Lisette le rappelle en riant: *"Oh! ben, il faut pas que ça vous empêche de vous asseoir!"* A ce moment, le champ est découpé en trois parties, ce qui accentue sa profondeur, par l'arrivée de la serveuse du côté droit, à mi-chemin entre l'avant-plan où se trouvent Lisette et Marceau et l'arrière-plan occupé par le chef et les cuisines. Marceau revient s'asseoir. Voix *off* de deux domestiques qui parlent de la chasse. Leurs paroles servent de raccord sonore avec le plan qui suit.

Plan 2 (7 sec.): Plan rapproché sur les deux domestiques à table, qui continuent de parler (en voix *in* cette fois). Léger travelling avant, puis court panoramique vers la gauche pour recadrer Lisette qui regarde en souriant Marceau, dont la tête apparaît en amorce (coupée par le cadre) à gauche, au premier plan.

Plan 3 (10 sec.): Contrechamp sur Marceau, cadré en plan rapproché, avec la tête de Lisette en amorce à droite. Sourire coquin de Marceau, qui mange.

Plan 4 (3 sec.): Gros plan sur un poste de radio, avec fondu enchaîné sur une pendule de cheminée qui sonne, nous ramenant au monde des maîtres.

Cette séquence de deux minutes dix secondes, qui est dominée par le grand plan-séquence d'une minute cinquante au début, ne comporte que quatre plans. Pour apprécier l'exploit de Renoir, et l'esthétique du plan-séquence, il faut comprendre que dans un film qui obéit au découpage classique (c'est-à-dire, la plupart des films de cette époque), les plans ne durent que de cinq à dix secondes. Une séquence comme celle-ci, traitée par un réalisateur conventionnel, aurait été composée d'une vingtaine de plans, morcelant sans arrêt l'espace. Renoir refuse, dans la mesure du possible, ce morcèlement, pour les raisons que nous avons indiquées ci-dessus, dans la section sur **la profondeur de champ.** Son procédé est très risqué, pourtant, car il implique toute une chorégraphie de mouvements et de paroles, d'entrées et de sorties du champ et des mouvements d'appareils mettant en valeur ce "ballet". Si la prise est ratée, il faut tout recommencer—et cela coûte cher. Pour Renoir, le jeu en vaut la chandelle, parce qu'il tient avant tout à représenter le monde réel, et moins il y a de raccords (qui rappellent que c'est du cinéma), plus la représentation est réaliste. Ce qui ne l'empêche pas de faire du montage classique lorsqu'il le faut, à commencer par le champ-contrechamp à la fin de la séquence, où il s'agit de mettre en relief l'attirance réciproque entre Marceau et Lisette qui va provoquer le drame qui coûtera la vie à Jurieu.

Séquence 2. Le Meurtre du motard dans A bout de souffle

Le meurtre du motard survient à la fin de la deuxième séquence du film, où Michel, ayant volé une voiture à Marseille, file vers Paris sur la Nationale 7. Dans la première partie de la séquence, le caractère de Michel est établi—c'est un petit voyou arrogant, misogyne, mais sentimental et attachant. Au début du film, il dit, "*Je fonce, Alphonse*". C'est quelqu'un qui, effectivement, "fonce" dans la vie; il semble être obsédé par la vitesse. Mais la vitesse ne laisse pas le temps de réfléchir, et on a l'impression que tout l'épisode du meurtre du motard, dont les effets de montage accentuent la rapidité, se passe sans réflexion, comme si un destin maléfique dictait les gestes de Michel.

L'extrait qui nous intéresse ici, composé de dix-neuf plans, est précédé d'un moment de ralentissement dans l'action: Michel doit ralentir pour des travaux sur la route. Mais il ronge son frein, et à la première occasion, il double.

Plan 1 (1 sec.): Dans ce plan très bref, qui commence la sous-séquence, on voit en plan rapproché l'avant de la voiture qui fonce, traversant en même temps la ligne continue. Ce détail est significatif, parce que c'est cet acte qui matérialise le statut de hors-la-loi de Michel. Il "traverse la ligne" et entre publiquement dans le domaine de l'interdit, domaine dont il ne sortira qu'en mourant à la fin du film.

Plan 2 (2 sec.): Plan subjectif où nous épousons le regard de Michel, qui voit à travers le pare-brise, sur le bord de la route, deux motards de la gendarmerie. Michel: "*Merde, la flicaille!*"

Plan 3 (4 sec.): La voiture de Michel qui double un camion, cadré en plan rapproché et accompagné d'un panoramique latéral rapide.

Plan 4 (1 sec.): Plan d'ensemble sur le camion qu'on voit à travers la vitre arrière.

Plan 5 (3 sec.): Plan d'ensemble sur les deux motards qui prennent la voiture de Michel en chasse. Le raccord avec le plan précédant se fait par une "saute" (*jump cut* en anglais), une coupe franche qui choque, tant elle contrevient au principe du montage classique, qui veut que les raccords passent inaperçus. A la fin du plan, panoramique latéral de la vitre arrière jusqu'au dos de Michel.

Plan 6 (1 sec.): Plan moyen sur la voiture de Michel, accompagnée d'un panoramique de gauche à droite pendant qu'elle dépasse une autre voiture.

Plan 7 (2 sec.): Plan d'ensemble, avec panoramique, sur les deux motards qui filent de droite à gauche—donc *en sens inverse*, et à l'encontre, évidemment, de toutes les conventions gouvernant le montage.

Plan 8 (5 sec.): Plan rapproché sur la voiture de Michel qui quitte la route, entre dans un petit chemin (panoramique d'accompagnement) et s'arrête. Michel: "*Oh! le crocodile a sauté*".

Plan 9 (1 sec.): Plan d'ensemble sur la route, vue du chemin. Un motard passe.

Plan 10 (4 sec.): Plan américain sur Michel, qui ouvre le capot de la voiture. Michel: "*Piège à con!*"

Plan 11 (1 sec.): Reprise du Plan 9: le second motard passe sur la route.

Plan 12 (4 sec.): Plan américain sur Michel qui essaie de réparer le fil dont il s'est servi pour voler la voiture.

Plan 13 (3 sec.): Même plan d'ensemble sur la route: le second motard a fait demi-tour et entre dans le chemin où se trouve la voiture de Michel.

Plan 14 (3 sec.): Plan rapproché sur Michel, puis panoramique latéral le suivant jusqu'à la porte de la voiture. Vu de dos, il se penche vers l'intérieur, à travers la vitre ouverte. La voix *off* du motard fait le raccord (sonore) avec le plan suivant, sur lequel la phrase se termine: "*Ne bouge pas ou je te brûle!*"

Plan 15 (1 sec.): Panoramique descendant en très gros plan sur Michel (vu de profil), du chapeau jusqu'au bras.

Plan 16 (1 sec.): Saute, très gros plan sur le bras de Michel, panoramique latéral jusqu'à sa main, qui tient le revolver.

Plan 17 (1 sec.): Très gros plan sur le barillet du revolver. On entend un déclic très fort; panoramique jusqu'au canon. Bruit du coup de revolver qui fait un raccord sonore avec le plan suivant.

Plan 18 (2 sec.): Plan américain sur le motard qui tombe à côté d'un arbre. A noter qu'il s'agit ici d'un *faux raccord* (sans doute voulu par Godard), puisque le coup qui part est accompagné d'un panoramique vers la droite, tandis que le motard tombe vers la gauche (Marie 82).

Plan 19 (14 sec.): Plan général en légère plongée avec panoramique accompagnant Michel, qui court à travers champs. La caméra s'immobilise en plan fixe tandis que Michel s'éloigne dans le crépuscule. Fondu au noir. Sur la bande-son, une musique de jazz très forte traduit le caractère dramatique de l'action.

On peut difficilement pousser plus loin l'esthétique du montage. On constate que ces dix-neuf plans, dont onze ne dépassent pas deux secondes, ne durent que cinquante-quatre secondes en tout. La conjugaison du montage rapide, des mouvements d'appareil, des sautes et des mouvements en sens inverse achève d'étourdir le spectateur. Nous entrons encore plus dans l'univers de Michel, avec lequel nous nous identifions depuis le début de la séquence (nous épousons son regard). La vitesse et l'intensité de l'action créent l'impression d'un engrenage infernal où, comme nous l'avons indiqué plus haut, la réflexion est interdite. Michel ne pense pas à ce qu'il fait; il réagit à la situation qu'il a déclenchée en cédant à son désir d'aller vite, de vivre "à bout de souffle". La mort du motard est le signe du destin de Michel; tout le reste du film est la chronique d'une fatalité qui le traquera jusqu'à la mort.

Œuvres consultées

Aumont, Jacques, Alain Bergala, Michel Marie et Marc Vernet. *Esthétique du film*. Paris: Nathan, 1983.

Aumont, Jacques, et Michel Marie. *L'Analyse des films*. Paris: Nathan, 1989.

Bazin, André. "L'Evolution du langage cinématographique". *Qu'est-ce que le cinéma?* Poitiers: Editions du Cerf, 1981. 63–80.

Betton, Gérard. *Esthétique du cinéma*. Paris: Presses universitaires de France, 1983.

Eisenstein, S. M. *Le Film: sa forme, son sens*. Paris: Christian Bourgeois, 1976.

Gillain, Anne. *Les 400 Coups*. Coll. "Synopsis". Paris: Nathan, 1991.

Marie, Michel. *A bout de souffle*. Coll. "Synopsis". Paris: Nathan, 1999.

Martin, Marcel. *Le Langage cinématographique*. Paris: Les Editeurs Français Réunis, 1977.

Metz, Christian. *Essais sur la signification au cinéma*, I. Paris: Klincksieck, 1978.

Vanoye, Francis, et Anne Golio-Lété. *Précis d'analyse filmique*. Paris: Nathan, 1992.

Lexique technique du cinéma

Accéléré (m.): Effet obtenu en projetant à vitesse normale (vingt-quatre images/seconde) des images prises à vitesses inférieures. Si on tourne à huit images/seconde, par exemple, l'action se déroule trois fois plus vite à la projection [*fast motion*].

Angle de prise de vue (m.): Perspective sous laquelle le réalisateur choisit de montrer le champ visuel. Elle dépend à la fois de la position de la caméra et de l'objectif utilisé (distance focale) [*camera angle*].

Cache (m.): Dispositif opaque que l'on met devant l'objectif de la caméra en filmant; une partie de la surface du dispositif est transparent, permettant d'impressionner une partie déterminée de la pellicule. On utilise un cache surtout pour présenter des images multiples, côte à côte, dans le même champ [*mask*].

Cadrage (m.): Action qui consiste à organiser ce qu'enregistre la caméra à un moment donné. Elle comprend l'angle de prise de vue et la disposition de tout ce qui se trouve à l'intérieur du champ filmé (personnages et objets). On dit aussi **cadrer** quelque chose ou quelqu'un [*framing*].

Cadre (m.): Limite rectangulaire du champ filmé. Le cadre correspond à l'image entière que le spectateur voit sur l'écran [*frame*].

Caméra subjective (f.): Prise de vues où la perspective est censée représenter le point de vue d'un personnage du film [*point-of-view shot*].

Carton (m.): Texte inséré entre les plans d'un film. Dans les films muets, le dialogue était présenté sur des cartons, mais il peut s'agir aussi de renseignements pour faciliter la compréhension de l'action d'un film. On dit aussi **intertitre** (m.) [*title card*].

Champ (m.): Portion d'espace filmé par la caméra lors du tournage d'un plan. Dans un même plan, un personnage peut "entrer ou sortir du champ", c'est-à-dire qu'il entre ou sort de l'image [*field*].

Champ-contrechamp (m.): Technique employée surtout pour filmer les dialogues; dans une séquence où dialoguent deux personnages A et B, champs et contrechamps alternent. Les plans qui cadrent A sont les champs, ceux qui cadrent B, les contrechamps [*shot reverse shot*].

Contreplongée (f.): Voir **Plongée**.

Cut: Voir **Montage** *cut*.

Découpage (m.): Dernier stade de la préparation écrite d'un film. Le récit y est fragmenté en séquences et en plans numérotés. Le découpage "technique" est un document où les indications techniques (cadrages, mouvements d'appareil, etc.) sont encore plus élaborées [*shooting script*].

Distribution (f.): Ensemble des acteurs qui interprètent un film (ou une pièce de théâtre) [*cast*].

Doublage (m.): Technique sonore où l'on remplace la bande sonore originale d'un film par une autre bande qui donne les dialogues dans une autre langue, en coordonnant la bande sonore et l'image de façon à ce que les paroles correspondent aux mouvements des lèvres des acteurs [*dubbing*].

Faux raccord (m.): Voir **Raccord**.

Flash (m.): Plan très bref que l'on introduit afin d'obtenir un effet brutal, rapide et expressif.

Flash-back (m.): Retour en arrière.

Flash-forward (m.): Bond temporel en avant.

Flou (m.): Plan dans lequel l'image devient floue (manque de netteté) [*soft focus*].

Fondu au noir (m.): Procédé qui consiste à faire disparaître l'image progressivement jusqu'au noir (forme de ponctuation pour terminer une séquence); cf. **ouverture en fondu** (f.): procédé contraire qui consiste à faire apparaître l'image progressivement, à partir du noir (et qui marque, normalement, le commencement d'une nouvelle séquence) [*fade-out, fade-in*].

Fondu enchaîné (m.): Ponctuation visuelle où l'image disparaît progressivement tandis qu'apparaît en **surimpression** l'image suivante (indique généralement un écoulement du temps) [*dissolve*].

Générique (m.): Partie d'un film où sont indiqués le titre, le nom des acteurs, des membres de l'équipe technique et de tous les collaborateurs, au début ou à la fin (le plus souvent les deux) [*credits*].

Hors-champ (m.): Espace contigu au champ filmé, non visible à l'écran mais qui existe dans l'imagination du spectateur. Un personnage ou un objet qui se trouve dans cet espace est "hors champ" [*off-camera*].

Insert (m.): Très gros plan d'un objet ou d'un personnage que l'on introduit au montage pour faciliter la compréhension de l'action.

Intertitre (m.): Voir **Carton**.

Iris (m.): On parle de la "fermeture en iris" quand la disparition de l'image à la fin d'une séquence se présente comme un cercle noir qui envahit l'écran jusqu'à ce qu'il ne reste qu'un point lumineux, qui disparaît à son tour. L'ouverture en iris (à partir d'un point lumineux) est le procédé contraire, pour introduire une nouvelle séquence [*iris shot*].

Maquette (f.): Décor ou élément de décor construit en réduction, et qui donne l'illusion du décor reél [*mock-up, scale model*].

Mixage (m.): Opération consistant à mélanger des diverses bandes-son d'un film (paroles, musique, bruits) et à doser l'intensité de chacune selon son importance à un moment donné. Du mixage résulte une bande sonore unique et définitive, synchrone à la bande image [*mixing*].

Montage (m.): Consiste à assembler, dans l'ordre de la narration, les différents plans d'un film, en veillant à la justesse des transitions et du rythme de l'œuvre (longueur respective des plans). Il y a divers styles de montage: montage rapide (ou "court"), lent, alterné, parallèle, etc. [*editing*].

Montage alterné (m.): Plans montés de façon à montrer alternativement des actions qui se déroulent simultanément [*cross-cutting*].

Montage *cut* (m.): Passage "sec" d'un plan au suivant (sans ponctuation optique, comme les fondus); se dit aussi "**coupe franche**" [*cut*].

Montage parallèle (m.): Plans montés côte à côte pour suggérer un rapport symbolique ou métaphorique [*parallel editing*].

Panoramique (m.): Mouvement de la caméra pivotant horizontalement ou verticalement sur un de ses axes, le pied restant immobile. Le panoramique sert surtout à balayer un décor ("panoramique descriptif") ou à suivre un déplacement ("panoramique d'accompagnement") [*panning*].

Panoramique filé (m.): Type de raccord qui consiste à passer d'une image à l'autre au moyen d'un panoramique très rapide qui produit un mouvement horizontal flou à l'écran [*swish pan*].

Penché (m.): Une prise de vues où la caméra est penchée sur le côté, vers la gauche ou vers la droite [*tilt*].

Plan (m.): L'unité dramatique du film. C'est une suite ininterrompue d'images, le fragment de film compris entre un départ ("Moteur"!) et un arrêt ("Coupez"!) de la caméra [*shot*]. Voici la définition des différentes grosseurs de plans utilisées dans un découpage:

Plan général ou **plan de grand ensemble**: espace lointain, avec ou sans personnages [*establishing shot*].

Plan d'ensemble: espace large mais où les personnages sont identifiables (par exemple, une scène de rue) [*long shot*].

Plan moyen: personnages cadrés en pied [*medium shot*].

Plan américain: personnages cadrés à mi-cuisse.

Plan rapproché: personnages cadrés à la ceinture ou à hauteur du buste [*near shot*].

Gros plan: personnages cadrés au visage [*close-up*].

Très gros plan: plan insistant sur un détail, tel qu'un objet ou une partie du visage [*extreme close-up*].

Plan fixe: Plan tourné par une caméra fixe, immobile [*static shot*].

Plan-séquence: Séquence tenant tout entière en un plan unique exceptionnellement long (comporte souvent des mouvements d'appareil et l'emploi de la **profondeur de champ**) [*sequence shot, long take*].

Plongée (f.): Plan dans lequel la caméra est placée au-dessus du sujet filmé. L'effet contraire est obtenu par **contreplongée**, en plaçant la caméra plus bas que le sujet à filmer [*downshot* or *high-angle shot* / *upshot* or *low-angle shot*].

Postsynchronisation (f.): Procédé qui consiste à ajouter le son et la parole après le tournage d'un film.

Profondeur de champ (f.): Technique qui permet d'obtenir une image aussi nette au premier plan qu'à l'arrière-plan. Cette netteté des diverses parties de l'image permet des effets dramatiques jouant précisément sur l'utilisation de la "profondeur" et recréant ainsi l'illusion des trois dimensions [*deep focus, depth of field*].

Raccord (m.): Passage d'un plan au plan suivant en conservant la cohérence de leurs éléments respectifs de sorte que le spectateur n'est pas gêné par la transition. Les raccords portent sur le décor, les costumes, les mouvements des acteurs, le rythme général du film, etc. On parle de **faux raccord** lorsque le raccord ne respecte pas les conventions [*transition*].

Ralenti (m.): Procédé technique permettant de ralentir la durée de l'action filmée (par une accélération de la prise de vues, le film étant ensuite projeté à la vitesse normale). Si l'on enregistre par exemple une action à la vitesse de quatre-vingt-seize images/seconde et qu'on le projette ensuite à la vitesse normale de vingt-quatre images/seconde, on aura ralenti de quatre fois sa durée réelle [*slow motion*].

Recadrage (m.): Emploi de mouvements d'appareil (panoramiques, travellings) au lieu d'un changement de plan pour modifier le cadrage ou l'angle de prise de vues (typique des plans-séquences) [*reframing*].

Saute (f.): Raccord brutal entre deux plans qui fait qu'on "saute" brusquement d'un plan au suivant, brisant la continuité de l'action [*jump cut*].

Scénario (m.): Récit écrit du film, fragmenté en scènes et comportant des dialogues. Par extension, on appelle "scénario" le sujet d'un film [*screenplay, scenario*].

Scripte (f.): La personne qui est responsable, pendant le tournage, des raccords entre les plans; elle minute tous les plans pour pouvoir calculer, au fur et à mesure, la durée du film. Aujourd'hui, « Scripte » est souvent remplacée par « Continuité » dans les génériques [*continuity supervisor*].

Séquence (f.): Suite de plans formant une unité narrative; elle est à la structure dramatique du film ce qu'est le chapitre au roman (toutes proportions gardées) [*sequence*].

Son diégétique (m.): Son qui émane de l'univers du film (comme les dialogues ou des bruits de pas) et non de l'extérieur. Ceci concerne aussi la musique du film; on distingue entre la musique d'ambiance (qui vient de l'extérieur) et la musique diégétique (qui est produite, par exemple, par une radio ou un instrument de musique dans le film même) [*diegetic sound*].

Son direct (m.): Procédé qui consiste à enregistrer le son et les paroles en même temps que les images [*sync sound*].

Surimpression (f.): Procédé technique permettant d'enregistrer sur une première image une seconde image, les deux images se fondant en une seule (par exemple, apparition des titres génériques sur une image en mouvement, apparitions surnaturelles, fantômes . . .) [*superimposition*].

Synopsis (m.): Récit écrit du film, sous une forme résumée (afin d'en permettre une lecture rapide et facile).

Transparence (f.): Projection sur écran derrière les acteurs, permettant de tourner une scène en studio, alors que le spectateur aura l'illusion qu'elle l'a été en extérieurs [*rear-screen projection*].

Travelling (m.): Mouvement de caméra où celle-ci se déplace sur un chariot, sur une grue, ou à la main. On distingue travelling avant, arrière, latéral [*dolly shot, tracking shot*].

Truc(age) à arrêt (m.): Procédé où l'on arrête la caméra après avoir tourné un plan pour pouvoir placer un nouveau sujet devant l'appareil ou pour enlever tout simplement le premier sujet. A la projection, on a l'impression, dans le premier cas, que le sujet a été transformé par magie, dans le deuxième, que le sujet a disparu subitement [*stop-action photography*].

Voix *off* (f.): Voix d'un personnage qui est situé hors champ, ou qui se trouve dans l'image mais ne parle pas. La voix *off* exprime souvent les réflexions d'un personnage qu'on voit à l'écran et sert aussi de forme de narration [*voice-over*].

Volet (m.): Effet de balayage d'un plan par le suivant indiquant un changement de sujet, de lieu ou de temps [*wipe*].

Zoom ou **travelling "optique"** (m.): Effet visuel qui simule le mouvement de travelling à l'aide d'un objectif à focale variable, sans bouger la caméra [*zoom*].

I

Films historiques:
l'Occupation et l'époque coloniale

François Truffaut, *Le Dernier Métro* (1980)
Louis Malle, *Au revoir les enfants* (1987)
Claire Denis, *Chocolat* (1988)
Régis Wargnier, *Indochine* (1992)

Nous présentons dans cette première rubrique un échantillon important de films historiques: deux films sur la période de l'Occupation, *Le Dernier Métro* (1980) de François Truffaut et *Au revoir les enfants* (1987) de Louis Malle, suivis de deux films sur l'époque coloniale, *Chocolat* (1988) et *Indochine* (1992), ce dernier un des plus grands "films patrimoniaux" (ou "films de patrimoine"), des équivalents français du terme anglais *heritage films*. Pour mieux comprendre ces films et en apprécier l'importance, il est nécessaire d'en connaître les contextes historique et cinématographique. Les remarques qui suivent brossent les grandes lignes des périodes de l'Occupation et de la France coloniale. On trouvera des informations plus spécifiques dans les chapitres consacrés à chaque film.

L'Occupation (1940–44)

L'armée allemande envahit la France le 10 mai 1940. En moins d'une semaine, débordée par les chars rapides (la "guerre-éclair") et les avions supérieurs des Allemands, la France est vaincue. C'est une débâcle absolue, et la facture est lourde: 85 000 morts, deux millions de prisonniers, neuf millions de réfugiés sur les routes fuyant vers le sud du pays. Dès le 22 juin, un armistice inflige une indemnité d'occupation de 400 millions de francs par jour (Prost 49). Comme le remarque Paxton, "La France est étranglée économiquement et épuisée financièrement par la saignée que lui impose l'Allemagne" (145). La France est divisée en une zone occupée—la moitié nord du pays en plus de toute la côte atlantique—et une zone "libre", celle-ci sous l'autorité du gouvernement du maréchal Pétain, établi le 1er juillet à Vichy.

Héros de la Première Guerre mondiale, Pétain est un homme d'extrême-droite qui abonde rapidement dans le sens du vainqueur nazi, souscrivant pleinement au Nouvel Ordre prôné par celui-ci. La République française est supprimée, remplacée par "L'Etat français", qui fonctionne comme une monarchie absolue. La Collaboration officielle avec les occupants est instaurée le 24 octobre 1940 avec une poignée de main à Hitler devenue infâme. A Londres, le général De Gaulle commence à organiser la Résistance en lançant sur la BBC son célèbre "Appel du 18 juin" où il exhorte le peuple français à

1

poursuivre le combat contre l'ennemi. Il défilera en héros sur les Champs-Elysées lors de
la Libération de Paris en août 1944, qui met fin à l'Occupation et au régime de Vichy.

En 1946, le film de René Clément, *La Bataille du rail* (1946), qui dépeint les actions
héroïques des cheminots français pendant l'Occupation de la France, inaugure une
longue tradition de films à la louange de la Résistance. Comme nous l'avons signalé dans
le chapitre "Le Cinéma français: un survol rapide" (page xxiv), ce mythe du "résistancialisme" sera battu en brèche à partir des années 70 avec la sortie du documentaire
monumental de Marcel Ophüls, *Le Chagrin et la pitié* (1971), et dans le film de Louis
Malle, *Lacombe Lucien* (1974). A partir de ces années-là, le cinéma commence aussi à
s'intéresser à un aspect de l'Occupation passé sous silence auparavant, le sort des Juifs.
C'est le thème principal des deux films du manuel consacrés à cette période, qui l'abordent dans deux univers complètement différents, celui du théâtre parisien (*Le Dernier
Métro*) et d'un collège catholique de campagne (*Au revoir les enfants*).

La France et le colonialisme

Le colonialisme fait partie intégrante de l'histoire de la France depuis le seizième siècle.
Dans un premier temps il s'agit surtout d'établissements en Amérique (au Canada, à
Terre-Neuve et en Louisiane, par exemple), en Inde et dans les Antilles (Martinique,
Guadeloupe, Saint-Martin, Saint-Domingue), un empire très étendu dont la France
perd la plus grande partie à la fin de la Guerre de Sept Ans, remportée par l'Angleterre
en 1763. Elle se fera un deuxième empire au dix-neuvième siècle, sous le règne de Napoléon III (1852–70), en colonisant l'Afrique du Nord (l'Algérie, le Maroc, la Tunisie)
à partir de 1830, puis l'Indochine, une partie importante de l'Afrique occidentale (la
Mauritanie, le Sénégal, la Côte d'Ivoire, le Niger, etc.), l'Océanie (la Polynésie surtout,
dont Tahiti) et la Nouvelle-Calédonie.

L'empire colonial français, le deuxième plus grand du monde (après l'empire britannique) jusqu'à la Deuxième Guerre mondiale, s'est écroulé après celle-ci. Dès 1945,
l'Indochine réclame l'indépendance, mais le refus catégorique de la France mènera à une
guerre que l'Indochine gagnera en dominant les forces françaises à la bataille de Diên
Biên Phú en 1954. Les Accords de Genève, qui mettent fin aux hostilités la même année,
divisent le Vietnam en deux parties, le Nord et le Sud. Dès la fin de la guerre en Indochine, le peuple algérien commence, lui aussi, à se révolter contre le colonialisme. Il s'ensuit un conflit sanglant qui finit par l'indépendance de l'Algérie en 1962. En 1960, la
France avait déjà accordé l'indépendance au Maroc, à la Tunisie, et aux huit colonies de
l'Afrique occidentale. De l'ancien empire français, il ne reste aujourd'hui que quelques
îles et territoires telles que la Martinique, la Guadeloupe, la Guyane, la Réunion, Ma-
yotte, la Polynésie française, la Nouvelle-Calédonie et Saint-Pierre-et-Miquelon.

Malgré une censure sévère, les guerres coloniales apparaissent sur les écrans en
France dès les années 60. *Muriel ou le temps d'un retour* (1963) d'Alain Resnais, par
exemple, ainsi que *La Bataille d'Alger* (1966) de Gillo Pontecorvo (qui fut autorisé dans
les salles en 1971), *Avoir vingt ans dans les Aurès* (1972) de René Vautier, *R.A.S.* (1974)
d'Yves Boisset et *L'Honneur d'un capitaine* (1982) de Pierre Schoendoerffer portent sur
la guerre d'Algérie. D'autres films de Schoendoerffer, comme *La 317e Section* (1965), *Le
Crabe-Tambour* (1977) et *Diên Biên Phú* (1992) mettent en scène la guerre d'Indochine.
De nombreux films français des années 80 et 90 évoquent l'époque coloniale en Afrique
ou aux Antilles, comme *Coup de torchon* (1981) de Bertrand Tavernier, *Rue Cases-Nègres*

(1983) d'Euzhan Palcy, *Fort Saganne* (1984) d'Alain Corneau et *Outremer* (1990) de Brigitte Roüan.

Le film de Claire Denis, *Chocolat*, se déroule dans une colonie française de l'Afrique occidentale juste avant l'époque de la décolonisation. Celui de Régis Wargnier, *Indochine*, nous plonge au cœur des années 30, au moment de la montée du nationalisme indochinois. Dans les deux cas, il s'agit d'un regard rétrospectif: les deux histoires sont racontées en flashback et épousent le point de vue de personnages qui appartenaient au monde des anciens colonisateurs.

Œuvres consultées

Paxton, Robert O. *La France de Vichy 1940–1944*. Paris: Seuil, 1973.

Prost, Antoine. *Petite Histoire de la France au XXe Siècle*. Paris: A. Colin, 1979.

François Truffaut

Le Dernier Métro

(198)

François Truffaut, *Le Dernier Métro*: Marion Steiner (Catherine Deneuve) défend son théâtre auprès des autorités allemandes.

Réalisation . . . . François Truffaut
Scénario . . . . François Truffaut, Suzanne Schiffman
Dialogues . . François Truffaut, Suzanne Schiffman, Jean-Claude Grumberg
Directeur de la photographie . . . . Nestor Almendros
Montage . . . . Martine Barraqué
Son . . . . Michel Laurent
Décors . . . . Jean-Pierre Kohut-Svelko
Musique . . . . Georges Delerue
Costumes . . . . Lisele Roos
Scripte . . . . Christine Pellé
Régie . . . . Jean-Louis Godfroy
Production . . . . Jean-José Richer
Durée 2h11

Distribution

Catherine Deneuve (*Marion Steiner*), Gérard Depardieu (*Bernard Granger*), Jean Poiret (*Jean-Loup Cottins, le metteur en scène*), Heinz Bennent (*Lucas Steiner, célèbre metteur en scène juif, caché dans la cave*), Andréa Ferréol (*Arlette Guillaume, la costumière*), Paulette Dubost (*Germaine Fabre, l'habilleuse*), Jean-Louis Richard (*Daxiat, le critique collaborateur*), Maurice Risch (*Raymond Boursier, le régisseur*), Sabine Haudepin (*Nadine Marsac, la jeune actrice arriviste*), Marcel Berbert (*Merlin, l'administrateur du théâtre*), Martine Simonet (*Martine, la trafiquante du marché noir*), Franck Pasquier (*le petit Jacquot*), Jean-Pierre Klein (*Christian, le Résistant*), Alain Tasma (*Marc, l'accessoiriste*)

Synopsis

Nous sommes à Paris en octobre 1942. Comme toute la moitié nord de la France, la ville est occupée par les Nazis. Marion Steiner, ancienne vedette de cinéma et mannequin chez Chanel, a pris la direction du Théâtre Montmartre en l'absence de son mari Lucas Steiner, un Juif allemand, célèbre metteur en scène, qui a été contraint de fuir pour éviter la déportation vers les camps de concentration. On le croit en Amérique du Sud, mais en réalité il est caché dans la cave du théâtre où sa femme, seule dans le secret, vient le rejoindre chaque soir avant de regagner l'hôtel où elle habite.

On a commencé les répétitions d'un nouveau spectacle dont les vedettes sont Marion et un comédien débutant, Bernard Granger, venu du Théâtre du Grand Guignol (théâtre grand public spécialisé dans des spectacles d'épouvante), ainsi qu'une jeune actrice très ambitieuse, Nadine Marsac. Le metteur en scène, Jean-Loup Cottins, un homosexuel qui semble avoir des relations chez les occupants comme chez les occupés, suit les instructions que Lucas Steiner a laissées en "partant". Comme le théâtre vit sous la menace d'être réquisitionné par les autorités allemandes, Marion et ses collègues doivent supporter et ménager Daxiat, le critique dramatique du journal collaborationniste *Je suis partout*, qui tient le sort des théâtres parisiens entre ses mains. Tapi dans la cave, Lucas rue dans les brancards avant de découvrir qu'il peut écouter les répétitions de la nouvelle pièce au moyen d'une bouche de chauffage, ce qui va lui permettre de donner des conseils pour la mise en scène à sa femme chaque soir. Mais il peut être découvert à tout moment; Bernard, impliqué dans la Résistance, peut être arrêté par la police française; Daxiat, antisémite virulent, peut faire fermer le théâtre par pure méchanceté; la nouvelle pièce peut échouer auprès du public. Autant d'écueils qui peuvent faire sombrer cette entreprise périlleuse qu'est le théâtre sous l'Occupation.

Le Réalisateur

François Truffaut sera toujours connu comme un des *enfants terribles* des *Cahiers du cinéma* qui ont descendu en flammes le cinéma de leurs parents. Participant à la création du culte de l'*auteur* dans les années 50, il s'est distingué en début de carrière par ses commentaires fulgurants et brillants de jeune tête brûlée, mais son premier long métrage, *Les Quatre Cents Coups* (1959), un film autobiographique, sera le premier grand succès de la Nouvelle Vague, lui valant le Grand Prix de la Mise en scène à Cannes et une foule d'autres prix prestigieux à travers le monde, ainsi qu'une nomination aux Oscars à Hollywood. Cette première réussite sera suivie de deux autres films appartenant clairement à la Nouvelle Vague, *Tirez sur le pianiste* (1960) et *Jules et Jim* (1962). Ce dernier, adapté d'un roman, fut un grand pari de la part de Truffaut, parce qu'il avait vigoureusement condamné la vogue des adaptations de roman qui avait dominé le cinéma conventionnel de la "qualité française" dans la génération précédente. Mettant en scène un ménage à trois jugé scandaleux, le film fut interdit dans certains pays (Italie, Canada), mais il triompha auprès des critiques et du grand public, faisant de Jeanne Moreau l'une des plus célèbres actrices de France.

Au cours d'une longue carrière, Truffaut réalisera encore quatre films qui suivent la vie d'Antoine Doinel, personnage principal des *Quatre Cents Coups* (incarné par Jean-Pierre Léaud), au fur et à mesure qu'il grandit et découvre l'amour (le court métrage *Antoine et Colette*, 1962; *Baisers volés*, 1968), se marie (*Domicile conjugal*, 1970) et, divorcé, réfléchit à l'histoire de sa vie sentimentale tout en entamant une nouvelle aventure amoureuse (*L'amour en fuite*, 1979). Entre les épisodes du *cycle Doinel*, Truffaut met en scène une grande variété de films dont le succès varie mais qui font de lui un des cinéastes français les plus respectés et admirés (voir "Filmographie de François Truffaut" en fin de chapitre). Son treizième long métrage, *La Nuit américaine* (1973), qui a obtenu l'Oscar du Meilleur film étranger, raconte le tournage d'un film, avec une mise en abyme de ce dernier dont le sujet sert de miroir aux thèmes du film principal.

La Nuit américaine dévoile les ficelles normalement cachées du cinéma, à commencer par "la nuit américaine" elle-même (*day for night*), qui indique l'utilisation d'un objectif spécial pour tourner des scènes nocturnes en lumière du jour. Le film met en relief les contributions de tous les participants au tournage, mais surtout les rapports compliqués qui se nouent entre ceux-ci: le metteur en scène, les comédiens et l'équipe technique. Il est aisé de comprendre pourquoi la quasi-totalité des critiques ne manquent pas de signaler que *Le Dernier Métro* fait pendant à *La Nuit américaine* en introduisant le spectateur dans les coulisses d'un théâtre, lui permettant de connaître la vie intime d'une troupe dramatique et d'apprendre en quoi consiste la préparation d'une pièce. Comme le dit Truffaut lui-même, "En écrivant, avec Suzanne Schiffman, le scénario du *Dernier Métro*, mon intention était de faire pour le théâtre ce que j'avais fait pour le cinéma avec *La Nuit américaine*: la chronique d'une troupe au travail" (Truffaut 4). Ici aussi le spectacle est mis en abyme dans un spectacle (une pièce dans un film), mais Truffaut double la mise, parce que les pièces mises en abyme reflètent certains éléments des deux "spectacles" encadrants (la vie du théâtre d'une part, et le film lui-même de l'autre).

Truffaut ne fera que deux films après *Le Dernier Métro*, *La Femme d'à côté* (1981) et *Vivement Dimanche* (1982), tous les deux avec Fanny Ardant (nominée chaque fois pour le prix de la Meilleure actrice aux Césars), qui deviendra par la suite sa partenaire. Truffaut mourra le 21 octobre 1984, à l'âge de cinquante-deux ans, d'une tumeur au cerveau.

La Genèse et la Réalisation

Truffaut désirait depuis longtemps tourner un film où l'action se passait sous l'Occupation, qu'il avait vécue jeune adolescent à Paris, ayant treize ans au moment de la Libération en 1945. L'Occupation fut un sujet longtemps tabou en France, mais un certain nombre de films français sur cette période avaient commencé à paraître, tels *Lacombe Lucien* (1974) de Louis Malle et le documentaire *Chantons sous l'Occupation* (1976) d'André Halimi, après la sortie du *Chagrin et la pitié* (1969)—un film documentaire de Marcel Ophüls qui a démythifié le comportement des Français pendant cette période en montrant, contrairement à la plupart des films précédents, que les Français n'avaient pas tous été d'héroïques Résistants. Dès 1976 Truffaut connaît le scénario général du film qu'il va tourner, un film sur la vie d'un théâtre parisien pendant l'Occupation. Il n'a que deux idées fixes: "un film sur l'Occupation devrait se dérouler presque entièrement la nuit et dans des lieux clos" et "seul élément lumineux, il devrait inclure, dans leur enregistrement original, quelques-unes des chansons qu'on entendait alors dans les rues et les postes de TSF" (Truffaut 5). Ainsi, on va entendre à plusieurs reprises dans le film des tubes de l'époque tels que "Mon amant de Saint-Jean" chanté par Lucienne Delyle, "Sombreros et mantilles" de Rina Ketty et "Zumba, zumba", en plus de "Bei mir bist du schön" chanté par Renata.

Truffaut et Schiffman s'attèlent à la rédaction du scénario entre mai et août 1979, après des recherches approfondies l'année précédente. Ayant tous les deux passé une partie de leur enfance sous l'Occupation à Paris, ils nourrissent leur scénario de souvenirs personnels de la vie quotidienne de cette période. C'est la mère de Truffaut, par exemple, qui a exigé qu'il rentre à la maison immédiatement pour se laver la tête—comme Jacquot dans le film—après qu'un soldat allemand lui avait caressé les cheveux dans la rue. C'est un oncle résistant de Truffaut, qui, comme le Résistant Christian dans l'église, s'est fait prendre par la police mais "a pu faire signe à un copain qui venait à sa rencontre et lui éviter d'être arrêté" (Gillain, *Cinéma* 394). C'est Suzanne Schiffman (dont la mère a été déportée et n'est pas revenue) qui a inspiré le personnage de la jeune fille juive qui cachait son étoile jaune avec une écharpe pour pouvoir aller au théâtre le soir. Les coscénaristes se rappelaient les gens qui faisaient pousser du tabac illégalement dans leurs jardins potagers, vu la pénurie de ce produit pendant l'Occupation. Et ils se rappelaient, comme tout le monde, les heures fluctuantes du couvre-feu (23h15 au début, 20h30 vers la fin) qui rendait impératif de ne pas manquer le dernier métro pour pouvoir rentrer à la maison à temps.

Sans pour autant être un "film à clé", *Le Dernier Métro* met en scène certains personnages qui sont calqués sur des figures bien connues de l'époque de l'Occupation, à commencer par Daxiat, qui représente on ne peut plus clairement Alain Laubreaux, le critique de théâtre antisémite du journal d'extrême-droite *Je suis partout*, qui avait une influence disproportionnée sur les théâtres en France sous les Nazis. L'épisode où Bernard Granger inflige une correction en règle à Daxiat, devant le restaurant et sous la pluie, pour les insultes qu'il avait publiées à l'égard de Marion, c'est la transposition à peine stylisée d'un incident où l'acteur Jean Marais, alors partenaire de Jean Cocteau, avait donné une leçon semblable mais encore plus dure à Laubreaux pour avoir insulté Cocteau dans un article lors de la création de sa pièce *La Machine à écrire* en 1941. Le directeur et metteur en scène Lucas Steiner, de son côté, évoque le célèbre metteur en scène de théâtre et acteur Louis Jouvet, qui est parti en tournée avec sa troupe en Amérique du Sud pour échapper aux Nazis (au début du film de Truffaut, on croit Lucas Steiner parti en Amérique du Sud). Truffaut avoue, d'ailleurs, que "l'idée de départ de ce film m'est venue en pensant à Louis Jouvet [...]. Un jour, j'ai imaginé qu'il n'était pas parti pour l'Amérique du Sud pendant l'Occupation et qu'il était resté en France, dirigeant son théâtre en sous-main" (Montaigne, "François Truffaut"). Le personnage de Jean-Loup Cottins, qui remplace Lucas comme metteur en scène de la pièce norvégienne, est assimilé à la fois à Jean Cocteau, lui aussi homosexuel, et à Sacha Guitry, metteur en scène, acteur et cinéaste des plus célèbres en France, qui lui aussi fut arrêté—deux fois—par les Forces françaises libres (FFL) à la Libération et emmené en pyjama, suspecté d'avoir collaboré avec l'ennemi pour avoir continué de faire son métier d'homme de théâtre pendant l'Occupation. Quant à Marion Steiner, Truffaut prend modèle sur toute une bande de femmes directrices de théâtre à Paris sous l'Occupation, notamment Alice Cocéa au Théâtre des Ambassadeurs, Yvonne Printemps au Théâtre de la Michodière, Simone Berriau au Théâtre Antoine et Marguerite Jamois au Théâtre Montparnasse (Fechner; Rochu). C'est Printemps "qui, un soir de panne d'électricité, eut l'idée d'éclairer la scène de son théâtre avec des phares de voitures alimentés par des accus" (Fechner). Pour Bernard Granger, acteur débutant partagé entre sa fierté d'entrer dans un grand théâtre et le désir de se battre pour son pays, Truffaut cite les cas de Louis Jourdan et de Jean-Pierre Aumont ("Pourquoi" 5), deux grands comédiens français qui ont lutté contre les Nazis, celui-ci dans les Forces françaises libres, celui-là dans la Résistance.

Le tournage du film, entamé le 28 janvier 1980, s'achève le 21 avril. Il commence au Théâtre Saint-Georges à Paris où sont filmées toutes les séquences de la mise en scène de *La Disparue*, la pièce norvégienne qu'on monte dans *Le Dernier Métro*. La plupart des scènes sont filmées sur des plateaux de studio installés dans la chocolaterie Moreuil, une grande usine désaffectée à Clichy. Les seules séquences qui sont tournées en extérieurs sont la fuite de Daxiat, les scènes avec ce dernier aux locaux de *Je suis partout*, l'action dans la chambre d'hôtel de Marion, la scène au restaurant et celle à l'intérieur de l'église où l'ami résistant de Bernard est arrêté par la Gestapo (de Baecque et Toubiana 699–701). La première scène dans la "rue", où Bernard aborde Arlette, est visiblement tournée sur un plateau de studio, mettant en relief, dès le départ et volontairement, le caractère théâtral de l'action et le thème du spectacle.

Pour évoquer l'ambiance ténébreuse de l'Occupation, beaucoup de scènes se passent dans une semi-obscurité—la nuit, en fait, pendant les quarante-cinq premières minutes du film. Quant aux couleurs, le directeur de la photographie, Nestor Almendros, n'utilise que des bruns, des ocres et des rouges. "Ce travail précis sur la couleur", remarquent de Baecque et Toubiana, "confère au film une atmosphère à la fois artificielle et douce: toute la société française sous l'Occupation apparaît ainsi comme une scène de théâtre" (700). Truffaut et Almendros choisissent une pellicule Fuji qui est moins éclatante que l'Eastman Kodak, ce qui donne des rues qui sont "grises et joliment lugubres, comme dans les films réalistes-poétiques de l'époque" (Boujut 45; Salachas). Par ailleurs, Almendros utilise deux types de lumière différents selon qu'il s'agit de l'action du film encadrant (réaliste) ou de celle de la pièce qu'on monte dans le film (artificielle), "double éclairage, symptomatique d'un film souvent ambigu . . ." (Bouteiller).

Comme le dénouement est une grande surprise pour les spectateurs et que des bruits sur le film avaient commencé à circuler, Truffaut interdit carrément l'accès au tournage aux journalistes, ce qui ne manque pas d'en froisser certains: "A moins de cinquante ans, notre ami François Truffaut, ancien journaliste et critique, vient d'être frappé d'une stupéfiante maladie: une brusque attaque d'allergie à la presse" (Montaigne, "Truffaut: métro"). Le montage du film prend quatre mois. En fin de compte, ce sera le film le plus cher que Truffaut ait réalisé, avoisinant les onze millions de francs, et il aura des difficultés à trouver les fonds.

Les Interprètes

Truffaut a écrit le rôle de Marion Steiner pour Catherine Deneuve et celui de Bernard Granger pour Gérard Depardieu, tous deux déjà de grandes vedettes de cinéma en France et en voie de devenir des *monstres sacrés*. Deneuve s'était distinguée dans *Les Parapluies de Cherbourg* (1964) de Jacques Demy (film entièrement chanté), ainsi que dans *Belle de jour* (1967) et *Tristana* (1970), tous deux du célèbre réalisateur espagnol Luis Buñuel. Dans *La Sirène du Mississipi* (1969) de Truffaut, elle incarne la femme fatale, belle, blonde et froide (à la Hitchcock, réalisateur fétiche de Truffaut). Dans *Le Dernier Métro*, selon le critique du *Monde*, elle est "mystérieuse et frémissante, pliant sans jamais rompre, vision d'un éternel féminin qui se trempe aux feux de la rampe et aux accidents de la vie tout en restant, le théâtre le veut, imprévisible" (Siclier). Pour sa beauté classique, Deneuve a été choisie pour incarner Marianne, le symbole de la France, entre 1985 et 1989. Elle sera nominée pour un Oscar pour sa prestation dans *Indochine* (1992) de Régis Wargnier (voir Chapitre 4).

Depardieu joue un rôle principal dans deux autres films qui sortent également en 1980, *Loulou* de Maurice Pialat et *Mon oncle d'Amérique* d'Alain Resnais. Ce dernier fut nominé aux Oscars et obtint le prix du Meilleur film étranger décerné par les New York Film Critics en 1980. Il sera aussi le héros de l'avant-dernier film de Truffaut, *La Femme d'à côté*, avant de jouer dans de nombreux films primés, parmi lesquels *Danton* (1983) de Andrzej Wajda, *Jean de Florette* (1986) de Claude Berri, *Camille Claudel* (1988) de Bruno Nuytten et *Cyrano de Bergerac* (1990) de Jean-Paul Rappeneau, pour lequel il a été nominé aux Oscars.

Le rôle de Jean-Loup, homosexuel aux relations louches, est joué par Jean Poiret, un contre-emploi en quelque sorte, puisque Poiret jouait normalement des personnages comiques. Poiret, qui avait débuté sur les planches dans de petits rôles en 1943, est le seul des comédiens à avoir joué à Paris pendant l'Occupation (Milhaud). Le rôle de Daxiat est incarné, finalement, par Jean-Louis Richard, cinéaste, ancien comédien dans la troupe de Louis Jouvet dans les années 50 et ami de Truffaut, qui fait un numéro de composition remarquable, réussissant à donner une qualité ambiguë au personnage sinistre qu'il joue: "Il conférera à Daxiat une personnalité trouble, avec sa voix douce, son physique à la fois enfantin et imposant, ses regards parfois proches de la folie" (de Baecque et Toubiana 695). Pour le rôle de Lucas Steiner, Truffaut fait appel à Heinz Bennent, l'un des plus grands acteurs de théâtre allemand. Bennent avait paru peu avant dans deux films de Volker Schloendorff, *L'Honneur perdu de Katharina Blum* (1975) et l'adaptation du célèbre roman de Günter Grass, *Le Tambour* (1979), qui a obtenu l'Oscar du Meilleur film étranger et de nombreux autres prix et nominations. Bennent obtiendra un prix du Meilleur acteur pour sa prestation dans le film d'Ute Wieland, *Year of the Turtle* (1988).

La Réception

Le Dernier Métro sort dans les salles de cinéma le 17 septembre 1980. Il triomphe auprès de la plupart des critiques et du grand public, attirant un nombre record de spectateurs dans la première semaine pour un film de Truffaut. Au mois de janvier suivant, *Le Dernier Métro* obtient dix Césars, du jamais vu, un record absolu: Meilleur film, Meilleur réalisateur, Meilleure actrice (Deneuve), Meilleur acteur (Depardieu), Meilleur scénario, Meilleure photographie, Meilleur son, Meilleur montage, Meilleur décor, Meilleure musique—auxquels s'ajouteront de nombreux prix supplémentaires en France et à l'étranger au fil de l'année. A Paris seul, le film dépasse le million de spectateurs en 1981, et la presse française ne tarit pas d'éloges. A titre d'exemple: "*Le Dernier Métro* est un des films les plus passionnants de son auteur" (Pérez); "En un temps où le pouvoir est partagé entre tant de faux dieux sans magie, François Truffaut est le révolutionnaire dont le cinéma français a besoin" (Baignères); "L'Occupation entre comédie et tragédie. Dans un équilibre subtil, Truffaut fait revivre toute une époque. Et réussit un film superbe qui fera date dans son œuvre" (Billard 129); et pour finir, "François Truffaut, pour le coup, fait l'unanimité: les critiques et les spectateurs qui ont vu *Le Dernier Métro* s'accordent à le déclarer parfait, à le qualifier de chef-d'œuvre d'un réalisateur pourtant crédité de remarquables réussites…" (Hamel). Aux Etats-Unis, le film est nominé aux Golden Globes et aux Oscars dans la catégorie du Meilleur film étranger.

L'Intertextualité

Comme tous les cinéastes de la Nouvelle Vague, Truffaut est un cinéphile notoire, et son film est rempli de clins d'œil à ses homologues, à commencer par l'allusion transparente à la comédie américaine célèbre d'Ernst Lubitsch, *To Be or Not to Be* (1942), où il s'agit d'une troupe théâtrale qui dupe les Nazis pendant leur occupation de Varsovie. L'intertextualité du *Dernier Métro* fait partie intégrante du film et enrichit considérablement son contenu. La toute première séquence, par exemple, où Bernard "drague" Arlette dans la rue, rappelle clairement le début des *Enfants du paradis* (1945) de Marcel Carné, d'autant plus que la vedette de ce film (la femme draguée), se nomme "Arletty", l'une des plus célèbres actrices de son époque. *Les Enfants du paradis* est, lui aussi, un film sur la vie des théâtres vue des coulisses et tourné de surcroît sous l'Occupation, ce qui le rend doublement pertinent au *Dernier Métro* (Affron et Rubinstein 18). L'allusion au film de Carné est rendue encore plus intéressante par le fait que la musique et le décor du film furent assurés, respectivement, par Joseph Kosma et Alexandre Trauner, deux Juifs qui sont restés cachés dans une petite auberge de montagne près de Nice (comme Lucas dans sa cave) pendant le tournage des *Enfants du paradis*, tandis que des complices prêtaient leurs noms pour dissimuler la participation de ces deux artistes célèbres— comme ce fut le cas, d'ailleurs, pour l'autre grand film de Carné sous l'Occupation, *Les Visiteurs du soir* (1942).

La présence de Paulette Dubost dans le rôle de Germaine, l'habilleuse, est une allusion très claire à Jean Renoir, l'un des cinéastes qu'admirait le plus Truffaut (avec Lubitsch et Hitchcock), et en particulier à son film *La Règle du jeu* (1939), où Dubost joue le rôle de Lisette, la femme de chambre de l'héroïne. Qui plus est, la confusion du jeu et de la réalité, du théâtre et de la vie, est un des thèmes les plus importants du film de Renoir. De la même manière, le casting de Sabine Haudepin dans le rôle de Nadine fait allusion au *Jules et Jim* de Truffaut, où elle incarne Sabine, la fille de Jules et Catherine. Comme dans *Le Dernier Métro*, il s'agit dans *Jules et Jim* d'un ménage à trois (l'un des plus célèbres, d'ailleurs), avec Jeanne Moreau au milieu.

Par ailleurs, les dernières répliques de *La Disparue*, la pièce norvégienne, sont empruntées textuellement au dénouement de *La Sirène du Mississippi* (1969), dont Catherine Deneuve était l'héroïne: "Tu es si belle. Quand je te regarde, c'est une souffrance". "Pourtant, hier tu disais que c'était une joie". "C'est une joie et une souffrance". L'opposition paradoxale entre joie et souffrance est une allusion apparente à l'antithèse plaisir/ douleur (de l'amour) développée par Alain Resnais dans *Hiroshima mon amour* (1960), tout comme les répliques à la fin de la nouvelle pièce qu'on joue dans l'épilogue du film reprennent clairement le thème de l'Oubli (de l'amant) dans le dénouement du film de

Resnais, l'une des plus grandes œuvres de l'époque de la Nouvelle Vague, et qui évoque, lui aussi, les horreurs de la Deuxième Guerre mondiale.

Le Théâtre et la censure sous l'Occupation

Une censure sévère est exercée à la fois par les occupants et par Vichy quant aux films et pièces de théâtre qui pourront être offerts au public français. Tout projet de pièce de théâtre ou de film français qui aurait traité de l'actualité socio-politique ou qui serait tant soit peu patriotique est refusé, ce qui a pour conséquence la production d'un grand nombre de comédies et de drames médiocres, tant au cinéma qu'au théâtre, faits pour distraire uniquement. Les réalisateurs les plus talentueux se réfugient donc, d'une part, dans le passé lointain, comme c'est le cas des *Visiteurs du soir* de Marcel Carné, qui se passe au quinzième siècle, et de son film le plus célèbre, *Les Enfants du paradis*, dont l'action est située dans la période romantique entre 1820 et 1840. D'autre part, on fait appel à la mythologie, comme on le voit dans *L'Eternel Retour* (1943) de Jean Delannoy et Jean Cocteau, qui est une version moderne du mythe médiéval de Tristan et Iseut, ou encore au merveilleux, comme dans le conte de fées *La Belle et la Bête* (1946) de Cocteau.

Au théâtre les meilleurs metteurs en scène montent des pièces du répertoire classique, des comédies de Molière ou des tragédies de Corneille et de Racine, ainsi que des tragédies antiques, des pièces de Shakespeare et celles d'auteurs dramatiques scandinaves tels que Strindberg et Ibsen (ce qui explique le choix d'une pièce norvégienne dans le film de Truffaut). Ceci n'empêche pas, comme le remarque Truffaut, qu'"on a créé à cette époque les meilleures pièces de Sartre [*Les Mouches, Huis clos*], de Claudel [*Le Soulier de satin*], d'Anouilh [*Antigone*]" (Gillain, *Cinéma* 392).

Malgré la médiocrité de la plupart des spectacles, les théâtres, comme les salles de cinéma, ne désemplissent pas. Comme le dit René Rocher, président du comité du spectacle en 1944, "La prospérité actuelle du théâtre est miraculeuse: on peut jouer n'importe quoi, de n'importe qui, n'importe où et n'importe quand: le public se précipite en foule, tous les records sont battus" (Bauchard). Le théâtre, comme le cinéma, est un moyen de fuir la réalité pénible de l'Occupation, y compris des conditions de vie très difficiles. Comme le charbon manquait, on fréquentait cinémas et théâtres à la recherche d'un peu de chaleur, ne serait-ce qu'humaine. En fait, les salles étaient peu ou pas chauffées, et on raconte que lors de la représentation du *Soulier de satin* de Paul Claudel en 1943, "les spectateurs, enfouis sous des couvertures, applaudissent avec les pieds" (Bauchard). La fréquentation des salles devient plus dangereuse à partir de septembre 1942 avec la publication par Vichy de la loi instaurant le Service du Travail Obligatoire (STO). Comme nous le dit Truffaut, des agents de police commençaient à surveiller les sorties des salles de spectacle pour cueillir des recrues pour les "Travailleurs français en Allemagne" (Bazin 17), et Bernard fait allusion, de manière comique, à son manège pour leur filer entre les mains.

Le problème du manque de nourriture et de carburant pour les voitures, comme celui du chauffage des logements, fait partie de la vie quotidienne sous l'Occupation à Paris. Tout est rationné, et le marché noir est florissant. Cet aspect de la vie à cette époque est incarné par le personnage de Martine, la trafiquante, qui apporte, au début du film, le jambon de sept kilos qui coûte 4 200 francs à Marion. Pour se faire une idée du coût des produits du marché noir, un mois de salaire moyen d'un ouvrier au début des années 40 était de 2 500 francs—le prix aussi d'une bicyclette, le moyen principal de transport individuel des Parisiens à cette époque, ce qui explique le désarroi de Raymond, le régisseur, devant le vol de la sienne.

Le Statut des Juifs sous l'Occupation

Le gouvernement de Pétain n'avait pas attendu la Collaboration officielle pour publier, le 3 octobre 1940, de nouvelles lois sur le statut des Juifs en France. A partir de ce jour, il est interdit aux Juifs "d'appartenir à des organismes élus, d'occuper des postes de responsabilité dans la fonction publique, la magistrature et l'armée, et d'exercer une activité ayant une influence sur la vie culturelle (enseignants, directeurs, gérants ou rédacteurs de journaux, directeurs de films ou de programmes de radio)" (Paxton 171–72). A partir de juillet 1942, il est même interdit aux Juifs de fréquenter les salles de spectacle, ce qui explique la séquence du *Dernier Métro* où la jeune Juive Rosette soutient qu'elle peut aller au théâtre en dissimulant sous son écharpe l'étoile jaune qu'elle est obligée de porter, comme tous les Juifs en France, depuis le mois de juin 1942. Quant aux propriétaires de théâtre juifs, les autorités allemandes ou vichystes leur enlèvent tout simplement leurs théâtres pour les "aryaniser". Toute l'équipe des critiques cinématographiques du journal *Je suis partout*—qui comprend, notamment, Alain Laubreaux, Lucien Rebatet (écrivant sous le nom de "François Vinneuil") et Robert Brasillac—tempête contre la présence juive dans les théâtres et les cinémas. La tirade antisémite lue à la radio par Laubreaux dans le film de Truffaut est tirée textuellement d'un livre de Rebatet publié en 1941, *Les Tribus du cinéma et du théâtre* (Bauchard). La remarque humoristique de Lucas Steiner selon laquelle "les Juifs nous prennent nos plus belles femmes" est une phrase répétée de manière "obsessionnelle" par Rebatet, nous dit Truffaut (Boujut 45).

Au mois de novembre 1942, suite au débarquement des Américains en Afrique du Nord, l'Occupation de la France s'étend à la zone libre, donc à toute la France, ce qui explique pourquoi la fuite de Lucas Steiner devient tellement périlleuse que Marion doit le convaincre de rester caché dans la cave du théâtre qu'elle dirige à sa place. Comme à peu près la moitié des 300 000 Juifs en France au début de l'Occupation, Lucas et le père de Rosette sont des Juifs étrangers, arrivés vers la fin des années 30 pour fuir les Nazis en Allemagne, en Autriche et en Pologne (Paxton 167). Ils conservent donc un accent étranger très prononcé, ce qui rend très dangereuse leur circulation dans les rues de la capitale. Dans les premiers temps de l'Occupation, la politique de déportation ou d'internement des Juifs, menée principalement par Vichy, visait surtout les Juifs étrangers; c'est l'explication de l'allusion au problème de l'accent "à couper au couteau" du père polonais de Rosette.

DOSSIER PÉDAGOGIQUE

Qu'est-ce qui se passe dans ce film?

1. Pourquoi le directeur du Théâtre Montmartre, Lucas Steiner, est-il absent? Où se cache-t-il?

2. Qu'est-ce que Bernard Granger doit signer avant d'être engagé par Marion?

3. Pourquoi Marion doit-elle être aimable avec Daxiat, le critique de théâtre anti-sémite du journal d'extrême-droite *Je suis partout*?

4. Lorsque Bernard raconte son histoire de vélo volé, dans laquelle il parle d'un type qui le traite de "pédé" (homosexuel), il s'excuse auprès de Jean-Loup. Pourquoi?

5. Qu'est-ce que Marion découvre quand elle va chercher Nadine dans sa loge pendant la coupure d'électricité? Quelle est la réaction d'Arlette?

6. Bernard avait montré les loges des comédiens à Martine, la trafiquante du marché noir. Quel en est le résultat?

7. Qu'est-ce qui montre la tension extrême que ressent Marion avant la générale de *La Disparue*?

8. Au restaurant, comment Bernard réagit-il à la critique ignoble que Daxiat fait de la pièce après la répétition générale? Truffaut a-t-il inventé cet épisode?

9. Après la visite de la cave par les deux gestapistes, quelle observation surprenante Lucas fait-il à Bernard? Quelle question lui pose-t-il?

10. Quel sort est réservé à Nadine, à Jean-Loup et à Daxiat à la Libération?

11. Qu'est-ce que l'épilogue du film fait croire aux spectateurs quant à la situation de Lucas, Bernard et Marion à la Libération?

12. Que fait Marion sur la scène, avec Bernard et Lucas, tout à la fin du film? Pourquoi?

Vrai ou Faux?

Si la phrase est fausse, corrigez-la!

1. Jean-Loup va faire la mise en scène de la pièce norvégienne *La Disparue* tout seul.

2. Marion passe toutes ses soirées seule à l'hôtel où elle habite.

3. Arlette repousse les tentatives de séduction de Bernard parce qu'elle préfère les hommes plus raffinés.

4. Lucas Steiner va pouvoir participer à la mise en scène de *La Disparue* en suivant les répétitions et les représentations au moyen d'une bouche de chauffage.

5. Lucas conseille à Marion de se montrer moins amoureuse dans ses scènes avec Bernard.

6. Quand Bernard bricole un pick-up (tourne-disque) dans le théâtre, c'est pour qu'il serve à un attentat terroriste par des gens de la Résistance.

7. Bernard quitte le cabaret avec son amie parce qu'il veut aller au cinéma, tandis que Marion rentre chez elle.

8. Ravie du succès de la première représentation de *La Disparue*, Marion serre la main à Bernard après la tombée du rideau.

9. Pour essayer de sauver la pièce après l'incident au restaurant, Marion est obligée de se rendre à la *Propagandastaffel* (qui exerce la censure sur les pièces qui sont représentées) pour parler à un officier allemand.

10. Les deux gestapistes ne voient pas les meubles de Lucas Steiner dans la cave du théâtre à cause de l'obscurité.

11. Quand Bernard annonce à Marion son intention de quitter le théâtre pour la Résistance, elle lui donne une gifle.

12. A la fin du film, il est clair que Marion a repris la vie commune avec son mari tout en conservant des rapports professionnels avec Bernard.

Contrôle des connaissances

1. Qui est le personnage principal du cycle de cinq films de Truffaut qui commence par *Les Quatre Cents Coups?*

2. Quel rapport y a-t-il entre *Le Dernier Métro* et *La Nuit américaine?*

3. Quelle est l'importance du film documentaire de Marcel Ophüls, *Le Chagrin et la pitié?*

4. D'où viennent de nombreux souvenirs de l'Occupation qui se retrouvent dans *Le Dernier Métro?*

5. Qu'est-ce que c'est que *Je suis partout?* Quelle est la prise de position de Daxiat et de ses collègues journalistes par rapport aux Juifs dans le monde du théâtre?

6. Où est-ce que Truffaut tourne la plupart des séquences de son film, en extérieurs ou en studio? Pourquoi?

7. Quels comédiens du film sont en train de devenir parmi les plus célèbres en France?

8. Quel film célèbre de Marcel Carné est évoqué dans la première séquence du *Dernier Métro?* Quels aspects de ce film sont particulièrement pertinents pour celui de Truffaut?

9. Quel est le sort étonnant du *Dernier Métro* aux Césars de janvier 1981?

10. Quel est l'effet de la loi du 3 octobre 1940 sur le statut des Juifs en France?

11. Quelle est la politique des occupants envers le cinéma et le théâtre?

12. Quelle est la situation des salles de cinéma et de théâtre en France pendant l'Occupation en ce qui concerne le taux de fréquentation? Expliquez.

Pistes de réflexion et de discussion

1. L'Entrée en matière

Bernard Granger aborde Arlette dans la rue de manière persistante. Qu'est-ce qui frappe dans cette première scène en ce qui concerne le décor? **Est-elle tournée en extérieurs (dans la rue) ou sur un plateau de studio?** Quelle est l'importance du choix de Truffaut ici? *Visionnez cette séquence* (Extrait 1, 3'07–4'57). **Quelle est notre première impression de Bernard?** Pourquoi Arlette repousse-t-elle ses tentatives de séduction?

2. Le Titre du film

De quel métro s'agit-il, précisément, quand on parle du "dernier métro"? Pourquoi est-ce important dans le contexte de ce film? Est-ce que le titre peut suggérer quelque chose quant à l'ambiance qui régnait pendant l'Occupation, tant pour le théâtre et le cinéma que pour la population en général?

3. Les Personnages

✦ Lucas

Pourquoi est-il particulièrement difficile pour Lucas Steiner de quitter la France avec l'aide d'un passeur? Quels sont les dangers? Pourquoi est-ce que son accent étranger pose problème? *Visionnez la scène où Marion le retrouve dans la cave au début du film* (Extrait 2, 27'45–29'30). Quel chiffre choquant apprenons-nous ici?

Quelle valeur métaphorique Lucas a-t-il en ce qui concerne la condition des Juifs sous l'Occupation? Est-ce que sa "présence cachée" pourrait avoir une signification aussi par rapport au réalisateur d'un film (ou au metteur en scène d'une pièce de théâtre)?

Visionnez la séquence où Lucas met le faux nez et se demande, "Qu'est-ce que c'est, avoir l'air juif?", ainsi que la chanson "Mon amant de Saint-Jean" à la fin (Extrait 3, 41'45–43'30). **Comment expliquez-vous la réflexion de Lucas dans son contexte historique?** Lorsque Lucas et Marion écoutent "Mon amant de Saint-Jean", il y a un gros plan très long sur le visage de Marion. **Comment interprétez-vous cette scène?**

✦ Marion

Quelle sorte de femme est Marion? Pourquoi Bernard dit-il, en parlant à son ami Résistant, "Elle n'est pas nette, cette femme. Il y a quelque chose qui n'est pas net"? De quoi s'agit-il, en fait (que le spectateur sait bien avant Bernard)?

Est-ce réaliste que Marion, une femme, soit la directrice d'un grand théâtre parisien à cette époque?

En parlant de ses films vers la fin des années 60, Truffaut dit, "Le point commun de tous mes films, c'est que les femmes dirigent les événements, en face d'hommes qui sont plus faibles" (Gillain, *Cinéma* 189). **Est-ce le cas dans *Le Dernier Métro*?**

✦ Bernard

A quelle activité Bernard se livre-t-il à côté de sa vie de comédien? *Visionnez la scène du pick-up qu'il donne à son ami Christian* (Extrait 4, 59'54–1h00'13). A quel usage ce pick-up est-il destiné? Que fait Bernard au cabaret quand il voit toutes les casquettes des officiers allemands dans les vestiaires?

+ *Nadine*

Comment décririez-vous le personnage de Nadine? Qu'est-ce qui lui importe avant tout? *Visionnez la scène où elle arrive en retard pour la répétition* (Extrait 5, 23'58–25'15). Est-ce qu'elle manque de principes? Qui l'amène au théâtre ce-jour-là? Comment réagit Raymond, le régisseur? Quelle est l'attitude de Nadine envers Daxiat, par exemple? **Comment est-ce que son ambition pourrait être liée à la scène où Marion la surprend dans les bras d'Arlette?** Le personnage de Nadine vous paraît-il réaliste ou caricatural?

+ *Daxiat*

Truffaut souscrit sans ambages à la maxime d'Hitchcock selon laquelle "Plus réussi est le méchant, plus réussi est le film" (Toubiana). **Est-ce vrai, à votre avis, dans le cas de Daxiat?** Est-ce que son personnage contribue beaucoup au succès de ce film? De quelle manière?

Quels aspects essentiels du film sont reliés à Daxiat? Comment le décririez-vous? **Est-ce un personnage ambigu?** Daxiat dit à Marion qu'il est un "paradoxe vivant". Que voulait-il dire par là? *Visionnez son entretien avec elle* (Extrait 6, 1h03'15–1h05'48). Quelle "nouvelle" lui apporte-t-il? Quel conseil lui donne-t-il quant à son mari? Pourquoi, à votre avis? **(Quelle est l'attitude de Daxiat envers Marion Steiner?)**

Jean-Pierre Richard a accepté le rôle de Daxiat à condition de pouvoir donner une certaine classe au personnage. A-t-il réussi à cet égard? **Comment se comporte-t-il lors de l'incident au restaurant** où il reçoit une correction sévère de la part de Bernard? Est-ce un lâche, tout simplement? *Visionnez cette séquence* (Extrait 7, 1h40'20–1h42'20).

4. Bernard et Marion

Comment décririez-vous les rapports entre Bernard et Marion pendant la plus grande partie du film? Qu'est-ce que Marion pense, de toute évidence, des rapports de Bernard avec les femmes? Comment savons-nous que Marion dissimule ses vrais sentiments envers Bernard? *Visionnez la séquence du cabaret* (Extrait 8, 1h16'53–1h19'45). **Pourquoi Marion sort-elle avec René Bernardin?** C'est uniquement pour s'amuser? Que fait Marion derrière les rideaux à la fin de la générale de la pièce? *Visionnez cette scène* (Extrait 9, 1h31'02–1h32'00). Par la suite, quelle est la conséquence de la correction que Bernard donne à Daxiat au restaurant en ce qui concerne ses rapports avec Marion? Expliquez.

Pourquoi, selon vous, Marion gifle-t-elle Bernard quand il lui dit qu'il va quitter le théâtre pour la Résistance? Que pensez-vous de la tournure que prennent leurs rapports quand Bernard est sur le point de s'en aller? Jugez-vous mal ces deux personnages?

5. Lucas et Bernard

Lucas dit à Marion d'être plus "sincère" dans la seule scène d'amour avec Bernard dans la pièce qu'ils jouent. Par la suite, après la visite des gestapistes à la cave, il annonce à Bernard que sa femme est amoureuse de lui. **Pensez-vous que Lucas pousse Bernard dans les bras de sa femme?** Expliquez. *Visionnez la séquence de la visite de la cave* (Extrait 10, 1h57'27–1h59'35). Comment interprétez-vous le tout dernier plan du film?

Visionnez la fin de l'épilogue (dans l'Extrait 11, discuté plus bas) en ce qui concerne les rapports entre ces trois personnages.

6. Des Personnages secrets

Lynn Higgins remarque que dans ce film "tout le monde est un acteur qui se cache derrière un rôle à tout moment" (153). Il est vrai aussi que de nombreux personnages de ce film ont un caractère double; ils cachent quelque chose, un côté secret d'eux-mêmes. **Qu'est-ce qu'il en est, à cet égard, de Marion, de Bernard, de Jean-Loup, d'Arlette et de Nadine?** Une critique, Carole Le Berre, soutient même que c'est "un film gouverné par le secret" (284) et considère que l'acte de cacher le jambon dans l'étui du violoncelle, puis dans le placard, comme le fait Marion, est emblématique du film entier (272). **Qu'en pensez-vous?**

Le Berre signale également l'importance du regard dans ce film (282): Truffaut met constamment en relief le fait que les personnages se surveillent les uns les autres, comme Marion surveille le comportement de Bernard. **Quel rapport cet aspect du film, ainsi que le motif du secret, peuvent-ils avoir avec l'époque de l'Occupation?**

7. L'Epilogue

Les spectateurs sont généralement trompés par l'épilogue du film où Bernard évoque la mort du mari de Marion, puis repousse cette dernière en niant qu'il l'ait aimée. Ce qu'on croit être la réalité n'est en fait qu'une illusion théâtrale, ce qui souligne la confusion entre jeu et réalité tout au long du film. **Comment Truffaut réussit-il à leurrer le public par sa manière de filmer cette scène?** Pourquoi le spectateur croit-il qu'il s'agit de la suite de l'action principale du film? *Visionnez l'épilogue* (Extrait 11, 2h06'26–2h10'25) en faisant très attention au décor et à l'arrière-plan pendant la séquence. Quel changement peut-on constater? **Comment Truffaut joue-t-il ici sur les différences entre le cinéma et le théâtre?**

8. Les Chansons

Truffaut accordait une grande importance aux chansons dans son film, comme "Mon amant de Saint-Jean", qu'on entend pendant le générique de début et à plusieurs reprises pendant le film. **Pourquoi considérait-il les chansons comme essentielles à un film sur l'Occupation?** (Qu'est-ce que ces chansons ajoutent au film? Quels spectateurs visent-elles en particulier?)

9. La Mise en abyme du spectacle

Comment pourrait-on interpréter le rapport entre le film principal (la préparation de la pièce de théâtre par toute la troupe) et le jeu des comédiens dans la pièce qu'ils montent? Etant donné que les membres de la troupe jouent leurs rôles dans le film comme les comédiens jouent leurs rôles dans la pièce de théâtre, comment distinguer entre jeu et réalité, entre être et paraître? Est-ce que l'illusion fait moins partie intégrante de la "vraie vie" que du théâtre? **Autrement dit, quelle valeur métaphorique Truffaut semble-t-il donner au théâtre dans ce film?**

10. L'Homosexualité

Truffaut nous le rappelle, "On ne sait pas suffisamment que les pro-nazis français, qui proclamaient leur culte de la virilité (pour eux l'Allemagne était *mâle* et la France vaincue *femelle*), englobaient dans une même haine les Juifs et les homosexuels" ("Pourquoi" 6). Ils détestaient, en particulier, le "théâtre efféminé" de Jean Cocteau. **Quel rôle l'homosexualité et l'homophobie jouent-elles dans ce film? Qu'est-ce que Daxiat reproche à la mise en scène de Jean-Loup dans son commentaire de *La Disparue*?**

11. Le Contexte socio-politique

Il est bien connu que Truffaut s'intéresse assez peu aux questions socio-politiques dans ses films. Certains critiques ont trouvé pourtant qu'il donne une version par trop édulcorée de l'Occupation, compte tenu des horreurs de l'Holocauste. Qu'en pensez-vous? **Avez-vous l'impression que Truffaut donne une image fausse de l'époque qu'il représente dans son film?** Quels aspects de l'Occupation, et en particulier de la situation des Juifs à cette époque, avez-vous notés dans le film? **Pourquoi, à votre avis, y a-t-il si peu d'Allemands dans *Le Dernier Métro*?** Qu'est-ce que cela pourrait impliquer quant à la source du plus grand danger pour les Parisiens pendant l'Occupation?

Quant à Truffaut, il disait que "l'Occupation ne constitue pas un thème en soi mais simplement un arrière-plan" ("Pourquoi" 4). **Si c'est le cas, qu'est-ce que cet "arrière-plan" contribue au film en particulier?**

12. Les Gens du spectacle et la Collaboration

Jean-Loup reçoit un petit cercueil noir avec un nœud coulant à l'intérieur. C'est le moyen par lequel la Résistance menaçait ceux qu'elle soupçonnait de collaborer avec les Nazis. A la Libération, les Comités d'épuration ont condamné certains metteurs en scène et comédiens, tels Sacha Guitry, Marcel Carné, Jean Cocteau et Pierre Fresnay, pour avoir "collaboré" avec l'ennemi en continuant de faire leur métier pendant l'Occupation. **Qu'en pensez-vous? Est-ce que les gens du spectacle auraient dû renoncer à faire leur métier pour protester contre la présence de l'occupant? Est-ce qu'ils ont eu raison, au contraire, de contribuer à la survie de la culture française et de donner aux Français un moyen de se distraire, en dépit de l'Occupation?**

Un ancien directeur de théâtre pendant l'Occupation parle carrément de la "compromission" qui était nécessaire pour faire survivre un théâtre à cette époque (Voisin). Et Truffaut d'ajouter, "Deneuve et Depardieu incarnent des antihéros, des personnages de compromis parce que justement pendant l'Occupation, on vivait dans le compromis" (Gillain, *Cinéma* 399). **Comment comprenez-vous ces affirmations?**

Filmographie de François Truffaut

1959   *Les Quatre Cents Coups (début du cycle Doinel)*

1960   *Tirez sur le pianiste*

1962   *Antoine et Colette (suite du cycle Doinel; court métrage dans* L'Amour à vingt ans, *film collectif)*

1962   *Jules et Jim*

1964 La Peau douce

1966 Fahrenheit 451

1967 La Mariée était en noir

1968 Baisers volés (suite du cycle Doinel)

1969 La Sirène du Mississippi

1970 Domicile conjugal (suite du cycle Doinel)

1970 L'Enfant sauvage

1971 Les Deux Anglaises et le continent

1972 Une Belle Fille comme moi

1973 La Nuit américaine

1975 Histoire d'Adèle H.

1976 L'Argent de poche

1977 L'Homme qui aimait les femmes

1978 La Chambre verte

1979 L'Amour en fuite (suite et fin du cycle Doinel)

1980 Le Dernier Métro

1981 La Femme d'à côté

1982 Vivement Dimanche

Œuvres consultées

Affron, Mirella Jona, et E. Rubinstein, éds. *The Last Metro*. New Brunswick, NJ: Rutgers UP, 1985.

Babert, Caroline. "Heinz Bennent le saltimbanque". *Le Matin* 20 sept. 1980: 26.

Baignères, Claude. "En ce temps-là . . . ". *Le Figaro* 17 sept. 1980: sans pagination.

Bauchard, Pascal. *Le Dernier Métro*. Le théâtre sous l'Occupation. Ombres et lumières. Consulté le 30 déc. 2016 <www.educiné.org/educine/Le_dernier_metro/Entrees /2011/4/29_Le_theatre_sous_lOccupation_Ombres_et_lumieres.html>.

Bazin, André. *Le Cinéma de l'Occupation et de la Résistance*. Préface de François Truffaut. Paris: Union générale des éditions, 1975.

Billard, Pierre. "Truffaut sans restriction". *Le Point* 15 sept. 1980: 129–30.

Boujut, Michel. "L'Auteur du *Dernier Métro*: 'Je suis un cinéaste de l'extrême centre'"! *Nouvelles littéraires*, 18 sept. 1980: 45.

Bouteiller, Pierre. "Entre chagrin et pitié". *Le Quotidien* 19 sept. 1980: sans pagination.

Cervoni, Albert. "Le Théâtre dans le film. *Le Dernier Métro* de François Truffaut". *L'Humanité* 17 sept. 1980: sans pagination.

de Baecque, Antoine, et Serge Toubiana. *François Truffaut*. 2e éd. Paris: Gallimard, 2001 (édition originale 1996).

Delain, Michel. "Truffaut: théâtre, mon amour". *L'Express* 20–26 sept. 1980: sans pagination.

Fechner, Elisabeth. "Le Dernier Métro des années noires". *VSD* 11 sept. 1980: sans pagination.

Fonvieille Alquier, F. "Les Deux Réponses". *Nouvelles littéraires* 18 sept. 1980: 44.

Frodon, Jean-Michel. "Le Dernier Métro. An Underground Golden Coach". *A Companion to François Truffaut*. Ed. Dudley Andrew et Anne Gillain. Oxford, UK: Blackwell, 2013. 571–83.

Gillain, Anne. *Le Cinéma selon François Truffaut*. Paris: Flammarion, 1988.

———. *Le Secret perdu*. Paris: Hatier, 1991.

Hamel, Bernard. "Le Dernier Métro . . . et le premier Truffaut". *La Nouvelle République du Centre Ouest* 26 sept. 1980: sans pagination.

Hanoteau, Guillaume. "Dans son *Dernier Métro* Truffaut ressuscite Alain Laubreaux qui pendant l'Occupation terrorisait le théâtre". *Journal du dimanche* 28 sept. 1980: sans pagination.

Higgins, Lynn A. *New Novel, New Wave, New Politics*. Lincoln: U of Nebraska P, 1996.

Holmes, Diana, et Robert Ingram, *François Truffaut*. Manchester, UK: Manchester UP, 1998.

Insdorf, Annette. "How Truffaut's *The Last Metro* Reflects Occupied Paris." *François Truffaut. Interviews*. Ed. Ronald Bergan. Jackson: UP of Mississippi, 2008. 142–46.

Lachize, Samuel. "Conversation avec François Truffaut". *L'Humanité Dimanche* 26 sept. 1980: sans pagination.

Le Berre, Carole. *François Truffaut au travail*. Paris: Cahiers du cinéma, 2004.

Léon, Céline. "Truffaut: la disparue du *Dernier Métro* et de *Jules et Jim*". *The French Review* 84.1 (oct. 2010): 82–98.

Milhaud, Sylvie. "Poiret n'a pas raté son dernier métro". *Les Nouvelles littéraires* 25 sept. 1980: sans pagination.

Montaigne, Pierre. "François Truffaut le sourire de la nostalgie". *Le Figaro* 13–14 sept. 1980: sans pagination.

———. "Truffaut: métro, boulot, huis clos". *Le Figaro* 25 fév. 1980: sans pagination.

Paxton, Robert O. *La France de Vichy 1940–1944*. Paris: Seuil, 1973.

Pérez, Michel. "*Le Dernier Métro* de François Truffaut". *Le Matin* 17 sept. 1980: sans pagination.

Prost, Antoine. *Petite Histoire de la France au XXe Siècle*. Paris: A. Colin, 1979.

Rochu, Gilbert. "Jules et Jim sous l'Occupation, version théâtre filmé". *Libération* 17 sept. 1980: sans pagination.

Salachas, Gilbert. "*Le Dernier Métro*. Les quatre cents coups d'un théâtre sous l'Occu-
    pation". *Télérama* 17 sept. 1980: sans pagination.

Siclier, Jacques. "Le Théâtre des années noires". *Le Monde* 18 sept. 1980: sans
    pagination.

Smith, Alan K. "Incorporating Images in Film: Truffaut and Emblems of Death".
    Mosaic: A Journal for the Interdisciplinary Study of Literature 32.2 (juin 1999):
    107–22.

Toubiana, Serge. "Les Passions avant le couvre-feu". *Libération* 17 sept. 1980: sans
    pagination.

Truffaut, François, réal. *Le Dernier Métro*. Alliance Atlantis Vivafilm (Canada), 2005.

————. "Pourquoi et comment *Le Dernier métro*"? *L'Avant-Scène Cinéma* 303–4 (1–
    15 mars 1983): 3–9.

Voisin, François. "Quand spectateurs et comédiens prenaient 'le dernier métro'". *Le
    Matin* 4 oct. 1980: sans pagination.

2

Louis Malle

Au revoir les enfants

(198)

Louis Malle, *Au revoir les enfants*: Les enfants au collège Saint-Jean-de-la-Croix sous l'Occupation.

Réalisation . . . . Louis Malle
Scénario . . . . Louis Malle
Directeur de la photographie. . . . . Renato Berta
Son . . . . Jean-Claude Laureux
Montage . . . . Emmanuelle Castro
Musique . . . . Franz Schubert, Camille Saint-Saëns
Décors. . . . . Willy Holt
Costumes . . . . .Corinne Jorry
Scripte. . . . . .France La Chapelle
Production . . . . Marin Karmitz
Durée 1h43

Distribution

Gaspard Manesse (*Julien Quentin*), Raphaël Fejtö (*Jean Bonnet / Kippelstein*), Francine Racette (*Mme Quentin*), Stanislas Carré de Malberg (*François Quentin*), Philippe Morier-Genoud (*le père Jean*), François Berléand (*le père Michel*), François Négret (*Joseph*), Peter Fitz (*Herr Müller*)

Synopsis

Hiver 1944, en pleine Occupation. Julien Quentin, onze ans, a le cœur gros au moment de quitter sa mère pour rentrer au collège catholique où il est pensionnaire. Une vie rude et disciplinée l'attend là-bas. Messe à jeun tôt le matin, toilette à l'eau froide, biscuits vitaminés pour combler les carences nutritionnelles et, pour ce garçon introspectif qui aime la lecture, pas un recoin pour être seul, sauf la nuit, caché sous les draps.

Cette année-là, la vie de Julien va changer avec l'arrivée de trois nouveaux élèves, dont Jean Bonnet, son voisin de dortoir. Jean est gentil et adore les livres, mais il est un peu trop brillant aux yeux de Julien, tête de classe et, en plus, il a des comportements bizarres au réfectoire et à la prière et n'aime pas parler de lui. Un mystère à percer pour Julien, qui a une âme de détective!

Les deux garçons vont jouer au chat et à la souris pour un temps avant de s'apprivoiser. La peur partagée lors d'une chasse au trésor nocturne dans la forêt va les rapprocher … et leur rappeler que la guerre bat son plein derrière les murs du pensionnat. Un jour, la Gestapo fait irruption dans la salle de classe …

Le Réalisateur

Louis Malle, né en 1932, est un des réalisateurs les plus prolifiques de la deuxième moitié du vingtième siècle. Comme Julien, un des deux protagonistes d'*Au revoir les enfants*, il est issu d'une famille bourgeoise catholique de Paris. Pendant la Deuxième Guerre mondiale, ses parents l'ont envoyé au collège d'Avon, près de Fontainebleau, où il a vécu une expérience qui a marqué sa vie: l'arrestation du supérieur de l'établissement et de trois de ses camarades par la Gestapo. Malle fait remonter sa vocation de réalisateur à cet événement: "J'ai dit à mes parents, peu de temps après, que je voulais faire du cinéma. Ça les a beaucoup choqués. A l'époque, je ne sais pas si j'ai rationalisé ce désir, mais j'ai eu envie, vraiment, de trouver un moyen, un travail, une fonction qui me permettrait d'aller chercher une certaine forme de vérité, qui m'autoriserait à investiguer" (Heymann, "Entretien").

Après des études de commerce et de Sciences Politiques, il a intégré l'Institut des Hautes Etudes Cinématographiques (IDHEC) en 1951–52, puis a commencé sa carrière de cinéaste comme assistant de Jacques Cousteau en 1952–55. Avec lui, il a réalisé son premier documentaire, *Le Monde du silence* (1955), Palme d'or au Festival de Cannes en 1956. Depuis, Malle a construit une œuvre éclectique comprenant une quarantaine de courts et longs métrages, un "patchwork de situations et de genres" selon Péretié (105). Dès ses premiers films de fiction il aborde en effet tous les genres: le film policier (*Ascenseur pour l'échafaud*, Prix Louis Delluc en 1957), le drame (*Les Amants*, 1958; *Vie privée*, 1962; *Le Feu follet*, 1963), la comédie (*Zazie dans le métro*, 1960) et la comédie musicale (*Viva Maria!*, 1965, son seul film de divertissement selon lui). Il tourne aussi deux documentaires remarqués lors d'un voyage en Inde en 1969, *Calcutta* (trois nominations au Festival de Cannes) et *L'Inde fantôme*, une série pour la télévision française (1969). Rentré en France, il enchaine avec *Le Souffle au cœur* (1971, deux nominations à Cannes) et *Lacombe Lucien* (1974), deux films qui confirment sa réputation de cinéaste à scandale. En effet, ses films choquent la France bourgeoise catholique et conservatrice. *Les Amants* met en scène une bourgeoise adultère et *Zazie* une fillette de dix ans au franc-parler; *Le Souffle au cœur* traite de l'inceste entre une mère et son fils, et Malle fait le portrait d'un collaborateur dans *Lacombe Lucien* à une époque où dominait encore le mythe du "résistancialisme", c'est-à-dire la théorie selon laquelle la majorité des Français avait soutenu la Résistance pendant l'Occupation.

La réception négative de *Lacombe Lucien* en France—il obtient par contre une nomination pour l'Oscar du Meilleur film étranger et deux nominations aux BAFTA en Grande-Bretagne—et le désir de voir du nouveau poussent alors Louis Malle à s'installer aux Etats-Unis. Il y tourne des films à succès, comme *La Petite* (1978), un film sur la prostitution enfantine nominé dans quatre catégories à Cannes, *Atlantic City* (1980), un film noir sur un vieux gangster désabusé, et *Mon dîner avec André* (1981), une longue conversation entre deux amis. *Atlantic City* est son plus grand succès en Amérique, avec des nominations aux Oscars et aux Golden Globes, et il lui vaut aussi le prix du Meilleur réalisateur aux BAFTA et le Lion d'or à la Mostra de Venise.

L'enthousiasme de Malle pour l'Amérique commence à s'émousser lorsqu'il entreprend un film de studio, *Crackers* (1984), qui, avec *Alamo Bay* (1985), une histoire d'immigrés vietnamiens dans un petit port de pêche du Texas, sera un échec total. Dégoûté par le cinéma hollywoodien qu'il jugeait "dans un état lamentable, vicié par les marchands, obsédé par le film de concept, la 'formule'" et où "le metteur en scène est laminé" (Heymann, "Entretien"), Malle décide de rentrer en France après une dizaine d'années aux Etats-Unis. Il s'agit d'un retour aux sources. Fort de trente ans de réalisation, Malle est prêt à réaliser le film dont le contexte avait suscité son envie de devenir cinéaste, *Au revoir les enfants* (1987). Ce film, sommet de sa carrière, sera suivi de trois autres longs métrages réussis, *Milou en mai* (1990), une réunion de famille insouciante sur fond de grève en mai 1968, *Fatale* (1992), un drame politico-érotique, et *Vanya, 42e rue* (1994), qui raconte la production d'une pièce de Tchekhov dans un théâtre new-yorkais.

Contemporain des cinéastes de la Nouvelle Vague, Louis Malle partageait leur "admiration éperdue pour le cinéma américain et une envie de faire des films plus proches de la réalité", mais il se considérait marginal par rapport à ce mouvement car, dit-il, "l'esprit de chapelle n'a jamais été mon truc" et qu'il aimait les réalisateurs de la qualité française vilipendés par Truffaut et sa bande des *Cahiers du cinéma*, comme Autant-Lara et Clouzot (Schidlow 20). Daniel Toscan du Plantier, qui était alors président de l'Académie des arts et techniques du cinéma, considérait pourtant Malle comme le digne successeur de Truffaut à la tête du cinéma français. Il a applaudi sa décision de rentrer en France en ces termes: "Le jour même de la mort de François Truffaut [en 1984], je lui ai dit le besoin que nous avions de lui: un chef était tombé, seul lui pouvait occuper cette place, la première. C'est fait" (Toscan du Plantier 37).

La Genèse et la réalisation

L'idée de réaliser *Au revoir les enfants* a longtemps tourné dans la tête de Louis Malle sans qu'il puisse concrétiser le projet, car le souvenir de l'arrestation et de la déportation de ses camarades de collège par la Gestapo était trop douloureux. Il avait envisagé d'inclure cette histoire comme prologue de *Lacombe Lucien* (1974), son autre film situé pendant l'Occupation, mais il n'était pas prêt. "J'ai mis très longtemps à réaliser ce film", explique-t-il dans un entretien, "je l'ai fait dans l'angoisse, avec une peur terrible de le rater [...]. Ç'aurait pu être ma première œuvre, puisque c'est le souvenir le plus vif, le plus ineffaçable de mon enfance, mais sans doute n'étais-je pas mûr" (Tranchant). Malle a commencé à prendre des notes aux Etats-Unis pour tromper l'ennui dominical dans le petit port de pêche où il filmait *Alamo Bay*, s'il faut en croire Péretié (105). L'idée s'est vite imposée à lui qu'il devait rentrer en France pour faire le film. Il a écrit le scénario initial en dix jours sans se laisser décourager par les réserves de ses amis français, qui pensaient qu'il ne connaissait plus son pays natal et que l'Occupation et l'Holocauste étaient des sujets passés de mode au cinéma. Ironiquement, plusieurs événements ont remis ces thèmes au goût du jour avant la sortie du film, comme nous le verrons dans la section "La Réception", ci-dessous.

Comme Truffaut dans *Les Quatre Cents Coups* et *Le Dernier Métro*, Malle s'est inspiré de ses souvenirs d'enfance pour écrire le scénario tout en laissant une large place à son imagination. Les personnages et la trame du récit sont basés sur la réalité. Julien partage de nombreuses caractéristiques du réalisateur, qui se souvient: "J'ai été élevé comme le Julien du film, comme lui, j'ai été à la messe [...]. Comme lui, je rêvais de grands engagements et je disais que je voulais devenir missionnaire au Congo" (Heymann, "Entretien"). Comme Julien, Malle était bon élève et il sentait son prestige menacé par Hans-Helmut Michel (Jean Bonnet dans le film), un grand jeune homme aux talents multiples qui était comme lui passionné de musique et de littérature. Par contre, Malle ne savait pas que son camarade de classe était juif et il n'a pas eu le temps de se lier avec lui avant son arrestation, ce qu'il s'est reproché plus tard. Il dit donc avoir brodé sur l'histoire de leur amitié en imaginant "comment j'aurais voulu que ça se passe" (Audé 34). Il a ajouté aussi le regard de Julien, vers la fin, qui révèle la vraie identité de Bonnet à Herr Müller. En fait, Malle se sentait tellement responsable de cet événement funeste qu'il est resté persuadé pendant des années que la scène s'était passée ainsi avant de réaliser, en discutant avec d'autres témoins, que son imagination l'avait trompé (Toubiana 22).

Les autres personnages importants (le père Jean, Joseph, Mme Quentin, François, Herr Müller) sont eux aussi basés sur des personnes réelles. Les élèves du collège malmenaient le garçon de cuisine, comme dans le film, mais Malle a pris des libertés en faisant de Joseph un délateur. En réalité on n'a jamais su qui avait dénoncé les enfants juifs et le directeur du collège à la Gestapo (Pascaud 24). Malle a prêté attention à d'autres composantes sociologiques du film, qui en constituent d'après lui l'aspect le plus juste. Il a travaillé la peinture de la classe bourgeoise, représentée surtout par la mère de Julien, et a parsemé son récit de références à la période de l'Occupation (dont certaines seront explicitées plus bas dans "L'Occupation dans *Au revoir les enfants*").

Le tournage a eu lieu de janvier à mars 1987 dans un collège en exercice, l'établissement Sainte-Croix de Provins, en Seine-et-Marne. Malle voulait un film sous-éclairé tourné en tons froids, sans soleil (Toubiana 22), et il a donné comme consigne à la costumière de ne pas inclure de couleurs chaudes pour rester fidèle à ses souvenirs d'un environnement hostile. Heureusement pour lui, le climat a coopéré. La température est tombée jusqu'à −12° C, et les enfants retournaient en cours frigorifiés après les prises!

Louis Malle avoue avoir été angoissé pendant le tournage, compte tenu du caractère très pénible de ses souvenirs, mais il s'est félicité après coup de cette expérience. Il a apprécié de travailler avec des enfants—qu'il a parfois fait répéter une dizaine de fois—et a été ému aux larmes lorsque l'interprète de Bonnet, suivant ses consignes, a réussi à soutenir le regard de Müller pendant quinze secondes. C'était la première fois, dit-il, qu'il éprouvait tant d'émotion au tournage d'un film (Péretié 106). Notons, pour terminer, que le chef décorateur, Willy Holt, qui reçut le César du Meilleur décor pour ce film, était un ancien Résistant qui avait été arrêté par la Gestapo en 1943 et déporté à Auschwitz, comme les enfants juifs du film.

Les Interprètes

Louis Malle voulait faire son film avec des acteurs inconnus, pour des raisons d'authenticité. Il a reçu trois mille lettres de candidature pour les rôles d'enfants et a trouvé assez vite l'interprète de Julien, Gaspard Manesse, qui l'a frappé par sa vivacité et son intelligence. Pour ses deux acteurs principaux, il recherchait moins une ressemblance physique qu'un regard, et celui de Manesse lui a immédiatement rappelé son enfance: "Il m'a regardé et j'ai eu de nouveau onze ans" (Attali 11). Malle a aussi engagé des gens de la région pour jouer les adultes du film, comme le directeur du collège Sainte-Croix dans le rôle du professeur de gymnastique.

Le réalisateur a aussi fait appel à quelques acteurs professionnels. Francine Racette, une Canadienne, avait quelques rôles à son actif ainsi qu'une nomination au César de la Meilleure actrice dans un rôle secondaire pour *Lumière* (1977) de Jeanne Moreau quand elle a accepté de jouer le rôle de la mère de Julien. François Négret (Joseph) avait déjà joué dans trois films. Il a été nommé au César du Meilleur jeune espoir masculin pour sa prestation dans *Au revoir les enfants*. Notons aussi la présence de François Berléand (le père Michel), un grand acteur de théâtre et de cinéma plusieurs fois nominé et primé.

La Réception

Au revoir les enfants a joui d'un grand succès à la fois public et critique. Avec plus de 3,6 millions d'entrées, il fait partie des cinq ou six films français qui dépassent les deux millions de spectateurs chaque année. Il a remporté sept Césars, dont ceux du Meilleur film et du Meilleur réalisateur, le prix Louis Delluc, le Lion d'or à Venise et le BAFTA du Meilleur réalisateur. Il a également reçu de nombreuses nominations, y compris celle de Meilleur film étranger aux Golden Globes et aux Oscars.

De l'avis de tous, *Au revoir les enfants* est un chef-d'œuvre et l'apothéose de l'œuvre du réalisateur: "un grand film d'auteur, un chef-d'œuvre qui porte haut et loin le renom du cinéma français" (Toscan du Plantier 37); "l'un de ses plus beaux films, peut-être le plus parfait" (Chazal). Les critiques célèbrent avant tout l'aspect personnel du récit, générateur d'émotion. Pour Claude Baignères, "Ce n'est pas là seulement un chef-d'œuvre de la production cinématographique d'hier et d'aujourd'hui; c'est aussi un récit qui, par sa profondeur, son émotion, sa sobriété, s'inscrit au rang des plus fondamentales manifestations de l'esprit et du cœur humain". Comme dans cette citation, les mots "émotion", "sobriété", "cœur" reviennent sous la plume des commentateurs, de même que "retenue", "pudeur", "touchant" et "poignant".

La plupart des critiques apprécient la peinture de l'adolescence et le naturel et l'authenticité des acteurs, mais quelques-uns regrettent au contraire "toutes ces idées reçues sur l'enfance, des sempiternelles bagarres dans la cour aux inévitables discussions sur les femmes" (Bernard) et le portrait un peu trop parfait de Bonnet. On reproche aussi à Malle d'avoir fait agir et parler les personnages comme des adolescents rebelles de la fin du vingtième siècle (Pérez, "Un heureux retour"), ce à quoi le réalisateur répond que "les garçons de la bourgeoisie n'avaient pas peur des gros mots", même si leur franc-parler était rarement reproduit au cinéma (Gasperi).

Les critiques voient aussi dans le film une excellente reconstitution historique. C'est "le témoignage le plus fort et le plus vrai sur l'Occupation et les persécutions", remarque Elgey, une historienne. On apprécie que Malle décrive la tragédie sans pathos, en intensifiant l'atmosphère menaçante et la peur qui accompagnent les découvertes progressives de Julien sur l'identité de Jean. On loue aussi ses dons d'observation, "le réalisme du détail, la restitution patiente d'un climat" (Toubiana 20). Pour Maupin, "Louis Malle est vraiment un des rares cinéastes français à s'être servi de la caméra comme d'un scalpel. Il n'a jamais hésité à aborder des sujets que d'autres ont laissés sous le boisseau [comme l'inceste ou la collaboration]" (36). D'ailleurs, plusieurs critiques font référence à *Lacombe, Lucien* (1974), son film sur un jeune Français collaborationniste, un bon film auquel on préfère néanmoins *Au revoir les enfants* pour son message plus nuancé. Elgey, par exemple, préfère la complexité des motivations des personnages dans le dernier film à la noirceur absolue de *Lacombe Lucien*: "Dans *Au revoir les enfants* [...] tout est présent, la folie, la lâcheté, le courage, l'abjection, l'héroïsme [...]. Il n'est pas de plus beau cours d'Education civique, de plus efficace aussi".

L'intérêt du public et de la critique pour *Au revoir les enfants* s'est trouvé décuplé par un certain nombre d'événements qui se sont passés entre le tournage, terminé fin mars 1987, et la sortie du film début octobre. De mai à juillet eut lieu le procès de Klaus Barbie, Chef de la Gestapo à Lyon pendant l'Occupation, qui a été reconnu coupable de crimes contre l'humanité pour la déportation de centaines de Juifs de France. Pendant le procès du "boucher de Lyon", la chaine de télévision TF1 a diffusé pour la première fois *Shoah* (1985), le célèbre documentaire de Claude Lanzmann sur l'extermination des Juifs, qui attira des millions de téléspectateurs. C'était aussi l'époque où se développait le "négationnisme", le fait de nier l'existence du génocide des Juifs par l'Allemagne nazie.

Etant donné ce contexte, on comprend que le public se soit passionné pour *Au revoir les enfants* et que la presse ait jugé le film à l'aune de l'actualité. Pour Jamet, Malle "répond aux mensonges révisionnistes pour rappeler le crime. Ce film était plus que nécessaire, il était urgent". Garcia, quant à lui, voit dans le film "le regard de la France du procès Barbie sur son attitude passée face à la collaboration et à la déportation des Juifs" (27). Pour Macia, "*Au revoir les enfants* est aussi essentiel que *Shoah*, disons un *Shoah* hyperminiature, à notre mémoire collective agressée ces derniers temps par des historiens d'opérette [les historiens négationnistes]". Les recensions du film s'accompagnent parfois de récits de témoins des rafles ou de rescapés des camps. Gastellier, par exemple, inclut un témoignage de Maurice (le surveillant Moreau dans le film), qui raconte comment il a réussi à échapper à la Gestapo en se cachant dans une soupente sous les toits.

L'Occupation dans *Au revoir les enfants*

Le récit d'*Au revoir les enfants* se déroule sur trois semaines en janvier 1944, vers la fin de l'Occupation. Très soucieux de vérité historique, Malle a dépeint l'attitude de la population à l'égard des événements par petites touches dans les jeux et conversations des enfants. Ceux-ci colportent les opinions variées—gaullistes et, plus fréquemment, pétainistes—de leurs parents. Lorsqu'ils reviennent des bains-douches municipaux, par exemple, on les entend dire que "si on n'avait pas Pétain, on serait bien dans la merde" ou que "les Juifs et les communistes sont bien plus dangereux que les Allemands". Les parents de Malle, comme la plupart des gens issus de la haute bourgeoisie, étaient pétainistes. Rien d'étonnant donc à ce que Julien se mette à entonner "Maréchal, nous voilà", une chanson patriotique en l'honneur de Pétain, pour surmonter sa peur lorsque lui et Jean sont perdus dans la forêt.

Le soutien de la bourgeoisie catholique à Pétain s'expliquait en grande partie par son opposition au Front populaire, un gouvernement de coalition de gauche qui avait gouverné la France en 1936–38. Les Français de droite désapprouvaient les mesures sociales de ce gouvernement et ils le tenaient responsable du déclin moral de la France et de sa défaite en 1940. Ils éprouvaient une haine particulière contre Léon Blum, le chef du gouvernement du Front populaire, d'autant plus que celui-ci était juif (il a été emprisonné par Vichy, puis transféré dans une prison allemande en mars 1943). La mère de Julien dit à son propos au restaurant: "Remarquez, je n'ai rien contre les Juifs. A part Léon Blum, bien entendu. Ah, celui-là, ils peuvent le pendre!"

Malle montre que le soutien de la bourgeoisie au gouvernement de Vichy avait déjà fléchi à l'époque du film. Lorsque François demande à sa mère si son père est toujours pétainiste, celle-ci répond: "Mais personne n'est plus pétainiste!". On entend aussi des enfants dire que "Pétain est gâteux" et que Laval est "vendu aux Allemands". De nombreux Français, en effet, n'approuvaient pas la politique de collaboration avec l'Allemagne, qui consistait à aider l'occupant à identifier et déporter les Juifs et à fournir des travailleurs français pour soutenir l'effort de guerre allemand. La Milice française, une force paramilitaire créée en 1943, participait à ces initiatives en aidant la Gestapo à traquer les Juifs, les Résistants et les réfractaires au STO (Service du Travail Obligatoire, qui envoyait travailler en Allemagne les jeunes gens de vingt à vingt-trois ans). Dans le film, le surveillant Moreau se cache car il refuse de faire le STO, et on voit la Milice deux fois, dans la cour du collège et au restaurant.

En janvier 1944, au moment de l'action du film, les forces alliées avaient reconquis l'Afrique du Nord (alors française), et les alliés soviétiques progressaient sur le front de l'Est, comme l'explique le professeur de mathématiques à ses élèves à l'aide de petits drapeaux sur une carte. Les Alliés se préparaient à envahir la France—on est à six mois du débarquement de Normandie (le 6 juin)—et ils multipliaient les frappes stratégiques sur les sites industriels de la région parisienne, qui travaillaient pour l'Allemagne. Mme Quentin fait référence à ces bombardements dans une lettre à Julien, et les élèves doivent s'abriter à plusieurs occasions pour y échapper.

Pour riposter contre ces avancées dès 1942, l'Allemagne a intensifié sa traque des Juifs en imposant des restrictions supplémentaires (dont le port obligatoire de l'étoile jaune, portée par un homme qui sort des bains publics dans le film) et en organisant des rafles. Les troupes allemandes avaient aussi envahi la zone libre, théoriquement dirigée par Vichy, et elles occupaient la majorité du territoire français en janvier 1944. C'est la raison pour laquelle Julien répond à Jean "y'a plus de zone libre!" quand celui-ci lui dit que sa mère est en sécurité à Marseille. A la fin de la guerre, les conditions de vie étaient de plus en plus difficiles, et les Français devaient utiliser des tickets de rationnement pour acheter de la nourriture (comme au restaurant dans le film) et d'autres produits de première nécessité. Pour contrevenir à ces restrictions ou pour profiter de la situation, certains faisaient du marché noir—comme Joseph, qui revendait les provisions qu'il volait au collège et les denrées qu'il obtenait auprès des élèves.

Le film appelle aussi quelques commentaires sur l'attitude de l'Eglise catholique vis-à-vis de Vichy et de l'Holocauste. Celle-ci est restée relativement silencieuse au sujet de l'extermination des Juifs, et l'épiscopat français a apporté son soutien actif au gouvernement de Vichy. Mais certains religieux, comme le père Jean dans le film, ont critiqué la politique de Vichy dans leurs sermons et ont fait de la Résistance en cachant des enfants juifs. Son modèle, le père Jacques de Jésus, fondateur du college fréquenté par Malle, faisait lui aussi partie d'un réseau de Résistance. En juin 1985, il a reçu la médaille des Justes, un honneur décerné par l'Etat d'Israël à ceux qui ont mis leur vie en danger pour sauver des Juifs.

DOSSIER PÉDAGOGIQUE

Qu'est-ce qui se passe dans ce film?

1. Où se passe la première scène du film, et dans quelle ville? Où va Julien, et comment se sent-il?

2. Au collège, qu'est-ce que les enfants sont obligés de faire chaque matin avant même de déjeuner?

3. Qu'est-ce qui interrompt le cours de mathématiques?

4. Que fait Joseph, le garçon de cuisine, pour les élèves du collège? Comment est-ce que ceux-ci le traitent?

5. Pourquoi Julien est-il intrigué par Jean, le nouvel élève, et qu'est-ce qu'il découvre un peu plus tard en fouillant dans son casier?

6. Que faisaient les enfants dans la forêt? Qu'est-ce qui s'est passé? Comment les deux garçons sont-ils rentrés au collège?

7. Pourquoi est-ce que Jean et Julien se sont disputés à l'infirmerie?

8. Pourquoi est-ce qu'un des parents a quitté la chapelle pendant le sermon du père Jean?

9. Qu'est-ce qui s'est passé au restaurant?

10. Quel film est-ce que les enfants et les adultes ont regardé ensemble?

11. Pourquoi est-ce que le père Jean a renvoyé Joseph, et qu'a-t-il dit aux enfants sur cette décision?

12. Comment est-ce que la Gestapo a découvert les élèves juifs du collège?

Vrai ou Faux?

Si la phrase est fausse, corrigez-la!

1. Au moment de prendre le train au début du film, Julien dit à sa mère combien il l'aime.

2. Les enfants reconstituent les guerres de religion entre musulmans et chrétiens quand ils jouent aux échasses dans la cour du collège.

3. Au pensionnat, les enfants ont le droit de manger tout seuls les provisions personnelles envoyées par leurs familles.

4. Les grands garçons tourmentent Joseph en se moquant de la photo de sa mère.

5. Jean est jaloux de Julien, car son talent de pianiste a attiré l'attention de la prof de musique.

6. Dans son bureau, le père Jean encourage Julien dans son désir de devenir prêtre.

7. Lorsqu'ils sont ensemble, Jean et Julien aiment parler de la situation politique et du maréchal Pétain.

8. Quand les enfants demandent à Bonnet pourquoi il ne va pas faire sa communion solennelle, celui-ci répond qu'il est trop jeune.

9. Mme Quentin a mangé du poisson au beurre blanc au restaurant.

10. Les miliciens quittent le restaurant parce qu'il y a un Juif qui y dîne.

11. Un des enfants juifs a réussi à échapper à la Gestapo en passant par le toit.

12. A la fin du film, on entend la voix *off* du réalisateur qui explique que quarante ans ont passé depuis cet épisode tragique de son enfance.

Contrôle des connaissances

1. Quel événement a donné envie à Louis Malle de faire du cinéma?

2. Pourquoi est-ce que certains de ses films ont fait scandale?

3. Quel est le bilan de sa période américaine, et pour quelles raisons est-il rentré en France?

4. Pourquoi Malle a-t-il attendu une quarantaine d'années avant de filmer *Au revoir les enfants*?

5. Qu'est-ce qui a plu à Malle chez l'acteur qui incarne Julien?

6. Quelle place occupe *Au revoir les enfants* dans la filmographie de Louis Malle?

7. Quels aspects du film ont été particulièrement bien reçus par la critique?

8. A quel autre film de Malle est-ce qu'on a comparé *Au revoir les enfants?* Qui est le protagoniste de cet autre film?

9. Quels événements ont remis l'Occupation et la Shoah (et le film de Malle) au centre de l'actualité?

10. Pourquoi est-ce que la bourgeoisie française pétainiste détestait le Front populaire et Léon Blum?

11. Comment est-ce que le gouvernement de Vichy a collaboré avec l'Allemagne nazie?

12. Qu'est-ce que certains religieux ont fait pour s'opposer au soutien de l'Eglise catholique à Vichy sous l'Occupation?

Pistes de réflexion et de discussion

1. L'Entrée en matière

Visionnez la séquence d'ouverture (Extrait 1, 0'00–3'20). Comment sait-on que la scène à la gare se passe sous l'Occupation?

Qu'est-ce qu'on apprend sur la famille et sur le milieu social de Julien? Pourquoi est-ce qu'il vouvoie sa mère? Pourquoi dit-il à sa mère qu'il la déteste? Quels sont les vrais rapports entre Julien et sa mère? Qu'est-ce que François insinue quand il dit à sa mère d'être sage?

2. Le Cadre du récit: un pensionnat catholique pendant l'Occupation

Louis Malle a dit lors d'un entretien: "Il était important pour moi que ça démarre comme une simple chronique de l'époque, ce que c'était alors d'être un enfant, dans un collège. Puis que ça tourne en drame" (Audé 35). Il a dit également, en parlant des relations entre les enfants dans le collège de son enfance, qu'"il y avait une notion presque darwinienne des rapports de force dans un groupe social, on laissait faire ceux qui prenaient le dessus. Il y avait des victimes et des bourreaux" (Audé 33). A-t-il réussi à montrer cela dans son film?

Quel est l'impact de l'Occupation et de la guerre sur la vie du collège?

Analysez comment la tradition catholique des enfants s'exprime dans leurs jeux et dans leurs conversations. Quelle est leur attitude vis-à-vis des autres religions? Quels événements historiques est-ce que les enfants évoquent quand ils jouent aux échasses? **Visionnez la scène des échasses** (Extrait 2, 11'50–13'20). Qui est-ce que Laviron représente? Pourquoi est-ce que Malle a choisi Négus/Lafarge dans le rôle du chevalier noir musulman? Que signifie le mot (très péjoratif) "moricaud", que Laviron adresse à Négus? Quel personnage est-ce que la majorité des enfants soutient? Avez-vous été surpris par la non-intervention des religieux dans cette scène?

Comment est-ce qu'un des enfants traite Jean après que celui-ci leur a fait croire qu'il était protestant?

Comment est-ce que le collège sert de microcosme de la société française pendant la Deuxième Guerre mondiale?

3. Les Personnages

✦ *Julien Quentin*

Décrivez la personnalité de Julien et ses centres d'intérêt. Quel problème personnel très gênant Julien a-t-il certaines nuits? Pourquoi, à votre avis, Malle a-t-il mis ceci dans son film?

Comment la vie de Julien change-t-elle quand Jean arrive au collège? Quels sont ses premiers sentiments à l'égard de son camarade? Qu'est-ce qu'il apprend à son contact?

Malle compare un peu Julien à Sherlock Holmes, un des héros des deux protagonistes du film, quand il dépeint sa découverte graduelle de l'identité de Jean. **Comment Malle insiste-t-il sur la curiosité de Julien, et quels indices aident celui-ci à résoudre le mystère qui entoure Jean?**

✦ *Jean Bonnet/Kippelstein*

Qu'est-ce qu'on sait sur la vie de Jean avant son arrivée au collège? Comment sent-on dans son comportement que sa vie passée a été difficile? **A travers son personnage, comment Malle fait-il comprendre ce que signifiait être juif à cette époque?**

Décrivez quelques attitudes des collégiens à son égard. Comment expliquez-vous leur hostilité envers lui? Est-ce parce qu'il est nouveau ou, comme le suggère Southern (269), pensez-vous que son attitude attire la persécution de ses camarades?

Comment interprétez-vous sa décision de communier?

✦ *Jean et Julien*

Qu'est-ce que les deux garçons ont en commun? **Comment est-ce que Malle montre le développement de leur amitié?** (Quelles scènes sont importantes à cet égard?) Quel rôle joue la musique dans l'évolution de leur relation?

✦ *Le père Jean*

Comment le père Jean traite-t-il les élèves en général?

Quelles idées exprime-t-il dans son sermon devant les parents? *Visionnez la scène du sermon* (Extrait 3, 1h02'00–1h04'00).

Le père Jean a renvoyé Joseph parce qu'il volait des provisions de l'école pour les vendre au marché noir. **Est-ce que les actions de Joseph étaient plus répréhensibles que celles des enfants?** Comment ceux-ci ont-ils été punis? Pensez-vous qu'il y ait deux poids et deux mesures dans cette décision? Si oui, comment expliquez-vous le comportement du père Jean?

Que pensez-vous de sa décision de refuser la communion à Jean Bonnet? Cette décision a été interprétée de diverses manières, comme une faute morale de sa part (Higgins 203) ou, au contraire, comme un signe d'intégrité, d'autant plus qu'une partie des prêtres qui ont protégé des enfants juifs ont essayé de les convertir (Craft-Fairchild 84). De quel côté penchez-vous?

Malle, qui avouait avoir un "vieux fond d'anticléricalisme", a dit que dans ce film il montrait pour la première fois "des prêtres qui étaient admirables", parce que cela correspondait à son expérience, même s'il était conscient qu'une partie du clergé avait collaboré (Audé 35). En quoi les prêtres dans cette école sont-ils admirables?

✦ *Joseph*

De quel milieu social vient-il? Comment est-il traité par les collégiens? *Visionnez une des scènes entre Joseph et les collégiens* (Extrait 4, 16'55–18'35). Dans cette séquence, pourquoi dit-il à Julien "T'es un vrai Juif, toi"? Quel stéréotype antisémite est-ce que ses paroles expriment?

Il est clair que c'est Joseph qui a dénoncé le père Jean aux autorités allemandes. Malle dit dans un entretien qu'il préfère ne pas condamner mais plutôt essayer de comprendre ceux auxquels il se sent opposé, comme Joseph (Schidlow 19). **Comment le caractère de Joseph est-il représenté dans le film?** Est-ce un personnage sympathique ou antipathique? Quel jugement portez-vous sur lui?

✦ *Mme Quentin*

Mme Quentin est inspirée par la mère du réalisateur, mais Malle a souvent répété qu'elle est différente de sa mère à plusieurs égards. Avec ce personnage, il souhaitait surtout dresser le portrait d'une bourgeoise catholique de l'époque. **Comment Mme Quentin se situe-t-elle politiquement?**

Comme nous l'avons vu, Malle met en relief les rapports entre Julien et sa mère dans la première scène du film. Un des films précédents de Louis Malle, *Le Souffle au cœur* (1971), avait fait scandale, car il dépeignait une histoire d'inceste entre une mère et son fils. La critique a vu dans *Au revoir les enfants* un rappel du thème de la relation mère-fils, mais "sans le détour du blasphème œdipien" (Benayoun 30). Etes-vous d'accord avec l'opinion critique ici? **Est-ce que la relation entre Julien et sa mère vous a paru malsaine? Expliquez votre opinion.**

✦ *François Quentin*

Comment François diffère-t-il de son frère Julien? A-t-il les mêmes rapports avec leur mère?

Lorsque Julien l'interroge sur les Juifs, François répond en mentionnant l'image populaire des Juifs en France. Quelle est cette image, et qu'en pense Julien? *Visionnez leur conversation* (Extrait 5, 47'00–47'45). Quelle est l'intention de Malle en insérant ce dialogue?

Quelle est l'attitude de François par rapport au régime de Vichy et aux Allemands?

✦ *Les Allemands*

Malle a dit dans un entretien: "C'est très ironique. Il me semble que c'était juste de dire qu'une grande partie des Allemands qui étaient en France n'étaient pas très influencés par l'idéologie nazie" (Audé 33). Est-ce que cette opinion transparaît dans la représentation des Allemands dans le film? **Comment les personnages allemands sont-ils dépeints** dans la scène des bains municipaux et dans les épisodes de la forêt et du restaurant, ainsi que dans la scène de l'arrestation des enfants à la fin du film?

4. La Séquence des bains municipaux

Visionnez la séquence des bains douches (Extrait 6, 32'40–35'25). Qu'est-ce qu'on apprend sur la situation des Juifs à cette époque (à la fin de cette séquence)? En plus de ce contexte général, quelles menaces planent sur Jean dans cette scène?

A qui pense Julien dans sa baignoire?

5. *La Scène du jeu de piste dans la forêt*

Comment Julien et Jean se retrouvent-ils tout seuls dans la forêt? **D'après vous, qu'est-ce que Julien éprouve dans cette longue séquence, peut-être pour la première fois? Quelle est l'importance de cette scène pour sa relation avec Jean?**

Cette scène est inspirée de jeux de piste réels auxquels Malle a participé au collège et dont il garde un mauvais souvenir. Il se souvient que le supérieur envoyait les élèves dans la forêt après le couvre-feu pour leur former le caractère, sans que les parents le sachent (Audé 33). **Comment Malle crée-t-il une atmosphère menaçante dans cette scène?** *Visionnez cet épisode* (Extrait 7, 54'00–56'30).

6. *La Scène du repas au restaurant*

Visionnez la scène au restaurant (Extrait 8, 1h08'35–1h11'25). Commentez le changement d'attitude du milicien lorsqu'il se rend compte que M. Meyer est juif. Comment M. Meyer réagit-il? Pourquoi Malle lui fait-il porter une rosette rouge, signe qu'il a reçu la Légion d'Honneur, la plus haute décoration honorifique française, décernée aux personnes qui ont rendu des "services éminents" à la Nation?

Le serveur explique au milicien que M. Meyer est un client depuis vingt ans. Dans la scène des bains municipaux (interdits aux Juifs), on voit sortir un homme portant une étoile jaune sur son manteau. Qu'est-ce que ces deux scènes laissent entendre?

Quelles sont les réactions des clients du restaurant lors de cet incident? Que veut dire la femme quand elle crie "les Juifs à Moscou!"? Que pense Mme Quentin au sujet des Juifs et de Léon Blum, en particulier?

Comment Malle exprime-t-il la tension dans le restaurant et les émotions de Jean et Julien?

Pourquoi est-ce que l'officier allemand a mis fin à la situation? A quoi est-ce qu'on s'attendrait plutôt?

Que pensez-vous de la réaction de François? Est-il courageux ou inconscient? D'après Stanley Hoffmann, un chercheur en sciences politiques, son attitude n'est pas réaliste car, étant donné les circonstances, on s'attendrait plutôt à ce que les clients apeurés restent silencieux (Greene 89). Quel est l'effet de l'attitude de François et d'autres clients sur notre perception du comportement des Français pendant l'Occupation?

Comment interprétez-vous la façon dont Jean regarde Mme Quentin à la fin de cette séquence? Malle tenait à ce que Mme Quentin porte un rouge à lèvres très vif qui tranche avec la palette utilisée dans le reste du film. Pourquoi a-t-il fait cette exception, d'après vous?

7. *La Soirée cinéma*

Les films anglo-saxons étaient bannis des écrans français pendant l'Occupation, mais ils circulaient sous le manteau. Les Allemands détestaient d'autant plus Chaplin qu'ils le soupçonnaient d'être juif et qu'il avait réalisé une comédie satirique sur Adolphe Hitler, *Le Dictateur* (*The Great Dictator*), sortie en octobre 1940. Malle rapporte qu'il a toujours adoré Chaplin, le premier cinéaste à le faire rire, et qu'il avait un peu le sentiment de lui rendre hommage en intégrant des extraits de *Charlot émigrant* (*The Immigrant*, 1917) dans son film (Schidlow 20). La mise en abyme du film de Chaplin, qui décrit le voyage d'émigrés européens vers les Etats-Unis, signale l'importance de cette scène dans le film. *Visionnez la scène de la soirée cinéma* (Extrait 9, 1h14'50–1h18'10).

Quelles peuvent être les intentions des religieux du collège en montrant *Charlot émigrant* à leurs élèves? Quand est-ce que les enfants sont particulièrement émus pendant ce film très drôle? Quand est-ce que la caméra se focalise sur les enfants juifs et pourquoi, à votre avis? Comment le film de Chaplin, qui porte sur l'immigration, est-il pertinent à l'époque représentée dans *Au revoir les enfants*?

Dans cette scène, on voit les enfants, les religieux, Joseph, et d'autres employés du collège. **Qu'est-ce qui se produit ici qui pourrait rappeler une expérience "religieuse"? Qu'est-ce que Malle suggère ici quant à la fonction du cinéma?**

8. *L'Arrestation des élèves juifs*

Pourquoi Julien se sent-il responsable de l'arrestation de Jean?

D'après vous, pourquoi est-ce que la religieuse a indiqué à la Gestapo où se cachait Négus, et pourquoi n'a-t-elle pas dénoncé Moreau, le surveillant? *Visionnez un extrait de la scène à l'infirmerie* (Extrait 10, 1h35'00–1h36'25). Quel aspect (très critiqué) du comportement de l'Eglise catholique en France pendant l'Occupation est évoqué ici? Quand le soldat allemand demande où est le Juif, Julien répond qu'on n'a vu personne. Pourquoi le soldat allemand lui ordonne-t-il de baisser son pantalon?

Comment Julien réagit-il dans la scène suivante, lorsqu'il comprend que Joseph est l'auteur des dénonciations? *Visionnez la scène finale entre Julien et Joseph* (Extrait 11, 1h36'50–1h38'20). Comment Joseph a-t-il changé d'apparence? Quels arguments donne-t-il pour expliquer son acte? Comment est-ce que l'état d'esprit de Julien se traduit ici, à part son silence? **Cette scène se termine par un plan fixe sur la porte qui se ferme derrière Julien qui s'en va sans dire un mot à Joseph. Qu'est-ce que Malle veut exprimer en terminant la scène ainsi?**

9. *La Dernière Scène*

Louis Malle a dit qu'il voulait éviter le pathos dans son film: "Je voulais un film très pudique, très retenu, ce qui suppose toute une ascèse formelle" (Tranchant). Comment est-ce que **la mise en scène** (l'action et le jeu des acteurs notamment) dans la dernière scène contribue à la "pudeur" ou à la "retenue" dont parle Malle? *Visionnez une partie de la dernière scène* (Extrait 12, 1h41'15–1h43'00).

Pour arriver à cette "ascèse", Malle a supprimé des choses qui se sont passées dans la réalité. Il explique par exemple que ses camarades et lui ont applaudi quand les enfants juifs et le supérieur ont quitté leur collège, mais qu'il a préféré ne pas inclure ces applaudissements dans le film (Tranchant). Est-ce que c'était une bonne idée, à votre avis? Comment les applaudissements auraient-ils pu affecter la scène?

Les dernières paroles du père Jean, "Au revoir les enfants, à bientôt" ont donné son titre au film. Pourquoi dit-il "à bientôt"? **Comment la suppression de ces deux mots affecte-t-elle la signification du titre?**

A la fin du film il y a un travelling très lent jusqu'au gros plan sur le visage de Julien. Pourquoi la caméra s'approche-t-elle si près? **Quelle est la fonction ultime de ce gros plan conjugué à la voix *off* du réalisateur?** Comment avez-vous réagi en entendant cette voix *off*? Dans une version préalable du scénario, Malle avait inclus la dernière phrase en voix *off* au début du film (Andreu 97). **Comment a-t-il modifié le caractère de son film en la déplaçant?**

Après le départ des trois enfants juifs et du père Jean avec les soldats allemands, il y a un long plan fixe sur la porte du collège qui est restée ouverte. Quelle est, à votre avis, l'intention du réalisateur ici? Sur quoi veut-il insister?

A votre avis, **qui est responsable du destin tragique du père Jean et de Jean Bonnet:** les Nazis? Le gouvernement de Vichy? Joseph? L'Eglise catholique? Les enfants eux-mêmes (en faisant des affaires avec Joseph)?

Filmographie de Louis Malle

1955   *Le Monde du silence (documentaire)*
1957   *Ascenseur pour l'échafaud*
1958   *Les Amants*
1960   *Zazie dans le métro*
1962   *Vie privée*
1963   *Le Feu follet*
1965   *Viva Maria!*
1967   *Le Voleur*
1969   *Calcutta (documentaire)*
1971   *Le Souffle au cœur*
1974   *Lacombe Lucien*
1975   *Black Moon*
1978   *La Petite*
1980   *Atlantic City*
1981   *Mon dîner avec André*
1984   *Crackers*
1985   *Alamo Bay*
1987   *Au revoir les enfants*
1990   *Milou en mai*
1992   *Fatale*
1994   *Vanya, 42e rue*

Œuvres consultées

Andreu, Anne. "Louis Malle signe son chef-d'œuvre et, déjà, les politiques rappliquent…". *L'Evénement du jeudi* 1er–7 oct. 1987: 96–97.

Attali, Danielle. "Louis Malle, le cinéma souffle au cœur". *Le Journal du dimanche* 4 oct. 1987: 11.

Audé, Françoise, et Jean-Pierre Jeancolas. "Entretien avec Louis Malle sur *Au revoir les enfants*". *Positif* 320 (oct. 1987): 32–39.

Austin, Guy. "The Occupation, Colonial Conflicts, and National Identity". *Contemporary French Cinema*. 2e éd. Manchester, UK: Manchester UP, 2008. 17–54.

Baignères, Claude. "Au plus profond de l'être". *Le Figaro* 7 oct. 1987: sans pagination.

Benayoun, Robert. "Un ailleurs infiniment proche sur *Au revoir les enfants*". *Positif* 320 (oct. 1987): 29–32.

Bernard, René. "L'Enfance nue de Louis Malle". *L'Express* 9 oct. 1987: sans pagination.

Chazal, Robert. "Au revoir les enfants: l'innocence assassinée". *France-Soir* 7 oct. 1987: sans pagination.

Craft-Fairchild, Catherine. "Do We Remember? The Catholic Church and the Holocaust". *Logos: A Journal of Catholic Thought and Culture* 9.2 (2006): 68–106.

Elgey, Georgette. "Le Sens du drame". *Le Quotidien de Paris* 7 oct. 1987: sans pagination.

Garcia, Jean-Pierre. "Louis Malle: l'exil et l'enfance". *Différences* 71 (oct. 1987): 26–27.

Gasperi, Anne de. "Le Chagrin et la piété". *Le Quotidien de Paris* 7 oct. 1987: sans pagination.

Gastellier, Fabian. "Le Seul Rescapé de la rafle témoigne". *Le Quotidien de Paris* 7 oct. 1987: sans pagination.

Greene, Naomi. "Battles for Memory: Vichy Revisited". *Landscapes of Loss: The National Past in Postwar French Cinema*. Princeton, NJ: Princeton UP, 1999. 64–97.

"Hans-Helmut Michel". *Anonymes, Justes et persécutés durant la période nazie dans les communes de France*. Consulté le 21 juill. 2016. <www.ajpn.org/personne-Hans-Helmut-Michel-(Jean-Bonnet)-685.html>.

Heymann, Danièle. "L'Ami perdu". *Le Monde* 4 sept.1987: sans pagination.

———. "Un entretien avec Louis Malle; la blessure d'une amitié perdue". *Le Monde* 4 oct. 1987: sans pagination.

Higgins, Lynn A. "If Looks Could Kill: Louis Malle's Portraits of Collaboration". *Fascism, Aesthetics, and Culture*. Hanover, NH: UP of New England, 1992. 198–211.

Jamet, Dominique. "Moi, mon remords, ce fut . . . ". *Le Quotidien de Paris* 7 oct. 1987: sans pagination.

Lanzmann, Claude, réal. *Shoah*. Eureka Video, 2007.

Leclère, Marie-Françoise. "Au revoir les enfants". *Le Point* 5 oct. 1987: sans pagination.

Lefort, Gérard. "Le Malaise Malle". *Libération* 8 oct. 1987: sans pagination.

Macia, Jean-Luc. "La Mémoire brûlée". *La Croix* 8 oct. 1987: sans pagination.

Malle, Louis, réal. *Au revoir les enfants*. Criterion Collection, 2006.

Maupin, Françoise. "Au revoir les enfants: re-bonjour Louis Malle". *Le Figaro Magazine* 3 oct. 1987: 36.

New, Elisa. "Good-bye, Children; Good-bye, Mary, Mother of Sorrows: The Church and the Holocaust in the Art of Louis Malle". *Prooftexts* 22 (2002): 118–40.

Pascaud, Fabienne. "Qu'avez-vous fait de mon enfance? Entretien". *Télérama* 1er avr. 1987: 24–25.

Péretié, Olivier. "Un petit 'détail' sans importance ". *Le Nouvel Observateur* 2 oct. 1987: 104–6.

Pérez, Michel. "Au revoir les enfants". *Le Nouvel Observateur* 16 oct. 1987: sans pagination.

———. "Un heureux retour aux sources". *Le Matin* 7 oct. 1987: 16.

Rouchy, M.-E. "Louis Malle: 'Le passé m'envahit'". *Le Matin* 7 oct. 1987: 16–17.

Schidlow, Joshka. "L'Ami retrouvé. Entretien". *Télérama* 7 oct. 1987: 18–20.

Shorley, Christopher. "History, Memory and Art in Louis Malle's *Au revoir les enfants*". *The Seeing Century: Film, Vision, and Identity*. Amsterdam: Rodopi, 2000. 49–59.

Southern, Nathan, et al. *The Films of Louis Malle: A Critical Analysis*. Jefferson, NC: McFarland, 2006.

Toscan du Plantier, Daniel. "Louis Malle: le retour de l'enfant prodigue". *Le Figaro Magazine* 3 oct. 1987: 37.

Toubiana, Serge. "Regards d'enfants". *Cahiers du cinéma* 400 (oct. 1987): 18–22.

Tranchant, Marie-Noëlle. "*Au revoir les enfants*. Louis Malle: l'œuvre d'une vie". *Le Figaro* 7 oct. 1987: sans pagination.

3

Claire Denis

Chocolat

(1988)

Claire Denis, *Chocolat*: France enfant (Cécile Ducasse) et Protée le domestique (Isaach de Bankolé), au Cameroun.

Réalisation	Claire Denis
Scénario	Claire Denis, Jean-Pôl Fargeau
Directeur de la photographie	Robert Alazraki
Cadreur	Agnès Godard
Son	Dominique Hennequin, Jean-Louis Ughetto
Montage	Claudine Merlin
Musique	Abdullah Ibrahim
Décors	Thierry Flamand
Production	Marin Karmitz
Durée	1h45

Distribution

Mireille Perrier (*France adulte*), Emmet Judson Williamson (*Mungo Park*), Isaach de Bankolé (*Protée*), Cécile Ducasse (*France enfant*), Guilia Boschi (*Aimée Dalens*), François Cluzet (*Marc Dalens*), Jean-Claude Adelin (*Luc*), Jacques Denis (*Joseph Delpich, le planteur de café*), Kenneth Cranham (*Jonathan Boothby, l'ami anglais des Dalens*), Didier Flamand (*le capitaine Védrine*), Jean-Quentin Châtelain (*Courbassol, le navigateur*), Laurent Arnal (*Machinard, l'administrateur colonial*), Emmanuelle Chaulet (*Mireille Machinard*), Jean Bediebe (*Prosper, le médecin africain*), Clementine Essono (*Marie-Jeanne*), Essindi Mindja (*Blaise*)

Synopsis

France, la trentaine, retourne au Cameroun où elle a vécu avec ses parents avant l'indépendance. Après quelques jours dans le Sud, elle compte prendre un avion pour revoir la maison de son enfance, perdue dans la brousse au nord du pays. Un Noir et son jeune fils rencontrés par hasard offrent de l'emmener à l'aéroport.

Dans la voiture qui la conduit vers Douala, France se remémore sa vie d'enfant, scandée par les absences prolongées de son père, un administrateur colonial, pendant lesquelles elle et sa mère travaillaient un jardin trop aride, rendaient des visites sous une chaleur de plomb et passaient des nuits angoissées à écouter crier les hyènes. Une vie solitaire égayée par la présence de Protée, le beau et fidèle serviteur, qui lui posait des devinettes et se prêtait de bonne grâce à ses jeux d'enfant autoritaire qui, déjà, reproduisait les attitudes de ses aînés.

France se rappelle aussi la visite inopinée d'un groupe d'Européens dont l'avion était tombé en panne aux alentours, et qui a rompu l'équilibre fragile de cette vie bien ordonnée. Luc, en particulier, un jeune vagabond séducteur qui traversait le pays à pied et s'identifiait aux indigènes, a laissé des traces.

Pour des raisons inavouables mais claires, sa mère a renvoyé Protée du service de la maison, et France s'en est trouvée marquée à vie.

La Réalisatrice

Claire Denis, née en 1946, a passé son enfance dans différents pays d'Afrique (au Cameroun, au Burkina Faso, à Djibouti), où son père était un fonctionnaire colonial. Elle est rentrée en France au moment de l'adolescence et, en même temps que la solitude de l'ancienne expatriée revenue au pays, elle a découvert le cinéma, dont sa connaissance se limitait jusque-là aux films de guerre américains populaires en Afrique.

D'abord photographe, elle fait des études de cinéma à l'Institut des Hautes Etudes Cinématographiques (IDHEC), puis réalise quelques courts métrages et travaille comme assistante de Robert Enrico et de Jacques Rivette, un réalisateur qu'elle révérait quand elle était étudiante et qui, selon elle, lui "a légué son regard de cinéaste" (Macia, "Claire Denis"). *Le Vieux Fusil* d'Enrico l'initie aux difficultés et au machisme du métier. Elle remarque à propos de son travail sur ce film que "c'est un métier très physique, un métier de mec, me disait-on. On a souvent essayé de me dissuader" (Rousseau). Mais elle devient ensuite première assistante de réalisateurs tels que Jacques Rouffio, Costa-Gavras, Jim Jarmusch et Wim Wenders, dont la rencontre fut décisive pour sa carrière.

Après avoir travaillé sur deux films de Wenders primés à Cannes, *Paris, Texas* (1984) et *Les Ailes du désir* (1987), elle présente *Chocolat* au festival en 1988. Ce premier long métrage bien reçu, nominé aux Césars l'année suivante, est suivi de films de fiction et documentaires sur des sujets variés. Parmi les longs métrages, on remarque les documentaires *Man No Run* (1989), sur le groupe camerounais Les Têtes Brulées, dont elle avait pensé inclure la musique dans *Chocolat*, et *Jacques Rivette, le veilleur* (1990), pour une série télévisée intitulée *Cinéma, de notre temps*. (C'est Rivette lui-même qui lui a demandé de réaliser ce film.)

D'après Denis, ses deux films de fiction suivants forment, avec *Chocolat*, une trilogie sur les thèmes de la colonisation, l'immigration et l'assimilation dans une nouvelle société (Mayne 20). *S'en fout la mort* (1990), avec Isaach de Bankolé (le Protée de *Chocolat*) et Alex Descas, est l'histoire tragique de deux amis béninois et martiniquais qui tentent de faire fortune en organisant des combats de coqs clandestins pour un patron de restaurant arnaqueur en banlieue parisienne. *J'ai pas sommeil* (1994) met en scène des migrants et des petites gens qui se côtoient sans nouer de rapports dans un arrondissement du nord de Paris. L'un d'eux, Camille, un travesti antillais, est aussi le tueur en série de vieilles dames que la police finit par appréhender à la fin. Ce film basé sur un fait divers a été présenté en sélection officielle au Festival de Cannes.

Dans ses films suivants, Denis se focalise davantage sur des personnages blancs, même si le contexte postcolonial n'est jamais totalement absent. Dans *U.S. Go Home* (1994), une contribution à la série télévisée *Tous les garçons et les filles de leur âge* sur le passage à l'âge adulte, il s'agit d'un frère et d'une sœur en quête d'expériences sexuelles qui rentrent d'une surprise partie en compagnie d'un GI d'une base voisine. On retrouve la fratrie, interprétée à nouveau par Alice Houri et Grégoire Colin, dans *Nénette et Boni* (Lion d'argent à Venise en 1996). Denis ausculte dans ce film la relation entre deux jeunes Marseillais quasi orphelins en situation précaire. C'est de Marseille aussi qu'un adjudant renvoyé de la Légion étrangère (Denis Lavant) raconte sa déchéance en flashback dans *Beau Travail* (2000), inspiré du roman *Billy Budd* de Melville et lauréat du César de la Meilleure photographie en 2001. Ce récit situé dans le désert de Djibouti confirme la prédilection de Denis pour la représentation du corps masculin et du désir qui couve (homosexuel ici).

La sexualité est au centre de ses deux longs métrages suivants. *Trouble Every Day*, présenté hors compétition à Cannes en 2001, attire les foudres de ses nombreux détracteurs en raison de sa violence graphique. Le film traite d'une étrange maladie contractée en Guyane par un scientifique et la femme d'un de ses collègues, et qui déclenche des tendances cannibalesques lors de l'acte sexuel. *Vendredi soir* (2002), quant à lui, raconte une liaison d'un soir entre une jeune femme fiancée et un autostoppeur (Vincent Lindon) qui s'invite dans sa voiture lors d'un embouteillage monstre à Paris.

Dans *L'Intrus* (2004), inspiré par un livre éponyme du philosophe Jean-Luc Nancy, le protagoniste est un vieil homme qui a subi une greffe du cœur et se trouve confronté à l'angoisse de la mort et à l'étrangeté de sentir en lui un corps étranger. *35 Rhums* (2008) marque un changement de ton puisqu'il dépeint les liens affectifs forts entre un père célibataire guadeloupéen, conducteur de RER (Alex Descas), et sa fille qui s'apprête à quitter le nid, une sorte d'hommage à la relation qui liait la mère de Denis à son propre père.

Plus de vingt ans après *Chocolat*, Denis filme un nouveau récit africain dans *White Material* (2010). Elle dépeint un pays sans nom meurtri par la guerre civile, où des enfants soldats font régner la terreur. Au milieu du chaos, Maria (Isabelle Huppert), une planteuse de café blanche, persiste à finir la récolte. Le dernier film de Denis à ce jour, *Les Salauds* (2013), présenté dans la sélection Un Certain Regard à Cannes, est un film noir sur la vengeance d'un homme dont le beau-frère a été poussé au suicide par l'échec de son entreprise et dont la nièce a subi des sévices sexuels très graves, sur fond de menées financières louches et de turpitude morale outrée.

Denis est donc bien une réalisatrice "vagabonde", selon le titre du documentaire que Sébastien Lifshitz lui a consacré. Elle a travaillé dans de nombreux genres—drame, comédie dramatique, chronique, polar, film d'horreur, film noir—qu'elle détourne souvent en y apportant sa note personnelle. Jean-Michel Frodon (*Claire Denis*) résume bien l'originalité de la cinéaste et les grandes lignes de son œuvre: "Par les chemins si singuliers qu'on a dits, chemins plus rares encore dans le cinéma français où si souvent prévalent rationalité, psychologie et puissance du discours, elle donne à ressentir, et à comprendre à partir de ces sensations, les grands enjeux de notre temps. Convergences et conflits des civilisations et des cultures, angoisses et solitudes individuelles, vertige des migrations, reconduction et mutation des grandes oppressions".

La Genèse et la réalisation

Très marquée par son enfance en Afrique, Claire Denis souhaitait consacrer son premier film à ce continent et elle se sentait obligée d'"affronter le problème colonial" (Frodon, "Claire Denis"). Elle a commencé un documentaire sur une communauté de soldats noirs américains installés au Sénégal après la guerre du Vietnam. Mais, lors des repérages, elle s'est rendu compte qu'on la traitait comme une touriste en Afrique et, blessée par ce constat, elle a décidé d'explorer son rapport au pays de son enfance par l'intermédiaire d'un film de fiction. Elle a gardé du documentaire l'idée de son personnage noir américain, Mungo (Strauss 31).

Selon Judith Mayne (35), Denis a trouvé une partie de son inspiration pour *Chocolat* dans un roman qui a marqué son adolescence, *Une vie de boy* (1956), du Camerounais Ferdinand Oyono. Ce livre est le journal de Toundi, le domestique noir d'un fonctionnaire colonial qui, comme Marc dans le film, s'absente souvent. Toundi, qui a été éduqué par un prêtre, rapporte par écrit son expérience des rapports coloniaux et sa relation difficile avec sa patronne, qui lui en veut de connaître ses secrets, en particulier le fait qu'elle trompe son mari. On reconnaît là certains éléments du film, mais l'attirance réciproque de Protée et de France est une invention de Denis.

Pour écrire son scénario, Denis s'est inspirée de sa propre enfance, mais elle ne souhaitait pas faire une autobiographie. Elle voulait plutôt faire "un film sur la mémoire de l'enfance, à travers la situation particulière d'une petite Française en Afrique" (Tranchant) et adopter une structure enchâssée pour montrer les rapports entre le passé et le présent. Les lecteurs du scénario lui ont recommandé d'abandonner la partie contemporaine pour ne garder que le flashback sur son enfance en Afrique, mais elle a tenu à inclure des images de l'Afrique moderne pour faire mentir ceux qui ne croyaient pas à sa survie après l'indépendance: "Je ne voulais pas que ce soit seulement l'Afrique du passé parce que, quand la colonisation s'est arrêtée, on a dit 'C'est la fin d'un empire, ce monde est fini'. Même si l'économie va mal en Afrique, les pays continuent à exister et il faut le montrer" (Strauss 31).

Denis a créé les personnages de France et de son père à partir de son histoire personnelle, et Protée et Aimée sont nés de ses souvenirs littéraires et cinématographiques. Après avoir écrit une première mouture du scénario, elle a emmené son coscénariste au Cameroun pour lui faire découvrir le pays. L'apport de celui-ci s'est fait surtout sentir au niveau du comportement des personnages et de leur manière de parler (Gili 14–15).

Denis a reçu "une avance sur recette", c'est-à-dire un soutien financier, du Centre National de la Cinématographie pour réaliser *Chocolat*. Malgré tout, elle a eu des difficultés à trouver assez de fonds, comme on peut s'y attendre pour un premier film, et elle a dû faire appel à une dizaine de producteurs. Parmi eux, certains souhaitaient qu'elle inclue une aventure entre Aimée et Protée, ce à quoi elle s'opposait. Pour éviter qu'ils ne fassent trop pression sur elle, elle s'est dépêchée de filmer certaines scènes-clés qui auraient coûté trop cher s'il avait fallu les refaire.

Le tournage a eu lieu à Mindif, une petite ville du nord du Cameroun dans laquelle se trouve une montagne étrange qu'on appelle la "Dent de Mindif". C'est le souvenir de ses lectures de Jules Verne qui a dicté le choix de ce lieu. Denis dit lors d'un entretien que "Jules Verne parlait de cette montagne qu'il n'avait jamais vue mais qu'il voulait inclure dans le décor de *Cinq Semaines en ballon*" (Gili 15). La réalisatrice a fait construire une maison dans la brousse, car elle souhaitait "éviter le côté dépliant publicitaire, la luxuriance, accentuer encore le huis clos de l'histoire" (Rousseau). Le tournage a duré neuf semaines dans des conditions matérielles assez difficiles mais dans une ambiance de colonie de vacances, car Denis connaissait déjà une grande partie de l'équipe technique, ayant travaillé avec ce personnel comme assistante sur un autre film (Gili 16). Elle a aussi embauché des techniciens camerounais pour diversifier les points de vue. "Travailler avec eux était pour moi une condition sine qua non", dit-elle. "J'avais besoin de leur regard de Noirs sur mon regard de Blanche. Je pense que l'intérêt du film est là, dans ces mélanges subtils de regard" (Tranchant).

Les Interprètes

France enfant est incarnée par Cécile Ducasse, qui n'est connue que pour son rôle dans *Chocolat*. Denis l'a trouvée en se rendant dans les écoles françaises du Cameroun et elle a tout de suite apprécié sa "gravité merveilleuse" (Rousseau). France adulte est interprétée par Mireille Perrier, une actrice de théâtre qui a commencé sa carrière au cinéma dans un film de Leos Carax, *Boy Meets Girl* (1983). Elle a joué depuis dans de nombreux films d'auteur et pour de jeunes réalisateurs.

Protée est interprété par Isaach de Bankolé, un acteur ivoirien qui a fait des études de mathématiques, puis d'art dramatique, à Paris. Il a obtenu le César du Meilleur espoir en 1987 pour son rôle de marabout dans le premier film de Thomas Gilou, la comédie *Black Mic Mac*. Denis l'a repéré au théâtre dans des mises en scène de Patrice Chéreau. Après *Chocolat*, il a incarné pour elle un organisateur de combats de coqs dans *S'en fout la mort* (1990) et un leader déchu dans *White Material* (2010). Il a joué en tout dans plus de cinquante films et séries télévisées auprès de réalisateurs de renom comme Jim Jarmusch, Michael Mann et Lars von Trier.

Giulia Boschi (Aimée) est une actrice italienne qui a pris sa retraite du cinéma en 2001 après une carrière courte mais réussie. Comme Mireille Perrier, elle choisissait surtout des films d'auteur et des premiers films. Denis l'a remarquée dans un rôle de droguée dans *Pianoforte* de Francesca Comencini (1984), premier rôle pour lequel elle a reçu plusieurs récompenses internationales. Elle l'a choisie pour incarner Aimée parce qu'elle avait "la force et en même temps la juvénilité et la beauté du personnage" (Gili 15) et qu'il y avait sur son visage "comme une désillusion" (Rousseau).

Quant à François Cluzet, qui incarne Marc Dalens, il était déjà connu quand Denis a fait son premier film, et elle n'aurait pas osé lui proposer ce rôle secondaire. Mais c'est lui qui l'a contactée quand il a entendu parler de son projet de filmer *Chocolat* (Gili 15). Cluzet a débuté au cinéma dans un film de Diane Kurys, *Cocktail Molotov*, en 1980. Il a depuis enchaîné près d'une centaine de rôles, dont plusieurs avec Claude Chabrol, son réalisateur fétiche. Il a reçu plus de vingt nominations et plusieurs prix prestigieux, dont le Prix Jean Gabin en 1984 et le César du Meilleur acteur pour sa prestation dans *Ne le dis à personne* (2006), un thriller de Guillaume Canet. Récemment, il s'est illustré dans le rôle du riche tétraplégique dans *Intouchables* (2011), aux côtés d'Omar Sy (voir Chapitre 20).

La Réception

Chocolat a fait partie de la sélection officielle à Cannes en 1988, ce qui est assez rare pour un premier film. Il a été nommé pour six prix différents à ce festival ainsi qu'au César de la Meilleure première œuvre l'année suivante.

Sa réception critique est dans l'ensemble positive. On salue un film "tout en magie et secret" (Grainville), "évocateur et minutieux" (Grousset), "grave et sensible" (Trémois), qui étonne d'autant plus qu'il s'agit d'un premier film. Seul Lefort (*Libération*) s'inscrit en faux, comme souvent, en le qualifiant de "film adolescent, écrit comme à 15 ans".

La majorité des commentaires portent sur le traitement du thème colonial. On apprécie que Denis ait abordé ce thème du point de vue d'une enfant et de façon indirecte. "Si le problème [colonial] est au cœur du film", note Ferenczi, "il s'y cache avec une rare ingéniosité, comme enrobé, adouci, par le ton de la chronique". De nombreux critiques savent gré à la réalisatrice d'avoir évité les écueils de ce type de sujet, "des pièges terribles", selon Leclère, qui comprennent "la nostalgie, l'autobiographie sans doute, la culpabilité de l'homme blanc, le racisme, jusqu'aux décors, dont la magnificence peut devenir écrasante". On salue le regard neuf de Denis, qui n'essaie pas "de 'comprendre' les Noirs, de se mettre à leur place. Puisque c'est impossible" (Heymann) et montre une Afrique "débarrassée de ces pseudo-mystères qui en encombrent notre vision traditionnelle" (Baignères).

Certains évoquent l'aspect politique du film, même s'ils le jugent secondaire. Grousset parle des "personnages dont le comportement odieux envers les Noirs explique pourquoi des Blancs ont pu être chassés d'Afrique". Pour un critique de *La Vie ouvrière*, Denis dépeint le colonialisme "dans ce qu'il avait de moins exaltant, de moins spectaculaire" en se focalisant sur "des petits Blancs qui venaient là pour faire carrière, et se faire un petit pécule afin d'acheter à leur retour une villa sur la Côte d'Azur". Il regrette qu'elle n'ait pas "conféré une dimension politique plus évidente à un sujet qui en valait la peine" mais conseille d'aller voir le film "pour tout ce qui nous a été caché durant ces décennies" (Anon.).

La plupart des critiques apprécient aussi le style très personnel de ce premier film, sa "lenteur déroutante" et sa sensualité (Toscan du Plantier), qui lui permettent d'"évoquer tout le substrat, les non-dits de cette Afrique coloniale" (Macia, "*Chocolat*"). "*Chocolat* cultive la litote pour exprimer avec un minimum de moyens le maximum d'émotions", écrit Borel. Pour Jousse, l'une des forces du film est "de ne rien expliquer mais de tourner autour de ces deux personnages [Protée et France], en enregistrant fidèlement tout ce qui demeure inavoué, diffus, latent entre eux" (132). Cela ne l'empêche pas de critiquer la forme hétéroclite du film, qui nuit selon lui au récit.

Enfin, les critiques s'accordent en général sur les personnages et l'interprétation. Ils louent le duo principal, un "couple magnétique" selon Lefort, pour qui il s'agit du seul aspect positif. L'interprète de Protée, en particulier, attire l'attention. Isaach de Bankolé est le "Brando africain" selon Rousseau, qui le décrit comme un acteur "miraculeux de retenue, de présence quasi muette, d'intelligence subtile".

Par contre, les personnages secondaires sont jugés médiocres. Lefort les trouve trop littéraires, comme le "pilote d'avion en plein remake Saint-Ex[upéry]" et le "routard rimbaldien", Luc. Pour Jousse, "tous les seconds rôles manquent de densité et deviennent peu à peu des figurants inconsistants (à l'exception de Jacques Denis en planteur raciste réjouissant)" (133), une opinion partagée par Le Morvan, entre autres.

Curieusement, à une époque où l'on parlait beaucoup de littérature féminine, rares sont les commentaires abordant *Chocolat* sous l'angle du "film de femmes". Toscan du Plantier se distingue en annonçant avec hyperbole l'avènement d'un nouveau type de cinéma: "Voici enfin un cinéma nourri d'abord d'émotions ", dit-il. "Il laisse présager enfin la vraie révolution qui fera probablement des femmes les leaders de la création cinématographique de demain. Au-delà de l'ennuyeux féminisme, triste réplique à notre machisme exacerbé, voici que se lèvent de toute part les signes d'un monde nouveau, d'un continent de sensations inconnues et profondes, celui de ces femmes qui s'emparent des caméras qui n'appartiendront plus longtemps à la batterie exclusive des attributs virils. Enfin!"

Le Contexte historique: le Cameroun français

L'histoire de l'enfance de France se passe au nord du Cameroun au milieu de la décennie 1950, quelques années avant l'indépendance de ce pays en 1960. Le film fait allusion à l'histoire coloniale du Cameroun par petites touches. On comprend que c'était d'abord une colonie allemande (de 1884 à 1916), car une plaque explique qu'un administrateur allemand vivait dans la maison des Dalens et que, d'autre part, des soldats allemands sont enterrés à proximité. Le territoire a ensuite été partagé entre les Britanniques (au sud) et les Français (au nord) après la Première Guerre mondiale, ce qui explique la visite d'un administrateur britannique, Jonathan Boothby, et le fait qu'Enoch, le cuisinier, parle anglais et prépare des plats typiquement britanniques.

A partir des années 40, la France a lancé un programme de modernisation du territoire camerounais avec la mise en place d'une infrastructure électrique et routière et le développement de nouvelles cultures, comme le café et le coton. Les personnages du film représentent différentes facettes de ce projet. Marc, en tant qu'administrateur, encourage le développement économique (il parle de faire construire une nouvelle route au début du film). Delpich, le planteur de café, est là pour exploiter les ressources du territoire.

Comme dans le reste de l'Empire colonial français, un sentiment anticolonialiste s'est développé au Cameroun au milieu du vingtième siècle et a atteint son apogée vers 1955, l'époque du film, quand les indépendantistes ont eu recours à la violence. Le film fait allusion à la montée du nationalisme le soir de l'épisode avec le docteur. Pendant le repas, les hôtes des Dalens mentionnent des décapitations de colons et des révoltes à Mbanga, une ville du sud-ouest où Machinard doit prendre son poste. La réunion des hommes du village à l'école ce soir-là est probablement d'ordre politique. Malgré cela, l'accès du Cameroun à l'indépendance a eu lieu pacifiquement en 1960, comme dans la plupart des territoires colonisés (Algérie et Indochine mises à part).

DOSSIER PÉDAGOGIQUE

Qu'est-ce qui se passe dans ce film?

1. Comment France voulait-elle se rendre de la plage à Limbé, puis jusqu'à Douala? Finalement, avec qui a-t-elle fait le trajet?

2. Où et avec qui est France la première fois qu'on la voit dans le passé? Qu'est-ce qu'elle mange pour déjeuner?

3. Quel élément géographique caractéristique se trouve près de la maison des Dalens? Où l'a-t-on déjà vu?

4. Quelle est la fonction de Marc Dalens dans le nord du Cameroun, et pourquoi s'absente-t-il régulièrement de chez lui?

5. Pourquoi est-ce qu'Aimée a demandé à Protée de passer la nuit dans sa chambre, armé d'un fusil? L'a-t-il fait?

6. Qu'est-ce qui est arrivé aux animaux des Nansen, les voisins norvégiens des Dalens? Qu'est-ce que Protée a fait avec le sang d'un poulet mort?

7. Comment Aimée a-t-elle passé la soirée avec son visiteur anglais, Jonathan Boothby?

8. Qui sont les passagers de l'avion qui a atterri près de la maison des Dalens? Pourquoi sont-ils restés longtemps chez Marc et Aimée?

9. Pourquoi est-ce que Delpich est allé chercher de la nourriture dans la cuisine avant d'aller se coucher?

10. Où est-ce que Luc Sigalen dort et se douche? A qui est-ce que cela ne plaît pas?

11. Où est-ce que Protée a été affecté lorsqu'il a quitté le service de la maison? Qu'est-ce qui s'est passé quand France est allée le voir un soir?

12. Qu'est-ce qu'on apprend sur l'identité de Mungo à la fin? Pourquoi est-ce qu'il veut lire les lignes de la main de France?

Vrai ou Faux?

Si la phrase est fausse, corrigez-la!

1. Dans la voiture, le fils de Mungo apprend à son père à nommer les parties du corps en langue africaine.

2. France aide sa mère à nettoyer les tombes de soldats français morts pendant la guerre.

3. Un jour, Protée est allé à l'école pour attendre France à la sortie des cours.

4. Un vieil homme à qui Marc rend visite lui dit que les méthodes des Noirs pour se débarrasser des lions qui attaquent les troupeaux sont préférables à celles des Blancs.

5. Aimée conseille à Nansen de quitter le Cameroun car les Musulmans voient son travail d'évangélisation d'un mauvais œil.

6. Aimée reproche à Enoch, son cuisinier, de faire des plats trop salés.

7. On dit que l'administrateur allemand qui vivait dans la maison avant les Dalens s'est suicidé car il souffrait de solitude.

8. France et Protée ont observé Jonathan Boothby en train de se déshabiller et se sont moqués de son apparence physique.

9. C'est Marc qui a fait les dessins de la montagne que France adulte regardait dans la voiture de Mungo.

10. Pendant un repas, les hôtes des Dalens rassurent Mme Machinard en lui décrivant les bons côtés de Mbanga, la ville où son mari doit prendre ses fonctions d'administrateur.

11. On pense que Luc Sigalen est un ancien séminariste qui traverse le continent africain à pied.

12. Luc est parti de chez les Dalens, car Marc lui a demandé de ne plus dormir sous la véranda.

Contrôle des connaissances

1. D'après Denis, qu'est-ce qui relie ses trois premiers films? D'où sont originaires leurs personnages principaux?

2. Qu'est-ce que *Beau Travail* a en commun avec *Chocolat*?

3. Pourquoi peut-on dire que Denis est une réalisatrice "vagabonde"?

4. Quel film de Denis ressemble le plus à un film policier? Lequel a des caractéristiques d'un film d'horreur?

5. Pourquoi Denis a-t-elle eu envie de faire *Chocolat*, et de quoi s'est-elle inspirée pour son récit et ses personnages?

6. Quels aspects de *Chocolat* est-ce qu'on lui a demandé de changer?

7. Pourquoi Denis tenait-elle tant à adopter une structure en flashback et à montrer France adulte?

8. Comment Denis a-t-elle choisi l'emplacement géographique de son film?

9. Parmi les interprètes principaux de *Chocolat*, qui a tourné le plus avec Denis? Qui a reçu le plus de récompenses?

10. Quels aspects du film ont été bien reçus de la critique? Lequel a été jugé le plus sévèrement?

11. Pourquoi Toscan du Plantier a-t-il été particulièrement élogieux envers le film de Denis?

12. Quels éléments de l'histoire du Cameroun sont évoqués dans le film?

Pistes de réflexion et de discussion

1. Le Titre

Quelles significations peut-on donner au titre du film? L'expression "Etre chocolat" signifie "Etre attrapé, dupé, trompé, privé d'une chose qu'on espérait". Claire Denis dit qu'elle entendait cette expression quand elle était petite et que "la jeune fille du film pourrait la faire sienne" (Bernard). **Dans quel(s) sens France est-elle "chocolat"? Est-ce que l'expression peut s'appliquer à d'autres personnages aussi?**

2. L'Entrée en matière

Selon des critiques, comme Danièle Heymann, l'Afrique est un des personnages principaux du film, au même titre que France et Protée. **Comment le début du film (les premières scènes avec France et Mungo) peut-il donner cette impression?**

D'après vous, pourquoi Claire Denis passe-t-elle tant de temps à nous montrer Mungo et son fils? Est-ce qu'on peut les relier au récit principal, celui de l'enfance de France? Quelle scène est particulièrement significative à cet égard (et laisse deviner, au demeurant, que Mungo n'est pas camerounais)?

Lorsque Mungo dépose France à Limbé, où elle a l'intention de prendre un bus pour Douala, on remarque une église et une station Texaco. **Qu'est-ce que ces lieux représentaient dans le contexte africain des années 50?**

Finalement, Mungo emmène France à Douala. **Pendant le trajet, qu'est-ce qui prédispose la jeune femme à se rappeler son passé?** *Visionnez la scène dans la voiture* (Extrait 1, 6'20–8'20). **Comment Denis effectue-t-elle le passage du présent au passé aux niveaux visuel et sonore?**

3. Les Personnages

+ *France*

Le prénom France était courant parmi les femmes de la génération de Claire Denis, mais il est évident qu'il a une valeur allégorique dans le film. Lorsque sa passagère lui dit comment elle s'appelle, Mungo s'exclame "Vive la France!" En dehors du fait que le prénom était à la mode, **pourquoi Aimée et Marc ont-ils pu le choisir pour leur fille?**

Comment le comportement de France envers Protée reflète-t-il le modèle colo-nialiste dont elle était témoin? Comment se comporte-t-elle, par exemple, dans la sé-quence où elle attend celui-ci devant l'école, puis joue avec lui? *Visionnez cette séquence* (Extrait 2, 19'20–21'36). Pourquoi les enfants suivent-ils Protée en criant "Protée, il faut rentrer"? De qui se moquent-ils? Denis a dit de son passé dans les colonies, "Enfant, je devais souffrir et en même temps abuser de la situation. J'étais enfant de patron, Blanche et complice pourtant, comme le sont les très petits, des domestiques. Au fond, quelquefois, dans mon souvenir, j'ai honte" (Rousseau). **Pensez-vous que France (en-fant) ait honte ici ou dans d'autres scènes?**

Quels aspects de la culture africaine est-ce que France apprend au contact de Protée? Pouvez-vous indiquer quelques moments de complicité entre eux?

Selon Denis, la caméra représente le point de vue de France dans le film. Plutôt qu'une autobiographie, elle considère *Chocolat* comme "un film sur la mémoire de l'en-fance". "J'ai voulu me servir de la mémoire comme d'une loupe, pour montrer des petits aspects de la vie", dit-elle. "Mais à partir de ces choses minuscules, j'ai essayé de me poser des questions plus vastes" (Tranchant). **Quelles questions "plus vastes" sont suggérées par le film?**

+ *Protée*

Claire Denis décrit ainsi le statut du "boy" dans la société coloniale: "Le serviteur noir participe à la vie intime des habitants. [...] Mais il doit rester à son niveau, inférieur, non par racisme mais parce que c'était la loi, le principe même de la colonisation. Pour cela, il fallait le considérer comme un être mineur et asexué, l'égal d'un enfant" (Macia, "Claire Denis"). **Commentez la deuxième séquence de l'Extrait 2, où France donne à man-ger à Protée. A quoi est-ce qu'elle le réduit, en somme?** (Quelles sont les comparaisons qui viennent à l'esprit?) Quelles sont en fait les responsabilités de Protée chez les Da-lens? **En particulier, quel est le rôle de Protée lorsque Marc s'absente?**

Selon Edson, Denis subvertit le discours colonial en suggérant que Protée est un individu sous sa façade servile (115). **Comment est-ce que le comportement de Protée lors de l'épisode avec la hyène et vis-à-vis de Luc diffère de ce qu'on attend de lui?** Y a-t-il d'autres épisodes qui mettent en relief son individualité? Comment réagit-il, par exemple, quand Aimée se fâche contre le cuisinier et que celui-ci menace de démission-ner? Quelle importance a cette scène pour la description de son personnage?

En général, Protée est silencieux et semble impassible. Denis dit qu'il "reflète, à travers ses silences, la dignité d'une terre" et qu'elle a choisi l'acteur Isaach de Bankolé pour son "côté iceberg", car elle avait envie "de faire apparaître ce qu'il y avait sous la surface immergée" (Schidlow). **D'après vous, que cache Protée sous sa façade opaque?** Dans quelles circonstances est-ce qu'il montre des émotions? *Visionnez par exemple la scène avec Aimée, puis celle de la douche* (Extrait 3, 43'13–46'16). D'après vous, pour-quoi donne-t-il des coups de pieds aux seaux d'eau, et pourquoi se met-il à pleurer de rage sous la douche?

+ *Le Couple Dalens*

Quelles sont les responsabilités de Marc en tant qu'administrateur de la région de Mindif? A quelles situations est-il confronté, par exemple, au cours du film?

Denis a dit à propos du personnage d'Aimée, "Je ne voulais surtout pas d'une belle insatisfaite, d'une belle inutile comme on en trouve dans la littérature coloniale" (Schi-dlow). **Comment Aimée passe-t-elle son temps quand son mari est absent?** Quel aspect de sa personnalité découvre-t-on quand elle fait du jardinage? Et quand elle parle au cuisinier de ses plats anglais?

Denis se souvient que, pendant son enfance en Afrique, on devait rapatrier des femmes de colons en France car, se sentant inutiles, elles faisaient des dépressions "alors que le colon vivait une aventure romanesque, sa vie était remplie d'épopées" (Strauss 32). **Comment la mise en scène de Denis montre-t-elle la différence entre la vie d'Aimée et celle de Marc?** *Visionnez la scène montrant Aimée et France pendant que Marc s'éloigne* (Extrait 4, 12'40–14'17). Quels contrastes remarquez-vous au niveau des plans sur Marc et sa suite par rapport aux cadrages sur Aimée et France (les décors, les couleurs et les mouvements de caméra, ainsi que ceux des personnages)? Quelle sensation donne la salle à manger? D'après vous, pourquoi Denis filme-t-elle des vautours, des oiseaux de proie associés à la mort? Quelle activité d'Aimée a quelque chose à voir avec la mort aussi?

Comment les parents de France se comportent-ils envers leurs domestiques et envers la population locale? **Quel aspect de la colonisation représentent-ils?**

✦ Les Voisins et les hôtes des Dalens

Denis élargit la description de la société coloniale par l'intermédiaire des personnages secondaires. En dehors de Machinard, qui, comme Marc, représente l'administration française, **quels personnages représentent d'autres raisons d'être de la colonisation?**

Comment l'arrivée des passagers de l'avion rompt-elle l'harmonie des relations entre les Noirs et les Blancs à Mindif? Par exemple, comment Delpich traite-t-il l'homme qui a apporté une chèvre à Aimée pour ses hôtes? *Visionnez cette scène* (Extrait 5, 56'14–57'54). Comment Delpich se comporte-t-il par ailleurs avec Enoch, le cuisinier, et quel tabou brise-t-il avec sa femme de ménage, Thérèse?

Comment Machinard et sa femme traitent-ils Prosper? *Visionnez la visite du docteur* (Extrait 6, 1h14'45–1h16'05). Quel rôle joue Luc dans cette scène? **Quels non-dits des relations coloniales exprime-t-il ouvertement?** Comment se conduit le docteur? Cette scène est introduite par une réunion entre hommes noirs à l'école du village en pleine nuit. De quel type de réunion s'agit-il, d'après vous? La visite de Prosper est suivie d'une conversation entre Marc et Luc pendant laquelle Marc tire une conclusion qui, selon Denis, est la phrase la plus importante du film. **Que dit Marc ici? Dans tout cet épisode concernant le docteur, quel point de vue porte Claire Denis sur la présence française en Afrique?**

✦ Luc

Comment Luc est-il arrivé à Mindif? **Comment son comportement vis-à-vis des Noirs diffère-t-il de celui des autres Blancs?** Quelle remarque est-ce que Protée fait à Luc lorsque celui-ci utilise la douche des domestiques? Pourquoi est-ce que cette remarque surprend dans la bouche de Protée, et qu'est-ce qu'elle révèle de ses principes?

En plus des tensions raciales dans la scène avec Prosper, quel autre non-dit est-ce que Luc révèle? Pourquoi dit-il à Aimée ces paroles d'un explorateur du dix-neuvième siècle, "Je trouvais la peau blanche anti-naturelle à côté de la plénitude savoureuse de la noire"? **Pourquoi l'invite-t-il à venir manger avec les domestiques?** *Visionnez le repas des domestiques* (Extrait 7, 1h21'00–1h23'00). Pourquoi Protée ne se joint-il pas au groupe? Comment réagit-il quand Luc le provoque? Comparez sa réaction à celle d'Aimée quand Luc insinue qu'elle est attirée par Protée.

Etant donné la préférence affichée de Luc pour les Noirs, comment expliquez-vous son hostilité envers Protée? Qu'est-ce que Luc tente de faire quand il dit à celui-ci, "Fous-moi le camp. Va lécher les bottes de tes patrons. Tu es pire que les curés qui t'ont dressé"? De quelles manières Protée se montre-t-il supérieur à Luc?

4. Protée et Aimée

Dans la société coloniale, les relations sexuelles entre les races étaient taboues, surtout entre les hommes noirs et les femmes blanches. Mais la littérature et les films traitant de cette époque abondent en fantasmes d'unions sexuelles interraciales, et les corps des colonisés y sont fortement érotisés. Dans le film, la beauté de Protée est mise en valeur, et l'attirance sexuelle entre lui et Aimée est plus qu'évidente bien avant que Luc ne l'évoque ouvertement. **Dans quelles scènes en particulier avez-vous ressenti le désir des deux personnages?** Comment se manifeste-t-il le plus souvent? *Visionnez par exemple la scène où Aimée se prépare pour sa soirée avec Jonathan Boothby* (Extrait 8, 35'50–36'43). Comment est-ce qu'Aimée joue avec le feu dans cette scène? Qu'est-ce qui arrive aux relations de domination entre la maîtresse et le serviteur ici?

Après la scène où Protée expulse Luc de la véranda, on retrouve Aimée assise par terre près d'une porte au moment où Protée arrive pour fermer les rideaux. **Comment Aimée transgresse-t-elle les tabous à ce moment-là? Comment Protée réagit-il?** *Visionnez la scène d'intimité entre eux* (Extrait 9, 1h25'13–1h26'21). Que vous suggère le fait que Protée est debout et Aimée assise par terre? **Comment expliquez-vous la violence de Protée lorsqu'il relève Aimée?**

Claire Denis explique dans des entretiens que les producteurs du film souhaitaient qu'elle inclue une aventure entre Aimée et Protée. Elle n'a pas accepté car, pour elle, le refus de Protée était le but du film (Petrie 67). **Que veut-elle dire par là? Peut-on y voir un propos plus vaste sur les relations coloniales?**

A la suite de l'Extrait 9, Marc parle à France de la ligne d'horizon, qui s'éloigne à mesure qu'on croit s'en approcher et qu'on ne peut jamais atteindre. **Quelle signification métaphorique peut-on donner à cette ligne (qui n'est en fait qu'une illusion) au vu de la scène entre Aimée et Protée?** Le lendemain matin, Aimée dit à Marc qu'elle ne veut plus que Protée s'occupe de la maison. Marc ne comprend pas, parce que Protée fait bien son travail, mais il accède à la demande d'Aimée sans lui demander ses raisons, tout en la regardant de manière très insistante. **Quel genre de réflexions Marc est-il en train de faire, à votre avis?**

5. La Scène du garage

Comment interprétez-vous la décision de Protée de laisser France se brûler la main et le fait que tous les deux sont marqués à jamais? *Visionnez la scène du garage* (Extrait 10, 1h31'05–1h32'54). Cette scène évoque une scène précédente dans laquelle France se cachait au garage pour voir Protée. Quelles sont les différences ici? **Que signifient le silence et les regards des deux personnages (qui sont comme un point final du thème du non-dit dans le film)?** Avant cette scène, pouviez-vous envisager une telle cruauté chez Protée? Pourquoi (pas)? **Comment son nom prend-il toute sa signification ici?**

6. Les Dernières Scènes

 ✦ *France et Mungo*

Quelles confidences est-ce que Mungo fait à France adulte dans la voiture qui les mène à Douala? France se met aussi à parler d'elle-même. Elle lui dit, entre autres, "Moi ça fait quinze jours que je traine à Douala. Je devrais partir dans le nord. J'ai déjà mon billet". Qu'est-ce que son choix de mots ("je traine", "je devrais") trahit quant à l'état d'esprit de France? **Qu'est-ce que Mungo et France ont en commun?**

 Quand France descend de voiture à Douala, elle invite Mungo à prendre un verre avec elle. Pourquoi, à votre avis? Pourquoi Mungo refuse-t-il l'invitation? Lorsqu'il tente de lui lire les lignes de la main pour l'aider à prendre une décision, il remarque, "Elle est drôle ta main, on voit rien, no past, no future". **Comment peut-on interpréter ce constat?** Quel rapport y a-t-il avec ce qui s'est passé au garage une trentaine d'années plus tôt? Pourquoi lui conseille-t-il de repartir chez elle avant qu'on ne la "mange"?

 ✦ *La Scène de l'aéroport*

A l'aéroport de Douala, qu'est-ce qui attire l'attention de France? *Visionnez la scène de l'aéroport* (Extrait 11, 1h39'25–1h42'36). A qui pense-t-elle probablement quand elle ébauche un sourire? (Denis encourage cette association en faisant jouer le rôle d'un des bagagistes à Isaach de Bankolé, qu'elle évite toutefois de montrer de face.) **Que suggère Denis en insistant sur les objets d'art africains qu'on est en train de charger dans la soute de l'avion?** Où vont probablement ces objets?

 A quelle scène du début du film fait écho celle des trois hommes vus de dos devant le champ? Qu'est-ce qui a changé? (Qui a disparu, avec ce qu'il représentait?) Quel type de musique entend-on? Les hommes sont-ils inertes ou animés? **Que suggèrent ces changements quant à la situation actuelle du Cameroun et de ses habitants par rapport au passé (l'époque de l'enfance de France)?**

 Selon vous, est-ce que France va retourner voir la maison de son enfance?

Filmographie de Claire Denis (longs métrages)

1988 *Chocolat*

1989 *Man No Run (documentaire)*

1990 *Jacques Rivette, le veilleur (documentaire)*

1990 *S'en fout la mort*

1994 *J'ai pas sommeil*

1994 *U.S. Go Home*

1996 *Nénette et Boni*

1999 *Beau Travail*

2001 *Trouble Every Day*

2002 *Vendredi soir*

2004 *L'Intrus*

2008 *35 Rhums*

2008   *White Material*
2013   *Les Salauds*

Œuvres consultées

Anon. "*Chocolat*". *La Vie ouvrière* 23 mai 1988: sans pagination.

Austin, Guy. "Women Filmmakers in France". *Contemporary French Cinema, an Introduction*. 2e éd. Manchester, UK: Manchester UP, 2008. 98–117.

Baignères, Claude. "*Chocolat*, de Claire Denis. Souvenirs, souvenirs". *Le Figaro* 17 mai 1988: sans pagination.

Bernard, René. "Y'a bon *Chocolat*". *L'Express* 13 mai 1988: sans pagination.

Beugnet, Martine. *Claire Denis*. Manchester, UK: Manchester UP, 2004.

Borel, Vincent. "Y'a bon les noirs". *7 à Paris*. 18 mai 1988: sans pagination.

Denis, Claire, réal. *Chocolat*. MGM Home Entertainment, 2001.

Edson, Laurie. "Planetarity, Performativity, Relationality: Claire Denis's *Chocolat* and Cinematic Ethics." *The Planetary Turn: Relationality and Geoaesthetics in the Twenty-First Century*. Ed. Amy J. Elias et Christina Miraru. Evanston, IL: Northwestern UP, 2015. 107–124.

Ferenczi, Aurélien. "*Chocolat* de Claire Denis. La tendre fable du boy et de l'enfant". *Le Quotidien de Paris* 16 mai 1988: sans pagination.

Frodon, Jean-Michel. *Claire Denis*. Paris: Institut français, 2012. Consulté le 20 déc. 2016. <issuu.com/candycollardeau/ docs/livret_claire_denis>.

———. "Claire Denis: une enfance africaine". *Le Point* 9 mai 1988: sans pagination.

Gili, Jean A. "Entretien avec Claire Denis sur *Chocolat*". *Positif* 328 (juin 1988): 14–16.

Grainville, Patrick. "*Chocolat*". *V-S-D* 19 mai 1988: sans pagination.

Grousset, Jean-Paul. "*Chocolat*". *Le Canard enchaîné* 18 mai 1988: sans pagination.

Hayward, Susan. "Filming the (Post-)Colonial Landscape: Claire Denis' *Chocolat* (1988) and *Beau Travail* (1998)". *Cinema and Landscape*. Ed. Jonathan Rayner et Graeme Harper. Bristol, UK: Intellect, 2009. 163–75.

Heymann, Danièle. "Amitié sans issue". *Le Monde* 18 mai 1988: sans pagination.

Hottell, Ruth A. "The Cinema of Claire Denis: Post-Colonial Configurations". *French/ Francophone Culture and Literature through Film*. Ed. Catherine Montfort et Michèle Bissière. *Women in French Studies* (2006): 220–36.

Jousse, Thierry. "Jeux africains". *Cahiers du cinéma* 407–8 (mai 1988): 132–33.

Leclère, Marie-Françoise. "L'Adieu à l'Afrique". *Le Point* 16 mai 1988: sans pagination.

Lefort, Gérard. "Claire d'Afrique". *Libération* 17 mai 1988: sans pagination.

Le Morvan, Gille. "Flash Black. *Chocolat* de Claire Denis". *L'Humanité* 17 mai 1988: sans pagination.

Lifshitz, Sébastien, réal. *Claire Denis, la vagabonde.* FEMIS, 1996.

Macia, Jean-Luc. "*Chocolat* de Claire Denis. African Spleen". *La Croix* 18 mai 1988: sans pagination.

———. "Claire Denis: l'Afrique couleur chocolat". *La Croix* 8 mai 1988: sans pagination.

Mayne, Judith. *Claire Denis.* Urbana: Indiana UP, 2005.

Murray, Alison. "Women, Nostalgia, Memory: *Chocolat, Outremer,* and *Indochine*". *Research in African Literatures* 33.2 (2002): 235–44.

Petrie, Duncan. *Screening Europe: Image and Identity in Contemporary European Cinema.* London: British Film Institute, 1992.

Rousseau, Nita. "Regard noir". *Le Nouvel Observateur* 13 mai 1988: sans pagination.

Schidlow, Joshka. "Une enfance africaine. Entretien". *Télérama* 18 mai 1988: sans pagination.

Strauss, Frédéric. "Mémoires d'exil. Féminin colonial". *Cahiers du cinéma* 434 (juill.–août 1990): 28–33.

Toscan du Plantier, Daniel. "Les Caméras ne sont plus des attributs virils". *Le Figaro Magazine* 28 mai 1988: sans pagination.

Tranchant, Marie-Noëlle. "Claire Denis ou la saveur de l'Afrique". *Le Figaro Magazine* 16 mai 1988: sans pagination.

Trémois, Claude-Marie. "Maîtres et serviteurs". *Télérama* 18 mai 1988: sans pagination.

"Une enfance africaine. *Chocolat* de Claire Denis" [par A.C.]. *Les Echos* 18 mai 1988: sans pagination.

Régis Wargnier

Indochine

(1992)

Régis Wargnier, *Indochine*: Eliane (Catherine Deneuve) et sa fille adoptive, Camille (Linh Dan Pham), apprennent à danser le tango.

Réalisation . . . . Régis Wargnier
Scénario . . . . Catherine Cohen, Louis Gardel,
. . . . Erik Orsenna, Régis Wargnier
Directeur de la photographie . . . . François Catonné
Son . . . . Guillaume Sciama et Dominique Hennequin
Montage . . . . Geneviève Winding
Musique originale . . . . Patrick Doyle
Décors . . . . Jacques Bufnoir
Costumes . . . . Gabriella Pescucci, Pierre-Yves Gayraud
Scripte . . . . Jean-Baptiste Filleau
Production . . . . Eric Heumann
Durée 2h40

Distribution

Catherine Deneuve (*Eliane Devries*), Vincent Perez (*Jean-Baptiste Le Guen*), Linh Dan Pham (*Camille, la fille adoptive d'Eliane*), Jean Yanne (*Guy Asselin, le chef de police*), (Dominique Blanc (*Yvette, la femme du contremaître d'Eliane*), Henri Marteau (*Emile, le père d'Eliane*), Eric Nyugen (*Tanh, le combattant nationaliste*), Carlo Brandt (*Castellani*), Gérard Lartigau (*l'amiral*), Hubert Saint-Macary (*Raymond*), Andrzej Seweryn (*Hebrard*)

Synopsis

Dans l'Indochine des années 30, la belle Eliane Devries dirige d'une main de maître la plantation d'hévéas (caoutchouc) familiale et celle de ses amis défunts, un couple princier vietnamien dont elle a adopté la fille, Camille. Elle élève celle-ci dans un cocon en lui cachant la situation politique—la montée du nationalisme vietnamien, avec des émeutes durement réprimées. Indépendante, Eliane préfère les aventures de passage à la cour assidue de son ami Guy, le chef de la police. La rencontre d'un officier de marine, Jean-Baptiste, va bouleverser sa vie bien réglée et rompre l'osmose entre Eliane et Camille, qui tombent toutes deux sous le charme du jeune homme. Enhardie par son amour, Camille s'émancipe, échappe à sa mère pour rejoindre Jean-Baptiste, qui a été affecté dans un îlot reculé du Tonkin, et découvre en chemin les dures réalités de la colonisation et la pauvreté dans laquelle vivent ses compatriotes. Les circonstances feront d'elle la "princesse rouge", pasionaria de la cause nationaliste. Eliane, elle, essayera pendant des années de la retrouver et de reconstruire le lien mère-fille tout en élevant Etienne, le fils de Camille et Jean-Baptiste.

L'histoire personnelle et l'histoire politique se mêlent dans ce mélodrame raconté en flashback au moment des Accords de Genève (1954), qui marquent la fin de la colonisation française en Indochine.

Le Réalisateur

Après des études de lettres et quelques travaux de photographie, Régis Wargnier, né en 1948, fait ses débuts au cinéma de 1973 à 1984 dans les équipes techniques de réalisateurs français et étrangers (Claude Chabrol, Francis Girod, Patrice Leconte, Alexandre Arcady, Valerio Zurlini, Volker Schlöndorff, Margarethe von Trotta, Andreï Tarkovsky, entre autres). Il passe derrière la caméra au milieu des années 80 et réalise par la suite quelques documentaires et une dizaine de films de fiction dont il est aussi le scénariste.

Ses premiers films sont des drames intimistes: *La Femme de ma vie* (1986), qui obtient le César de la Meilleure première œuvre, traite d'un musicien alcoolique; *Je suis le seigneur du château* (1988) met en scène un riche industriel veuf et la gouvernante de son fils et se concentre sur la cohabitation difficile entre leurs deux enfants respectifs. Ce film, qui fait référence à la guerre d'Indochine—le mari de la gouvernante y est porté disparu—annonce l'intérêt de Wargnier pour ce conflit et sa prédilection pour les drames historiques. Il obtient la notoriété internationale avec *Indochine* (1992), récompensé par l'Oscar et le Golden Globe du Meilleur film étranger.

Indochine inaugure dans sa filmographie une série d'histoires romanesques centrées sur des femmes fortes et indépendantes. *Une femme française* (1994), un hommage à sa mère, relate la vie amoureuse tumultueuse d'une jeune femme dont le mari soldat combat dans la Deuxième Guerre mondiale et les conflits coloniaux en Indochine et en Algérie. *Est-Ouest* (1998), un de ses plus grands succès (quatre nominations aux Césars et une nomination aux Oscars et aux Golden Globes dans la catégorie Meilleur film étranger), raconte l'histoire romantique d'un couple franco-russe en URSS à l'époque de la Guerre froide. En 2005 Wargnier revisite le thème du colonialisme—britannique cette fois—dans une "fable humaniste", *Man to Man*. Dans ce film, dont l'action se déroule en 1870, un anthropologue cherche à prouver à ses confrères scientifiques que les pygmées sont des êtres humains à part entière et il veut empêcher que des "spécimens" ramenés en Ecosse par les autorités britanniques ne soient exhibés comme bêtes de foire.

Après un détour par le polar (*Pars vite et reviens tard*, 2006), et un film sur une de ses passions, l'athlétisme (*La Ligne droite*, 2010), le cinéaste retourne en Asie du sud-est avec *Le Temps des aveux* (2014), adaptation d'un roman de l'ethnologue François Bizot, dans lequel celui-ci raconte sa capture et sa détention par les Khmers rouges dans la jungle cambodgienne des années 70.

L'intérêt de Régis Wargnier pour les questions coloniales et postcoloniales se manifeste aussi dans d'autres domaines de sa vie professionnelle. De 2006 à 2008, il a présidé le Fonds sud cinéma, un organisme chargé d'examiner les demandes d'aide à la production de longs métrages réalisés par des cinéastes de pays émergents et tournés majoritairement dans ces pays. Il a été élu à l'Académie des Beaux-Arts en 2012 en reconnaissance de sa carrière de cinéaste et de ses services à la profession.

La Genèse et la réalisation

Régis Wargnier a réalisé *Indochine* à la demande du producteur Eric Heumann, qui aimait beaucoup l'opéra *Madame Butterfly* (1904) de Puccini et souhaitait s'en inspirer pour faire un grand film romanesque situé en Indochine. Tout portait Wargnier à accepter le défi. Lycéen, il séchait les cours pour voir des films d'aventure hollywoodiens des années 1940 et 1950 au cinéma. Plus tard, il se prit d'admiration pour les films de David Lean, en particulier *Lawrence d'Arabie* (1962), sa "référence absolue" (Roth-Bettoni, "Entretien" 36). L'histoire personnelle de Wargnier explique aussi son intérêt pour le projet, car son père avait fait la guerre d'Indochine: "La motivation de départ, pour moi, c'était le mot 'Indochine' qui avait envahi mon enfance, parce que mon père, qui était militaire, y faisait la guerre et que j'entendais répéter comme un leitmotiv: 'Il faut garder l'Indochine, il ne faut surtout pas perdre l'Indochine . . .'" (Andreu 113).

Pour mener à bien ce projet d'envergure et trouver le bon équilibre entre récit romanesque et cadre historique, Heumann et Wargnier portèrent une grande attention au scénario et firent appel à des conseillers historiques et à des écrivains connus pour leurs histoires coloniales. L'un des coscénaristes, Erik Orsenna, fonctionnaire au ministère des Affaires étrangères, avait travaillé à Hô-Chi-Minh-Ville (anciennement Saigon) et avait reçu le prix Goncourt pour son roman *L'Exposition coloniale* en 1988. Louis Gardel, quant à lui, était l'auteur de *Fort Saganne*, Grand Prix du roman de l'Académie française en 1980, qui relate l'histoire d'un soldat au Sahara au début du vingtième siècle et qui a été adapté à l'écran par Alain Corneau en 1984. Au lieu d'écrire l'un après l'autre, à la manière américaine, les quatre scénaristes travaillèrent en commun pendant un an et se répartirent les personnages (Royer). Régis Wargnier, chargé du personnage d'Eliane, s'est inspiré, entre autres, de *La Nuit indochinoise*, une série de sept romans de Jean Hougron publiés entre 1950 et 1958. Pour préparer Catherine Deneuve à interpréter Eliane, Wargnier lui a recommandé la lecture d'un des tomes de cette fresque, *Les Asiates*, histoire de l'échec d'une famille de colons de Saigon (Andreu 113).

Le film bénéficia de moyens exceptionnels, en partie grâce aux subventions du ministère de la Culture aux grands films patrimoniaux sous Jack Lang: un budget de près de cent vingt millions de francs, équivalent à celui de cinq films français moyens, cent vingt participants, sept mille kilomètres de repérages. Le tournage au Vietnam et en Malaisie dura dix-huit semaines dans des conditions difficiles, avec quelques incidents mémorables, comme par exemple un décor emporté par un ouragan ou le pillage d'un marché destiné au film par les figurants affamés (Lacharrière). Le tournage fut facilité par l'expérience préalable de Wargnier auprès de réalisateurs de films coloniaux tournés dans des contrées lointaines, comme *Désert des Tartares*, de Valerio Zurlini (1976).

Les Interprètes

Catherine Deneuve interprète dans *Indochine* son soixante-dixième rôle au cinéma. Actrice depuis 1957, elle a été révélée par une comédie musicale de Jacques Demy, *Les Parapluies de Cherbourg*, en 1964, et a depuis enchaîné les premiers rôles dans des films grand public ainsi que des films d'auteur réalisés par de grands cinéastes français et internationaux comme, entre autres, Roman Polanski, Luis Buñuel, Claude Lelouch, François Truffaut, Raoul Ruiz, Lars Von Trier, François Ozon et André Téchiné (le réalisateur des *Roseaux sauvages*). Elle a accepté le rôle d'Eliane, car elle aimait le lyrisme des deux premiers films de Wargnier et le mélange de romanesque et d'arrière-plan historique dans le scénario d'*Indochine*, écrit pour elle: "Là, avec *Indochine*, j'avais l'émotion, la passion, la fragilité, la drôlerie aussi. J'étais gâtée" (Stouvenot).

Deneuve a joué dans environ cent quarante films à ce jour (2016)—dont *Est-Ouest* de Wargnier en 1999—et obtenu vingt-quatre nominations et sept prix dans les festivals internationaux, y compris le César de la Meilleure actrice dans *Le Dernier Métro* de François Truffaut en 1981 et dans *Indochine* en 1993, une nomination aux Oscars pour *Indochine* et une Palme d'or d'honneur pour l'ensemble de sa carrière au Festival de Cannes en 2005. C'est la première femme à recevoir, en 2016, le prestigieux Prix Lumières honorant une personnalité du septième art.

Depuis les années 80, Catherine Deneuve est considérée comme une ambassadrice de la mode et de la culture françaises, et elle a aussi prêté son image pour représenter "Marianne", le symbole de la République française, ce qui est pertinent pour une interprétation allégorique d'*Indochine*, comme nous le verrons dans la section "Pistes de réflexion et de discussion".

Le rôle de Camille est tenu par Linh Dan Pham, une jeune lycéenne parisienne de dix-huit ans née à Saigon, découverte grâce à une petite annonce dans un restaurant du treizième arrondissement. Ce rôle lui a permis de connaître le pays qu'elle avait quitté à l'âge d'un an: "Le parcours de Camille, mon personnage, est un peu celui que j'ai vécu: comme elle, j'ai découvert mon pays et mon peuple" (Gianorio). Malgré une nomination au César du Meilleur espoir féminin pour *Indochine*, elle s'éclipse pendant une douzaine d'années pour se consacrer à ses études et à une carrière commerciale, puis elle revient devant la caméra dans *De battre mon cœur s'est arrêté* de Jacques Audiard, pour lequel elle obtient le César du Meilleur jeune espoir féminin en 2006. Elle joue depuis dans des films français et étrangers, y compris *Pars vite et reviens tard* de Wargnier en 2007 et un film tourné au Vietnam, *Vertiges*, en 2011.

L'amant de Camille, Jean-Baptiste, est interprété par Vincent Perez. Depuis ses débuts en 1986, cet acteur de théâtre et de cinéma suisse a joué dans une soixantaine de films français et américains. On se souvient de lui comme l'amant maladroit de Roxanne aux côtés de Gérard Depardieu dans *Cyrano de Bergerac* de Jean-Paul Rappeneau (1990), pour lequel il est nommé au César du Meilleur espoir masculin. En 1993, un an après *Indochine*, il est lauréat du Prix Jean Gabin, décerné chaque année à un espoir du cinéma français ou francophone.

Les acteurs interprétant les personnages secondaires ont eux aussi reçu les éloges du public et de la critique. Dominique Blanc (Yvette) est parfois comparée à la comédienne française Arletty et à Bette Davis (Pascal). Longtemps ignorée par les directeurs de casting en raison de son physique non traditionnel, elle débute au cinéma dans deux films de Régis Wargnier: elle joue une alcoolique dans *La Femme de ma vie* en 1986 et une gouvernante dans *Je suis le seigneur du château* en 1988, rôles pour lesquels elle reçoit deux nominations pour le César du Meilleur espoir féminin. Elle obtient aussi trois Césars de Meilleure actrice dans un second rôle pour *Milou en mai* (Louis Malle) en 1991, *Indochine* en 1993 et *Ceux qui m'aiment prendront le train* (Patrice Chéreau) en 1999, ainsi qu'un César de Meilleure actrice pour *Stand-by* de Roch Stéphanik en 2001.

Jean Yanne (Guy) a quant à lui exercé de nombreux métiers—journaliste, écrivain, chanteur, animateur de radio et de télévision—avant de se lancer dans le cinéma en 1964. Il se fait remarquer dans des rôles de râleur dans *Week-End* (1967) de Jean-Luc Godard et de sale type dans *Le Boucher* (1970) de Claude Chabrol, rôles qu'il continuera à endosser par la suite. Jean Yanne a quelque cent films à son actif en tant qu'acteur, et il a aussi travaillé comme compositeur, scénariste et réalisateur de films souvent déjantés et satiriques. Il a reçu le Prix d'interprétation à Cannes en 1972 pour *Nous ne vieillirons pas ensemble* de Maurice Pialat.

La Réception

Indochine a obtenu un succès retentissant en France et à l'étranger si l'on en juge par les nombreuses récompenses reçues à travers le monde, parmi lesquelles cinq Césars— Meilleure actrice (Catherine Deneuve), Meilleur second rôle féminin (Dominique Blanc), Meilleure photographie, Meilleurs décors et Meilleur son—, l'Oscar et le Golden Globe du Meilleur film étranger et une nomination pour Catherine Deneuve pour l'Oscar de la Meilleure actrice.

La critique, quant à elle, a émis des avis partagés. Les commentateurs les plus élogieux voient dans le film un véritable renouveau du cinéma français, capable de rivaliser avec les grandes fresques hollywoodiennes. Daniel Toscan du Plantier, alors président d'Unifrance, un organisme chargé de la promotion et de l'exportation du cinéma français dans le monde, se félicite que le film rompe avec la tradition intimiste héritée de la Nouvelle Vague: "*Indochine* [. . .] nous emmène là-bas pour rêver du côté de *Madame Butterfly* et d'*Autant en emporte le vent* [. . .]. Ce film, on l'a compris, illustre parfaitement la nouvelle donne du cinéma français, qui ouvre la fenêtre vers le monde extérieur, décidé à sortir des huis clos égocentriques de la Nouvelle Vague [. . .]. Il ne faut pas laisser à Hollywood le monopole du spectacle et nous contenter de la seule évocation de nos émois intérieurs." Comme lui, d'autres critiques louent "son romanesque incandescent [...], le souffle et la puissance dramatique du plus somptueux cinéma hollywoodien" (Roth-Bettoni, "*Indochine*" 20), son "atmosphère exaltée, des émotions, des sentiments, des passions, des aventures, des destinées marquées par un environnement social, économique, politique, exact sur le fond, ultra-romanesque dans sa représentation" (Siclier).

Les critiques positifs concèdent que le film relève du roman-photo mais sont prêts à passer outre, comme Génin: "Dialogue de roman-photo? Bien sûr. *Indochine* n'est que ça: un roman-photo. Mais un roman-photo au romanesque réussi et séduisant" (34); ou encore Copperman: "Oui, c'est vraiment du Delly [des romans de gare très sentimentaux]. Avec des invraisemblances, des ellipses gênantes, des clichés, mais aussi des images somptueuses et un ton sans doute très juste pour évoquer le climat colonial". Pour les détracteurs, les belles images sont le seul intérêt du film, des "incitations touristiques fondamentalement excitantes" (Baignères) qui encouragent au voyage: "C'est l'office du tourisme vietnamien qui emporte la mise. En sortant, on n'a qu'une seule envie: prendre un billet pour Saigon" (Vallée).

Les critiques sont aussi en désaccord sur la représentation du colonialisme. Certains savent gré à Wargnier d'avoir tenté de rendre l'atmosphère coloniale et montré les aspects négatifs de la colonisation. Jeancolas occupe une position extrême lorsqu'il considère *Indochine* comme "le premier film procommuniste du cinéma français" et ajoute: "Si *Indochine* est un *Autant en emporte le vent*, c'est un *Autant en emporte le vent* de gauche [...]. On n'y pleure pas sur les Sudistes vaincus, les colons et leurs chiens de garde y ont la mauvaise part, les nationalistes et le peuple tout entier y sont le sel de la terre" (90).

D'autres commentateurs estiment au contraire que le film est favorable à la colonisation. Parmi eux, les plus nuancés reconnaissent que Wargnier fait preuve d'esprit critique. Pour Roy, journaliste à *L'Humanité*, un journal communiste, c'est "du cinéma colonial, mais qui a dû tenir compte du sens de l'Histoire". Lefort, par contre, publie une critique virulente dans *Libération*. Pour lui, le film porte un regard nostalgique sur "le bon vieux temps des colonies" et fait l'apologie du colonialisme au lieu de susciter des questionnements: "N'importe quel film de fiction (digne de ce nom) sur la 'présence' française au Viêt-nam devrait susciter de la polémique, de la tempête, ou du moins du malaise". Il s'insurge en particulier contre le personnage de Guy, le chef de police, qui est brutal et sympathique à la fois: "Refus du manichéisme, dirait-on? Rien du tout: veulerie. Cette veulerie qui fait qu'un personnage historiquement douteux finit par inspirer sinon le respect, du moins la compréhension" (43).

Enfin, les critiques s'interrogent sur l'engouement soudain des cinéastes pour le Vietnam, *Diên Biên Phû* de Pierre Schoendoerffer et *L'Amant* de Jean-Jacques Annaud étant sortis la même année qu'*Indochine*. Ils avancent plusieurs explications: la fin du travail de deuil, plus de trente ans après la perte de l'Indochine et du reste de l'empire colonial; la vogue du cinéma patrimonial (voir la section "Le Contexte cinématographique: les films patrimoniaux", plus bas), l'ouverture des frontières des anciens pays colonisés et, dans le cas du Vietnam, la délivrance d'autorisations à filmer dans le pays. L'historien Benjamin Stora privilégie cette dernière explication: "C'est fondamentalement l'ex-colonisé, par les autorisations de retour qu'il consent, qui interpelle la France et lui demande d'aller plus loin, d'assumer son histoire".

Le Contexte historique: l'Indochine

Géographiquement, l'Indochine est le nom de la péninsule du Sud-Est asiatique située entre l'Inde et la Chine et qui comprend la Birmanie, le Laos, la Thaïlande, le Cambodge, le Vietnam et une partie de la Malaisie. Historiquement, le terme Indochine (ou Indochine française ou Union indochinoise) est le nom donné en 1884 aux territoires indochinois colonisés par la France: la Cochinchine, l'Annam, le Tonkin (qui font partie de l'actuel Vietnam) et le Cambodge. Le Laos fut annexé à l'Indochine française en 1893.

Les Français ont colonisé l'Indochine pour protéger leurs intérêts commerciaux et leurs missionnaires catholiques. Au début du vingtième siècle, des intellectuels indochinois formés dans les universités françaises ont commencé à s'opposer à la domination française. L'opposition s'est radicalisée à partir de 1930, date de la création du Parti communiste vietnamien. Le Parti communiste a mené la lutte contre la colonisation française, puis contre l'occupation japonaise pendant la Deuxième Guerre mondiale. Le peuple vietnamien a proclamé son indépendance le 2 septembre 1945 et s'est déclaré République démocratique du Vietnam. Mais la France a refusé d'abandonner le territoire de la Cochinchine, au sud du Vietnam, ce qui a mené à la guerre d'Indochine. Après la défaite de l'armée française à la bataille de Diên Biên Phú en 1954, la France a accepté de signer les Accords de Genève. Ces accords ont déclaré l'indépendance du Laos et du Cambodge; ils ont divisé le Vietnam en deux parties de manière temporaire et ils ont prévu d'organiser des élections pour les réunifier. Mais les différences idéologiques ont mené à une guerre entre le Vietnam du Nord, communiste, et le gouvernement du Vietnam du Sud, soutenu par les Etats-Unis. La réunification du pays a eu lieu après la guerre du Vietnam, en 1976.

L'histoire du film est racontée en flashback au moment des Accords de Genève (1954). L'histoire elle-même se passe dans les années 1928–32, marquées par la montée du nationalisme et par des émeutes paysannes de plus en plus fréquentes au nord et au centre du pays, où la pauvreté s'était aggravée pendant la Grande Dépression. Dans une scène au café au début du film, le chef de la police mentionne la rébellion de Yen-Bay en 1930. Il s'agit d'une révolte de soldats indochinois qui ont tué leurs officiers français. L'armée française a exécuté les soldats rebelles et détruit le village où ils s'étaient réfugiés. En réaction contre cette répression, des nationalistes indochinois qui vivaient à Paris ont organisé une manifestation devant le Palais de l'Élysée. Le fiancé de Camille, Tanh, a été expulsé de France, où il faisait des études, parce qu'il avait participé à cette manifestation de solidarité.

On assiste aussi à une brève scène ayant lieu en 1936 lorsque le Front populaire, gouvernement de coalition de gauche, est arrivé au pouvoir en France et a ordonné la libération des opposants politiques indochinois emprisonnés au bagne de l'île de Poulo Condor. C'est la scène où Camille sort de prison et revoit brièvement sa mère. On apprend aussi que Guy, le chef de la police, a été limogé par le Front populaire et qu'il a quitté l'Indochine.

Le Contexte cinématographique: les films patrimoniaux

Indochine fait partie du genre des "films patrimoniaux" (ou "films de patrimoine"), des équivalents français du terme anglais *heritage film*. On a créé cette expression pour caractériser un corpus de films à gros budget sortis en Angleterre et en France dans les années

80 et 90 qui sont d'inspiration historique ou littéraire et de forme classique, privilégiant le côté visuel, avec une mise en scène grandiose et de grandes stars (Austin 167). Ces films sont très variés, mais on peut les regrouper en quelques catégories saillantes: les adaptations littéraires, comme *Jean de Florette* (Claude Berri, 1986), *Cyrano de Bergerac* (Jean-Paul Rappeneau, 1990), *Germinal* (Claude Berri, 1993) et *Madame Bovary* (Claude Chabrol, 1991); les biopics de personnages historiques et d'artistes, comme *Danton* (Andrzej Wajda, 1983), *Camille Claudel* (Bruno Nuytten, 1989) ou *Lucie Aubrac* (Claude Berri, 1997); des drames historiques centrés pour la plupart sur la Révolution française, la Deuxième Guerre mondiale ou les conflits coloniaux. *Indochine* appartient à ce dernier groupe, au même titre que *Fort Saganne* (Alain Corneau, 1984).

Les critiques attribuent l'émergence des films patrimoniaux à partir des années 80 à une crise de l'identité nationale. En effet, de nombreux changements sociaux-économiques affectaient le mode de vie et la perspective des Français à cette époque. Sur le plan intérieur, le ralentissement de la croissance après le boom des "trente glorieuses" fit apparaitre le chômage et, avec lui, le ressentiment contre les travailleurs étrangers et l'apparition du thème de l'immigration sur la scène politique. A l'extérieur, on se sentait menacé par le développement de l'Union européenne, la globalisation et la domination économique et culturelle des Etats-Unis. Les films de patrimoine, qui mettaient en valeur la culture française, la vie rurale et le passé glorieux de la France, servaient d'antidote à cette crise d'identité. La réalisation de ces super-productions fut d'ailleurs encouragée par des subventions du ministère de la Culture (comme nous l'avons constaté plus haut pour *Indochine*), qui souhaitait concurrencer Hollywood et enrayer la baisse de fréquentation des salles de cinéma.

Bien qu'encouragés par les gouvernements socialistes des années 80 et 90, les films de patrimoine sont souvent jugés réactionnaires, car ils offrent une vision nostalgique et monolithique du passé national en mettant en avant le point de vue de personnages blancs issus de classes sociales souvent privilégiées. Dans sa réévaluation du genre, Oscherwitz prend toutefois ses distances avec cette interprétation. Pour elle, ces films invitent aussi à interroger la relation entre le passé et le présent et à inscrire l'histoire coloniale dans l'histoire de France, et ils servent donc à légitimer la présence des descendants de colonisés en France. Il faut aussi noter que les films de patrimoine offrent de beaux rôles de femmes qui permettent aux actrices de rivaliser avec leurs homologues masculins.

DOSSIER PÉDAGOGIQUE

Qu'est-ce qui se passe dans ce film?

1. Quel genre de plantation dirige Eliane? En quoi consiste le travail des ouvriers?

2. Qu'est-ce qui s'est passé pendant la vente aux enchères?

3. Qu'est-ce que Jean-Baptiste était en train de faire quand il s'est perdu et est arrivé à la plantation d'Eliane?

4. Pourquoi Guy s'inquiète-t-il de la situation politique, et que propose-t-il à Eliane lors de leur première rencontre au café?

5. Qui a fait irruption dans la maison où Jean-Baptiste et Eliane ont passé la nuit? Pourquoi?

6. Qui est Tanh? Pourquoi est-il revenu de Paris? Comment est-ce que sa mère pense l'assagir?

7. Comment est-ce que Camille a rencontré Jean-Baptiste? Pourquoi celui-ci a-t-il été muté à l'île du Dragon?

8. Comment est-ce que Camille a réussi à se libérer pour aller rejoindre Jean-Baptiste à l'île du Dragon? Qu'est-ce qui s'est passé là-bas?

9. Comment est-ce que Jean-Baptiste et Camille ont réussi à survivre pendant leur fuite de l'île du Dragon?

10. Comment est-ce qu'Eliane est traitée par la communauté française après l'arrestation de Camille?

11. Qu'est-ce qui est arrivé à Camille et à Guy lorsque le Front populaire a accédé au pouvoir en 1936?

12. En sortant du bagne, qu'est-ce que Camille a répondu quand Eliane lui a dit que toute la plantation était pour elle? Qu'est-ce qu'elle a demandé à Eliane de faire?

Vrai ou Faux?

Si la phrase est fausse, corrigez-la!

1. Le film commence par les funérailles du mari d'Eliane.

2. L'équipe française dirigée par l'officier de marine a gagné la course d'aviron.

3. Il y avait de l'opium dans le sampan auquel Jean-Baptiste a ordonné de mettre le feu.

4. Eliane a félicité Raymond, le mari d'Yvette, pour son courage lors de l'incendie de l'usine par des nationalistes.

5. Les paysans indochinois se rendent à l'île du Dragon dans l'espoir d'être embauchés pour travailler dans les plantations du sud du pays.

6. Tanh dit à sa mère qu'il a appris les mots "liberté" et "égalité" en lisant les œuvres de Marx.

7. "L'opération Molière" avait pour but de faire connaître les pièces de Molière dans les villages du nord de l'Indochine.

8. Guy dit à Eliane que la seule manière de survivre au bagne où Camille est enfermée est de collaborer avec les autorités françaises.

9. Les Indochinois ont surnommé Camille "la Jeanne d'Arc d'Indochine".

10. Jean-Baptiste s'est suicidé dans la maison du père d'Eliane.

11. Camille fait partie de la délégation vietnamienne qui est venue signer les Accords de Genève.

12. Les retrouvailles entre Etienne et sa mère ont été très émouvantes, et Etienne a décidé de repartir au Vietnam avec elle.

Contrôle des connaissances

1. Quels films de Régis Wargnier font référence à l'Asie du Sud-Est?

2. Pour quelles raisons Wargnier a-t-il accepté de réaliser *Indochine*?

3. Quel rôle a joué la littérature dans la genèse du film?

4. Qu'est-ce qui a intéressé Catherine Deneuve dans *Indochine*, et pourquoi est-ce que le rôle d'Eliane lui convenait particulièrement bien?

5. Comment l'actrice Linh Dan Pham ressemble-t-elle un peu à son personnage, Camille?

6. Quelles sont les opinions des critiques sur la représentation du colonialisme dans le film?

7. Comment peut-on expliquer le regain d'intérêt pour l'Indochine dans les films sortis au début des années 90?

8. Quand, pourquoi et jusqu'à quand est-ce que la France a colonisé l'Indochine?

9. Qui étaient les nationalistes indochinois, et quels exemples de combats nationalistes sont mentionnés dans le film?

10. Quelles sont des caractéristiques des films de patrimoine?

11. Qu'est-ce qui explique la réalisation de nombreux films de patrimoine dans les années 80 et 90?

12. Qu'est-ce qu'on reproche parfois à ce type de film?

Pistes de réflexion et de discussion

1. L'Entrée en matière

Visionnez la séquence d'ouverture (Extrait 1, 0'20–4'00). Quelle impression créent les premières images de la brume et des bateaux qui apparaissent sur le fleuve? **Quels thèmes du film sont introduits par cette séquence (jusqu'à la fin de la voix *off*)?** Quels types de musique entend-on? A quel moment est-ce que la musique change? Comment ces musiques sont-elles reliées aux thèmes et aux paroles de la narratrice?

    Comment est-ce que le passage du temps est représenté dans le film quand Camille arrive à la plantation dans la voiture de luxe conduite par le chauffeur hindou? Combien de temps a passé, à votre avis? Quelles différences notez-vous dans le style vestimentaire de Camille?

Quelles caractéristiques du film de patrimoine relève-t-on dans cette séquence?

2. *La Voix* off

Quel est le rôle de la voix *off* au début du film? Quand comprend-on qu'elle fait partie d'un retour en arrière et qu'Eliane raconte son histoire à Etienne, son fils indochinois adoptif? Qu'avez-vous pensé la première fois que vous avez vu Eliane avec lui, avant que son identité ne soit révélée?

3. *Le Cadre: scènes de la vie coloniale*

Visionnez la séquence dans la maison d'Eliane (Extrait 2, 4'20–6'00). Quels sont les rapports d'Eliane et de son père avec les employées de maison vietnamiennes? Quelle est l'attitude d'Eliane devant le comportement de son père avec la jeune domestique indochinoise? Qu'en pensez-vous?

Visionnez la course d'aviron (Extrait 3, 6'00–8'50). Quels personnages et quelles composantes de la société coloniale sont introduits dans cette scène? Quelles sont les attitudes de ces colons vis-à-vis des Indochinois? Quelle est la signification symbolique de la course et de son issue?

Dans la scène de la vente aux enchères, quel tableau Jean-Baptiste Le Guen veut-il acheter et pourquoi? **Quels aspects de sa personnalité et de sa relation future avec Eliane sont révélés dans cette scène?**

4. *Les Personnages*

+ *Eliane*

Depuis quand Eliane vit-elle en Indochine? Qu'est-ce qui montre qu'elle est bien intégrée dans la société indochinoise?

Décrivez la personnalité d'Eliane et son rôle dans la plantation. *Visionnez la scène où elle vient de fouetter son "coolie"* (Extrait 4, 14'10–14'40). Pourquoi est-ce que Wargnier ne la montre pas en train de le fouetter? A quoi est-ce qu'elle se compare ici, et comment interprétez-vous les paroles de l'ouvrier?

Quel type de mère est Eliane pour Camille? Peut-on voir des similarités dans ses rôles de patronne et de mère?

Quels sont ses rapports avec les hommes de son entourage? Quel type de relation a-t-elle avec son père? Comment est-elle implicitement présentée quand elle punit son ouvrier et quand elle danse le tango avec Camille dans l'Extrait 2 (surtout grâce au parallèle avec le couple Emile-Hoa)?

Etes-vous d'accord avec les critiques qui pensent, comme Humbert, qu'Eliane émascule les hommes qui l'entourent?

Comment expliquez-vous sa passion pour Jean-Baptiste?

Etes-vous d'accord avec Yvette quand elle dit qu'Eliane ne sait pas aimer? Et avec Jean-Baptiste, qui trouve qu'elle et toute la classe des planteurs utilisent les gens comme ils "saignent" leurs arbres?

Comment est-ce qu'Eliane évolue dans le film? Quel côté de son personnage est mis en relief à la fin?

+ *Camille*

Quelle sorte de vie Camille mène-t-elle au début du film? Que sait-elle de son pays? Comment peut-on interpréter le fait qu'elle est souvent vue à l'intérieur, derrière des fenêtres ou des portes (comme dans la voiture dans la séquence d'ouverture ou lors de la fête de Noël, quand Guy l'oblige à danser avec lui)?

Comment peut-on interpréter la scène où elle ouvre les yeux et demande "Je suis vivante?" quand elle voit Jean-Baptiste après son accident, lorsqu'elle est couverte de sang?

Qu'est-ce que Camille a appris pendant son voyage à travers le Vietnam, et comment est-ce que cela a influencé son évolution politique? *Visionnez la scène où elle mange avec la famille de paysans* (Extrait 5, 1h17'50–1h18'50).

Pourquoi Camille a-t-elle tué l'officier français dans l'île du Dragon?

Pourquoi Camille devient-elle communiste au bagne? Comment comprenez-vous sa décision de ne pas revoir sa famille après sa sortie du bagne? D'après vous, pourquoi a-t-elle demandé à sa mère adoptive d'emmener Etienne en France alors qu'elle-même voulait se consacrer à son pays?

+ *Jean-Baptiste*

Quelles sont les valeurs de Jean-Baptiste au début du film *? Visionnez en particulier la scène où il ordonne de brûler le sampan* (Extrait 6, 11'45–13'00). Comment expliquez-vous le changement soudain de son attitude le lendemain, quand il recherche l'Indochinois et son fils qui étaient à bord du bateau? Est-ce dû à son caractère, ou s'agit-il d'une inconséquence dans l'intrigue?

Comment Jean-Baptiste évolue-t-il? Comparez la scène du sampan et celle du marché aux esclaves. *Visionnez cette scène* (Extrait 7, 1h25'00–1h26'30).

D'après vous, comment Jean-Baptiste est-il mort: S'est-il suicidé? A-t-il été assassiné? Si oui, par qui? Par les communistes? Par Guy et la police? Par la marine?

+ *Guy*

Quelles méthodes Guy utilise-t-il en tant que chef de la police (par exemple pour trouver les coupables de l'incendie de l'usine d'Eliane)? Etes-vous d'accord avec Lefort, qui trouve (et critique le fait) que ce personnage suscite de la compréhension et même du respect? Trouvez-vous Guy sympathique?

+ *Monsieur Emile*

Comment le père d'Eliane passe-t-il son temps (en dehors de ses rapports avec la domestique indochinoise)? Que pensez-vous de son intervention dans la vie amoureuse d'Eliane? La réaction violente de Jean-Baptiste est-elle justifiée?

+ *Etienne*

Que savons-nous sur ce personnage? Comprenez-vous sa décision de ne pas voir sa mère à Genève?

+ *Tanh*

Quelle est l'origine sociale de Tanh? Après son expulsion de France, il dit à Camille, au café, "Maintenant c'est fini. J'ai été méchant, je suis puni". Est-il sincère ici? Quelle est sa véritable attitude? *Visionnez la scène avec sa mère* (Extrait 8, 1h18'40–1h19'20). Quels sont ses projets? Qu'est-ce qui montre que les idées révolutionnaires de Tanh s'appliquent aussi à la sphère domestique (au couple)?

5. *Les Relations coloniales*

La critique académique du film, comme la critique journalistique, s'est focalisée sur le traitement des relations coloniales, souvent en analysant *Indochine* dans la lignée d'autres films de fiction sur le même thème. Etant donné l'absence de représentation du conflit indochinois au cinéma avant la sortie de *L'Amant*, *Diên Biên Phú* et *Indochine* en 1992, on a surtout comparé le film de Wargnier à ceux réalisés avant la décolonisation et les indépendances africaines des années 60, comme *Zouzou* (Marc Allégret, 1934), *Princesse Tam-Tam* (Edmond Gréville, 1935) ou encore *Pépé le Moko* (Julien Duvivier, 1937). Les conclusions divergent et sont souvent une question de degré, mais certaines caractéristiques du cinéma colonial sont fructueuses pour approfondir la discussion d'*Indochine*.

Les films coloniaux présentent la douceur de la vie dans les colonies en insistant sur l'exotisme du décor (Loufti) sans s'attarder sur les cultures locales. **Qu'en est-il dans *Indochine*?** Est-ce que le décor est présenté comme un spectacle, ou est-ce que Wargnier évite "l'esthétisme pour l'esthétisme", comme il s'en défend (Brantes)?

Quels aspects de la culture vietnamienne sont présentés, et sont-ils traités avec respect? Comme nous l'avons vu ci-dessus, certains critiques estiment que le film est surtout une incitation touristique: "En sortant, on n'a qu'une seule envie: prendre un billet pour Saigon". Qu'en pensez-vous? Avez-vous envie de visiter le Vietnam après avoir vu ce film?

Les films coloniaux traditionnels privilégient aussi l'aventure sans prêter trop attention à la réalité de la situation coloniale. **D'après vous, est-ce que le contexte colonial est un simple décor pour l'histoire romantique dans ce film?** Jeancolas estime qu'"*Indochine* est le premier film du cinéma français commercial qui démonte dans tous ses rouages, avec une innocence probablement fausse mais bien jouée, le fait colonial" (89). Qu'est-ce qu'on apprend sur le fonctionnement du colonialisme (la manière dont la France établit son pouvoir sur l'Indochine)?

Pensez-vous, avec Lefort (et d'autres critiques) que le film fait l'apologie de la colonisation (c'est-à-dire que les agents de la colonisation—les planteurs, la police, la marine— sont glorifiés)? Ou penchez-vous plutôt du côté de Jeancolas, pour qui "les colons et leurs chiens de garde y ont la mauvaise part, les nationalistes et le peuple tout entier y sont le sel de la terre" (90)?

Une des justifications de la colonisation était la "mission civilisatrice", l'idée que la France apportait le progrès à des peuples inférieurs et barbares. Dans cette optique, la relation entre colonisateurs et colonisés est souvent paternaliste, reproduisant des relations familiales hiérarchisées, avec le père comme chef de famille chargé de l'éducation de ses enfants. **Peut-on trouver des références à la mission civilisatrice dans le film?**

Un autre aspect de l'imaginaire colonial est l'**érotisation des peuples colonisés**, en particulier des femmes. En même temps, les sociétés coloniales étaient fondées sur **le tabou des relations interraciales**, surtout celles impliquant des femmes blanches. D'après Sherzer, les films traitant de la colonisation depuis les années 80 offrent une description beaucoup plus positive de l'Autre et mettent en scène des couples mixtes, mais leurs relations sont souvent vouées à l'échec et ont des conséquences négatives. **Est-ce que les** femmes vietnamiennes du film, y compris Camille, sont érotisées? Qu'en est-il des relations interraciales?

Enfin, les films coloniaux présentaient le récit de la perspective du colonisateur. **Quel point de vue domine dans *Indochine*?** Est-ce que c'est totalement vraisemblable, compte tenu de certains événements que nous voyons dans le film? Voit-on parfois l'action du point de vue des personnages indochinois? Si oui, du point de vue de qui?

6. Eliane et Camille: une interprétation allégorique?

La plupart des critiques du film ont vu dans la relation entre Eliane et Camille un miroir de la relation entre la France et l'Indochine, d'autant plus que Catherine Deneuve a servi de modèle à la représentation de "Marianne", le symbole de la République française. D'ailleurs, Wargnier avoue que c'est l'idée de ce parallèle qui a permis d'avancer dans l'écriture du scénario: "Le déclic est venu le jour où on a trouvé la métaphore. Il nous fallait deux personnages pour incarner la France et le Vietnam. Ce serait la mère et la fille. On a donc imaginé l'idée de l'adoption comme une métaphore de la colonisation" (Andreu 113).

Quels parallèles pouvez-vous trouver entre Eliane et Camille d'une part, la France et l'Indochine de l'autre? Analysez les étapes de la relation entre Eliane et Camille, puis associez-les à des développements concernant la relation entre la France et l'Indochine. Par exemple, à quoi correspond l'adoption de Camille par Eliane, le conflit entre les deux et la rupture à la fin?

7. La Dernière Séquence

Visionnez la dernière séquence, avec Eliane et Etienne (Extrait 9, 2h30'30–2h33'50). A quoi fait penser le paysage du lac Léman (*Lake Geneva*) qui ouvre la séquence? Quels autres éléments du décor renforcent ce parallèle? Qu'est-ce que le parallèle révèle sur l'état d'esprit d'Eliane?

Comme dans la séquence d'ouverture, Eliane est habillée en noir, comme si elle était en deuil. De quel "deuil" s'agit-il ici? Est-ce que la fin du film est totalement sombre?

8. Le Choix d'Etienne

A la fin du film, Etienne décide de ne pas renouer avec Camille, sa mère. Il dit à Eliane "Ma mère, c'est toi", et il est clair qu'il va rentrer en France avec elle. Quelle **interprétation "allégorique"** pourrait-on donner à cette déclaration d'Etienne dans le contexte de l'intégration de la deuxième génération d'immigrés indochinois dans la société française? Quelles implications pourrait-elle avoir en ce qui concerne la possibilité de réussir l'intégration des Franco-Maghrébins, un débat important au moment de la sortie du film en 1992?

Filmographie de Régis Wargnier

1986 *La Femme de ma vie*
1988 *Je suis le seigneur du château*
1992 *Indochine*

1995 *Une femme française*
1999 *Est-Ouest*
2005 *Man to Man*
2006 *Pars vite et reviens tard*
2010 *La Ligne droite*
2014 *Le Temps des aveux*

Œuvres consultées

Andreu, Anne. "Cinéma français: la reconquête de l'Indochine". *L'Evénement du jeudi* 16–22 avr. 1992: 112–13.

Austin, Guy. *Contemporary French Cinema*. 2e éd. Manchester, UK: Manchester UP, 2008.

Baignères, Claude. "*Indochine* de Régis Wargnier. Mélodrame exotique". *Le Figaro* 16 avr. 1992: sans pagination.

Brantes, Emmanuel de. "La Légende de la congaï". *Le Quotidien de Paris* 15 avr. 1992: sans pagination.

Coppermann, Annie. "*Indochine* de Régis Wargnier. D'un romanesque flamboyant". *Les Echos* 15 avr. 1992: sans pagination.

Génin, Bernard. "Indochine". *Télérama* 15 avr. 1992: 33–34.

Gianorio, Richard. "Linh Dan Pham, la tonkiki-tonkinoise . . . ". *France-Soir* 15 mai 1992: sans pagination.

Grousset, Jean-Paul. "Indochine". *Le Canard enchaîné* 15 avr. 1992: sans pagination.

Humbert, Brigitte E. "Filming France's Colonial Past: Women 'Wearing The Pants' in *Outremer* and *Indochine*". *Studies in French Cinema* 12.1 (2012): 59–74.

Jeancolas, Jean-Pierre. "*Indochine*. Avant la guerre". *Positif* 375–76 (mai 1992): 89–91.

Lacharrière, Marc Ladreit de. "Discours prononcé par M. Marc Ladreit de Lacharrière pour l'installation de M. Régis Wargnier à l'Académie des Beaux-Arts, le mercredi 1er février 2012". Consulté le 21 juin 2016. <www.academie-des-beaux-arts.fr /membres/actuel/ cinema/Wargnier/fiche.htm>

Lefort, Gérard. "La France occupée par l'Indochine". *Libération* 15 avr. 1992: 42–43.

Loufti, Martine (1996), "Film Industry and Colonial Representation". *Cinema, Colonialism, Postcolonialism: Perspectives from the French and Francophone World*. Ed. D. Sherzer. Austin: U of Texas P, 1996. 21–29.

Murray, Allison. "Women, Nostalgia, Memory: *Chocolat, Outremer* and *Indochine*". *Research in African Literatures* 33.2 (2002): 235–44.

Nicholls, David. "Indochine". *History Today* 46.9 (1996): 33–38.

Norindr, Panivong. "Filmic Memorial and Colonial Blues: Indochina in Contemporary French Cinema". *Cinema, Colonialism, Postcolonialism: Perspectives from the French and Francophone World*. Ed. D. Sherzer. Austin: U of Texas P, 1996. 120–46.

Oscherwitz, Dayna. "Family Pictures: Ancestry, Nostalgia, and the French Heritage Film". *Past Forward: French Cinema and The Post-Colonial Heritage*. Carbondale: Southern Illinois UP, 2010. 33–63.

Pascal, Michel. "Parfums d'Asie". *Le Point* 11 avr. 1992: sans pagination.

Rollet, Brigitte. "Identity and Alterity in *Indochine* (Wargnier, 1992)". *French Cinema in the 1990s: Continuity and Difference*. Ed. Phil Powrie. Oxford, UK: Oxford UP, 1999. 37–46.

Roth-Bettoni, Didier. "Entretien avec Régis Wargnier". *Revue du cinéma* 482 (mai 1992): 36–37.

———. "*Indochine*. Le Temps d'aimer, le temps de mourir". *Revue du cinéma* 481 (avr. 1992): 20–21.

Roy, Jean. "*Indochine*, film français de Régis Wargnier. Pour l'amour de Catherine". *L'Humanité* 17 mai 1992: sans pagination.

Royer, Philippe. "Un roman écrit à quatre mains. Un entretien avec Régis Wargnier". *La Croix* 16 avr. 1992: sans pagination.

Sherzer, Dina, éd. "Race Matters and Matters of Race. Interracial Relationships in Colonial and Postcolonial Films". *Cinema, Colonialism, Postcolonialism: Perspectives from the French and Francophone World*. Austin: U of Texas P, 1996. 229–48.

Siclier, Jacques. "Indochine, ton nom est femme". *Le Monde* 17 avr. 1992: sans pagination.

Stora, Benjamin. "Rebonds. Indochine, Algérie, autorisations de retour". *Libération* 30 avr. 1992: sans pagination.

Stouvenot, Michèle. "Deneuve, l'Indochine et l'amour". *Le Journal du dimanche* 12 avr. 1992: sans pagination.

Toscan du Plantier, Daniel. "*Indochine*". *Le Figaro Magazine* 11 avr. 1992: sans pagination.

Tranchant, Marie-Noëlle. "Régis Wargnier: 'Sous l'Indochine, j'ai découvert le Vietnam'". *Le Figaro* 15 avr. 1992: sans pagination.

Vallée. Didier. "*Indochine*". *V-S-D* 16 avr. 1992: sans pagination.

Vincendeau, Ginette. "Un genre qui fait problème: le Heritage film. La critique face à un genre populaire des deux côtés de la Manche". *Le Cinéma français face aux genres*. Ed. Raphaëlle Moine. Paris, France: Maison des sciences de l'homme, 2005. 131–40.

Wargnier, Régis, réal. *Indochine*. Sony Pictures Classics, 1999.

II

Thèmes de société 1:
banlieue, chômage, marginalité

Mathieu Kassovitz, *La Haine* (1995)

Bruno Dumont, *La Vie de Jésus* (1997)

Erick Zonca, *La Vie rêvée des anges* (1998)

On constate un nouveau courant de cinéma en France qui commence en 1985 avec *Sans toit ni loi* (film d'Agnès Varda sur une fille qui vagabonde dans le Midi en hiver) et s'établit durablement en France au cours des années 90. Dans la mouvance du réalisme cru des années 70 (Jean Eustache, Maurice Pialat, Bertrand Blier, par exemple), ce courant est représenté surtout par de jeunes cinéastes dont beaucoup, comme les réalisateurs des trois films de cette section, font leur premier long métrage dans cette décennie—tout en comprenant aussi des cinéastes plus expérimentés comme Bertrand Tavernier, Claire Denis, Robert Guédiguian et Benoît Jacquot.

Comme le remarquent bien des commentateurs, ce cinéma se caractérise surtout par son "excentrisme", c'est-à-dire le fait que les films sont tournés en dehors de Paris, soit en banlieue, comme *La Haine* de Matthieu Kassovitz (1995), soit carrément en province, comme *Western* de Manuel Poirier (1997) dont l'action se passe en Bretagne, *Y'aura t'il de la neige à Noël?* de Sandrine Veysset (1996), filmé dans une ferme du Midi de la France, *En avoir (ou pas)* de Laetitia Masson (1995), qui se passe surtout à Lyon, ou tous les films de Robert Guédiguian, comme *A la vie, à la mort!* (1995) et *Marius et Jeannette* (1997), qui sont situés dans les quartiers défavorisés de Marseille.

Les films de banlieue, comme *La Haine*, occupent une place particulièrement importante dans le cinéma français contemporain. La situation préoccupante dans les banlieues est l'objet du cinéma depuis des décennies en France, à commencer par le film de Jean-Luc Godard *Deux ou trois choses que je sais d'elle* (1967), où il critique la conception de la cité des 4000 à La Courneuve. Depuis une bonne dizaine d'années déjà au moment de la sortie de *La Haine*, les représentations des banlieues sont de plus en plus inquiétantes. Après le portrait de la délinquance juvénile dans *Laisse béton* (verlan pour "Laisse tomber") de Serge Le Péron (1984) et celui des familles maghrébines des banlieues dans *Le Thé au harem d'Archimède* de Mehdi Charef (1985), le film de Claude Brisseau *De bruit et de fureur* (1988) offrait "une vision convulsive et quasi-apocalyptique de ces mêmes banlieues" (Jousse 37).

Aux Etats-Unis, après l'énorme succès de *Do the Right Thing* (1989) de Spike Lee, sortent des films sur les ghettos noirs à Los Angeles ("the 'hood"), tels, surtout, *Boyz n the Hood* (1991) de John Singleton et *Menace II Society* (1993) des Hughes Brothers, donnant une nouvelle impulsion aux réalisateurs français. *Hexagone* de Malik Chibane (1994) suit la vie et révèle les ambitions de cinq Beurs adolescents à la recherche de leur identité dans une banlieue à vingt kilomètres de Paris.

Puis, en 1995, on assiste à une explosion de films situés en banlieue, qui seront bientôt considérés comme appartenant à un nouveau genre, le "film de banlieue": avec *La Haine* (le prototype du genre) apparaissent dans la foulée *Raï* de Thomas Gilou, *Etat des lieux* de Jean-François Richet et *Douce France*, le second film de Malik Chibane, auquel s'ajoutera, en 1997, le film hyperviolent et haineux de Richet, *Ma 6-T va crack-er* (Jousse 37).

Les gouvernements n'ignorent pas les problèmes que pose la vie dans les cités, et les "plans de banlieues" pour redresser la situation se succéderont. En automne 1995 le président de la République Jacques Chirac annonce même un "Plan Marshall" pour la banlieue. Cela n'empêchera pas les banlieues en souffrance d'exploser comme d'un commun accord à travers la France, dix ans après la sortie de *La Haine*, comme pour confirmer le pronostic de celui-ci. Pendant plusieurs semaines d'émeutes dans les cités au mois de septembre 2005, on brûlera des milliers de véhicules dans un sursaut de colère contre les conditions de vie dans les banlieues, le chômage rampant, le manque d'espoir pour une meilleure vie, en un mot: l'exclusion de la société française. Miraculeusement, toutes ces semaines de violentes manifestations n'ont entraîné aucune mort.

Malgré l'importance des films de banlieue, c'est surtout le Nord de la France, une région durement éprouvée par la crise économique, qui a attiré l'attention de cette "Nouvelle Nouvelle Vague", comme l'ont appelée certains critiques. Toute une série de films sont ainsi tournés soit à Lille, comme *La Vie rêvée des anges* d'Erick Zonca (1998) et *Seul contre tous* (la première partie du moins) de Gaspar Noé (1998), soit dans des petites villes du Nord-Pas-de-Calais, comme *Nord* de Xavier Beauvois (1991), *Ça commence aujourd'hui* de Bertrand Tavernier (1999) et, bien sûr, *La Vie de Jésus* et *L'Humanité* (1999) de Bruno Dumont. Ces films, a-t-on dit, "prennent tous comme sujet une 'autre' France, non parisienne, non intellectuelle, une France de 'petites gens', petits commerçants de villes de province sans grand intérêt, classes sociales défavorisées, exclus, chômeurs, SDF, produits de la fameuse 'fracture sociale' [. . .], tout un peuple qui n'avait plus sa place sur les écrans français depuis longtemps" (Konstantarakos 2). Depuis, plus précisément, le cinéma des années 30.

Konstantarakos fait allusion, en particulier, au réalisme poétique des années 30, celui de Marcel Carné et de son scénariste attitré, le poète Jacques Prévert, que l'on rencontre, par exemple, dans *Quai des brumes* (1938) et *Le Jour se lève* (1939). Il s'agit d'un cinéma profondément pessimiste qui mettait en scène, justement, des petites gens dans des quartiers ouvriers très gris, mais qui avait une grande richesse symbolique, métaphorique et thématique. De même, le réalisme pur et dur des films des années 90 est souvent nuancé par un côté lyrique qui a amené un certain nombre de critiques (Beugnet, Vassé, Konstantarakos, Singerman, par exemple) à évoquer un "nouveau réalisme poétique" à leur égard. Les contours métaphysiques de *La Vie de Jésus* et de *L'Humanité* en sont des exemples souvent cités et, en fait, Dumont ne cesse d'invoquer la "poésie" en parlant de ses films. Cette irruption de la poésie au sein d'un réalisme des plus laids, que l'on peut remarquer dans de nombreux films de cette époque, est l'un des traits caractéristiques les plus marquants du cinéma des années 90.

Œuvres consultées

Beugnet, Martine. "Le Souci de l'autre: réalisme poétique et critique sociale dans le cinéma français contemporain". *Iris* 29 (printemps 2000): 53–66.

Jousse, Thierry. "Le Banlieue-film existe-t-il?" *Cahiers du cinéma* 492 (juin 1995): 37–39.

Konstantarakos, Myrto. "Retour du politique dans le cinéma français contemporain?" *French Studies Bulletin* 68 (automne 1998): 1–5.

Singerman, Alan. "Le Cinéma français de nos jours: pour un réalisme poétique *frontal*". *France in the Twenty-First Century. New Perspectives*. Ed. Marie-Christine Weidemann Koop et Rosalie Vermette. Birmingham, AL: Summa, 2009. 317–40.

Vassé, Claire. "*En avoir (ou pas)*. La girafe et son prince". *Positif* 419 (jan. 1996): 22–23.

Mathieu Kassovitz

La Haine

(1995)

Mathieu Kassovitz, *La Haine*: Les trois copains banlieusards (Vinz, Hubert et Saïd) arrivent à Paris.

Réalisation .... Mathieu Kassovitz
Scénario .... Mathieu Kassovitz
Directeur de la photographie........................... Pierre Aïm
Cadrage..Georges Diane
Montage .... Mathieu Kassovitz, Scott Stevenson
Son .... Vincent Tulli
Décors...Giuseppe Ponturo
Musique .... Assassin
Costumes ....Virginie Montel
Scripte..Nathalie Vierny
Production .... Christophe Rossignon
Durée 1h38

Distribution

Vincent Cassel (*Vinz*), Hubert Koundé (*Hubert*), Saïd Taghmaoui (*Saïd*), Karim Belk-hadra (*Samir*), Edouard Montoute (*Darty*), François Levantal (*Astérix*), Solo Dicko (*Santo, l'ami de Vinz, à Paris*), Arash Mansour (*Arash, l'ami de Santo*), Marc Duret (*Inspecteur "Notre Dame"*), Héloïse Rauth (*Sarah*), Rywka Wajsbrot (*la grand-mère de Vinz*), Tadek Lokcinski (*M. Toilettes*), Choukri Gabteni (*Nordine, le frère aîné de Saïd*), Philippe Nahon (*le chef de police*), Nabil Ben Mhamed (*Sam, le jeune garçon qui raconte une blague*), Félicité Wouassi (*la mère d'Hubert*), Fatou Thioune (*la sœur d'Hubert*), Zinedine Soualem, Bernie Bonvoisin, Cyril Ancelin (*les policiers en civil à Paris*), Karine Viard, Julie Mauduech (*les filles au vernissage de la galerie d'art*), Vincent Lindon (*l'homme ivre dans la rue*), Mathieu Kassovitz (*le skin battu et menacé de mort*)

Synopsis

Abdel, un jeune Beur (Français d'origine maghrébine), gît dans le coma suite à une bavure pendant qu'il subissait un interrogatoire dans un commissariat de police de la banlieue parisienne. Des émeutes violentes ont éclaté à la cité des Muguets où habitait Abdel, des jeunes du quartier, révoltés, affrontant les forces de l'ordre pendant toute la nuit, brûlant des voitures et une école ainsi que des locaux mis à leur disposition, dont un gymnase où Hubert, un jeune Noir, s'entraînait à la boxe. Le lendemain matin Hubert est rejoint par ses deux copains, Vinz, un Juif de la classe ouvrière, et Saïd, un Beur drolatique, qui avaient participé aux événements de la nuit précédente. Vinz, rempli de haine pour la police, avait ramassé un revolver de service perdu par un policier pendant les échauffourées. Si leur copain Abdel vient à mourir de ses blessures, jure-t-il, il va "buter un flic" (tuer un policier). Le spectateur va vivre toute cette journée avec les trois amis, vingt-quatre heures qui sont scandées par l'affichage de l'heure exacte à l'écran à intervalles irréguliers. La vie à la cité est révélée par petites bribes, ainsi que les rapports rudes entre les trois amis, qui finissent par partir à Paris—un pays inconnu—pour récupérer de l'argent que l'on doit à Saïd. C'est toute une autre aventure qui commence …

Le Réalisateur

Mathieu Kassovitz est né le 3 août 1967 à Paris d'un père réalisateur de cinéma (Juif réfugié de Hongrie lors de la révolution de 1956) et d'une mère française monteuse de profession. Autant dire que son destin de cinéaste est tout tracé. Comme il le dit lui-même, "Mon père est cinéaste […], ma mère est monteuse: ils auraient été boulangers, je ferais probablement du pain aujourd'hui" (Ferenczi, "Kassovitz"). Tout jeune garçon il passe beaucoup de temps sur les tournages de son père et commence à jouer de petits rôles dès l'âge de douze ans. Encore au lycée, il fait des stages sur des tournages pendant l'été, puis quitte l'école sans obtenir son bac lorsqu'on lui propose un stage pendant l'année scolaire. Il travaille ensuite comme assistant réalisateur sur plusieurs films avant d'entreprendre une série de courts métrages dont le deuxième, *Cauchemar blanc* (1991), est primé à Cannes.

Avant de connaître la gloire comme réalisateur, Kassovitz se fait remarquer comme acteur de cinéma en obtenant deux prix d'interprétation, un César du Meilleur jeune espoir masculin et le prix Jean Gabin pour son rôle aux côtés de Jean-Louis Trintignant dans *Regarde les hommes tomber* de Jacques Audiard (1993). Encouragé, il se lance dans son premier long métrage, *Métisse* (1993), qui lui vaudra un succès d'estime auprès de la critique et deux prix au Festival du Film de Paris, le Prix Spécial du Jury et un prix d'interprétation. On y voit aussi, dans son premier grand rôle, Hubert Koundé, qui jouera deux ans plus tard le rôle d'Hubert, le jeune Noir, dans *La Haine*, film qui va faire de Mathieu Kassovitz un réalisateur consacré à l'âge de vingt-sept ans.

Kassovitz va poursuivre sa double carrière d'acteur et de metteur en scène dans les années qui suivent, jouant des rôles principaux dans *Un héros très discret* de Jacques Audiard (1996) et *Le Fabuleux Destin d'Amélie Poulain* (2001) de Jean-Pierre Jeunet tout en réalisant plusieurs thrillers, *Assassin(s)* en 1997, *Les Rivières pourpres* (2000) et *Gothika* (2003), tourné à Hollywood avec deux grandes vedettes, Halle Berry et Pénélope Cruz. Mettant la main à tout, ou peu s'en faut, il tourne un clip publicitaire pour le grand magasin parisien Le Printemps avant de se muer en mannequin pour devenir l'image de marque du parfum Miracle de Lancôme. Mais l'année d'après on le retrouve devant la caméra et nominé de nouveau à Cannes pour un prix d'interprétation dans le film hautement primé de Costa-Gavras, *Amen* (2002).

La Genèse et la réalisation

La Haine a été tourné de septembre à novembre 1994 à Paris et dans la cité de La Noé à Chanteloup-les-Vignes en Ile-de-France (à moins d'une heure au nord-ouest de Paris), une cité "normale", dit le réalisateur, "pas une cité pourrie, du genre qu'on voit trop bien dans les médias. Car ce qui est intéressant, c'est de montrer que ça peut exploser n'importe où", pas seulement dans les banlieues les plus déshéritées (Bernard 113). En fait, Kassovitz n'avait pas beaucoup de choix. Comme le confie Eric Pujol, le premier assistant réalisateur, ils avaient proposé le projet à une douzaine de villes de banlieue, et "onze nous ont jetés" (Bernard 106). La police ne pouvant mettre le pied dans la cité de la Noé, la sécurité a été assurée pendant le tournage par une quinzaine de "grands frères" entre vingt et trente ans appartenant à une association de la cité, Les Messagers, dont l'équipe de cinéma a su gagner la confiance (Commentaire du producteur Christophe Rossignon sur le Bonus DVD).

Kassovitz a choisi ses trois interprètes principaux six mois à l'avance et les a prévenus qu'il écrivait le scénario pour eux. Il a même gardé leurs vrais prénoms dans le film: Vinz, Hubert, Saïd. Comme il savait qu'il serait difficile de tourner dans une cité, le metteur en scène et ses trois protagonistes ont vécu trois mois dans la cité même— "dans un trois-pièces pour avoir un minimum de crédibilité envers nous-mêmes" ("Spécial Cannes" 141)—y compris tout un mois avant le commencement du tournage. "Les jeunes des cités en ont forcément ras le bol de l'image qu'on donne d'eux. Certains n'ont pas voulu entrer en contact avec nous. Mais la confiance s'est installée petit à petit" (Remy 44). Kassovitz savait qu'il fallait créer des relations bien à l'avance avec les jeunes du quartier pour éviter des ennuis avec les habitants de la cité pendant le tournage. Le risque de tourner un film dans une cité entouré de jeunes gens agressifs et peu respectueux était réel: "La cité", dit Kassovitz, "il faut la gérer. Il suffit qu'une personne de l'équipe gifle un môme une fois, parce qu'il en a marre de se faire insulter, et il n'y a plus de tournage. On en était tous conscients. Il y avait une tension très puissante, mais une bonne tension. On savait qu'on faisait un film 'différent'" ("Spécial Cannes" 141). En fin de compte, environ trois cents jeunes de la cité de la Noé vont faire de la figuration dans *La Haine*, certains dans des uniformes de policiers.

Il n'est pas indifférent que l'idée du film ait été déclenchée par un fait divers réel: le meurtre d'un jeune Zaïrois, Makome M'Bowole, par un inspecteur de police le 6 avril 1993 lors d'un interrogatoire dans un commissariat du dix-huitième arrondissement pour le vol d'une cartouche de cigarettes. "Je me suis demandé", raconte le réalisateur, "comment un mec pouvait se lever, le matin, et mourir le soir, de cette façon" (Remy). Cet événement tragique a été suivi d'une semaine entière de manifestations, auxquelles Kassovitz a assisté ainsi qu'aux affrontements dans la rue entre des jeunes en colère et les forces de l'ordre. Le lendemain il a retrouvé son producteur pour lui déclarer qu'il voulait faire un film sur ce qui venait de se passer.

Kassovitz tourne *La Haine* en couleurs (pour ne pas s'aliéner les chaînes de télévision qui finançaient le projet) mais tire la copie finale en noir et blanc "pour accentuer le côté pur et dur du film", dit-il. Ceci produit un ton documentaire ainsi qu'une sorte d'hyperréalisme qui convient à l'univers de bitume où se passe l'action et à la violence sous-jacente, toujours prête à éclater. Comme l'explique le réalisateur, "Le cinéma en noir et blanc rappelle les images d'actualité de l'époque de la guerre. On ne peut pas faire plus réel que les images de guerre [. . .]. Le noir et blanc a toujours un côté assez exceptionnel, parce qu'il fait voir les choses comme on ne les voit pas, et c'est pourquoi il draine plus de réalisme" (Levieux 20). Du point de vue esthétique, ajoute-t-il ailleurs, le noir et blanc souligne la beauté particulière de la cité en la rendant "plus graphique".

A l'encontre de bien des réalisateurs, et sans doute pour aller vite, Kassovitz a réduit de manière dramatique le nombre de prises, se bornant à quatre par plan tout au plus, ce qui était un gros risque (Robert Bresson en faisait vingt ou trente d'un plan qui durait peut-être dix secondes . . .). Il a essayé, par des moyens purement cinématographiques, de créer un contraste entre les scènes à la cité et celles qui se passaient à Paris, puisqu'il s'agit de deux mondes différents avec des ambiances différentes. Dans les séquences tournées à la cité, par exemple, il se sert de beaucoup de travellings sur des rails, tandis qu'il tourne à Paris avec un pied et une caméra à l'épaule—bien que beaucoup de scènes soient tournées au Steadicam dans les deux milieux. A la cité il fait de nombreux plans à très courtes focales (donc avec une grande profondeur de champ) "pour bien intégrer les gens aux décors", tandis qu'à Paris il tourne surtout en longues focales pour détacher les trois banlieusards du milieu urbain (en créant un fond flou).

A l'instar de Bresson cette fois, Kassovitz refuse de mettre de la musique d'ambiance dans son film. Seule est admise la musique diégétique, la musique qui joue à la radio ou qui vient d'un disque dans l'univers du film (le funk, le rap, le soul surtout). Le réalisateur s'explique: "La suppression de la musique permet de mieux travailler le montage son. On a mis des bruits de ville qui sont devenus *nos* musiques" (Bourguignon et Tobin 13). Kassovitz ajoute, par ailleurs, que "tout est fondé sur un rythme naturel du langage et des gestes" (Tranchant), et "les dialogues", remarque une critique, "sont comme l'accompagnement musical" du film (Chemineau).

Pour un autre commentateur, *La Haine* est "un film sur le plaisir de parler et l'invention permanente du langage, la jouissance de la flambe, l'énergie comme réceptacle du désarroi" (De Bruyn 16). C'est un film où, effectivement, les banlieusards parlent sans arrêt, répétant à satiété certaines formules de base, employant l'argot qui leur est particulier (le verlan surtout), le langage fortement caractérisé qui relève de leur culture orale et souligne leur spécificité existentielle comme leur ancrage dans la banlieue (voir plus bas "Le Rôle du langage" dans les Pistes de réflexion et de discussion). Le rôle du langage dans le film est bien résumé ainsi: "Contre toute attente, il y a peu ou pas de musique dans le film de Mathieu Kassovitz, mais, en revanche, ça parle tout le temps et dans tous les sens [. . .]. Avalanche de mots, d'expressions, d'histoires, rythme infernal du dialogue, sidérante invention de l'écriture [. . .]. C'est cette langue qui donne sa pulsation au film, à travers les accents, les inflexions, la musicalité faite de syncope et de fluidité, les bordées d'insultes, les accélérations . . ." (Jousse 34). L'aspect rythmique du dialogue n'est donc pas un effet du hasard. Comme Kassovitz le précise, en parlant de ses interprètes principaux, "Ce sont de bons acteurs. J'ai énormément travaillé avec eux sur le rythme, ils l'ont naturellement, mais on a essayé de le développer au maximum" (Boulay et Colmant).

Les Interprètes

Les interprètes des trois jeunes banlieusards ont tous déjà joué dans des films. Hubert Koundé, qui ne vient pas de la cité (et qui a obtenu un DEUG de philosophie), a tenu un des rôles principaux dans le premier long métrage de Kassovitz, *Métisse* (1993), comme nous l'avons noté plus haut. Saïd Taghmaoui, un Beur, est le seul des acteurs principaux qui vienne d'une cité difficile, les 3000 à Aulnay-sous-Bois. Il s'est fait remarquer dans un film pour la télévision d'Olivier Dahan (*Frères*, 1994) et un épisode de *Tous les garçons et les filles de leur âge* avant d'être nominé en 1996 pour un prix du Meilleur jeune espoir masculin aux Césars pour son rôle dans *La Haine*.

Mais la grande révélation du film est Vincent Cassel, fils du célèbre acteur français Jean-Pierre Cassel. Dans *La Haine* Cassel joue, comme le dit Kassovitz, le rôle d'un "petit con", ce que l'acteur a eu du mal à avaler, bien qu'il ait fini par endosser le caractère peu sympathique, écorché vif, de son personnage, et cela avec un brio remarquable. "Avec son personnage de Vinz, la Haine en personne", s'émerveillent les critiques de *Libération*, "[Cassel] s'installe comme un comédien physique, électrique, étonnamment gracieux, presque aérien" (Boulay). Avec ce film Cassel entame une grande carrière au cinéma, jouant aux côtés de Jean Reno dans le film suivant de Kassovitz, *Les Rivières pourpres* (2000), puis des rôles principaux dans le film à grand succès de Christophe Gans *Le Pacte des loups* (2001), *Sur mes lèvres* de Jacques Audiard (2001) et *Irréversible* de Gaspar Noé (2002) avant de décrocher de multiples prix d'interprétation pour deux films de Jean-François Richet sur Jacques Mesrine, *L'Instinct de mort* et *L'Ennemi public N° 1*, tous deux de 2008, et un rôle important dans *Black Swan* (Darren Aronofsky, 2010), qui a obtenu une centaine de prix et valu un Oscar de Meilleure actrice à Natalie Portman.

La Réception

La Haine est sélectionné pour le Festival de Cannes en 1995. La veille de la projection du film à Cannes, un adolescent était roué de coups dans la banlieue parisienne par des "agents de la paix" et se trouvait dans un état critique, comme si la réalité imitait la fiction. Que cet incident ait eu une influence ou pas sur la réception du film, celui-ci fait un "malheur", obtenant à la fois le Prix de la Mise en scène pour Mathieu Kassovitz et une nomination pour la Palme d'or, avant de gagner le Félix du Meilleur jeune film européen à Berlin au mois de novembre. A cette date, avec deux millions d'entrées, *La Haine* est l'un des cinq plus grands succès commerciaux de l'année (Campion). Au printemps suivant c'est la consécration absolue: le film se voit décerner trois Césars, dont Meilleur film, Meilleur producteur et Meilleur montage—bien que ni Kassovitz ni Cassel n'acceptent de se rendre à la cérémonie (pour protester contre le genre de films qui sont généralement primés aux Césars). La même année, Kassovitz décroche les prix du Meilleur film et du Meilleur réalisateur aux Prix Lumières. On commence à le comparer aux célèbres réalisateurs américains Martin Scorsese (*Mean Streets*, 1973; *Raging Bull*, 1980) et Spike Lee (*Do the Right Thing*, 1989), en remarquant un important renouveau d'influence du cinéma américain (surtout les films de ghetto) sur le cinéma français.

Hormis de rares exceptions, *La Haine* est largement encensée par la presse cinématographique, qui reconnaît son originalité et le talent du réalisateur: "Un tour de force" et "un brillant morceau de cinéma", prononce *Le Figaro* (Baignères). La revue *Positif* claironne, "Avec *La Haine*, les cités sortent enfin du ghetto pour prendre d'assaut le Festival de Cannes" ("Mathieu Kassovitz" 4), suivi de *L'Avant-Scène Cinéma*: "Ce film donne la parole à des personnages qui ne l'avaient guère prise jusqu'alors dans le cinéma français" (Rebouillon 128). Pour les *Cahiers du cinéma*, c'est "le film événement du Festival de Cannes, devenu phénomène de société" (Sibony 30), et *Le Nouvel Observateur* de renchérir: "Mathieu Kassovitz vient de réussir avec *La Haine* le film que nous attendions tous sur la vie contemporaine. Une œuvre vraiment fondatrice d'un cinéma absolument moderne, comme *A bout de souffle* le fut en son temps" (Riou). Le critique d'*Info-Matin* abonde dans le même sens: "Mathieu Kassovitz a réussi un film d'une exceptionnelle maturité: verve langagière, invention constante de la mise en scène, ce brûlot en noir et blanc, tour à tour drôle et effrayant, fait preuve d'une justesse rare [...]. Mathieu Kassovitz est déjà un cinéaste d'importance, dont le film dessine une voie d'avenir pour le cinéma français" (Ferenczi, "La Compétition" 18).

Le premier ministre de la France, Alain Juppé, alerté par tout le tapage médiatique, organise une projection privée pour tout son gouvernement et, avec Charles Pasqua, le ministre de l'Intérieur, visionne le film plusieurs fois encore pour essayer de mieux comprendre ce qui se passe dans les banlieues. Les jeunes des cités se rendent en masse dans les cinémas parisiens pour voir le film, et à Saint-Denis les professeurs amènent des classes entières d'élèves au cinéma—surtout après deux nuits d'émeute les 8 et 9 juin (un gymnase et trois écoles détruits) à la suite de la mort d'un jeune Maghrébin, abattu par des CRS à Noisy-le-Grand pour avoir volé une moto . . . Certains soirs la foule de jeunes venus des quartiers difficiles est sur les nerfs: "Les caissières se font insulter, les gens fument dans la salle, et les projections deviennent volcaniques" (Le Leurch), et il y a des bagarres à la fin du film. A Marseille, il y a des incidents dans des cinémas, des sièges endommagés, des harangues de spectateurs: "Ambiance électrique, comme si, à tout instant, à cause d'un geste ou d'un regard, les conflits sociaux allaient faire irruption dans la salle" (Le Leurch).

Comme pour tous les films, et surtout ceux qui ont une portée sociale ou politique, l'opinion critique n'est jamais unanime, et la presse de droite tire ses propres conclusions sur *La Haine*. Pour celle-ci, les jeunes marginaux des banlieues sont "une classe dangereuse", "un danger virtuel pour la société française, à laquelle ils ne s'intègrent pas" (Plunkett 19). Les trois héros du film de Kassovitz sont des "produits tragiques d'une société incapable, jusqu'ici, de franciser la foule de ses immigrés". S'il faut en croire ceux qui pensent ainsi, les vraies victimes des cités, les vrais "exclus", ce ne sont pas les immigrés, ce sont les "Français de souche" qui n'ont pas les moyens de vivre ailleurs et "qui ont l'impression que l'Etat les a oubliés" (Plunkett 19).

Ce n'est pourtant pas le propos de Kassovitz, qui est connu pour son franc-parler et déclare dans le dossier de presse, "C'est un film contre les flics et je voulais qu'il soit compris comme tel". *La Haine* est en quelque sorte une réponse au film récent de Bertrand Tavernier, *L.627* (1992), qui met en relief les conditions de travail difficiles de la police française, mal équipée, mal payée et mal soutenue. La petite phrase de Kassovitz sera mal reçue, évidemment, par celle-ci, et les gendarmes chargés de former la haie d'honneur au Festival de Cannes expriment leur rancune en tournant le dos à l'équipe de *La Haine* quand elle sort de la projection de gala du film (Séguret). Le réalisateur s'en mord les doigts, de toute évidence, et se ravise par la suite, répondant dans chaque interview, où l'on ne cesse de lui poser la question, "Non, il faut être clair, ce n'est pas un film anti-flic; c'est un film contre la spirale policière qui fait qu'il y a des bavures" (Ferenczi, "Kassovitz"). Ce qu'il condamne, donc, ce sont les bavures policières et le système qui les produit, système qui est réprouvé, selon Kassovitz, par les policiers eux-mêmes: "Le flic est contre le système policier. J'essaie d'expliquer pourquoi il y a des flics qui sont tellement fatigués que, le soir, ils pètent les plombs et tirent une balle sur un mec" (Levieux 20). "Comme les gens de la cité, il y a des bons et des mauvais flics", ajoute-t-il dans une autre interview (Pantel), précisant que son film "ne dénonce personne individuellement. Parce que même le mec qui a fait une bavure policière n'est pas forcément un tueur en puissance . . ." (Boulay).

Ce dont Kassovitz se soucie le plus, en fait, c'est la manière dont son film sera perçu par les jeunes de la cité qui en sont le sujet. Avec tout le battage médiatique autour du film, il craint que *La Haine* ne devienne un simple "objet de consommation", un produit commercial, et que la banlieue ne se sente trahie: "Malheureusement pour le film, je ne suis pas Arabe. C'est-à-dire que je n'ai pas de crédibilité et je ne peux susciter qu'une certaine amertume chez les gens dont on parle [. . .]. Il y a des gens qui sont toujours en galère dans la cité, qui vont voir ça et qui vont se dire: celui-là, il est en train de faire du beurre sur notre dos" (Boulay et Colmant).

Par contre, Kassovitz tient agressivement tête aux journalistes qui mettent en doute son droit de faire un film sur les banlieues sous prétexte qu'il n'en vient pas: "Mais je me sentais le droit de traiter le sujet: s'il fallait être noir pour dénoncer l'apartheid, ou juif pour se souvenir de la Shoah, bref, s'il fallait uniquement se mêler de ses oignons, ce serait l'horreur" ("Spécial Cannes" 142). Kassovitz insiste, au demeurant, sur l'avantage qu'il a de ne pas être de la banlieue: "Moi, j'ai la chance de ne pas être aveuglé par la haine et d'observer ça de loin. J'ai le recul pour pouvoir dire: 'Y a aussi de bons flics et des jeunes qui sont cons. Y a des jeunes intéressants et de sales cons de flics'" (Bernard 110).

Les Banlieues "difficiles"

Le film de Mathieu Kassovitz montre une tranche représentative de la vie quotidienne des jeunes dans une banlieue "difficile", parisienne en l'occurrence. Que savons-nous de ce milieu? De telles banlieues existent-elles uniquement dans la région parisienne? Qui les occupe, des Français de souche ou des immigrés? En fait, ce sont les deux groupes. Ce que nous savons, c'est qu'il y a eu de grandes vagues d'immigration en France au tournant du siècle, puis et surtout après les Première et Deuxième Guerres mondiales, à des époques où la France avait un besoin urgent de main-d'œuvre pour se reconstruire. En outre, l'exode rural dès les années 50 amène des millions de Français dans les villes, où ils rejoignent l'arrivée massive d'immigrés d'Afrique du Nord (Algérie, Maroc, Tunisie) à la même époque. Cela a vite créé un grave problème de logement, des centaines de milliers d'immigrés, ainsi qu'un grand nombre d'ouvriers français pauvres, s'entassant dans des bidonvilles insalubres dans la périphérie des grandes villes (Paris, Lyon, Marseille, Lille, par exemple).

Pour faire face à cette situation, le gouvernement français a établi dans les années 60 des "zones à urbaniser en priorité" (les ZUP) où 500 000 nouveaux logements seront construits chaque année (Condé 13). Evidemment, ces "grands ensembles" ne seront pas construits au centre-ville. Ce sont de grandes cités ouvrières élevées en banlieue, comme la cité des 4000 à La Courneuve en Seine-Saint-Denis ou la cité des 3000 à Aulnay-sous-Bois au nord-est de Paris (d'où vient Saïd Taghmaoui), avec d'énormes immeubles en béton contenant des milliers de "cages à lapins" et entourés de larges espaces en bitume. Ces "tours", quoique mal construites, ont tout l'équipement moderne—eau, électricité, chauffage, sanitaires—mais presque rien pour faciliter la vie sociale: peu de lieux de rencontre, de locaux sportifs ou de centres culturels, par exemple, peu de magasins et de cafés, un minimum de transports collectifs.

Au début des années 70 commence une crise économique importante en Occident, avec une montée en flèche du chômage. Celui-ci est aggravé en France par une crise importante dans la sidérurgie (industrie de l'acier) ainsi que dans l'industrie automobile. Les populations des cités, composées en grande partie d'immigrés, sont les plus touchées, et l'écart entre les Français des villes et les "exclus", les "marginaux", les "exilés" des banlieues se creuse de plus en plus. En 1993, les "lois Pasqua" (nommées pour Charles Pasqua, Ministre de l'Intérieur de 1993 à 1995) augmentent le pouvoir de la police, redoublent les contrôles d'immigrés au faciès et rendent plus sévères les lois gouvernant l'immigration, la naturalisation et la résidence d'étrangers en France, ce qui envenime davantage les rapports entre les habitants des cités et les autorités, à commencer par la police. Comme il y a eu plus de trois cents bavures policières mortelles en France entre 1981 et 2005 (Vincendeau, *La Haine* 12), le problème est de taille. Un journaliste n'hésitera pas à traiter *La Haine* de "pamphlet contre les lois Pasqua" (Ferenczi, "La Compétition" 18).

En 1994 environ trois millions de gens vivent dans des banlieues défavorisées, à peu près six pour cent de la population de la France. Le taux de chômage dans les cités les plus touchées est deux fois plus élevé que la moyenne, et parmi les jeunes de dix-huit à vingt-cinq ans, vingt-cinq pour cent sont au chômage, contre moins de quinze pour cent pour la France entière. Malgré ceci, la montée du chômage s'accompagne d'une montée du racisme, les Français de souche s'en prenant aux immigrés pour leur manque d'emplois, confortés dans cette attitude par les positions de l'extrême-droite. Comme le dit Michel Condé dans une étude des banlieues, il en résulte une crise sociale dans les banlieues en difficulté: "dégradation continue de l'habitat, délinquance, trafic de drogue qui offre des ressources illicites à des jeunes sans-emploi, conflits avec la police, querelles de voisinage, multiplication de propos et parfois d'actes racistes, sentiment d'insécurité, etc." (14). Il y a des explosions de violence, des émeutes dans les banlieues de Lyon en 1981 et puis encore en 1990 (Vaulx-en-Velin), à Paris en 1991 (Mantes-la-Jolie) et à Avignon en 1994, où des jeunes brûlent des voitures et pillent des magasins. Comme nous l'avons mentionné ci-dessus, il y a encore des émeutes dans la banlieue parisienne en juin 1995 (après l'incident de Noisy-le-Grand) et encore en juillet, quelques mois à peine après la projection de *La Haine* à Cannes. La tension est forte dans toutes les

banlieues "déshéritées" de France, y compris à Chanteloup-les-Vignes, le lieu du tournage, et les rapports entre les jeunes qui traînent dans les rues et la police de proximité
sont au plus mal. C'est la situation explosive qui existe à l'époque où est située l'action
de *La Haine*.

DOSSIER PÉDAGOGIQUE

Qu'est-ce qui se passe dans ce film?

1. Où se passe l'action de ce film, et à quelle époque?

2. Qui sont les trois personnages principaux du film? Décrivez-les brièvement.

3. Qu'est-ce que Vinz a trouvé la veille pendant les confrontations avec la police?
   Qu'est-ce qu'il menace de faire si leur ami Abdel meurt?

4. Que font les jeunes sur le toit de l'immeuble? Pourquoi y a-t-il une confrontation
   avec la police?

5. Pourquoi les journalistes de la télévision sont-ils venus à la cité? Comment sont-ils
   reçus par les jeunes? Pourquoi Hubert dit-il, "Ce n'est pas Thoiry ici"?

6. Qui est embarqué par la police à l'hôpital? Pourquoi? Où est-ce qu'on l'amène?

7. Dans la séquence du jeune DJ qui fait du "scratching" dans sa chambre, quelle
   sorte de musique joue-t-il? Quel est le thème qui est souligné le plus fortement?

8. Pourquoi les trois amis partent-ils à Paris?

9. Pourquoi y a-t-il un conflit entre Hubert et Vinz dans les toilettes? Qu'est-ce
   que Vinz menace encore une fois de faire?

10. Qu'est-ce qui se passe au commissariat à Paris?

11. Avec qui les trois banlieusards se sont-ils bagarrés dans la rue? Qu'est-ce
    qu'Hubert pousse Vinz à faire? Que fait Vinz finalement?

12. A la fin du film, que fait le policier "Notre Dame", qui avait participé à la confron-
    tation sur le toit de l'immeuble plus tôt dans la journée?

Vrai ou Faux?

Si la phrase est fausse, corrigez-la!

1. "Jusqu'ici tout va bien" est une phrase répétée par un journaliste de la télévision.

2. Les émeutes de la nuit précédente ont été provoquées par une bavure policière.

3. Ce film dure à peu près quarante-huit heures, avec des intertitres qui annoncent
   l'heure de temps en temps.

4. Quand les trois amis vont à l'hôpital voir leur ami Abdel, qui est toujours dans le coma, Vinz porte le revolver du policier caché dans son jean.

5. Le policier beur, Samir, amène Hubert et Vinz au commissariat de police pour les arrêter.

6. Hubert gagne de l'argent en vendant de la drogue, mais il rêve de quitter la cité.

7. Saïd critique sa petite sœur pour son comportement en public; dans sa culture, il a de l'autorité sur elle.

8. Le petit monsieur juif aux toilettes raconte l'histoire de sa déportation en Sibérie.

9. Quand les trois amis sortent de l'immeuble d'Astérix, ils rencontrent des copains avec qui ils vont au cinéma.

10. Quand Vinz apprend la mort d'Abdel à la télévision au Forum des Halles, il abat deux policiers.

11. De retour à la cité, Vinz jette le revolver dans une poubelle.

12. A la fin du film, on entend deux coups de feu, alors on sait que le policier et Hubert ont tous les deux tiré.

Contrôle des connaissances

1. Dans quels films de Jacques Audiard et de Jean-Pierre Jeunet, Mathieu Kassovitz joue-t-il des rôles principaux suivant la sortie de *La Haine*?

2. Où *La Haine* a-t-il été tourné? Pourquoi est-ce que cet endroit a été choisi?

3. Qu'est-ce que Kassovitz et ses trois interprètes ont fait pour rendre plus facile le tournage dans la cité?

4. Quel fait divers réel a inspiré ce film?

5. Pourquoi Kassovitz ne met-il pas de musique d'ambiance dans *La Haine*? Qu'est-ce qui la "remplace"?

6. Quel acteur commence une carrière très importante au cinéma avec son rôle dans *La Haine*?

7. Quelle réception est réservée au film de Kassovitz à Cannes et aux Césars l'année d'après?

8. Qu'est-ce que *L'Avant-Scène Cinéma* dit à propos de *La Haine*?

9. Qu'est-ce que Kassovitz dit au sujet de son film en ce qui concerne la police? Comment modifie-t-il son propos par la suite?

10. Qui habite les banlieues dites "difficiles", les immigrés seulement?

11. Pourquoi a-t-on construit de grandes cités dans les banlieues françaises à partir des années 60?

12. Quel est l'effet du chômage élevé, du racisme et des rapports difficiles avec la police dans les grands ensembles en France? Quel sentiment en résulte? Qu'est-ce qui s'est passé dans certaines banlieues à cause de cette situation, surtout à partir du début des années 90?

Pistes de réflexion et de discussion

1. L'Entrée en matière

Au début du film, en voix *off*, nous entendons Hubert qui dit: "C'est l'histoire d'un mec qui tombe d'un building de cinquante étages. A chaque étage, au fur et à mesure de sa chute, il se répète sans cesse pour se rassurer: 'Jusqu'ici tout va bien, jusqu'ici tout va bien, jusqu'ici tout va bien . . .'. L'important ce n'est pas la chute, c'est l'atterrissage". A la fin du film, la même anecdote sera répétée, en remplaçant "l'histoire d'un homme" par "l'histoire d'une société". **Comment interprétez-vous cette anecdote?**

Pendant toute sa campagne pour les élections présidentielles en 1994 et 1995, Jacques Chirac, le candidat de la droite classique, a parlé de la "fracture sociale". **Comment le film de Kassovitz reflète-t-il ce même thème?**

Kassovitz a dit qu'il voulait que son film soit une "fable", pas une simple histoire spécifique dans une cité spécifique. Que voulait-il dire, à votre avis? Comment est-ce que l'anecdote d'Hubert contribue au côté "fable" du film?

En quoi consiste la première partie du film, avant l'introduction des personnages principaux? *Visionnez toute cette première partie du film* (Extrait 1, 1'40–6'15). **Qu'est-ce que le plan du cocktail Molotov signifie pour vous?** Dans la confrontation entre les jeunes manifestants et la police, y a-t-il un parti-pris quelconque de la part du réalisateur? **Quel peut être le rôle de la chanson de Bob Marley, "Burnin' and Lootin'", par rapport à l'émeute réelle (extrait d'archives) qui se déroule devant le spectateur? Quelle image la télévision donne-t-elle de la banlieue?** Cette représentation peut-elle, elle-même, provoquer de la violence? Comment est-ce qu'elle contribue à la marginalisation de cette population? Est-ce que (plus loin) les journalistes de la télévision sont présentés de manière positive ou négative dans ce film? **Comment expliquez-vous la coupure brutale du reportage à la télévision? A quel regard celui du spectateur est-il assimilé ici?**

2. Le Titre du film

Le titre primitif du film était *Droit de cité*, qui a été remplacé ultérieurement par *La Haine*. Pourquoi, à votre avis? Quel sens peut-on donner à "la haine" dans ce film? **Quel rapport y a-t-il entre "droit de cité" et la banlieue?** (Cherchez l'expression "au ban de la société", qui est à l'origine du mot "banlieue".)

3. Les Personnages

✦ Les Trois amis de la cité des Muguets

Pourquoi, à votre avis, Kassovitz a-t-il choisi de représenter un Juif (Vinz), un Beur (Saïd) et un Noir (Hubert)—ou, autrement dit, un trio "black-blanc-beur"? Dans les films américains sur les ghettos urbains, le racisme contre les Noirs est un thème majeur. **Est-ce que le racisme est le problème principal dans *La Haine*?** Expliquez votre réponse.

Pourquoi le réalisateur a-t-il choisi de faire incarner la haine la plus virulente par le Juif blanc? **En quoi consiste l'opposition entre Vinz et Hubert? Quel est le rôle de Saïd dans ce contexte?**

On voit peu l'environnement familial des trois amis dans le film. A part les mères et les sœurs de Vinz et d'Hubert, il n'y a presque pas de femmes dans *La Haine*, et surtout pas dans des rôles importants. **Pourquoi, à votre avis?** Et comment expliquez-vous l'absence de pères? **Quelle en est la conséquence pour les jeunes gens de la cité?**

✦ Vinz et "Taxi Driver"

Quand Vinz se parle dans la glace—"C'est à moi que tu parles?"—il imite Travis Bickle (Robert de Niro) dans une scène célèbre de *Taxi Driver* de Martin Scorsese (1976). **Quel sens donnez-vous à cette scène? Que nous dit-elle sur le caractère de Vinz?**

✦ Samir, le policier beur

Pourquoi Kassovitz a-t-il mis un policier beur dans son film? Ce policier joue-t-il un rôle positif ou négatif? Que répond Hubert lorsque Samir lui dit (dans la voiture en route pour le commissariat), "Les flics dans la rue sont là pour vous protéger"? Que répond Saïd lorsque Samir dit au trio (en sortant du commissariat), "Un jeune flic qui débute plein de bonne volonté, il tient pas plus d'un mois"? **Que démontrent ces répliques?**

4. Le "Flingue" du policier perdu pendant l'émeute

Quel est l'effet dans le film du revolver Smith and Wesson 44 Magnum que Vinz a récupéré pendant l'émeute de la nuit précédente? Kassovitz a dit dans une interview que tout le film est construit autour de cette arme. Qu'en pensez-vous? Par ailleurs, est-ce que **le symbolisme freudien (phallique) d'un pistolet**, bien connu, est important ici? Est-ce que la masculinité des jeunes des banlieues est mise en cause dans ce film? Expliquez.

5. La Technique: quelques scènes clés

La caméra de Kassovitz est parfois très mobile (panoramiques et travellings), souvent tenue à la main, parfois statique, avec de longs plans fixes. Il y a beaucoup de gros plans, surtout sur les visages du jeune trio, mais aussi beaucoup de plans d'ensemble où les jeunes s'éloignent de la caméra, qui ne bouge pas. Comment expliquez-vous ces choix techniques de Kassovitz? **Quel est l'effet des mouvements rapides d'appareil, surtout en gros plan?** En général, à quels moments du film interviennent-ils?

Visionnez la première séquence du film où Saïd se trouve face aux policiers debout devant leurs camions (Extrait 2, 6'18–7'32). Décrivez la manière dont Kassovitz filme Saïd, puis la police. De quel point de vue est-ce que nous voyons la police? Comment le point de vue se modifie-t-il à la fin de cette séquence? Quel effet a-t-il sur la position du spectateur? Quelle est la fonction du tag de Saïd ici?

Visionnez la séquence où Samir, le policier beur, amène Hubert et Vinz au commissariat de police pour récupérer Saïd (Extrait 3, 32'30–34'25). Qu'est-ce qui frappe dans la manière de filmer cette scène, à commencer par l'arrivée dans la voiture? Kassovitz aime beaucoup les plans-séquences (des séquences entières sans coupures), c'est-à-dire qu'il préfère la mise en scène au montage. **Décrivez le plan-séquence qui est tourné à l'intérieur du commissariat et l'effet que le réalisateur essaie de produire.**

Visionnez les deux séquences où les policiers arrêtent le frère d'Abdel, qui avait tiré sur eux, et où ils poursuivent les jeunes dans les sous-sols de la cité (Extrait 4, 48'08–49'50). Commentez la durée et la grosseur des plans et le montage de cette séquence.

6. La Séquence du "scratching" et de l'hélicoptère

Cette scène dans la cour de la cité commence dans la chambre d'Hubert qui fume de l'herbe, pour passer ensuite dans la chambre du DJ qui fait du scratching, une technique de la musique hip-hop. *Visionnez cette séquence* (Extrait 5, 40'45–43'23). **Tâchez d'interpréter ce qui se passe ici. Qu'est-ce qui est représenté?** Avons-nous affaire à une image de la réalité ou à une vision "poétique"? Toutes les deux? Comment comprenez-vous le mélange d'**Edith Piaf** (une chanteuse française célèbre des années 40 et 50) et de **Suprême NTM**, avec sa rhétorique anti-police ("Nique la police")? Quelle opposition culturelle peut-on voir ici? Quel rapport y a-t-il entre la musique et le travelling aérien?

7. L'Arrivée à Paris

Quand les trois garçons arrivent à Paris, on les retrouve subitement sur la terrasse de la gare Montparnasse surplombant un grand boulevard de Paris (la rue de Rennes). La caméra effectue ce qu'on appelle un **travelling compensé** qui est composé d'un travelling arrière conjugué à un zoom avant. *Visionnez cette courte scène* (Extrait 6, 50'40–51'20). Remarquez que le travelling compensé par le zoom conserve la mise au point sur le trio tandis que l'arrière-plan (Paris) devient flou. **Quelle impression Kassovitz veut-il produire ici?** Ici, comme ailleurs dans le film, l'esthétique prend le pas sur le réalisme; pourquoi le réalisateur fait-il ce choix, à votre avis?

Le prétexte du voyage à Paris, c'est que quelqu'un (Astérix) doit de l'argent à Saïd. Etait-ce la vraie raison de l'épisode parisien? **Pourquoi Kassovitz a-t-il situé la moitié de l'action du film à Paris?**

8. La Scène des toilettes à Paris

Il y a plusieurs scènes avec des glaces dans *La Haine*. Commentez le jeu des miroirs qui fragmentent l'image dans la scène des toilettes à Paris. **Qu'est-ce que ce jeu "reflète" en ce qui concerne les rapports entre Hubert et Vinz ici?** Que répond celui-ci quand Hubert lui dit, "S'il y a un truc que l'histoire nous a appris, c'est que la haine attire la haine"? Qu'est-ce que "la rue" a appris à Vinz? *Visionnez cette scène* (Extrait 7, 51'21–53'56).

Dans cette même séquence, un petit vieux juif raconte l'histoire de son ami Grunwalski, qui meurt de froid en route pour l'exil en Sibérie à l'époque des goulags de Staline. Les trois amis se regardent médusés, et Saïd demande deux fois, "Mais pourquoi il nous a raconté ça?" Saïd sert ici, évidemment, de porte-parole du spectateur, qui doit se poser la même question. **Quelle réponse pourriez-vous suggérer? Quel est le propos de Kassovitz ici?** Pourquoi évoque-t-il le thème de l'exil? Y a-t-il un rapport entre le train que manque Grunwalski et le train de banlieue que manquent plus tard les trois protagonistes?

9. *Dans le commissariat de police à Paris*

A quoi sert la scène où les deux policiers insultent et torturent Hubert et Saïd dans le commissariat? Est-ce que le racisme est en jeu dans cette scène? Quelle importance faut-il donner au fait qu'un des policiers qui maltraitent les deux amis est un Beur lui-même (joué par un acteur beur bien connu en France, Zinedine Soualem)? **Quelle est l'attitude du jeune policier qui les regarde faire?** Pensez-vous qu'il va démissionner de la police? Qu'est-ce que l'avenir lui réserve, selon vous?

10. *La Scène du vernissage à la galerie d'art* → Dothis

Quelle image cette scène donne-t-elle des trois banlieusards? Qu'est-ce qu'elle démontre? Pourquoi, selon vous, Kassovitz l'a-t-il mise dans son film? *Visionnez cette séquence* (Extrait 8, 1h15'51–1h19'45).

11. *La Violence*

Il est clair que la violence est un des thèmes les plus importants de *La Haine*. **S'agit-il uniquement des rapports violents entre les jeunes des banlieues et la police?** Commentez, dans ce contexte, ce qui se passe dans l'appartement d'Astérix à Paris, ainsi que l'épisode avec les skins.

Comment, dans l'esprit des jeunes des banlieues, la violence peut-elle servir de recours contre les abus policiers et l'injustice sociale dans *La Haine*? **Comment le rapport réel de Vinz avec la violence est-il suggéré dans la scène de la boîte de nuit**, où son copain noir tire un coup de feu sur le videur à travers le judas de la porte? Cette scène est-elle "réelle" ou est-ce un fantasme (cauchemardesque) de Vinz? *Visionnez cette scène* (Extrait 9, 1h12'24–1h13'12).

Comment le caractère de Vinz devient-il encore plus clair à cet égard dans la scène du Forum des Halles, où Vinz apprend la mort d'Abdel à la télévision, et, surtout, dans celle où Hubert le pousse à brûler la cervelle au skin (joué par Kassovitz)? *Visionnez la scène du Forum des Halles* (Extrait 10, 1h29'46–1h31'18). Commentez sa signification.

12. *Le Style*

+ *Le Noir et blanc*

En 1995 on ne fait presque plus de films en noir et blanc. **Pourquoi pensez-vous que Kassovitz ait préféré le noir et blanc à la couleur pour ce film?** Quel en est l'effet sur le spectateur (sur vous)? Qu'est-ce que le noir et blanc peut évoquer, dans le domaine audio-visuel—et dans le domaine du cinéma? Est-ce pertinent ici? En fait, la couleur est plus "réaliste", plus "naturelle" que le noir et blanc, bien que le noir et blanc puisse faire "réel" également. **Pourquoi Kassovitz aurait-il voulu que son film soit réaliste tout en**

prenant ses distances avec le réalisme? Y a-t-il d'autres éléments stylistiques dans le film qui vont à l'encontre du réalisme?

✦ *L'Affichage de l'heure*

Nous voyons, à intervalles irréguliers, des intertitres accompagnés d'un "tic-tac" prononcé qui indiquent l'heure tout au long du film, dont l'action dure vingt-quatre heures. **Quel est l'effet sur le spectateur de cet affichage de l'heure? Qu'est-ce que le "tic-tac" peut évoquer?** Une tragédie française classique, comme celles de Racine, par exemple, dure toujours vingt-quatre heures. Pensez-vous que ce soit pertinent ici?

13. *Le Rôle du langage*

Les jeunes des cités emploient souvent le verlan, une forme d'argot, dans leurs discours. **Le mot "verlan" vient de "l'envers", parce que les syllabes ou les consonnes sont renversées.** Un flic devient un "keuf", un mec un "keum", un Juif un "feuj", un Black un "keubla" et un Arabe un "Beur". Bête devient "teubé", dégage "gagedé", copains "paincos", pourris "ripoux", racaille "caillera", cité "téci", etc. Le verlan a été tellement banalisé que "beur" est devenu "rebeu" pour certains, du verlan à l'envers! (Voir **La Langue dans *L'Esquive*,** Chapitre 8, pour un exposé plus approfondi sur le verlan.)

   Si l'on considère les rapports entre les banlieusards et les membres de la culture dominante, quel peut être le rôle du verlan dans la culture des cités? En tant que "langue étrangère", comment le verlan contribue-t-il à l'image de la banlieue pour les Français de la ville? **Verlan ou pas, quel rôle joue le langage en tant que tel dans l'existence quotidienne des jeunes de la cité?**

14. *L'Humour*

Sous quelles formes est-ce que l'humour apparaît dans ce film? **Quel rôle joue-t-il dans la vie des jeunes de la cité, selon vous? Quel personnage surtout, parmi les trois "paincos", est associé à l'humour dans le film?** Pourquoi celui-ci? **Que faut-il penser de la scène plutôt surréaliste où Vinz "voit" une vache dans la cité (la même vache qu'il croit avoir entrevue pendant les émeutes de la veille)?** Le metteur-en-scène a expliqué que la vache était un hommage à son grand-père anarchiste (le slogan des anarchistes étant "Mort aux vaches", les "vaches" étant les policiers), mais **l'apparition de la vache peut-elle se prêter à d'autres interprétations?**

15. *Le Dénouement*

Visionnez la dernière séquence du film (Extrait 11, 1h35'19–1h37'47). **En quoi le dénouement du film est-il ironique?** Comment change-t-il les positions respectives de Vinz et d'Hubert dans le film? On n'entend qu'une seule détonation, alors seule une personne a tiré. **Qui, à votre avis?** Saïd ferme les yeux juste avant qu'on n'entende partir le coup. Pourquoi? Comment est-ce que cela ferme la boucle du film? Est-il important que le dénouement se passe sous un grand portrait du célèbre poète français Charles Baudelaire?

   Un critique a écrit que le dénouement du film est une "fin qui ressemble fort à un appel à l'insurrection des banlieues contre la gente flic" (Jousse, "Prose combat" 35), et la presse a suggéré par la suite que les émeutes du 8–9 juin 1995 à Noisy-le-Grand avaient été inspirées par *La Haine* ("Noisy-la-haine"). . . . Un autre commentateur a ajouté que le film de Kassovitz risquait de conforter les jeunes dans leur perception de leur situation vis-à-vis de la police (Condé 23). **Pensez-vous que le dénouement soit une justification de l'emploi de la violence par les jeunes des banlieues?**

Comme nous avons vu plus haut, pour certains Français les jeunes marginaux des banlieues sont tout simplement "une classe dangereuse", "un danger virtuel pour la société française, à laquelle ils ne s'intègrent pas" (Plunkett 19). Qu'en pensez-vous? **Si c'est le cas, qu'est-ce qu'il faut faire?** Renforcer les mesures de sécurité dans les banlieues? Rechercher des moyens plus efficaces pour intégrer les populations des banlieues à la société française? Si c'est votre avis, **quels moyens proposez-vous?**

Filmographie de Mathieu Kassovitz

1991   *Cauchemar blanc (court métrage)*
1993   *Métisse / Café au lait*
1997   *Assassin(s)*
2000   *Les Rivières pourpres*
2003   *Gothika*
2008   *Babylon A.D.*
2011   *Rebellion*

Œuvres consultées

Baignères, Claude. "Une vérité qui fait mal". *Le Figaro* 29 mai 1995: sans pagination.

Bernard, Jean-Jacques. "Les Enfants de *La Haine*". *Première* (juin 1995): 104–13.

Bosséno, Christian. "Immigrant Cinema: National Cinema. The case of beur film". *Popular European Cinema* (1992): 47–57.

Boulay, Anne. "Vincent à tout Cassel". *Libération* 29 mai 1995: sans pagination.

———, et Marie Colmant. "*La Haine* ne nous appartient plus". *Libération* 31 mai 1995: sans pagination.

Bourguignon, Thomas, et Yann Tobin. "Entretien avec Mathieu Kassovitz". *Positif* 412 (juin 1995): 8–13.

Campion, Alexis. "*La Haine*, la tournée". *Le Journal du dimanche* 12 nov. 1995: sans pagination.

Celmar, Rep, et David Dufresne. "De la Croisette à La Villette, *La Haine* navigue". *Libération* 5 juin 1995: sans pagination.

Chemineau, Sophie. "*La Haine*, chronique d'une errance en noir et blanc". *La Tribune Desfossés* 31 mai 1995: sans pagination.

Condé, Michel. *La Haine, un film de Mathieu Kassovitz*. Liège, Belgique: Le Centre Culturel des Grignoux et le centre de documentation du C. T. L., 1996.

Darke, Chris. "La Haine". *Sight and Sound* 5.11 (nov. 1995): 43.

De Bruyn, Olivier. "Trois garçons dans le vent". *Les Inrockuptibles* 31 mai 1995: 16.

Favier, Gilles, et Mathieu Kassovitz. *Jusqu'ici tout va bien . . . Scénario et photographies autour du film "La Haine". Un film de Mathieu Kassovitz*. Paris: Actes Sud, 1995.

Ferenczi, Aurélien. "La Compétition Made in France". *InfoMatin* 29 mai 1995: 18.

———. "Kassovitz: 'Je ne veux pas qu'on trouve mon film sympa . . .'". *InfoMatin* 31 mai 1995: sans pagination.

Higbee, Will. "The Return of the Political, or Designer Visions of Exclusion? The Case for Mathieu Kassovitz's 'Fracture Sociale' Trilogy". *Studies in French Cinema* 5.2 (2005): 123–35. <www.tandfonline.com/doi/abs/10.1386/sfci.5.2.123/1>

———. "Screening the 'Other' Paris: Cinematic Representations of the French Urban Periphery in *La Haine* and *Ma 6-T va crack-er*". *Modern and Contemporary France* 9.2 (2001): 197–208. <dx.doi.org/10.1080/09639480120040851>

Jousse, Thierry. "Prose combat". *Cahiers du cinéma* 492 (juin 1995): 32–35.

Kassovitz, Mathieu, réal. *La Haine*. Criterion Collection, 2007. Bonus: Interviews avec le réalisateur, le producteur, le chef-opérateur, les acteurs, etc.

Konstantarakos, Myrto. "Which Mapping of the City? *La Haine* (Kassovitz, 1995) and the *Cinéma de banlieue*". *French Cinéma in the 1990s. Continuity and Difference*. Ed. Phil Powrie. Oxford, UK: Oxford UP, 1999. 160–71.

Le Leurch, Vincent. "Pastaga [pagaille] sur la Canebière". *Télérama* 28 juin 1995: sans pagination.

Levieux, Michèle. "Mathieu Kassovitz: le noir et blanc draine plus de réalisme". *L'Humanité* 29 mai 1995: 20.

"Mathieu Kassovitz". *Positif* 412 (juin 1995): 4–13.

Murat, Pierre. "La Haine". *Télérama* 31 mai 1995: 40–42.

"Noisy-la-haine". *France-Soir* 9 juin 1995. Sans pagination.

Oscherwitz, Dayna. "La Haine/Hate". *The Cinema of France*. Ed. Phil Powrie. London: Wallflower, 2006. 237–46.

Pantel, Monique. "Kassovitz le surdoué". *France Soir* 26 mai 1995: sans pagination.

Perron, Bernard. "Chute libre". *Cinébulles* 14.3 (automne 1995): 10–11.

Plunkett, Patrice de. "*La Haine*, la France et les municipales". *Le Figaro Magazine* 10 juin 1995: 19.

Reader, Keith. "After the Riot". *Sight and Sound* 5.11 (nov. 1995): 12–14.

Rebouillon, Lawrence. "*La Haine* de Mathieu Kassovitz". *L'Avant-Scène Cinéma* 445 (oct. 1995): 128.

Remy, Vincent. "Ce n'est pas interdit de parler aux mecs des banlieues". *Télérama* 31 mai 1995: 42–46.

Reynaud, Bérénice. "Le 'Hood'. *Hate* and Its Neighbors". *Film Comment* 32.2 (mars–avr. 1996): 54–58.

Riou, Alain. "Tout est clair, rien n'est simple". *Le Nouvel Observateur* 25–31 mai 1995: sans pagination.

Sadock, Johann. "L'Origine dévoilée du discours sur la violence et sur les relations inter-ethniques dans le cinéma de Kassovitz". *Contemporary French and Francophone Studies* 8.1 (2004): 63–73.

Séguret, Olivier. "M. ta n.". *Libération* 29 mai 1995: sans pagination.

Sharma, Sanjay, et Ashwani Sharma. "So far so good . . . : *La Haine* and the Poetics of the Everyday". *Theory, Culture & Society* 17.3 (2000): 103–16.

Sibony, Daniel. "Exclusion intrinsèque. A propos de *La Haine*". *Cahiers du cinéma* 493 (juill.–août 1995): 30–31.

"Spécial Cannes 1995. Kassovitz et le droit des cités". *L'Express* 11 mai 1995: 140–42.

Tarr, Carrie. "Ethnicity and Identity in the *cinéma de banlieue*. *French Cinéma in the 1990s. Continuity and Difference*. Ed. Phil Powrie. Oxford: Oxford UP, 1999. 172–84.

Toubiana, Serge. "L'Effet 'Itinéris'". *Cahiers du cinéma* 493 (juill.-août 1995): 32–33.

Tranchant, Marie-Noëlle. "Mathieu Kassovitz: le discours armé". *Le Figaro* 27 mai 1995: sans pagination.

Vassé, Claire. "*La Haine*. Un regard métisse". *Positif* 412 (juin 1995): 6–7.

Vindendeau, Ginette. "Designs on the *Banlieue*. Mathieu Kassovitz's *La Haine* (1995)". *French Film: Texts and Contexts*. Ed. Susan Hayward et Ginette Vincendeau. London: Routledge, 2000. 310–27.

———. *La Haine [Hate]. (Mathieu Kassovitz 1995)*. London: I. B. Tauris: 2005.

Zisserman, K., et C. Nettlebeck. "Social Exclusion and Artistic Inclusiveness: The Quest for Integrity in Mathieu Kassovitz's *La Haine*". *Nottingham French Studies* 36 (1997): 83–98.

Bruno Dumont

La Vie de Jésus

(1997)

Bruno Dumont, *La Vie de Jésus*: Freddy (David Douche) et sa bande d'amis glandent devant la mairie: rien à faire.

Réalisation . . . . Bruno Dumont
Scénario . . . . Bruno Dumont
Directeur de la photographie. . . . . Philippe Van Leeuw
Son . . . . Eric Rophe, Mathieu Imbert, Olivier de Nesles
Musique . . . . Richard Cuvillier
Montage . . . . Guy Lecorne, Yves Deschamps
Décors. . . . . Frédérique Suchet
Costumes . . . . Nathalie Raoul, Isabelle Sanchez
Scriptes. . . . . Virginie Barbay, Isabelle Le Grix
Production . . . . .Jean Bréhat, Rachid Bouchareb
Durée 1h36

Distribution

David Douche (*Freddy*), Marjorie Cottreel (*Marie*), Geneviève Cottreel (*Yvette, la mère de Freddy*), Kader Chaatouf (*Kader*), Sébastien Delbaere (*Gégé*), Sébastien Bailleul (*Quinquin*), Samuel Boidin (*Michou*), Steve Smagghe (*Robert*)

Synopsis

Freddy, un jeune chômeur de vingt ans, vit à Bailleul, une petite ville grise et morne des Flandres françaises, où lui et ses copains passent leur temps à glander, sillonnant les routes de campagne et les rues de la ville sur leurs mobylettes, qu'ils ont trafiquées pour atteindre un maximum de puissance. Souffrant de crises d'épilepsie, Freddy vit toujours avec sa maman, qui tient un petit café peu fréquenté, et ne fait aucun effort pour trouver du travail. A part ses virées à mobylette, seuls l'intéressent son amie Marie, avec qui il fait fréquemment l'amour, son pinson qu'il entraîne à chanter pour participer à des concours de trille et la fanfare de la ville où, comme ses copains, il joue du tambour.

Désœuvrés et complètement inconscients, Freddy et sa bande de laissés-pour-compte trompent l'ennui un jour en molestant sexuellement l'une des majorettes de la fanfare. Par ailleurs, frustrés par une vie sans avenir, ils trouvent un exutoire dans le racisme, qu'ils exercent en harcelant une famille maghrébine de la ville. Un jour, Kader, le fils de cette famille, commence à tourner autour de Marie, qui repousse ses avances. Mis au courant, Freddy cherche l'occasion de se venger . . .

Le Réalisateur

Né le 4 mars 1958 à Bailleul dans les Flandres françaises (Nord-Pas-de-Calais), fils d'un médecin généraliste, Bruno Dumont s'intéresse très jeune au cinéma. Ayant raté le concours d'entrée de l'IDHEC (Institut des Hautes Etudes Cinématographiques) en sortant du lycée, il fait une maîtrise de philosophie (avec un mémoire sur l'esthétique du cinéma) à la Sorbonne. Il décroche un poste de professeur de philosophie dans un lycée de Lille, qu'il va bientôt quitter pour enseigner la culture générale et l'expression française à des élèves qui préparent un BTS (Brevet de Technicien Supérieur, un cycle court de deux ans après le bac), population estudiantine avec laquelle il a plus d'affinités.

En même temps, Dumont commence à réaliser des films d'entreprise et d'autres publicités—une quarantaine en dix ans—qui le rompent au métier de cinéaste. Les films industriels, nous dit-il, sont "une manière très concrète de toucher au cinéma", et "même en filmant une fabrique de bonbons, j'arrivais à créer de l'émotion, à amener les directeurs du marketing à s'extasier sur une machine. Cette expérience m'a donc appris à filmer des petites choses, des riens et pas forcément des scripts et des événements extraordinaires" (Garbarz, "*L'Humanité*" 12). Rétrospectivement, il s'estime heureux de ne pas être passé par l'IDHEC, puisque, selon lui, cette école ne donne qu'une formation technique et qu'"un cinéaste est d'abord et avant tout un intellectuel, quelqu'un qui a un regard sur le monde, sur les autres et qui tente, par le cinéma, de rendre ce qu'il ressent" (Lavoie 19). Ses études de philosophie lui ont appris à mieux regarder le monde, bien qu'il se défende de faire des films "intellectuels". Ce qu'il veut faire, dit-il, ce sont des films profonds mais simples: "On atteint les choses les plus profondes en passant par une histoire toute simple. La démarche de l'artiste, c'est de donner une forme à la quête de l'universel. Ce qui m'intéresse, c'est de descendre dans la nature humaine et de toucher au fond si possible" (Boulay). Pour sonder la nature humaine, il ne trouve rien de mieux que la campagne désolée où il a grandi, un milieu dont l'accès n'est pas encombré, ajoute-t-il, par "le vernis de la culture" qu'on trouve dans les grandes villes.

C'est à Bailleul, la petite ville où il est né, que se situe l'action de ses premiers films, *La Vie de Jésus* et *L'Humanité* (1999). Ce deuxième film ne fait que renchérir sur ses thèmes préférés, à savoir la difficulté des rapports humains, le côté animal, brutal, des hommes en matière de sexualité, le mal-vivre général. Malgré son caractère choquant, *L'Humanité* obtient le Grand Prix du Jury à Cannes ainsi qu'une nomination pour la Palme d'or et des prix d'interprétation pour ses deux vedettes, de simples habitants de Bailleul. Quatre ans plus tard, comme pour démontrer sa thèse que "nous sommes tous des crapules en proie à des pulsions bizarres" ("Dumont"), Dumont sort *Twentynine Palms* (2003), qui pousse la violence, sexuelle et autre, au paroxysme. Ce film très controversé sera suivi de *Flandres* (2006), un film de guerre qui, comme *L'Humanité*, gagne le Grand Prix du Jury et une nomination pour la Palme d'or. Dans *Hadewijch* (2009), où une jeune nonne aspirante se laisse amener au terrorisme par un groupe de djihadistes musulmans, Dumont nous offre une fable sur le fanatisme religieux, qu'il soit chrétien ou islamique. Dans *Hors Satan* (2011), il présente une espèce de parabole qui porte une fois de plus sur les relations humaines, l'existence du bien et du mal dans le monde, la violence et la spiritualité. Dans son tout dernier film, pourtant, *Camille Claudel 1915* (2013), il change complètement de sujet, nous proposant un portrait intime et intense des dernières années de la célèbre sculptrice (incarnée par Juliette Binoche), qu'elle passe enfermée dans un asile d'aliénés.

La Genèse et la réalisation

Très attiré par la peinture qui représente la vie des gens humbles de la campagne, tels certains paysages de Braque comme *Les Champs, ciel bas* (1956) ou *La Charrue* (1960), Dumont décide de faire un film très terre à terre pour son premier long métrage, "un film aussi simple que possible, très physique et très dépouillé" (Frodon, "Il faut" 32). Ce sera un film sur la vie des jeunes de Bailleul, la petite ville où il a grandi, près de Lille. Sa décision est motivée en particulier par son expérience de professeur de lycée, son contact avec des élèves à horizons modestes chez qui il avait remarqué des attitudes racistes et une certaine imperméabilité aux discours moralisants: "J'ai voulu me mettre face à la vie, à la douleur et à la misère de ces jeunes, que les adultes ont quasiment abandonnés, et qui n'ont plus aucun point de repère" (Royer). Il s'intéresse "aux gens simples, en prise directe avec la vie et les problèmes de la société actuelle—chômage, insécurité, désœuvrement, violence, sexe, sida, racisme" (Baudin), mais son vrai propos, précise-t-il, c'est la nature humaine plutôt que le contexte social.

En fait, Dumont voulait, à l'origine, faire un film sur la vie du Christ, inspiré par la célèbre œuvre du philologue Ernest Renan, *Histoire des origines du christianisme* (1864), où Jésus est présenté comme un simple être humain avec ses tares et ses vertus, comme tout le monde. Dumont a reçu une éducation catholique chez les pères salésiens et les jésuites, et bien que, de son propre aveu, il ne soit pas croyant, il est fasciné par le personnage du Christ et ses diverses représentations. Il a été frappé par le désintérêt total de ses jeunes élèves pour le Christ et toute son histoire, et il a eu envie de leur montrer que l'histoire du Christ et sa signification restaient pourtant très pertinentes dans le monde actuel: "J'ai voulu faire ce film pour eux, pour leur montrer ce qui me semble magnifique et fort dans le christianisme: c'est-à-dire l'homme" (Danel).

Dumont a conçu son film comme "une version contemporaine de l'histoire du Christ" (Frodon, "Il faut" 32). "Ce n'est pas ce qui s'est passé il y a 2000 ans qui m'intéresse mais ce qui se passe maintenant", dit-il. "Je tente de trouver une résonance contemporaine de son enseignement" (Lavoie 19). Il a raconté une histoire située dans un endroit qu'il connaissait bien, Bailleul, avec des personnages qui ressemblaient à ses élèves.

Si Dumont tourne son film à Bailleul, c'est aussi parce qu'il est séduit par la topographie du pays où il est né: "Je trouve que le paysage des Flandres est à la fois grand, plat, puissant et humble. Il renvoie l'homme à ce qu'il est" (Lavoie 20). Il y a pour lui un rapport tellement intime entre l'homme et le paysage que le cinéaste tourne son film en Cinémascope pour pouvoir mieux inscrire ses personnages dans leur milieu physique: "Le scope est un format délicat dans la mesure où énormément de choses viennent se loger dans l'image [. . .]. Quel que soit l'angle, le décor est toujours présent, on ne peut en abstraire les personnages. Le scope me contraint à toujours garder une harmonie entre les personnages et les paysages" (Garbarz, "*L'Humanité*" 12). Ses personnages parlent peu, explique-t-il, parce que le paysage joue un rôle prépondérant dans la compréhension des émotions. Il essaie de travailler comme un artiste, c'est-à-dire, de photographier des paysages qui servent à exprimer les émotions de ses personnages (Peranson et Picard 70).

Pour présenter des images aussi dépouillées que possible, il cadre systématiquement ses personnages "au centre de l'image, de face, pour éviter tout effet de style" (Frodon, "Il faut" 32). Pour renforcer l'austérité de son film—à la manière de Robert Bresson, qu'il admirait beaucoup—il refuse toute utilisation de musique d'ambiance: "Pour moi, le cinéma, c'est du rythme et de la mélodie, et remettre de la musique par-dessus ne veut rien dire. Quand je monte un film, avec les voix et les bruits, je suis déjà en recherche d'harmonie" (Garbarz, "*L'Humanité*" 12). C'est un film, d'ailleurs, où le silence domine, en dépit du bruit assourdissant des moteurs des mobylettes de la bande de Freddy, et surtout quand les garçons se trouvent ensemble sans rien à faire et rien à se dire, et pendant les scènes d'intimité entre Freddy et Marie, toujours muettes.

Les Interprètes

Pour trouver ses acteurs, Dumont a mis des affiches un peu partout à Bailleul, sans succès d'abord. Il a cherché pendant dix mois avant de trouver ses interprètes . . . dans le fichier-emploi (liste des chômeurs) de la mairie. On parle souvent de la qualité de la composition d'un acteur. Dumont, lui, ne veut pas de comédiens professionnels qui composent un personnage. Comme Bresson, il veut comme interprète quelqu'un qui *soit* le personnage, qui soit lui-même quand il joue. "Quand j'ai choisi David Douche pour jouer Freddy", dit-il, "c'est lui que je voulais. Je voulais filmer son corps, ses regards [. . .]. Il ne s'agissait pas de lui donner l'occasion 'd'inventer' un personnage puisqu'il n'est pas comédien. Par contre, quelque chose qu'il fait très bien, c'est lui" (Lavoie 21). Dumont ne donne même pas le texte aux acteurs à l'avance. Le matin du tournage, il leur explique la scène dans laquelle ils vont jouer, ce qu'ils vont dire ou répondre, les gestes qu'ils doivent faire. Il les fait répéter une ou deux fois, juste pour voir comment ils se comportent, puis il filme.

L'emploi d'acteurs non professionnels fait partie de la conception même que Dumont se fait du cinéma. Il refuse aussi de tourner sur des plateaux de studios, préférant travailler toujours en extérieurs. Il précise qu'il filme des arbres avec de vrais arbres, des maisons avec de vraies maisons, et qu'il filme de vraies gens. Ça, explique-t-il, c'est la même chose (Peranson et Picard 70–71). Dans la même logique, et à l'encontre de Bresson, Dumont ne fait pas de postsynchronisation de ses films; il enregistre les voix en son synchrone (en même temps qu'il tourne les images) et ne reconstitue pas artificiellement la bande-son par la suite. Le procédé de Dumont quant au rapport entre un interprète et le personnage qu'il incarne va ainsi à l'encontre de l'approche habituelle: "D'habitude, on prend un comédien et on le tire vers le personnage, moi j'ai fait le contraire. Du coup, il y a un jeu subtil entre la fiction et le personnage. David Douche qui joue Freddy doit avoir du mal à regarder le film, parce que c'est lui. Mais en même temps, ça n'est pas lui, puisque je l'emmène dans la fiction" (Boulay). Par contre, pour les scènes sexuelles du film, Dumont utilise des doublures à la place de ses interprètes non professionnels, ce qu'il prend soin de mentionner dans le générique de fin, et ceci dans l'intérêt des comédiens: "Je l'ai fait pour eux, pour leur vie, pour leur entourage" (Garbarz, *L'Humanité* 12). La mère de Marjorie Cottreel (Marie), qui joue le rôle de la mère de Freddy, raconte en effet que sa fille a été sévèrement critiquée par des gens de sa connaissance pour les scènes d'intimité dans le film. . . .

Bien des critiques n'ont pas manqué d'évoquer la parenté entre Dumont et Robert Bresson, qui, lui aussi, pratiquait un cinéma très dépouillé, très austère, et rejetait les comédiens professionnels en faveur d'interprètes sans expérience—qu'il traitait de "modèles", puisqu'il les formait comme s'ils étaient de la pâte à modeler pour obtenir la prestation précise qu'il cherchait. Contrairement à Bresson, cependant, qui réduisait ses interprètes à néant pour les reconstruire à son gré, Dumont ne tyrannise pas les siens. Comme il les choisit pour ce qu'ils sont, il respecte leur individualité, dit-il, et tient compte de leurs réactions: "Si l'un d'eux me disait 'ça, je ne peux pas le dire, c'est idiot, je ne le dirais jamais comme ça dans la vie', j'en tenais compte, et on changeait le texte ensemble. Ma seule préoccupation était leur justesse" (Danel). Et encore, sur le plan du tournage, loin d'émuler Bresson, qui faisait souvent des douzaines de prises pour les plans les plus simples, Dumont n'a jamais eu besoin, nous dit-il, d'en tourner plus de deux (Campion), persuadé d'ailleurs qu'il obtenait ainsi un maximum d'authenticité et de vérité. Les résultats sont probants. Un critique trouve les acteurs "incroyablement justes et troublants" malgré le fait qu'ils sont tous débutants (Campion), et les trois protagonistes, David Douche, Marjorie Cottreel et Kader Chaatouf, ont tous obtenu des prix d'interprétation dans des festivals internationaux.

La Réception

La Vie de Jésus a reçu le Prix Jean Vigo, attribué chaque année à un réalisateur français distingué pour "l'indépendance de son esprit et la qualité de sa réalisation", ainsi qu'une mention spéciale pour la Caméra d'or au Festival de Cannes. Il connaît aussi un grand succès dans des festivals de films à travers le monde—Londres, Avignon, Edinbourg, Chicago, Alexandria, São Paulo, Valence (en Espagne), entre autres—où il obtient quinze prix et plusieurs nominations. Il sortira sur les écrans le 4 juin 1997, en distribution limitée à cause de son budget relativement modeste (8,4 millions de francs—environ 1,44 millions de dollars à l'époque).

Malgré quelques réserves sur le titre du film, la critique se montre dans l'ensemble très favorable. On évoque des parentés non seulement avec Bresson, mais aussi avec Maurice Pialat et Pier Paolo Pasolini, des comparaisons très flatteuses pour un cinéaste qui vient de sortir son premier long métrage. L'un des commentateurs remarque que "*La Vie de Jésus* [...] est l'une des meilleures illustrations du renouvellement du cinéma français" (Frodon, "A bras" 32), un autre que "*La Vie de Jésus* reste malgré tout une expérience de cinéma intense et véritablement poignante, pour le spectateur qui accepte de se laisser entraîner dans la tragique réalité de cet univers" (Sivan). Et Marine Landrot de renchérir:

> En plans courts et denses comme des soupirs en musique, Bruno Dumont parvient à capter l'interminable [...]. Avec une précision de médecin-réanimateur, il nourrit ses images de l'énergie que les enfants de Bailleul déploient pour meubler l'attente. Cela donne des séquences d'une beauté poignante, composées comme des tableaux de Magritte, avec ce mélange de réalisme livide et d'onirisme puissant.

Plusieurs critiques s'émerveillent de la maîtrise technique de Dumont, celui-ci le traitant de "virtuose de la caméra" (Baignères), celui-là disant qu'il "surprend par sa maîtrise, étonnant mélange d'images crues et sensibles" (Campion) et tel autre déclarant que "*La Vie de Jésus* s'impose sans réserve, grâce à une adéquation si convaincante de la forme au fond qu'on a l'impression de se trouver devant un mystère" (Mandelbaum).

DOSSIER PÉDAGOGIQUE

Qu'est-ce qui se passe dans ce film?

1. Comment Freddy est-il présenté aux spectateurs au début du film?

2. Comment la mère de Freddy passe-t-elle son temps au café?

3. Qu'est-ce qui arrive à Freddy après qu'il a fait l'amour avec sa copine Marie?

4. Qu'est-ce qui se passe après le défilé, dans le café où se trouvent Kader et ses parents?

5. Qu'est-ce qui arrive à Freddy après l'épisode où la bande d'amis fait un concours machiste à mobylette en fonçant sur une voiture qui arrive en face?

6. En quoi consistent, presque uniquement, les rapports entre Freddy et Marie?

7. Que font Freddy et ses amis pour remonter le moral de Michou, dont le frère est mort du SIDA?

8. A quoi s'intéresse Freddy, à part Marie et les virées à mobylette avec ses copains?

9. Qu'est-ce qui arrive après la répétition de la fanfare et des majorettes?

10. Que fait Marie de choquant pour Kader, qui l'avait suivie dans le parc?

11. Comment Freddy se venge-t-il après avoir vu Kader parler à Marie dans la rue?

12. Que fait Freddy après avoir quitté le commissariat de police?

Vrai ou Faux?

Si la phrase est fausse, corrigez-la!

1. Quand Freddy arrive chez lui au début du film, il arrête sa mobylette, la gare sur le trottoir, et entre dans le café.

2. Freddy et sa bande se rendent à l'hôpital pour voir le frère d'un ami qui est en train de mourir du SIDA.

3. Il y a un défilé avec la fanfare de la ville et des majorettes pour fêter le 11 novembre, le jour de l'Armistice.

4. Quand Kader arrive devant la maison où la bande de copains répare une voiture, il les salue gentiment et bavarde avec eux.

5. Kader se rend à Intermarché pour se présenter à Marie, qui y travaille comme caissière.

6. A la friterie, la bande de Freddy voit passer Kader à mobylette. Ils le poursuivent, mais il se cache dans un garage souterrain.

7. Quand Freddy et ses amis sont assis devant la mairie, ils se racontent des blagues.

8. Marie trouve l'histoire de la molestation de la majorette dodue très drôle.

9. La mère de Freddy est contente de la vie qu'il mène et ne lui donne pas de conseils.

10. Lorsque Freddy voit Kader s'arrêter pour parler à Marie dans la rue, il donne un coup de pied dans le mur, puis s'en va sur sa mobylette.

11. Marie demande pardon à Kader pour le comportement de la bande de Freddy.

12. Au commissariat de police, après son arrestation, Freddy fond en larmes.

Contrôle des connaissances

1. Qu'est-ce que Bruno Dumont fait comme travail avant de devenir cinéaste?

2. Quelle sorte de films fait-il pour commencer? Qu'est-ce que cette expérience lui apporte comme réalisateur?

3. Qu'est-ce qui intéresse le plus Dumont en tant que cinéaste?

4. Quels sont ses thèmes préférés?

5. Qu'est-ce que Dumont a voulu faire, en ce qui concerne les jeunes de Bailleul, en réalisant ce film?

6. Pourquoi avait-il envie de tourner une version contemporaine de l'histoire du Christ?

7. Pourquoi Dumont tourne-t-il son film en Cinémascope? Quel rôle les paysages jouent-ils dans son film?

8. Qu'est-ce que *La Vie de Jésus* a en commun avec les films de Robert Bresson (en ce qui concerne la musique et les interprètes)?

9. Pourquoi Dumont préfère-t-il utiliser des acteurs non professionnels? Comment est-ce que sa manière de travailler avec eux diffère de celle qu'on emploie normalement avec des comédiens professionnels?

10. Quelles différences peut-on constater entre la manière de travailler de Bresson et celle de Dumont?

11. Quel prix obtient *La Vie de Jésus* au Festival de Cannes?

12. Quel grand compliment Jean-Michel Frodon, le grand critique de cinéma du journal *Le Monde*, fait-il au film de Dumont?

Pistes de réflexion et de discussion

1. Le Titre du film

Dumont a choisi comme titre de son film *La Vie de Jésus*. Que pensez-vous de ce choix? Vous semble-t-il convenir à son film? **Dans quelle mesure peut-on voir dans ce film une version de la vie du Christ?** Le protagoniste du film, c'est Freddy. **Est-ce une figure christique?** Expliquez votre opinion. Y a-t-il un autre personnage dans le film qu'on pourrait comparer au Christ? Le Christ est souvent considéré comme le "bouc-émissaire" par excellence, la victime choisie pour sauver la race humaine. **Y a-t-il un bouc-émissaire dans le film? Si oui, bouc-émissaire de quoi?**

2. L'Entrée en matière

Quelle impression le début du film nous donne-t-il de Freddy? Où va-t-il sur sa mobylette? **Que devons-nous penser de sa chute quand il arrive chez lui?** Est-ce qu'il fait exprès? Si oui, pourquoi? *Visionnez la première séquence du film, jusqu'à l'arrivée de Freddy à la maison* (Extrait 1, 0'07–2'00).

3. Les Personnages

+ *Freddy*

La forme d'épilepsie de Freddy s'appelle aussi "le grand mal" (on disait même, autrefois, "le mal sacré"). **Est-ce que ce détail pourrait être pertinent dans ce film?**

Pourrait-il y avoir un rapport (thématique) entre l'épilepsie de Freddy et sa tendance à faire des chutes de mobylette?

Comment Freddy réagit-il à ses fréquents examens à l'hôpital pour ses crises d'épilepsie? Y a-t-il un rapport avec son comportement agressif par ailleurs? **L'hôpital évoque naturellement l'idée de maladie. Est-ce que cette notion a des résonances métaphoriques dans le film qui vont au-delà de Freddy?** Un critique suggère que l'encéphalogramme de Freddy est une manière métaphorique de "scruter ce que les jeunes ont dans la tête" (Mandelbaum). Comment trouvez-vous cette hypothèse d'interprétation?

Quelle signification devrions-nous donner aux fréquents coups de pieds que Freddy donne dans les murs? **Que représentent pour Freddy son pinson et les concours de chants d'oiseaux?** L'oiseau en cage peut-il avoir une valeur métaphorique ici? Y a-t-il d'autres éléments—symboliques ou métaphoriques—dans ce film qui justifient l'étiquette de "nouveau réalisme poétique" qu'on attache souvent aux films de Dumont?

+ *La Mère de Freddy*

Comment pourrait-on caractériser les rapports entre Freddy et sa mère? Est-ce une bonne mère? Et lui, est-ce un bon fils? Quel est l'état de la communication entre eux?

La mère de Freddy passe ses journées à regarder la télé. **Que représente la télévision pour elle?** La télévision a-t-elle un rôle particulier dans le film par rapport à la ville de Bailleul?

+ *Freddy et Marie*

Que pourrait-on dire de la manière dont l'intimité entre Freddy et Marie est représentée dans le film? Un critique a-t-il raison de dire que Dumont "ne retient de l'acte sexuel entre deux êtres qui s'aiment (Freddy et Marie) que la stricte animalité" (Garbarz, "*Vie de Jésus*" 117)? **Pourquoi, à votre avis, le réalisateur insiste-t-il tellement sur les rapports sexuels entre Freddy et Marie?**

Quelle est l'attitude des amis de Freddy à l'égard de ses rapports avec Marie? Sont-ils jaloux ou admiratifs? Un critique soutient, en ce qui concerne ce groupe, que "cette fille, c'est avant tout [...] l'expression la plus évidente de sa virilité" et que Freddy est le chef de la bande parce qu'il est "celui qui couche" (Lounas 77). **Qu'en pensez-vous? Marie a-t-elle cette signification dans le film?**

Quelle différence remarque-t-on entre **l'attitude de Freddy et celle de Marie envers Bailleul** dans la séquence de la promenade en télésiège à travers la campagne? *Visionnez cette séquence* (Extrait 2, 14'45–17'00).

+ *Freddy et ses copains*

Comment pourrait-on caractériser les copains qui font partie de l'entourage de Freddy? Qu'est-ce qu'ils ont en commun? **Pourquoi passent-ils leurs journées à tourner en rond sur leurs mobylettes?** Est-ce que le bruit assourdissant qu'ils font pourrait avoir une fonction thématique dans le film?

Quel rôle la scène à l'hôpital (lorsque la petite bande rend visite à Cloclo) joue-t-elle dans le film? Quelle importance pourrait avoir l'image de Lazare qu'on voit sur le mur? Y a-t-il un autre épisode dans le film où la bande d'amis fait preuve de sensibilité? *Visionnez la scène de l'hôpital* (Extrait 3, 5'50–8'45).

Y a-t-il un rapport entre le jeu de la bande avec les voitures qui arrivent en face et la crise d'épilepsie de Freddy qui s'ensuit? Comment imagine-t-on les sentiments de Freddy après un tel épisode? *Visionnez cette séquence* (Extrait 4, 32'00–33'55).

Qu'est-ce que ces jeunes gens ont à se dire les uns aux autres, en général? Quel avenir peuvent-ils espérer à Bailleul? Pourquoi? *Visionnez la scène où les garçons sont assis devant la mairie* (Extrait 5, 59'40–1h02'25). **Commenter la manière dont ils sont filmés et le niveau de la communication entre eux.** Quelle est leur grande préoccupation ici?

✦ *Kader*

Comment Kader est-il représenté dans le film? Ressemble-t-il à Freddy et à ses amis? Que savons-nous sur ses rapports avec ses parents? **Comment se comporte-t-il avec Marie?**

Pourquoi est-ce que Kader fait un geste obscène en direction des garçons quand il s'arrête à mobylette devant la maison où ils réparent la voiture (en les traitant de "fils de putes français")?

Par la suite, quand la bande poursuit Kader à mobylette dans les rues de la ville (à partir de la friterie), Kader se réfugie dans le cimetière (dont l'entrée est surveillée par un gardien maghrébin). **Comment interprétez-vous cette scène? Est-ce un présage en quelque sorte?** *Visionnez cette séquence* (Extrait 6, 57'50–59'40).

Lorsque Kader suit Marie dans la rue une seconde fois, elle l'avertit qu'on "veut lui casser la gueule". Quand il continue de la suivre, elle se retourne et met la main du garçon dans son slip en disant, "C'est ça que tu veux"? Kader est choqué, s'exclamant, "T'es malade?" **Comment interprétez-vous cette scène?** Quel est le propos du réalisateur ici?

Dans la dernière scène entre Marie et Kader, elle s'excuse de son comportement avec lui. Tout en la tenant entre ses bras, Kader dirige son regard vers le ciel, à travers l'arc pointu du portail d'une cathédrale gothique en ruines. *Visionnez cette scène* (Extrait 7, 1h19'00–1h20'20). **Comment l'interprétez-vous? Aurait-elle un rapport avec le tout dernier plan où Freddy, lui aussi, regarde le ciel?**

4. La Fanfare

Quel rôle la fanfare municipale joue-t-elle dans la vie de la bande de Freddy? A-t-elle une fonction "culturelle" pour eux? Que peut-on dire sur la qualité de la musique qu'elle produit? Faire étalage de sa bravoure en fonçant sur des voitures à mobylette est un exemple de "fanfaronnade". **Y a-t-il un rapport thématique avec la "fanfare" où jouent les garçons?**

Y a-t-il de l'ironie dans le défilé du 11 novembre, une fête patriotique qui célèbre l'Armistice marquant la fin de la Première Guerre mondiale?

5. Le Racisme

Comment expliquez-vous le comportement moqueur et méchant des garçons envers la famille maghrébine dans le café de la mère de Freddy? *Visionnez cette séquence* (Extrait 8, 22'25–24'05). Pourquoi Marie s'excuse-t-elle auprès de Kader quand il se présente à elle à Intermarché, où elle travaille comme caissière? **Le meurtre que commettent Freddy et ses amis à la fin du film est-il un acte raciste, ou s'agit-il plutôt d'un crime passionnel, d'un geste violent de dépit amoureux?** Cette distinction est-elle importante ici?

6. L'Episode de la majorette

En ce qui concerne la molestation sexuelle de la majorette un peu rondelette par la bande d'amis, un critique remarque "leur stupéfaction face à l'accusation de viol dont ils font l'objet. Pour eux, le fait d'avoir 'tripoté un boudin' ne peut en aucun cas constituer un crime et passer pour un viol" (Garbarz, "*Vie de Jésus*" 117). **Visionnez la scène de l'engueulade par le père de la jeune fille et la sortie de la bande dans la rue** (Extrait 9, 1h05'30–1h07'00). Comment expliquez-vous l'attitude de ces jeunes gens? Pourquoi ne prennent-ils pas leur méfait au sérieux?

Quelle conséquence cet incident a-t-il en ce qui concerne les rapports entre Freddy et Marie? Et comment est-ce que cette situation prépare la suite et le dénouement du film?

7. Nudité et crudité

Pourquoi Dumont a-t-il inséré dans son film le plan rapproché très cru de quelques secondes sur les parties génitales de Freddy et Marie (et la pénétration) quand ils font l'amour dans le champ? Et, de même, pourquoi a-t-il mis le plan frontal du bas du corps nu très flétri de la mère de Freddy sortant de son bain?

Certains critiques ont trouvé que la nudité dans ce film est gratuite, que les scènes de nudité "semblent ne pas appartenir au film" (Lounas 76). Dumont, de son côté, prétend que les scènes d'amour font partie intégrante de son film et qu'il faut les montrer dans toute leur crudité (Danel). On a aussi taxé les films de Dumont de vulgarité. Dans une interview (Peranson et Picard 70), il rejette cette accusation, remarquant que la crudité est un moyen de rapprocher le spectateur de la matière première, des émotions et des rapports avec les autres, de ce qui existe vraiment. Il cherche donc, dit-il, à produire un choc physique. Il soutient, d'ailleurs, que tout commence par le corps, et que c'est celui-ci qui devrait dominer au cinéma, ajoutant même que les paroles ne l'intéressent pas. **Pensez-vous que Dumont ait raison en ce qui concerne la nudité et les scènes de sexe dans son film?** Le corps physique est-il l'objet de prédilection, l'objet le plus important, du cinéma?

8. Le Temps

Dumont a dit (après bien d'autres) que "Le cinéma, c'est l'art du temps" (Lavoie 20), et que cet art se pratique surtout sur la table de montage après le tournage. **Comment les plans de Dumont (les longs plans fixes, par exemple) contribuent-ils à la représentation du temps?** Est-ce que les fréquents fondus au noir ont une signification quant à la représentation du temps? **Quelle importance celle-ci a-t-elle dans ce film?** Quelle est sa valeur thématique?

9. Le Masochisme

Nous voyons plusieurs fois Freddy torse nu, parfois avec des blessures dues à ses chutes volontaires. **Freddy est-il masochiste? Si oui, pourquoi, à votre avis?** La volonté de se faire du mal (de se flageller en quelque sorte) pourrait-elle avoir une valeur métaphorique ici? Laquelle?

On a dit que les cicatrices de Freddy sont un signifiant physique de son tourment, de sa souffrance dans la vie (Bowles 50). De nombreux critiques parlent aussi de "stigmates", ce qui suggère une interprétation chrétienne. **Quelle est votre opinion ici?**

10. Le Dénouement

Le dénouement du film contient plusieurs parties: le meurtre de Kader, l'arrestation de Freddy et la dernière séquence où Freddy se trouve dans le champ seul après s'être sauvé du commissariat. **Comment interprétez-vous le meurtre? Freddy a-t-il donné la mort exprès, ou est-il allé trop loin sans s'en rendre compte?** La sauvagerie de son action est-elle compréhensible dans le contexte du film? *Visionnez cette séquence* (Extrait 10, 1h22'20–1h23'50). Notez comment elle est filmée. **Comment la violence est-elle représentée? Pourquoi?**

Quand Freddy est emmené par la police, Marie est là, tout près de la camionnette, son visage filmé longuement en gros plan. **Se sent-elle responsable, en quelque sorte, de la mort de Kader?** Plus tard, au commissariat, le policier se demandera devant Freddy, "Est-ce que t'es même responsable"? **Freddy est-il disculpé, du moins en partie, ici? Qui serait donc responsable du meurtre?**

Comment comprenez-vous la fuite de Freddy quand il sort du commissariat en courant? Croit-il pouvoir échapper ainsi à la police?

Comment interprétez-vous la toute dernière séquence du film, où Freddy se jette en arrière par terre, puis regarde le ciel les larmes aux yeux? *Visionnez cette dernière séquence* (Extrait 11, 1h26'50–1h29'00). Cette fin est-elle optimiste ou pessimiste? **Est-ce qu'elle suggère que Freddy a fini par ressentir du remords pour son acte, du repentir—ou se prend-il tout simplement en pitié?** Pensez-vous, comme certains, que Freddy soit "un personnage écartelé entre la chute et le mystère de la rédemption", que ce film se place "sous le signe d'un humanisme chrétien toujours prompt à sonder la nature humaine et ses égarements" (Grugeau 48)? **La lumière du soleil joue-t-elle un rôle symbolique dans cette scène par rapport à ce qui se passe chez Freddy?**

On a pu dire des films de Dumont que "sous son regard, la réalité des êtres et des choses [. . .] se transforme en un champ métaphysique" (Garbarz, "*L'Humanité*" 5). Dumont prétend, en effet, en parlant de *La Vie de Jésus*, que "le film, c'est la naissance de la morale, qui arrive tout à la fin. C'est l'histoire de l'ascension de Freddy. Le Christ réalise l'ascension spirituelle la plus absolue, le petit Freddy, il est tout en bas et hop, il y a une petite chose qui monte à la fin. Et il faut croire en ça" (Boulay). **Est-ce que vous êtes d'accord avec cette interprétation de la dernière scène du film? Y voyez-vous un parallèle entre Freddy et le Christ?**

Dumont avoue que "ce que raconte le film est carrément monstrueux", mais il soutient que "c'est au spectateur de devenir humain face à ça" (Danel). **Arrivez-vous à compatir avec Freddy et à lui donner le bénéfice du doute malgré son acte horrible?** Un critique soutient que si les spectateurs condamnent Freddy, ils se condamnent eux-mêmes et répudient implicitement leur foi en l'humanité. En le jugeant, prétend-il, nous nous jugeons nous-mêmes, que cela nous plaise ou pas (Bowles 53). **Etes-vous d'accord avec cette prise de position?**

11. *Affronter le spectateur*

Dumont dit que l'art, c'est la guerre, qu'il aime lutter avec le spectateur, qu'il n'a pas peur de la confrontation (Peranson et Picard 71). Il ajoute, d'ailleurs, "Mon cinéma cherche à affronter le spectateur, pas à le distraire" (Sivan). Pensez-vous que Dumont a raison? **Une œuvre d'art a-t-elle pour vocation de faire la guerre à son public?**

Il avoue en outre qu'il aime "les personnages et les visions du monde inachevés et confronter le spectateur à cela" parce que "le spectateur arrive avec son histoire, son vécu, sa sensibilité, et il va se passer quelque chose d'imprévisible" (Garbarz, "*L'Humanité*" 11). Comment comprenez-vous cette prise de position du réalisateur? **Quel rôle implique-t-elle pour le spectateur en ce qui concerne la signification du film?**

Filmographie de Bruno Dumont

1997   *La Vie de Jésus*
1999   *L'Humanité*
2003   *Twentynine Palms*
2006   *Flandres*
2009   *Hadewijch*
2011   *Hors Satan*
2013   *Camille Claudel 1915*
2014   *P'tit Quinquin*

Œuvres consultées

Baignères, Claude. "Premières Réussites". *Le Figaro* 5 juin 1997: sans pagination.

Baudin, Brigitte. "Bruno Dumont, l'ennui et la rédemption". *Le Figaro* 9 mai 1997: sans pagination.

Beaulieu, Jean. "Trois films et un seul Nord". *Cinébulles* 18.2 (1999): 10–13.

Benhaim, Safia, et Damien Cabrespine. "Calvaire". *Vertigo* 18.18 (1999): 96.

Beugnet, Martine. "Le Souci de l'autre: réalisme poétique et critique sociale dans le cinéma français contemporain". *Iris* 29 (printemps 2000): 53–66.

Boulay, Anne. "Au fond de la nature humaine". *Libération* 12 mai 1997: sans pagination.

Bowles, Brett. "*The Life of Jesus (La Vie de Jésus)*". *Film Quarterly* 57.3 (printemps 2004): 47–55.

Buchet, Jean-Marie. "*La Vie de Jésus*". *Ciné-Fiches de Grand Angle* 210 (déc. 1997): 47–48.

Campion, Alexis. "La Vie de Jésus ou de Freddy?" *Journal du Dimanche* 1 juin 1997: sans pagination.

Camy, Gérard. "*La Vie de Jésus*". *Jeune Cinéma* 244 (été 1997): 44–45.

Danel, Isabelle. "C'est au spectateur de devenir humain". *Télérama* 4 juin 1997: sans pagination.

Dumont, Bruno. "Notes de travail: sur *La Vie de Jésus*". *Positif* 440 (oct. 1997): 58–59.

———, réal. *La Vie de Jésus*. Fox Lorber, 1997.

"Dumont pharaon des Flandres". *Le Nouvel Observateur* 12 mai 1999: sans pagination.

Dupont, Joan. "In France, the Focus Shifts from Paris". *New York Times* 5 oct. 1998: 19, 31.

Frodon, Jean-Michel. "A bras le corps dans l'enfer du Nord". *Le Monde* 5 juin 1997: 32.

———. "Il faut donner au spectateur la possibilité de penser par lui-même". *Le Monde* 5 juin 1997: 32.

Garbarz, Franck. "*L'Humanité*. Consoler la souffrance du monde". *Positif* 465 (nov. 1999): 5–13.

———. "*La Vie de Jésus*. Etre dans la norme, naturellement". *Positif* 437/438 (juill.–août 1997): 117–18.

Grugeau, Gérard. "La Résurrection de Freddy". *24 Images* 90 (hiver 1998): 48–49.

Hardwick, Joe. "Fallen Angels and Flawed Saviours: Marginality and Exclusion in *La Vie de Jésus* and *La Vie rêvée des anges*". *Studies in French Cinema* 7.3 (2007): 219–30.

Hoberman, J. "Fits and Starts". *The Village Voice* 43 (19 mai 1998): 132.

Konstantarakos, Myrto. "Retour du politique dans le cinéma français contemporain?" *French Studies Bulletin* 68 (automne 1998): 1–5.

Landrot, Marine. "*La Vie de Jésus*". *Télérama* 4 juin 1997: sans pagination.

Lavoie, André. "Je suis un cinéaste qui n'aime pas le cinéma". *Cinébulles* 16.3 (1997): 18–22.

Lefort, Gérard. "Les Pieds dans le cru. Dans le Nord, des adolescences cabossées: *La Vie de Jésus*, de Bruno Dumont". *Libération* 4 juin 1997: sans pagination.

Lounas, Thierry. "Seuls les anges ont des ailes". *Cahiers du cinéma* 514 (juin 1997): 75–77.

Mandelbaum, Jacques. "Un bloc de beauté et d'horreur". *Le Monde* 11–12 mai 1997: sans pagination.

Maslin, Janet. "Tragedy Waiting to Happen, and the Sad, Brutish Youth at Its Center". *New York Times* (15 mai 1998): E10.

Peranson, Mark, et Andréa Picard. "A Humanist Philosophy: Interview(s) with Bruno Dumont". *CineAction* 51 (2000): 69–72.

Royer, Philippe. "Les Flandres servent de cadre à une *Vie de Jésus* assez particulière". *La Croix* 4 juin 1997: sans pagination.

Singerman, Alan. "Le Cinéma français de nos jours: pour un réalisme poétique *frontal*". *France in the Twenty-First Century. New Perspectives*. Ed. Marie-Christine Weidemann Koop et Rosalie Vermette. Birmingham, AL: Summa, 2009. 317–40.

Sivan, Grégoire. "*La Vie de Jésus*". *24 Images* 88/89 (automne 1997): 41.

Tinazzi, Noël. "La Rédemption de Freddy, jeune paumé". *La Tribune Desfossés* 4 juin 1997: sans pagination.

Vassé, Claire. "*En avoir (ou pas)*. La girafe et son prince". *Positif* 419 (jan. 1996): 22–23.

7

Erick Zonca

La Vie rêvée des anges

(1998)

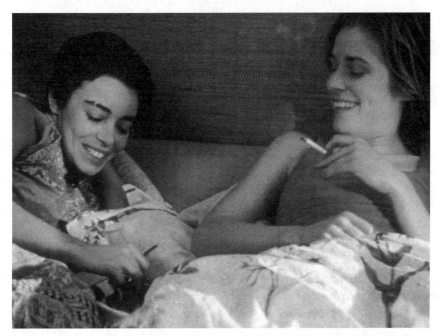

Erick Zonca, *La Vie rêvée des anges*: Isa (Elodie Bouchez) et Marie (Natacha Régnier) se font des confidences.

Réalisation . . . . .Erick Zonca
Scénario et dialogues. . . . . Erick Zonca, Roger Bohbot
Directrice de la photographie . . . . .Agnès Godard
Son . . . . .Jean-Luc Audy
Musique . . . . Yann Tiersen
Montage . . . . Yannick Kergoat
Décors. . . . . Jimmy Vansteenkiste
Costumes . . . . .Françoise Clavel
Production . . . . François Marquis
Durée 1h53

Distribution

Elodie Bouchez (*Isa*), Natacha Régnier (*Marie*), Grégoire Colin (*Chriss*), Patrick Mercado (*Charly*), Jo Prestia (*Fredo*)

Synopsis

Isa, une jeune routarde, arrive à Lille sac au dos et sans argent. Elle trouve du travail dans un atelier de prêt-à-porter clandestin où elle rencontre Marie, une ouvrière révoltée par sa condition sociale et économique. Quand Isa est renvoyée pour incompétence, Marie quitte elle aussi l'usine, par solidarité. Elle accepte d'héberger Isa chez elle dans un bel appartement qu'elle habite provisoirement, pour le "surveiller", suite à un accident de voiture qui a laissé la propriétaire et sa fille dans le coma. Isa et Marie deviennent vite inséparables, vivant la galère ensemble, sans emploi régulier, sans avenir. Pourtant, elles vivent leur marginalité de manières radicalement différentes, celle-ci en révolte permanente contre un ordre social qu'elle ressent comme injuste et humiliant pour elle, celle-là, toujours généreuse et optimiste, acceptant n'importe quel petit boulot pour survivre. Elles rencontrent et se lient avec deux videurs de boîte de nuit sympathiques, Charly et Fredo. Marie essaie de s'en sortir par ses rapports amoureux avec Chriss, un jeune bourgeois aisé, fils du patron d'une grande brasserie au centre-ville de Lille et patron lui-même d'une boîte de nuit. De son côté, Isa s'intéresse de plus en plus au sort de Sandrine, la jeune fille dans le coma. Leurs différences de perspective, comme leurs besoins personnels, ne tardent pas à créer une tension insoutenable entre les deux amies.

Le Réalisateur

Zonca a mis longtemps à percer dans le monde du cinéma. Né à Orléans en 1956, il abandonne ses études secondaires et monte à Paris à l'âge de seize ans. Il vit de divers jobs pendant qu'il suit des cours pour devenir acteur. Ne s'intéressant qu'au cinéma américain, il part pour New York où il travaille dans des restaurants de Greenwich Village tout en fréquentant assidûment le célèbre cinéma d'art et essai Bleeker Street Cinema afin d'approfondir sa connaissance du cinéma américain (indépendant) et étranger. Il épouse une danseuse américaine dont il divorcera plusieurs années plus tard. Après trois années il rentre à Paris, obtient une équivalence du bac, puis étudie la philosophie à l'université pendant deux ou trois ans. A trente ans, il abandonne ses études pour occuper des places de stagiaire, puis d'assistant à la télévision (publicité, sitcoms, magazines d'information), avant de pouvoir enfin passer à la réalisation.

Avant d'aborder un grand film, Zonca réalise trois courts métrages, qui gagnent chacun des prix dans divers festivals à travers le monde: *Rives* (1992), primé au Festival du court métrage de Clermont-Ferrand; *Eternelles* (1993), Grand Prix 1995 à Clermont; *Seule* (1995), Prix d'Interprétation féminine Musidora en 1997, nominé pour le Meilleur court métrage aux Césars 1998. *Seule*, dont l'action est située à Paris, présente déjà certains thèmes essentiels de *La Vie rêvée des anges*: la chute dans la précarité et le désespoir. Un fait marquant: les trois films gagnent des prix d'interprétation, ce qui montre chez Zonca un talent sûr pour le casting et la direction d'acteurs.

La Vie rêvée des anges connaît un succès immédiat, tant auprès du grand public qu'auprès des critiques, et le film est primé dans de multiples festivals internationaux. Ce premier long métrage de Zonca sera suivi par un autre drame primé, *Le Petit Voleur* (1999), dont il est le réalisateur et le coscénariste avec Virginie Wagon. Les rôles seront renversés l'année d'après pour *Le Secret* (2000), une histoire d'adultère sulfureuse primée au Festival de Deauville dont Wagon est la réalisatrice et la coscénariste avec Zonca. Le film suivant de Zonca, *Julia* (2008), est un thriller avec, dans le rôle principal, l'actrice britannique Tilda Swinton, à qui on décernera de multiples prix de Meilleure actrice pour sa prestation, ce qui confirme encore une fois le talent de Zonca dans la direction de ses interprètes. Le tout dernier long métrage de Zonca, *Soldat blanc* (2014), un téléfilm, est un drame qui se passe pendant la guerre en Indochine.

La Réalisation

Zonca tourne *La Vie rêvée des anges* du 3 février au 29 mars 1997. Suivent plusieurs mois de montage, puis, en fin d'année, le film est soumis à Gilles Jacob, le sélectionneur de Cannes, qui l'accepte pour le Festival moyennant quelques légères révisions. *La Vie rêvée des anges* va obtenir le César du Meilleur film en 1998. A quarante et un ans, un âge plutôt avancé pour un premier grand film, Zonca est soudainement auréolé de gloire. Sa maîtrise étonne tout le monde, surtout en tenant compte du fait qu'il a fait son film avec des moyens très limités, ne dépensant que huit millions de francs (moins de 1,34 millions de dollars à l'époque), soit le tiers du budget moyen d'un film français. Pour faire des économies (et aussi pour obtenir les images plus granuleuses qu'il désirait), il a tourné en super-16, ce qui lui a permis de faire de multiples prises de certains plans, "dix, douze prises, jusqu'à vingt-quatre parfois" (Mérigeau 146), à l'instar de Robert Bresson, qui est l'une de ses idoles. Un certain nombre de plans sont tournés la caméra à l'épaule, une approche qu'il admirait chez l'Américain John Cassavetes, qui a également exercé une grande influence sur lui. Comme l'a remarqué Théobald (51), Zonca est un "auteur" à part entière, un metteur en scène qui co-écrit ses scénarios.

Les Interprètes

Les rôles principaux sont tenus par Elodie Bouchez et Natacha Régnier. Bouchez s'était déjà vu attribuer le César du Meilleur espoir féminin pour *Les Roseaux sauvages* d'André Téchiné en 1995 (voir Chapitre 15), et elle est considérée par certains cinéastes comme "la comédienne la plus douée de sa génération" (Douin 25). Pour Régnier, née en Belgique, c'est à vingt-cinq ans son premier grand rôle, mais l'année suivante (1999) elle va jouer le rôle principal dans *Les Amants criminels* de François Ozon. Au Festival de Cannes en mai 1998, les deux actrices obtiennent le double prix d'interprétation féminine et sont encensées par la presse du cinéma. Le film de Zonca est salué non seulement pour la brillance de leur interprétation, mais aussi pour la grande justesse de jeu des autres acteurs principaux. Grégoire Colin, qui incarne Chriss, avait déjà été nominé en 1993 pour le prix de Meilleur jeune espoir masculin aux Césars pour son rôle dans le film d'Agnieszka Holland, *Olivier, Olivier*, et il avait obtenu un prix d'interprétation pour le film de Claire Denis, *Nénette et Boni* (1996). Colin deviendra par la suite une sorte d'acteur fétiche de Denis, tenant encore un rôle principal dans son film suivant, *Beau Travail* (1999), ainsi que des rôles secondaires dans *Vendredi soir* (2002), *L'Intrus* (2004), *35 rhums* (2008) et *Les Salauds* (2013).

La Réception

Pascal Mérigeau fait bien prévoir la réception publique de *La Vie rêvée des anges* en remarquant déjà à Cannes "les ovations qui saluèrent chacune des projections", et en ajoutant: "Impossible de se souvenir d'un premier film français accueilli à Cannes avec un tel enthousiasme" ("La Vie" 102). Le film, son réalisateur et les deux actrices seront primés dans de nombreux festivals à travers le monde, et c'est l'un des films français qui attirent le plus de spectateurs en Grande Bretagne en 1998. Lors de sa sortie dans les salles de cinéma françaises le 16 septembre, *La Vie rêvée des anges* connaît effectivement un succès immédiat auprès du grand public. Le distributeur triple le nombre de salles prévues, programmant le film dans une trentaine de cinémas à Paris et plus de cent cinquante en France.

Malgré quelques voix discordantes, le film est acclamé par la grande majorité des critiques de cinéma: "un petit film exceptionnellement réussi" (Tobin 109); "un premier film d'une étonnante vitalité" (Pascal 88); "Reste que ce film, drôle et âpre à la fois, est une des plus jolies réussites de ces dernières années" (Rousseau 5). Tout en émettant quelques réserves quant à l'originalité du sujet et de la technique utilisée par Zonca, Serge Kaganski et Sophie Bonnet sont clairement séduits par le dynamisme exceptionnel du film: "Chaque plan semble chargé comme du concentré de TNT, chaque enchaînement appelle le suivant, chaque séquence rebondit depuis la précédente, chaque photogramme semble s'imprimer sur la pellicule comme si c'était le dernier" (20, 22). Et Nadine Guérin d'ajouter, pour finir:

> Toujours en équilibre, un jeu de forces contraires nourrit un récit pour lequel aucun mot n'est vraiment tout à fait juste: un mélange de fébrilité et de sécheresse, de dureté et de tension, qui est tout à l'honneur du réalisateur. Faite de liens qui se tissent, l'histoire croise des trajectoires, fait s'affronter des parcours où il est question de dénuement, de précarité, de désespoir mais aussi de confiance dans la vie et de grâce. (251)

Un tel consensus critique (élogieux) sur un premier film est extrêmement rare.

La Vie rêvée des anges et la marginalité

La Vie rêvée des anges fait partie du courant de réalisme social (et souvent "poétique") très prononcé dans les films français des années 90, qui traitent de gens ordinaires qui souffrent de la fracture sociale dans ses diverses incarnations, telles que l'exclusion, le chômage, l'exploitation et le racisme ou d'autres formes de discrimination. C'est, notamment, l'un des meilleurs films français sur la marginalité, et qui met en valeur à la fois le côté volontaire et le côté involontaire du phénomène. Les deux jeunes filles vivent la galère, sans emploi régulier, sans perspectives. Isa vit pourtant une marginalité choisie, contente de vagabonder, de vivre de petits boulots, de vendre dans la rue des cartes qu'elle fabrique à partir d'images découpées dans des magazines. Bien qu'un tantinet androgyne, elle rappelle Mona, la routarde du film d'Agnès Varda, *Sans toit ni loi* (1985), moins toutefois le côté rébarbatif de celle-ci. Marie, elle, se révolte contre sa condition sociale et économique tout en refusant le travail intérimaire, qu'elle considère comme humiliant. Elle ne choisit pas la marginalité et rêve d'y échapper.

Dans le film de Zonca, le monde du travail joue un rôle important, ne serait-ce qu'à travers le problème du chômage, qui est le point de mire de tant de films de cette époque, comme *En avoir (ou pas)* de Laëtitia Masson (1995), *Rien à faire* de Marion Vernoux (1999) ou encore *L'Emploi du temps* de Laurent Cantet (2001), parmi d'autres. Le Nord-Pas-de-Calais, dont la ville principale est Lille, est particulièrement touché par le chômage depuis la fin du siècle dernier, le nombre de bénéficiaires de prestations sociales, ainsi que le taux de chômage, y étant largement au-dessus de la moyenne en France. La précarité parmi les femmes est particulièrement élevée, ce qui contribue à une augmentation de vols à l'étalage dans des magasins et à un nombre inquiétant de tentatives de suicides chez les femmes et les jeunes, deux faits sociaux reflétés dans le film de Zonca.

La Vie rêvée des anges est typique du renouveau du cinéma français dans les années 90 par son réalisme sans concession. Comme dans d'autres films de cette époque, tels *Nord* (1991) de Xavier Beauvois, *En avoir (ou pas)* de Masson, *La Vie de Jésus* (1997) et *L'Humanité* (1999) de Bruno Dumont, *Seul contre tous* (1998) de Gaspar Noé, ou encore *Ça commence aujourd'hui* (1999) de Bertrand Tavernier, ce réalisme est solidement ancré dans le contexte socioéconomique du nord de la France et caractérisé par un pessimisme tenace ainsi que par la représentation sans contrainte des rapports entre les personnages, y compris les rapports sexuels.

DOSSIER PÉDAGOGIQUE

Qu'est-ce qui se passe dans ce film?

1. Comment Isa arrive-t-elle à Lille?

2. En général, comment survit-elle financièrement?

3. Comment se fait-il qu'Isa et Marie en viennent à vivre ensemble?

4. Comment rencontrent-elles Charly et Fredo, les deux videurs de boîte de nuit?

5. Comment est-ce que le comportement de Marie est différent de celui d'Isa par rapport aux deux nouveaux amis?

6. Qui est Chriss? Comment Isa et Marie le rencontrent-elles?

7. Comment Marie en vient-elle à connaître Chriss personnellement? Décrivez l'évolution de leurs rapports.

8. Comment Isa commence-t-elle à s'intéresser à Sandrine, la jeune fille dans le coma à l'hôpital?

9. Que fait Isa quand elle rend visite à Sandrine à l'hôpital?

10. Où Chriss amène-t-il Marie?

11. Qu'est-ce qui arrive quand Isa essaie de mettre Marie en garde contre Chriss?

12. Qu'est-ce qui arrive de dramatique quand Isa retourne à l'appartement le lendemain matin?

Vrai ou Faux?

Si la phrase est fausse, corrigez-la!

1. Isa vient à Lille chercher du travail.

2. Isa trouve du travail dans une usine automobile.

3. Marie habite l'appartement d'une femme qui est morte dans un accident de voiture.

4. Isa et Marie sont toutes les deux prêtes à accepter n'importe quel petit boulot pour survivre.

5. Charly et Fredo font embaucher Isa et Marie dans la boîte de nuit où ils travaillent.

6. Marie vole un sac à main dans un grand magasin.

7. Quand Marie va chercher Chriss dans la brasserie de son père, elle agresse violemment une de ses amies parce que celle-ci l'a traitée de manière méprisante.

8. Isa commence à écrire dans le journal intime de Sandrine.

9. Chriss attend Isa à la porte du logement de celle-ci pour lui dire qu'il est amoureux de Marie et veut l'épouser.

10. Après sa dispute avec Marie, Isa passe la nuit dans la cafétéria de l'hôpital.

11. Quand Isa apprend que Sandrine est sortie du coma, elle entre dans sa chambre pour lui exprimer sa joie.

12. A la fin du film, Isa reprend sa vie de routarde.

Contrôle des connaissances

1. Qu'est-ce que Zonca a fait à New York pendant trois ans?

2. Pourquoi a-t-il abandonné ses études universitaires à l'âge de trente ans?

3. Quel succès Zonca a-t-il connu comme metteur en scène avant de réaliser *La Vie rêvée des anges*?

4. Quel talent particulier Zonca montre-t-il en ce qui concerne les interprètes dans ses films?

5. Quel prix très important *La Vie rêvée des anges* a-t-il obtenu?

6. Qu'est-ce qui montre, dans ce film, l'influence du cinéaste français Robert Bresson?

7. Qu'est-ce qui montre l'influence du cinéaste américain John Cassavetes?

8. Qu'est-ce que les deux actrices, Elodie Bouchez et Natacha Régnier, obtiennent au Festival de Cannes en 1998?

9. Comment ce film est-il reçu par la plupart des critiques de cinéma? Qu'est-ce que Nita Rousseau en dit?

10. A quel courant cinématographique *La Vie rêvée des anges* appartient-il? De quelle sorte de gens ce courant traite-t-il?

11. Quel problème socio-économique est au centre de ce film? Dans quelle région ce problème est-il particulièrement sévère?

12. Comment *La Vie rêvée des anges* est-il typique du renouveau du cinéma français dans les années 90?

Pistes de réflexion et de discussion

1. La Question sociale

La Vie rêvée des anges pose de multiples questions, à commencer par le mode de vie des deux héroïnes. Elles vivent dans la précarité, mais leur condition socio-économique est-elle une fatalité? **La société est-elle seule coupable de leur statut marginal, ou en sont-elles elles-mêmes responsables dans une certaine mesure?** *Visionnez la scène où Isa est renvoyée de l'usine de confection* (Extrait 1, 16'00–16'55). Est-elle victime d'une injustice de la part du patron? Pourquoi Marie quitte-t-elle son travail en même temps?

2. Les Personnages

+ **Isa et Marie**

Comment décririez-vous le caractère respectif d'Isa et de Marie? Comment expliqueriez-vous leur manière de vivre? A ce propos, Zonca a dit, dans une interview: "Je voulais faire se rencontrer deux façons d'être opposées à la société". Qu'en pensez-vous? **De quel point de vue Isa est-elle "opposée à la société", si on en juge par sa manière de vivre au début du film?** Quelle valeur (métaphorique?) pourrait-on donner au logement que squattent les deux jeunes filles? **Celui-ci aurait-il un rapport avec le thème de "vie rêvée"?**

+ **Marie et Chriss**

Marie est un personnage particulièrement compliqué. Elle accepte de coucher avec Charly, un des videurs de boîte de nuit, bien qu'elle semble le mépriser. Par la suite, elle va avoir des relations avec Chriss, qu'elle méprise encore plus, le traitant de "sale con de bourge". **Quelle image Marie a-t-elle d'elle-même et de sa condition socio-économique? Comment cette image pourrait-elle expliquer son comportement à la fois avec Charly et avec Chriss?**

Marie montre pourtant une grande ambivalence à l'égard de Chriss, qui appartient à une classe sociale supérieure (économiquement) à la sienne. **Qu'est-ce qu'il en vient à représenter pour elle? (Quel "rêve"?)**

✦ *Isa et Sandrine*

Les rapports entre Isa et Sandrine, la jeune fille dans le coma, sont loin d'être banals. **Comment expliquez-vous l'intérêt que porte Isa à celle-ci? Pourquoi se permet-elle d'écrire dans son journal intime? Pourquoi lui rend-elle visite régulièrement à l'hôpital?** Est-ce que cette situation est révélatrice quant au caractère d'Isa, quant à sa mentalité particulière et à ses besoins personnels? **Isa s'identifie-t-elle avec Sandrine? Si oui, sur quel plan?**

3. *La Scène de la brasserie*

Visionnez la scène dans la brasserie du centre-ville (Extrait 2, 1h05'15–1h06'45) dont le père de Chriss est propriétaire, où nous voyons l'affrontement violent avec l'amie (bourgeoise) de Chriss. **Comment interprétez-vous cette scène?** S'agit-il ici d'une évocation de la "lutte des classes"? Sinon, pourquoi pas?

4. *Le Donjuanisme*

Connaissez-vous le mythe de "Don Juan"? **Cherchez le sens de ce mythe sur Internet. Pourrait-il expliquer, du moins en partie, le comportement de Chriss avec Marie?** Qu'est-ce qu'elle représente pour lui? Par ailleurs, pourrait-on parler de "sado-masochisme" dans les rapports de ce couple? **Quelle importance ont les thèmes de l'humiliation et de la victimisation dans ce film?**

5. *La Brouille*

Comment comprenez-vous la brouille entre Isa et Marie? *Visionnez cette scène* (Extrait 3, 1h34'00–1h37'20). Marie lance à la figure d'Isa, "C'est tout ce que tu sais faire, t'accrocher aux autres"! **Est-ce que Marie a raison d'accuser Isa ainsi de trop dépendre d'autrui, de manquer d'indépendance?** Est-ce que cette accusation est ironique, compte tenu de la situation de Marie? **Qu'est-ce qu'Isa reproche à Marie?** A l'hôpital Isa découvre Sandrine "les yeux ouverts". **Cette scène aurait-elle une valeur métaphorique par rapport à la situation de Marie?**

6. *La Scène de la chapelle*

Comment comprenez-vous la nuit qu'Isa passe dans la chapelle de l'hôpital après la dispute avec Marie? *Visionnez cette scène* (Extrait 4, 1h40'15–1h43'20). **Que pense Isa (et que pensons-nous) quant au sort de Sandrine à ce moment du récit? Croyez-vous que Zonca développe un thème religieux ici?** La bougie aurait-elle une fonction symbolique? **Pourquoi Isa décide-t-elle de ne pas voir Sandrine le lendemain matin, en apprenant qu'elle est sortie du coma?** Pensez-vous qu'il y ait un rapport entre le comportement d'Isa avec Sandrine et le retour à la vie de celle-ci?

7. *Le Dénouement*

✦ *Le Suicide de Marie*

Le geste final de Marie est choquant. *Visionnez cette scène* (Extrait 5, 1h47'30–1h48'25). Est-ce que vous vous y attendiez? **Comment le comprenez-vous? Qu'est-ce que ce**

geste peut révéler quant au caractère de Marie? Y a-t-il un rapport (thématique) entre le sort de Sandrine et celui de Marie? Y a-t-il un rapport entre l'acte de Marie et la situation d'Isa à la fin du film?

+ *Isa à l'usine*

Le dernier plan du film a donné lieu à diverses interprétations. *Visionnez cette scène* (Extrait 6, 1h49'50–1h50'50). **Isa abandonne-t-elle la marginalité, rentre-t-elle enfin "dans l'ordre" (socio-économique), ou n'est-ce qu'un petit hiatus dans sa vie?** Etes-vous d'accord avec cette conclusion d'un critique de cinéma: Isa, dans l'usine d'électronique à la fin du film, "est là, sérieuse et concentrée, résolue cette fois à entrer dans la vie et le travail, à affronter l'avenir" (Toscan du Plantier 75)? Voici ce qu'en pense un autre critique: "Ce plan sur Isa, smicarde parmi les smicardes, s'essayant à un travail mécanique et répétitif sous l'œil du contremaître, qui lâche: 'On dirait que vous avez fait ça toute votre vie; continuez comme ça.' Phrase terrible, qui annonce une existence morne, suivie d'un long travelling sur les ouvrières clouées devant leur machine" (Théobald 51). Zonca, quant à lui, a une toute autre opinion de l'avenir d'Isa: "Elle a perdu son insouciance [...]. Mais elle ne va pas rester longtemps dans cette usine [...]. C'est révoltant" (Garbarz 39). **Qu'en pensez-vous?** Sommes-nous obligés d'être d'accord avec le réalisateur en ce qui concerne le sens de son film? **En supposant qu'Isa va être intégrée réellement au monde du travail, ce dénouement est-il optimiste ou pessimiste, à votre avis?**

En tout cas, Zonca déclare, à propos du dernier plan du film, "En filmant toutes ces femmes, je voulais universaliser le personnage d'Isa". **Que veut-il dire, selon vous?**

Dans un film politique de Jean-Luc Godard, *Tout va bien* (1972), qui a pu influer sur le film de Zonca, un plan-séquence vers la fin du film comporte un très long travelling sur un rang de caissières en salopette jaune, filmées de dos dans un hypermarché; elles restent donc anonymes. Comparez le dernier plan de *La Vie rêvée des anges*. **Quelle différence constatez-vous? Pourquoi Zonca a-t-il choisi de filmer les ouvrières de cette manière?**

8. La Musique

De manière générale, en ce qui concerne la musique dans ce film, Zonca montre ici encore l'influence importante de Robert Bresson, qui refusait de plus en plus la musique d'ambiance au fur et à mesure de sa carrière. Vous avez peut-être remarqué qu'il n'y a qu'un seul morceau de musique extradiégétique (c'est-à-dire, qui vient de l'extérieur de l'univers fictif) dans ce film, et qu'il accompagne le tout dernier plan. *Visionnez ce plan de nouveau* (Extrait 6, 1h49'50–1h50'50). A l'origine Zonca n'avait pas l'intention de mettre de la musique ici, mais, selon lui, le plan-séquence ne marchait pas du tout avant que la musique ait été ajoutée. Pourquoi, à votre avis? **Quel est, pour vous, l'effet de cette musique, placée tout à la fin du film?** Cherchez les paroles de la chanson "In Cascade Street" sur Internet. **Ces paroles sont-elles importantes ici?**

Par ailleurs, Zonca avait fait accompagner d'un morceau de musique la scène où Marie et Chriss se trouvent ensemble à la plage, avant de l'enlever à la demande de Gilles Jacob, le sélectionneur de Cannes. Zonca avouera par la suite que celui-ci avait raison (Ferenczi 30). *Visionnez cette séquence* (Extrait 7, 1h29'10–1h30'05). **Pourquoi marche-t-elle mieux sans musique, tandis que la toute dernière réussit beaucoup mieux avec la musique?**

9. *La Cinématographie*

En ce qui concerne la technique cinématographique de *La Vie rêvée des anges*, on re-marque dans ce film **de multiples petits recadrages, ainsi que des panoramiques d'ac-compagnement ou qui épousent le regard d'un personnage.** Il y a également de courts travellings avant et arrière suivant ou précédant Isa ou Marie (dans l'appartement, dans la brasserie, dans le corridor de l'hôpital), ainsi que pendant l'épisode au centre com-mercial où les deux jeunes filles s'amusent à aborder des hommes au hasard. Pourtant, la caméra reste généralement très discrète. Les travellings les plus importants et qui at-tirent l'attention du spectateur se trouvent au début du film, puis dans le tout dernier plan, c'est-à-dire quand Isa arrive à Lille sac au dos (filmée la caméra à l'épaule) et quand on la voit à la fin à son poste de travail parmi les autres ouvrières d'usine. *Visionnez le début et la fin du film pour comparer les deux travellings* (Extrait 8, 0'30–01'10 et Extrait 6, 1h49'50–1h50'50). **Est-ce que les deux travellings ont la même fonction? Sinon, qu'est-ce qui les différencie? Pourquoi est-ce que le travelling de la fin s'ar-rête un petit moment, en plan très rapproché, sur chaque ouvrière?** A part ces deux plans, le film semble dominé par des plans plutôt statiques, surtout des gros plans ou des plans rapprochés de visages (même pendant les travellings sur Isa). **Quel aspect du film est mis en relief ainsi?**

10. *Le Titre du film*

Enfin, pour finir par le début, **que signifie, pour vous, le titre de ce film, *La Vie rêvée des anges?*** Son sens n'est pas immédiatement clair, et une critique de cinéma le traite de "titre énigmatique, fluide et dansant comme un bout de poème" (Soullard 266). L'idée de "rêve" est pourtant évoquée plusieurs fois dans le film. Marie dit à Isa, par exemple, vers la fin du récit sentimental de celle-ci, dans le grand lit, "Tu rêves beaucoup", et Isa écrira dans le petit mot qu'elle laisse pour Marie à la fin du film, "Je te souhaite la vie que tu veux, celle que tu rêves". Mais la notion d'"anges" est plus difficile à saisir. Certains critiques se réfugient dans des métaphores, remarquant que les deux jeunes filles "se brisent les ailes", ou qu'elles sont des "anges aux ailes froissées", ou encore qu'elles sont des "anges à qui la vie met du plomb dans l'aile". Zonca, lui, explique son titre ainsi, donnant deux versions différentes de l'allusion aux "anges": (1) "Le film s'appelle *la Vie rêvée des anges* parce que Marie et Isa s'illusionnent, rêvent leurs rapports aux autres. Anges parce que je les vois comme des personnages vierges, pas encore entachés par la vie" (Rousseau 5); (2) "*La vie rêvée* renvoie au rêve d'amour absolu dans lequel Marie, l'une des deux héroïnes, s'engouffre; c'est aussi le rêve d'un rapport idyllique entre Isa (sa copine) et les autres. *Les anges* donnent l'idée de poésie, bien que le film ait peu à voir avec cela" (Schwaab 6). Un autre critique de cinéma note toutefois, "D'anges, les per-sonnages n'ont pourtant que le nom, englués dans une réalité sociale extrêmement dure . . . " (Mérigeau 146). **Qu'en pensez-vous? Isa et Marie peuvent-elles être consi-dérées comme des "anges" dans une certaine perspective? Laquelle?**

Finalement, arrivez-vous à vous identifier à l'une ou à l'autre de ces deux jeunes filles? **Compatissez-vous avec elles, ou les jugez-vous mal?**

Filmographie d'Erick Zonca

1992   *Rives (court métrage)*

1993   *Eternelles (court métrage)*

1995   *Seule (court métrage)*

1998   *La Vie rêvée des anges*

1999   *Le Petit Voleur (film pour la télévision)*

2008   *Julia*

2014   *Soldat blanc (film pour la télévision)*

Œuvres consultées

Baudin, Brigitte. "Erick Zonca: l'amitié pour tout bagage". *Le Figaro* 16 mai 1998: 24–25.

Beugnet, Marie. "Le Souci de l'autre: réalisme poétique et critique sociale dans le cinéma français contemporain". *IRIS* 29 (2000): 53–66.

Coppermann, Annie. "Une justesse miraculeuse". *Les Echos* 17 sept. 1998: 55.

Douin, Jean-Luc. "Elodie Bouchez fait scintiller les étoiles de jadis". *Le Monde* 17–18 mai 1998: 25.

Ferenczi, Aurélien. "Le Cas Zonca". *Télérama* 16 sept. 1998: 26–32.

Frodon, Jean-Michel. "Une œuvre au noir". *Le Monde* 17 sept. 1998: 27.

Garbarz, Franck, et Yann Tobin. "Erick Zonca". *Positif* 451 (sept. 1998): 36–40.

Gonzalez, Christian. "Nouvelles Muses du cinéma français". *Madame Figaro* 26 sept. 1998: 64–66.

Grassin, Sophie. "Deux anges passent". *L'Express* 10 sept. 1993: 92.

Guérin, Nadine. "Entretien avec Erick Zonca". *Jeune Cinéma* 251 (sept.–oct. 1998): 20–22.

Hardwick, Joe. "Fallen Angels and Flawed Saviours: Marginality and Exclusion in *La Vie de Jésus* and *La Vie rêvée des anges*". *Studies in French Cinema* 7.3 (2007): 219–30.

Harris, Sue. "Dispossession and Exclusion in *La Vie rêvée des anges*". *Possessions; essays in French literature, cinema, and theory*. Ed. Julia Horn et Lynsey Russell-Watts. Oxford, UK: Peter Lang, 2003. 183–98.

Kaganski, Serge, et Sophie Bonnet. "Une nouvelle vie". *Les Inrockuptibles* 16 sept. 1998: 20–25.

Leclère, Jacques. "*La Vie rêvée des anges*". *L'Avant-Scène Cinéma* 475 (oct. 1998): 105–6.

Maillochon, Florence. "Penser l'initiation sexuelle à la fin du siècle". *Critique* (juin 2000): 531–42.

Mérigeau, Pascal. "La Révélation Zonca". *Le Nouvel Observateur* 14 mai 1998: 146.

———. "La Vie rêvée de Zonca". *Le Nouvel Observateur* 10 sept. 1998: 102.

Murat, Pierre. "*La Vie rêvée des anges*". *Télérama* 16 sept. 1998: 24–26.

Orr, Christopher. "A Working Class Hero(ine) Is Something to Be". *Film Criticism* 27.1 (2002): 36–49.

Pascal, Michel. "Les Anges vont en enfer". *Le Point* 12 sept. 1998: 88.

Rousseau, Nita. "Deux anges à la dérive". *TéléObs* 10 févr. 2000: 4–5.

Schwaab, Catherine. "Erick Zonca" (entretien). *Match de Paris* 17 sept. 1998: 6–7.

Smith, Gavin. "*La Vie rêvée des anges*". *Sight and Sound* 8 nov. 1998: 64.

Soullard, Catherine. "*La Vie rêvée des anges*". *Etudes* (sept. 1998): 266–68.

Stigsdotter, Ingrid. "British Audiences and 1990s French New Realism: *La Vie rêvée des anges* as Cinematic Slum Tourism". *Je t'aime . . . moi non plus: Franco-British Cinematic Relations*. Ed. Lucy Mazdon et Catherine Wheatley. New York: Berghahn Books, 2010. 169–81.

Théobald, Frédéric. "Zonca ouvre les cœurs". *La Vie* 2768 (sept. 1998): 50–51.

Tobin, Yann. "*La Vie rêvée des anges*". *Positif* 449/450 (juill.–août 1998): 109–10.

Toscan du Plantier, Daniel. "Les Enfants perdus du paradis". *Le Figaro Magazine* 12 sept. 1998: 75.

Vassé, Claire. "*La Vie rêvée des anges*. Entre terre et ciel". *Positif* 451 (sept. 1998): 34–35.

Zonca, Erick, réal. *La Vie rêvée des anges*. Sony Pictures Classics, 1999.

III

Thèmes de société 2: école, immigration

Abdellatif Kechiche, *L'Esquive* (2003)

Laurent Cantet, *Entre les murs* (2008)

Philippe Lioret, *Welcome* (2009)

Les réalisateurs des années 2000 continuent de s'intéresser aux thèmes de société abordés par ceux de la décennie précédente—la pauvreté, le chômage, l'immigration et ses conséquences, en particulier dans les banlieues—, mais ils recherchent de nouvelles approches. Nous présentons dans ce chapitre trois films phares traitant de l'immigration, dont deux par le biais de l'école.

Le thème de l'immigration occupe une place importante dans le cinéma français depuis la naissance du "cinéma beur" dans les années 80. Les premiers films par des réalisateurs issus de l'immigration maghrébine mettaient en scène des personnages beurs (des immigrés de la deuxième génération nés en France) dans des rôles centraux, alors que ceux-ci étaient invisibles ou stéréotypés précédemment—le plus souvent comme délinquants. Dans les années 80 et 90, ces films étaient pour la plupart des films de réalisme social à petit budget situés en banlieue, comme ceux de Mehdi Charef (*Le Thé au harem d'Archimède*, 1985) et Malik Chibane (*Hexagone*, 1994; *Douce France*, 1995). Leurs personnages sont souvent des jeunes gens qui cherchent leur identité, car, élevés en France, ils ne partagent pas la culture traditionnelle de leurs parents, mais ils ont aussi du mal à se faire accepter dans la société française et à trouver du travail. Certains sombrent dans la délinquance, qui est présentée comme une conséquence de l'exclusion dont ils sont victimes plutôt qu'une caractéristique essentielle de l'immigré. Etant donné que la plupart des films beurs sont situés en banlieue, on les associe souvent aux "films de banlieue"—comme *La Haine*—dans les années 90, même si le réalisateur et les personnages d'un film de banlieue ne sont pas nécessairement issus de l'immigration et que la violence y est plus présente.

Depuis la fin des années 90, les films traitant de la banlieue et de l'immigration se sont diversifiés au niveau des genres, de l'esthétique et des thèmes, et le cinéma beur est devenu moins marginal (et d'ailleurs, cette appellation est de moins en moins utilisée). Le réalisme social, par exemple, a fait place à la comédie et au film historique, et l'espace privilégié des films ne se cantonne plus à la banlieue parisienne, certains ayant lieu dans des villes ou paysages ruraux de province ou même dans les pays d'origine des immigrés. Une dizaine de comédies (en particulier celles de Djamel Bensalah) ayant comme réalisateurs ou acteurs des Franco-Maghrébins ont obtenu un large succès populaire entre 1999 et 2010, et une poignée d'acteurs, comme Jamel Debbouze, Roschdy Zem et Gad

Elmaleh, ont rejoint Isabelle Adjani au rang des stars issues de l'immigration. Parmi les films historiques, on peut citer ceux à gros budget de Rachid Bouchareb (*Indigènes*, 2006, et *Hors-la-loi*, 2010) et des récits plus intimes de l'immigration, comme *Inch Allah dimanche* (2001) de Yamina Benguigui ou *Cartouches gauloises* (2007) de Mehdi Charef.

Certains réalisateurs maghrébins, comme Abdellatif Kechiche et Rabah Ameur-Zaïmeche, se sont graduellement éloignés du thème de l'immigration au cours de leur carrière et l'ont même abandonné dans leurs derniers films, *La Vie d'Adèle* pour le premier (2013), *Les Chants de Mandrin* (2011) et *Histoire de Judas* (2015) pour le deuxième.

C'est dans ce contexte de l'évolution de la représentation de la banlieue et de l'immigration à l'écran qu'il convient de placer *L'Esquive* d'Abdellatif Kechiche et *Entre les murs* de Laurent Cantet. Ces deux films abordent ces sujets sous l'angle de l'école, un autre thème privilégié du cinéma français. Depuis *Zéro de conduite* de Jean Vigo et *La Maternelle* de Jean Benoit-Lévy et Marie Epstein, tous deux de 1933, on ne compte plus les films traitant du système éducatif. Certains donnent une image négative de l'enseignant, comme *Zéro de conduite*, *Topaze* (1951) de Marcel Pagnol ou *Les Quatre Cents coups* (1959) de François Truffaut. D'autres, au contraire, montrent des professeurs soucieux de remplir leur vocation républicaine, comme *La Cage aux rossignols* (1945) de Jean Dréville, *Au revoir les enfants* (1987) de Louis Malle (voir Chapitre 2), *Etre et avoir* (2002) de Nicolas Philibert ou *Les Choristes* (2004) de Christophe Barratier, un remake du film de Dréville mettant en scène à la fois le bon et le méchant éducateur.

Depuis les années 90, de nombreux films sur l'école ont lieu en banlieue. Certains, comme la comédie populaire *Le Plus Beau Métier du monde* (1996) de Gérard Lauzier ou le drame *La Journée de la jupe* (2009) de Jean-Paul Lilienfeld—qui valut à Isabelle Adjani le César et le Prix Lumière de la Meilleure actrice et le prix d'interprétation féminine à Cannes—véhiculent une image alarmiste des écoles de la périphérie des grandes villes. *L'Esquive* et *Entre les murs* rompent avec cette représentation en proposant une réflexion sur le rôle de l'éducation comme ascenseur social. Comme eux, un certain nombre de films, y compris le documentaire *La Cour de Babel* (2013) de Julie Bertuccelli et *Les Héritiers* (2014) de Marie-Castille Mention-Schaar, s'interrogent sur les meilleures méthodes pédagogiques à adopter pour promouvoir l'intégration et la réussite par l'école.

Le dernier film de cette section, *Welcome* de Philippe Lioret, a pour thème principal l'immigration clandestine. C'est un sujet qui fait la une des journaux depuis les années 90 mais qui apparaissait peu à l'écran avant la sortie du film de Lioret. Le contexte de l'immigration clandestine sera développé au Chapitre 10.

Œuvres consultées

Durmelat, Sylvie, et Vinay Swamy, éds. *Screening Integration: Recasting Maghrebi Immigration in Contemporary France*. Lincoln: U of Nebraska P, 2012.

Higbee, Will. *Post-Beur Cinema. North African Emigré and Maghrebi-French Filmmaking in France since 2000*. Edinburgh, UK: Edinburgh UP, 2013.

Vincendeau, Ginette. "The Rules of the Game". *Sight and Sound* 19.3 (2009): 34–36.

8

Abdellatif Kechiche

L'Esquive

(2003)

Abdellatif Kechiche, *L'Esquive*: On répète *Le Jeu de l'amour et du hasard* en classe.

Réalisation . . . . Abdellatif Kechiche
Adaptation et dialogues . . . . Ghalya Lacroix, Abdellatif Kechiche
Scénario . . . . Abdellatif Kechiche
Directeur de la photographie . . . . .Lubomir Bakchev
Ingénieur du son . . . . .Nicolas Washkowski
Montage . . . . .Ghalya Lacroix
Décors . . . . .Michel-Ange Gionti
Costumes . . . . Mario Beloso-Hall
Scripte . . . . .Ghalya Lacroix
Production . . . . Jacques Ouaniche
Durée 1h59

Distribution

Osman Elkharraz (*Krimo*), Sara Forestier (*Lydia*), Sabrina Ouazani (*Frida*), Nanou Benhamou (*Nanou*), Hafet Ben-Ahmed (*Fathi*), Aurélie Ganito (*Magali*), Carole Franck (*la prof de français*), Hajar Hamlili (*Zina*), Rachid Hami (*Rachid*), Meriem Serbah (*la mère de Krimo*), Hanane Mazouz (*Hanane*), Sylvain Phan (*Slam*)

Synopsis

Dans une cité de banlieue, Krimo, un adolescent taciturne, s'éloigne de ses potes (copains), qui sont en train d'organiser des représailles contre une autre bande de jeunes. Son père est en prison et Magali, sa copine, le plaque peu après. Survient alors Lydia, qui parade dans la cité vêtue d'une magnifique robe d'époque, car elle va interpréter Lisette dans *Le Jeu de l'amour et du hasard* de Marivaux lors de la fête du collège. Krimo accepte d'assister à une répétition dans un petit amphithéâtre en plein air en bas des tours, ce qui n'est pas du goût de Frida, l'autre apprentie-comédienne. Subjugué, Krimo décide de jouer dans la pièce pour se rapprocher de Lydia, et il profite d'une répétition pour avouer sa flamme bien maladroitement. Lydia, surprise, demande à réfléchir.

Comme Lydia tarde à décider si elle "kiffe" (aime) Krimo et veut sortir avec lui, les jeunes de la cité se mobilisent pour faire pression sur elle, avec des conséquences douloureuses. Entretemps, Krimo laisse tomber son rôle, car il n'est assurément pas doué pour le théâtre, et il subit lui aussi la pression de ses copains, qui voudraient bien le réconcilier avec Magali. De son côté, Magali en veut à Lydia de lui avoir soufflé son petit ami—qu'elle avait pourtant quitté. Que de complications! Comment tout ceci va-t-il bien pouvoir se terminer?

Le Réalisateur

Né en Tunisie en 1960, Abdellatif Kechiche grandit dans la cité des Moulins à Nice, près des studios de cinéma de la Victorine, où il voit défiler stars et limousines. Il étudie le métier d'acteur au conservatoire de Nice en 1977–78 et se produit dans quelques pièces, y compris au Festival d'Avignon, tout en faisant de la figuration au cinéma. Il obtient son premier rôle important dans *Le Thé à la menthe*, d'Abdelkrim Bahloul (1985), où il campe un jeune immigré algérien vivant de petits trafics. Puis il incarne un gigolo dans *Les Innocents* d'André Téchiné (1987) et dans *Bezness*, de Nouri Bouzid, rôle qui lui vaut le prix d'interprétation masculine au Festival francophone de Namur en 1992.

Kechiche entame sa vie de cinéaste avec *La Faute à Voltaire* (2000), histoire d'un clandestin tunisien qui survit en travaillant au noir à Paris. Jallel évolue parmi des petites gens au grand cœur filmés avec humanité, dont Lucie, une jeune marginale rencontrée dans un asile psychiatrique (interprétée par Elodie Bouchez, une des deux actrices principales de *La Vie rêvée des anges*). Contrairement à d'autres cinéastes issus de l'immigration, Kechiche évite de dresser un portrait misérabiliste de la population immigrée, préférant filmer le domaine des sentiments. Il dit d'ailleurs qu'il est devenu réalisateur pour rompre avec la représentation stéréotypée des immigrés dans les films des années 80: "C'était une époque où il y avait une façon de parler de l'immigré, une image de l'immigré dans le cinéma français avec laquelle je n'étais pas en accord, plutôt négative et souvent fausse [...]. J'ai eu le sentiment qu'il fallait que je prenne la parole" (Fontanel 4).

La Faute à Voltaire reçoit le Lion d'or de la Meilleure première œuvre au Festival de Venise, mais cela n'empêche pas Kechiche de galérer pour réaliser *L'Esquive*, son deuxième long métrage, dont il avait commencé le scénario au début des années 90. Ce film, qui reçoit seize prix—dont quatre Césars— en 2004, le propulse sur le devant de la scène cinématographique. Il est suivi par le tout aussi réussi *La Graine et le mulet* (2007), qui dépeint la vie familiale et professionnelle d'un vieil immigré tunisien installé depuis de longues années à Sète, dans le sud de la France. Licencié pour raisons économiques, celui-ci se lance dans la rénovation d'un vieux bateau qu'il rêve de convertir en restaurant spécialisé en couscous. Kechiche essuie ensuite un échec commercial avec *Vénus noire* en 2010, un récit de la vie tragique de Saartjie Baartman, appelée aussi la Vénus hottentote, une jeune Africaine aux formes généreuses exhibée dans des foires en Angleterre avant d'être exposée au Musée de l'Homme à Paris après sa mort en 1815. Il obtient à nouveau la consécration grâce à *La Vie d'Adèle*, qui reçoit de nombreux prix et nominations, dont la Palme d'or au Festival de Cannes en 2013. Avec ce récit d'une histoire d'amour passionnel entre deux femmes de milieux sociaux différents, Kechiche s'éloigne des thèmes (post)coloniaux de ses films précédents.

Kechiche a donc un parcours singulier parmi les cinéastes de sa génération. Passé derrière la caméra pour offrir un regard nouveau sur la condition immigrée, il s'est progressivement écarté de ce sujet en montrant des personnages de plus en plus enracinés en France, passant du clandestin aux jeunes Beurs vivant en banlieue parisienne, puis à une famille multigénérationnelle établie en province, pour enfin dépeindre des protagonistes non immigrés.

La Genèse et la réalisation

Kechiche eut beaucoup de difficultés à réaliser *L'Esquive*. Une cinquantaine de producteurs et de chaines de télévision ont refusé la première version de son scénario, car Kechiche comptait faire appel à des acteurs inconnus et que son approche ne correspondait pas à leurs attentes sur la représentation de la banlieue—on lui a demandé, par exemple, d'ajouter une scène où Krimo irait voir son père en prison (Aubenas 5). Kechiche explique ainsi la situation: "Je crois que le scénario a, paradoxalement, souffert de ce que je voulais défendre un autre regard sur la cité. On a fait une telle stigmatisation des quartiers populaires de banlieue, qu'il est devenu quasiment révolutionnaire d'y situer une action quelconque, sans qu'il y soit question de tournantes [viols collectifs], de drogue, de filles voilées ou de marjages forcés" ("Dossier de presse"). Il finit par trouver le producteur Jacques Ouaniche, qui cherchait une histoire réalisable avec peu de moyens et portant un regard personnel et novateur sur les cités.

Les financements firent aussi défaut (trois millions et demi d'euros au lieu des douze millions espérés), ce qui nécessita des mesures d'économie: pas de maquillage ni d'éclairage pour les acteurs, tournage en numérique pour économiser la pellicule et son développement, six semaines et demie de tournage au lieu de dix dans la cité de Franc-Moisin à Saint-Denis, sacrifices sur les repas, les salaires et les costumes—on utilise les vêtements des acteurs (Mélinard). Sara Forestier (Lydia) se souvient de ces conditions draconiennes: "On a répété plus de deux mois dans un squat sans être payés. On a fait deux mois de tournage avec un tout petit budget", ce qui ne l'a pas empêchée d'apprécier son travail sur le film (90). Quant à Kechiche, il dit que la réalisation du film avec si peu de moyens relève "du domaine du miracle" (Mélinard).

Les Interprètes

La distribution de *L'Esquive* est composée essentiellement d'acteurs débutants. Seuls quelques personnages adultes sont incarnés par des professionnels: Carole Franck (la prof de français), la plus connue, a interprété une cinquantaine de rôles; Olivier Loustau, un des policiers, a joué dans une trentaine de films; Meriem Serbah (la mère de Krimo) a quelques films à son actif. Ces trois acteurs avaient déjà joué, d'ailleurs, dans *La Faute à Voltaire*, le premier long métrage de Kechiche.

Les deux actrices principales, Sara Forestier, née en 1986, et Sabrina Ouazani, de deux ans sa cadette, furent révélées par *L'Esquive* et reçurent toutes deux des nominations pour le César du Meilleur espoir féminin, remporté par "l'époustouflante Sara Forestier, sorte de jongleuse du langage" (Mélinard). Celle-ci, originaire de Paris, avait tourné un téléfilm pour la chaîne Arte et joué de petits rôles au cinéma avant d'être repérée par Kechiche. Elle laissa tomber ses études secondaires pour se consacrer au cinéma. Le rôle de Frida était un premier rôle pour Sabrina Ouazani, née de parents algériens et élevée dans un quartier ressemblant à celui du film, le quartier des 4000 à La Courneuve. Les deux actrices ont fait depuis une brillante carrière au cinéma. Sara Forestier a joué dans une quarantaine de films auprès de réalisateurs comme Claude Lelouch, Michel Deville, Bertrand Blier, Thomas Gilou et Alain Resnais. Elle a reçu le César de la Meilleure actrice pour son rôle dans la comédie *Le Nom des gens* (Michel Leclerc, 2010) et une seconde nomination pour ce prix pour sa prestation dans *Suzanne* de Katell Quillévéré (2013). Après *L'Esquive*, Sabrina Ouazani a joué dans une cinquantaine de films, dont *La Graine et le mulet* d'Abdellatif Kechiche (2007), *Paris* de Cédric Klapisch (2008), *La Source des femmes* de Radu Mihaileanu (2009) ou encore *Des hommes et des dieux* de Xavier Beauvois (2010).

Les autres acteurs du film étaient eux aussi des non professionnels recrutés dans des établissements scolaires de la région parisienne. Osman Elkharraz (Krimo), par exemple, était un élève peu assidu bien connu des assistants sociaux de Colombes, qui le croyaient incapable de réussir en tant qu'acteur (pari démenti, car il reçut une nomination pour le César du Meilleur espoir masculin!). Comme un bon nombre de jeunes des cités, il fut victime d'un contrôle de police lors d'une soirée entre copains pendant le tournage (Grassin 86). Selon Kechiche, "son parcours de vie lui a donné à la fois une grande sensibilité, et une force de caractère incroyable pour son âge [il n'avait que quatorze ans]" ("Dossier de presse").

La Réception

Sorti en salles le 7 janvier 2003, le film est encensé par la critique. Il bénéficie d'une reprise en mars 2005 à la suite de sa consécration inattendue aux Césars, où il a supplanté les favoris, *Les Choristes* de Christophe Barratier et *Un Long Dimanche de fiançailles* de Jean-Pierre Jeunet. Le film a été récompensé par quatre Césars (Meilleur film, Meilleur réalisateur, Meilleur espoir féminin pour Sara Forestier, Meilleur scénario original) et deux autres nominations dans les catégories Meilleur espoir masculin (Osman Elkharraz) et Meilleur espoir féminin (Sabrina Ouazani). Il reçut aussi le Prix Louis Delluc en 2004 (un prix prestigieux récompensant le meilleur film français sorti dans l'année) et, entre autres, le Prix Lumières de la presse étrangère en 2005 dans la catégorie Meilleur scénario original ou adaptation. *L'Esquive* a enregistré plus de 637 000 entrées à ce jour, un bon chiffre pour un film d'auteur.

François Bégaudeau, critique aux *Cahiers du cinéma* qui écrira plus tard le scénario du film phénomène *Entre les murs*, résume ainsi son impact: "Film français de l'année, *L'Esquive*? Le plus commenté en tout cas. Depuis sa sortie en janvier (cf. *Cahiers* n° 586), il n'a pas cessé d'occuper le centre du débat, critique mais pas seulement. Pour une fois, un film fait parler: dans les journaux, à l'école, partout" (78).

Montré dans plusieurs lycées de banlieue, le film provoque des réactions partagées chez les professeurs, certains n'appréciant pas le message pédagogique qu'ils pensent y trouver, d'autres se reconnaissant dans le personnage de l'enseignante, comme cette professeure de banlieue qui remarque: "Dix fois j'ai dû me retenir de pleurer. C'est tellement ça, tellement vrai, la détresse des enfants, leur ennui, leur solitude, leur honte, parfois, au moment de monter sur scène" (Fajardo). Les jeunes de banlieue, eux, s'identifient surtout au personnage de Fathi, le "dur" du quartier fidèle en amitié, plutôt qu'à Krimo, l'amoureux. Ils sont aussi sensibles à la scène de l'arrestation, qui fait partie de leur réalité quotidienne.

Les critiques saluent d'abord la nouveauté du regard de Kechiche sur la banlieue: "Pour la première fois, on ne braque pas une caméra comme un revolver sur la cité qui fait peur et sa faune pittoresque ou menaçante" ("La banlieue côté cœur"). On sait gré au réalisateur d'avoir évité à la fois "les rituels balisés du film de banlieue" du type *La Haine* (Thabourey 43) et l'angélisme de certains films beurs des années 80: "Il faudrait être aveugle pour ne discerner [...] dans le film d'Abdellatif Kechiche qu'une ode à la Seine Saint-Denis, grassouillette de bons sentiments, d'argot à l'ancienne, pour une ambiance de comédie sociale façon années 80, complètement détachée de son temps" (Maussion 6).

A l'instar de Jean-Philippe Tessé, pour qui "Abdellatif Kechiche esquive. Attendu sur la banlieue, il filme avant tout l'adolescence" (52), les critiques mettent en avant la finesse de l'analyse des premiers émois amoureux et invoquent le lignage de Kechiche avec les cinéastes de l'adolescence comme Jean Vigo, Jacques Doillon et surtout Maurice Pialat. Ils trouvent original d'avoir appréhendé les sentiments par le biais du théâtre de Marivaux tout en suggérant que la culture classique et la banlieue ne sont pas incompatibles. Ils le louent particulièrement pour avoir mis la langue au centre de son film. Guillaume Massart résume bien l'originalité de son regard sur la banlieue en choisissant comme sous-titre de son article "MA 6-T VA TCHATCHER", variation sur le titre d'un film coup de poing de Jean-Francois Richet, *MA 6-T VA crack-er* (1997). "Tchatcher", qui signifie "parler beaucoup", est caractéristique des relations entre les jeunes des banlieues, comme nous l'avons déjà vu dans *La Haine* de Mathieu Kassovitz.

Même si Kechiche utilise la cité comme simple toile de fond et évite toute revendication, certains critiques voient dans son film un acte politique. Pour Colombani, une profondeur politique se cache sous le discours amoureux, la subversion consistant à "mettre sur le devant de la scène les Arlequin et Lisette d'aujourd'hui". Kaganski est d'accord: "Si *L'Esquive* est politique, ce n'est pas parce qu'il dénonce des injustices connues de tous ou apporte des solutions aux fractures françaises, mais bien parce qu'il fait jouer des jeunes beurs dans un marivaudage et les fait échapper le temps d'un film à leur prison identitaire ou sociale". Rare ombre au tableau, on reproche au réalisateur d'avoir cédé aux clichés en filmant un contrôle de police, mais on interprète parfois cette scène comme subversive car Kechiche, contrairement à Kassovitz dans *La Haine*, par exemple, ne montre pas les suites de cet épisode. A la place, il inclut une ellipse et passe sans transition au spectacle de fin d'année. Cette scène joyeuse a elle aussi reçu quelques critiques négatives, certains, comme Thabourey et Bégaudeau, reprochant à Kechiche d'avoir représenté une banlieue idyllique où les générations et les cultures coexistent trop paisiblement.

Le Théâtre dans *L'Esquive: Le Jeu de l'amour et du hasard*

Les personnages de *L'Esquive* répètent *Le Jeu de l'amour et du hasard* (1730), une pièce de Marivaux (1688–1763). Marivaux est un écrivain du dix-huitième siècle, auteur de romans très longs comme *La Vie de Marianne* et *Le Paysan parvenu* et surtout connu comme dramaturge. Ses comédies, comme *Le Jeu de l'amour et du hasard* et *Les Fausses Confidences*, explorent la psychologie des sentiments. Marivaux s'intéresse en particulier à la naissance et à l'évolution de l'amour, et il analyse les nombreux obstacles (comme la fierté, le doute, la peur, l'amour-propre) qui retardent son éclosion. On a donné à cette analyse des sentiments le nom de "marivaudage" (Voltaire, lui, a décrit le marivaudage comme l'art de "peser des œufs de mouches dans des balances de toiles d'araignées"). Le langage joue un rôle essentiel dans l'expression des nuances des émotions dans ses pièces. Marivaux s'intéressait aussi à l'influence de la condition sociale sur le comportement, et il était considéré subversif car il mélangeait souvent les classes. Dans *Le Jeu de l'amour et du hasard*, une pièce en trois actes, Sylvia et Dorante sont deux jeunes aristocrates qui doivent faire un mariage arrangé. Chacun demande à son père l'autorisation de se déguiser en sa servante/son serviteur pour mieux observer son futur conjoint. On assiste donc à un renversement des rôles, Sylvia et Dorante se faisant passer pour Lisette et Arlequin et vice versa. Malgré le déguisement ainsi que les préjugés de classe, chaque personnage tombe amoureux de la personne de sa propre condition sociale, et tout rentre dans l'ordre.

    L'Esquive se concentre sur la répétition de quelques extraits de la pièce mettant en scène les serviteurs déguisés en maîtres, Lydia jouant le rôle de Lisette et Krimo et Rachid celui d'Arlequin. Frida, elle, interprète Sylvia, l'aristocrate déguisée en servante. Les jeunes répètent la pièce dans la cité et en classe avant de la jouer devant leurs familles et amis à la fin du film. Interrogé sur le recours à la pièce de Marivaux dans son film, Kechiche invoque l'envie d'analyser les sentiments et son intérêt pour la créativité du langage de Marivaux et du parler des cités:

> J'avais envie de parler de théâtre dans une cité. Je voulais que mes personnages vivent un marivaudage [...]. Ça me faisait plaisir de mélanger les deux formes de langage. J'aime beaucoup le langage de Marivaux, mais j'aime beaucoup celui de ces jeunes que je trouve très inventif. C'est un mélange culturel [...]. Il n'y a pas une volonté de mettre sur une échelle de valeur une culture par rapport à une autre. Les deux peuvent se marier. En tout cas, on peut passer de l'une à l'autre. (Mélinard)

Le titre du film est extrait de la scène 6 de l'Acte III, dans laquelle Arlequin essaie de se rapprocher de Lisette, qui l'esquive (c'est-à-dire l'évite) en s'éloignant de lui (c'est la scène que Lydia répète avec Rachid, puis avec Krimo.) A cette occasion, Arlequin dit: "Enfin, ma Reine, je vous vois et je ne vous quitte plus, car j'ai trop pâti d'avoir manqué de votre présence, et j'ai cru que vous *esquiviez* la mienne". Le mot "esquiver" apparait plusieurs fois dans les dialogues du film, y compris sous sa forme verlanisée lorsque Lydia annonce à ses amies qu'elle a "vesqui" Krimo.

La Langue dans *L'Esquive*

L'Esquive est remarquable pour son utilisation originale de plusieurs registres de langue: le registre soutenu (la langue littéraire de Marivaux), le registre courant/standard (la langue parlée à l'école ou avec les adultes, y compris avec les policiers), et les registres familiers et argotiques (le verlan) des jeunes de la cité. C'est cet aspect du film qui a le plus enthousiasmé les critiques: "*L'Esquive* est un film de la parole. Parole brûlante, phénoménale d'énergie et d'invention" (Kaganski), "un film qui parle deux langues à la fois. Une langue d'aujourd'hui, inventive, drôle, émouvante, qu'on prend un plaisir incroyable à explorer, déchiffrer, deviner; en s'amusant de sa poésie abrupte et jubilatoire [. . .]. Et une autre langue, plus ancienne, celle de Marivaux, qu'on s'étonne de trouver si vraie, quand elle est redécouverte et portée par ces jeunes d'une cité" (Fansten).

Déchiffrer la langue des adolescents du film n'est pas chose facile, car il s'agit de la langue des cités, mélange créatif de verlan, de mots d'origine étrangère, de néologismes, d'images, d'expressions de la langue courante, le tout prononcé avec intensité sur un rythme rapide. Kechiche était "fasciné par le rapport que les jeunes ont à la langue dans les banlieues", qu'il considérait comme "une langue de liberté, d'inventivité, de plaisir, de sensualité" (Regnier). Comme il avait écrit son scénario quinze ans avant la réalisation de *L'Esquive*, il a passé du temps dans des MacDo pour écouter les jeunes parler et voir comment le langage avait évolué (Porton 48). En utilisant le "parler banlieue" dans son film, Kechiche a repris une pratique des années 90 qui s'est surtout développée avec le succès médiatique et commercial de *La Haine* en 1995.

En quoi consiste la langue des cités? Le verlan, un type d'argot, y tient une large place. C'est le chanteur Renaud qui l'a fait connaître au grand public avec sa chanson "Laisse béton" (Laisse tomber) en 1977, suivi en cela par des réalisateurs comme Claude Zidi et Josiane Balasko et leurs comédies populaires sur des policiers (respectivement *Les Ripoux*, verlan de "pourris", en 1983, et *Les Keufs*, verlan de "les flics", en 1987). Dans sa forme la plus simple, le verlan consiste à inverser les syllabes d'un mot (le mot "verlan" est lui-même le résultat de la permutation des deux syllabes du mot "l'envers"). Le mot verlanisé peut être un mot courant (comme "café", qui devient "féca") ou un mot d'argot ("mec", qui donne "keum"). Dans *L'Esquive*, on entend par exemple les mots "cimer" (merci), "chelou" (louche [bizarre]), "eins" (sein), "guedin" (dingue), "oïm" (moi), "ouf" (fou), "secla" (classe), "téma" (mater [regarder]), "vénère" (énervé). L'inversion des syllabes s'accompagne parfois d'autres changements, comme dans le cas de "Beur" (Arabe), de "meuf" (femme) et de "keuf" (flic).

Petit à petit, certains mots de verlan se sont introduits dans le français familier (et dans certains dictionnaires, comme *Le Petit Robert*) et ont donc perdu leur aspect subversif ou identitaire. Pour y remédier, on applique parfois le procédé de re-verlanisation.

A "meuf", "keuf" et "beur" correspondent ainsi "feum", "feuk", et "rebeu", avec quelques nuances au niveau de la signification. Le verlan est donc une langue extrêmement créative et en constante mutation.

Le verlan a plusieurs fonctions: ludique (pour jouer avec le langage), identitaire (utiliser des mots qui permettent de se différencier et de se valoriser) et subversive (manifester son opposition par rapport aux représentants de l'autorité, comme les adultes, les professeurs etc.). Le vocabulaire verlanisé concerne en priorité les mots reflétant la vie des quartiers déshérités, et les termes liés à la violence et à la drogue y sont très courants. La langue des cités ne se limite pourtant pas au verlan. Dans *L'Esquive*, on trouve aussi des mots empruntés à l'argot parisien (Krimo parle de son "daron" [son père]), des mots arabes ("bsarh tik", "mabrouk" [félicitations, bravo], "ouallah" ["je le jure sur Allah "]), des mots arabes francisés ("kiffer [aimer]; "niquer [avoir des relations sexuelles]), des adjectifs utilisés comme adverbes ("mortel", "grave", signifiant tous deux "énormément"), des expressions emphatiques ("sur la tête de ma mère", "sur la tête de oim", "sur le Coran de la Mecque", "sur la vie de ma race") et des images et expressions vulgaires ("je m'en bats les couilles" [je m'en moque], "il pue la merde" [il est nul]).

Voici, par exemple, comment Hanane et Rachid répondent à Lydia quand elle leur demande ce qu'ils pensent de sa robe:

> HANANE: Na, ouallah, elle est trop belle mabrouk!
>
> LYDIA: Sérieux? Elle est belle?
>
> RACHID: Bsarh tik!
>
> LYDIA: Ça fait bien ou quoi?
>
> RACHID: Mortel!
>
> LYDIA: Ouais? Ça fait bien?
>
> RACHID: Ouais, moi je kiffe!

Les personnages féminins de *L'Esquive* utilisent le même langage que les garçons, même si celui-ci est souvent sexiste. Elles s'apostrophent en utilisant le terme "mon frère", utilisent le terme de "pute" pour parler des filles, s'expriment fort et de manière agressive comme eux. Ceci est une évolution par rapport à un film comme *La Haine* une dizaine d'années plus tôt, où les personnages féminins, peu importants, parlaient aussi de façon moins vulgaire. On peut penser que cela reflète le désir de s'approprier la langue des garçons pour se faire respecter. Comme le dit Lalanne, "Ça dit peut-être la nécessité d'endurcissement des filles dans la cité. En disant 'mon frère' entre elles, elles ne sont plus une fille mais l'égal des mecs, elles ne sont pas des victimes".

Enfin, il faut dire un mot de l'habitude, dans les cités, de parler fort et rapidement, en usant d'exagérations, sans faire de pause, comme si on participait à un combat de boxe ou d'escrime. Pour Sabrina Ouazani, qui joue Frida, parler fort est le seul moyen d'exister dans le monde difficile de la cité: "Dans les cités, les gens n'ont pas un grand avenir, dit-elle. Ils ont tellement l'habitude qu'on les méprise . . . Si on ne parle pas fort, si on ne crie pas, on ne va pas nous écouter, on ne va pas nous entendre" (Regnier).

La langue, dans ce film, est une langue qui "esquive": il ne faut pas interpréter sa violence au premier degré, mais comme un moyen d'exprimer des sentiments d'amour et d'amitié de manière déguisée, car le faire directement serait un aveu de faiblesse et irait à l'encontre des codes virils de la cité. Kechiche dit qu'il voulait "démystifier cette agressivité verbale, et la faire apparaître dans sa dimension véritable de code de communication. Une sorte d'agressivité de façade qui cache bien souvent une certaine pudeur, et même parfois une véritable fragilité, plus qu'une violence à proprement parler" ("Dossier de presse"). Sara Forestier (qui interprète le personnage de Lydia) s'enthousiasme, comme les critiques, sur le rôle spécial que Kechiche accorde au langage dans *L'Esquive*: "Dans le film, la prof veut ouvrir à ses élèves la porte sur plein de richesses extérieures; Abdellatif, lui, ouvre la porte sur la richesse du langage des banlieues. Il l'a montré tel que cela n'avait jamais été fait avant, en mettant en valeur sa musicalité, ses métaphores propres, loin des clichés véhiculés par la télévision. Pour une fois, c'est un regard esthétique qui est posé sur cette réalité [...]. Les gens viennent nous demander si nous parlons vraiment comme cela entre nous: c'est le signe de notre réussite!" (Regnier).

DOSSIER PÉDAGOGIQUE

Qu'est-ce qui se passe dans ce film?

1. De quoi parlent les jeunes au début? Que fait Krimo au lieu de se joindre à eux?

2. Qu'est-ce que Lydia est en train de faire quand Krimo la voit au sous-sol d'un immeuble de la cité?

3. Où est-ce que les jeunes répètent une scène du *Jeu de l'amour et du hasard*? Pourquoi Frida est-elle en colère contre Lydia?

4. Quelle est la situation familiale de Krimo?

5. Pourquoi Krimo veut-il jouer le rôle d'Arlequin à la place de Rachid? Pourquoi est-ce que Rachid lui cède le rôle?

6. De quoi Magali accuse-t-elle Lydia? Qu'est-ce qu'elle menace de faire?

7. Comment est Krimo dans le rôle d'Arlequin? Comment réagissent ses camarades et la prof quand il joue?

8. Qu'est-ce qui se passe de dramatique pendant la répétition entre Lydia et Krimo dans l'amphithéâtre?

9. Pourquoi Fathi agresse-t-il Frida et confisque-t-il son portable?

10. Qu'est-ce qui se passe pendant que Krimo et Lydia discutent dans la voiture au bord de la route?

11. Où a lieu le spectacle de fin d'année? Qui y assiste? Qui regarde de l'extérieur?

12. Que fait Lydia à la fin du film? Que fait Krimo?

Vrai ou Faux?

Si la phrase est fausse, corrigez-la!

1. Lydia porte sa robe du dix-huitième siècle partout parce qu'elle est fière de l'avoir faite elle-même.

2. Le père de Krimo aime peindre des tableaux d'animaux.

3. La mère de Krimo aime regarde   méricains à la télé et écouter du rock à la radio.

4. Dans la pièce de Marivaux, Li   teurs qui prétendent être des maîtres.

5. Fathi est le "chef" des jeunes   blèmes.

6. Fathi et ses copains ont de l'   nt du théâtre.

7. L'ami de Fathi lui apprend   de) Lydia.

8. Lydia ne peut pas décider s   a peur de la réaction de Magali.

9. Frida a peur que sa mère s   maison sans son portable.

10. La policière est plus douc   lègues masculins.

11. Pendant la fête de fin d'a   fants parle d'oiseaux qui ont fait un long voya

12. Magali et Krimo se son   ble à la représentation.

C   sances

1. Quel rôle la représent   ma a-t-elle joué dans la décision de Kechiche de deven

2. En quoi consiste l'év   s?

3. Quelles difficultés a   er *L'Esquive*?

4. Quels types d'acteu   u'est-ce que Sara Forestier a obtenu pour sa pre

5. Quels aspects de *L'Esq*   ticulièrement appréciés des critiques?

6. Pourquoi est-ce que certains critiques ont jugé que *L'Esquive* était un film politique?

7. Qu'est-ce que le "marivaudage"? Quelle est l'origine de ce terme?

8. Pourquoi Kechiche a-t-il intégré la pièce *Le Jeu de l'amour et du hasard* dans *L'Esquive*?

9. Qu'est-ce que le "verlan"? Donnez-en quelques exemples.

10. A part le verlan, quelles sont d'autres caractéristiques de la langue des cités? Qu'est-ce qu'on trouve, par exemple, dans le dialogue entre Hanane, Rachid et Lydia?

11. Pourquoi peut-il paraître surprenant (en pensant aux films de banlieue précédents) que les filles parlent la langue des cités? Comment cela s'explique-t-il?

12. Comment peut-on interpréter la violence du "parler banlieue"?

Pistes de réflexion et de discussion

1. Le Titre du film et l'entrée en matière

D'après le dictionnaire *Le Petit Robert*, l'esquive est "l'action d'éviter un coup par simple déplacement du corps", comme un boxeur, par exemple. Par extension, ce terme signifie le fait d'éviter une personne ou une situation. **D'après vous, à qui et à quoi s'applique ce terme dans le film? Quel(s) personnage(s) esquive(nt)?**

Pour le critique Jean-Philippe Tessé, "Abdellatif Kechiche esquive. Attendu sur la banlieue, il filme avant tout l'adolescence". **Comment interprétez-vous ce commentaire?** Comment les deux premières séquences du film, qui sont séparées par le générique et le titre *L'Esquive*, illustrent-elles cette citation? (A quoi s'attend-on pendant la première séquence, la discussion entre garçons? Qu'est-ce qui lui succède?) *Visionnez les deux premières séquences* (Extrait 1, 0'30–02'15, et Extrait 2, 02'15–04'20).

2. Les Personnages

+ **Krimo**

Nous savons que le père de Krimo est en prison et que sa mère l'élève seule tout en travaillant. Pourquoi Kechiche choisit-il de nous montrer sa famille et son logement, et pas ceux des autres personnages?

Pourquoi Krimo décide-t-il de faire du théâtre? Etant donné l'opinion de son groupe d'amis sur les garçons qui font du théâtre, qu'est-ce que cette décision nous apprend sur son état d'esprit?

Pourquoi Krimo ne réussit-il pas dans le rôle d'Arlequin?

+ **Lydia et Krimo**

D'après vous, quand est-ce que Krimo tombe amoureux de Lydia, son amie d'enfance? Quand est-ce que Lydia se rend compte des sentiments de Krimo pour elle? **Pourquoi tarde-t-elle tant à lui donner une réponse quand il lui demande si elle veut sortir avec lui?** Est-ce une "allumeuse", comme le disent Magali et Frida?

3. Les Groupes et les individus

Fathi est clairement le chef du groupe de garçons à la cité. Est-ce que le groupe des filles fonctionne de la même manière? **Quel est le "code" à respecter dans la cité en ce qui concerne les rapports sentimentaux?** Quel est le rôle du groupe dans les affaires de cœur?

4. Les Filles et les garçons

Comment les deux groupes, garçons et filles, parlent-ils entre eux? **Y a-t-il une différence dans la manière de parler des deux groupes?** Par exemple, *revisionnez la première séquence* (Extrait 1, 0'30–2'15) *et une des scènes où les filles discutent* (Extrait 3, 33'03–35'00). De quoi parlent les jeunes? Qu'est-ce qui frappe surtout dans les deux cas?

Comment le rôle des filles dans la famille est-il différent de celui des garçons, si l'on considère, par exemple, le cas de Zina, à qui Lydia montre sa robe au début du film? *Visionnez cette scène* (Extrait 4, 11'00–11'50).

Cet exemple mis à part, les filles sont-elles à égalité avec les garçons?

5. Les Espaces

Quels espaces de la cité est-ce qu'on voit? Lesquels ne sont pas montrés? Pourquoi? **Comment Kechiche introduit-il la réalité de la vie en cité dans son film?**

Dans quelles scènes est-ce que les personnages sortent de la cité? Qu'est-ce qui se passe alors? **Comment est-ce que cela influence notre perception de la cité comme environnement?** Par exemple, est-ce que la cité apparaît du coup comme un espace de liberté ou d'enfermement? Les deux?

6. La Langue

Quand est-ce que les jeunes parlent la langue des cités? Quand parlent-ils le français standard? Qu'est-ce que Kechiche veut montrer ainsi? Comparez par exemple les scènes suivantes pour illustrer vos réponses:

+ *Visionnez encore une fois la scène où Fathi parle à ses copains au début du film (Extrait 1, 0'30–2'15), et puis visionnez la scène où il parle à la mère de Krimo (Extrait 5, 40'50–41'50).*

+ *Visionnez les scènes où Lydia et Frida discutent de la manière de jouer les riches et les pauvres (Extraits 6 et 7, 18'10–19'10, 26'50–27'25).*

7. Le Théâtre

Quels parallèles pouvez-vous trouver entre le théâtre (en général) et le film de Kechiche? Où se passe l'essentiel de l'action? Comment passe-t-on d'une scène à l'autre (quelle sorte de raccords Kechiche utilise-t-il)? Au théâtre on voit toujours la scène entière, comme un plan d'ensemble statique (la caméra ne bouge pas). Qu'en est-il dans *L'Esquive*? Comment le style cinématographique de Kechiche compense-t-il le caractère relativement statique ("théâtral") de ses séquences? *Revisionnez, par exemple, la scène où les filles discutent entre elles, et observez le montage des plans et les recadrages de la caméra* (Extrait 3, 33'03–35'00).

Quels parallèles pouvez-vous trouver entre Le Jeu de l'amour et du hasard **et** L'Esquive **au niveau des thèmes et des motivations des personnages?** Comment, par exemple, la notion de "marivaudage" pourrait-elle s'appliquer aux complications sentimentales de Krimo et de Lydia?

Pendant une scène de classe, la prof dicte la question suivante comme sujet de réflexion: "Dans quelle mesure pensez-vous que Marivaux a voulu, dans la scène 5 de l'Acte I, privilégier l'analyse des sentiments aux dépens de l'action?" Ne pourrait-on pas poser cette question à propos du film de Kechiche? Comment ses plans renforcent-ils l'aspect psychologique du film? *Visionnez la séquence où Lydia et Krimo répètent leurs rôles* (Extrait 8, 58'05–1h02'20).

Quel rôle joue la pièce dans le film? Par exemple, quel impact a-t-elle sur l'intrigue amoureuse et sur la vie de la cité?

L'inclusion de la pièce de Marivaux dans le film a suscité de nombreuses interprétations. Certains critiques y voient un hommage de Kechiche au théâtre (il a débuté en tant qu'acteur). D'autres, comme Nettelbeck (314), pensent que cela montre les capacités d'intégration des adolescents des cités par le biais de la culture française. D'autres enfin, comme Kaganski, y voient la volonté de Kechiche d'échapper aux clichés sur la cité en filmant les préoccupations normales des adolescents (l'amour, l'amitié, la vie scolaire). **Quelle interprétation vous semble la plus pertinente?**

8. *L'Institution scolaire*

L'école publique en France est considérée comme une institution aux valeurs universelles qui permet de remédier aux différences de classes et de cultures et d'assurer l'égalité des chances pour tous/toutes. Face aux discriminations et à l'échec scolaire affectant en particulier les jeunes des banlieues, la réalisation de cet idéal républicain est de plus en plus mise en doute, et on réfléchit aux moyens de réformer l'école pour qu'elle assure véritablement son rôle d'ascenseur social.

Analysons les propos de la prof sous l'angle de cet idéal républicain. **Que pense-t-elle de l'influence de la condition sociale sur l'individu?** Par exemple, comment interprète-t-elle le fait que Lisette et Arlequin tombent amoureux l'un de l'autre malgré le fait qu'ils sont déguisés en maîtres? Est-ce que son interprétation est limitée à la société du dix-huitième siècle, ou s'applique-t-elle aussi à son époque à elle? *Visionnez cette séquence* (Extrait 9, 27'25–28'38). D'après la prof, **quel est le rôle de l'apprentissage du théâtre**, en particulier lorsqu'elle dit à Krimo: "Amuse-toi [. . .]; essaie de jouer quelqu'un qui a du pouvoir [. . .]. Il doit y avoir du plaisir à sortir de soi, aie du plaisir, change de langage, amuse-toi!"? *Visionnez ses conseils à Krimo* (Extrait 10, 1h08'15–1h11'40).

En tenant compte des propos de la prof et de ses interactions avec la classe, **pensez-vous qu'elle croie à sa mission de représentante de l'école républicaine?** Ou considère-t-elle plutôt que l'avenir de ses élèves est déterminé par leur condition sociale?

Pour Serge Kaganski, la scène de la répétition en classe (Extrait 10) est une "scène géniale parce que le spectateur est à la fois du côté de Krimo [. . .] et du côté de la prof [. . .] et aussi parce qu'elle synthétise en quelques minutes la complexité des problèmes de la société française". Etes-vous d'accord avec ce commentaire? **Pourquoi le specta-teur peut-il être à la fois du côté de Krimo et du côté de la prof? Est-ce votre cas?**

Pour certains critiques (Williams, par exemple), le départ et l'échec de Krimo ré-sultent de l'incapacité de la prof (ou du système scolaire) à adapter son enseignement à la culture des élèves. D'après vous, est-ce qu'une pièce du dix-huitième siècle comme *Le Jeu de l'amour et du hasard* est inadaptée à l'enseignement du vingt-et-unième siècle et au contexte des élèves du film? La littérature est-elle un facteur d'exclusion dans ce film ou, au contraire, une source d'enrichissement pour les élèves? **Faut-il interpréter l'échec théâtral de Krimo comme un échec de l'école républicaine?**

9. La Violence

Quels types de violence trouve-t-on dans le film, et qui en est victime?

On a reproché à Kechiche de céder aux clichés en incluant une scène de violence policière. Pourquoi l'a-t-il fait, à votre avis? *Visionnez un extrait de cette scène* (Extrait 11, 1h 42'05–1h44'50).

Comment Kechiche a-t-il représenté les policiers? Comment est-ce que Fathi se comporte pendant cette scène? Quel contraste Kechiche établit-il entre les policiers et les jeunes?

Qu'est-ce qui se passe quand la policière découvre *Le Jeu de l'amour et du hasard* dans la poche de Frida? Que soupçonne-t-elle? Comment la violence évolue-t-elle à partir de ce moment-là? **Comment et pourquoi Kechiche insiste-t-il sur la pièce de Marivaux dans cette scène?**

10. La Fête de l'école et le dénouement

Pendant la fête de l'école, les spectateurs assistent à une pièce jouée par de jeunes enfants avant de voir *Le Jeu de l'amour et du hasard*. L'importance que Kechiche donne à cette scène—elle dure quatre minutes, presqu'aussi long-temps que la pièce de Marivaux—nous invite à nous interroger sur sa pré-sence dans le film. Il s'agit d'un poème islamique de Farid al-din Attar intitulé "La Conférence des oiseaux" dans lequel les différents oiseaux du monde, fati-gués de leurs perpétuels conflits, font un long voyage pour trouver un roi qui puisse les unifier. Les plus courageux arrivent au bout et se rendent compte qu'il s'agis-sait d'un voyage de découverte personnelle (Sachs 138–39). Comme le dit le petit Ab-delkrim dans le film, "Nous avons fait un long voyage pour parvenir à nous-mêmes". **Quels rapports pouvez-vous faire entre ce poème et le film? A qui correspondent les oiseaux? Comment peut-on interpréter la phrase prononcée par Abdelkrim?** A-t-elle un rapport avec la situation des jeunes de la cité? D'après vous, pourquoi Kechiche a-t-il juxtaposé un poème islamique et une pièce française classique?

Quelques commentateurs ont trouvé la fête de l'école trop positive. Pour Thabourey, Kechiche représente "une banlieue idyllique où le centre socio-culturel offre un spectacle consensuel et joyeux, transgénérationnel et interculturel". **Qui se réconcilie avec qui après la représentation?** Quels types de gens voit-on à la fête? Comment sont les rela-tions entre eux ici? Quels types de musique entend-on? *Visionnez cette scène* (Extrait 12, 1h 54'30–1h56'03). **Que suggère ce mélange de musique par rapport à l'action de *L'Esquive*?** Etes-vous d'accord avec Thabourey que cette partie du dénouement du film est trop positive? Si c'est le cas, est-ce que cela veut dire que Kechiche n'aurait pas dû l'inclure dans son film? Quelle fonction la fête de l'école a-t-elle dans le film, selon vous?

Et que pensez-vous du dénouement pour le couple Krimo-Lydia? Est-il positif ou négatif, à votre avis? D'après vous, qu'est-ce que Lydia veut dire à Krimo à la fin du film, quand elle l'appelle en bas de chez lui? Pourquoi est-ce que Krimo ne lui répond pas? Le fait que Magali a un nouveau petit ami (comme on l'a vu à la fête) pourrait-il être pertinent ici?

Filmographie d'Abdellatif Kechiche

2000   *La Faute à Voltaire*
2003   *L'Esquive*
2007   *La Graine et le mulet*
2010   *Vénus noire*
2013   *La Vie d'Adèle*

Œuvres consultées

Aubenas, Florence. "La Banlieue par la bande". *L'Avant-Scène Cinéma* 542 (2005): 4–5.

"La banlieue côté cœur". *Le Figaro* 7 jan. 2004: sans pagination.

Bégaudeau, François. "Esquives (retour sur un film dont on parle". *Cahiers du cinéma* 592 (juill.–août 2004): 78–81.

Black, Catherine, et Larissa Sloutsky. "Evolution du verlan, marqueur social et identitaire, comme vu dans les films: *La Haine* (1995) et *L'Esquive* (2004)". *Synergies Canada* 2 (2010): 1–14.

Blatt, Ari J. "The Play's the Thing: Marivaux and the *Banlieue* in Abdellatif Kechiche's *L'Esquive*". *French Review* 81.3 (fév. 2008): 516–27.

Boujut, Michel. "*L'Esquive*: un film d'Abdellatif Kechiche". *L'Avant-Scène Cinéma* 542 (2005): 3–91.

Colombani, Florence. "Entre les dalles de béton, une parole qui jaillit". *Le Monde* 7 jan. 2004: sans pagination.

"Dossier de presse". Consulté le 13 mai 2017. <www.histoire-immigration.fr/agenda /2010-09/l-esquive-de-abdellatif-kechiche>

Fajardo, Isabelle. "Cités dans le texte". *Télérama* 10 jan. 2004: sans pagination. [Entretien avec Abdellatif Kechiche et Cécile Ladjali, enseignante de français]

Fansten, Jacques. "*L'Esquive*". *L'Avant-Scène Cinéma* 542 (mai 2005): 3.

Fontanel, Rémi. "*L'Esquive* d'Abdellatif Kechiche. Dossier pédagogique". Consulté le 13 mai 2017. <http://www.clermont-filmfest.com/03_pole_regional/newsletter/ img/sept07/pdf31.pdf>

Forestier, Sarah. "Comment *L'Esquive* a changé ma vie". *Première* 323 (avr. 2005) 90–91.

Grassin, Sophie. "*L'Esquive* d'Abdellatif Kechiche". *Première* 323 (jan. 2004): 84–87.

Higbee, Will. *Post-Beur Cinema. North African Emigré and Maghrebi-French Filmmaking in France since 2000*. Edinburgh: Edinburgh UP, 2013.

Kaganski, Serge. "*L'Esquive*, un film subtil et électrisant". *Les Inrockuptibles* 7 jan. 2004: sans pagination.

Kechiche, Abdellatif, réal. *L'Esquive*. Aventi, 2004.

Lalanne, Jean-Marc. "*L'Esquive*: entretien avec Abdellatif Kechiche". *Les Inrockuptibles* 7 jan. 2004: sans pagination.

Massart, Guillaume. "*L'Esquive*". Consulté le 30 déc. 2016. <www.filmdeculte.com /cinema/film/Esquive-L-751.html>

Maussion, Yves. "*L'Esquive*. Dossier pédagogique complémentaire". Rectorat de Nantes. Consulté le 30 déc. 2016. <yjmauss.fr/cinemauss/cinemauss/Lesquive_ files/l'esquive.pdf>

Mélinard, Michaël. "'Cette jeunesse n'a pas de place dans le paysage audiovisuel': Abdellatif Kechiche, *L'Esquive*". *L'Humanité* 7 jan. 2004: sans pagination.

Nettelbeck, Colin. "Kechiche and the French Classics: Cinema vs. Subversion and Renewal of Tradition". *French Cultural Studies* 18.3 (2007): 307–19.

Porton, Richard. "Marivaux in the 'Hood': An Interview with Abdellatif Kechiche". *Cineaste* 31.1 (2005): 46–49.

Regnier, Isabelle. "Les Tirades musicales et politiques de la banlieue". *Le Monde* 6 jan. 2004: sans pagination.

Sachs, Leon. *The Pedagogical Imagination: The Republican Legacy in Twenty-First Century French Literature*. Lincoln: U of Nebraska P, 2014.

Sanaker, John Kristian, et David-Alexandre Wagner. "Hétérolinguisme filmique. L'exemple du film de banlieue". *Alienation and Alterity: Otherness in Modern and Contemporary Francophone Contexts*. Ed. Helen Vassalo et Paul Cooke. Peter Lang, 2009. 155–80.

Shea, Louisa. "Exit Voltaire, Enter Marivaux: Abdellatif Kechiche on the Legacy of the Enlightenment". *French Review* 85.6 (mai 2012): 1136–48.

Sloutsky, Larissa, et Catherine Black. "Le Verlan, phénomène langagier et social: récapitulatif". *French Review* 82.2 (déc. 2008): 308–24.

Strand, Dana. "Etre et Parler: Being and Speaking French in Abdellatif Kechiche's *L'Esquive* (2004) and Laurent Cantet's *Entre les murs* (2008)". *Studies in French Cinema* 9.3 (2009): 259–72.

Swamy, Vinay. "Marivaux in the suburbs: Reframing Language in Kechiche's *L'Esquive* (2003)". *Studies in French Cinema* 7.1 (2007): 57–68.

Tarr, Carrie. "Class Acts: Education, Gender, and Integration in Recent French Cinema". *Screening Integration: Recasting Maghrebi Immigration in Contemporary France*. Ed. Sylvie Durmelat et Vinay Swamy. Lincoln, NE: U of Nebraska P, 2012. 127–43.

———. "Reassessing French Popular Culture: *L'Esquive*". *France at the Flicks: Trends in Contemporary French Popular Cinema*. Ed. Darren Waldron et Isabelle Vanderschelden. Newcastle: Cambridge Scholars, 2007. 130–41.

———. *Reframing Difference: Beur and Banlieue Filmmaking in France*. Manchester: Manchester UP, 2005.

Tessé, Jean-Philippe. "*L'Esquive* d'Abdellatif Kechiche". *Cahiers du cinéma* 586 (jan. 2004): 52–53.

Thabourey, Vincent. "L'Esquive, une banlieue si sensible". *Positif* 515 (jan. 2004): 43–44.

Williams, James S. "Open-Sourcing French Culture: The Politics of Métissage and Collective Reappropriation in the Films of Abdellatif Kechiche". *International Journal of Francophone Studies* 14.3 (2011): 397–421.

9

Laurent Cantet

Entre les murs

(2008)

Laurent Cantet, *Entre les murs*: Discussion avec les élèves.

Réalisation . . . . Laurent Cantet
Scénario . . . . Laurent Cantet, François Bégaudeau, Robin Campillo
Directeur de la photographie . . . . .Pierre Milon
Son . . . . .Jean-Pierre Laforce, Olivier Mauvezin, Agnès Ravez
Montage . . . . Robin Campillo, Stéphane Léger
Décors . . . . .Sabine Barthélémy, Hélène Bellanger
Costumes . . . . Marie Le Garrec
Production . . . . .Caroline Benjo, Carole Scotta
. . . . Barbara Letellier, Simon Arnal
Durée 2h08

Distribution

François Bégaudeau (*François Marin*), Franck Keïta (*Souleymane*), Esméralda Ouertani (*Esméralda*), Rachel Régulier (*Khoumba*), Louise Grinberg (*Louise*), Wei Huang (*Wei*), Carl Nanor (*Carl*), Burak Özyilmaz (*Burak*), Boubacar Touré (*Boubacar*), Arthur Fogel (*Arthur*), Nassim Amrabt (*Nassim*), Cherif Bounaïdja Rachedi (*Cherif*), Angélica Sancio (*Angélica*), Rabah Naït Oufella (*Rabah*), Damien Gomes (*Damien*), Henriette Kasarhuanda (*Henriette*), Justine Wu (*Justine*), Jean-Michel Simonet (*le principal*), Frédéric Faujas (*Frédéric*)

Synopsis

C'est la rentrée au collège Dolto à Paris, un établissement classé Zone d'éducation prioritaire (ZEP). Un dernier café pour se donner du courage, et François Marin, professeur de français en 4e, monte dans sa classe—ou plutôt descend dans l'arène. Les élèves ne sont pas très gentils, et le niveau vole bas. "Qu'est-ce que l'argenterie?" "Les habitants de l'Argentine", répond Damien. Patient, M. Marin interroge, tente de se mettre au niveau des élèves: "Tu regardes bien le foot à la télé? Comment s'appellent les joueurs de l'équipe d'Argentine?" "Des footballeurs". Il est temps de passer à autre chose. Mais Souleymane n'a pas ses affaires, Esméralda parle trop verlan, Khoumba ne veut pas lire et une leçon sur l'imparfait vire à des interrogations sur . . . l'orientation sexuelle du professeur. Dans la salle des profs, un enseignant craque. Heureusement il y a Wei, et Carl, arrivé en cours d'année, n'a pas l'air si dur que ça . . .

L'année continue: explications de textes, autoportraits, réunions profs-parents . . . et un fatidique conseil de classe. Louise et Esméralda, les déléguées, ont tout raconté à leurs camarades. Souleymane n'est pas content, les profs l'ont "cassé". Les déléguées en rajoutent, se font traiter de "pétasses". Souleymane pète les plombs, blesse accidentellement Khoumba et quitte la classe: conseil de discipline . . .

Le Réalisateur

Laurent Cantet, né en 1961, a commencé sa carrière par la grande porte (admission à l'Institut des hautes études cinématographiques) après avoir étudié la photographie dans l'espoir d'être reporter. Pendant ses études de cinéma, il a fondé une société de production, Sérénade (aujourd'hui disparue) avec un groupe d'amis qui l'accompagneront aussi dans l'écriture de ses futurs scénarios. Cette société a produit ses premiers courts métrages, *Tous à la manif* (1994), qui annonce déjà son intérêt pour le cinéma social, et *Jeux de plage* (1995), tous deux interprétés par Jalil Lespert dans ses débuts au cinéma. Repéré par les productrices de la compagnie indépendante Haut et court, Cantet contribue, à leur initiative, à une collection de dix téléfilms sur le thème du passage à l'an 2000, "2000 vu par . . . ". Son film, *Les Sanguinaires*, est l'histoire d'une bande de copains qui se retirent sur une île corse pour ne pas vivre les célébrations du nouveau millénaire. Cantet restera fidèle à cette société, qui produit et distribue tous ses films.

C'est *Ressources humaines* (1999) qui le fait connaître du grand public et inaugure une série de longs métrages traitant de l'impact de la société libérale sur l'individu et la famille. Le film raconte l'histoire d'un jeune homme ambitieux sorti frais émoulu d'une grande école de commerce et embauché comme stagiaire aux Ressources humaines de l'usine où son père est ouvrier depuis plus de trente ans. Il découvre les conflits sociaux et les manipulations de la direction au moment d'une grève liée à l'application de la semaine de travail de trente-cinq heures, pendant laquelle il doit choisir son camp. *Ressources humaines* a reçu le Prix Louis Delluc, le César de la Meilleure première œuvre et celui du Meilleur espoir masculin pour Jalil Lespert.

Cantet continue d'explorer le monde du travail—ou plutôt du non-travail—dans *L'Emploi du temps* (2001), inspiré d'une histoire vraie. Dans ce film primé à la Mostra de Venise et au Festival de Montréal, un homme ne veut pas annoncer la nouvelle de son licenciement à sa famille. Il prétend alors travailler à l'ONU et s'enfonce dans le mensonge. Son film suivant, *Vers le sud* (2005), traite des relations de domination Nord-Sud sous l'angle du tourisme sexuel. Cantet raconte l'histoire de femmes occidentales d'un certain âge qui passent leurs vacances en Haïti pour se payer de jeunes gigolos locaux. Avec *Entre les murs*, Palme d'or au Festival de Cannes, Cantet aborde le sujet sensible de l'éducation dans les établissements de (proche) banlieue, où les questions d'intégration et d'égalité des chances se posent avec encore plus d'acuité qu'ailleurs. *Foxfire, confessions d'un gang de filles* (2012), adapté d'un roman de Joyce Carol Oates, reprend des thèmes de ses deux films précédents, l'adolescence et le désir d'indépendance des femmes. Cantet y filme une bande de jeunes filles qui se rebellent contre l'oppression masculine dans l'Amérique des années 50.

Plus récemment, le réalisateur a aussi participé à un film collectif, *7 jours à la Havane* (2012), présenté dans la section Un Certain Regard et nommé pour six prix à Cannes. Dans l'esprit de *Paris, je t'aime* (2006) ou *New York, I Love You* (2008), le film est une compilation de courts métrages rendant hommage à la capitale cubaine et à sa population. Cantet a réalisé un des sept segments, centré sur la journée du dimanche, traité, une fois n'est pas coutume, sur le ton de la comédie. Ce court métrage forme la base de son film suivant, *Retour à Ithaque* (2014), situé lui aussi à La Havane et en espagnol. Le récit réunit d'anciens amis à l'occasion du retour d'un des leurs après une vingtaine d'années d'exil. A travers leurs longues discussions, ils évoquent leurs rêves de jeunesse et leurs sentiments sur l'évolution de leur pays. Le réalisateur s'y démarque de ses films précédents en travaillant avec des stars cubaines plutôt que des non-professionnels.

Cantet a donc construit une œuvre éclectique, souvent à mi-chemin entre fiction et documentaire, dans laquelle reviennent certains thèmes privilégiés comme "l'idée du groupe qui se confronte au monde" (Burdeau 11) et les rapports de domination au travail et dans la vie privée. Il a fait entrer la caméra dans des lieux assez peu fréquentés par le septième art, comme l'usine ou la salle de classe. Pour Douin, l'important pour le réalisateur, "c'est l'ancrage dans le réel, l'immersion dans le social, l'étude des rapports de pouvoir, de tout ce qui engendre la violence et l'exclusion", et ses films mettent surtout en scène "le combat des non-résignés pour se trouver une place".

La Genèse et la réalisation

Cantet a commencé le récit d'*Entre les murs* lors d'un délai sur le tournage de *Vers le sud*, repoussé d'un an en raison du chaos politique en Haïti. Il s'agissait alors d'une histoire sur la vie d'un collège centrée sur un garçon en difficulté, nommé déjà Souleymane. Le reste du film a pris corps après sa rencontre avec François Bégaudeau pendant une émission de radio à la sortie de *Vers le sud*. Bégaudeau, un enseignant devenu écrivain et critique littéraire, était invité pour parler de son livre *Entre les murs* (2006), la chronique d'une année scolaire passée en tant que professeur de français dans un collège parisien difficile. Cantet a été immédiatement conquis par l'enthousiasme de Bégaudeau pour le métier d'enseignant et le fait que "pour une fois, un prof n'écrivait pas pour régler ses comptes avec des adolescents présentés comme des sauvages ou des abrutis" (Mangeot). Il a trouvé dans le livre le contexte documentaire qui lui manquait ainsi que son personnage principal, François.

Cantet s'intéressait à l'institution scolaire pour des raisons personnelles—ses parents étaient enseignants et il avait deux enfants au collège—et parce que le collège était selon lui "un des derniers endroits où il peut y avoir une mixité sociale" et "une caisse de résonance, un petit milieu nous donnant des nouvelles du monde, comme dans *Ressources humaines*" (Burdeau 15). Mais il ne souhaitait pas s'engager dans un discours idéologique sur l'école, préférant simplement "montrer les contradictions qui la traversent, la complexité des décisions à prendre, sans vouloir donner de réponses, ni illustrer une thèse" (Raspiengeas, "*Entre les murs*"). Cantet et Bégaudeau ont prélevé et retravaillé les situations du livre permettant d'étoffer l'histoire de Souleymane et ils ont condensé des portraits d'élèves pour en faire des personnages. A ce stade du projet, Bégaudeau servait de "vigie documentaire", chargé de vérifier si les épisodes étaient vraisemblables dans le cadre scolaire; sa participation dans le rôle de M. Marin s'est imposée peu après.

Cantet souhaitait tourner dans le vingtième arrondissement de Paris, dont il appréciait la diversité. Il a obtenu rapidement l'autorisation de travailler avec le personnel et les élèves du collège Dolto, un établissement "mélangé" mais "sans difficultés" selon son principal, classé en ZEP comme le collège du livre (Laffeter). Pendant cinq mois, le réalisateur a organisé des ateliers hebdomadaires de théâtre avec des volontaires—une dizaine d'enseignants et une cinquantaine d'élèves. Il a noté leurs échanges pour rédiger les dialogues du film et il a consulté des parents d'élèves pour mieux comprendre leurs attentes du collège et de leurs enfants.

Le tournage s'est étalé sur sept semaines pendant l'été 2007 dans un lycée professionnel voisin, en raison de travaux au collège Dolto. Cantet a utilisé un dispositif simple qui, avec l'emploi d'acteurs non professionnels, explique le faible coût du film (2,5 millions d'euros). Il a créé un couloir le long de la salle de classe dans lequel il a positionné trois caméras: l'une focalisée sur le professeur, la seconde sur les adolescents et la troisième sur l'élève censé(e) prendre la parole, l'idée étant de "filmer les cours comme des matches de tennis—ce qui exigeait de mettre le prof et les élèves à égalité" (Mangeot). Les caméras numériques tournaient en continu pendant vingt minutes d'affilée de façon à ce que les élèves oublient leur présence et soient plus spontanés. D'ailleurs, la majorité d'entre eux n'avait qu'une vague idée de ce qui allait se passer, et ils ont joué le jeu en suivant les directives du professeur. Les élèves porteurs de la scène intégraient les dialogues prévus tout en improvisant eux aussi (Borde).

Cantet a procédé ainsi—une première pour lui—pour "laisse[r] de la place à la surprise et à l'aléatoire" (Grassin), et il se félicite du succès de cette méthode: "Les joutes que l'on a obtenues ne pouvaient arriver que dans un tournage sans interruption. On ne pouvait pas retrouver l'élan que peut avoir Esméralda ou Franck en disant moteur" (Burdeau 13). Un certain nombre de trouvailles absentes du scénario se sont donc retrouvées dans le film, car Cantet tenait à "rendre justice à la pertinence des élèves". La remarque de Khoumba lançant que l'imparfait du subjonctif est "bourgeois", par exemple, était accidentelle, de même que celle d'Angélica mettant en cause la sincérité du professeur lorsqu'il affirme s'intéresser aux sentiments exprimés dans les autoportraits (Bégaudeau, Cantet et Campillo 52). Ces réparties non prévues augmentaient aussi la spontanéité du professeur. Avec ce personnage, Cantet souhaitait sortir des sentiers battus dans la re- présentation de la salle de classe à l'écran: "Nous avions quelques repoussoirs: ne pas faire *Le Cercle des poètes disparus*, ou même *Half Nelson*, qui m'a par ailleurs beaucoup plu mais où le prof a le beau rôle—toujours brillant, irréprochable, avec la réponse idéale au bon moment. Il fallait que François puisse faire des conneries" (Domenach 30).

Cantet s'est retrouvé avec plus de cent-soixante-dix heures de rushes au montage. Il a décidé d'éliminer les scènes d'apprentissage les plus scolaires et de privilégier les moments de confrontation car, dit-il, "un cours, comme une histoire d'amour, n'est inté- ressant pour la fiction qu'à partir du moment où il s'embourbe, dysfonctionne, dérape" (Bégaudeau, Cantet et Campillo 33). Cependant, Esméralda mise à part, il n'y avait pas beaucoup de "fortes têtes" et d'"emmerdeurs" parmi les élèves volontaires. Pour com- battre leur pudeur et obtenir des remarques très éloignées de leurs personnalités sans qu'ils aient peur d'être jugés, Cantet leur a appris à se cacher derrière leurs personnages, et il a parfois été surpris de voir combien ils étaient capables de se lâcher, comme dans la scène sur l'imparfait. Bégaudeau a pourtant noté dans son journal de bord du tournage que les élèves se permettaient des boutades qu'ils n'auraient pas faites dans une vraie classe et qu'il lui était parfois difficile de "maintenir l'illusion scolaire" sans céder aux fous rires (Attali; Lipinska; Perucca).

Les Interprètes

A son habitude, et plus encore dans *Entre les murs*, Cantet a fait appel à des comédiens non professionnels; seule la personne qui joue la mère de Souleymane est une actrice qui avait interprété quelques rôles mineurs avant le film.

Comme nous l'avons vu plus haut, François Bégaudeau était bien connu dans les milieux intellectuels en tant qu'écrivain et critique de cinéma avant d'incarner M. Ma- rin. Fils d'enseignants comme Cantet, Bégaudeau a fait des études de lettres à Nantes tout en s'adonnant à deux de ses passions, le foot et le rock (il a fondé un groupe de punk rock, Zabriskie Point, avec lequel il a enregistré quatre albums dans les années 90). Pa- rallèlement à sa carrière de professeur de français, il a écrit des livres, des essais et des chroniques sur des sujets divers comme le sport, l'éducation, la politique, le cinéma et la musique. Il est rédacteur aux *Cahiers du cinéma* depuis 2003 et il a co-réalisé quelques documentaires, pour la plupart politiques.

Son quatrième livre, *Entre les murs* (2006), Prix France Culture-Télérama, et sa par- ticipation au film de Cantet en tant qu'acteur et coscénariste, lauréat du César de la Meilleure adaptation, l'ont fait connaître du grand public. Il a profité de son succès pour prendre un congé de l'Education nationale et se consacrer à l'écriture. Ses publications depuis le film se sont diversifiées et incluent de nombreux essais, des romans, des bandes-dessinées et des pièces de théâtre.

Interpréter M. Marin a été le seul travail d'acteur de Bégaudeau. Ce rôle s'est imposé alors que Cantet et lui conduisaient des ateliers avec les élèves du collège Dolto. Pour Cantet, le choix de Bégaudeau a constitué le vrai départ du film: "Le jour où je le lui ai proposé et où il a accepté a été celui où le film a pris forme dans ma tête" (Burdeau 11). Bégaudeau a construit son rôle, mais il dit être resté fidèle à sa façon d'enseigner dans quelques scènes, notamment celle où Souleymane lui demande s'il est homosexuel. Il a répondu à cette question pour respecter le "contrat égalitaire" qu'il s'était fixé dans ses interactions avec les élèves et qui les autorisait, comme lui, à poser des questions délicates.

Les autres professeurs, les adolescents et les parents d'élèves jouent leurs propres rôles et portent en général le même nom que dans la vie (Wei, par exemple, est interprété par Wei Huang, et ses parents par Lingfen et Wenlong Huang). Le principal, quant à lui, est incarné par le principal adjoint du collège Dolto. Cantet et Bégaudeau insistent dans leurs entretiens sur le fait, noté plus haut, que les adolescents jouent des rôles de composition souvent très différents d'eux. De tous les adolescents, Franck Keïta s'éloignait le plus de son personnage, Souleymane, car c'est un garçon doux et discret dans la vie. Par contre, Wei, et surtout Esméralda, ressemblent assez à leurs personnages: "Esméralda, elle, est Esméralda: monolithique, parfaitement à l'aise dans le rapport de force et le conflit" (Mangeot). Turbulente, elle a même été exclue du collège avant d'y retourner pour le tournage (Borde). Elle a dû apprendre à "parler banlieue" car, ayant toujours vécu dans le dix-neuvième arrondissement, elle ne connaissait pas Paris extra-muros, de même que la plupart de ses camarades d'ailleurs (Bégaudeau, Cantet et Campillo 29).

Tous les acteurs adolescents ont été très fiers et surpris que le film obtienne la Palme d'or, "un truc de dingue", selon Franck Keïta ("Grande émotion"). Ils avaient monté les marches du festival dans l'indifférence générale, le dernier jour de la compétition, et étaient déjà dans le car qui les raccompagnait à Paris pour leurs cours du lendemain quand ils ont appris la nouvelle—et fait demi-tour pour recevoir le prix. Après l'obtention de la Palme, ils ont dû composer avec les photographes et journalistes qui ont envahi leur quartier, mais une fois l'emballement médiatique retombé, ils ont repris leurs vies d'élèves. Franck Keïta (Souleymane) a joué dans un autre film en 2010. Louise Grinberg et Rabah Naït Oufella sont devenus acteurs et ont participé à plusieurs longs métrages (Grinberg a interprété le rôle principal dans *17 filles* en 2011).

La Réception

Sélectionné *in extremis* au Festival de Cannes, *Entre les murs* a créé la surprise en obtenant la Palme d'or, ce qui n'était pas arrivé pour un film français depuis *Sous le soleil de Satan*, de Maurice Pialat, en 1987. Le président du jury, Sean Penn, avait annoncé que la récompense irait à "un cinéaste très conscient du monde", et il a justifié ainsi le choix unanime du film de Cantet:

> Nous avons été séduits par l'art cinématographique de l'œuvre, sa complétude. Toutes les performances des jeunes acteurs sont magiques, l'écriture aussi. On ne voit jamais les coutures du montage. *Entre les murs* correspond à tout ce que nous pouvons espérer du cinéma dans un monde affamé d'éducation. Un cadeau pour les jeunes générations" (Raspiengeas, "Le message universel").

Le film a été vendu dans plus de cinquante pays et il a fait l'ouverture du Festival du film de New York avant même sa sortie en salles en France fin septembre 2008. Il a représenté la France aux Oscars l'année suivante et a reçu de nombreux prix et nominations à travers le monde.

Etant donné l'importance de tout ce qui touche à l'éducation en France, *Entre les murs* a fait l'objet d'un intense battage politico-médiatique. Lors de sa sortie à Cannes, les politiciens se sont emparés du sujet pour exprimer leurs satisfactions ou leurs critiques sur l'état de l'école et de la société françaises. Du côté de la majorité de droite, le président Nicolas Sarkozy et sa ministre de la Culture, Christine Albanel, ont loué la vitalité du cinéma français et rendu hommage aux enseignants et au système éducatif, sans en nier les difficultés. Albanel, par exemple, a déclaré que "ce film porte une réalité sur des relations complexes qui existent dans une classe qui est le reflet de la diversité française" ("Grande Emotion"). Hostile à la diversité et à l'immigration, Jean-Marie Le Pen, le président du Front national à cette époque, a quant à lui dénoncé le biais "gauchiste" du festival mais, sarcastique, il s'est "félicité" que la Palme mette en lumière la composition bigarrée des collèges parisiens (Strand 270). Jack Lang, député socialiste et ancien ministre de la Culture, en a profité pour attaquer la droite au pouvoir: cet excellent film, dit-il, "tombe à point nommé au moment où [. . .] le gouvernement aime si peu et si mal l'école" (Cédelle). Le film n'a pas eu d'incidence sur la politique éducative, mais il a entraîné la régularisation de la mère de l'élève Boubacar grâce à l'engagement de Laurent Cantet, qui milite pour les sans-papiers dans le Réseau éducation sans frontières.

En intitulant leurs articles respectifs "La Palme d'or réactive le débat national sur l'école" et "*Entre les murs*, une œuvre qui dérange", Luc Cédelle et Jean-Claude Raspiengeas résument bien l'avalanche de réactions souvent contradictoires qui ont accompagné la sortie du film à Cannes et dans les salles. Avec ses situations d'échec, ses moments de grâce et son manque de parti pris, ce film ouvert à l'interprétation a suscité toutes sortes de débats portant sur la manière de promouvoir la réussite scolaire et l'intégration dans les établissements accueillant des élèves de milieux sociaux et ethniques très divers. Les critiques, philosophes et enseignants qui ont commenté le film s'accordent au moins sur un constat: le niveau de français des élèves et leur capacité à exprimer des idées un tant soit peu complexes laissent fortement à désirer.

Les divergences portent sur la pédagogie du professeur et le contenu des enseignements. Pour les partisans d'une éducation traditionnelle, le film est un échec, voire un "fiasco pédagogique" (Brizard 46), car M. Marin, disent-ils, perd son autorité en essayant de se mettre sur un pied d'égalité avec les élèves. Au lieu de transmettre des savoirs, il perd son temps à gérer sa classe et il est toujours dans la provocation, ce qui le mène à dire des inanités, par exemple qu'il n'est pas fier d'être français. Ses élèves, déjà défavorisés, s'enfoncent un peu plus dans leur ignorance et confirment ainsi les clichés les concernant. On reproche aussi à M. Marin de ne pas enseigner la littérature—il a préféré le *Journal d'Anne Frank* à un texte plus classique de Voltaire et, au lieu de l'analyser, il s'en sert comme prétexte pour faire exprimer les élèves sur eux-mêmes (Audoubert; Debril, "Pour Xavier Darcos"). Ceux qui ont une vision plus optimiste du système scolaire font valoir la vitalité et la créativité des élèves et le rapport positif—mais toujours à réinventer—que M. Marin parvient parfois à établir avec eux, preuve "qu'avec de l'effort individuel et de la volonté collective, un combat de tous les instants, on parvient à des résultats encourageants" dans les établissements d'éducation prioritaire (Guillaume; Kaganski).

Les témoignages de professeurs de collège et de lycée reproduisent plus ou moins les arguments ci-dessus. Une professeure de lettres en ZEP se dit "consternée" par l'image des enseignants renvoyée par le film, y compris leur préoccupation mesquine pour la machine à café et leur manque d'engagement syndical (Sultan). D'autres se reconnaissent dans M. Marin et apprécient que le film montre la difficulté de leur métier ainsi que le dévouement et la grande solitude des profs (Pascal-Moussellard). La plupart expriment la crainte que le prestige des professeurs n'en sorte diminué et que le film ne soit récupéré pour montrer l'influence néfaste de l'immigration ou du "collège unique"—où, depuis les années 1970, on mélange des élèves de niveaux scolaires hétérogènes (Peiron). Tous ces commentaires montrent qu'*Entre les murs* a été perçu par beaucoup comme un documentaire sur l'état de l'éducation en France plutôt qu'une fiction sur l'expérience singulière d'un enseignant dans sa classe.

Il n'est pas trop question de cinéma dans la majorité des comptes rendus du film, mais certains, malgré tout, commentent ses aspects esthétiques:

> [A]vant d'être un film "sur" (l'école, l'éducation, la jeunesse, le métissage, l'immigration, l'intégration, l'autorité, la transmission...), *Entre les murs* est un intelligent et sensible spectacle cinématographique, bien écrit, bien dialogué [...], remarquablement interprété [...], un film dont la mise en scène est aussi dense et dépouillée dans le détail de chaque scène que tenue et cohérente dans la globalité de l'ensemble". (Kaganski)

Comme Roy, pour qui "le film est aussi un exceptionnel travail sur le langage", Kaganski trouve génial que tout bascule sur un problème de langue, l'utilisation malencontreuse et ironique du mot "pétasse" par un prof censé maîtriser la langue. Pour compenser la lecture documentaire du film, Lefort insiste quant à lui sur son aspect fictionnel, décrivant par exemple les élèves comme "des bêtes de scène, parfaits acteurs de leurs vies inventées".

Les débats sur le contexte éducatif et social d'*Entre les murs* ne sauraient non plus faire oublier les nombreux éloges à caractère général dans les comptes rendus du film. A noter en particulier, les allusions à son énergie: c'est un film "sportif" (Wachthausen) qui "captive par son énergie physique" (Péron) et donne lieu à toutes sortes de métaphores touchant au tennis, au foot, à la boxe et à la joute équestre ("une chorégraphie de ring", "La constante et périlleuse joute entre un prof et ses élèves", Widemann), ainsi qu'à la guerre ("Il faut sauver l'élève Suleyman", Bas). Cerise sur le gâteau pour Cantet: ce dernier critique considère *Entre les murs* comme "le meilleur film français sur l'école depuis *Zéro de conduite*", un film de Jean Vigo sorti ... en 1933.

Le Contexte éducatif d'*Entre les murs*

1. L'Education prioritaire

En France le système éducatif est très centralisé et, théoriquement, tous les établissements scolaires sont égaux. Le ministère de l'Education nationale établit les programmes et nomme les professeurs des collèges et lycées publics, qui ont des diplômes nationaux. En réalité, il y a de grandes différences dans le niveau des élèves, qui sont dues aux inégalités sociales, économiques et culturelles des familles. Pour y remédier, le gouvernement a créé des ZEP à partir des années 80. Les écoles, collèges et lycées à risque situés dans ces zones (rebâptisées ECLAIR en 2012, puis REP et REP+ par la suite) reçoivent, entre autres, un budget plus important qu'ailleurs, ce qui leur permet d'avoir des classes plus petites (vingt-cinq élèves maximum au collège), une pédagogie adaptée et une aide personnalisée pour les élèves en difficulté. On estime qu'environ vingt pour cent des élèves français sont scolarisés dans des zones prioritaires.

Le Collège Françoise-Dolto, où se situe l'action d'*Entre les murs*, faisait partie des vingt-trois collèges de Paris intra-muros classés ZEP au moment de la sortie du film (leur nombre était encore plus important en banlieue parisienne et atteignait 831 en France). Ce collège est situé dans le vingtième arrondissement de Paris, à l'est de la capitale. Selon Debril ("Entre les murs"), "50 % des collégiens [de Dolto] viennent d'un milieu défavorisé. Beaucoup appartiennent à ces tristement célèbres 15 % d'écoliers qui entrent en sixième sans maîtriser la lecture ni l'écriture".

2. La Vie scolaire

Entre les murs montre avec une fidélité quasi documentaire des moments de la vie d'une classe au cours d'une année scolaire. Comme ces moments sont condensés, quelques précisions sur l'organisation de la vie scolaire faciliteront la compréhension des non-initiés.

Pour commencer, rappelons que les élèves du film sont en classe de 4e dans un collège public (le collège reçoit des élèves de la 6e à la 3e, donc de onze à quatorze ou quinze ans). Ils suivent la plupart de leurs cours ensemble (sauf peut-être une ou deux options) et ont les mêmes professeurs pendant toute l'année scolaire, de septembre à juin.

L'année est divisée en trois trimestres à la fin desquels on organise un "conseil de classe" pour faire le point sur la scolarité et le comportement de chaque élève et sur toute question ayant trait à la vie de la classe. Ce conseil réunit le chef d'établissement, les professeurs de la classe, un(e) CPE (conseiller principal d'éducation, qui s'occupe plus particulièrement de l'orientation des élèves) et les délégués des élèves et des parents, élus par leurs pairs au début de l'année. A l'issue de la discussion sur chaque élève et au vu de sa moyenne générale, les enseignants décident s'ils vont lui attribuer une mention spéciale, comme les félicitations (pour un excellent élève), les encouragements (pour un élève qui fait des progrès) ou un avertissement (pour un élève ayant un mauvais comportement ou des difficultés scolaires). Le chef d'établissement tranche si les enseignants ne sont pas d'accord, et il est chargé de rédiger une appréciation générale sur le bulletin de l'élève.

Dans le film, on assiste au conseil de classe du deuxième trimestre. Louise et Esméralda sont présentes en tant que déléguées (mais on ne voit pas les délégués des parents dans cette scène). Leur rôle est de participer à la discussion et d'apporter des informations susceptibles d'expliquer les résultats ou le comportement d'un camarade. Esméralda fait remarquer que Souleymane a progressé depuis le premier trimestre car sa moyenne générale est passée de 6,75 à 7,25 (sur 20) . . . Il faut dire que la notation est assez stricte en France. Pour réussir, il faut avoir la moyenne, c'est-à-dire 10 sur 20. Les notes au-dessus de 14 sont considérées comme excellentes.

Le conseil de classe du troisième trimestre décide aussi de l'orientation de l'élève pour l'année suivante. Il est particulièrement important en fin de 3e, parce qu'il décide si l'élève va continuer sa scolarité dans un lycée général (qui mène au baccalauréat et à l'université) ou professionnel (qui conduit à un diplôme professionnel et au monde du travail). La plupart des élèves souhaitent aller au lycée général car il a meilleure réputation, et ils peuvent faire appel s'ils ne sont pas d'accord avec la décision du conseil de classe. A la fin du film, bien qu'Henriette ne soit qu'en 4e, elle appréhende déjà la décision qui sera prise en fin de 3e. C'est la raison pour laquelle elle dit à M. Marin qu'elle ne veut pas aller "en professionnel". (D'ailleurs des enseignants interrogés sur leurs réactions au film n'ont pas apprécié que Cantet "dévalorise" la filière professionnelle dans cette scène avec Henriette.)

Certaines discussions du conseil de classe sont confidentielles, en particulier celles concernant les cas individuels. Après la réunion, les délégués des élèves peuvent transmettre à leurs camarades des informations sur le niveau général de la classe et les suggestions des professeurs pour améliorer le travail et l'ambiance du groupe. Dans le film, Louise et Esméralda ont fait un faux pas en révélant les moyennes des élèves avant que ceux-ci ne reçoivent leurs bulletins de notes. Elles n'auraient en aucun cas dû rapporter le commentaire de M. Marin remarquant que Souleymane était "scolairement limité".

Chaque conseil de classe est suivi de réunions entre les professeurs et les parents (on assiste à la réunion du premier trimestre dans le film). Si un enseignant veut communiquer avec les parents à d'autres moments, il peut rédiger une note dans le carnet de correspondance de l'élève, que celui- ou celle-ci doit faire signer par ses parents pour accuser réception. Dans le film, M. Marin ajoute un commentaire dans le carnet de correspondance de Khoumba. Il s'étonne que les parents de Souleymane ne soient pas au courant des problèmes de discipline de celui-ci, car il a communiqué plusieurs fois avec eux par le biais du carnet de correspondance. Comme sa mère ne lit pas le français, Souleymane lui a peut-être menti quant au contenu des messages. Il est possible aussi qu'il ait signé pour elle . . .

Le film montre aussi la réunion d'un conseil de discipline. Ce conseil est composé du chef d'établissement, d'un(e) CPE, de représentants de l'administration et du personnel enseignant, et de représentants élus des parents et des élèves du collège. Tous les représentants sont élus pour l'année par leurs pairs. Ce conseil juge les problèmes disciplinaires graves et prononce des sanctions qui vont d'un avertissement à l'exclusion définitive.

DOSSIER PÉDAGOGIQUE

Qu'est-ce qui se passe dans ce film?

1. En quoi consiste la réunion des professeurs et du personnel au début du film?

2. Quels commentaires font les élèves quand M. Marin écrit au tableau: "Bill déguste un succulent cheeseburger"?

3. Que pensent les élèves de l'imparfait du subjonctif?

4. Qu'est-ce qui est arrivé au professeur de technologie dans la salle des professeurs?

5. Pourquoi est-ce que les élèves sont réticents à écrire leur autoportrait?

6. Pourquoi est-ce que M. Marin écrit un commentaire dans le carnet de correspondance de Khoumba (qui doit le montrer à ses parents)?

7. Pendant le conseil de classe, qu'est-ce que les délégués des parents pensent de la discussion sur la meilleure manière de pénaliser les élèves?

8. Qui est arrivé dans la classe au milieu du trimestre? Pourquoi? Qu'est-ce que les élèves ont dû faire quand le proviseur a accompagné cet élève en classe?

9. Pourquoi est-ce que la réunion entre M. Marin et la mère de Souleymane est difficile?

10. Quelle est la situation de la famille de Wei? Comment est-ce que les enseignants ont décidé de l'aider?

11. Comment est-ce que Louise et Esméralda se sont comportées pendant le conseil de classe? Quelles informations confidentielles ont-elles rapportées à leurs camarades? Qu'est-ce qui s'est passé alors?

12. Quelle décision a été prise pendant le conseil de discipline? Qu'est-ce que la mère de Souleymane a dit en faveur de son fils?

Vrai ou Faux?

Si la phrase est fausse, corrigez-la!

1. Un professeur de maths se présente à ses collègues en disant qu'il est prof de tables de multiplication.

2. Quand Esméralda dit qu'elle n'est pas fière d'être française, M. Marin répond que lui est très fier de l'être.

3. Boubacar demande à M. Marin s'il est homosexuel en pleine classe.

4. M. Marin fait lire aux élèves un roman célèbre qui s'appelle *Le Journal d'un curé de campagne*.

5. Pendant le conseil de classe, les enseignants parlent d'instaurer un modèle disciplinaire basé sur le permis de conduire à points.

6. Les parents de Wei pensent qu'il passe trop de temps à faire du sport.

7. La mère d'un des élèves trouve le niveau du collège très bas et elle aimerait que son fils continue ses études dans le prestigieux lycée Henri-IV.

8. M. Marin amène Souleymane chez le principal parce qu'il lui a manqué de respect en insultant sa mère.

9. Khoumba a peur que les autorités françaises expulsent Souleymane au Mali.

10. M. Marin est d'accord avec ses collègues que Souleymane doit passer en conseil de discipline.

11. Wei a lu *La République* de Platon en dehors du collège.

12. M. Marin offre *Le Journal d'Anne Frank* à ses élèves comme cadeau de fin d'année.

Contrôle des connaissances

1. De quoi parle le premier long métrage de Cantet, et quel acteur important est-ce qu'il a révélé?

2. Quels sont des thèmes récurrents de ses films?

3. Pour quelles raisons Cantet avait-il envie de faire un film sur l'école?

4. Pourquoi a-t-il utilisé trois caméras, et pourquoi a-t-il laissé tourner ces caméras en continu?

5. Quels choix Cantet a-t-il faits au niveau de la représentation du professeur et des scènes à inclure dans la version finale du film?

6. Quels défis est-ce que Cantet et Bégaudeau ont dû surmonter dans leur travail avec les élèves-acteurs?

7. En dehors de son rôle de M. Marin, quelles sont quelques activités professionnelles de François Bégaudeau?

8. Quel acteur est le moins conforme au personnage qu'il joue dans *Entre les murs*? Quelle actrice est la plus conforme au sien?

9. Qu'est-ce qui montre que de nombreux spectateurs ont considéré le film comme un document sur l'école?

10. Qu'est-ce qui explique les grandes différences de niveau scolaire des élèves français? Qu'est-ce que le gouvernement a créé pour essayer de remédier à ce problème?

11. A quels moments de l'année scolaire organise-t-on un conseil de classe? A quoi sert-il? Qu'est-ce qui suit chaque conseil de classe?

12. Quel est le rôle des élèves délégués de classe?

Pistes de réflexion et de discussion

1. Le Titre du film

D'après vous, pourquoi est-ce que Cantet a choisi *Entre les murs* comme titre de son film? A quoi est-ce qu'on assiste à l'intérieur des murs, et dans quels espaces précis? Qu'est-ce qu'on sait sur la vie des personnages à l'extérieur des murs?

Quels sont les défis à faire un film centré sur la salle de classe? Quels moments de l'expérience pédagogique ne seraient pas intéressants pour les spectateurs? Comment le film est-il différent de la vie réelle d'une classe? (Sur quels moments est-ce que le réalisateur insiste?)

2. L'Entrée en matière: la rentrée

Visionnez la réunion des professeurs et l'arrivée des élèves dans la classe de M. Marin (Extrait 1, 3'45–6'30). Quel adjectif utilise un enseignant pour parler des élèves à Frédéric, le nouveau prof d'histoire-géo? A quel(s) autre(s) adjectif(s) pourrait-on s'attendre de la part d'un prof?

Quelles sont les origines des élèves de M. Marin? Comparez la diversité de la classe à celle de la salle des profs.

Quels arguments M. Marin utilise-t-il pour persuader les élèves de se mettre au travail? Quel argument en particulier provoque la réaction de Khoumba?

Comment la réunion des profs et la première scène de classe annoncent-elles l'action du film?

3. La Langue

Comme dans *L'Esquive* de Kechiche, la langue est au centre d'*Entre les murs*. On y entend du français soutenu et standard, de l'argot, du verlan, un peu d'arabe, et du bambara dans les scènes avec la mère de Souleymane. Il y a aussi beaucoup de tchatche. (Voir la section "La Langue dans *L'Esquive*", Chapitre 8.)

L'enseignement de la langue standard (et même soutenue) est au centre des préoccupations de M. Marin. Il exploite une lecture pour expliquer les mots que les élèves ne connaissent pas, comme "condescendance", "argenterie", "autrichienne", "trompeur" ou "désormais". D'après vous, pourquoi est-ce que Wei ne connaît pas le mot "autrichienne"? Et pourquoi est-ce que Damien n'a jamais entendu le mot "argenterie"? **Comment peut-on expliquer les difficultés scolaires de certains élèves à partir de ces deux exemples?**

A quels types de difficultés M. Marin est-il confronté quand il explique le mot "succulent"? Quel thème est introduit quand Khomba et Esméralda protestent contre l'utilisation du prénom Bill? *Visionnez cette scène* (Extrait 2, 11'30–13'40). Pourquoi le prof demande-t-il à Esméralda si elle n'est pas française, et comment répond-elle? Comment interprétez-vous sa réponse?

Quelles raisons donnent les élèves pour rejeter l'usage de l'imparfait du subjonctif? Qu'est-ce que M. Marin leur répond? *Visionnez cette scène* (Extrait 3, 17'00–20'10). Sur quelle distinction langagière est-ce que cette discussion lui permet d'attirer l'attention des élèves?

Le manque de compréhension du langage des autres est générateur de conflits importants dans le film. **Par exemple, comment est-ce que la méconnaissance du français par la mère de Souleymane a peut-être contribué aux problèmes de celui-ci?** Dans la discussion de M. Marin avec Esméralda et Louise à propos de leur comportement lors du conseil de classe, **comment est-ce que la différente signification accordée au mot "pétasse" intensifie le conflit?** (Cette scène sera étudiée plus en détail dans la Piste 7, ci-dessous.)

4. Les Elèves

M. Marin a choisi de lire *Le Journal d'Anne Frank* avec sa classe pour préparer les élèves à rédiger leurs autoportraits. **Existe-t-il des parallèles entre les élèves et Anne**

Frank susceptibles de créer une identification et d'intéresser la classe à la lecture du *Journal?*

Quand les élèves expliquent leur réticence à faire leurs autoportraits, un des facteurs mentionnés est la honte. Rabah essaie d'expliquer ce qu'est la honte en racontant une expérience qu'il a vécue pendant une fête. Qu'est-ce qui s'est passé? A qui fait-il allusion lorsqu'il parle des "jambons-beurre"? Pourquoi a-t-il eu honte? *Visionnez l'intervention de Rabah* (Extrait 4, 35'50–36'45).

Qu'est-ce qu'on apprend sur la vie personnelle et les centres d'intérêt d'Esméralda et de Wei? *Visionnez leurs autoportraits* (Extrait 5, 50'00–52'00). Pourquoi M. Marin félicite-t-il Wei et pas Esméralda? Pensez-vous qu'il y ait une grande différence dans leurs autoportraits? Qu'est-ce que Rabah reproche à M. Marin en disant, "Comme par hasard, c'est bien dès que c'est lui. Dès que c'est nous, c'est jamais bien"? **A qui fait-il référence avec le mot "nous"?** A-t-il raison d'insinuer que M. Marin ne critique que lui et son "groupe"?

Qu'est-ce que les réunions de M. Marin avec les parents d'élèves nous apprennent sur le contexte familial des élèves, sur les aspirations des parents et sur la réputation du collège? *Visionnez les scènes avec les parents de Wei, Nassim, Arthur et Burak* (Extrait 6, 58'50–1h02'45).

5. *La Pédagogie de M. Marin*

Cantet a été séduit par la pédagogie de François Bégaudeau dans son livre *Entre les murs*, et c'est la raison pour laquelle il a souhaité utiliser cet ouvrage comme base de son film et a proposé le rôle de M. Marin à l'auteur. Cantet a dit de Bégaudeau qu'"il y a du Socrate chez cet homme-là". Il a ajouté, en parlant de sa pédagogie, qu'elle "consiste à aller toujours 'chercher' les élèves, même parfois là où ça fait mal, mais toujours aussi là où leurs raisonnements s'arrêtent un peu trop tôt pour être valides ou acceptables en l'état. Si on peut parler de démocratie à l'école, elle est là" (Mangeot).

Renseignez-vous en ligne sur la méthode socratique. Est-ce qu'à votre avis M. Marin recourt à une approche socratique? *Visionnez la scène où Esméralda lui dit qu'elle a lu* **La République** *de Platon* (Extrait 7, 2h01'55–2h03'30). Pourquoi, à votre avis, Cantet a-t-il mis cette scène dans son film (hormis le fait que François Bégaudeau avait vécu cette expérience dans une de ces classes et y tenait beaucoup)? **Examinez aussi la manière dont il répond à une digression de Souleymane qui lui demande s'il est homosexuel.** *Visionnez cette scène* (Extrait 8, 21'45–23'30). Comment est-ce qu'un autre prof aurait pu répondre à cette question? A quoi est-ce que M. Marin demande à Souleymane de réfléchir? Que pensez-vous de son commentaire sur les "problèmes psychologiques" de Souleymane à la fin? Est-ce qu'il va trop loin, ici et/ou dans d'autres circonstances, comme le lui reproche parfois Khoumba (en l'accusant de "charrier" tout le temps)?

Pourquoi est-ce que Marin a suggéré un autre type d'autoportrait pour Souleymane? Comment est-ce que sa relation avec Souleymane dans la discussion de l'autoportrait diffère de leurs autres interactions? Qu'est-ce que cela suggère quant aux méthodes pédagogiques à adopter?

Comme on l'a vu dans "La Genèse et la réalisation", Cantet a filmé avec trois caméras pour montrer une salle de classe "démocratique", où tous les points de vue sont égaux (Mangeot). **Avez-vous eu cette impression en regardant le film et en visionnant certains extraits?**

6. Les Problèmes de discipline

Quels types de situations, entre les élèves d'une part et entre les élèves et M. Marin de l'autre, sont générateurs de tensions?
Lors d'une réunion du conseil de classe, on évoque la possibilité d'instaurer un système calqué sur le permis de conduire à points pour traiter les problèmes de discipline. *Visionnez une partie de cette réunion* (Extrait 9, 43'30–45'30). Que reproche une déléguée des parents à cette approche et que propose-t-elle à la place? Que pense la CPE (Conseillère principale d'éducation) de sa proposition?

Quelle est la philosophie de François Marin en matière de discipline, selon cette scène? Comment s'oppose-t-elle à celle de son collègue Frédéric? **Pensez-vous, comme Frédéric, que l'approche préconisée par M. Marin soit arbitraire?** En pratique, est-ce que vous trouvez son traitement des élèves arbitraire ou adapté aux circonstances chaque fois? Est-il injuste à l'égard de certains élèves?

Pour les cas d'indiscipline les plus graves, l'élève peut passer en conseil de discipline. **Quelle est l'issue typique d'un conseil de discipline dans ce collège?** M. Marin et ses collègues expriment des points de vue divergents sur la responsabilité de ceux qui font partie du conseil de discipline et doivent décider des sanctions. *Visionnez la discussion informelle des profs sur le conseil de discipline* (Extrait 10, 1h45'25–1h47'50). Sur quel point en particulier roule la discussion entre les profs? Quelle est la différence d'opinion principale? D'après vous, doit-on faire abstraction de la situation personnelle d'un élève quand on prend une sanction?

7. La Confrontation dans la cour

Selon Cantet, M. Marin prend des risques pour essayer de réaliser son rêve "d'établir une sorte d'égalité avec ses élèves [...] ce qui peut le faire basculer dans des choses qu'il regrette d'avoir dites" (Domenach 30). *Visionnez la scène où M. Marin descend dans la cour pour s'expliquer avec Esméralda et Louise* (Extrait 11, 1h38'25–1h41'25). **Visuellement, comment cette scène le montre-t-elle "à égalité" avec ses élèves?** (Sous quel angle voit-on la cour en général? Et dans cette scène?)

Pourquoi la dispute sur le sens du mot "pétasse" est-elle ironique (si on pense au travail sur le vocabulaire que M. Marin fait avec ses élèves en cours)?

M. Marin avait critiqué les deux déléguées de classe parce qu'elles avaient révélé aux autres élèves des remarques confidentielles prononcées pendant le conseil de classe. **Qu'est-ce qui arrive d'ironique, à cet égard, dans l'échange avec Carl?**

Carl utilise le mot "enculé" pour décrire les profs qui excluent les élèves de leur école. M. Marin proteste, mais **Esméralda met sur le même plan l'utilisation des mots "pétasse" et "enculé".** Comment le prof répond-il? Comment est-ce qu'il se défend? Que deviennent ses prétentions de "démocratie" dans cette scène? M. Marin est descendu dans l'arène avec les élèves. Que devient son autorité?

8. Le Sort de Souleymane

Comment est-ce que le comportement de Souleymane dans le cours de français s'est détérioré au cours de l'année scolaire? Que disent les autres enseignants de lui lors du conseil de classe?

Visionnez la scène où Souleymane blesse Khoumba (Extrait 12, 1h32'45–1h36'00). Cette scène a lieu après le conseil de classe. Les déléguées, Louise et Esméralda, ont divulgué des informations, dont certaines auraient dû rester confidentielles. Rabah, puis Souleymane, viennent d'interrompre le cours de poésie pour poser des questions sur leurs cas personnels. M. Marin, surpris, a ironisé en disant qu'au moins les déléguées avaient "un peu fait leur boulot" malgré leur manque d'attention lors du conseil.

A votre avis, pourquoi Louise et Esméralda ont-elles rapporté les propos de M. Marin décrivant Souleymane comme "scolairement limité"? Est-ce que M. Marin avait été dur pour Souleymane pendant le conseil de classe? **Comment est-ce que la situation dégénère?** A quel moment est-ce que les élèves interviennent du côté du prof? Comment expliquez-vous la sortie intempestive de Souleymane?

Visionnez un extrait du conseil de discipline (Extrait 13, 1h56'45–1h58'15). Quelle impression crée la caméra lorsqu'elle se focalise presqu'uniquement sur Souleymane et sa mère, de manière frontale, après avoir adopté plusieurs points de vue dans la scène précédente? Un critique a dit de cette scène: "Il s'agit là d'une des plus fortes scènes que le cinéma français a imaginées pour opposer un jeune Noir à des fonctionnaires blancs" (Renzi 19). Vous êtes-vous fait le même genre de réflexion en voyant le film? **S'agit-il, pour vous, d'une confrontation entre un Noir et des Blancs ici? Le propos de Cantet est-il racial?**

D'après vous, pourquoi Souleymane ne dit-il rien pour sa défense? Quels contrastes remarque-t-on entre Souleymane et sa mère?

Pourquoi Cantet insiste-t-il sur le dépôt des votes individuels par des mains anonymes dans la grande boîte transparente?

Après que l'exclusion de Souleymane a été prononcée, on remarque un gros plan sur le visage de M. Marin. **Que pense-t-il, à votre avis?**

D'après vous, qui est responsable de l'exclusion de Souleymane? Souleymane lui-même? M. Marin? Le système éducatif?

9. La Fin de l'année scolaire

Pourquoi M. Marin est-il interloqué quand Henriette vient lui parler après le départ des autres élèves? Pourquoi Cantet inclut-il cette scène avec Henriette, à votre avis? Comment contraste-t-elle avec le match de foot entre profs et élèves?

Comment interprétez-vous les dernières images, la salle de classe vide focalisée sur le bureau du prof, puis sur ceux des élèves, avec, en hors-champ, les cris des participants et spectateurs du match?

Selon le scénario, le film se terminait sur une scène montrant Souleymane au Mali. Cantet a coupé cette scène au montage. **Est-ce que c'était une bonne idée de l'éliminer? Comment son inclusion aurait-elle changé le film?**

Cantet et Bégaudeau trouvent le film plutôt optimiste. Pour Cantet, "le film dit quelque chose d'assez réjouissant: l'école, c'est effectivement parfois très chaotique, inutile de se voiler la face. On y vit des moments de découragement, mais aussi des grands moments de grâce, d'immense bonheur". Bégaudeau est d'accord que la tension entre échec et réussite fait tout l'intérêt d'un bon film sur l'école, et d'*Entre les murs* en particulier, et il conclut: "On pourra y voir l'histoire d'un échec; on pourra retenir au contraire les moments d'utopie concrète" (Mangeot). **Quels sont les échecs représentés dans le** film? Quels sont les moments de grâce? Que retiendrez-vous le plus du film, les échecs ou les moments de grâce?

Filmographie de Laurent Cantet

1997 *Les Sanguinaires*
1999 *Ressources humaines*
2001 *L'Emploi du temps*
2005 *Vers le Sud*
2008 *Entre les murs*
2012 *Foxfire, confessions d'un gang de filles*
2012 *7 jours à la Havane*
2014 *Retour à Ithaque*

Œuvres consultées

Attali, Danielle. "Laurent Cantet. Entretien". *Le Journal du dimanche* 25 mai 2008: sans pagination.

Audoubert, Sophie, et al. "Professeures de zones sensibles entre les murs". *Libération* 9 oct. 2008: sans pagination.

Bas, Frédéric. "Il faut sauver l'élève Suleyman". *Charlie Hebdo* 24 sept. 2008: sans pagination.

Bégaudeau, François. *Entre les murs*. Paris: Gallimard, 2006.

———, Laurent Cantet et Robin Campillo. *Le Scénario du film* Entre les murs. Paris: Gallimard, 2008.

Borde, Dominique. "Laurent Cantet à l'école de la vie". *Le Figaro* 24 sept. 2008: sans pagination.

Brizard, Caroline. "Zéro pointé. Huit profs notent *Entre les murs*". *Le Nouvel Observateur* 25 sept. 2008: 44–46.

Burdeau, Emmanuel, et Antoine Thirion. "Entretien avec Laurent Cantet". *Cahiers du cinéma* 637 (sept. 2008): 8–18.

Cantet, Laurent, réal. *Entre les murs*. Haut et Court, 2009.

Cédelle, Luc. "La Palme d'or réactive le débat national sur l'école". *Le Monde* 28 mai 2008: sans pagination.

Debril, Laurence. "Entre les murs d'*Entre les murs*". *L'Express* 18 sept. 2008: sans pagination.

———. "Pour Xavier Darcos, *Entre les murs* est 'l'histoire d'un échec pédagogique'". *L'Express* 26 sept. 2008: sans pagination.

Domenach, Elise, et Grégory Valens. "Entretien avec Laurent Cantet: une envie d'accidents". *Positif* 571 (sept. 2008): 28–31.

Douin, Jean-Luc. "Laurent Cantet, cinéaste de classe". *Le Monde* 26 mai 2008: sans pagination.

"Grande émotion après l'attribution de la Palme d'or à *Entre les murs*". *Le Nouvel Observateur* 26 mai 2008. Consulté le 27 août 2016. <tempsreel.nouvelobs.com/cinema/festival-de-cannes/le-festival-de-cannes-2008/20080526.OBS5554/grande-emotion-apres-l-attribution-de-la-palme-d-or-a-entre-les-murs>

Grassin, Sophie. "Cantet. Luttes dans la classe". *Le Monde* 15 mai 2008: sans pagination.

Gueye, Abdoulaye. "The Color of Unworthiness: Understanding Blacks in France and the French Visual Media through Laurent Cantet's *The Class* (2008)". *Transition: An International Review* 102 (2009): 158–71.

Guillaume, François-Régis. "Prendre acte du rapport positif aux élèves". *L'Humanité* 4 oct. 2008: sans pagination.

Hecht, Emmanuel. "Une palme démagogique". *Les Echos* 24 sept. 2008: sans pagination.

Heymann, Danièle. "Une palme amplement méritée. *Entre les murs*: ni angélique, ni démago, intègre!" *Marianne* 31 mai 2008: sans pagination.

Kaganski, Serge. "*Entre les murs*". *Les Inrockuptibles* 23 sept. 2008: sans pagination.

Laffeter, Anne. "Quelques Jours après leur rentrée scolaire, on retrouve les élèves/acteurs d'*Entre les murs*, Palme d'or à Cannes". *Les Inrockuptibles* 29 sept. 2008: sans pagination.

Lefort, Gérard. "Bonne Note". *Libération* 22 sept. 2008: sans pagination.

Levieux, Michèle. "Rabah, une aventure humaine". *L'Humanité* 24 sept. 2008: sans pagination.

Libiot, Eric. "L'Ecole buissonnière". *L'Express* 29 mai 2008: sans pagination.

Lipinska, Charlotte. "Grande Classe". *Le Nouvel Observateur (TéléObs)* 25 sept. 2008: sans pagination.

Mangeot, Philippe. "Entretien avec Laurent Cantet et François Bégaudeau". *Comme au cinéma*. Consulté le 16 août 2016. <www.commeaucinema.com/notes-de-prod/entre-les-murs,87210>

O'Shaughnessy, Martin. *Laurent Cantet*. Manchester, UK: Manchester UP, 2015.

Pascal-Moussellard, Olivier. "Qu'en pensent les profs?" *Télérama* 17 sept. 2008: sans pagination.

Peiron, Denis. "Des enseignants décernent au film la palme du malaise". *La Croix* 23 sept. 2008: sans pagination.

Péron, Didier. "Captation d'énergie scolaire". *Libération* 22 sept. 2008: sans pagination.

Perucca, Brigitte. "De septembre 2006 à juin 2007, François Bégaudeau a raconté dans *Le Monde de l'éducation* le tournage du film tiré de son roman, qui vient d'obtenir la Palme d'or. Extraits". *Le Monde* 28 mai 2008: sans pagination.

Raspiengeas, Jean-Claude. "*Entre les murs*, une œuvre qui dérange". *La Croix* 23 sept. 2008: sans pagination.

———. "Le Message universel de la Palme d'or". *La Croix* 27 mai 2008: sans pagination.

Renzi, Eugénio. "A égalité". *Cahiers du cinéma* 637 (sept. 2008): 19–21.

Rigoulet, Laurent. "Retour sur un cas d'école". *Télérama* 17 sept. 2008: sans pagination.

Roy, Jean. "Précis d'anatomie". *L'Humanité* 24 sept. 2008: sans pagination.

Strand, Dana. "Etre et parler: Being and Speaking French in Abdellatif Kechiche's *L'Esquive* (2004) and Laurent Cantet's *Entre Les Murs* (2008)". *Studies in French Cinema* 9.3 (2009): 259–72.

Sultan, Valérie. "On a peine à se reconnaître". *L'Humanité* 4 oct. 2008: sans pagination.

Tarr, Carrie. "Class Acts: Education, Gender, and Integration in Recent French Cinema". *Screening Integration: Recasting Maghrebi Immigration in Contemporary France*. Ed. Sylvie Durmelat et Vinay Swamy. Lincoln: U of Nebraska P, 2012. 127–43.

Vincendeau, Ginette. "The Rules of the Game". *Sight and Sound* 19.3 (2009): 34–36.

Wachthausen, Jean-Luc. "Sportif! Palme d'or à Cannes". *Le Figaroscope* 24 sept. 2008: sans pagination.

Widemann, Dominique. "La Constante et Périlleuse Joute entre un prof et ses élèves". *L'Humanité* 26 mai 2008: sans pagination.

Williams, James S. "Framing Exclusion: The Politics of Space in Laurent Cantet's *Entre Les Murs*". *French Studies: A Quarterly Review* 65.1 (2011): 61–73.

10

Philippe Lioret

Welcome

(2009)

Philippe Lioret, *Welcome*: Bilal (Firat Ayverdi) envisage la traversée de la Manche à la nage sous les yeux de Simon, son maître-nageur (Vincent Lindon).

Réalisation . . . . Philippe Lioret
Scénario . . . . Philippe Lioret, Emmanuel Courcol, Olivier Adam
Directeur de la photographie . . . . Laurent Dailland
Son . . . . .Pierre Mertens, Laurent Quaglio, Eric Tisserand
Musique . . . . Nicolas Piovani, Wojciech Kilar, Armand Amar
Montage . . . . Andréa Sedlackova
Costumes . . . . Fanny Drouin
Décors. . . . . .Yves Brover
Scripte. . . . . Béatrice Pollet
Production . . . . Christophe Rossignon
Durée 1h55

Distribution

Vincent Lindon (*Simon Calmat*), Firat Ayverdi (*Bilal*), Audrey Dana (*Marion*), Derya Ayverdi (*Mina*), Selim Akgül (*Zoran*), Firat Celik (*Koban*), Murat Subasi (*Mirko*), Olivier Rabourdin (*le lieutenant de police*), Yannick Renier (*Alain*), Mouafaq Rushdie (*le père de Mina*), Behi Djanati Ataï (*la mère de Mina*), Patrick Ligardes (*le voisin de Simon*), Thierry Godard (*Bruno*)

Synopsis

Bilal, un jeune Kurde fraîchement arrivé d'Irak à pied, retrouve un ami et des compatriotes près du port de Calais lors d'une distribution de repas chauds organisée par une association d'aide aux réfugiés. Avec eux, il va se hisser clandestinement dans un camion et tenter, en vain, de passer en Angleterre, où il veut retrouver sa petite amie Mina, installée là-bas avec sa famille, kurde elle aussi. Pendant ce temps, Simon, maître-nageur à la piscine de Calais, mène une petite vie routinière, entre leçons de natation et repas en solo. En instance de divorce, il est toujours amoureux de sa femme Marion, bénévole dans l'association qui nourrit les clandestins. Celle-ci vient de lui reprocher son indifférence face à l'éviction de migrants dans un supermarché lorsque Bilal se présente à la piscine pour apprendre à nager. Simon, d'abord méfiant, voit vite dans cette rencontre un espoir de reconquérir Marion. Il s'investit peu à peu dans le projet du jeune homme, qui compte bien tenter à nouveau sa chance en traversant la Manche ... à la nage. Simon va devoir surmonter sa passivité naturelle, mais aussi la détermination des autorités, qui traquent les migrants et tous ceux qui leur viennent en aide. Cette belle aventure humaine va bouleverser sa vie.

Le Réalisateur

Philippe Lioret, né le 10 octobre 1955 à Paris, a travaillé comme ingénieur du son sur une trentaine de films avant de devenir scénariste et réalisateur. Il a réalisé sept longs métrages dans des genres variés depuis 1993. *Tombés du ciel* (1993) et *Tenue correcte exigée* (1996) sont des comédies dans lesquelles percent déjà les thèmes sociaux de ses films ultérieurs: le protagoniste de *Tombés du ciel*, par exemple, victime d'un vol, se retrouve bloqué à l'aéroport de Roissy comme d'autres "sans papiers", des réfugiés et clandestins qu'il apprend à connaître. Avec la comédie sentimentale *Mademoiselle* (2000) et les drames *L'Equipier* (2003) et *Je vais bien, ne t'en fais pas* (2006), Lioret signe des films plus intimes portés par d'excellents acteurs (Sandrine Bonnaire, Jacques Gamblin, Philippe Torreton, Kad Merad, Mélanie Laurent) et bien reçus du public et d'une partie de la critique. *Welcome* (2009) et *Toutes nos envies* (2010), drames intimes mâtinés de social, marquent un nouveau tournant dans sa filmographie et le début de son association avec l'acteur Vincent Lindon. Celui-ci incarne dans les deux films un monsieur Tout-le-monde transformé respectivement par sa rencontre avec des migrants et des gens endettés, et prêt à se battre pour plus de justice sociale. Lioret a aussi collaboré à des compilations de courts métrages sur des sujets de société, *3000 scénarios contre un virus* [le SIDA] (1994) et *Pas d'histoires! 12 regards sur le racisme au quotidien* (2001).

Etant donné l'aspect social de ses films, Lioret a une réputation de "pourfendeur des travers du monde moderne", d'"agitateur de conscience" ou de "réalisateur à sujet"

(Marsa) et il est parfois comparé au cinéaste britannique Ken Loach par les critiques. Les cinéphiles purs et durs sont généralement critiques des films sociaux, qui manquent selon eux d'originalité dans la mise en scène. On ne s'étonne donc pas que certains reprochent à Lioret "son cinéma très sage et un peu mièvre" et comparent ses films à de "jolies coquilles un peu vides", tout en le jugeant "à cent coudées au-dessus de la moyenne du cinéma populaire français" (Chapuys). Plus indulgent, Jean Roy, critique cinéma de *L'Humanité* (un journal communiste qui apprécie le cinéma social et engagé), apprécie la discrétion de sa cinématographie et regrette que Lioret ne gagne pas plus de prix dans les festivals: "On a toujours aimé ce réalisateur discret, souvent finaliste, rarement gagnant dans les festivals tant sa mise en scène refuse le tape-à-l'œil [. . .]. L'auteur a la modestie de ne pas s'afficher, laissant le devant de la scène aux personnages et à l'intrigue".

La Genèse et la réalisation

Lioret eut l'idée de réaliser *Welcome* lors d'une conversation avec l'écrivain Olivier Adam, dont il avait adapté le roman *Je vais bien, ne t'en fais pas* en 2006. Celui-ci venait d'écrire *A l'abri de rien* (2007), l'histoire d'une femme qui délaisse sa famille pour s'occuper de migrants dans une ville du nord de la France, et son évocation de la vie des réfugiés bloqués à Calais en attendant de tenter un passage en Angleterre fut un déclic pour Lioret: "C'est comme s'il me décrivait la frontière mexicaine. Je décide d'y aller avec le scénariste Emmanuel Courcol. Nous passons plusieurs jours et plusieurs nuits, dans le froid, avec les bénévoles et les migrants. Nous découvrons une réalité indigne et ce que l'on fait endurer à ces hommes et ces femmes, dont beaucoup sont très jeunes. Au moment de repartir, une bénévole nous raconte que plusieurs d'entre eux ont essayé de traverser à la nage. L'un d'eux a disparu. On ne sait pas ce qu'il est devenu. Ces clandestins qui cherchaient à gagner l'Angleterre à la nage nous obsédaient. Nous avons commencé à travailler autour de cette idée" (Raspiengeas, "Philippe Lioret").

En faisant ce film, Philippe Lioret souhaitait aussi protester contre une loi qui punissait sévèrement—de cinq ans de prison et d'une amende de 30 000 euros—les personnes qui venaient en aide à des clandestins. Cette loi, conçue à l'origine pour sanctionner les passeurs, était de plus en plus invoquée contre des citoyens ordinaires—en raison de l'afflux des migrants à Calais—par les gouvernements de droite sous le deuxième mandat de Jacques Chirac (2002–2007) et la présidence de Nicolas Sarkozy (2007–2012).

Lioret décida de filmer cette histoire "à hauteur d'homme" en se focalisant sur un citoyen ordinaire qui s'intéresse à des migrants pour reconquérir sa femme. Il écrivit le rôle de Simon pour Vincent Lindon qui, contrairement à ses habitudes, l'accepta sans même lire le scénario. Avant de tourner, Lindon et Lioret se sont rendus à Calais pour vivre avec des bénévoles et des migrants. Ils ont fréquenté le "quai de la soupe" et ont eu l'occasion de transporter des réfugiés en voiture, comme Simon dans le film. Lioret a un peu hésité à faire un produit commercial à partir de situations de misère humaine, mais les associations l'ont convaincu qu'un film de fiction était nécessaire pour sensibiliser le public à la situation des migrants (Lemercier, "Des gamins"). Le réalisateur s'est énormément documenté car, dit-il, "Je devais être juste sur tout: scénario, acteurs, images. Faire attention à ne pas être balourd, ni à renforcer les réflexes bien-pensants, éviter de montrer de gentils migrants face aux méchants pouvoirs publics" (Raspiengeas, "Philippe Lioret"). Selon lui, "Il n'y a pas une image de mon film dont je ne peux garantir la véracité" (Rouden).

Le tournage a duré onze semaines. Il a eu lieu à Calais en décors naturels et dans des studios de Roubaix. Lioret a choisi Calais plutôt qu'un port d'un pays du tiers monde, qui aurait coûté moins cher, car "l'identification et l'incarnation n'auraient pas été assez fortes ailleurs" (Lemercier, "Des gamins"). Interrogé sur l'impact du tournage sur lui, Lioret répond qu'il a découvert "un monde inconnu à 200 kilomètres de Paris. Un endroit invraisemblable" et que le traitement infligé aux migrants l'a indigné: "J'ai commencé ce film comme cinéaste, je l'ai terminé en citoyen révolté" (Raspiengeas, "Philippe Lioret").

Les Interprètes

Vincent Lindon (Simon) a travaillé comme aide-costumier pour le film *Mon oncle d'Amérique* (Alain Resnais, 1980) et poursuivi une brève carrière de journaliste avant de devenir acteur en 1983. Depuis, il a joué dans plus de soixante-dix films auprès de réalisateurs estimés tels que Jean-Jacques Beineix, Bertrand Blier, Claire Denis, Tony Gatlif, Benoît Jacquot, Claude Lelouch, Claude Sautet et Coline Serreau, entre autres. Acteur versatile, il est aussi à l'aise dans la comédie que dans le drame psychologique ou social. Il s'est fait connaître du grand public dans *L'Etudiante* de Claude Pinoteau, qui lui valut le prix Jean Gabin de l'acteur le plus prometteur de l'année en 1989. En 1993, il reçut sa première nomination au César du Meilleur acteur pour son rôle de cadre licencié se liant d'amitié avec un SDF dans *La Crise*, une comédie de Coline Serreau. Il reçut quatre autres nominations pour ce César pour sa prestation dans des films à résonance sociale comme *Ma petite entreprise* en 2000, *Ceux qui restent* en 2008, *Welcome* en 2010 et *Quelques heures de printemps* en 2013. Lindon obtint la consécration avec le Prix d'interprétation masculine au Festival de Cannes en 2015 et aux Césars l'année d'après pour son rôle dans *La Loi du marché*. Dans cette deuxième collaboration avec Stéphane Brizé, réalisateur de *Quelques heures de printemps*, il campe un chômeur de longue durée acculé à un dilemme moral lorsqu'il se retrouve vigile dans un supermarché.

Malgré ses origines bourgeoises—il est issu d'une longue lignée d'industriels et d'intellectuels—Lindon est devenu l'incarnation du Français moyen. Il a "le talent extraordinaire d'incarner les héros ordinaires", écrit Guillemette Odicino. Sébastien Chapuys, lui, remarque: "Qui d'autre que Lindon, aujourd'hui, en France, pouvait camper avec autant de subtilité et d'évidence un type ordinaire et sympa, dépassé par des événements dramatiques auxquels il oppose un mélange de résignation et de résistance douce?" François-Guillaume Lorrain approuve peu ou prou le constat de Chapuys: "De cette épaisseur, de cette densité, il y a qui dans le cinéma français? Bacri, Amalric, Darroussin, Auteuil—quand il veut—et puis lui".

Audrey Dana, qui interprète Marion, est elle aussi bien connue dans le monde du spectacle. A l'origine actrice de théâtre, elle s'est fait connaître au cinéma dans un film de Claude Lelouch, *Roman de gare*, pour lequel elle a reçu une nomination au César du Meilleur espoir féminin en 2008 ainsi que le Prix Romy Schneider décerné à l'actrice la plus prometteuse de l'année. Elle a joué dans une bonne vingtaine de films et réalisé quelques courts et longs métrages. Sa comédie *Sous les jupes des filles* (2014) réunit onze actrices française célèbres incarnant autant de facettes de la femme contemporaine.

Parmi les autres acteurs professionnels du film, notons Olivier Rabourdin, qui interprète le policier. Rabourdin est un comédien prolifique et versatile, habitué des seconds rôles au cinéma et dans les séries télé, où il joue souvent des policiers. Depuis la fin des années 2000 on le retrouve dans des rôles plus importants dans des drames (*Cœur animal* de Séverine Cornamusaz, 2009; *Des hommes et des dieux* de Xavier Beauvois, 2010), des comédies (*Les Invités de mon père* d'Anne Le Ny, 2010) et des thrillers (*Crime d'amour* d'Alain Corneau, 2010).

Les migrants du film sont interprétés par de nombreux acteurs non professionnels, comme Firat Ayverdi (Bilal) et sa sœur Derya (Mina). Philippe Lioret et sa directrice de casting ont sillonné les villes où est implantée la communauté kurde en exil (Berlin, Istanbul, Londres, Stockholm) avant de repérer Firat Ayverdi en France. Celui-ci reçut une nomination au César du Meilleur espoir masculin pour son interprétation.

Il faut mentionner aussi la présence du coscénariste Emmanuel Courcol dans le rôle du directeur du supermarché et celle de Philippe Lioret lui-même, tel Alfred Hitchcock, dans celui de l'homme qui promène son chien sur la plage.

La Réception

Welcome est sorti en 2009 au Festival international du film de Berlin, où il a été récompensé par le Prix du Jury œcuménique. Il a été bien reçu du public à sa sortie en salle en mars 2009, dépassant le million de spectateurs dans le premier mois d'exploitation et avoisinant un total de 1,3 millions d'entrées. Chapuys explique ce succès populaire par le choix de Vincent Lindon dans le rôle principal: "Avec ce choix de casting avisé mais sans risque, on sent la volonté d'ouvrir le film à un plus large public, qui n'aurait pas forcément eu envie d'aller suivre les vicissitudes d'un jeune immigré kurde si la possibilité d'une identification avec un acteur français à la fois digne et populaire ne lui était pas proposée".

La polémique qui a précédé la sortie du film a aussi contribué à sa notoriété. Lors d'un entretien, en effet, Philippe Lioret a critiqué un article de loi pénalisant l'assistance aux étrangers en situation irrégulière (voir la section "La Genèse et la réalisation") et comparé le traitement des personnes portant assistance aux migrants à celui des individus qui aidaient les Juifs sous le régime de Vichy pendant l'Occupation allemande (1940–44). Ceci a occasionné une réaction très vive d'Eric Besson, ministre de l'Immigration, de l'Intégration, de l'Identité nationale et du Développement solidaire, qui trouvait ce parallèle "inacceptable, désagréable, insupportable" et a accusé Lioret de faire de la provocation pour mieux promouvoir son film. Celui-ci lui a répondu dans une lettre ouverte publiée dans *Le Monde* en concluant ainsi: "Aujourd'hui, dans notre pays, de simples valeurs humaines ne sont pas respectées. C'est cela que vous devriez trouver 'inacceptable'" (Lioret).

Le groupe socialiste de l'Assemblée nationale, qui préparait une proposition de loi visant à supprimer le "délit de solidarité" (le nom donné à l'article de loi pénalisant l'aide aux clandestins par ses détracteurs), a organisé une projection à l'Assemblée nationale en présence du réalisateur en mars 2009 pour rallier le maximum de députés à sa cause; en vain, pourtant, puisque la loi ne fut pas adoptée. Le film a été projeté aussi au Parlement Européen, où les eurodéputés lui ont attribué le Prix Lux. Depuis 2007, ce prix récompense un film qui propose une réflexion sur l'identité européenne. Il consiste en une aide de 87 000 euros pour sous-titrer le film dans les langues officielles de l'Union européenne et le distribuer dans les pays de l'UE. Lioret était très satisfait de l'impact politique de cette récompense: "Je suis fier pour le film de voir qu'une instance européenne importante adhère à son sujet, d'autant plus que la demande de modification de l'Article L622-1, rejetée en France, est maintenant dans le circuit de la Cour européenne de Justice" (Lemercier, "Des gamins"). Par contre, il a été déçu par les résultats de la diffusion de *Welcome* dans les pays "de départ". Il espérait que son film dissuaderait les jeunes de tenter d'émigrer. Mais, lors de projections au Kurdistan, il a été frappé par la réaction de ceux-ci, qui, indifférents aux dangers représentés dans le film, cherchaient surtout à savoir comment se rendre en Angleterre (Bosquet). *Welcome* a reçu de nombreux autres prix et nominations, y compris le Prix du public au Festival de film de Los Angeles en 2009 et, en 2010, le Prix lycéen du cinéma, le Prix Lumières du Meilleur film, une nomination au Prix Louis Delluc et dix nominations aux Césars.

Les réactions des critiques de cinéma confirment ce succès. La plupart considèrent *Welcome* à mi-chemin entre le cinéma populaire et le film d'auteur et apprécient la manière dont Lioret mélange l'histoire personnelle et le contexte social: "La dure vie des clandestins qui rêvent de l'Angleterre nourrit la trame d'une fiction sensible" (Roy); "Philippe Lioret excelle à mêler la ligne mélodique intime des rapports humains à la rythmique heurtée du thriller social et politique" (Tranchant); "*Welcome*, de Philippe Lioret, est un film bouleversant d'humanité qui mêle la description documentaire d'une situation dérangeante dans la France contemporaine [. . .] et deux histoires d'amour magnifiques" (Raspiengeas, "*Welcome*"). Certains commentateurs soulignent la capacité du film à susciter de l'empathie et une prise de conscience chez le spectateur. Pour Roy, "au sortir de la salle, nous en savons davantage, et surtout plus intimement, sur ces gens qui sont devenus des noms et des vies". Clara Dupont-Monod considère le film comme "Un chef-d'œuvre engagé, politique, dérangeant [. . .]. En un mot: indispensable!" Thomas Sotinel le trouve original "dans son projet, mené à bien, de placer le spectateur aux côtés du candidat au voyage et de l'obliger à se poser la question du jour: 'Que ferais-je, moi, à la place de Simon?'".

Parmi quelques critiques moins élogieuses, on trouve celle de Kevin Prin, qui considère le film trop lourd dans sa démonstration: "Malheureusement à force de vouloir prendre parti, le film de Philippe Lioret cède à la caricature et surtout au tire-larme" (par le biais de sa musique, en particulier). Pour lui, *Welcome* "se rapproche plus de la leçon de morale que de la dénonciation sociale percutante qu'il aurait pu et dû être". Jean-Baptiste Morain reproche lui aussi au réalisateur d'avoir minimisé l'aspect social du film en se concentrant sur l'histoire de Simon: "[Le film est] un sujet très fort autour d'un clandestin bloqué dans une ville du Nord, mais sacrifié sur l'autel du psychodrame conjugal français avec vedettes". Il regrette que Bilal ait disparu "dès que le récit n'avait plus besoin de lui pour faire valoir le héros national". Chapuys partage ce point de vue sur l'instrumentalisation des migrants: "L'Autre [Bilal] est ici domestiqué, réduit à son aspect le moins dérangeant, transformé en fils d'adoption idéal pour Occidental dépressif et sans enfant". Mais il considère le film comme un précurseur dans la représentation des clandestins. Si le mélange de "mélodrame social à la Ken Loach" et de "l'habituel drame sentimental français" ne réussit qu'imparfaitement selon lui, il juge que "cette greffe [. . .] a le mérite d'avoir été tentée, et —qui sait?—d'ouvrir le passage à d'autres fictions plus fortes et plus engagées encore". Grâce au film, conclut-il, "le 'sans-papiers' n'est désormais plus sans images: rien que pour cela, et pour avoir mis en lumière la honte nationale que représente leur traque par l'Etat français, on doit saluer le film de Philippe Lioret".

Le parallèle avec le film social de Ken Loach revient sous la plume de plusieurs critiques. Chapuys, quant à lui, évoque une ressemblance avec les fictions des frères Dardenne dans les trente premières minutes de *Welcome*, filmées à la manière d'un documentaire "avec une grande sobriété et aucun angélisme". Pierre Murat, enfin, suggère un lien avec le néoréalisme italien lorsqu'il compare l'effet du film à celui du *Voleur de bicyclette* de Vittorio De Sica (1948), sans le nommer: "Comme dans ces vieux chefs-d'œuvre italiens où il suffisait qu'un gamin glisse sa main dans celle de son père humilié pour que l'espoir renaisse, ce sont des fragments de fraternité que l'on emporte".

La Situation des migrants à Calais

L'histoire de *Welcome* se passe à Calais dans les années 2000, dans un contexte socio-politique bien particulier. Depuis la Convention de Schengen de 1985 et sa mise en application progressive dans les années 1990, il est possible de circuler librement au sein de la plupart des pays de l'Union européenne. Le Royaume-Uni fait exception: il ne fait pas partie de l'espace Schengen, et il faut donc un passeport pour y aller. Les migrants qui ont réussi à entrer illégalement dans un pays européen et qui souhaitent se rendre en Angleterre tentent la traversée à partir de Calais, la principale ville française de liaison avec l'Angleterre grâce à son port et au tunnel sous la Manche. L'ouverture du tunnel en 1994 a entraîné une augmentation du nombre de migrants dans la ville et ses environs. Ces migrants étaient principalement des Afghans, Iraniens, Irakiens, Kurdes et Kosovars, qui cherchaient à échapper à la guerre ou aux persécutions dans leur pays (ils ont été rejoints depuis par des réfugiés de Somalie, du Soudan, d'Erythrée et de Syrie, entre autres). En vertu de la Convention de Genève de 1951 relative au statut des réfugiés, les personnes issues de pays où leur vie est en danger peuvent faire une demande de droit d'asile dans le pays où elles se sont exilées. Si leur demande est acceptée, elles obtiennent le statut de réfugié; dans le cas contraire, elles doivent rentrer dans leur pays ou rester dans l'illégalité. De nombreux migrants souhaitent aller en Angleterre plutôt que dans l'espace Schengen car ils parlent anglais et ont des réseaux communautaires ou familiaux dans ce pays. Certains n'ont pas obtenu le statut de réfugié dans l'espace Schengen et souhaitent tenter à nouveau leur chance en Angleterre, où la politique d'immigration est plus souple—ou du moins l'était jusqu'au vote de 2016 en faveur du "Brexit", la future sortie du Royaume-Uni de l'Union européenne, qui risque de produire un raidissement en matière d'immigration.

Pour faire face à l'afflux de migrants, le gouvernement socialiste de Lionel Jospin (pendant le premier mandat du Président Chirac) a ouvert un centre d'hébergement administré par la Croix Rouge à Sangatte, près de Calais, en 1999. Ce centre, qui n'a pas pu répondre à la demande—il était conçu pour deux cents personnes et en a accueilli jusqu'à 1 600—a été fermé par Nicolas Sarkozy en 2002 (Sarkozy était alors ministre de l'Intérieur dans le gouvernement de droite de Jean-Pierre Raffarin, pendant le deuxième mandat du Président Chirac). Les migrants se sont alors installés dans des habitations de fortune dans la région, y compris dans une zone que l'on a surnommée la "jungle de Calais". La présence de ces campements sauvages a créé des problèmes d'hygiène publique et a occasionné des conflits avec la population locale. Pour y répondre, les autorités françaises, sous la pression du gouvernement britannique, ont organisé des raids pour démanteler la jungle à plusieurs reprises à partir de 2002, et plusieurs fois sous la présidence de Nicolas Sarkozy, qui a fait de la lutte contre l'immigration illégale un des points phares de son mandat. Philippe Lioret inclut une allusion directe à la politique de Sarkozy dans une scène du film où celui-ci apparaît à la télévision.

Pour décourager la venue de migrants, le gouvernement a aussi fait pression sur les individus et les associations qui leur venaient en aide, en application de l'Article L622-1. Comme on l'a vu dans la section "La Réception" ci-dessus, la sortie de *Welcome* a intensifié l'opposition à cette loi, qui faisait depuis plusieurs années l'objet de manifestations, mais sans résultat concret. Il a fallu attendre 2013 et l'arrivée d'un gouvernement de gauche au pouvoir pour que la définition du "délit de solidarité" soit assouplie. Depuis cette date, les individus et associations qui aident les clandestins sans contrepartie financière—en leur apportant "des conseils juridiques ou des prestations de restauration, d'hébergement ou de soins médicaux destinées à assurer des conditions de vie dignes et décentes"—ne sont plus passibles de sanctions pénales. Notons que le problème des migrants à Calais s'est aggravé avec le conflit syrien. Selon *Le Monde*, leur nombre est passé de deux mille au printemps 2015 à environ six mille en octobre de la même année (Pauwels). En octobre 2016, la "jungle de Calais" a été détruite par les autorités et la plupart des habitants transférés dans d'autres centres d'accueil sur le territoire français.

Cinéma et politique

Welcome fait partie d'un grand nombre de films sortis dans les années 90 qui s'intéressent à la réalité sociale contemporaine et expriment un message plus ou moins explicite la concernant. Selon Martin O'Shaughnessy, le renouveau d'un cinéma engagé en France pendant cette décennie-là s'explique par l'augmentation de la fracture sociale et le retour des mobilisations de masse—un quart de siècle après Mai 68—pour protester contre le libéralisme et les atteintes grandissantes à la protection sociale. Les cinéastes se sont mobilisés pour défendre certaines causes, en particulier celle des "sans papiers". Suite à la montée du Front national et de son discours xénophobe dans les années 80, la question de l'immigration occupait en effet le devant de la scène politique. Les gouvernements de droite, qui voulaient éviter que leurs électeurs rallient le parti d'extrême-droite de Jean-Marie Le Pen, ont voté des lois restrictives sur l'immigration, les "lois Pasqua" de 1986 et de 1993. Ils ont mené des opérations spectaculaires de lutte contre les clandestins, comme l'expulsion très médiatisée, en août 1996, d'environ trois cents Africains qui s'étaient réfugiés dans l'Eglise Saint-Bernard à Paris.

Cet événement a mobilisé les artistes et les intellectuels, et ceux-ci ont continué à exprimer leurs points de vue sur l'état de la société à travers leurs œuvres ou leurs prises de position. Dans le domaine du cinéma, par exemple, un groupe de réalisateurs a signé un appel à la désobéissance civile pour protester contre le traitement des personnes qui venaient en aide aux clandestins. "L'Appel des 66 cinéastes", publié dans *Le Monde*, *Libération* et *Les Inrockuptibles* le 12 février 1997, s'opposait à un projet de loi (la loi Debré) qui exigeait que les personnes hébergeant des étrangers en situation irrégulière déclarent ces personnes à la préfecture (Bantman). Certains des réalisateurs inclus dans le présent manuel faisaient partie de ce groupe, comme Jacques Audiard (*Un prophète*), Claire Denis (*Chocolat*), Mathieu Kassovitz (*La Haine*) et Philippe Lioret (*Welcome*).

Avant *Welcome*, il n'existait pas de film de fiction français focalisé uniquement sur les immigrés en situation irrégulière, exception faite d'*Eden à l'Ouest* (Costa-Gavras, 2009) et *Nulle part, terre promise* (Emmanuel Finkiel, 2009), deux "road movies", sortis la même année mais qui eurent peu de retentissement (alors que le cinéma suisse, par exemple, comptait une œuvre phare sur ce thème, *Voyage vers l'espoir* de Xavier Koller en 1990). Comme le faisait remarquer Chapuys à la sortie du film de Lioret, "le cinéma français, trop peu concerné par la marche du monde, se fait moins entendre sur le sujet, à part une poignée de films documentaires [. . .], quelques fictions auteuristes (*La Blessure*) et autres fables molles et décontextualisées (*Éden à l'ouest*). On espérait, sans trop y croire, qu'un réalisateur français s'empare du problème pour proposer enfin une œuvre à la fois courageuse et grand public. Avec *Welcome*, c'est désormais chose faite".

Welcome a en effet inauguré la présence du clandestin dans le cinéma français grand public. Plusieurs films, comme *Cherchez Hortense* (Pascal Bonitzer, 2012) ou *Comme un lion* (Samuel Collardey, 2013) ont repris sa trame centrale, la prise de conscience et la renaissance d'un citoyen ordinaire suite à la rencontre d'un migrant. D'autres œuvres déclinent un schéma similaire, mais confrontent des groupes, plutôt que des individus, à la présence des clandestins. C'est le cas dans *Les Mains en l'air* (Romain Goupil, 2010) et *Le Havre* (Aki Kaurismaki, 2011), deux films par des réalisateurs engagés à gauche qui sont de véritables hymnes à la solidarité (Bissière 224–29).

DOSSIER PÉDAGOGIQUE

Qu'est-ce qui se passe dans ce film?

1. Comment Bilal et le groupe de Kurdes ont-ils essayé de passer en Angleterre? Qu'est-ce qui s'est passé?

2. Pourquoi Bilal est-il allé à la piscine? Qu'est-ce que Simon a compris lors de leur rencontre suivante?

3. Quelle est la relation entre Simon et Marion? Quelle est la profession de Marion?

4. Qu'est-ce qui s'est passé au supermarché? Comment Marion et Simon ont-ils réagi?

5. Qu'est-ce que Simon a appris sur Bilal et Zoran quand il les a hébergés chez lui? Comment sont-ils arrivés en France, par exemple? Pourquoi Bilal est-il connu dans son village en Irak? Quelles sont ses ambitions?

6. Pourquoi est-ce qu'il y avait des trophées chez Simon?

7. Pourquoi est-ce que les policiers sont allés chez Simon tôt un matin, et qu'est-ce qu'ils ont trouvé?

8. Qu'est-ce que Simon a fait quand il a compris que Bilal avait commencé de traverser la Manche à la nage la première fois?

9. Pourquoi Simon a-t-il avoué au policier qu'il avait aidé un clandestin? Quelles ont été les conséquences de cet aveu?

10. Où est-ce que Simon a revu Bilal pour la dernière fois? Quel message de Mina est-ce qu'il lui a transmis?

11. Comment est-ce que Bilal est mort? Qui a appris la nouvelle à Simon, et quels objets est-ce que cette personne lui a rendus?

12. Pourquoi est-ce que Simon est allé en Angleterre à la fin du film?

Vrai ou Faux?

Si la phrase est fausse, corrigez-la!

1. Marion travaille pour une association qui héberge les migrants la nuit.

2. Au début du film, Bilal téléphone à sa famille restée en Irak.

3. Bilal a payé un passeur cinq cents euros pour aller en Angleterre.

4. Après l'échec du passage en Angleterre, le juge a donné à Bilal une place dans un foyer parce qu'il était mineur.

5. Les migrants ont suivi Bilal à la piscine pour apprendre à nager.

6. D'après Simon, il faut dix heures pour traverser la Manche à la nage, et les courants sont très forts.

7. Pendant la nuit, Simon a trouvé Bilal en train de respirer dans un sac plastique.

8. Bilal a volé une des médailles de Simon.

9. Le voisin de Simon insinue que celui-ci a une relation homosexuelle avec Bilal.

10. Simon se fait passer pour l'oncle de Bilal quand il demande à un service de secours de le rechercher en mer.

11. Lorsqu'elle parle à Simon au téléphone, Mina lui demande de dire à Bilal de venir en Angleterre le plus vite possible.

12. En circulant dans la ville en voiture, Simon voit parfois des migrants qui sont traités violemment par la police.

Contrôle des connaissances

1. Quelle est la réputation de Philippe Lioret en tant que réalisateur? Quels types de critiques apprécient le moins ses films et pourquoi?

2. Pourquoi Lioret souhaitait-il faire un film sur les migrants? Qu'est-ce qu'il a découvert pendant le tournage?

3. Pourquoi Lioret a-t-il choisi Vincent Lindon pour le rôle principal?

4. En quoi consistait la polémique qui a accompagné la sortie du film?

5. Comment *Welcome* a-t-il été reçu par les instances politiques françaises et européennes?

6. D'après les critiques, quels sont les aspects positifs du film? Qu'est-ce qu'on lui a reproché?

7. Pourquoi la ville de Calais fait-elle souvent la une des journaux lorsque l'on parle d'immigration?

8. Qu'est-ce qui explique le renouveau du cinéma engagé dans les années 1990?

9. Pourquoi l'immigration était-elle au centre des discussions politiques à ce moment-là?

10. Quelles sont les "lois Pasqua" de 1986 et de 1993?

11. Qu'est-ce que "l'Appel des 66 cinéastes", auquel Philippe Lioret a participé?

12. Quelle est la contribution particulière de *Welcome* au cinéma français?

Pistes de réflexion et de discussion

1. Le Titre du film

Pourquoi, à votre avis, Lioret a-t-il choisi *Welcome* comme titre pour son film? Où est-ce que ce mot figure dans le film? A quel mot de la devise nationale de la France ("Liberté, Egalité, Fraternité") le titre du film fait-il référence? Pourquoi Lioret a-t-il différé l'apparition du titre jusqu'au générique de fin?

2. Les Personnages

+ *Simon*

Qu'est-ce que l'on sait sur Simon? Quelle est sa situation maritale? **Pourquoi travaille-t-il dans une piscine?** Quelle est son attitude à l'égard de Bilal au début? Comment est-ce que son attitude évolue? Qu'est-ce qui impressionne Simon chez Bilal?

Quels aspects de sa vie personnelle Simon revit-il à travers Bilal? **Quel type de relation finit par s'instaurer entre eux?** Que dit Simon à ce propos au garde-côte la première fois que Bilal essaie de traverser la Manche?

+ *Bilal*

Pourquoi Bilal veut-il aller en Angleterre et quelles sont ses aspirations? Pourquoi est-ce qu'il ne réussit pas à garder le sac en plastique sur la tête pendant la traversée? Quel effet a cette révélation sur le spectateur et sur Zoran? Pourquoi l'un des Kurdes exige-t-il que Bilal lui donne cinq cents euros? Pourquoi est-ce que la scène dans la cabine téléphonique est importante? Quelle est la signification de la petite séquence où Bilal joue avec le ballon de foot? *Visionnez les scènes pertinentes* (Extrait 1, 21'30–23'20).

+ *Marion*

Quelle est l'attitude de Marion vis-à-vis des migrants? Qu'est-ce qu'elle reproche à Simon lors de l'incident au supermarché? Pourquoi Marion a-t-elle quitté Simon, à votre avis?

Que pensez-vous de la scène où Simon et Marion font l'amour dans la cuisine? Qu'est-ce que cette scène nous dit sur l'état des sentiments de Marion envers Simon? *Visionnez cette scène* (Extrait 2, 1h17'00–1h19'50).

✦ *Les Migrants*

D'où viennent les migrants du film? **Pourquoi ont-ils quitté leur pays?** Pourquoi est-ce que le réalisateur insiste sur l'expérience de Zoran lorsque Bilal le retrouve au début du film? Pourquoi est-ce que Zoran dit qu'on ne peut pas passer en Angleterre en bateau ou par le train? *Visionnez la scène où Bilal rencontre Zoran dans la queue* (Extrait 3, 4'00–6'30).

Quels contrastes Lioret établit-il entre le monde des migrants et celui des Calaisiens? **Dans quels lieux les migrants sont-ils montrés?** A quel moment de la journée en général? Pourquoi, selon vous? A quoi les migrants sont-ils implicitement comparés lorsqu'ils sont dans le camion au début du film?

✦ *La Description des personnages*

Dans sa lettre ouverte au ministre de l'Immigration, Philippe Lioret écrit que son travail consiste à s'intéresser "aux événements qui se passent aujourd'hui, chez nous, et à leurs prolongements et conséquences sur l'âme humaine, en essayant de ne pas être manichéen" ("De simple valeurs"). Certains critiques du film sont d'accord pour dire qu'il a réussi à filmer son histoire "sans jamais céder aux sirènes du manichéisme" (Lemercier, "*Welcome*"). **Que signifie cette allusion au manichéisme?** Etes-vous d'accord avec ces critiques? Par ailleurs, la peinture des personnages est-elle trop caricaturale, comme le disent certains critiques, ou est-ce que la description des personnages est plutôt nuancée?

3. *Les Parallèles avec l'époque de l'Occupation*

Comme on l'a vu dans la section "La Réception" ci-dessus, la sortie du film a occasionné une polémique, car le ministre de l'Immigration n'a pas apprécié les propos de Philippe Lioret qui, lors d'un entretien, avait comparé la situation des migrants et des bénévoles de Calais à celle des Juifs et des Justes (les personnes qui leur sont venues en aide) en France pendant la Deuxième Guerre mondiale. Des critiques (Deandrea, Fevry) ont noté qu'on peut trouver des exemples de ce parallèle dans *Welcome*.

Et vous, quelles allusions à cette période historique avez-vous remarquées dans les dialogues et les situations de *Welcome*? Quels aspects du film peuvent rappeler le traitement des Juifs pendant l'Occupation? (Pensez à *Au Revoir les enfants* et au *Dernier Métro*, deux films de ce manuel qui traitent de cette période). *Visionnez par exemple la scène au supermarché* (Extrait 4, 28'30–29'40) *et l'irruption de la police chez Simon* (Extrait 5, 1h11'18–1h13'00). Dans la première scène, à quoi Marion fait-elle allusion lorsqu'elle dit à Simon: "Tu sais ce que ça veut dire quand on commence à empêcher les gens d'entrer dans les magasins? Tu veux que je t'achète un livre d'histoire?" Dans la seconde, comment Lioret montre-t-il sa désapprobation des actions des policiers et du voisin? A quel type d'événements de l'Occupation font-elles penser?

4. *La Critique politique et sociale*

Lioret présente plusieurs scènes pour interroger la politique migratoire et l'attitude de la population à l'égard des migrants. Quelle est l'attitude des autorités (la police, la justice) envers les migrants? ***Visionnez les scènes où Bilal est au commissariat et au tribunal*** (Extrait 6, 15'40–17'50). ***Visionnez aussi une scène de violence policière*** (Extrait 7, 1h01'40–1h02'00). Dans cette dernière scène, comment le réalisateur suscite-t-il la sympathie et l'indignation du spectateur? Comment expliquez-vous cette violence de la part de la police?

Comment les migrants sont-ils considérés par certains habitants de Calais, comme le voisin de Simon? ***Visionnez la scène avec le voisin*** (Extrait 8, 1h07'00–1h07'47). Pourquoi cette scène est-elle ironique, compte tenu de l'apparence de Bilal?

Comment s'exprime l'opposition de Lioret à la politique migratoire de Nicolas Sarkozy lorsque Simon zappe sur plusieurs chaînes à la recherche d'un programme de télévision? Où Simon se rend-il par la suite? Pourquoi, à votre avis? ***Visionnez cette scène*** (Extrait 9, 58'00–59'20).

Depuis la Déclaration des droits de l'homme et du citoyen de 1789, on appelle souvent la France "la patrie des droits de l'homme", et celle-ci aime se considérer comme une "terre d'asile". Pour un critique, Marion représente une incarnation de la France (Labibi). **Si l'on accepte cette idée, que dit le film sur l'attitude de la France à l'égard des étrangers?** Envisagez aussi la question en pensant à Simon. D'après vous, est-ce qu'il a acquis une conscience politique? Va-t-il continuer le combat? Pensez-vous que le film se contente de faire un commentaire sur la situation des migrants ou qu'il cherche aussi à exercer une certaine influence sur le spectateur? Laquelle?

Par-delà la situation française, **quel commentaire fait le film sur les attentes des migrants qui perçoivent l'Europe comme un Eldorado?** Comment est présentée la vie des Kurdes en Angleterre? La famille de Mina est-elle bien intégrée? (Quel travail le frère de Mina a-t-il trouvé à Londres? Comment est-il traité par son patron? Avec qui est-ce que Mina doit se marier?)

5. *Les Langues du film*

On entend quatre langues dans le film: le français, l'anglais, le kurde et le pashto. La présence de tant de langues différentes est peu banale dans un film. **Quel aspect du film est renforcé par cette multiplicité de langues?** Pourquoi Bilal et ses amis Kurdes parlent-ils anglais? Que savez-vous de l'histoire de l'Irak à cet égard?

Quelle langue les membres de la famille de Mina parlent-ils chez eux à Londres? Est-ce que cela aussi pourrait suggérer quelque chose quant à leur intégration dans la vie en Angleterre?

Simon et Bilal parlent ensemble en anglais la plupart du temps. Dans la scène où Simon soigne Bilal qui vient d'être blessé par son compatriote kurde, Bilal prononce un mot en français pour la première fois ("Merci"). **Pourquoi Simon est-il si content d'entendre cela?**

6. *Les Objets symboliques*

Il y a de nombreux objets symboliques dans le film, comme le paillasson, le sac en plastique, la photo de Mina, la médaille, la bague. **Expliquez quand ces objets apparaissent dans le film et quelle est leur fonction.** (Font-ils avancer l'action? Sont-ils symboliques? Ont-ils un rôle prémonitoire?)

7. La Structure et le style

Le film contient de nombreux parallèles et oppositions, comme par exemple les scènes où Bilal, puis Simon, sont interrogés par un policier ou passent devant un juge. Relevez-en d'autres dans le film. **Pourquoi Lioret a-t-il choisi de structurer son film ainsi?**

Le style du film est très elliptique. Philippe Lioret utilise des juxtapositions, des objets symboliques et d'autres éléments significatifs (comme la télévision), plutôt que la parole, pour nous faire comprendre la vie intérieure des personnages. *Visionnez les scènes suivantes et expliquez ce qu'elles nous apprennent sur les protagonistes*: (a) Bilal sur la plage et à la piscine (Extrait 10, 18'25–19'15). **Que comprend-on sur ses intentions?** (b) Simon avec Marion, puis au restaurant (Extrait 11, 30'15–31'00). **Qu'apprend-on sur sa vie sociale?** A quoi pense-t-il probablement en regardant la télé?

Une des scènes clés du film est celle du montage alterné entre Simon à la piscine et Bilal en train de traverser la Manche. *Visionnez cette scène* (Extrait 12, 1h28'40–1h35'10). **Simon sait-il que Bilal est en train de traverser?** Pourquoi Simon se met-il soudain à nager, selon vous? A quoi pense-t-il quand il regarde nager le jeune garçon dans la piscine? **Quel est le rôle de la musique dans cette séquence?** Quand la musique s'arrête-t-elle pour de bon dans cette séquence? Pourquoi? **Pourquoi est-ce que Lioret, suivant son approche elliptique, ne nous montre pas la mort de Bilal?**

8. Le Dénouement

Que pensez-vous de ce dénouement tragique? Est-ce qu'il s'impose, en quelque sorte? Auriez-vous préféré que Lioret laisse Bilal réussir sa traversée de la Manche? Comment cela aurait-il modifié l'effet du film?

A quoi sert l'épisode où Simon se rend à Londres pour rencontrer Mina, selon vous?

Comment interprétez-vous l'échange téléphonique final entre Simon et Marion où il promet qu'il va revenir à Calais? Quelle importance accordez-vous à l'allusion à la bague retrouvée? A votre avis, quelle sera l'évolution des rapports entre Simon et Marion?

Filmographie de Philippe Lioret

1993   *Tombés du ciel*

1994   *3000 scénarios contre un virus*

1996   *Tenue correcte exigée*

2000   *Mademoiselle*

2001   *Pas d'histoires! 12 regards sur le racisme au quotidien*

2003   *L'Equipier*

2006   *Je vais bien, ne t'en fais pas*

2009   *Welcome*

2010   *Toutes nos envies*

2015   *Un garçon*

Œuvres consultées

Bantman, Béatrice. "Immigration: appels à la désobéissance. Associations et cinéastes lancent le boycott de la loi Debré". *Libération* 12 févr. 1997: sans pagination.

Bissière, Michèle. "L'Immigration dans le cinéma français: Quelques tendances depuis la fin des années 2000". *Contemporary French Civilization* 40.2 (juill. 2015): 215–33.

Bosquet, Sarah. "Philippe Lioret: *Welcome*: un lien entre romanesque et politique". *Le Petit Journal* 7 mai 2010. Consulté le 23 nov. 2015. <www.lepetitjournal.com /madrid/a-la-une-madrid/57531-interview-philippe-lioret—q-welcome—un-lien -entre-romanesque-et-politiqueq.html>.

Chapuys, Sébastien. "*Welcome*. Éloge de l'insoumission tranquille". *Critikat* 10 mars 2009. Consulté le 23 nov. 2015. <www.critikat.com/actualite-cine/critique/welcome .html>.

Deandrea, Pietro. "The Spectralized Camp: Cultural Representations of British New Slaveries". *Interventions: International Journal of Postcolonial Studies* 17.4 (2015): 488–502.

Dupont-Monod, Clara. "*Welcome*". *Marianne*. Consulté le 23 nov. 2015.

Fevry, Sébastien. "Mémoires en dialogue: Shoah et sans-papiers dans le cinéma français contemporain". *Image (&) Narrative* 14.2 (2013): 51–62.

Higbee, Will. "Hope and Indignation in Fortress Europe: Immigration and Neoliberal Globalization in Contemporary French Cinema". *Substance: A Review of Theory and Literary Criticism* 43.1 (2014): 26–43.

Konstantarakos, Myrto. "Retour du politique dans le cinéma français contemporain?" *French Studies Bulletin* 68 (automne 1998): 1–5.

Labibi, Imed. "*Welcome*: An Insight into the Landscape of Contemporary French Consciousness". *Senses of Cinema: An Online Film Journal Devoted to the Serious and Eclectic Discussion of Cinema* 59 (2011). Consulté le 23 nov. 2015. <sensesofcinema .com/2011/feature-articles/welcome-an-insight-into-the-landscape-of-contempo rary-french-consciousness/>.

Lemercier, Fabien. "Des gamins vivant comme des animaux domestiques". Entretien avec Philippe Lioret. 10 sept. 2009. Consulté le 23 nov. 2015. <cineuropa.org/it.as px?t=interview&l=fr&did=112474>.

———. "*Welcome*". 10 sept. 2009. Consulté le 23 nov. 2015. <cineuropa.org/nw.aspx? t=newsdetail&l=fr&did=112473>.

Lioret, Philippe. "De simples valeurs humaines ne sont pas respectées". *Le Monde* 10 mars 2009: sans pagination.

———, réal. *Welcome*. Film Movement, 2010.

Lorrain, François-Guillaume. "Lindon, à hauteur d'homme". *Le Point* 5 mars 2009: sans pagination.

Marsa, Julien. "Toutes nos envies. Tous nous envient". *Critikat* 8 nov. 2011. Consulté le 23 nov. 2015. <www.critikat.com/actualite-cine/critique/toutes-nos-envies.html>.

Morain, Jean-Baptiste. "*Welcome*". *Les Inrockuptibles* 6 mars 2009. Consulté le 23 nov. 2015. <www.lesinrocks.com/cinema/films-a-l-affiche/welcome/>.

Murat, Pierre. "Welcome". *Télérama* 11 mars 2009: sans pagination.

Odicino, Guillemette. "Toutes nos envies". *Télérama* 13 sept. 2014: sans pagination.

O'Shaughnessy, Martin. "Post-1995 French Cinema: Return of the Social, Return of the Political?" *Modern & Contemporary France* 11.2 (2003): 189–203.

Pauwels, David. "Dans la 'jungle' de Calais". *Le Monde* 14 oct. 2015: sans pagination.

Powrie, Phil. "Heritage, History and 'New Realism'". *French Cinema in the 1990s: Continuity and Difference.* Ed. Phil Powrie. Oxford, UK: Oxford UP, 1999: 1–21.

———, éd. *French Cinema in the 1990s. Continuity and Difference.* Oxford, UK: Oxford UP, 1999.

Prin, Kevin. "*Welcome*". *Filmsactu*. Consulté le 23 nov. 2015. <cinema.jeuxactu.com /critique-cinema-welcome-1-5692.htm>.

Rascaroli, Laura. "On the Eve of the Journey: Tangier, Tbilisi, Calais". *Open Roads, Closed Borders: The Contemporary French-Language Road Movie.* Bristol, UK: Intellect, 2013. 21–38.

Raspiengeas, Jean-Claude. "Philippe Lioret: 'J'ai terminé *Welcome* en citoyen révolté'". *La Croix* 11 mars 2009: sans pagination.

———. "*Welcome*, une approche empreinte d'humanité". *La Croix* 11 mars 2009: sans pagination.

Renault, Gilles. "*Welcome*, la nage de vivre". *Libération* 11 mars 2009: sans pagination.

Rime, Claudine. "Sortie du film *Welcome* au cinéma à partir du 11 mars 2009". *Bouvignies demain* 17 janvier 2009. Consulté le 23 nov. 2015. <www.bouvigniens.org /Sortie-du-film-Welcome-au-cinema-a.html>.

Rouden, Céline. "Le Film *Welcome* relance le débat sur l'aide aux réfugiés". *La Croix* 18 mars 2009: sans pagination.

Roy, Jean. "*Welcome*". *L'Humanité* 11 mars 2009: sans pagination.

Sotinel, Thomas. "*Welcome*: le maître-nageur dans le grand bain des migrants". *Le Monde* 10 mars 2009: sans pagination.

Thomas, Dominic. "Into the Jungle: Migration and Grammar in the New Europe". *Multilingual Europe, Multilingual Europeans.* Amsterdam: Rodopi, 2012. 267–84.

Tranchant, Marie-Noëlle. "*Welcome*". *Le Figaroscope* 11 mars 2009: sans pagination.

IV

Polars

Jean-Jacques Beineix, *Diva* (1981)

Michael Haneke, *Caché* (2005)

Jacques Audiard, *Un prophète* (2009)

Il y a en France une longue tradition de cinéma policier, c'est-à-dire de "polars", y compris des "thrillers" et des "films noirs", des productions commerciales qui visent le grand public. Le plus souvent adapté d'un roman policier populaire, le film policier est aujourd'hui (avec la comédie) "le genre le plus produit et le plus diffusé en France" (Philippe 24). Ces deux formes de fiction vont de pair depuis les premiers temps du cinéma, à commencer par les séries *Fantômas* (1912) et *Judex* (1915) de Louis Feuillade, qui vont achever de "sceller l'union sacrée entre roman et film policiers, qui ne connaîtra jamais de divorce" (Lebrun et Schweigenhaeuser 36). A l'exception des années noires de l'Occupation, le genre policier, surtout les films anglo-américains, a toujours connu un grand succès auprès du public français, connaissant un âge d'or dans les années 30 mais jouissant d'un engouement durable jusqu'à nos jours.

Certains auteurs, comme Georges Simenon (après Maurice Leblanc et son gentilhomme cambrioleur Arsène Lupin et Gaston Leroux avec son détective amateur Rouletabille), vont longtemps dominer le roman policier français: quatre-vingt-quatre romans dans la seule série des Maigret, l'inspecteur de police de Simenon, à partir de 1931. Bon nombre des Maigret sont rapidement adaptés au grand écran—huit, par exemple, pendant l'Occupation (1940–44). Dans les années 50, malgré la domination anglo-américaine persistante dans ce domaine, le tandem Boileau-Narcejac (Pierre Boileau et Thomas Narcejac) connut une grande vogue parmi les auteurs français de roman policiers, et on porta à l'écran certains de leurs chefs-d'œuvre comme *Les Diaboliques* (Henri-Georges Clouzot, 1954) et *Sueurs froides* (*Vertigo* d'Hitchcock, 1958). Le metteur en scène américain Jules Dassin se distingua en 1955 avec *Du rififi chez les hommes*, un grand classique du film noir français d'après le roman d'Auguste Le Breton. A la même époque, on réalisa d'autres classiques basés sur les œuvres d'Albert Simonin, comme *Touchez pas au grisbi* de Jacques Becker (1954) et *Les Tontons flingueurs* de Georges Lautner (1963), dont le scénariste attitré est Michel Audiard, le père du réalisateur d'*Un prophète* (voir Chapitre 13).

A partir des années 50, le genre policier obtient ses lettres de noblesse—toute proportion gardée—avec les films de Jean-Pierre Melville, parmi lesquels *Bob le Flambeur* (1956), *Le Deuxième Souffle* (1966), *Le Samouraï* (1967), *L'Armée des ombres* (1969) et *Le Cercle rouge* (1970). Robin Davis contribua de solides policiers tels que *La Guerre des polices* (1979), *Le Choc* (1982) et *J'ai épousé une ombre* (1983). En plus, Bob Swaim (un Américain) transforma le genre avec son approche sociologique dans *La Balance* (1982),

Césars du Meilleur film et de la Meilleure actrice (Nathalie Baye). L'année précédente, Jean-Jacques Beineix avait adapté le deuxième polar du romancier suisse Delacorta, *Diva*, le film qui inaugura le **cinéma du look** (voir Chapitre 11).

Avec *Diva*, nous présentons dans cette partie deux autres thrillers: le film de Michael Haneke, *Caché*, une œuvre d'un tout autre genre où les dimensions psychologique et sociétale priment, et *Un prophète* de Jacques Audiard, un film de prison qui pourrait être considéré comme un sous-genre du polar (voir la section "Le Film de prison", Chapitre 13).

Œuvres consultées

Lebrun, Michel, et Jean-Paul Schweighaeuser. *Le Guide du "polar"*. Paris: Syros, 1987.

Philippe, Olivier. *Le Film policier français contemporain*. Paris: Cerf, 1996.

11

Jean-Jacques Beineix

Diva

(1981)

Jean-Jacques Beineix, *Diva*: Cynthia Hawkins (Wilhelmenia Wiggins Fernandez) et Jules (Frédéric Andréi) au jardin du Luxembourg à Paris.

Réalisation . . . . Jean-Jacques Beineix
Adaptation . . . . Jean-Jacques Beineix, Jean Van Hamme
Directeur de la photographie. . . . . Philippe Rousselot
Son . . . . Jean-Pierre Ruh
Musique . . . . Vladimir Cosma
Montage . . . . Marie-Josèphe Yoyotte, Monique Prim
Décors. . . . . Hilton McConnico
Costumes . . . . Claire Fraisse
Scripte. . . . . Sylvie Koechlin
Production . . . . Irène Silberman, Ully Pickard
Durée 1h57

Distribution

Frédéric Andréi (*Jules*), Wilhelmenia Wiggins Fernandez (*Cynthia Hawkins*), Richard Bohringer (*Gorodish*), Jacques Fabbri (*le commissaire Saporta*), Thuy An Luu (*Alba*), Gérard Darmon (*l'Antillais*), Dominique Pinon (*Curé*), Anny Romand (*Paula*), Patrick Floersheim (*Zatopek*), Chantal Deruaz (*Nadia*), Roland Bertin (*Weinstadt, l'imprésario*), Jean-Jacques Moreau (*Krantz*)

Synopsis

Jules, un jeune postier parisien à mobylette, est un fan passionné d'une célèbre cantatrice noire américaine, Cynthia Hawkins. Devant le refus obstiné de celle-ci de laisser reproduire sa voix électroniquement pour la commercialiser, Jules réussit à faire un enregistrement pirate de haute qualité d'un de ses récitals à l'Opéra de Paris. Deux hommes d'affaires taiwanais louches qui veulent persuader Cynthia Hawkins de signer un contrat pour faire des disques observent la manœuvre de Jules et se lancent à ses trousses pour voler la cassette.

Par ailleurs, Nadia, une prostituée poursuivie par des truands, glisse une cassette compromettante dans la sacoche de la mobylette de Jules juste avant d'être assassinée à la sortie de la gare Saint-Lazare. Elle y dénonce Saporta, un commissaire de police crapuleux qui est le cerveau d'un réseau de prostitution et de traite des blanches. Des policiers et les truands qui travaillent pour lui partent tous à la recherche de Jules pour reprendre la cassette.

Pendant ce temps, Jules rencontre une adolescente vietnamienne, Alba, qui passe son temps à voler dans les magasins. Elle vit avec un homme mystérieux, Gorodish, une sorte de philosophe Zen plein de ressources, qui a des relations vagues dans le milieu et qui va venir en aide à Jules. Malgré le danger qui le menace, Jules commence une espèce d'idylle avec Cynthia Hawkins, dont il est non seulement fan mais amoureux . . .

Le Réalisateur et la réalisation

Né en 1946, Jean-Jacques Beineix abandonne des études de médecine après les événements de Mai 68 pour essayer de se frayer un chemin dans le cinéma. Il fera neuf ans d'assistanat sur les plateaux, travaillant comme coursier, clapman, perchiste, décorateur et photographe. Il est assistant de Jerry Lewis, de René Clément, de Claude Zidi et de Claude Berri avant de tourner son premier film, un court métrage intitulé *Le Chien de Monsieur Michel*, qui sera primé à plusieurs festivals en 1977. Quand il se résout à arrêter l'assistanat et à se lancer dans la mise en scène d'un long métrage, il a la chance de faire une bonne impression sur la productrice Irène Silberman, qui lui confie l'adaptation à l'écran de *Diva*, un roman policier de Delacorta (le nom de plume du romancier suisse Daniel Odier), mais avec six mois de mise à l'épreuve. Six mois, dit-il, "pendant lesquels j'ai passé des examens de passage, des conférences, des dîners où je donnais mes idées sur le film et mes vues d'adaptation pour prouver que j'étais capable, pour rassurer" (Cornet 5). Ensuite, il passe deux mois à Bruxelles à élaborer le scénario définitif du film avec le scénariste belge Jean Van Hamme.

Les Interprètes

Diva est réalisé en dix semaines pour un budget modeste de sept millions et demi à huit millions de francs (environ 1,5 millions de dollars). La plupart des interprètes étant peu ou pas connus à l'époque, leurs cachets sont plus que modestes, ce qui permet à Beineix et à son directeur de la photographie, Philippe Rousselot, de consacrer la plus grosse partie du budget à la cinématographie, qui sera éblouissante. Parmi ces acteurs débutants, pourtant, deux d'entre eux feront par la suite de longues carrières plus qu'honorables et seront plusieurs fois primés pour leurs prestations. Dominique Pinon ("Curé") obtiendra un prix de Meilleur jeune espoir masculin aux Césars de 1983 pour sa composition dans *Le Retour de Martin Guerre* de Daniel Vigne avant de devenir un acteur fétiche de Jean-Pierre Jeunet, jouant des rôles importants dans *Delicatessen* (1991), *La Cité des enfants perdus* (1995), *Alien: Resurrection* (1997) et *Le Fabuleux Destin d'Amélie Poulain* (2001), notamment. Richard Bohringer (Gorodish), de son côté, jouera dans *Subway* de Luc Besson (1985) et obtiendra le César du Meilleur acteur en 1988 pour sa composition dans *Le Grand Chemin* de Jean-Loup Hubert. Il tiendra également des rôles principaux dans *The Cook, the Thief, His Wife & Her Lover* de Peter Greenaway (1989) et *L'Accompagnatrice* de Claude Miller (1992).

La Réception

Diva sort dans les salles à la mi-mars 1981 pour être immédiatement massacré— "descendu en flamme", dira un critique—par la presse cinématographique. Le film est vilipendé pour "la prétention d'une mise en scène se voulant grandiose, lyrique, démesurée dans l'hyperréalisme des décors, la frénésie des scènes de poursuite et de violence" (Siclier). La virtuosité de Rousselot, reconnue pourtant comme "remarquable", est traitée de clinquant n'ayant d'autre objet que d'éblouir; le réalisateur, lui, est taxé de "mégalomanie artistique"; sa mise en scène est "esthétisante" à outrance, la photographie trop parfaite, le décor trop agressif et artificiel, les personnages peu convaincants, l'action convenue, le dialogue mauvais, et j'en passe. Sous le poids de la critique négative, le film est retiré des salles un peu partout au bout de deux semaines.

Si l'accueil critique de *Diva* est majoritairement négatif, il n'y a pas unanimité; bon nombre de spécialistes, et non les moindres, reconnaissent l'extrême originalité de Beineix et l'applaudissent:

> Sur cette trame improbable mais fertile en rebondissements, et dont la constante tension exclut toute possibilité d'ennui, Jean-Jacques Beineix construit un univers magique en combinant dans un extravagant cocktail le style bande dessinée propre à l'intrigue, la solennité lyrique de l'opéra et un traitement hyperréaliste de l'image. Les invraisemblances comptent peu; demande-t-on à vérifier sur facture un conte de fées? Mais en plaquant sur les clichés d'une 'série noire' les couleurs d'une photogénie flamboyante, le réalisateur invente un baroque moderne qui exerce un étrange envoûtement (Billard).

Ou encore:

Quelle folle histoire! Et quelle audace, pour un nouveau réalisateur, qu'un pareil mélange des genres! Mais, aussi, quelle réussite, qui change de tous les premiers films plus ou moins nombrilistes et pâlichons. . . . Ici, au moins, non seulement on ne s'ennuie pas, mais on est perpétuellement étonné, délicieusement malmené, entre le romantisme le plus fou, le surréalisme le plus sophistiqué, et l'humour le plus malicieux. Pas si mal pour un début . . . (Coppermann).

Diva, pour ceux-ci, est un film d'auteur remarquablement réussi.

Un Film culte

A la barbe des détracteurs du film, pourtant nombreux, quelques distributeurs le gardent à l'affiche, et le bouche-à-oreille commence à faire son travail. Le public, les jeunes et les pas si jeunes peu à peu remplissent les salles. Un an après la sortie du film la critique se rallie enfin au jugement des spectateurs: aux Césars de 1982, *Diva* obtient quatre prix—Meilleur premier film, Meilleure photographie, Meilleur son, Meilleure musique. Le film s'envole, triomphe à Paris (800 000 entrées) comme en Belgique, au Canada et aux Etats-Unis, où il fait 4,5 millions de dollars de bénéfices, se plaçant en troisième position du box-office du cinéma français aux Etats-Unis depuis 1975. Lorsque *Diva* passera à la télévision en France deux ans après, il sera salué comme un chef-d'œuvre. Dix ans après sa sortie, au moment de la publication du découpage de *Diva* dans *L'Avant-Scène Cinéma* (1991), Jacques Leclère remarquera, "Et pourtant, la jeunesse se reconnaît dans ce goût de la démesure, dans ces décors étranges, dans son obsession de l'enregistrement. Et les autres? Les plus de vingt-cinq ans qui aiment ce film sont fascinés par l'entrelacement des intrigues, la perfection des images" (205). C'était un film, dira rétrospectivement un autre critique, "particulièrement en phase avec son époque" (Parent 196).

Diva et le "cinéma du look"

Au départ l'appellation "cinéma du look" visait à dénigrer le film de Beineix, suggérant un manque complet de profondeur, celle-ci étant sacrifiée au côté visuel clinquant. Les critiques de cinéma, surtout ceux du côté des *Cahiers du cinéma*, ne juraient que par les films aux motifs politiques et sociaux, dominés par le naturalisme et un fort réalisme psychologique qui avaient marqué les écrans en France pendant les années 70; c'était le courant traditionnel du cinéma français. Que faire d'un film qui semblait faire fi de ces préoccupations sérieuses, qui mélangeait les genres avec effronterie, mettant côte à côte le monde de l'opéra et celui du pop art, la musique lyrique et le thriller policier, un petit facteur parisien blanc et une cantatrice noire célèbre? Et que ce film soit photographié de main de maître, avec des mouvements d'appareil savants, un montage rapide, des prises de vues éblouissantes, des couleurs (des bleus surtout) hypersaturées, proches des pubs et des vidéo clips de la télévision, c'était vraiment le bouquet. Ce n'est que plus tard, au cours des années 80, qu'on comprendra clairement que Jean-Jacques Beineix avait inauguré une nouvelle esthétique, un nouveau langage cinématographique en quelque sorte, fait de bric-à-brac culturel, qui brisait avec les habitudes du passé et faisait appel, comme *A bout de souffle* en 1960, à une nouvelle génération de jeunes.

Diva et le "néo-baroque"

En 1989, dans un article devenu célèbre, Raphaël Bassan fait le bilan de cette décennie en démontrant que Beineix ne faisait qu'ouvrir la voie à un nouveau courant de cinéma qu'il baptise "néo-baroque" et qui comprend surtout Beineix et deux autres cinéastes des années 80 et 90, Luc Besson et Leos Carax. Beineix lui-même réalisa plusieurs autres films à cette époque (*La Lune dans le caniveau*, 1983; *37°2 du matin / Betty Blue*, 1986; *Roselyne et les Lions*, 1989), tout en affinant son style, en tentant de "créer ce cinéma poétique total" qu'il appelait de ses vœux (Parent 256). Ce que tous ces films ont en commun, c'est, comme on n'a pas manqué de l'observer, l'hétérogénéité des registres qu'ils déploient et le primat du visuel, dont le côté "néo-baroque" consiste en effets bizarres et surréalistes, en décors insolites et futuristes, en couleurs très fortes ou en la confrontation d'éléments incongrus, comme la musique classique et le pop art dans *Diva*.

Il est faux de prétendre, par ailleurs, que ces films manquent de substance; c'est que "la manière de créer du sens a changé" (Bassan 46). Beineix résumera ce renouveau du cinéma français, parfois traité de "Nouvelle Nouvelle Vague", en disant, "Pendant si longtemps le cinéma a été marqué par le naturalisme [. . .]. Or, aujourd'hui [. . .] cette réalité est de plus en plus transcendée par la couleur, la démesure des décors, par un certain jeu (qui n'est plus celui de la vérité). L'auteur ne dit plus vrai, il dit autrement" (Parent 241). Les œuvres du soi-disant "cinéma du look", pour esthétisantes à outrance et irréalistes qu'elles soient, ne manquent guère de substance; il suffit que la critique "gratte sous les apparences, car là se cache une vision très (trop) pessimiste de la société des années quatre-vingts" (Bassan 48).

Ce qu'on reproche surtout à ces films, d'ailleurs, c'est en fait leur manque de contenu politique, intolérable pour certains puisque la décennie des années 80 est aussi celle de Mitterrand, premier président socialiste sous la Ve République, une époque où les clivages politiques sont particulièrement vifs. Néanmoins, l'univers du "cinéma du look" foisonne de thèmes sociaux d'actualité. Il est peuplé d'originaux, d'individus aliénés qui vivent en marge de la société, comme ceux qui ont élu domicile dans les souterrains du métro parisien dans *Subway* (1985) de Besson ou le couple dans *Les Amants du Pont Neuf* (1991) de Carax. C'est un monde à la fois onirique et ludique, un monde de couples impossibles ou damnés ou aux abois, comme dans *La Lune dans le caniveau* et *37,2° du matin / Betty Blue* de Beineix ou *Les Amants du Pont Neuf* et *Mauvais Sang* (1986) de Carax, un monde où la police est plus que suspecte, comme dans *Leon, The Professional* (1994) de Besson et, bien sûr, *Diva*.

Postmodernisme, politique et féminisme

Quoi qu'il en soit, Bassan considère *Diva* comme le "film-étalon, contenant tous les thèmes, et leur traduction esthétique" du courant qu'il a inauguré (46). Quelques mois après le triomphe du film aux Césars en 1982, pendant que les critiques en France commençaient à se demander s'ils ne s'étaient pas trompés sur ce film, un des critiques littéraires américains les plus influents, Frederic Jameson, a fait paraître un article intitulé "*Diva* and French Socialism" qui commence par traiter *Diva* de "premier film français postmoderne". Jameson relie la sortie de *Diva* en 1981 à l'élection à la présidence, la même année, du socialiste François Mitterrand et voit dans le film de Beineix une espèce d'allégorie politique où Jules représenterait la France traditionnelle, tandis que Gorodish incarnerait la France post-industrielle. Avec le personnage de Gorodish, le postmodernisme du film s'exprime, pour Jameson, dans la mise en relief de la reproduction technologique, des surfaces, des couleurs hypersaturées et des espaces urbains "postmodernes", tels que le loft de Jules et le vaste studio de Gorodish. Bassan reprend la réflexion de Jameson en constatant que le postmoderne, tout comme *Diva*, "met sur un pied d'égalité les expressions dites 'mineures'—B.D. [bandes dessinées], graffiti, publicité—et 'majeures'—peinture, musique classique, films de repertoire" (46).

L'article de Jameson attirera sur le film de Beineix l'attention de la communauté critique américaine, et il paraît une foule d'études dans les revues aux Etats-Unis où l'on examine le film sur toutes les coutures, insistant, par exemple, sur son côté pastiche, ses clichés et diverses caricatures, son renvoi ironique et ludique aux œuvres cinématographiques antérieures (l'intertextualité). Par ailleurs, les critiques féministes américaines (Silverman, Dagle, Yervasi, par exemple) s'emparent également de *Diva* en faisant ressortir le caractère patriarcal de la société où évoluent ses personnages, ainsi que les rôles particuliers que jouent les femmes dans le film. Les deux communautés critiques, américaine et française, se rejoignent donc au cours de la décennie pour arriver à un consensus sur le rôle novateur important que joua le film de Beineix dans l'évolution du cinéma français moderne.

DOSSIER PÉDAGOGIQUE

Qu'est-ce qui se passe dans ce film?

1. Que fait Jules pendant le spectacle de Cynthia Hawkins? Qui est assis juste derrière lui?

2. Où habite Jules? Que fait-il une fois rentré chez lui?

3. Qu'est-ce qui arrive à Nadia, la prostituée? Que fait-elle juste avant cela?

4. Où est-ce que Jules rencontre Alba, la jeune fille vietnamienne? Avec qui vit-elle?

5. Quelles révélations Nadia voulait-elle faire (selon l'informateur Krantz) sur le réseau international de trafic de drogue et de traite des blanches? De qui connaissait-elle l'identité?

6. Quel renseignement essentiel à l'action du film Krantz donne-t-il aux policiers?

7. Quel usage Jules fait-il de la robe blanche de la Diva quand il sort ce soir-là?

8. Pourquoi la Diva refuse-t-elle de faire enregistrer sa voix? Que pense-t-elle des enregistrements pirates?

9. Où se passe la course-poursuite entre Jules et le policier?

10. Qui vient à la rescousse de Jules dans la cabine téléphonique? Où est-ce qu'on amène Jules pour le cacher?

11. Comment Jules est-il pris par les tueurs qui travaillent pour Saporta? Où l'emmènent-ils? Qui lui sauve la vie lorsque les tueurs sont sur le point de le faire tomber dans la cage de l'ascenseur?

12. Que fait Jules à la fin du film pour se faire pardonner de Cynthia?

Vrai ou Faux?

Si la phrase est fausse, corrigez-la!

1. Juste après avoir obtenu l'autographe de la cantatrice, Jules lui vole une robe.

2. Alba vole un livre dans un magasin sous le regard de Jules.

3. Pendant qu'Alba et Jules écoutent *La Wally* de Catalani chez celui-ci, Krantz travaille dans une fête foraine, puis rentre chez lui.

4. Pendant que Jules est chez la prostituée, les Taiwanais saccagent son loft en cherchant l'enregistrement du concert de Cynthia Hawkins.

5. Pendant leur rendez-vous, Jules et Cynthia se promènent dans Paris, puis Jules dort sur un sofa chez celle-ci.

6. Weinstadt, l'imprésario de la Diva, lui conseille de ne pas faire de disque, bien qu'il existe un enregistrement de son concert.

7. Jules se réfugie chez la prostituée, mais il part précipitamment parce qu'il a écouté la cassette de Nadia.

8. Gorodish rencontre les deux sbires de Saporta pour offrir de donner la cassette de Nadia au commissaire.

9. Saporta brûle la photo qui était dans la boîte de la cassette parce que c'était la preuve de sa culpabilité.

10. Les deux Taiwanais prennent la cassette à Saporta en pensant que c'est l'enregistrement du concert de Cynthia Hawkins. Ils partent dans la Citroën Traction Avant blanche de Gorodish.

11. Quand Saporta arrive au loft de Jules, il tue l'Antillais, qu'il avait incriminé dans la cassette truquée.

12. Paula et Jules sont sauvés d'une mort certaine par l'intervention de la police au dernier moment.

Contrôle des connaissances

1. Qu'est-ce qui permet à Beineix et à son directeur de la photographie, Philippe Rousselot, de consacrer la plus grosse partie de leur budget à la cinématographie?

2. Quelle réception est réservée à *Diva* à sa sortie en 1981? Qu'est-ce que de nombreux critiques reprochent à ce film et à son réalisateur?

3. Quelle qualité certains critiques reconnaissent-ils pourtant à l'œuvre de Beineix?

4. Comment le grand public reçoit-il ce film? Qu'est-ce qui arrive aux Césars de 1982?

5. Pourquoi le film de Beineix fut-il traité de "cinéma du look" à sa sortie?

6. Quelle sorte de films avait dominé le cinéma français pendant les années 70?

7. Qu'est-ce que *Diva* mélange, à l'étonnement de beaucoup de critiques?

8. Qu'est-ce que *Diva* a en commun avec le film de Jean-Luc Godard *A bout de souffle* (1960)?

9. Quel nouveau courant de cinéma Beineix a-t-il inauguré avec Luc Besson et Leos Carax, selon le critique Raphaël Bassan? Qu'est-ce qui caractérise ce courant, du point de vue stylistique?

10. Qu'est-ce qui manque surtout à *Diva*, au début des années 80, pour certains critiques, comme ceux des *Cahiers du cinéma*? Pourquoi?

11. Quelle originalité le critique américain Frederic Jameson attribue-t-il à *Diva*?

12. Qu'est-ce que le postmodernisme met sur un pied d'égalité, selon Bassan?

Pistes de réflexion et de discussion

1. L'Entrée en matière: le son, la caméra, le montage

Dans un film, on distingue entre **la musique diégétique** (qui fait partie de l'univers du film) et **la musique non diégétique** (ou musique d'ambiance, qui vient de l'extérieur de cet univers). Que peut-on dire, à ce propos, de la musique classique que nous entendons tout au début du film, quand Jules arrive sur sa mobylette? *Visionnez le générique de début du film, avec les premières images de Jules* (Extrait 1, 0'20–1'10). Quelle est l'astuce ici? **Quel en est l'effet par rapport au point de vue dans le film?** (Vous pouvez noter le même procédé, d'ailleurs, lorsque Jules arrive chez lui à mobylette pour la première fois.)

Quels mouvements est-ce que la caméra effectue à l'intérieur de l'Opéra, et quel rapport ont-ils avec le point de vue (toujours)? *Visionnez cette séquence* (Extrait 2, 1'10–5'00). **Comment est-ce que le regard masculin et l'objet de son désir sont mis en relief par la mise en scène ici?** Comment est-ce qu'une partie importante de l'intrigue du film est préparée ici?

2. Les Personnages

✦ Jules et Cynthia Hawkins

Qu'est-ce qui est surprenant dans le personnage de Jules, un petit postier? Comment peut-on caractériser la relation qui se développe entre Jules et Cynthia? De quel point de vue est-elle très incongrue? **Leurs rapports sont-ils purement platoniques, basés uniquement sur la passion de Jules pour l'opéra et pour la voix de Cynthia en particulier?** Peut-on parler, comme le font certains commentateurs du film, d'un rapport mère-fils? Pourquoi? Le fait que Cynthia répète *Ave Maria* en présence de Jules serait-il significatif ici? Citez des moments du film qui justifient votre opinion. *Visionnez la promenade nocturne de Jules et Cynthia à travers Paris, puis la scène du lendemain matin* (Extrait 3, 53'40–56'40).

Pensez-vous que l'intrigue policière, où il s'agit du désir de posséder un enregistrement (la voix de Nadia, l'ancienne maîtresse de Saporta), puisse être mise en parallèle avec l'histoire du désir de Jules de "posséder" l'objet de sa passion à travers un enregistrement? **Quelle serait la signification d'un tel parallèle?**

Cynthia dit aux journalistes que les enregistrements pirates, "c'est un vol, un viol!" **Quelle importance peut-on donner à cette allusion à la violence sexuelle par rapport à Jules?**

✦ Gorodish

Comment décririez-vous Gorodish? Quel aspect de son caractère se voit dans la scène où il démontre "le Zen dans l'art de la tartine": "Il n'y a plus de couteau, il y a plus de pain ... y a plus de beurre ... y a plus qu'un geste qui se répète ... un mouvement ... l'espace ... le vide!" *Visionnez cette scène* (Extrait 4, 43'50–45'29). **Comment est-ce qu'on pourrait relier cette scène à l'importance que Beineix attache à l'esthétique (la forme) dans ce film?** Y a-t-il d'autres éléments importants dans cette scène?

Beineix a dit qu'il voyait en Gorodish "le Chevalier blanc" et que la Citroën blanche, "c'était un cheval blanc". **Cette description convient-elle à Gorodish?** Pourquoi? Dans le théâtre antique, on donnait parfois un dénouement heureux à une situation inextricable en faisant descendre d'en haut, par une machine théâtrale, un dieu qui réglait le problème. On appelait ce personnage salvateur le *deus ex machina*. **Dans quelle mesure pourrait-on traiter Gorodish de *deus ex machina*?**

✦ Alba

Dans le roman de Delacorta, Alba est une très jeune sirène française blanche, une véritable "bombe" de treize ans. Dans le film de Beineix, elle devient une très jeune fille vietnamienne, bien que tout aussi nymphette que sa version romanesque. **Pourquoi Beineix aurait-il adapté le personnage d'Alba de cette manière?**

Quels sont les rapports de Gorodish avec Alba, selon vous (il a une quarantaine d'années, elle a quinze ou seize ans)?

Que pouvez-vous dire sur le caractère d'Alba? **Pourquoi vole-t-elle sans arrêt?** Quelle astuce utilise-t-elle pour faciliter son vol du disque? *Visionnez cet épisode* (Extrait 5, 13'26–14'30). Se sent-elle coupable quand elle vole? Ses vols auraient-ils un rapport thématique avec d'autres vols dans le film?

Dans l'épisode du phare où l'on a amené Jules pour qu'il guérisse de sa blessure, **quel aspect du caractère d'Alba est mis en relief?** Quel plan en particulier, dans la première partie de cette séquence, ne sert qu'à mettre en valeur le côté esthétique du film (le plaisir des yeux)? *Visionnez cette séquence* (Extrait 6, 1h25'00–1h27'45). Pourquoi Beineix a-t-il choisi de transporter ses personnages dans un phare vers la fin du film? (Quelle est la fonction d'un phare?)

3. Les Lieux

✦ *Le Loft de Jules*

Visionnez la séquence où le loft de Jules nous est révélé (Extrait 7, 8'00–10'00). Y a-t-il un parallèle avec la manière dont la séquence à l'Opéra est filmée? Décrivez ce lieu. **Qu'est-ce que le décor a de particulier? Comment expliquez-vous ce choix de décor par Beineix?** Le loft de Jules contient du matériel électronique très coûteux, tandis que Jules, en tant que simple postier, ne peut pas gagner beaucoup d'argent. Comment peut-on interpréter cela? Quelle signification peut-on prêter aux carcasses de voitures de luxe dans le garage qui mène au loft?

✦ *Le Studio de Gorodish*

Visionnez la première séquence dans le studio de Gorodish (Extrait 8, 49'20–51'35). Comparez le studio de Gorodish et Alba au loft de Jules. En quoi est-il inhabituel? Gorodish travaille par terre à un puzzle gigantesque, et l'on voit également un grand bac en verre rempli d'eau qui bascule sans arrêt en faisant de petites vagues. **Quel serait, à votre avis, le lien entre ces objets et le caractère de Gorodish?** Quels éléments auditifs et visuels relient ces deux espaces (les logements de Jules et de Gorodish), si dissemblables par ailleurs? **Quelle couleur domine?** Pourquoi?

Alba s'amuse à faire du patin à roulettes dans leur appartement. **Qu'est-ce que cette activité semble mettre en relief, tant pour l'espace que pour le caractère d'Alba?**

4. Les Moyens de locomotion

Quels moyens de locomotion divers voit-on dans ce film? **Quel est l'effet de cette prolifération quant au monde qui est représenté?** La course poursuite en voiture est un cliché des films policiers. **Comment est-ce que Beineix fait un pastiche de ce cliché?**

Quelle fonction la mobylette de Jules a-t-elle dans la définition de son personnage? Comment devient-elle aussi un emblème du culte qu'il voue à Cynthia Hawkins?

Quel est le symbolisme de la Citroën 11 chevaux (la Traction Avant blanche) dans ce film par rapport au personnage de Saporta? *Visionnez la scène où Saporta conduit la voiture de Gorodish* (Extrait 9, 1h31'10–1h32'20). Qu'est-ce qu'il y a aussi dans cette scène qui souligne le côté esthétique du film (et qui a soulevé l'indignation de certains critiques)?

5. La Morale

Comment est-ce que le bien et le mal sont présentés dans ce film? Y a-t-il un personnage qui représente le bien sans tache? Le mal absolu? Où situeriez-vous Jules sur le plan de la morale? Et Gorodish? Expliquez votre point de vue.

6. *Le Statut de la femme*

Comment les femmes sont-elles représentées dans *Diva*, et notamment par rapport aux hommes? Est-ce qu'elles évoluent dans un univers clairement patriarcal? Si vous pensez que oui, comment est-ce que la domination masculine s'exprime dans le film? **Le refus de Cynthia Hawkins de laisser reproduire sa voix (de faire des disques) serait-il l'expression d'un refus de l'exploitation des femmes par les hommes?** Est-ce que la séparation de sa voix et de son corps peut représenter une perte d'intégrité (physique et morale) pour elle? **La prostitution devient-elle une métaphore dans le film?** Est-ce que le thème de la prostitution éclaire la prise de position de Cynthia?

Quelle importance peut-on attacher au fait que les deux protagonistes féminines de ce film—Cynthia et Alba—ne sont pas des femmes blanches européennes? **La race des femmes joue-t-elle un rôle dans *Diva*?**

7. *Diva et le fétichisme*

Jules vole à la fois la voix et la robe de soie blanche de Cynthia Hawkins. Le fétichisme sexuel des vêtements en soie (parmi d'autres étoffes) fait partie, depuis le début du vingtième siècle, des lieux communs de la psychanalyse sur la vie fantasmatique (c'est-à-dire, le travail de l'imagination) chez les individus. Il s'agit du plaisir érotique qui est relié à certains objets. **Où est-ce que le fétichisme joue clairement un rôle dans le film de Beineix? Qu'est-ce que ces séquences nous apprennent sur la nature des sentiments de Jules envers Cynthia?**

Peut-on parler ici d'une allusion à l'opposition entre "la maman et la putain" (ou la madone et la putain), comme le font certaines critiques féministes? **De quel point de vue la prostituée noire est-elle le lien entre les deux fils principaux de l'intrigue?**

8. *L'Irréalisme et l'humour*

Dans les années 70, le réalisme social dur était très à la mode dans le cinéma français. **Ce que beaucoup de critiques ont reproché au film de Beineix à sa sortie, c'est son manque de "réalisme", son manque de "sérieux". Etes-vous d'accord? Si non, pourquoi pas?**

Beineix a dit dans une interview, "Là où *Diva* a choqué pas mal de gens, c'est qu'en fait on jouait avec des archétypes" dans un but humoristique, moqueur, qui correspondait à l'esprit de son époque, à la "modernité" (Sablon 50). **Quels sont les clichés (les stéréotypes) et les caricatures dans ce film qui trahiraient chez Beineix l'intention de faire de ce film un pastiche, sinon une parodie?** Pensez aux meurtres, par exemple, et au personnage de Curé. *Visionnez la séquence du meurtre de Krantz à la fête foraine* (Extrait 10, 27'18–28'25). Que dire du personnage de Gorodish dans cette même optique?

9. *La Couleur bleue*

Beineix reconnaît qu'il s'est inspiré, en réalisant *Diva*, de la peinture de Jacques Monory (l'artiste le plus éminent du mouvement de la figuration narrative en France) et notamment d'une série de tableaux intitulée "Opéras glacés" (1974–75). Or, ce qui caractérise la peinture de Monory, c'est l'emploi de la couleur bleue, d'une part, et la représentation de scènes, de fragments, qui évoquent les films noirs américains des années 30, des polars tels que *Scarface*. On a pu parler de "récit cinématographique sur la toile". Son œuvre baigne dans la violence et comprend une série de vingt-huit tableaux intitulée "Les Meurtres" (1968–69). Les toiles, certaines immenses, montrent souvent un gangster brandissant un revolver ou une mitraillette, une grande voiture américaine des années 50 or 60 ("une belle Américaine"), des chambres, des femmes affolées, des fauves, etc.—la plupart d'un bleu iridescent. Certains critiques d'art pensent que le bleu évoque le rêve dans la peinture de Monory et sert à "filtrer la cruauté du monde" qui est représentée dans ses tableaux. Quant à Monory, il suggère que le bleu fournit une espèce d'unité à une œuvre très fragmentée. **Cherchez "Jacques Monory" sur Internet pour voir des exemples de ses tableaux.**

    Où est-ce qu'on voit la couleur bleue dans *Diva*? Quelle est, selon vous, la fonction (ou la signification) de cette couleur dans le film? **Avec quel personnage cette couleur est-elle associée le plus? Pourquoi?** Quel rapport ce film peut-il avoir avec la peinture de Monory, qui est souvent reliée au mouvement du pop art en Europe?

10. L'Œuvre d'art et sa reproduction

Le philosophe allemand Walter Benjamin a écrit un essai célèbre qui s'intitule "L'œuvre d'art à l'époque de sa reproduction mécanisée" (1939). Dans ce texte, il propose des idées sur le statut de la reproduction d'une œuvre d'art—peinture, statue, architecture—par rapport à l'objet original: une photographie, par exemple, ou un enregistrement (un disque). Benjamin soutient, notamment, que la version reproduite d'une œuvre d'art perd l'"authenticité" de l'original, ainsi que son caractère unique; on assiste à "la déchéance de l'aura" de cette œuvre, qui est dévalorisée, désacralisée même, par les copies illimitées qu'on peut en faire. Par contre, cette multiplication est favorable au développement de l'art pour les masses, le grand public.

    Quel rapport cette thèse de Benjamin peut-elle avoir avec *Diva* (que Beineix en ait conscience ou non), surtout en ce qui concerne les personnages de Cynthia et de Jules? Cynthia soutient que "le concert, c'est un moment exceptionnel pour l'artiste, pour l'auditeur. C'est un instant unique". Etant donné l'importance croissante de la technologie à l'époque moderne, la prise de position de Cynthia n'est-elle qu'un "caprice de Diva", comme le suggère un des journalistes à la conférence de presse dans le film? **Quelle incidence l'attitude de Cynthia a-t-elle sur l'intrigue du film?**

11. Le Dénouement

Comment interprétez-vous le dénouement du film? A la fin du roman de Delacorta, Jules et Cynthia font l'amour par terre en écoutant l'enregistrement pirate. **Est-ce que le film suggère que Jules et Cynthia vont avoir des rapports intimes, ou, plutôt, que leur relation est purement "spirituelle"?** *Visionnez le dénouement* (Extrait 11, 1h51'00– 1h55'30). Est-ce que Cynthia est finalement unie avec Jules en tant que spectatrice (auditrice) de sa propre voix? **Est-ce que le dénouement suggère quelque chose quant à l'attitude de Cynthia envers l'enregistrement de sa voix et la production de disques?** La voix de la cantatrice (tout comme un livre, une peinture, une symphonie, etc.) est une œuvre d'art. **Quel est le sort de toute œuvre d'art une fois livrée au public?** Cynthia en aurait-elle pris conscience?

Filmographie de Jean-Jacques Beineix

1981   *Diva*

1983   *La Lune dans le caniveau*

1986   *37°2 le matin / Betty Blue*

1989   *Roselyne et les Lions*

1992   *IP5: l'IIe aux pachydermes*

1994   *Otaku (documentaire)*

2001   *Mortel Transfert*

2002   *Loft Paradoxe (documentaire pour la télévision)*

2013   *Les Gaulois au-delà du mythe (documentaire pour la télévision)*

Œuvres consultées

Bassan, Raphaël. "Trois néobaroques français: Beineix, Besson, Carax, de *Diva* au *Grand Bleu*". *La Revue du cinéma* 448 (1989): 44–50.

Bates, Robin. "Alienation in *Diva*: Two Kinds of Rape". *Holding the Vision: Essays on Film*. Proceedings of the First Annual Film Conference of Kent State University. Kent, OH: International Film Society, 1983. 27–31.

Beineix, Jean-Jacques, réal. *Diva*. Meridian Collection, 2008.

———. *Diva* (découpage technique). *L'Avant-Scène Cinéma* 407 (1er déc. 1991): 9–85.

Benjamin, Walter. *L'Œuvre d'art à l'époque de sa reproduction mécanisée*. Consulté le 29 déc. 2016 <www.hypermedia.univ-paris8.fr/Groupe/documents/Benjamin/Ben3.html>.

Bescos, José-M. "Diva". *Pariscope* 25 mars 1981: sans pagination.

Billard, Pierre. "Ne ratons pas le premier métro". *Le Point* 23 mars 1981: 23.

Bosseno, Christian. "Diva". *Revue du cinéma* 361 (mai 1981): 30.

Carcassonne, Philippe. "Diva". *Cinématographe* 66 (mars-avr. 1981): 76.

Coppermann, Annie. "La Diva". *Les Echos* 17 mars 1981: 19.

Cornet, Philippe. "Entretien avec Jean-Jacques Beineix". *Amis du film, cinéma et télévision* 312–313 (1982): 5–6.

Cuel, François. "Diva". *Cinématographe* 66 (mars-avr. 1981): 76.

Dagle, Joan. "Effacing Race: The Discourse on Gender in *Diva*". *Post Script* 10.2 (hiver 1991): 26–35.

Delacorta [Daniel Odier]. *Diva*. Paris: Seghers, 1979.

Devarrieux, Claire. "La Métaphore de l'alpiniste". *Le Monde* 9 avr. 1981: sans pagination.

Figgis, Mike. "Jean-Jacques Beineix: Interview". *Hollywood Film-Makers on Film-Making*. Ed. Mike Figgis. London: Faber & Faber; 1999. 68–76.

Forbes, Jill. *The Cinema in France after the New Wave*. Bloomington: Indiana UP, 1994.

Garrity, Henry. "Pop-Culture Love in *Diva*; Objects as Icon, Index, and Syntagma". *Sex and Love in Motion Pictures*. Proceedings of the Second Annual Film Conference of Kent State University (11 avr. 1984). Kent, OH, Romance Languages Dept. 47–51.

Hagen, W. M. "Performance Space in *Diva*". *Literature and Film Quarterly* 16.3 (1988): 155–59.

Higbee, Will. "Diva". *The Cinema of France*. Ed. Phil Powrie. London: Wallflower, 2006. 152–62.

Jameson, Frederic. "Diva and French Socialism". *Signatures of the Visible*. New York: Routledge, 1992 (article original: "On Diva". *Social Text* 6 [automne 1982]: 55–62).

Kael, Pauline. "Rhapsody in Blue". *The New Yorker* 19 (avr. 1982): 165–68.

Kelly, Ernece B. "*Diva*. High Tech Sexual Politics". *Jump Cut* 29 (févr. 1984): 39–40.

Kurk, Katherine. "When Orpheus Met *Diva*". *Kentucky Philological Review* 19 (2005): 30–35.

Leclère, Jacques. "Chant et Contrechamp". *L'Avant-Scène Cinéma* 407 (1er déc. 1991): 205.

Leirens, Jean. "Diva". *Amis du film, cinéma et télévision* 312–313 (1982): 4.

Parent, Denis. *Jean-Jacques Beineix. Version originale*. Paris: Barrault-Studio, 1989.

Powrie, Phil. *French Cinema in the 1980s*. Oxford, UK: Clarendon, 1997.

Sablon, Jean-Luc. "Entretien. Jean-Jacques Beineix. L'adversaire, c'est soi". *La Revue du cinéma* 448 (1989): 49–53.

Saint Angel, Eric de. "Diva chez soi". *Le Matin* 25 déc. 1984: sans pagination.

Sarran, Patrice de. "*Diva*. Belles images sur écran glacé". *La Nouvelle République du Centre-Ouest* 12 juin 1981: sans pagination.

Siclier, Jacques. "*Diva* de Jean-Jacques Beineix". *Le Monde* 18 mars 1981: sans pagination.

Silverman, Kaja. *The Acoustic Mirror: The Female Voice in Psychoanalysis and Cinema*. Bloomington: Indiana UP, 1988.

Tranchant, Marie-Noëlle. "La Passion au cinéma selon Jean-Jacques Beineix". *Le Figaro* 8 mars 1982: sans pagination.

Vaugeois, Gérard. "Diva". *L'Humanité* 20 mars 1981: sans pagination.

White, Mimi. "They All Sing . . .: Voice, Body, and Representation in *Diva*". *Literature and Psychology* 34.4 (1988): 33–43.

Yervasi, Carina L. "Capturing the Elusive Representations in Beineix's *Diva*". *Literature Film Quarterly* 21.1 (janv. 1993): 38–46.

Zavaradek, Mas'ud. "Diva". *Film Quarterly* 36.3 (1983): 54–59.

12

Michael Haneke

Caché

(2005)

Michael Haneke, *Caché*: La confrontation entre Georges (Daniel Auteuil) et le cycliste (Diouc Koma).

Réalisation . . . . Michael Haneke
Scénario . . . . Michael Haneke
Directeur de la photographie. . . . . Christian Berger
Son . . . . Jean-Paul Mugel
Montage . . . . Michael Hudecek, Nadine Muse
Musique originale . . . . Ralph Rieckermann
Décors. Emmanuel De Chauvigny, Christoph Kanter
Costumes . . . . Lisy Christl
Scripte. . . . . Jean-Baptiste Filleau
Production . . . . Margaret Ménégoz, Veit Heiduschka
Durée 1h57

Distribution

Daniel Auteuil (*Georges Laurent*), Juliette Binoche (*Anne Laurent*), Maurice Bénichou (*Majid*), Annie Girardot (*la mère de Georges*), Lester Makedonsky (*Pierrot Laurent*), Daniel Duval (*Pierre, l'ami des Laurent*), Nathalie Richard (*Mathilde, la femme de Pierre*), Walid Afkir (*le fils de Majid*), Bernard Le Coq (*le rédacteur-en-chef de Georges*), Denis Podalydès (*Yvon, l'ami des Laurent*), Hugo Flamigni (*Georges enfant*), Malik Nait Djoudi (*Majid enfant*), Diouc Koma (*le cycliste*)

Synopsis

Georges et Anne Laurent, des "bobos" parisiens, vivent tranquillement avec leur fils de douze ans, Pierrot, dans un pavillon élégant du dix-huitième arrondissement. Lui anime à la télévision une émission littéraire hebdomadaire à la Bernard Pivot; elle travaille dans une maison d'édition. Ils ont un groupe d'amis cultivés, intelligents, spirituels. Un jour, ils reçoivent une cassette-vidéo anonyme qui montre leur maison à la manière d'une caméra de surveillance qui aurait été posée dans la petite rue d'en face. Une deuxième cassette est accompagnée d'un dessin très rudimentaire, tel que le ferait un enfant, qui représente une tête qui crache du sang—beaucoup. D'autres cassettes ne tardent pas à arriver, mais qui montrent le domaine où Georges a grandi, puis une rue, un couloir d'HLM et une porte dans ce couloir. En même temps, il y a des appels téléphoniques également anonymes qui troublent la vie du couple, ajoutent à son inquiétude et contribuent à le déstabiliser.

La police refusant d'intervenir, Georges mène sa propre enquête, découvrant ainsi des souvenirs d'enfance enfouis depuis des décennies—depuis l'époque de la guerre d'Algérie, plus précisément—des souvenirs des plus douloureux, honteux, auxquels il doit se confronter à présent. Mais qui est l'auteur des cassettes-vidéo et des coups de téléphone? Où veut-il (ou elle) en venir? Sous cette menace diffuse, sans but apparent, l'angoisse s'installe, des failles apparaissent dans ce couple bien soudé, sans histoires. Leur fils Pierrot, un adolescent sans problèmes jusque-là, commence à faire des siennes. Le soupçon s'empare de tout le monde, tant à l'égard de la menace extérieure qu'entre les membres de la famille.

Le Réalisateur

Né le 23 mars 1942 à Munich de père allemand et de mère autrichienne, Michael Haneke a grandi dans une petite ville près de Vienne en Autriche. Adolescent passionné de musique classique et de littérature, il s'est pourtant révolté contre l'école (contre tout, dit-il), ce qui ne l'a pas empêché de flirter brièvement avec l'idée de se faire pasteur, puis de décrocher son bac et de s'inscrire ensuite en philosophie à l'Université de Vienne, où il a également étudié la psychologie. En fin d'études, il commence à faire des critiques de livres pour la radio, ainsi que des pièces radiophoniques et des critiques de films pour les journaux, avant de trouver un poste à plein temps à la télévision allemande où il s'occupe de la sélection et de la production de téléfilms (Cieutat et Rouyer 26). C'est là, à Baden-Baden, que Haneke commence à faire des mises en scène théâtrales, et il passera ensuite vingt ans comme metteur en scène de théâtre, tout en réalisant des films (une dizaine) pour la télévision.

Ce n'est qu'en 1989, à l'âge de quarante-six ans, qu'il tourne son premier film pour le grand écran, *Le Septième Continent*, premier volet de ce qui sera connu comme la "trilogie de la glaciation émotionnelle". Haneke met en scène, effectivement, des gens qui peuvent paraître dépourvus de sentiments, ce qui leur permet de commettre des actes horrifiants. *Le Septième Continent*, tourné avec un budget des plus menus, raconte l'histoire véritable d'une famille—père, mère et petite fille—qui devient victime d'un grand malaise qui leur enlève tout goût pour la vie et les mène à un suicide collectif après la destruction systématique de leur logement (à la masse, à la hache, et à la tronçonneuse). Le mari et sa femme s'appellent Georg et Anna, leur fille Evi. Haneke gardera sensiblement les mêmes noms pour plusieurs de ses films suivants, en les francisant au besoin en Georges Laurent, Anne Laurent et Eve. S'il y a un fils, il s'appelle le plus souvent Ben (ou Benny). Haneke explique ce choix assez curieux en disant, tout simplement, "je n'ai aucune fantaisie. Je choisis des noms courts et simples parce que le cinéma est à mes yeux un art réaliste . . . " (Widemann).

Haneke enchaîne avec deux autres films du même acabit que *Le Septième Continent*: *Benny's Video* (1992) et *71 Fragments d'une chronologie du hasard* (1994). Dans le premier, il s'agit d'un adolescent obsédé par la vidéo qui filme l'abattage d'un cochon dans une ferme, puis s'en inspire pour abattre froidement une jeune fille qu'il avait invitée chez lui, "pour savoir ce que cela fait". Comme les membres de la famille dans *Le Septième Continent*, il semble dépourvu d'émotion, insensible à l'horreur de son acte. Dans le troisième film de la "trilogie", Haneke montre un étudiant qui, avec un sang-froid absolu, tire sur une foule de clients dans une banque avant de se brûler la cervelle dans sa voiture. Tous ces films sont imprégnés d'images audiovisuelles, surtout les informations à la télévision où il s'agit généralement de guerres et d'autres formes de violence et de souffrance humaine dans le Tiers Monde.

C'est avec son quatrième film, *Funny Games*, une parodie grotesque vaguement brechtienne des films d'horreur hollywoodiens, que Haneke va commencer à percer véritablement dans le monde du cinéma. Sélectionné pour le Festival de Cannes en 1997, *Funny Games* est l'histoire d'une famille bourgeoise autrichienne emprisonnée et torturée dans sa maison de vacances par une paire de psychopathes, bourgeois eux-mêmes, qui les obligent à participer à des jeux sadiques. Pour achever de briser les codes du genre, Haneke inclut des regards caméra pour l'un des agresseurs (c'est-à-dire qu'il regarde le spectateur droit dans les yeux) qui ont pour but de mettre le spectateur de son côté, de le rendre complice de sa dégueulasserie. Bien qu'à l'extrême limite du soutenable, ce film sur la violence gratuite est nominé pour la Palme d'or à Cannes et obtient plusieurs prix importants dans d'autres festivals internationaux, ce qui mènera à un remake américain dix ans plus tard (2007), réalisé par Haneke lui-même, avec Naomi Watts et Tim Roth.

Devenu professeur de cinéma à l'Université de Vienne (où il tâche, notamment, d'apprendre à ses étudiants comment les images peuvent manipuler les spectateurs), Haneke commence sa carrière française avec un film soutenu par l'actrice Juliette Binoche, une grande star de cinéma française, qui a très envie de tourner avec le réalisateur autrichien. C'est *Code inconnu: récit incomplet de divers voyages* (2000), qui se déroule sur fond de guerre au Kosovo, le début d'un nouveau cycle de films que Haneke appelle "la guerre mondiale" (Gutman 5). Egalement nominé pour la Palme d'or à Cannes, où il a obtenu le Prix du Jury œcuménique, *Code inconnu* met en scène les trajectoires personnelles de plusieurs personnes de cultures et de nationalités différentes qui se rencontrent autour d'un incident banal qui change leurs existences respectives. La consécration internationale de Haneke ne viendra pourtant qu'avec son prochain film français, *La Pianiste* (2001), basé sur le livre du même nom de la romancière autrichienne Elfriede Jelinek, futur Prix Nobel de littérature (2004) et dont le personnage principal, une professeure de piano masochiste à Vienne, sera incarné par une autre très grande vedette du cinéma français, Isabelle Huppert. Le film obtiendra de nombreux prix à Cannes, dont le Grand Prix du Jury, et à travers le monde, ainsi qu'un César de Meilleure actrice dans un second rôle pour Annie Girardot. Girardot jouera la mère de Georges dans *Caché* quelques années plus tard. Quant à Huppert, sa composition dans le rôle principal du film lui vaudra plus d'une douzaine de prix de Meilleure actrice, y compris au Festival de Cannes, et une nomination aux Césars.

Haneke fait ensuite un autre film avec Huppert, *Le Temps du loup* (2003), un thriller dystopique où l'action se passe dans un monde futur dont l'environnement a été complètement détruit, mais c'est avec *Caché* (2005), où la distribution jouit du prestige de deux grandes stars—Daniel Auteuil et Juliette Binoche—que Haneke consolide sa réputation internationale de cinéaste. Le film est primé partout, des douzaines de prix et de nominations, dont un prix de la Mise en scène et deux autres prix à Cannes, ainsi que de multiples prix de Meilleur film, de Meilleur film étranger, et de Meilleur scénario (écrit par Haneke lui-même, comme pour tous ses films). Quelques années plus tard, avec un succès toujours grandissant, il obtient la Palme d'or à Cannes pour *Le Ruban blanc* (2009), ainsi que pour *Amour* (2012).

Haneke a été interviewé de nombreuses fois, et les questions et réponses tournent inlassablement autour des mêmes sujets: la représentation de la violence, le rôle manipulateur des images audiovisuelles dans la vie contemporaine, le déficit émotionnel des personnages et le pessimisme profond de ses films. Haneke ne nie pas une certaine fascination pour la violence et la cruauté, mais il est, comme il le dit, "davantage touché par la douleur et la souffrance. Je me sens obligé en tant qu''artiste' de garder les yeux ouverts. D'autant que quatre-vingt-dix-huit pour cent des films ont le projet contraire, celui d'anesthésier le spectateur" (Allion 8). Haneke souhaite que le spectateur garde lui aussi les yeux ouverts, qu'il fasse l'effort de donner lui-même un sens au film: "L'idéal est que chaque spectateur puisse terminer le film dans sa tête, comme il l'entend. Il faut que le film pose plus de questions qu'il n'en résout, sinon cela n'a pas d'intérêt" (Allion 10).

La Genèse et la réalisation

Le projet initial de Haneke était, comme il le dit lui-même, de "raconter l'histoire d'un garçon qui en avait dénoncé un autre, par jalousie, avant d'être confronté à ce passé [en tant qu'adulte] et de se sentir désormais plus coupable qu'autrefois" (Cieutat et Rouyer 239). Sur cette histoire de culpabilité individuelle s'est greffée une autre histoire où il s'agit de culpabilité et de mauvaise conscience collectives. Le 17 octobre 2001, lorsqu'il préparait le scénario de son film, Haneke a vu sur Arte, la chaîne franco-allemande, un documentaire britannique de 1992, *Drowning by Bullets* (*Une journée portée disparue*), de Philip Brooks et Alan Hayling. Cette émission marquait le quarantième anniversaire des événements tragiques du 17 octobre 1961, qui survinrent vers la fin de la Guerre d'Algérie (1956–62; sur ce conflit, voir "Le Contexte: la guerre d'Algérie", Chapitre 15), où de nombreux Algériens—les estimations du nombre de morts varient de trente à deux cents—ont péri ou disparu.

Appelés à manifester à Paris par le Front de libération nationale (qui représentait les révolutionnaires en Algérie) contre un couvre-feu imposé aux Algériens par le préfet de police Maurice Papon, de sinistre mémoire, des dizaines de milliers d'Algériens en costume-cravate ont défilé paisiblement dans les rues. Des milliers de policiers ont ouvert le feu sur la foule des manifestants, jetant les corps des victimes dans la Seine à hauteur du Pont Saint-Michel et dans le Canal Saint-Martin. Deux cents Algériens de plus ont tout simplement disparu et douze mille furent arrêtés, dont deux mille furent déportés et internés dans un camp de concentration en Algérie (Celik 64, Crowley 277).

Cette "ratonnade" massive est passée quasiment inaperçue à l'époque à cause de la censure de la presse pendant la guerre d'Algérie. La police a fait état publiquement de deux morts et 164 blessés parmi les manifestants, et la vérité de ce massacre n'a été reconnue par le gouvernement français que plus de vingt-cinq ans plus tard, en 1988. Un sondage publié le même jour que l'émission sur Arte montre que la majorité des Français ignorait tout de cet événement (Crowley 269). Les questions de culpabilité et de responsabilité, elles, sont restées sous le tapis: cachées. Un film documentaire réalisé en 2011 (pour le cinquantième anniversaire des faits) par Yasmina Adi, *Ici on noie les Algériens: 17 octobre 1961* (nominé pour le César du Meilleur documentaire), offre un éclairage supplémentaire sur toutes les circonstances de cet incident horrifique.

Haneke a compris qu'il pouvait tirer parti de cette tragédie nationale pour son film: "Je me suis dit que cela pouvait être un socle pour le traumatisme qui m'était nécessaire" (Allion 11), c'est-à-dire, un traumatisme collectif qui serait évoqué par celui, personnel, qu'avait refoulé son protagoniste. Seulement, ajoute-t-il, "il ne fallait pas que l'on pense que le film attaque la France, alors qu'il se veut universel. Tous les pays ont leurs secrets honteux. Et l'Autriche a beaucoup à se reprocher concernant l'époque nazie" (Allion 11). Cela n'empêchera pas certains critiques de le prendre à partie assez vertement pour avoir osé évoquer ce souvenir national honteux alors que lui-même était étranger. (Voir "La Réception", plus bas).

Caché est le quatrième film français de Haneke. Comme *Code inconnu*, il a été filmé à Paris, mais en vidéo haute définition, la première fois que le cinéaste autrichien tournait en numérique pour le cinéma. Ce choix a été dicté par le sujet de son film, où il s'agit de cassettes vidéo dont le but est de harceler le protagoniste et de ruiner sa carrière. Comme le réalisateur voulait entretenir une confusion (pour "piéger le spectateur", comme il le dit) entre les images du film qui font partie de la diégèse (l'histoire racontée) et celles des enregistrements vidéos, il était obligé de se servir de la vidéo pour toutes les deux, la différence de texture entre la pellicule et le numérique étant trop facilement repérable par les spectateurs. Il dit d'ailleurs que tourner en numérique "a posé d'énormes problèmes techniques" vu l'imperfection du matériel à l'époque (Champenois). On se croirait revenu à l'époque des premiers films parlants où il fallait enfermer les caméras dans des cabines pour supprimer le bruit qu'elles faisaient: "Par exemple, le ventilateur dans la caméra faisait un bruit épouvantable. On a donc dû recouvrir l'appareil avec une couverture. Mais elle devenait trop chaude et il fallait régulièrement s'arrêter de tourner pour qu'elle refroidisse" (Cieutat et Rouyer 244).

Lorsqu'on fait un film, on doit choisir entre le morcellement de l'action en plans généralement assez courts où le montage joue un rôle primordial (tel *A bout de souffle* de Jean-Luc Godard) ou en plans d'une durée plus importante, des plans-séquences où la mise en scène domine davantage (comme dans les films de Jean Renoir). Michael Haneke, lui, affectionne le plan-séquence, parfois d'une extrême longueur, et c'est le trait caractéristique formel dominant de ses films. Dans *Caché*, on voit un nombre considérable de plans-séquences—à commencer par le tout premier, le plan fixe sur l'extérieur de la maison des Laurent.

Haneke a souvent parlé de cette prédilection dans ses interviews. Il explique que la longueur des plans est un des éléments essentiels qui font la différence entre la télévision et le cinéma. Les images à la télévision (à commencer par les publicités) sont très rapides; il ne s'agit pas de faire réfléchir le spectateur mais de le séduire, de l'amener à acheter tel ou tel produit, par exemple. L'esthétique de la publicité s'est d'ailleurs infiltrée de manière générale dans les émissions de télévision aujourd'hui. Le plan-séquence, par contre, donne le temps de réfléchir et de comprendre ce que l'on voit, pas seulement sur le plan intellectuel, insiste Haneke, mais aussi sur le plan des émotions (Sharrett). Les longs plans fixes de Haneke ont ainsi pour but de mettre en relief non seulement l'espace filmé mais aussi le temps dans sa durée, nécessaire selon lui pour laisser jouer les émotions des spectateurs—et pour les perturber, puisqu'il n'ont pas l'habitude de ce rythme très lent.

Passé maître lui-même dans l'art de la manipulation du spectateur, Haneke préfère aussi le plan-séquence, paradoxalement, parce que celui-ci est moins manipulateur dans la mesure où il ruse moins avec le temps que ne le fait le style montage; l'action se passe en temps "réel". De manière générale, le concept du plan-séquence chez Haneke rejoint donc clairement les thèses du célèbre théoricien André Bazin. Apôtre du plan-séquence et de la profondeur de champ, Bazin y voyait à la fois, en prenant pour exemple les néoréalistes italiens, un moyen de responsabiliser le spectateur et de mieux réaliser la vocation réaliste du cinéma—tout en mettant en relief l'ambiguïté même du réel, l'une des caractéristiques les plus frappantes du cinéma de Haneke (73–80).

En ce qui concerne la musique de film, Haneke récuse l'emploi de musique d'ambiance (non diégétique), dont les seuls buts sont, selon lui, de manipuler les émotions du spectateur et de cacher certaines faiblesses du film. Suivant l'exemple de Robert Bresson et par souci de réalisme, il ne met dans ses films que de la musique diégétique (quand un personnage allume une radio, par exemple), et il suit cette pratique dans *Caché* où la musique est généralement absente.

Les Interprètes

Haneke aurait pu faire *Caché* dans le pays de son choix, mais il a préféré tourner en France, parce qu'il voulait, comme il le dit, "profiter de la qualité de jeu des acteurs français et de leur renommée internationale" (Cieutat et Rouyer 240). Il déclare sans ambages, par exemple, qu'il a fait *Caché* en grande partie pour travailler avec Daniel Auteuil et qu'il a écrit le rôle de Georges pour lui (Mérigeau, "Rencontre avec Michael Haneke"). C'était la première fois qu'il tournait avec Auteuil—né à Alger en Algérie française en 1950—, sur qui il ne tarit pas d'éloges: "Dans tous les genres il est extraordinaire, il garde toujours ce côté secret qui retient ses expressions, ne surjoue jamais. Il fait peu avec un effet très grand" (Campion). Pour Haneke, c'est tout simplement "le meilleur acteur français de sa génération" (Cieutat et Rouyer 241). Comme beaucoup de metteurs en scène, Haneke aime tourner avec les mêmes acteurs: "Quand on se connaît et que l'on s'entend, on commence un film sur le même niveau de compréhension" (Borde). Il avait déjà tourné avec Juliette Binoche dans *Code inconnu*, avec Annie Girardot (la mère de Georges) dans *La Pianiste* et deux fois avec Maurice Bénichou (Majid père) dans *Code inconnu* et *Le Temps du loup*.

Quand ils sont choisis pour jouer les protagonistes dans *Caché*, Daniel Auteuil et Juliette Binoche sont déjà parmi les plus grands comédiens de leur génération en France. Auteuil tourne énormément—trois films l'année de *Caché*, un autre prêt à sortir dans les premiers mois de l'année suivante et encore un autre en préparation—et il avait déjà soixante-dix films à son actif. Il a obtenu deux Césars de Meilleur acteur pour *Jean de Florette* (1986) et *La Fille sur le pont* (1999), le Prix du Meilleur acteur à Cannes en 1996 pour *Le Huitième Jour* et de nombreux prix de meilleur acteur dans d'autres festivals pour *Un cœur en hiver* (1992), *Sade* et *La Veuve de Saint-Pierre* (tous deux en 2000) et *Le Placard* (2001). Pour sa composition dans *Caché*, on lui a décerné le prix du Meilleur acteur aux European Film Awards en 2005.

Née en 1964 à Paris, Binoche était, déjà avant *Caché*, un "monstre sacré" du cinéma français, l'actrice la mieux rémunérée de toute la France. Pour tourner avec Haneke, elle accepte un cachet de 150 000 euros au lieu des 800 000 à 900 000 qu'elle recevait pour la plupart de ses films à cette époque. Elle s'était fait remarquer dès son premier rôle important, dans *Rendez-vous* (1985) d'André Téchiné, pour lequel elle est nominée aux Césars pour le Prix de la Meilleure actrice. Devenue "la" Binoche pour les Français, elle remportera enfin ce prix aux European Film Awards de 1991 pour sa prestation dans *Les Amants du Pont-Neuf* de Leos Carax, avant d'obtenir le César de la Meilleure actrice en 1993, ainsi que les mêmes prix aux festivals de Venise et de Berlin, pour *Trois Couleurs: Bleu* de Krzystof Kieslowski. Elle atteindra la renommée mondiale trois ans plus tard avec l'Oscar de la Meilleure actrice dans un second rôle pour le film britannique *The English Patient* (1996), d'Anthony Minghella. Les récompenses pour ses interprétations continueront de pleuvoir sur Binoche: *Chocolat* (2000), un autre prix de Meilleure actrice à Cannes en 2010 pour *Copie conforme* d'Abbas Kiarostami, puis *Clouds of Sils Maria* (2014)—en tout une trentaine de prix et autant de nominations.

Annie Girardot, décédée en 2011, était une grande star du cinéma français depuis les années 60, ayant joué dans près de cent cinquante films et obtenu plus d'une douzaine de prix, dont trois Césars—le plus récent, Meilleure actrice dans un second rôle pour *La Pianiste* de Haneke en 2001. Maurice Bénichou, né en Algérie comme Daniel Auteuil (mais d'origine maghrébine), était acteur et metteur en scène de théâtre et l'acteur fétiche du célèbre dramaturge anglais Peter Brooks. Depuis le début des années 70, il a tenu environ soixante-dix rôles dans des films et des séries à la télévision. Cantonné généralement dans des petits rôles—dont celui de Dominique Bretodeau, le propriétaire de la boîte à souvenirs que retrouve l'héroïne dans *Amélie* de Jean-Pierre Jeunet en 2001—il a un style de jeu naturel qui avait frappé Haneke: "Ce qui lui a plu", rapporte Bénichou, "ce n'est pas tant que j'étais un acteur si brillant mais il avait l'impression que je ne jouais pas, que j'étais comme à la maison. Ça, ça lui plaisait beaucoup" (Rouchy). Pour jouer le rôle de Majid, il a pensé à son propre père, immigré "humble" comme lui: "Majid, c'est un type comme on en rencontre ici, près des Bouffes, le long du boulevard de La Chapelle; un pauvre type, un type bien, sûrement, intelligent, mais qui n'a pas les moyens de faire quoi que ce soit" (Rouchy). Il obtient une nomination de Meilleur acteur dans un second rôle aux Césars de 2006 pour son jeu dans *Caché*, son troisième film avec Haneke.

La Réception

Ayant fait un véritable ravage—vingt-neuf prix, vingt-cinq nominations—dans les festivals internationaux de par le monde, *Caché* sort en salles le 5 octobre 2005. Avant même sa présentation au Festival de Cannes en mai, les avis dans la presse cinématographique étaient partagés. Les films de Haneke, qui grattent les endroits douloureux de la société occidentale moderne, laissent rarement indifférent. Les critiques sont pourtant d'accord sur un point: la grande maîtrise de Haneke et la rigueur de sa mise en scène dans *Caché*. Ce sont des mots qui reviennent régulièrement sous leurs plumes. François Gorin, par exemple, dit que Haneke est "un cinéaste de la maîtrise" et ajoute que "son talent est d'instiller dans ces engrenages sophistiqués un malaise élémentaire, pour ne pas dire primaire, qui prend aux tripes autant qu'à la tête".

La critique dans son ensemble, même positive, fait preuve d'une certaine ambivalence, comme nous le montre Pascal Mérigeau: "Haneke s'obstine à démontrer les mécanismes d'une société moderne obsédée par ses propres peurs, avec une maîtrise qui en rebute certains et en subjugue d'autres" ("Obsessionnel Haneke"). Même son de cloche mitigé de la part de Marie-Noëlle Tranchant: "Haneke a un pur esprit de géométrie. Il débusque dans l'enfance de Georges une faute occultée, refoulée, qui devient emblème d'une faute collective de la France vis-à-vis de l'Algérie [...]. La mise en scène tirée au cordeau sert une démonstration théorique plus qu'une vérité humaine. Haneke a beaucoup de maestria. Mais Dieu que c'est aride!"

Certains commentateurs sont pourtant beaucoup moins ambivalents, tel Jean-Luc Douin, qui encense sans réserve l'œuvre de Haneke: "Ce film splendide et vertigineux est riche de réflexions sur les blessures d'enfance à jamais béantes, la solitude face aux démons intérieurs, les ravages du secret dans un couple, la manière dont la culpabilité ronge un individu, la revanche du refoulé"; "*Caché* souligne la nécessité, chez un homme, d'opérer un flash-back thérapeutique, et par extension, chez un peuple, de regarder son passé en face. Ce poignant drame individuel prend une dimension universelle". Et François Quenin d'ajouter, "Telle est la force de M. H.: dévoiler par le cinéma ce que l'on n'a pas envie de regarder. Ce qu'il y a de passionnant dans cette œuvre (il faudrait encore citer *La Pianiste* et *Code inconnu*), c'est l'approche du réel détourné à des fins artistiques, philosophiques, morales. Morales surtout" (16).

Les francs détracteurs, eux, sont souvent agressifs et ironiques, prenant à partie le réalisateur autrichien tantôt pour la cruauté du film, tantôt pour sa forme (les longs plans-séquences), tantôt pour l'évocation d'un souvenir douloureux pour la France par un étranger: "Mais davantage qu'une mise en abîme fastidieuse, c'est l'aveu d'un cinéaste qui révèle sa cruauté puérile, son plaisir à cadrer, à jouer des durées, à multiplier les miroirs" (Rehm 14); "Anti-France, vous avez dit anti-France? Engoncés dans les manipulations hypercérébrales et ultra-Politiquement Correctes de leur metteur en scène, les comédiens, à l'exception de Maurice Bénichou, s'efforcent de manifester le moins d'émotion possible. Vous l'avez compris, si vous avez envie de vous indigner entre deux interminables plages d'ennui, *Caché* est un film pour vous" (Laurent 15–16); et pour finir, ce constat ironique un tant soit peu méchant de la part d'Emmanuel Hecht: "C'est un film sur la culpabilité et sur la manipulation des images. A Vienne, Haneke enseigne à ses étudiants les ficelles du film de propagande, d'Eisenstein à Riefenstahl. Il sera, c'est sûr, reconnaissant aux spectateurs de ne pas tomber dans ses ficelles à lui, Haneke: celles de la mauvaise conscience autrichienne ripolinée en tiers-mondialisme pleurnichard".

DOSSIER PÉDAGOGIQUE

Qu'est-ce qui se passe dans ce film?

1. Que représente le premier plan du film? Qui regarde ici (et où), en même temps que le spectateur?

2. Quel dessin accompagne la deuxième cassette?

3. Qu'est-ce qui frappe dans les inserts très brefs où l'on voit le petit garçon maghrébin?

4. Qu'est-ce qu'on voit sur la cassette qui arrive chez les Laurent pendant le dîner avec leurs amis?

5. Quel cauchemar Georges fait-il la nuit qu'il passe chez sa mère?

6. Que montre la dernière cassette que reçoivent les Laurent?

7. Pourquoi Anne se fâche-t-elle lorsque Georges refuse de révéler l'identité de la personne qu'il soupçonne d'avoir fait les cassettes?

8. De quoi Georges est-il persuadé quand il rend visite à Majid?

9. Pourquoi Georges est-il obligé de dire la vérité à sa femme sur sa visite à Majid?

10. Pourquoi Georges amène-t-il la police chez Majid et son fils?

11. Qu'est-ce que Majid a fait la dernière fois que Georges est allé chez lui?

12. Qui vient voir Georges à son lieu de travail?

Vrai ou Faux?

Si la phrase est fausse, corrigez-la!

1. La première cassette vidéo est arrivée dans le courrier.

2. Georges anime une émission de variétés à la télévision.

3. En sortant du commissariat de police, Georges s'engueule avec un chauffeur de taxi.

4. Pierrot reçoit une cassette vidéo à l'école.

5. La troisième cassette vidéo est accompagnée d'un dessin d'enfant où l'on voit un coq qui a le cou ensanglanté.

6. C'est en déchiffrant un nom de rue que Georges et Anne réussissent à repérer le quartier du logement montré dans la cassette.

7. Majid dit à Georges qu'il sait pourquoi il est venu chez lui.

8. Le rédacteur-en-chef de l'émission télévisée de Georges se fait du souci pour la carrière de celui-ci si l'histoire des cassettes est révélée publiquement.

9. Pierrot va dormir chez un copain sans prévenir ses parents.

10. Les parents de Georges ont renvoyé le petit Majid parce que Georges avait dit des mensonges sur lui.

11. A la fin du film, il y a un flash-back où nous voyons la scène où Georges dénonce Majid à ses parents.

12. Dans le dernier plan du film, avant le commencement du générique de fin, Pierrot parle seulement à ses amis avant de s'en aller.

Contrôle des connaissances

1. Comment Haneke a-t-il appris le métier de metteur en scène avant de commencer à faire des films pour le cinéma?

2. Quelle appellation a-t-on donnée à ses trois premiers films, *Le Septième Continent*, *Benny's Video* et *71 Fragments d'une chronologie du hasard* ? Pourquoi les appelle-t-on ainsi?

3. Quels noms donne-t-il régulièrement à ses personnages principaux?

4. Quelle parodie des films d'horreur a fait l'objet d'un *remake*, par Haneke lui-même, aux Etats-Unis?

5. Qu'est-ce que Haneke essaie surtout d'apprendre à ses étudiants à l'Université de Vienne?

6. Quelles deux grandes vedettes du cinéma français ont joué dans des films de Haneke? Quelles vedettes ont obtenu un prix de Meilleure actrice au Festival de Cannes pour leurs rôles dans un film de Haneke (et pour quel film)?

7. Quels sont les thèmes réguliers des films de Haneke, y compris ceux qu'il a faits en France?

8. Quel documentaire Haneke a-t-il vu sur la chaîne de télévision franco-allemande Arte qui lui a fourni du matériel pour le scénario de *Caché*? Qu'est-ce qui s'est passé de très dramatique en octobre 1961?

9. Pourquoi Haneke se croit-il obligé de tourner ce film en vidéo haute définition plutôt qu'avec de la pellicule?

10. Pourquoi Haneke préfère-t-il tourner en plans-séquences plutôt qu'en plans plus courts avec plus de montage? Quelle différence constate-t-il à cet égard entre le cinéma et la télévision?

11. Quel prix a donné une renommée mondiale à Juliette Binoche, et pour quel film?

12. Qu'est-ce que la plupart des critiques admirent chez Haneke, même s'ils ont des réserves quant au contenu de ses films? Qu'est-ce qu'on lui reproche?

Pistes de réflexion et de discussion

1. Le Titre du film

A quoi fait allusion le titre du film, *Caché*? **Qu'est-ce qui est "caché"?** Y a-t-il des interprétations multiples soutenues par le film?

2. L'Entrée en matière

Comment est-ce que le réalisateur nous trompe—ou nous manipule—dans le premier plan? Qu'est-ce qu'on peut dire sur le dialogue dans ce plan (et dans le plan suivant) par rapport à l'image? Qu'est-ce qu'on entend? D'où viennent les voix *off*? **Visionnez cette scène** (Extrait 1, 0'12–3'06).

En parlant du premier plan, Haneke a dit, "Dès l'ouverture, je voulais que le spectateur se rende compte à quel point il peut être victime des images" (Allion 11). Que veut-il dire? Quand et comment est-ce qu'on se rend compte clairement de la nature de l'image qu'on regarde? **Quel est l'effet de ce plan trompeur sur le visionnement des autres images du film?** (Quelle attitude Haneke veut-il encourager chez le spectateur?) **Visionnez le plan où nous voyons de nuit la façade de la maison des Laurent** (Extrait 2, 9'20–11'56). Pouvons-nous savoir s'il s'agit d'images du film ou si c'est un enregistrement vidéo? Quand apprenons-nous la vérité à cet égard? **Y a-t-il d'autres plans dans ce film qui trompent le spectateur ou le laissent dans le doute?**

3. Les Personnages

+ *Georges et Anne Laurent: la famille*

Que font Georges et Anne dans la vie? Comment décririez-vous leur niveau culturel? **Visionnez la scène où Georges et Anne se mettent à table pour dîner** (Extrait 3, 6'40–7'00). **Quels éléments du décor de cette maison soulignent le niveau culturel des habitants?** Est-ce que la culture bourgeoise est une cible dans ce film? Est-elle présentée de manière positive ou négative—ou de manière neutre? Quel rapport y a-t-il entre le décor du salon-salle à manger des Laurent et celui du plateau de l'émission télévisée de Georges? **Quelles sont les implications possibles ici?**

Haneke garde constamment de film en film, depuis l'époque de ses films autrichiens, les mêmes noms pour ses couples (Georges et Anne) et leurs enfants. Quelle explication pourrait-on donner pour cette pratique? Pour certains critiques (Niessen 192), elle vise le spectateur en quelque sorte. Comment, à votre avis?

Essayez de décrire le caractère de Georges. Est-ce qu'il se comporte en adulte normal? Est-ce qu'il fait preuve de courage ou de lâcheté dans le film? **Que pensez-vous de l'incident avec le cycliste, quand Georges et Anne sortent du commissariat de police?** Est-ce qu'il est révélateur quant au caractère de Georges? S'agit-il, selon vous, d'un accès de racisme chez lui? **Visionnez cette scène** (Extrait 4, 16'50–17'55).

Dans les films grand public, en général, les spectateurs ont tendance à s'identifier au personnage principal, le "héros" du film. **Arrivez-vous à vous identifier à Georges, ou auriez-vous tendance à le juger, voire à le condamner?** Expliquez.

Comment décririez-vous les rapports entre Georges et Anne? Affectueux? Hostiles? Indifférents? Anne est-elle une femme infidèle? Haneke montre souvent dans ses films des familles en crise, des couples en train de se disloquer. Il prétend que la famille, du moins dans la société occidentale, est à l'origine de tous les conflits, que c'est le lieu d'une "guerre en miniature" qui peut être aussi meurtrière que la guerre au sens propre (Sharrett). **Pensez-vous que cette réflexion négative sur la famille soit pertinente à la famille qui est représentée dans** *Caché***?** *Visionnez la scène où Georges refuse de dire à Anne ses soupçons quant à l'auteur des vidéos* (Extrait 5, 43'30–46'03).

✦ *Pierrot*

Comment décririez-vous le comportement de Pierrot en général? Comment sont ses rapports avec ses parents? Entre son père et sa mère, semble-t-il avoir une préférence?

Pourquoi Pierrot va-t-il dormir chez un copain sans prévenir ses parents? Qu'est-ce qu'il semble reprocher à sa mère quand il rentre le lendemain matin? Pensez-vous qu'il ait raison? Pourquoi? *Visionnez la scène où Anne se confie à Pierre* (Extrait 6, 1h09'21–1h10'16) *et la scène avec son fils* (Extrait 7, 1h22'40–1h25'45).

Le patron d'Anne s'appelle "Pierre", tandis que le fils de celle-ci s'appelle "Pierrot". Haneke nous dit que "ce n'est pas un hasard que Pierrot porte le nom de Pierre" (Toubiana). Que peut-il vouloir dire? **Pourquoi aurait-il choisi ce nom pour le fils des Laurent (au lieu de "Ben", le nom de la plupart des fils dans ses films)?**

✦ *Majid*

Pourquoi les parents de Georges voulaient-ils adopter Majid quand il était petit? Où Majid a-t-il grandi après son départ du domaine des parents de Georges? Qu'est-ce que cela signifiait pour l'éducation de Majid, pour ses chances de réussite sociale et économique dans la vie?

Comment décririez-vous le personnage de Majid adulte? **Comment traite-t-il Georges lorsque celui-ci se présente chez lui et l'accuse de harcèlement?** Pensez-vous que Majid soit sincère dans ses dénégations? Pourquoi?

Quelle importance accordez-vous aux propos de Majid quand il dit à Georges que celui-ci aurait "trop à perdre" s'il le battait (lui, Majid) à mort, en ajoutant, "Qu'est-ce qu'on ne ferait pas pour ne rien perdre"? **Pourquoi Haneke dit-il que c'est "la phrase clé de** *Caché***"** (Guichard et Strauss)?

Il est bien connu que Haneke n'aime pas faire de la psychologie dans ses films, préférant rester sur le plan moral. Ainsi, nous savons très peu de la vie intérieure de Majid. Pour Crowley, Majid est "réduit à un écran sur lequel est projeté l'anxiété de l'Européen blanc" face au souvenir refoulé—et qui refait surface—des torts qu'a faits son pays à ses anciennes colonies (274). **Est-ce que vous pensez que cette perspective est développée dans le film de Haneke? Où?**

✦ *Le Fils de Majid*

Pourquoi le fils de Majid vient-il voir Georges à son lieu de travail? Que veut-il de lui? Que veut-il dire lorsqu'il dit, "Je voulais savoir comment on se sent quand on a un homme sur la conscience [...]. Maintenant, je le sais"?

Pourquoi Georges s'attaque-t-il à la manière très polie dont parle le fils de Majid dans cette confrontation? Pourquoi est-il agacé? **Pourquoi, selon vous, le fils de Majid essaie-t-il de provoquer Georges, l'invitant à le frapper?** Si Georges l'agressait physiquement, qu'est-ce que cela prouverait?

Tout de suite après cette confrontation, il y a un autre long plan fixe de nuit sur la façade de la maison des Laurent. **Faut-il croire que les enregistrements vont continuer, que cette histoire n'est pas finie?**

4. Le Suicide de Majid

Comment expliquez-vous le geste tragique de Majid quand Georges revient chez lui, à sa demande? Pourquoi Majid lui dit-il, "Je voulais que tu sois présent"? *Visionnez cette scène* (Extrait 8, 1h27'51–1h29'53). Haneke dit que le suicide de Majid est "un acte d'agression envers Georges" (Porton 51). Qu'est-ce que Majid peut espérer accomplir? **Quel effet cet acte peut-il avoir sur Georges?** Le désarroi de Georges, comme la désintégration de son couple, est-ce une forme de "justice poétique", comme on a pu le suggérer (Wood 40)?

Y a-t-il un rapport (métaphorique ou autre) entre la scène où le petit Majid coupe la tête du coq et celle-ci où il se coupe la gorge?

Qu'est-ce qu'on regarde dans la scène du suicide, des images du film au présent ou des images d'une cassette vidéo? On a noté que l'emplacement de la caméra et l'angle de la prise de vue ici sont identiques à ceux de la première visite de Georges chez Majid (Gibson 34). Si c'est une cassette vidéo, avec qui la regardons-nous?

5. Les thèmes

✦ L'Intrusion

Dans plusieurs films de Haneke (par exemple, *Funny Games*, *Le Temps du loup*), la famille est victime d'une intrusion, avec des conséquences tragiques. Les Laurent vivent dans une maison qui a des allures de "forteresse" avec sa grille de fer devant et des barreaux aux fenêtres. **Contre quoi est-ce qu'ils se protègent?** Est-ce que la notion de paranoïa est introduite ici?

Quelle sorte de réflexions pourrait-on faire sur les notions d'intrusion et de victimisation par rapport aux deux familles, celle de Georges et celle de Majid, dans *Caché*? **Qui fait une intrusion réellement, et chez qui? Qui sont les vraies victimes ici?**

Le film suggère-t-il que les immigrés sont considérés comme des "intrus" en France?

✦ Le Sentiment de culpabilité

Dans une interview, Haneke suggère que son film est un "conte moral sur le thème du problème de la culpabilité" et comment y faire face (Niessen 183). Quel est le rôle des inserts très courts où l'on voit Majid petit? *Visionnez ces plans* (Extraits 9 et 10, 13'23–13'26, 20'30–20'42). **Quel rapport y a-t-il entre ces images, où l'on voit le visage de l'enfant maculé de sang, et le sentiment de culpabilité chez Georges Laurent?**

De manière générale, on associe l'enfance à l'innocence. **A votre avis, reste-t-on responsable d'actes qu'on a commis quand on était petit enfant?** Georges pouvait-il, à l'âge de six ans, comprendre les conséquences de ses mensonges? Commentez ce propos de Georges à Majid: "T'étais plus âgé, plus fort que moi. J'avais pas le choix". **Que veut-il dire? Pourquoi se sent-il obligé de dire cela?**

Quand le fils de Majid lui rend visite au bureau, Georges lui dit, "Je ne suis pas responsable", faisant allusion à la mort du père de celui-ci. Il avait dit la même chose à Anne en parlant du renvoi de Majid du domaine de ses parents. Cette phrase est devenue célèbre (et infâme) à la fin du célèbre film documentaire d'Alain Resnais *Nuit et brouillard* (1955) sur les camps de concentration nazis, lorsque tout le monde dit: "Je ne suis pas responsable". **Georges a-t-il quand même, en tant qu'adulte, une responsabilité dans le sort de Majid dans la vie?** Aurait-il pu agir autrement avec lui pour compenser en quelque sorte le mal qu'il lui avait fait dans son enfance? A-t-il en fait une dette envers Majid?

Pourquoi Georges va-t-il parler de Majid à sa mère? **Quel cauchemar fait-il la nuit qu'il passe chez elle?** *Visionnez la séquence du cauchemar* (Extrait 11, 38'08–38'54). Quel est le sens de ce mauvais rêve? Haneke souligne que cette séquence "débute comme un flash-back. C'est le souvenir d'un événement qui est arrivé: Majid enfant a bien tranché la tête du coq. Mais, peu à peu, le montage et les cadrages transforment ce flash-back réaliste en cauchemar" (Cieutat et Rouyer 250). **Comment le montage et les cadrages de cette scène opèrent-ils cette transformation?**

Comment Haneke relie-t-il la culpabilité individuelle à la culpabilité collective dans son film? Une critique a soutenu que Haneke sacrifie Majid pour faire sentir au public sa propre culpabilité, due à son indifférence et à la répression dans l'inconscient collectif français de la violence commise par la France envers les Algériens (Celik 60–61, 76). Le sang qui gicle sur le mur lorsque Majid se tranche la gorge aurait pour but de choquer le spectateur, de l'obliger à ouvrir les yeux sur cette tache sur l'histoire de son pays, de provoquer un sentiment de responsabilité, du moins partielle, sinon un sentiment de devoir moral. **Que pensez-vous de cette interprétation "allégorique" du film, qui est soutenue par de nombreux critiques** (par exemple, Niessen 197; Speck 98)?

Haneke a souvent soutenu que chaque pays a des "taches noires", des souvenirs inavouables que le pays refoule en quelque sorte: "Je crois que chaque pays a des cadavres dans son placard [. . .]. Vous ne trouverez pratiquement pas de pays en Europe, voire aucun, de par le monde, qui ne soit touché par ce phénomène" (Silverman 59). Il aurait donc bien pu choisir un autre pays que la France pour faire son film. **Si le réalisateur avait voulu le faire aux Etats-Unis, par exemple, y a-t-il une "tache noire" qu'il aurait pu utiliser dans son film? Laquelle (ou lesquelles)?**

✦ *Le Mensonge*

Quel rôle le mensonge a-t-il joué dans le drame du renvoi de Majid par les parents de Georges? Y a-t-il d'autres exemples de mensonges dans le film? Que répond Georges, par exemple, quand Anne lui demande qui connaît le domaine où il a passé son enfance? **Pourquoi Georges ment-il à sa femme au sujet de sa visite à Majid?** Il lui dit que la porte était fermée à clé, et que c'était la porte d'"une remise ou quelque chose comme ça". **S'agit-il ici d'une métaphore?** Quelle est la fonction d'une remise?

Certains critiques ont pu dire que "*Caché* est donc un film sur le mensonge comme source de survie humaine" (Cieutat et Rouyer 245). **Dans quel sens peut-on dire que Georges utilise le mensonge pour "survivre"?** De manière générale, le mensonge est-il une nécessité dans la vie?

6. Les Média et les dessins

+ *La Télévision*

Quel rôle joue la télévision dans ce film? Chez les Laurent, on voit des images de guerres en Irak et au Moyen-Orient. Quel sentiment ces images peuvent-ils nourrir chez le spectateur occidental bourgeois qui vit dans un grand confort matériel et psychologique?

Quel rapport la télévision entretient-elle avec la réalité? Que fait Georges avec le segment de son émission télévisée qu'il trouve trop théorique? **Qu'est-ce que Haneke veut nous dire ici sur la réalité des images audio-visuelles qui sont livrées au public?**

+ *Les Cassettes vidéo*

Haneke a tourné les plans sur la maison des Laurent dans un quartier du dix-huitième arrondissement de Paris qui s'appelle le "quartier des fleurs", et la petite rue où la caméra a dû être posée s'appelle "la rue des Iris". Le mot "iris" évoque forcément l'œil, donc le regard. **Cette allusion est-elle importante dans ce film?** Par ailleurs, qu'est-ce qu'un "iris" (fermeture ou ouverture en iris) au cinéma? S'agit-il d'un simple clin d'œil(!) aux cinéphiles, ou y a-t-il ici une allusion subtile à l'acte de filmer?

La caméra vidéo forcément posée au milieu de la rue des Iris a dû rester immobile à cet emplacement, sur pied, pendant au moins deux heures pendant la matinée. Est-ce possible sans que personne ne s'en aperçoive?

Cette image évoque celle d'une caméra de surveillance. Quelle est la fonction ordinaire d'une caméra de surveillance? Qui est visé par ces caméras, normalement? **Qu'est-ce que cela peut impliquer quant aux Laurent? Pourquoi ces images sont-elles si troublantes pour ceux-ci?**

Quelle est la progression dans le contenu des cassettes vidéo que reçoivent les Laurent? **Quelle serait l'intention de celui qui les a faites?**

Georges est filmé par une caméra cachée chez Majid pendant sa première visite. **Qu'est-ce qui est problématique ici?** Majid savait-il que Georges venait chez lui?

Qui, selon vous, a fait ces enregistrements vidéo? Majid et son fils nient tous les deux les avoir faits. L'un d'eux ment-il—ou tous les deux? Si ce n'est pas Majid ou son fils, qui d'autre aurait eu intérêt à les faire et à les faire parvenir à diverses personnes, y compris au patron de Georges? Celui qui se cache derrière la caméra vidéo serait-il, comme le veut Niessen, Michael Haneke lui-même (185)? **Quel effet Haneke cherche-t-il à produire sur le spectateur en refusant d'identifier la personne responsable des vidéos?** Est-il possible, finalement, de conclure, comme de nombreux critiques, que l'origine des cassettes n'a pas d'importance, que seul leur effet sur le protagoniste et sa famille compte ici: leur terreur devant l'Autre étranger non-identifié qui leur veut du mal et risque toujours de faire irruption dans leur sphère privilégiée?

+ *Le Cinéma*

Au lieu de prévenir tout de suite la police du suicide de Majid, Georges va au cinéma. Pourquoi? **Le cinéma est-il une forme d'évasion ici?** Evasion de quoi? Comme le remarquent Ezra et Sillars (217), on voit dans le plan du cinéma des posters de films, dont ceux de *Ma Mère*, *Deux Frères*, *La Mauvaise Education* et *Mariages*. **Quel rapport ces affiches peuvent-elles avoir avec ce qui se passe dans *Caché*?**

✦ *Les Dessins*

Quelle est, selon vous, la fonction des dessins qui accompagnent les cassettes vidéo? S'il n'y avait pas eu de dessins, est-ce que les cassettes auraient eu un effet différent sur les Laurent? **Pourquoi a-t-on dessiné un visage d'enfant qui semble cracher du sang? Pourquoi un coq avec le cou ensanglanté?** Est-ce que le fait que le coq gaulois est un symbole de la France pourrait être pertinent ici?

7. *Le Renvoi de Majid enfant*

Discutez la manière dont est filmé l'avant-dernier plan du film, où le petit Majid est renvoyé du domaine des parents de Georges pour passer son enfance dans un orphelinat. *Visionnez cette scène* (Extrait 12, 1h50'40–1h54'00). **Comment appelle-t-on ce genre de plan? Pourquoi la caméra est-elle si loin de l'action? Avec qui regardons-nous cette scène traumatique?** Qu'est-ce que nous voyons ici, un rêve (cauchemar) de Georges, un événement qu'il revoit en pensée allongé sur son lit, ou un flash-back que nous offre le réalisateur? **Pourquoi Haneke place-t-il cette scène à la fin de son film**—comme Alain Resnais met le flash-back sur la scène (traumatisante) de la mort du soldat allemand, l'amant de la jeune Française, vers la fin de *Hiroshima mon amour*?

8. *Le Dernier Plan*

Qu'est-ce qui se passe dans le dernier plan du film, qui est un long plan fixe comme celui du début? *Visionnez cette scène* (Extrait 13, 1h54'02–1h56'05). Pourquoi Haneke a-t-il une prédilection pour de longs plans-séquences comme celui-ci? Quel est son but? **Quelle obligation ces plans donnent-ils au spectateur?**

Est-ce que vous avez vu, au premier visionnement, la rencontre entre Pierrot et le fils de Majid? Haneke nous dit que la moitié des spectateurs à qui il a posé cette question ont dit que non (Toubiana). **Quelles réflexions pourrait-on faire là-dessus?**

Qu'est-ce que le fils de Majid a pu dire au fils de Georges? Que signifie pour vous cette scène?

En parlant de ce dernier plan, Cieutat et Rouyer proposent une interprétation métaphorique de la caméra: "Ce cadrage très particulier pourrait néanmoins laisser entendre qu'il a été tourné par l'auteur des cassettes ou bien qu'il symbolise un regard atemporel et universel sur l'humanité" (246). **Se peut-il que ce dernier plan, comme le premier, soit lui aussi un enregistrement vidéo par l'auteur des cassettes? Si oui, par qui et à quelle fin?** Que pensez-vous de l'interprétation métaphorique suggérée ici?

Selon Haneke (Toubiana), ainsi que plusieurs critiques, on pourrait lire cette séquence soit comme une scène de réconciliation entre les deux fils (et un signe d'espoir pour leur génération), soit comme une scène de collusion ou de conspiration contre le père de Pierrot, mais le film ne nous aide pas à trancher. **Qu'en pensez-vous personnellement?**

9. *L'Interprétation d'un film*

Haneke soutient **que l'interprétation d'un film, son intégration dans un système de valeurs et de croyances, c'est toujours le rôle du spectateur.** En ce qui concerne l'interprétation de *Caché*, Haneke a dit, comme on a pu lire dans l'introduction, "Je veille en général à ce que mes films débouchent sur le plus grand nombre d'interprétations différentes […]. L'idéal est que chaque spectateur puisse terminer le film dans sa tête, comme il l'entend. Il faut que le film pose plus de questions qu'il n'en résout, sinon cela n'a pas d'intérêt" (Allion 10). **Etes-vous d'accord avec cette conception de l'interprétation d'un film et du rôle du spectateur?**

Filmographie de Michael Haneke

1989 *Le Septième Continent*
1992 *Benny's Video*
1994 *71 Fragments d'une chronologie du hasard*
1997 *Funny Games*
2000 *Code inconnu: récit incomplet de divers voyages*
2001 *La Pianiste*
2003 *Le Temps du loup*
2005 *Caché*
2009 *Le Ruban blanc*
2012 *Amour*

Œuvres consultées

Adi, Yasmina. *Ici on noie les Algériens*. Agat Films, 2011.

Aknin, Laurent. "Haneke's Video". *L'Avant-Scène Cinéma* 558 (jan. 2007): 12–14.

Allion, Yves. "Entretien avec Michael Haneke". *L'Avant-Scène Cinéma* 558 (jan. 2007): 7–11.

Bazin, André. *Qu'est-ce que le cinéma?* Paris: Editions du Cerf, 1981.

Borde, Dominique. "La Longue Traque de Michael Haneke". *Le Figaro* 5 oct. 2005: sans pagination.

Brunette, Peter. *Contemporary Film Directors: Michael Haneke*. Champaign: U of Illinois P, 2010.

Campion, Alexis. "Comme un coup de couteau". *Le Journal du Dimanche* 2 oct. 2005: sans pagination.

Celik, Ipek A. "'I Wanted You to Be Present': Guilt and the History of Violence in Michael Haneke's *Caché*". *Cinéma Journal* 50.1 (automne 2010): 59–80.

Champenois, Sabrina. "Cannes 2005". *Libération* 16 mai 2005: sans pagination.

Cieutat, Michel, et Philippe Rouyer. *Haneke par Haneke*. Paris: Stock, 2012.

Crowley, Patrick. "When Forgetting Is Remembering. Haneke's *Caché* and the Events of October 17, 1961". *On Michael Haneke*. Ed. Brian Price et John David Rhodes. Detroit, MI: Wayne State UP, 2010. 267–79.

Douin, Jean-Luc. "Regard forcé sur les démons de l'enfance pour un homme filmé à son insu". *Le Monde* 17 mai 2005: sans pagination.

Ezra, Elizabeth, et Jane Sillars. "Hidden in Plain Sight: Bringing Terror Home". *Screen* 48.2 (été 2007): 215–21.

Gibson, Brian. "Bearing Witness. The Dardenne Brothers' and Michael Haneke's Implication of the Viewer". *CineAction* 70 (2006): 24–38.

Gorin, François. "Caché". *Télérama* 8 oct. 2005: sans pagination.

Grønstad, Asbjørn. *Screening the Unwatchable. Spaces of Negation in Post-Millennial Art Cinema*. New York: Palgrave Macmillan, 2012.

Grossvogel, D. I. "Haneke: The Coercing of Vision". *Film Quarterly* 60.4 (été 2007): 36–43.

Guichard, Louis, et Frédéric Strauss. "Nous baignons dans la culture de la culpabilité". *Télérama* 5 oct. 2005: sans pagination.

Gutman, Pierre-Simon. "Michael Haneke, le provocateur idéaliste". *L'Avant-Scène Cinéma* 558 (janv. 2007): 3–6.

Haneke, Michael, réal. *Caché*. Sony Pictures Classics, 2006.

Hecht, Emmanuel. "De la manipulation des images". *Les Echos* 5 oct. 2005: sans pagination.

Jacobowitz, Florence. "Michael Haneke's *Caché* (*Hidden*)". *CineAction* 68 (2006): 62–64.

Laurent, Patrick. "Revues de presse". *L'Avant-Scène Cinéma* 558 (janv. 2007): 14–16.

Mérigeau, Pascal. "Obsessionnel Haneke". *Le Nouvel Observateur* 12 mai 2005: sans pagination.

———. "Rencontre avec Michael Haneke. Le manipulateur". *Le Nouvel Observateur* 29 sept. 2005: sans pagination.

Niessen, Neils. "The Staged Realism of Michael Haneke's *Caché*". *Cinémas: revue d'études cinématographiques* 20.1 (2009): 181–99.

Osterweil, Ara. "Caché". *Film Quarterly* 59.4 (été 2006): 35–39.

Porton, Richard. "Collective Guilt and Individual Responsibility: An Interview with Michael Haneke". *Cineaste* 31.1 (hiver 2005): 50–51.

Quenin, François. "Revues de presse". *L'Avant-Scène Cinéma* 558 (janv. 2007): 16.

Rehm, Jean-Pierre. "Revues de presse". *L'Avant-Scène Cinéma* 558 (janv. 2007): 14.

Riemer, Willy. "Beyond Mainstream Film. An Interview with Michael Haneke". *After Postmodernism. Austrian Literature and Film in Transition*. Ed. Willy Riemer. Riverside, CA: Ariadne Press, 2000. 159–70.

Rouchy, Marie-Elisabeth. "Le Petit Prince". *Le Nouvel Observateur* 6 oct. 2005: sans pagination.

Seshadri, Kalpana Rahita. "Spectacle of the Hidden: Michael Haneke's *Caché*". *Nottingham French Studies* 46.3 (automne 2007): 32–48.

Sharrett, Christopher. "The World That Is Known. Michael Haneke Interviewed". *Kinoeye. New Perspectives on European Film* 4.1 (8 mars 2004). Consulté le 20 déc. 2016 <http://kinoeye.org/04/01/interview01.php>

Silverman, Max. "The Violence of the Cut: Michael Haneke's *Caché* and Cultural Memory". *French Cultural Studies* 21.1 (2010): 57–65.

Speck, Oliver C. *Funny Frames. The Filmic Concepts of Michael Haneke*. New York: Continuum, 2010.

Thoret, Jean-Baptiste. "'*Caché*' de Michael Haneke". *Charlie Hebdo* 5 oct. 2005: sans pagination.

Tinazzi, Noël. "Les Taches noires du passé". *La Tribune* 5 oct. 2005: sans pagination.

Toubiana, Serge. "*Caché*: Entretien avec Michael Haneke par Serge Toubiana". Bonus sur le DVD de *Caché*, sorti en 2006.

Tranchant, Marie-Noëlle. "Logique punitive". *Le Figaro* 16 mai 2005: sans pagination.

Welcomme, Geneviève. "Dès qu'on pose une caméra quelque part, on manipule". *La Croix* 5 oct. 2005: sans pagination.

Widemann, Dominique. "Parfois, le tapis bouge". *L'Humanité* 5 oct. 2005: sans pagination.

Wood, Robin. "Hidden in Plain Sight: Robin Wood on Michael Haneke's *Caché*". *Artforum International* 44.5 (janv. 2006): 35–40.

13

Jacques Audiard

Un prophète

(2009)

Jacques Audiard, *Un prophète*: Malik (Tahar Rahim) assis à côté du caïd César (Niels Arestrup) dans la cour de la prison.

Réalisation . . . . .Jacques Audiard
Scénario . . . . Jacques Audiard, Thomas Bidegain
Scénario primitif . . . . Abdel Raouf Dafri, Nicolas Peufaillit
Directeur de la photographie. . . . . Stéphane Fontaine
Son . . . . Francis Wargnier, Brigitte Taillandier,
. . . . Jean-Paul Hurier, Marc Doisne
Montage . . . . Juliette Welfing
Musique . . . . Alexandre Desplat
Décors. . . . . .Michel Barthélémy, Etienne Rohde, Boris Piot
Costumes . . . . .Virginie Montel
Scripte. . . . . .Nathalie Vierny
Production . . . . .Martine Cassinelli
Durée 2h35

Distribution

Tahar Rahim (*Malik El Djebena*), Niels Arestrup (*César Luciani, le chef des Corses*), Adel Bencherif (*Ryad, l'ami de Malik*), Reda Kateb (*Jordi le Gitan, le trafiquant de drogues en prison*), Hichem Yacoubi (*Reyeb, le témoin assassiné par Malik*), Jean-Philippe Ricci (*Vettori, le lieutenant de Luciani*), Gilles Cohen (*Prof*), Pierre Leccia (*Sampierro*), Antoine Basler (*Pilicci*), Foued Nassah (*Antaro*), Jean-Emmanuel Pagni (*Santi*), Frédéric Graziani (*Ilbanez, le chef de détention*), Leila Bekhti (*Djamila, la femme de Ryad*), Slimane Dazi (*Lattrache, le caïd marseillais arabe*), Rabah Loucif (*l'avocat de Malik*)

Synopsis

Malik El Djebena, un petit truand de dix-neuf ans, se trouve en prison pour six ans suite à une agression contre un policier. Illettré, naïf, sans argent, sans appui, physiquement et psychologiquement fragile, il se trouve vite à la merci des clans de la prison, surtout celui des Corses. Le caïd de ceux-ci, César Luciani, l'oblige, en le menaçant de mort, à assassiner un autre détenu, arabe de surcroît, qui s'apprêtait à témoigner dans un procès contre un membre de la bande des Corses mafieux dont César fait partie. Malik s'exécute à son corps défendant mais jouit désormais de la protection des Corses, dont il devient par la suite le larbin, faisant la vaisselle, passant la serpillière, servant le café, subissant toutes les humiliations sans murmurer.

Bien qu'inculte, Malik est loin d'être bête. Il apprend les codes de la survie en prison, suit des cours de français pour apprendre à lire et à écrire, et il apprend même le corse en écoutant les membres du clan bavarder entre eux. Il finit par gagner la confiance de César, qui lui confie des missions confidentielles. Il attend l'occasion de pouvoir renverser les relations de pouvoir, et lorsque celle-ci arrive, il la saisit.

Le Réalisateur

Né le 30 avril 1952 à Paris, fils de Michel Audiard, un scénariste célèbre de films policiers, Jacques Audiard rejette pourtant l'idée de poursuivre une carrière dans le cinéma et s'inscrit en littérature et philosophie à l'Université de Paris. Il abandonne ses études sans diplôme, cependant, et passe à l'apprentissage du montage de films avant de se découvrir un grand talent pour l'adaptation de textes pour le théâtre et pour le cinéma, dont surtout des thrillers comme *Mortelle Randonnée* (1983) de Claude Miller et *Grosse Fatigue* (1994) de Michel Blanc.

Fort de cette expérience, Audiard réussit à trouver le financement de son premier film, *Regarde les hommes tomber* (1994), un "polar" où l'on trouve dans les rôles principaux une grande vedette du cinéma, Jean-Louis Trintignant, et un nouveau venu qui ne restera pas longtemps inconnu: Mathieu Kassovitz. Celui-ci obtiendra le César du Meilleur jeune espoir masculin pour sa prestation dans le film, qui s'ajoute au César de la Meilleure première œuvre pour Audiard et un César du Meilleur montage pour Juliette Welfling (qui fera également le montage d'*Un prophète*). Ce début est plus que prometteur, et Audiard tient ses promesses avec son prochain film, *Un héros très discret* (1996), dont le héros est incarné encore par Kassovitz l'année après sa réalisation de *La Haine* et quelques années avant son rôle primé dans *Le Fabuleux Destin d'Amélie Poulain* (2001) de Jean-Pierre Jeunet. *Un héros très discret*, une histoire de faux-héros qui se passe à la fin de la

Deuxième Guerre mondiale en France, gagna le prix du Meilleur scénario à Cannes en 1996 et une demi-douzaine de nominations aux Césars l'année d'après.

Le succès d'Audiard continua avec son troisième long métrage, *Sur mes lèvres* (2001), encore un polar où il s'agissait, cette fois, d'une histoire d'amour entre une secrétaire quasi-sourde (Emmanuelle Devos) et un voyou (Vincent Cassel—Vinz dans *La Haine*) qui essaient d'arnaquer des gangsters. Le film fut récompensé par trois nouveaux Césars pour Meilleure actrice (Devos), Meilleur son et Meilleur scénario. Mais c'est le prochain film d'Audiard qui fit exploser sa carrière sur la scène internationale: *De battre mon cœur s'est arrêté* (2005), un remake de *Fingers* (1978), un polar de l'Américain James Toback, avec Romain Duris dans le rôle principal. Le film obtint le prix BAFTA (British Academy of Film and Television Arts) du Meilleur film dans une langue étrangère, huit Césars, y compris Meilleur film et Meilleur réalisateur, ainsi qu'un Ours d'argent à Berlin pour la musique, le Prix Lumières du Meilleur film et du Meilleur acteur, quatre Etoiles d'or du Meilleur film, Meilleur réalisateur, Meilleur premier rôle masculin et Meilleure musique originale—vingt-et-un prix majeurs en tout. C'est la consécration pour Audiard, qui devient du coup le réalisateur de thrillers le plus admiré de France.

Un prophète dépassa le succès de *De battre mon cœur s'est arrêté*, frisant l'Oscar du Meilleur film dans une langue étrangère et gagnant le Grand Prix du jury à Cannes, neuf Césars, le Prix Lumières, le Prix Louis Delluc, quarante-sept prix et quarante nominations—un triomphe absolu—ce qui amena le critique Jean-Michel Frodon à constater qu'Audiard occupe "une position centrale dans le cinéma français à la fin de la première décennie des années deux mille" (1001). Le succès de celui-ci se poursuivit avec le film suivant, *De rouille et d'os* (2012), une histoire d'amour entre une espèce de brute, ex-boxeur, videur de boîte de nuit, et une entraîneuse de baleines qui est affreusement mutilée dans un accident avec un orque. Le film fut nominé pour la Palme d'or à Cannes, aux Golden Globes et aux prix BAFTA, et il obtint quatre Césars, deux Prix Lumières et cinq Etoiles d'or, trente-deux prix et près de soixante-dix nominations. Le tout dernier film d'Audiard, *Dheepan* (2015), est l'histoire d'un ancien combattant Tamoul au Sri Lanka qui fuit la guerre civile et réussit à immigrer en France, où il essaie de construire une nouvelle vie dans la banlieue parisienne, malgré la violence qu'il doit y affronter. *Dheepan* obtint la Palme d'or 2015 à Cannes, ainsi qu'une nomination pour le Meilleur Film dans une Langue Etrangère aux prix BAFTA et neuf nominations aux Césars.

La Genèse et la réalisation

Avec son coscénariste, Thomas Bidegain, Audiard a mis trois ans à écrire le scénario d'*Un prophète* en travaillant à partir d'un scénario de film rédigé par Abdel Raouf Dafri et Nicolas Peufaillit. Le projet de ces deux derniers fut pourtant une toute autre œuvre, calquée sur le thriller de Brian De Palma, *Scarface* (1983). Dans leur scénario, le héros beur ressemblait à Tony Montana, le personnage principal du film de De Palma incarné par Al Pacino, "un psychopathe, un fou furieux, qui faisait de la mort d'autrui son profit et son objectif principal" (Mérigeau 64). Ce n'est pas le propos d'Audiard, dont le projet était, dès le départ, "de créer une sorte d'anti–Tony Montana" (Mérigeau 64). Audiard et Bidegain ont donc "adapté" le scénario original de Dafri et Peufaillit comme ils auraient adapté un roman, et il n'en reste, à vrai dire, que la charpente: la prison, le clan de détenus corses, un jeune voyou musulman—qui, dans la version originale, sortait rapidement de prison. Si leur héros, comme Montana, vient de nulle part et accède au pouvoir, il ressemble davantage au personnage incarné par Denzel Washington dans le film de Ridley Scott sorti deux ans avant: "El Djebena appartient à une autre race de gangsters, celle du héros d'*American Gangster* de Ridley Scott, qui réussit d'autant mieux qu'il se fait passer pour un sous-fifre" (Tessé 20). Il courbe l'échine et baisse la tête jusqu'à ce qu'il trouve l'occasion de la relever.

Dans le film d'Audiard, le héros Malik purge sa peine jusqu'au bout, mais il apprend à survivre en s'adaptant aux circonstances et en s'appuyant à la fois sur son intelligence et sa bonne étoile. Audiard et Bidegain voulaient créer une nouvelle sorte de héros qui ne serait pas un gros dur mais un jeune sans défenses, fragile et, surtout, incarné par un acteur inconnu du grand public: "Nous voulions fabriquer des héros à partir de figures que l'on ne connaît pas, qui n'ont pas de représentation iconique au cinéma", dit le réalisateur. C'est pour cette raison qu'Audiard a choisi pour le rôle du jeune détenu arabe Tahar Rahim, qu'il avait vu dans *La Commune*, une série de la chaîne de télévision Canal Plus réalisée en 2007, où Rahim jouait le rôle d'un petit voyou dans "une cité difficile, rongée par le communautarisme et la délinquance", dont le scénario fut écrit aussi par Abdel Raouf Dafri (Tessé 19).

Le film fut tourné pendant quatre mois à Gennevilliers, dans la banlieue nord-ouest de Paris, où Audiard a fait transformer en prison, pour 2,5 millions d'euros (sur un budget total de onze millions), un ensemble d'immeubles désaffectés. Ils y ont installé, nous explique Audiard, la cour de la prison, quatre couloirs et une dizaine de cellules (Mérigeau 66). Comme il tenait à créer un sentiment d'enfermement, les cellules, couloirs, douches, etc., sont à taille réelle; les cellules sont construites avec des murs épais et de vrais plafonds pour accroître l'impression de réalisme (B 20). Dans ces espaces exigus, il y avait peu de recul, et il était impossible de poser des rails de travelling (on ne l'a fait que deux fois dans le film entier), ce qui explique à la fois pourquoi le film fut tourné en grande partie la caméra à la main et en gros plan, ou en plan très rapproché, principalement sur les visages. Audiard a vite compris que, dans ces conditions, le film dépendait avant tout du jeu des comédiens et non des angles de prises de vues (Widemann, "Le cinéma").

Pour l'authenticité du décor, ajoute le chef décorateur Michel Barthélemy, ils ont "récupéré des meubles et des lampes de l'ancienne prison d'Avignon, des serrures utilisées dans le parc carcéral français" (Monnin). Pour la bande-son, très élaborée, ils ont enregistré, puis mixé, des bruits de prison à Fleury-Mérogis (la plus grande prison d'Europe), dans la banlieue sud de Paris. Audiard a pu restituer ainsi, comme le dit un ancien détenu de vingt-cinq ans, "l'insoutenable bruit de fond qui meuble, nuit et jour, le quotidien des prisonniers" (Korber). Pour rehausser encore davantage l'authenticité du décor, ils engagèrent beaucoup d'ex-détenus pour la figuration; ceux-ci dominent la population de la cour et des couloirs de la prison où évoluent souvent les personnages du film.

De manière générale, s'il faut en croire les directeurs de prison invités à une séance réservée à l'administration pénitentiaire, la représentation de l'univers de la prison est remarquablement réaliste dans *Un prophète*: ". . . les décors, les bruits, le langage, les rythmes de la vie carcérale. Tout y est: les combines pour obtenir quelques clopes, des biscuits au chocolat, les échanges de baskets en catimini au parloir, le trafic de shit, de portables, la 'douce musique' des vidéos porno le soir . . . " (Des Déserts). Korber, l'ancien détenu, constate aussi le réalisme dans les plus infimes détails du décor, "tel ce plan récurrent sur la boîte de Ricoré—emblématique de toutes les prisons—pour prendre, dix fois par jour, 'le café', un rituel machinal pour tuer le temps [. . .]. C'est viscéral: je ne peux plus supporter la vue d'une boîte de Ricoré" (Korber)!

Les Interprètes

Pour la plupart, les personnages d'*Un prophète* sont incarnés par des acteurs peu ou pas connus, souvent venus de feuilletons de la télévision ou, dans le cas des figurants, par des non-acteurs. La seule exception, et elle est de taille, est Niels Arestrup, qui joue le rôle de César Luciani, le sinistre "parrain" corse dans le film. Arestrup est bien connu du public français, ayant joué, à partir de 1974, dans des douzaines de films, de téléfilms et de séries pour la télévision. Né en France de mère française et de père danois, jouissant d'une réputation de brute, d'"ogre du cinéma français", d'acteur "incontrôlable"— ce qui a éloigné bien des metteurs en scène (Lorrain)—, Arestrup a pourtant obtenu trois Césars de Meilleur acteur dans un second rôle, le seul comédien à avoir réussi cet exploit. Ce prix lui fut décerné à la fois pour *Un prophète* et pour le film précédent d'Audiard, *De battre mon cœur s'est arrêté* (2005), où il incarna un père véreux et troublant, ainsi que pour son rôle dans *Quai d'Orsay* (2013), une comédie de Bertrand Tavernier. Il obtint également un prix de Meilleur acteur pour sa composition dans le film de Volker Schlöndorff, *Diplomatie*, en 2014. La qualité exceptionnelle de sa composition dans *Un prophète*, son incarnation du vieux lion mafieux qui perd peu à peu pied, est reconnue par l'ensemble de la presse du cinéma.

Mais la grande révélation du film, c'est le jeune comédien inconnu de vingt-sept ans, Tahar Rahim, qui incarne Malik El Djebena, le jeune Arabe analphabète et ignorant qui tombe sous la coupe du chef de gang corse dans la Centrale de Brécourt. Sans expérience au grand écran, Rahim rencontre Audiard tout à fait par hasard un jour en quittant le tournage de *La Commune*. Rahim tapa dans l'œil du metteur en scène, qui cherchait justement un comédien pour jouer le rôle du jeune délinquant désemparé dans *Un prophète*. Comme le raconte Audiard, "Ce qui m'a attiré vers Tahar Rahim, c'est un charme juvénile, une absence d'agressivité, un côté gendre idéal qui allait l'obliger à composer, à sécréter la violence" (Widemann, "Le cinéma").

Audiard a le jugement sûr dans le choix des comédiens, et la justesse du casting est plébiscitée par la critique, qui ne tarit pas d'éloges sur le jeu de Rahim: "Tahar Rahim, acteur nouveau venu, est éblouissant. Son jeu extrêmement physique n'oublie aucune nuance de l'intériorité de son personnage . . ." (Widemann, "Le triomphe"), ou encore, "Nul doute qu'on va entendre parler de ce jeune comédien, véritable comète dans le ciel du cinéma français. Car dès son premier film, il crève l'écran, comme De Niro dans *Taxi Driver*, de Scorsese, ou Al Pacino dans *Scarface*, de De Palma. On attend la suite avec impatience" (Delcroix, "La Bonne Etoile"). D'autres comparaisons, et des plus flatteuses, ne manquent pas de suivre: "Il y a chez le débutant la virilité de Marlon Brando de *Sur les quais*, la fragilité sensuelle d'Alain Delon dans *Rocco et ses frères*, la puissance de Vincent Cassel de *Mesrine*, l'impulsivité d'Al Pacino dans *Scarface*" (Théate, "Naissance").

Il faut mentionner, pour finir, l'importance de tous les seconds rôles dans ce film où la réussite dépend tellement de la qualité de l'interprétation. Tous les comédiens qui tiennent ces rôles, qualifiés de "bande d'acteurs brillant d'un talent intense" (Fontaine), sont inconnus du grand public, ce dont on s'étonne en reconnaissant l'excellence du jeu, par exemple, de Hichem Yacoubi (Reyeb, le fantôme), d'Adel Bencherif (Ryad, l'ami), de

Reda Kateb (Jordi le Gitan) ou encore de Slimane Dazi (Lattrache, le caïd marseillais) et de Jean-Philippe Ricci (le lieutenant de César Luciani).

La Réception

Un prophète sortit le 26 août 2009 dans deux cent quatre-vingts salles à travers la France. Pour une fois, un film français fit la quasi-unanimité des critiques cinématographiques, tant en France qu'à l'étranger, jouissant d'"un accueil critique dithyrambique", dira l'un des journalistes (Delcroix, "Jacques Audiard"). Comme nous l'avons signalé plus haut, le film d'Audiard fut nominé pour l'Oscar du Meilleur film en langue étrangère en 2010 après avoir obtenu de nombreux prix en France et dans des festivals de film parmi les plus prestigieux du monde. Le consensus critique est extraordinaire, comme le remarque Eric Libiot dans *L'Express*, en traitant *Un prophète* de "meilleur film français des temps présent, passé et à venir": "Je ne serai pas le seul à l'écrire. Il risque même d'y avoir engorgement d'éloges dans la presse. Chose très rare, à Cannes [...] les journalistes français et étrangers, main dans la main, ont tous ouvert leurs dictionnaires des compliments. Une unanimité exceptionnelle, jamais vue de mémoire . . . ".

Libiot ne se trompe pas, et les compliments s'accumulent en effet: "Avec *Un prophète*, Jacques Audiard confirme qu'il est l'un des plus brillants réalisateurs français actuels" (Melinard); "Avec cette incursion maîtrisée dans le film de genre carcéral, Jacques Audiard se hisse au niveau des plus grands" (Raspiengeas); et "Admirable, ultramaîtrisé, époustouflant, bouleversant, complexe, subtil, dérangeant. . . . On se sent à court de qualificatifs pour traduire en mots cet incroyable voyage au bout de l'enfer carcéral que nous fait vivre Jacques Audiard" (Théate, "Au bout"). Les comparaisons avec les plus grands réalisateurs de polars—dont les Américains Scorsese, Coppola et De Palma, évidemment—ne manquent pas, pour ne rien dire de Kafka et de Balzac. . . . Et les critiques sont nombreux, comme celui-ci, à évoquer le plus célèbre film de prison français avant *Un prophète*, le dernier film et peut-être le meilleur de Jacques Becker, *Le Trou* (1960): "On navigue constamment entre le réalisme pointilliste de Jacques Becker, lorsqu'il filmait *Le Trou*, et l'irréalisme lyrique d'un Coppola dans sa trilogie mafieuse" (Murat).

Seul bémol significatif, à part les foudres du critique de *Témoignage chrétien*, visiblement offusqué de l'immoralité du film, les indépendantistes de l'Ile de Beauté ont manifesté bruyamment au Festival de Cannes contre l'image négative de la communauté corse véhiculée par *Un prophète*, film qui revêt, disaient-ils, un "caractère raciste" et entretient "la confusion entre militants politiques et voyous" ("Début de polémique"). On ne peut que compatir; l'image des Corses dans ce film n'est pas reluisante.

Le Film de prison

En 1960 Jacques Becker réalisa son œuvre ultime, *Le Trou*, l'adaptation d'un roman de José Giovanni. Après *La Grande Illusion* (1937) de Jean Renoir, où il s'agit de prisonniers de guerre en Allemagne pendant la Première Guerre mondiale, et *Un condamné à mort s'est échappé* (1956) de Robert Bresson, dont l'action se passe dans une prison de la Gestapo à Lyon pendant l'Occupation (1940–44)—et si on ne compte pas *Maléfique* (2002) d'Eric Valette, film d'épouvante ainsi que fantastique—, ce sera le seul film de prison français notable jusqu'à *Un prophète*. Quelles que soient les raisons, le film de prison est resté depuis son début dans les années 30 une spécialité américaine, à commencer par *The Big House* (1930) de George W. Hill, récompensé par deux Oscars, suivi notamment de *The Criminal Code* (1931) de Howard Hawks, *I Am a Fugitive from a Chain Gang* (1932) de Mervyn LeRoy et *San Quentin* (1937) de Lloyd Bacon. Par la suite, on note, parmi les films de prison les plus importants, *Brute Force* (1947) de Jules Dassin, *Birdman of Alcatraz* (1962) de John Frankenheimer, *Cool Hand Luke* (1967) de Stuart Rosenberg, *Papillon* (1973) de Franklin J. Schaffner et, plus près de nous, *The Shawshank Redemption* (1994) et *The Green Mile* (1999), tous deux de Frank Darabont.

Ce que quasiment tous ces films de prison classiques ont en commun (*The Green Mile* fait exception), c'est une intrigue où il s'agit d'une tentative d'évasion, heureuse ou pas. Les héros sont des détenus qui sont perçus comme "bons", tandis que les gardiens sont les "méchants"—des types antipathiques, si ce n'est des brutes sadiques. Comme dans les films policiers, les héros des films de prison sont incarnés par de grandes vedettes: Burt Lancaster, Burt Reynolds, Steve McQueen, Paul Newman et Clint Eastwood, par exemple, et, en France, Jean Gabin, Lino Ventura, Alain Delon et Jean-Paul Belmondo.

Dans les films de prison plus récents (toujours américains pour la plupart), il n'en est rien. Que ce soit *American Me* (1992), *Slam* (1998), *Undisputed* (2002), *Felon* (2008), *Dog Pound* (2010) ou le film brésilien *Carandiru* (2003), il s'agit surtout des rapports de force entre les détenus. S'il y a toujours des surveillants véreux et brutaux, l'ennemi principal, ce sont les autres prisonniers: "La priorité n'est plus de s'évader mais de parvenir à survivre dans un univers régi par la loi du plus fort" ("Une évolution"). En outre, les vedettes ont disparu; les personnages principaux sont joués par des inconnus qui peuvent devenir des stars grâce au film, comme cela arrive à Tahar Rahim dans *Un prophète*, film où il n'est pas question non plus de s'évader, seulement de s'adapter, de survivre et, dans ce cas-ci, de s'imposer.

DOSSIER PÉDAGOGIQUE

Qu'est-ce qui se passe dans ce film?

1. Qu'est-ce qui arrive à Malik la première fois qu'il se trouve dans la cour de la prison?

2. Quelle mission César Luciani, le chef des Corses, donne-t-il à Malik? Et s'il ne l'accomplit pas, qu'est-ce qui lui arrivera?

3. Qu'est-ce que le spectateur apprend concernant le chef de détention?

4. Pourquoi Malik donne-t-il des coups de pied à un détenu par terre dans l'atelier de couture?

5. Comment est-ce que la vie de Malik change après le meurtre de Reyeb? Qu'est-ce qu'il commence à apprendre? Que deviennent ses rapports avec les Corses?

6. Où est-ce que Malik rencontre Ryad? Pourquoi est-ce que Ryad va bientôt sortir de prison?

7. Comment est-ce que la situation de Malik change lorsqu'il apprend à César qu'il comprend le corse?

8. Quel est le rôle de Jordi le gitan dans la prison? Que lui propose Malik?

9. En quoi consiste la mission que César confie à Malik pendant sa journée de sortie de prison?

10. Comment est-ce que Malik persuade Latif l'Egyptien de libérer Ryad et de rendre la drogue qu'il leur a prise?

11. Où César envoie-t-il Malik rencontrer Brahim Lattrache? Qu'est-ce que Malik fait pour la première fois de sa vie?

12. Pourquoi Lattrache demande-t-il à Malik s'il est un prophète?

13. Qu'est-ce que Luciani demande à Malik de faire en ce qui concerne les Lingherri et Jacky Marcaggi?

14. Combien de temps Malik passe-t-il au mitard (en cellule disciplinaire)? Qu'est-ce qui se passe pendant ce temps?

15. Quelle est la situation de Malik lorsqu'il sort de prison?

Vrai ou Faux?
Si la phrase est fausse, corrigez-la!

1. On amène dans la prison un détenu arabe nommé Reyeb qui doit témoigner dans un procès contre un membre du clan corse.

2. Après avoir parlé à César, Malik se plaint au chef de détention, qui promet de l'aider.

3. Malik doit cacher une lame de rasoir dans la manche de sa chemise pour pouvoir tuer le détenu arabe.

4. Après avoir tué Reyeb, Malik l'oublie complètement.

5. Malik commence à apprendre le corse tout seul; il suit des cours divers à l'école de la prison.

6. César est très content parce que beaucoup de prisonniers corses quittent la prison pour être incarcérés en Corse, plus près de leurs familles.

7. Quand César apprend que Malik a droit aux permissions (sorties de prison), il décide de le faire travailler pour lui au-dehors.

8. Avant d'être arrêté, Jordi a caché un gros paquet de haschisch dans la boutique d'une station-service.

9. Malik et Ryad vont commencer, avec Jordi, un trafic de drogue entre l'Espagne et Paris.

10. César commence à se méfier de Malik et de ses affaires personnelles; il lui fait une blessure au dos pour l'intimider.

11. Dans un mauvais rêve, Malik voit des chevaux courir sur la route devant sa voiture.

12. Malik arrive à un accord avec Brahim Lattrache, qui lui propose en plus de travailler avec lui.

13. Malik parvient à un accord avec les Arabes en prison en donnant de l'argent aux surveillants.

14. Malik rentre en retard exprès à la prison parce qu'il voulait passer plus de temps avec Ryad, sa femme Djemila et leur bébé.

15. En sortant de la cellule disciplinaire, Malik rejoint le groupe des Musulmans, qui le protègent à présent contre César.

Contrôle des connaissances

1. Audiard donne les rôles principaux de ses trois premiers films à trois interprètes qui auront un grand avenir dans le cinéma français. Qui sont-ils?

2. Quel remake d'un film américain a propulsé Audiard sur l'avant-scène du cinéma en France et dans le monde? Combien de Césars a-t-il obtenus?

3. En quoi Malik El Djebena est-il une nouvelle sorte de héros dans un polar?

4. Pourquoi Audiard a-t-il choisi Tahar Rahim pour incarner le héros d'*Un prophète*?

5. Pourquoi Audiard dut-il tourner son film principalement la caméra à la main et souvent en gros plan sur les visages des personnages?

6. Qu'est-ce qui garantissait l'authenticité du décor du film?

7. Quelle approche Audiard a-t-il utilisée pour la bande-son (pour créer l'ambiance réelle d'une prison)?

8. Pour son casting Audiard choisit surtout des acteurs peu connus du grand public, à une exception près. Laquelle?

9. A quels grands acteurs américains les critiques comparent-ils Tahar Rahim?

10. Quels prix importants *Un prophète* a-t-il obtenus en France? De quel point de vue l'accueil critique du film est-il vraiment exceptionnel?

11. Quel pays a toujours dominé la production de films de prison? Quels sont les seuls films de prison français importants avant *Un prophète* d'Audiard? Qui en sont les réalisateurs?

12. Comment les films de prison récents différent-ils des films classiques sur l'univers carcéral?

Pistes de réflexion et de discussion

1. Le Titre du film

Comment expliquez-vous le titre de ce film? En quoi Malik El Djebena serait-il "un prophète"? Un commentateur a dit, "Le titre du film est absurde [...]. 'Un modèle' eut été plus avisé. Car il y a longtemps que l'on n'avait pas vu un film français ambitionner de se poser ainsi en paradigme nouveau ..." (Tessé 22). Si vous ne trouvez pas le titre du film approprié, **quel titre pourriez-vous proposer?**

2. Les Intertitres

On voit de gros intertitres à certains moments du film, à commencer par "Reyeb", puis, après la première apparition de son fantôme, "1 an". **Quelle est, à votre avis, la fonction générale des intertitres dans le film?**

3. L'Entrée en matière: le point de vue

Comment le début du film (y compris le générique) établit-il le point de vue dominant? **Quelle sorte de prises de vue Audiard choisit-il ici? Quel effet veut-il produire?** Quel est le rôle de la bande-son et de l'éclairage ici? *Visionnez le début du film* (Extrait 1, 0'18–1'30).

4. L'Argent

Malik essaie de cacher **un billet de cinquante francs** dans sa chaussure au moment de son incarcération. Comme l'argent est interdit dans la prison, on lui confisque son billet jusqu'à ce qu'il ait purgé sa peine. L'iconographie du billet de cinquante francs est bien connue des Français: c'est **Antoine de Saint-Exupéry, ainsi que le héros éponyme de son célèbre conte** *Le Petit Prince.* On décerne chaque année depuis 1987 le prix Saint-Exupéry pour un livre pour jeunes qui exprime les valeurs de l'œuvre de Saint-Exupéry. **Cherchez la description de ce prix sur Internet.** En vous basant sur les fruits de vos recherches, expliquez pourquoi l'une des commentatrices du film d'Audiard croit que l'allusion aux valeurs de Saint-Exupéry à travers le billet de cinquante francs sert à souligner certains aspects d'*Un prophète* (MacDonald 565). Etes-vous d'accord avec cette hypothèse d'interprétation?

　　Si l'argent en tant que tel est interdit à l'intérieur de la prison, qu'est-ce qui sert de monnaie d'échange dans cet univers?

　　Comment la question d'argent dans le film sert-elle à établir sa chronologie? **Cherchez sur Internet l'année où l'euro a été mis en circulation.**

5. Les Personnages

◆ *Malik El Djebena*

Comment décririez-vous le personnage de Malik au début du film? Quelles sont ses carences, ses faiblesses les plus frappantes? **Que savons-nous de sa vie personnelle avant**

qu'il n'arrive à la **Centrale de Brécourt?** Deux détenus le battent dans la cour et lui prennent ses chaussures. **Pourquoi cet incident est-il important pour la suite du film?** Quelles sont les qualités les plus importantes de Malik (qui vont l'aider à survivre en prison)? Etes-vous d'accord avec cette opinion d'un commentateur: "Malik est un héros dont la première qualité est l'endurance, la capacité à prendre des coups" (Tessé 22)?

De nombreux critiques ont signalé que Malik doit sa réussite, sa montée en haut de l'échelle "sociale", à son séjour en prison. **Etes-vous d'accord? Quelle sorte de vie Malik pouvait-il espérer s'il n'avait pas été incarcéré?**

D'une certaine manière, *Un prophète* peut être considéré comme un *film d'apprentissage*, semblable au *roman d'apprentissage* (ou *Bildungsroman*) où une jeune personne apprend à connaître la vie et, le cas échéant, à réussir sur le plan socio-économique. **Comment est-ce que l'"apprentissage" de Malik commence en prison? Quelles en sont les étapes principales par la suite?** La société du monde carcéral peut-elle être considérée comme un microcosme de la société en général? Est-ce que la formule de la réussite socio-économique est semblable dans les deux cas? Sinon, quelles sont les différences?

✦ *César Luciani*

Décrivez le personnage de César Luciani. Qu'est-ce qui le distingue? **Quelle sorte de rapport se crée entre lui et Malik?** Dans le film précédent d'Audiard, *De battre mon cœur s'est arrêté* (2005), le rapport père-fils (très difficile) est au centre de l'histoire. **Peut-on parler d'un rapport père-fils ici?**

Malik apprend le corse en écoutant les Corses parler entre eux et avec l'aide d'un manuel. Pourquoi est-ce important? **Qu'est-ce que cela nous apprend sur son caractère?**

Pourquoi César agresse-t-il Malik si violemment, plus loin dans le film, lui faisant une blessure à l'œil, au moment où Malik semble jouir enfin de sa confiance? **Pourquoi, à votre avis, Malik continue-t-il de faire le larbin ("flunky") auprès des Corses, même après être devenu l'homme de confiance de César?**

Pourquoi Malik est-il surpris quand César lui demande d'assassiner Jacky Marcaggi? Comment Malik tourne-t-il ce projet à son avantage?

✦ *Reyeb*

Décrivez ce personnage. Quelle est l'importance du conseil qu'il donne à Malik (en lui parlant de l'école de la prison) avant que celui-ci l'assassine: "L'idée, c'est de sortir un peu moins con qu'on est entré"? **Comment expliquez-vous les apparitions du fantôme de Reyeb à côté de Malik? Quelle est la fonction de ces apparitions dans le film?** Commentez la scène à l'école de la prison et celle où le fantôme de Reyeb apparaît pour la première fois. *Visionnez ces scènes* (Extrait 2, 31'33–33'49) Quel rapport y a-t-il entre ces deux scènes? **Comment interprétez-vous la lutte dans le lit? Pourquoi le doigt de Reyeb brûle-t-il?**

Quelle signification donnez-vous, en ce qui concerne le parcours de Malik, au discours religieux de Reyeb qui se termine par l'intertitre "récite" (ce que Dieu a dit à Mohammed), en français et en arabe, juste avant l'épisode où Malik et Ryad s'attaquent à Jackie Marcaggi et son entourage à Paris? *Visionnez ce plan* (Extrait 3, 2h07'04–2h07'52). MacDonald explique que le mot "récite" (*iqra* en arabe), qui commence ce chapitre du film, fait référence au premier mot révélé au prophète Mohammed par Allah, et que le texte que Reyeb se met à réciter est la surate 96 du Coran qui commence par ce mot (570). **Cherchez la surate 96 sur Internet. Y a-t-il quelque chose dans ce texte qui serait pertinent au film d'Audiard?**

✦ *Ryad*

Décrivez ce personnage et ses rapports avec Malik au début. **Comment est-ce que Ryad devient de plus en plus important?** Pourquoi sa famille (sa femme Djemila et leur enfant) est-elle importante dans le film?

✦ *Jordi le Gitan*

Quel est le rôle de Jordi dans la prison? Quelle est sa fonction dans le film, en ce qui concerne l'évolution de Malik? *Visionnez la scène où Malik discute avec Jordi, ainsi que les deux courtes scènes suivantes* (Extrait 4, 52'30–55'02) Commentez ces deux dernières scènes. **Qu'est-ce qu'elles nous disent sur Malik?**

✦ *Latif l'Egyptien*

Quel rôle Latif l'Egyptien, qui a enlevé Ryad et volé son chargement de drogue, joue-t-il dans l'ascension de Malik (à son insu, évidemment)? A qui Malik doit-il faire appel pour régler le problème de Latif de manière définitive? **Quelles qualités Malik montre-t-il en s'occupant de Latif?**

✦ *Brahim Lattrache*

Qui est Brahim Lattrache? Comment Malik sort-il d'affaire lorsque Lattrache, méfiant, braque son revolver sur lui et l'interroge? *Visionnez cette scène, ainsi que celle du chevreuil qui la suit* (Extrait 5, 1h43'12"-1h45'00"). Commentez.

Comment est-ce que sa rencontre avec Lattrache représente une nouvelle étape importante pour Malik?

6. Les Corses et les "Barbus"

Qui sont les "Barbus"? Qui détient le pouvoir dans la prison, les Corses ou les Barbus? Pourquoi? *Visionnez la scène dans la cour où Malik voit arriver le groupe des Barbus* (Extrait 6, 34'04–35'28). A quoi sert cette scène? **Quel choix Malik, qui est Arabe, doit-il faire? Comment la situation des deux clans va-t-elle changer au cours du film, et pourquoi?**

Pourquoi Malik conseille-t-il à César, plus loin dans le film, d'envoyer les "matons" (surveillants) faire des ennuis aux Barbus? A quoi cela peut-il lui servir? Comment interprétez-vous la remarque de Malik, "Je suis juste un autre Arabe qui pense avec ses couilles"? Qu'est-ce qu'elle exprime? *Visionnez la séquence où Malik rencontre Hassan pour la première fois* (Extrait 7, 1h21'20–1h22'22). Quelle est l'importance de cette séquence?

7. L'Imam Moussab et les Barbus

Pourquoi Malik demande-t-il à Ryad de donner une grosse somme d'argent (du trafic de stupéfiants) à l'Imam Moussab? Qu'est-ce qui en résulte?

8. Les Chevreuils

Malik fait un rêve la nuit suivant la scène où César lui fait une blessure à l'œil, puis l'engueule. Il y voit un troupeau de chevreuils qui courent sur la route dans les phares de sa voiture la nuit. *Visionnez cette séquence* (Extrait 8, 1h32'181h33'34). Dans une scène plus loin, lorsque Malik est avec Brahim Lattrache, leur voiture heurte violemment un chevreuil après un avertissement de Malik. **Quelle signification donnez-vous aux chevreuils dans ce film?** On a suggéré que les chevreuils sont une allusion au Soufisme, parce que le Soufi Saint Ibrahim ibn Adham a connu une conversion pendant qu'il chassait un daim, ce qui l'a amené à renoncer aux biens matériels de ce monde pour se consacrer à Dieu (Oscherwitz 260–70). **Etes-vous d'accord qu'on peut appliquer cette idée au film d'Audiard?** Comment serait-elle pertinente? **Quel rôle la religion joue-t-elle dans le film?**

9. La Cinématographie

Dans la scène qui porte l'intertitre "les yeux et les oreilles", après que César apprend que Malik comprend le corse, il y a une série de plans qui montrent les activités de Malik. **Quelle est la fonction de la musique ici?** Comment la vie de Malik a-t-elle changé? *Visionnez cette séquence* (Extrait 9, 49'50–51'26).

   Commentez la cinématographie de la scène où Malik livre la mallette pleine d'argent aux truands pour acheter la liberté du sbire de César (Extrait 10, 1h06'50–1h08'42).

   Commentez la scène où César engueule Malik après l'avoir blessé à l'œil, suivie du rêve délirant et du plan avec Rayeb dont le tee-shirt brûle (Extrait 11, 1h31'30–1h32'14). Dans la première scène (comme dans la séquence du début du film), le directeur de la photographie, Stéphane Fontaine, met carrément sa main devant l'objectif, obscurcissant une partie du cadre. **Quel effet recherche-t-il?**

   Commentez la séquence où Malik et Jordi se droguent puis assistent à la fête, ainsi que la suite avec Reyeb (Extrait 12, 2h02'46–2h04'32). Que peut-on dire sur la représentation de la subjectivité de Malik?

   Commentez, du point de vue de l'image et de la bande-son, la séquence où Malik s'attaque à l'entourage de Jackie Marcaggi à Paris (Extrait 13, 2h12'42–2h14'30).

10. Le Dénouement

Comment est-ce que **la scène avec la famille de Ryad**, le lendemain du coup à Paris, prépare le dénouement du film?

   Comment interprétez-vous l'intertitre "40 jours, 40 nuits"? A quoi fait-il allusion? Un critique estime que cette référence pointe "une introuvable dimension christique du personnage", ajoutant qu'il s'agit d'une "bifurcation bizarre, d'autant que le terrain de jeu du film est laïque" (Tessé 21). Qu'en pensez-vous? **Quel rôle cette allusion semble-t-elle prêter à Malik? Et à César?** Qu'est-ce qu'elle suggère quant au destin de Malik?

   Les scènes du mitard (dans la cellule disciplinaire) sont montées en alternance avec celles où Ryad tombe de plus en plus malade. Pourquoi?

   Malik demande deux fois à Reyeb, pendant qu'il est au mitard, si celui-ci est là. Il n'y a pas de réponse. **Qu'est-ce que cela peut signifier?**

   Comment le rapport de force entre César et Malik a-t-il changé à la fin du film? La prison est un lieu où, en principe, la justice impose sa loi. **De quelle sorte de "justice" peut-on parler ici?** *Visionnez la dernière scène dans la cour, après la sortie de Malik du mitard* (Extrait 14, 2h23'04–2h25'50).

Commentez la dernière séquence du film, où Malik sort de prison. ***Visionnez cette séquence*** (Extrait 15, 2h27'08–2h29'00). **Que signifient les trois grandes Mercedes noires qui suivent le couple pendant qu'ils se dirigent vers l'arrêt d'autobus?** Djamila, la veuve de Ryad, apprend les mots "le chat" et "tayyara" ("avion" en arabe) à Issam, son bébé. **Est-ce que le bébé peut avoir un rôle symbolique ici en ce qui concerne l'avenir?**

A la fin du film et pendant le générique, on entend la chanson "Mack the Knife". D'où vient cette chanson? **Cherchez des renseignements sur cette chanson ainsi que ses paroles sur Internet. Pourquoi, à votre avis, Audiard l'utilise-t-il dans son film?** Qu'est-ce qu'elle suggère? Pensez-vous que le *Verfremdungseffekt* ("alienation effect") de Berthold Brecht fonctionne dans ce film, comme on l'a suggéré (Oscherwitz 272)? Si oui, où? Renseignez-vous, si nécessaire, sur ce principe célèbre du théâtre brechtien.

Filmographie de Jacques Audiard

1994   *Regarde les hommes tomber*

1996   *Un héros très discret*

2001   *Sur mes lèvres*

2005   *De battre mon cœur s'est arrêté*

2009   *Un prophète*

2012   *De rouille et d'os*

2015   *Dheepan*

Œuvres consultées

Audiard, Jacques, réal. *Un prophète*. Sony Pictures Home Entertainment, 2010.

B, Benjamin. "A Self-Made Man". *American Cinematographer* (mars 2010): 18–22.

Blumenfeld, Samuel. "Audiard. Les Seconds Couteaux crèvent l'écran". *Le Monde* 22 août 2009: sans pagination.

"Début de polémique en Corse". Secrets de tournage sur *Un prophète*. 24 déc. 2015 <www.allocine.fr/film/fichefilm-110268/secrets-tournage>.

Delcroix, Olivier. "La Bonne Etoile de Tahar Rahim". *Le Figaro* 25 août 2009: sans pagination.

———. "Jacques Audiard: 'C'est mon plus gros film'". *Le Figaro* 26 août 2009: sans pagination.

Des Déserts, Sophie. "Les Gens vont comprendre nos problèmes". *Le Nouvel Observateur* 27 août 2009: sans pagination.

Fontaine, David. "*Un prophète* (Une révélation)". *Le Canard enchaîné* 26 août 2009: sans pagination.

Frodon, Jean-Michel. *Le Cinéma français. De la Nouvelle Vague à nos jours*. Paris: Cahiers du cinéma, 2010.

Korber, François. "Témoignage". *Le Monde* 26 août 2009: sans pagination.

Lebrun, Michel, et Jean-Paul Schweighaeuser. *Le Guide du "polar"*. Paris: Syros, 1987.

Libiot, Eric. "Pourquoi tant d'amour"? *L'Express* 20 août 2009: sans pagination.

Lorrain, François-Guillaume. "Dans *Un prophète*, de Jacques Audiard, Niels Arestrup est un parrain corse. Il explose l'écran. Rencontre". *Le Point*, 20 août 2009: sans pagination.

MacDonald, Megan C. "Humanism at the Limit and *Post-Restante* in the Colony: The Prison of the Postcolonial Nation in Jacques Audiard's *Un Prophète* (2009)". *International Journal of Francophone Studies* 15.3–4 (2012): 561–80.

Melinard, Michaël. "*Un prophète*. Audiard nous emmène au paradis". *L'Humanité Dimanche* 20 août 2009: sans pagination.

Mérigeau, Pascal. "Audiard en prison". *Le Nouvel Observateur* 20 août 2009: 64–66.

Monnin, Isabelle. "C'est pas du cinéma". *Le Nouvel Observateur* 27 août 2009: sans pagination.

Murat, Pierre. "Le Seigneur des barreaux". *Télérama* 26 août 2009: sans pagination.

Oscherwitz, Dayna. "Monnet Changes Everything? Capitalism, Currency and Crisis in Jacques Becker's *Touchez pas au grisbi* (1954) and Jacques Audiard's *Un prophète* (2009)". *Studies in French Cinema* 15. 3 (2015): 258–74.

Philippe, Olivier. *Le Film policier français contemporain*. Paris: Cerf, 1996.

Radovic, Rajko. "A Bandit Apart". *Film International* 8.3 (juill. 2010): 14–20.

Raspiengeas, Jean-Claude. "Requiems pour hommes seuls". *La Croix* 18 mai 2009: sans pagination.

Schwartz, Arnaud. "Chronique carcérale d'une ascension". *La Croix* 26 août 2009: sans pagination.

Tessé, Jean-Philippe. "Un modèle". *Cahiers du cinéma* 648 (sept. 2009): 18–22.

Théate, Barbara. "Au bout de l'enfer carcéral". *Le Journal du Dimanche* 23 août 2009: sans pagination.

———. "Naissance d'*Un prophète*". *Le Journal du Dimanche* 23 août 2009: sans pagination.

"Une Evolution propre au film de prison". Secrets de tournage sur *Un prophète*. 24 déc. 2015 <www.allocine.fr/film/fichefilm-110268/secrets-tournage>.

Widemann, Dominique. "Le Cinéma doit ressembler à la vie". *L'Humanité* 26 août 2009: sans pagination.

———. "Le Triomphe de l'intelligence". *L'Humanité* 26 août 2009: sans pagination.

V

Histoires personnelles:
drames et documentaires

Diane Kurys, *Coup de foudre / Entre nous* (1983)
André Téchiné, *Les Roseaux sauvages* (1994)
Agnès Varda, *Les Glaneurs et la glaneuse* (2000)

Nous présentons dans cette section trois films à résonance personnelle. *Coup de foudre* et *Les Roseaux sauvages* sont des fictions inspirées par des souvenirs d'enfance ou d'adolescence. Pour Kurys, il s'agit du coup de foudre de sa mère pour une femme mariée et des conséquences pour sa famille. Téchiné, lui, se base sur des souvenirs de ses années de lycée, marquées par la guerre d'Algérie et la découverte de son homosexualité. Le film documentaire d'Agnès Varda *Les Glaneurs et la glaneuse* porte à la fois sur le glanage et sur le métier de cinéaste. Varda, "glaneuse d'images", y parle aussi d'elle-même et de son vieillissement, regard qui sera complété en profondeur dans son chef-d'œuvre autobiographique *Les Plages d'Agnès* (2008).

Le Lesbianisme et l'homosexualité au cinéma

Le lesbianisme entre au cinéma bien avant le premier film de cette partie du livre, *Coup de foudre* (1983). Nous le rencontrons pour la première fois sans doute en 1929 dans *Loulou* (*Pandora's Box*) du metteur en scène allemand Georg Wilhelm Pabst, puis dans *Morocco* (1930) de son compatriote Josef von Sternberg et dans *Mädchen in Uniform* (1931) de Leontine Sagan. Bien plus tard, après les déchirures des années 30 et 40, nous le retrouvons dans le film de Jacqueline Audry, *Olivia* (1951), mais il ne réapparaîtra dans le cinéma français qu'à la fin des années 60 dans trois films d'hommes, *Les Biches* de Claude Chabrol (1968), l'adaptation par Radley Metzger du roman de Violette Leduc *Thérèse et Isabelle* (1968) et l'adaptation par Guy Casaril du roman de Françoise Mallet-Joris *Le Rempart des béguines* (1972).

Tout changera dans les années 70 quand le film pornographique et son lesbianisme omniprésent atteint son apogée: "Pendant six mois (de la mi-août 77 à février 78) sur 118 films français sortis, 51 ont été classés X" (Audé 131). Ecrivant en 1981, Audé trouve que "la représentation du lesbianisme à l'écran est affligeante" (132), et on comprend son désarroi, parce qu'on peut à peine trouver dans la décennie précédente deux films français ou francophones de qualité qui mettent en scène le lesbianisme, tous deux réalisés d'ailleurs par des femmes: *Je, tu, il, elle* de Chantal Akerman (Belgique 1974) et *Néa* de Nelly Kaplan (1976), bien que le lesbianisme ne soit point le centre d'intérêt du film dans celui-ci. Le film à prétentions d'auteur de Michel Deville, *Voyage en douce* (1980), qui met en scène deux femmes mariées se payant des vacances teintées de coquetterie lesbienne et de nudité glamoureuse, s'apparente à la pornographie *soft* des années 70. La mode des films érotiques et pornographiques en France se poursuivra, d'ailleurs, dans la décennie suivante, à tel point qu'on parle de véritable "déluge" au milieu des années 80 (Quart 154).

Il faudra attendre *Coup de foudre / Entre nous* pour voir un vrai film d'auteur français sur l'amour entre deux femmes devenir un succès critique et commercial. Sur la scène internationale, d'ailleurs, le lesbianisme est devenu de plus en plus courant dans des films grand public non pornographiques dans les années 80 avec, par exemple, le film hongrois *Another Way* (1982) de Kávoly Makk et János Xantus, les films américains *Personal Best* (1982) de Roberte Towne, *Lianna* (1983) de John Sayles et *Desert Hearts* (1985) de Donn Deitch, le film britannique *The Bostonians* (1984) de James Ivory et le film allemand *Sheer Madness* (1985) de Margarethe von Trotta—qui, comme le film de Kurys, ne distingue pas clairement entre une amitié étroite entre femmes et le lesbianisme (ou la bisexualité). A la même époque sortent en France deux films de femmes qui traitent à leur manière du désir lesbien, *Tristesse et beauté* (1985) de Joy Fleury et *Le Jupon rouge* (1987) de Geneviève Lefèbvre.

Comme le remarquent Tarr et Rollet (91–92), les femmes-cinéastes commenceront à s'intéresser de nouveau au lesbianisme à partir de la mi-décennie 90, bien qu'elles ne puissent citer que *Pas très catholique* de Tonie Marshall (1994), *Gazon maudit* de Josiane Balasko (1995, voir Chapitre 17) et *La Nouvelle Eve* de Catherine Corsini (1999). Ce nonobstant, Abdellatif Kechiche a sorti en 2013 un des films français les plus forts sur le lesbianisme, *La Vie d'Adèle*, qui a obtenu quatre-vingt-quatorze prix, y compris la Palme d'or au Festival de Cannes pour le réalisateur et pour les deux interprètes féminines principales. Le film de Kechiche donne une représentation si franche des rapports lesbiens qu'une association bien-pensante en France a demandé et finalement obtenu en décembre 2015 l'annulation du visa d'exploitation du film par le Tribunal administratif de Paris "en raison de scènes de sexe réalistes". Le ministère de la Culture a fait appel, et l'année d'après le Conseil d'Etat a tranché en faveur du film et rétabli le visa d'exploitation.

L'homosexualité masculine, un des thèmes du deuxième film de cette section, *Les Roseaux sauvages*, est beaucoup plus représentée sur le grand écran, et on peut citer de nombreux films à partir des années 70 et jusqu'à nos jours, parmi lesquels *The Boys in the Band* de Friedkin (1970), *Mort à Venise* de Visconti (1971), *La Cage aux folles* de Molinaro (1978), *Querelle* de Fassbinder (1982), *Victor Victoria* d'Edwards (1982), *L'Homme blessé* de Chéreau (1983), *Escalier C* de Tacchella (1985), *My Beautiful Laundrette* de Frears (1986), *Maurice* d'Ivory (1987), *My Own Private Idaho* de Van Sant (1991), *Garçon d'honneur* d'Ang Lee (1993), *Philadelphia* de Demme (1993), *Pédale douce* d'Aghion (1996), *L'Homme est une femme comme les autres* de Zilbermann (1998), *Gouttes d'eau sur pierres brûlantes* d'Ozon (2000), *Le Placard* de Veber (2001), *Brokeback Mountain* d'Ang Lee (2005), *Comme les autres* de Garenz (2008) et *L'Inconnu du lac* de Guiraudie (2013)—pour ne pas parler de ceux où il s'agit aussi ou surtout de bisexualité, comme *Le Conformiste* de Bertolucci (1970), *Monique* de Brown (1970), *Le Rempart des béguines* de Casaril (1972) ou, plus récemment, *Tenue de soirée* de Blier (1986) et *Les Nuits fauves* de Collard (1992).

Œuvres consultées

Audé, Françoise. *Ciné-modèles, Cinéma d'elles.* Lausanne, Suisse: L'Age d'homme, 1981.

Quart, Barbara Koenig. *Women Directors. The Emergence of a New Cinema.* New York: Praeger, 1988.

Tarr, Carrie, et Brigitte Rollet. *Cinema and the Second Sex. Women's Filmmaking in France in the 1980s and 1990s.* New York: Continuum, 2001.

14

Diane Kurys

Coup de foudre / Entre nous

(1983)

Diane Kurys, *Coup de foudre / Entre nous*: Les rapports entre Léna (Isabelle Huppert)
et Madeleine (Miou-Miou) se resserrent.

Réalisation . . . . .Diane Kurys
Scénario . . . . .Diane Kurys, Alain Le Henry
Directeur de la photographie. . . . . .Bernard Lutic
Son . . . . Harald Maury, Claude Villand
Montage . . . . Joële Van Effenterre
Musique . . . . .Luis Bacalov
Décors. . . . . .Jacques Bufnoir
Costumes . . . . Mic Cheminal
Scriptes. . . . . .Lucile Christol, Claudine Taulère
Production . . . . .Ariel Zeitoun
Durée 1h51

Distribution

Miou-Miou (*Madeleine*), Isabelle Huppert (*Léna*), Guy Marchand (*Michel Korski, le mari de Léna*), Jean-Pierre Bacri (*Costa Segara, le mari de Madeleine*), Robin Renucci (*Raymond, le premier mari de Madeleine*), Patrick Bauchau (*Carlier, le professeur d'art*), Jacques Alric (*M. Vernier, le père de Madeleine*), Jacqueline Doyen (*Mme Vernier, la mère de Madeleine*), Saga Blanchard (*Sophie, la fille cadette de Léna*), Patricia Champane (*Florence, la fille aînée de Léna*), Guillaume Le Guellec (*René, le fils de Madeleine et de Costa*), Christine Pascal (*Sarah, internée juive, l'amie de Léna*)

Synopsis

Léna Weber, une jeune femme juive de dix-huit ans d'origine russe, se trouve internée dans un camp dans les Pyrénées Orientales en 1942. Elle échappe à la déportation vers l'Allemagne et aux camps d'extermination en acceptant d'épouser un légionnaire démobilisé, Michel Korski, lui-même juif. Quand les Allemands occupent la partie sud de la France, la soi-disant "Zone libre", ils s'enfuient en Italie, puis en Suisse, avant de rentrer en France à la Libération.

En même temps, Madeleine, une jeune femme issue d'un milieu bourgeois aisé, se marie avec son amoureux, qui est, comme elle, étudiant en art à Paris. Lors d'une descente par des miliciens venus arrêter leur professeur d'art, Carlier, un groupe de Résistants lance une contre-attaque. Pris entre les deux feux, son mari est tué par une balle perdue.

Dix ans plus tard, Léna et Michel sont installés à Lyon où ce dernier a fondé un garage qui a réussi. Madeleine et Léna se rencontrent par hasard lors d'une fête d'école primaire. Léna a deux petites filles, Florence et Sophie, Madeleine un fils, René, fruit de son mariage avec Costa Segara, un homme combinard (il fait du marché noir), raté, mais drôle, qu'elle avait rencontré à la Libération et qu'elle avait épousé parce qu'il la faisait rire. Un courant de sympathie s'installe immédiatement entre ces deux femmes mal mariées, un "coup de foudre" qui deviendra une amitié dévorante et qui aura des conséquences dramatiques pour leurs ménages respectifs.

La Réalisatrice

Diane Kurys, tout comme la petite Sophie de *Coup de foudre*, est née à Lyon en 1948 de parents juifs russes qui ont divorcé quand elle avait cinq ans. L'histoire de Léna, de Michel et de Madeleine, c'est l'histoire de ses parents, sauf que son père avait un magasin de vêtements pour hommes à Lyon et non pas un garage (Tarr, *Diane Kurys* 12). Elle s'est intéressée très tôt au métier de comédienne et, à la suite des événements de Mai 68, elle abandonna ses études de littérature à la Sorbonne pour se consacrer au théâtre. Elle travailla huit ans comme actrice de théâtre, débutant dans la Compagnie Jean-Louis Barrault mais faisant aussi du café-théâtre tout en jouant de petits rôles au cinéma et à la télévision entre 1972 et 1976, avant de renoncer à sa carrière d'actrice pour passer à l'écriture et à la réalisation.

En 1977, avec l'aide de l'avance sur recettes, elle réalisa son premier film, *Diabolo menthe*, un long métrage qui connut un grand succès populaire et obtint le Prix Louis Delluc pour le Meilleur premier film. C'est le début de toute une série de films à caractère autobiographique où elle se met en scène avec ses parents et sa sœur aînée. Dans

Diabolo menthe, il s'agit de son adolescence, de ses études au collège et de ses rapports avec ses camarades d'école et avec sa sœur, ainsi qu'avec ses parents divorcés. On y voit aussi une première évocation, fugitive, de sentiments équivoques, ici entre jeunes filles, un thème qui deviendra beaucoup plus fort et explicite dans son troisième film, *Coup de foudre*, six ans plus tard. Rebaptisé *Entre nous* pour sa sortie aux Etats-Unis, *Coup de foudre* est accueilli chaleureusement par la critique et se voit nominé pour le prix du Meilleur film étranger aux Oscars en 1984.

Entretemps, Kurys réalisa *Cocktail Molotov* (1980), un film assez mal reçu par la critique et le public et qui tournait autour des événements de Mai 68, que Kurys avait vécus à l'âge de vingt ans. Après *Coup de foudre*, elle connaît un grand succès commercial avec un film en anglais, *Un homme amoureux* (*A Man in Love*, 1987), où il s'agit d'une liaison amoureuse torride et troublée entre une jeune actrice britannique débutante et la vedette masculine américaine (mariée) du film dans lequel ils jouent tous les deux. En 1990, elle revient à ses souvenirs personnels avec *La Baule Les Pins* (connu aussi sous le titre *C'est la vie*), le récit d'un épisode de sa vie de petite fille—les vacances d'été à La Baule—où elle ressasse les déboires de ses parents. Dans cette version, à l'encontre de *Coup de foudre*, son père maltraite physiquement sa femme quand il découvre qu'elle voit un autre homme et veut le quitter. A la place d'Isabelle Huppert et de Guy Marchand, ses parents sont incarnés par Nathalie Baye et Richard Berry, et le thème lesbien a disparu.

Dans plusieurs de ses films suivants, Kurys continue de représenter, en brodant un peu, des aspects de sa propre vie et, surtout, les rapports intimes entre les gens. Dans *Après l'amour* (1992), il s'agit d'une année dans la vie d'une romancière d'une trentaine d'années qui a des liaisons plutôt malheureuses avec deux hommes différents, tous les deux mariés (ou tout comme) et pères de famille. Deux ans après, dans *A la folie* (1994), une jeune artiste, Alice, vit heureuse à Paris avec son ami Franck, un boxeur. Sa sœur Elsa débarque un jour et s'installe chez eux après avoir quitté son mari infidèle et leurs deux enfants. Il s'ensuit un ménage à trois où Elsa s'applique à détruire le ménage d'Alice. Dans les deux films suivants, pourtant, Kurys abandonne le genre autobiographique pour se consacrer à la peinture d'autrui, en particulier celle de personnages littéraires célèbres. Elle raconte d'abord, dans *Les Enfants du siècle* (1999), la liaison amoureuse entre deux grandes figures littéraires du dix-neuvième siècle romantique, George Sand (romancière à scandale) et Alfred de Musset (poète et auteur dramatique). Elle se livre ensuite carrément à la biographie, celle de la romancière Françoise Sagan, l'auteur célèbre de *Bonjour Tristesse* (1954). Elle réalise d'abord une mini-série pour la télévision, *Sagan* (2008), en deux parties d'une heure et demie chacune, qui obtient un Globe de Cristal pour le Meilleur téléfilm ou série télévisée (2009) et un prix de Meilleure actrice pour Sylvie Testud. Réduit à 1h57 pour les salles de cinéma, le film reçoit trois nominations aux Césars en 2009.

Presqu'un quart de siècle après *C'est la vie*, Kurys propose un ultime avatar de l'histoire de ses parents, *Pour une femme* (2013), avec Benoît Magimel et Mélanie Thierry dans les rôles de Michel et Léna. Ce film met en scène deux époques, l'après-guerre et la vie de couple de parents à Lyon en 1947, et les rapports des deux filles avec leur père mourant dans les années 80. Il a reçu le Prix d'excellence pour la mise en scène et une nomination pour le Meilleur film international au Festival international de Santa Barbara en 2014.

La Genèse et la réalisation

Avec neuf semaines de tournage en Cinémascope, trois grandes vedettes et un budget de seize millions de francs (environ trois millions de dollars), *Coup de foudre* est une grosse production. Après avoir écrit une première ébauche du scénario elle-même, Kurys avait passé une année à l'élaborer avec la collaboration d'Alain Le Henry: "Nous avons sué sang et eau pendant un an. C'est dur, mais au fur et à mesure les personnages s'enrichissent. Des détails nous reviennent. Des souvenirs qu'on nous a racontés" (Pantel).

Les souvenirs, ce sont surtout ceux de Kurys elle-même, des réminiscences de sa petite enfance. Elle se souvient du divorce de ses parents et du jour où sa mère a décidé d'aller vivre avec une autre femme, Madeleine, à Paris: "J'étais à Cabourg, je faisais des châteaux de sable avec ma sœur. Pendant que nous perdions l'Indochine, mes parents se disputaient. Ma mère voulait son indépendance. Mon père voulait la paix. Ce soir-là, ils se sont quittés pour toujours. A cause de Madeleine. *Entre Madeleine et moi, ça a été le coup de foudre*, avait dit ma mère" (Jullian). Sophie, la petite fille à la fenêtre tout à la fin du film, c'est Kurys elle-même: "J'ai été cette petite fille qui regarde à la fin ses parents se disputer. Je ne les ai plus jamais vus ensemble. Et peut-être que j'ai fait ce film pour les réunir, fictivement, une dernière fois..." (Tranchant). Le film fut pour elle, précise-t-elle, une sorte d'exorcisme: "Vous savez, dans les histoires de divorce, les enfants croient souvent que tout ce qui arrive est de leur faute. Ils se sentent coupables. En faisant revivre mes parents ensemble, en les montrant ensemble, heureux et malheureux, je me suis exorcisée. *Coup de foudre* a été une façon définitive de me libérer de cette souffrance" (Baumberger). On comprend aisément pourquoi son film fut dédié à ses parents et à Madeleine.

Ce qui caractérise tous les films de Diane Kurys, c'est un souci maniaque des détails du décor. Dans *Coup de foudre* il s'agissait de reconstruire l'ambiance de toute une époque, le début des années 50, qui a vu le lancement de la Renault 4CV et de la Simca Aronde, l'arrivée sur le marché des gros frigidaires arrondis et des aspirateurs Hoover, la mode des robes fleuries, l'emploi de l'ambre solaire et de certains parfums, les radio-consoles, les réveils qui se remontent à la main et le mambo. On retrouve tout cela, et j'en passe, dans le film de Kurys, qui a étonné, comme le dit le critique de *L'Humanité*, par "le soin méticuleux apporté à l'authenticité de chaque détail du décor ou vestimentaire" (Maurin). On peut en dire autant de la musique du film, le "Big Band" de Glenn Miller que nous entendons à la Libération, ainsi que le tube de Perry Como, "I Wonder Who's Kissing Her Now" (1939), ressorti après la guerre. La reconstitution de la période historique était primordiale pour elle, parce qu'il lui fallait nourrir son film "de l'atmosphère, de l'état des mentalités, des rapports familiaux, sociaux de toute une époque" (Maurin), une époque où la place de la femme était au foyer, son rôle de faire le ménage et la cuisine, d'élever ses enfants, et de répondre aux désirs de son mari le cas échéant. Comme l'explique Kurys, "Je me suis servie de la mémoire des gens qui m'ont raconté, mais aussi des magazines de l'époque, et puis j'avais tendance à mettre mes 'madeleines' à moi [à la Proust] un peu partout: un tableau de famille, les robes des deux sœurs.... J'ai le souci du détail, de l'authenticité ... c'est ce qui donne de la force au résultat [...]. J'essaie aussi de tout contrôler: les valises et les chaussures des 3 000 figurants, comme la forme du réfrigérateur de l'époque" (Cornuz-Langlois). Seule l'évocation convaincante de cette époque précise pouvait donner le contexte nécessaire pour comprendre ce qu'il y avait d'insolite, de choquant, et—oui—de révolutionnaire dans le comportement des deux héroïnes du film.

Les Interprètes

A l'encontre de ses deux premiers films, où les acteurs n'étaient pas connus du grand public, Kurys a pu engager trois grandes vedettes de cinéma pour *Coup de foudre*, Miou-Miou, Isabelle Huppert et Guy Marchand. Tous les trois—mais aussi Jean-Pierre Bacri, moins connu à l'époque—sont encensés par la presse cinématographique pour leurs prestations dans le film: "Jean-Pierre Bacri donne magnifiquement vie au personnage le moins en vue. Guy Marchand est de plus en plus sidérant. Il fut toujours époustouflant, le voici immense acteur. Miou-Miou trouve là un de ses meilleurs rôles, sinon le meilleur. Isabelle Huppert joue enfin 'la' comédie [. . .]. Grâce à ces deux comédiennes, ad-mi-ra-bles, Madeleine et Léna sont deux femmes que l'on n'oubliera pas" (Bescós).

Isabelle Huppert est devenue un monstre sacré du cinéma français. Elle a débuté au théâtre dans les années 60, gagnant des prix en chemin avant d'entamer sa carrière au cinéma où elle va obtenir une soixantaine de prix d'interprétation et deux douzaines de nominations. Elle sera nominée seize fois pour le César de la Meilleure actrice et obtient ce prix pour *La Cérémonie* (1995) de Claude Chabrol et *Elle* (2016) de Paul Verhoeven.

Miou-Miou, nom de scène de Sylvette Herry que lui donna le célèbre comique Coluche (et qui évoque le son d'un chat), a commencé sa carrière de comédienne au café-théâtre (voir à ce sujet "La Tradition comique et le café-théâtre" au Chapitre 17, consacré à *Gazon maudit* de Josiane Balasko). Elle s'est fait remarquer pour la première fois dans un film culte de Bertrand Blier, *Les Valseuses* (1974), aux côtés de Gérard Depardieu et de Patrick Dewaere. Elle a reçu des nominations pour un César de Meilleure actrice dans plusieurs films avant de l'obtenir finalement en 1980 pour *La Dérobade* (Daniel Duval, 1979). Elle sera nominée pour le même prix encore six fois dans sa carrière, y compris pour *Coup de foudre*.

Guy Marchand fut boxeur et chanteur avant de devenir acteur. Avant d'incarner Michel dans *Coup de foudre*, rôle qui lui a valu une nomination de Meilleur acteur dans un second rôle aux Césars de 1984, il était déjà bien connu du public pour ses rôles dans plusieurs films à grand succès populaire et critique: *Loulou* de Maurice Pialat (1980), *Coup de torchon* de Bertrand Tavernier (1981) et, la même année, *Garde à vue*, un film policier de Claude Miller. Nominé une première fois pour le César du Meilleur acteur dans un second rôle pour *Loulou*, il obtint ce prix pour sa composition dans *Garde à vous*. Cantonné généralement dans les seconds rôles au cinéma, Marchand est toutefois nominé trois fois de plus pour le César du Meilleur acteur dans un second rôle pendant une carrière qui s'étend de 1966 à nos jours et comprend des rôles tant au cinéma qu'à la télévision. Il reçut de multiples accolades critiques pour son interprétation dans *Coup de foudre*, dont celle-ci est typique: "Mais la révélation de *Coup de foudre*, c'est Guy Marchand. Qui aurait soupçonné que ce chanteur de charme, un tantinet bellâtre, pût devenir ce père de famille attendri et attendrissant, cet époux maladroit et généreux, bref, ce 'brave homme' dans toute l'acception du terme? C'est ainsi, cependant" (Rochereau).

D'origine algérienne et assez peu connu à l'époque, Jean-Pierre Bacri joue de petits rôles, surtout à la télévision, à partir de 1978. Il se fait remarquer dans *Coup de foudre* et fera par la suite une carrière exceptionnelle de scénariste, travaillant en équipe avec Agnès Jaoui et partageant avec elle cinq Césars de Meilleur scénario pour *Smoking/No Smoking* (1993) d'Alain Resnais, *Un air de famille* (1996) de Cédric Klapisch, *On connaît la chanson* (1997) d'Alain Resnais encore, puis pour *Le Goût des autres* (2000; voir Chapitre 18) et *Comme une image* (2005), tous deux réalisés par Agnès Jaoui elle-même. En tant que comédien, Bacri joua dans d'innombrables films entre 1979 et 2016 et reçut une demi-douzaine de nominations de Meilleur acteur, y compris aux Césars pour *Subway* (1985) de Luc Besson et *Le Goût des autres*. Il obtint, finalement, un César pour le Meilleur acteur dans un second rôle pour *On connaît la chanson* et un prix de Meilleur acteur au Festival de Film de Cabourg pour son rôle dans *Le Goût des autres*. On lui décerna le Prix René Clair en 2001 pour l'ensemble de ses contributions au cinéma.

La Réception

De manière générale la presse cinématographique reçoit le film de Kurys avec beaucoup d'enthousiasme, y voyant surtout—l'expression revient constamment sous les plumes— l'histoire insolite d'une "amitié dévorante" entre femmes, si ce n'est une "amitié-passion", une "amitié coup de foudre" ou "une amitié amoureuse". S'agit-il d'un film lesbien? Les opinions sont partagées, mais les critiques évitent les jugements catégoriques à cet égard, à quelques exceptions près, préférant signaler l'ambiguïté des rapports entre les deux femmes. Pour certains, de toute façon, il s'agit bien d'un film féministe, mais là encore il n'y a pas unanimité. Un critique soutient, par exemple, que "*Coup de foudre*, mine de rien, est peut-être le premier film réellement féministe du cinéma français" (Gastellier), tandis qu'un autre estime, au contraire, que "*Coup de foudre* est un film non pas féministe mais féminin" (Baignères), opinion à laquelle se rallie un collègue qui trouve, en renchérissant, que c'est une "chronique frémissante au beau parfum de femme—pas féministe mais féminissime" (Bescós).

Toujours est-il qu'il y a un consensus très large sur l'habileté, la finesse de Kurys dans la peinture des rapports entre Léna et Madeleine: "Rarement a-t-on dit aussi justement, aussi drôlement, aussi cruellement parfois la connivence féminine" (Leclère); "Ces deux personnages difficiles sont traités avec tendresse, délicatesse, subtilité" (Jamet). Quasi-consensus également sur la qualité de la reconstruction minutieuse de l'ambiance des années 50 dans le film, malgré l'opinion d'une commentatrice qui trouve que Kurys en fait trop dans la "nostalgie rétro-racoleuse" (Pascaud). Pour Jean Rochereau—et il n'est pas le seul à reconnaître l'importance du film—"*Coup de foudre* est, d'ores et déjà, une date" dans le cinéma français, et Patrick Thévenon n'hésite pas à déclarer qu'avec son troisième film, Kurys "prend d'un seul coup [. . .] la tête de l'escadron volant du cinéma français".

Coup de foudre sera l'un des films les plus populaires en France en 1983 et connaîtra un succès solide aux Etats-Unis où il suscite une réaction épatée dans la presse homosexuelle, notamment (Powrie 64), et ceci malgré les réticences prononcées de certains critiques américains rebutés par le traitement sévère des hommes par rapport à celui des deux héroïnes (par exemple, Kael 133–34; Simon 56). Pendant toute la décennie des années 80, seul *Trois hommes et un couffin* de Coline Serreau (1985) attira plus de spectateurs. Au mois de novembre 1983, l'Académie nationale du cinéma confirma l'opinion critique et populaire en attribuant à *Coup de foudre* son grand prix, ce qui ajoute encore au succès du film, déjà sélectionné pour représenter la France aux Oscars dans la catégorie du Meilleur film dans une langue étrangère. Kurys obtient au demeurant le Prix FIPRESCI au Festival international de film de San Sebastián, et *Coup de foudre* sera nominé, au printemps suivant, pour quatre Césars: Meilleur film, Meilleure actrice (Miou-Miou), Meilleur acteur dans un second rôle (Guy Marchand), et Meilleur scénario original et dialogues. Ce n'est pas un mince palmarès pour un "film de femme" à cette époque.

"Films de femmes"

Diane Kurys figure parmi les réalisatrices les plus importantes dans un pays (et ce n'est pas le seul) où les femmes ont dû se battre durement pour avoir droit de cité dans l'industrie du cinéma. Généralement cantonnées dans les métiers de monteuse, de scripte ou, pour l'immense majorité, de comédienne, les femmes représentaient moins de six pour cent des cinéastes en activité en France dans les années 80 (Lejeune 20), et ce n'est qu'en 1986, lorsque la Fémis (Fondation européenne pour les métiers de l'image et du son) a remplacé l'IDHEC (Institut des Hautes Etudes Cinématographiques) que les instances dirigeantes ont commencé à encourager les femmes à s'inscrire dans l'option réalisation—autrefois quasiment réservée aux hommes (Tarr et Rollet 6).

La tradition de films réalisés par des femmes remonte pourtant au tout début du cinéma en France, à commencer par Alice Guy, qui a fait ses premiers films de fiction pour Gaumont en 1896, la même année que Georges Méliès, le mieux connu des tout premiers pionniers du film de fiction dans le monde. Guy a réalisé des centaines de films, tant en France qu'aux Etats-Unis, avant de terminer son activité de cinéaste en 1920 (Breton 11). Elle fut contemporaine d'une autre grande pionnière, Germaine Dulac, qui a fait vingt-cinq films entre 1915 et 1929, y compris la célèbre œuvre impressionniste—et féministe—*La souriante Madame Beudet* (1923). Une autre réalisatrice, Marie Epstein, prendra la relève en mettant en scène six longs métrages entre 1929 et 1938 aux côtés de Jean Benoit-Lévy (dont *La Maternelle* en 1933), suivie de Jacqueline Audry, qui réalisera dix-sept longs métrages entre 1944 et 1967, dont *Olivia* (1951), un des premiers films français sur le lesbianisme.

L'époque moderne des cinéastes-femmes commence sans doute avec Agnès Varda, la "grand-mère" de la Nouvelle Vague selon certains, et son film indépendant *La Pointe Courte* en 1954, ainsi qu'avec Marguerite Duras, qui réalise des films à partir de la fin des années 60 et dont les mieux connus sont peut-être *Nathalie Granger* (1972) et *India Song* (1975). Bien que Duras soit une référence dans le cinéma féminin, ses films ne sortaient guère de la catégorie "art et essai" (c'est-à-dire qu'ils n'étaient pas commercialisables), tandis que certains films de Varda ont connu un succès considérable à la fois auprès des critiques et dans le circuit commercial: *Le Bonheur* (1964), *L'Une chante, l'autre pas* (1976), *Sans toit ni loi* (1985) et son documentaire *Les Glaneurs et la glaneuse* (2000; voir Chapitre 16).

Mais Duras et Varda sont vite rejointes par d'autres femmes derrière la caméra. Les événements de Mai 68 et la création du Mouvement de libération des femmes (MLF) en 1972 ont servi de tremplin aux femmes qui voulaient faire des films, et plus de cent films seront réalisés par des femmes au cours des années 80. La création du Festival de films de femmes en 1974, installé à Créteil près de Paris depuis 1985, donna une impulsion supplémentaire au cinéma féminin: trente-huit femmes-cinéastes réalisent au moins un long métrage entre 1974 et 1984 (Breton 59), et pas moins de cinquante dans les dernières années du vingtième siècle (1997–99). Près de quatorze pour cent des films réalisés en France dans les années 90 sont des films de femmes (Tarr et Rollet 1), et ce chiffre atteindrait vingt-cinq pour cent de nos jours. Malgré toutes les difficultés qu'elles rencontrent toujours à s'imposer dans le monde du cinéma, c'est en France que les femmes sont les plus nombreuses à réussir à faire des films (Vincendeau 10).

Parmi les réalisatrices françaises (et belges) contemporaines qui se sont distinguées le plus (ou qui sont les plus prolifiques), en dehors de Duras, Varda et Kurys, il faut compter Nina Companeez (*Faustine et le bel été*, 1971), Yannick Bellon (*La Femme de Jean*, 1974), la Belge Chantal Akerman (*Jeanne Dielman, 23 quai du Commerce 1080 Bruxelles*, 1975), Coline Serreau (*Trois hommes et un couffin*, 1985), Nadine Trintignant (*Mon amour, mon amour*, 1967), Nelly Kaplan (*La Fiancée du pirate*, 1969), Josiane Balasko (*Gazon maudit*, 1995), la Martiniquaise Euzhan Palcy (*Rue Cases-Nègres*, 1983), Aline Issermann (*Le Destin de Juliette*, 1983), Claire Denis (*Chocolat*, 1988; voir Chapitre 3) et, plus récemment, Catherine Breillat (*Romance*, 1999), bien que les quelques œuvres mentionnées ici ne le soient qu'à titre représentatif.

Malgré le mouvement féministe qui a encouragé bien des réalisatrices à tenter leur chance, très peu de films faits par des femmes sont véritablement féministes, et bon nombre de réalisatrices rechignent même à être considérées comme des "cinéastes femmes". Ce sont des cinéastes tout court. Comme le dit Agnès Varda, "Je voudrais que mes films soient reçus et vus comme les films de n'importe quel autre cinéaste, qu'ils soient reçus par tous; je ne voudrais pas m'enfermer dans une catégorie réservée à un certain public, je ne veux pas contribuer à créer le ghetto artistique ou féministe . . ." (Breton 67). Autrement dit, les réalisatrices considèrent leurs œuvres comme des films d'auteurs, à l'instar des bons cinéastes masculins, et non pas comme des "films de femmes", ce qui a souvent, d'ailleurs, une connotation tant soit peu dénigrante.

Malgré cela, les films de femmes se distinguent assez nettement de la plupart des films d'homme, et Varda elle-même le reconnaît: "Nous sommes des femmes, nous appréhendons autrement le monde, nous faisons autrement des films" (Breton 67). Les films de femmes ne vont pas privilégier, par exemple, le regard masculin, comme c'est le cas depuis le début d'un cinéma mondial dominé par des hommes où la femme est surtout l'objet du désir masculin. Comme le remarque Françoise Audé, "Dans les situations relationnelles d'homme à femme, le point de vue est celui, forcément valorisé, de la femme. Le rapport s'établit de femme à homme [. . .], l'homme est regardé par la femme. C'est lui, l'Autre" (135). Ceci est plus qu'évident dans *Coup de foudre*, où nous voyons les deux maris, Michel et Costa, à travers le regard des deux femmes—et si l'on n'a pas compris, Kurys nous offre la scène du cabaret où le mari de Madeleine se donne en spectacle et se tourne en ridicule devant elles . . . Au demeurant, l'image des hommes dans les films de femmes est souvent peu reluisante, ce qui n'est pas étonnant quand on tient compte à la fois de la manière dont les femmes ont souvent été représentées dans les films réalisés par les hommes et de la difficulté qu'elles ont eue à prendre les commandes de la caméra: "Quasiment interdites de la mise en scène pendant un demi-siècle, elles réclamaient la liberté de créer et la possibilité d'avoir un langage à elles [. . .]. Normal que le jour où elles sont passées derrière la caméra, les femmes n'aient pas accordé le meilleur rôle à leurs oppresseurs héréditaires" (Andreu 61).

DOSSIER PÉDAGOGIQUE

Qu'est-ce qui se passe dans ce film?

1. A quelle époque commence l'action de ce film? Comment Léna réussit-elle à quitter le camp d'internement pour Juifs dans les Pyrénées?

2. Qu'est-ce qui se passe dans la vie de Madeleine à cette époque?

3. Où Michel et Léna décident-t-ils d'aller pour échapper aux Allemands? Comment est-ce qu'ils y arrivent?

4. Qu'est-ce qui arrive au mari de Madeleine quand les miliciens français arrêtent Carlier, le professeur d'art?

5. Pourquoi Madeleine a-t-elle épousé Costa?

6. Qu'est-ce qui montre que Léna commence à mal supporter sa situation personnelle? Qu'est-ce qu'elle veut faire au lieu de rester tout le temps à la maison? Qu'est-ce qu'elle veut apprendre à faire?

7. Qu'est-ce qui arrive de dramatique quand Madeleine et Léna vont chercher un local à louer pour leur boutique de vêtements?

8. Qu'est-ce qui se passe dans le train que prend Léna pour monter à Paris? Pourquoi cette expérience est-elle si dramatique pour Léna?

9. Que font Madeleine et Léna à Paris?

10. A quelle condition Michel propose-t-il d'aider Léna à ouvrir sa boutique?

11. Comment réagit Michel lorsqu'il découvre Madeleine avec Léna dans la boutique qui vient d'ouvrir?

12. Qu'est-ce que Léna apprend à Michel quand il la retrouve à Cabourg?

Vrai ou Faux?

Si la phrase est fausse, corrigez-la!

1. Léna est furieuse quand elle apprend le vrai nom de Michel (Issac Mordeha Simon Korski) parce que ce nom est difficile à prononcer.

2. Lors de leur mariage, Madeleine et son mari apprennent que les Allemands ont "passé la ligne de démarcation", et donc qu'ils occupent la Zone libre (le sud de la France).

3. Léna rencontre Madeleine pour la première fois dans une gare à Lyon.

4. Au début, Léna n'aime pas les manières de Madeleine.

5. Carlier refuse d'acheter le tableau de Modigliani que Costa veut lui vendre parce que c'est un faux.

6. Quand Michel surprend Madeleine chez lui avec Carlier, il se fâche et les chasse de l'appartement

7. Costa a acheté au marché noir un grand lot de chemises où il manque une manche.

8. Quand Michel proteste que la robe noire de Léna est tellement serrée que l'on voit sa culotte, Léna change de robe.

9. Léna a pris 60 000 francs dans la caisse du garage pour payer une plaque de marbre pour la tombe de sa mère à Anvers (en Belgique).

10. Quand Léna rentre à Lyon, Michel est furieux. Il les traite, elle et Madeleine, de "gouines" (lesbiennes, "dykes").

11. Madeleine arrête de répondre aux lettres de Léna parce qu'elle travaille beaucoup pour gagner sa vie.

12. Ce sont les parents de Madeleine qui apprennent à Michel que Léna et Madeleine sont dans leur maison de campagne à Cabourg.

Contrôle des connaissances

1. Qu'est-ce que Diane Kurys a fait à la suite des événements de Mai 68?

2. De quoi s'agit-il dans le premier film de Kurys, *Diabolo menthe* (1977)?

3. Qu'est-ce qui s'est passé dans la vie de Kurys quand elle avait cinq ans?

4. Pourquoi est-ce que l'authenticité du décor est si importante dans *Coup de foudre*?

5. Qui sont les interprètes principaux dans ce film? Sont-ils connus du grand public?

6. Les critiques cinématographiques sont-ils d'accord que *Coup de foudre* est un film féministe et lesbien? Quels termes emploie-t-on pour décrire les relations entre Léna et Madeleine?

7. Quel grand honneur la France rend-elle au film de Kurys?

8. Quel pourcentage des cinéastes français était des femmes à l'époque du film de Kurys?

9. Dans quels métiers les femmes étaient-elles cantonnées, traditionnellement, au cinéma?

10. Quels événements ont servi à donner du courage aux femmes qui voulaient devenir réalisatrices de films?

11. Pourquoi Agnès Varda ne veut-elle pas être considérée comme une "cinéaste femme"?

12. Qu'est-ce que la plupart des films de femmes ont en commun?

Pistes de réflexion et de discussion

1. Le Titre du film

Le titre original du film de Kurys est *Coup de foudre*, mais pour sa sortie aux Etats-Unis on a préféré *Entre nous*. **Comment expliquez-vous cette décision?** Quel est l'effet de ce changement? Une critique, Chris Straayer, prétend que l'amitié entre femmes ("female bonding") est l'antithèse même du coup de foudre amoureux, qui relève plutôt du regard hétérosexuel (50, 54). **Est-ce que le changement de titre serait en rapport avec cette constatation?**

2. L'Entrée en matière

Décrivez brièvement la structure du prologue du film, qui se passe pendant l'Occupation de la France par les Allemands (1940–45). **A quoi sert ce prologue par rapport à la suite des événements du film? Qu'est-ce que Léna et Madeleine ont en commun en ce qui concerne leur passé?** Quelles sont les conséquences de la guerre et de l'Occupation sur la situation des deux femmes quand elles se rencontrent?

3. Les Personnages

✦ *Léna et Madeleine*

En quoi consiste l'attirance initiale entre les deux femmes? **Pourquoi Léna est-elle fascinée par Madeleine dès leur première rencontre à l'école?** *Visionnez cette scène* (Extrait 1, 30'00–31'46). **Comment est-ce que leurs rapports évoluent?** Y a-t-il des étapes? Pourquoi continuent-elles à se vouvoyer même quand elles sont devenues amies intimes?

La mère de Kurys lui a décrit ses rapports avec Madeleine comme "un peu plus qu'une amitié, un peu moins qu'une passion". **Comment décririez-vous les rapports entre Léna et Madeleine? Jusqu'où vont-elles, à votre avis?**

La célèbre critique du *New Yorker* Pauline Kael est dure pour Léna et Madeleine, les traitant de bourgeoises gâtées par leurs maris, qui travaillent comme des bêtes pour les entretenir et ne récoltent que le ridicule, le mépris et, en fin de compte, l'abandon pour leurs efforts. Léna, par exemple, n'est pour Kael qu'une femme superficielle et frigide, incapable d'apprécier le dévouement de son mari, qui se croit supérieure à lui dès qu'elle subit la séduction de Madeleine, femme très cultivée, et commence à le voir par les yeux de celle-ci (133). **Qu'en pensez-vous? Etes-vous d'accord avec cette appréciation des deux héroïnes du film?**

✦ *L'Image des hommes*

Ce film est-il critique des hommes en général? Michel et Costa sont-ils détestables? Kurys a dit, dans une interview, "A la différence des féministes, je ne décris jamais les hommes pour régler les comptes avec eux, pas plus qu'avec les femmes" (Andreu 61). **Est-ce qu'elle réussit à donner une image nuancée et juste des hommes dans *Coup de foudre*?**

✦ *Michel*

Une critique a dit, en parlant du personnage de Michel, "Guy Marchand paraît pathétique, attendrissant et . . . odieux" (Fournier 15). **Etes-vous d'accord? De quel point de vue Michel est-il, lui aussi, une victime?**

Michel adore clairement ses enfants. Comme le remarque Straayer, il semble être "un père idéal", ce qui va à l'encontre de l'image typiquement négative des hommes dans un film de femme à cette époque (54). **Est-ce que cela peut peser sur l'interprétation que l'on donne à ce film?** *Visionnez l'épisode du pique-nique* (Extrait 2, 42'15–42'51).

4. *Le Couple Léna-Michel*

Décrivez ce couple. Madeleine dit à Léna après que les deux couples dînent ensemble, "Je trouve que vous n'allez pas du tout ensemble". **Pourquoi Madeleine lui dit-elle cela?** Etes-vous d'accord? Pourquoi? *Visionnez la scène où Léna parle de son mari à Madeleine* (Extrait 3, 40'50–42'14).

Pourquoi Michel essaie-t-il de séduire Madeleine? Quel rapport cette tentative pourrait-elle avoir avec le couple Léna-Michel? **Comment expliquez-vous le comportement de Michel (et celui de Madeleine) quand il surprend celle-ci dans sa chambre avec Carlier?** *Visionnez cette scène* (Extrait 4, 54'33–55'58).

Que pensez-vous de la scène où Michel refuse de sortir avec Léna parce qu'elle a mis une robe noire tellement moulante qu'il la trouve indécente? A-t-il tort, à votre avis? Qu'a fait Léna? (Sa réaction a apparemment fait applaudir chaleureusement les femmes spectatrices à l'époque [Tarr, "Changing Representations" 234].) *Visionnez cette scène* (Extrait 5, 1h08'55–1h10'01).

5. *L'Echec des deux couples*

Pourquoi, à votre avis, Madeleine est-elle malheureuse dans son mariage? Costa est-il méchant avec elle? Comment est-il? **Pourquoi les deux couples finissent-ils par se casser complètement?** Est-ce que les deux femmes sont exemptes de toute responsabilité dans cet échec? Qu'est-ce que l'on pourrait critiquer de particulier dans le comportement de Léna? Pourquoi Léna a-t-elle plus de difficulté que Madeleine à se décider à quitter son mari? **Ce film est-il une critique de l'institution du mariage?** Expliquez votre opinion.

6. *Le Décor et la musique du film*

Dans *Coup de foudre* on voit des Renault 4CV, une grande radio console, un aspirateur Hoover, un grand réfrigérateur, un réveil qui se remonte à la main, des robes, des parfums et des coiffures d'époque, entre autres choses. **Pourquoi ces éléments sont-ils si importants dans ce film?** Quel rapport ont-ils avec l'action et les thèmes du film?

Quelle musique entend-on dans ce film? Quel est son rôle? Voici les paroles de la chanson de Perry Como que nous entendons dans ce film: "I wonder who's kissing her now. Wonder who's teaching her how. Wonder who's looking into her eyes, breathing sighs and telling lies". **Pourquoi ces paroles sont-elles ironiques?** *Visionnez la scène où Michel rentre chez lui* (Extrait 6, 36'00–38'32). En plus de la musique, quelle est l'importance de cette scène? **Qu'est-ce qu'elle nous dit sur le caractère de Michel?** Nous entendons de nouveau cette chanson à la fin du film. **Cette musique est-elle diégétique (dans le monde du film) dans les deux cas?** Quelle importance cela peut-il avoir? **Quel est l'effet particulier de la reprise de cette musique sur l'ambiguïté sexuelle du film?**

7. *Films de femmes et le point de vue de* Coup de foudre

Qu'est-ce qu'il y a dans le point de vue, dans le traitement du regard (celui des personnages, celui du spectateur), qui relève du fait qu'il s'agit ici d'un film fait par une femme? Quelles remarques pouvez-vous faire, à cet égard, sur la scène du cabaret

L'Eléphant blanc où Léna et Madeleine regardent Costa faire son numéro de panto-mime? *Visionnez cet extrait* (Extrait 7, 1h11'20–1h12'43). **Que devient le regard masculin dans le film?** Pensez, par exemple, aux deux hommes qui regardent Léna et Madeleine danser le mambo ensemble dans la boîte à Paris. Comment est-ce que les deux femmes renversent la situation à cet égard? *Visionnez cet extrait aussi* (Extrait 8, 1h25'24–1h26'00).

8. Le Sentiment maternel

Quel rôle le sentiment maternel joue-t-il dans *Coup de foudre?* Y a-t-il une différence entre Léna et Madeleine sur ce plan? Laquelle? **Est-ce que le film porte un jugement sur l'effet du comportement des deux femmes sur leurs enfants?** Quelles scènes se-raient les plus significatives à cet égard? *Visionnez la scène où Michel ramène Sophie à la maison après que Léna et Madeleine l'ont oubliée dans la rue* (Extrait 9, 1h05'18–1h05'56). Une critique soutient que la présence continuelle des enfants encourage les spectateurs à considérer les deux femmes comme de simples amies (Holmlund 152). Etes-vous d'accord?

9. Le Tabou de l'érotisme féminin

Dans la société d'après-guerre, l'érotisme féminin (comme le lesbianisme, évidemment) est toujours un sujet tabou. Comment ce tabou affecte-t-il le comportement de Léna et de Madeleine l'une avec l'autre?

    S'agit-il de lesbianisme dans *Coup de foudre?* On sait que Kurys a refusé d'y mettre des scènes ouvertement lesbiennes, malgré les souhaits de certains financiers du film. Pourquoi, à votre avis? **Y a-t-il pourtant des scènes dans le film qui nous obligent à réfléchir à cette question?** Kael a dit que dans ce film il s'agit de "lesbianisme spiri-tuel", c'est-à-dire de lesbianisme sans sexe (134). **Qu'en pensez-vous?**

    Madeleine fait de la sculpture, et son atelier est rempli de statues de femmes nues. **Est-ce que nous sommes censés prendre cela comme une indication de ses préfé-rences sexuelles?**

    On a beaucoup parlé aussi (en bien et en mal) de "l'ambiguïté" des rapports entre les deux femmes dans ce film. **Trouvez-vous ce film ambigu à cet égard?** Une critique souligne l'importance des regards qu'échangent les deux femmes, regards qui pourraient suggérer soit l'érotisme soit l'amitié (Holmlund 145). Est-ce que cela pourrait contri-buer à l'ambiguïté du film? Quel est le rôle de l'ellipse (ce que nous ne voyons pas) dans la création de l'ambiguïté dans ce film? **L'ambiguïté du film, est-ce une qualité ou un défaut, à votre avis?**

10. L'Hétérosexualité

Quel rôle l'hétérosexualité joue-t-elle dans ce film? Comment contribue-t-elle à l'am-biguïté que beaucoup de critiques voient dans le caractère des deux femmes et dans leurs rapports?

    Dans le train en route pour Paris où elle va rencontrer Madeleine, Léna se laisse caresser par un soldat qui se trouve par hasard dans le même compartiment—et cela sous le regard d'autres soldats, des camarades de celui-ci. *Visionnez cette scène* (Extrait

10, 1h22'18–1h23'13). **Etes-vous d'accord avec Straayer, qui dit que "la scène dans le train réaffirme l'hétérosexualité de Léna"** (55)? Quand Léna raconte cet épisode à Madeleine, elle révèle qu'elle a joui (connu un orgasme) pour la première fois, mais sans aller "jusqu'au bout" (sans pénétration). Et c'est Madeleine qui lui fait comprendre ce qui lui est arrivé. **Peut-on en conclure, comme le fait Straayer plus loin, que Madeleine "est filmiquement responsable de l'orgasme" de Léna?** (55) Détail: le sifflet du train joue-t-il un rôle métaphorique à la fin de la séquence sexuelle?

11. La Société patriarcale

Straayer soutient que ce film "s'attaque plus fortement à la structure patriarcale qu'aux hommes individuels" (54). Bien que le principe de l'égalité absolue entre hommes et femmes soit inscrit dans la Constitution de la IVe République en 1946, la femme n'a toujours pas certains droits dans les années 50 (par exemple, elle a toujours besoin de l'autorisation de son mari pour ouvrir un compte en banque, et elle n'obtiendra ce droit qu'en 1965). **Comment cet aspect de la condition féminine est-il représenté dans ce film?** Autrement dit, comment est-ce que Kurys fait ressortir le caractère patriarcal de la société de cette époque? *Visionnez la scène au garage, puis la scène à la maison* (Extrait 11, 47'26–48'54). **Allez en ligne pour vous renseigner sur les droits des femmes en France dans les années 50.**

12. La Boutique

Que signifie la boutique pour Léna et Madeleine? Une critique prétend que la cassure définitive entre Léna et Michel est provoquée exprès par Madeleine quand elle manifeste sa présence dans la boutique au moment où Michel arrive avec une plante pour fêter l'ouverture. C'est, selon elle, un acte "subversif" dont le but est de provoquer la colère du mari, avec les conséquences que nous savons (Ginsburg 56). **Etes-vous d'accord avec cette interprétation?** *Visionnez cette séquence* (Extrait 12, 1h40'00–1h41'30).

Certains commentateurs prétendent aussi que le gros plan des mains ensanglantées de Michel près de son entrejambe vers la fin de cette scène suggère sa peur de l'émasculation (castration) par le regard féminin (Powrie 70) ou par un monde dominé par les femmes (Tarr et Rollet 245). **Qu'en pensez-vous?**

13. Le Dénouement

Visionnez la dernière scène du film (Extrait 13, 1h45'32–1h48'54). **Comment décririez-vous la manière dont Michel est traité par Léna dans cette scène?**

Kurys dit dans une interview, "Je ne pense pas qu'elles partent pour vivre ensemble. Je pense qu'elles vont rester ensemble, aussi proches, aussi intimes, de façon aussi intense" (Joecker et Sanzio 120). **Est-ce que vous avez la même impression?**

Kurys ajoute qu'elle croit que les rapports entre les deux femmes sont plus sentimentaux et plus sensuels que sexuels: "Je crois qu'en réalité elles cherchent un homme, elles ont probablement envie de reproduire les schémas qu'on leur a mis dans la tête. Si elles ont d'autres aventures, ce ne sera probablement pas avec d'autres femmes, mais ce qu'elles ont trouvé là, entre elles deux, c'est unique" (Joecker et Sanzio 121). **Etes-vous d'accord avec cette interprétation des rapports entre Madeleine et Léna?** Kurys a dit aussi, dans une interview, que les lettres échangées entre sa mère et Madeleine étaient "passionnées" et que les deux femmes, aux dires de sa mère, avaient essayé sans succès d'avoir des relations sexuelles; cela les a fait rire tout simplement. Plus tard, les deux femmes ont eu des liaisons avec d'autres hommes (Pally 52). **Est-ce que ces connaissances biographiques peuvent influer sur l'interprétation de ce film?**

A la fin du film, nous apprenons que le point de vue narratif est celui de Diane Kurys enfant. **Quel est l'effet de cette révélation sur le spectateur?** Comment pourrait-elle affecter, par exemple, notre perception des rapports entre Léna et Madeleine et celle de la séparation des parents de Kurys?

Filmographie de Diane Kurys

1977   *Diabolo menthe*

1979   *Cocktail Molotov*

1983   *Coup de foudre / Entre nous*

1987   *Un homme amoureux*

1990   *La Baule-les-Pins / C'est la vie*

1992   *Après l'amour*

1994   *A la folie*

1999   *Les Enfants du siècle*

2003   *Je reste!*

2005   *L'Anniversaire*

2008   *Sagan*

2013   *Pour une femme*

2016   *Arrête ton cinéma!*

Œuvres consultées

Andreu, Anne. "Ces dames se sont mises à la caméra …". *L'Evénement du jeudi* 13 août 1992: 61.

Audé, Françoise. *Ciné-modèles, Cinéma d'elles*. Lausanne, Suisse: L'Age d'homme, 1981.

Baignères, Claude. "Bouffée d'oxygène". *Le Figaro* 8 avr. 1983: sans pagination.

Baumberger, Jeanne. "Avec *Coup de foudre*, Diane Kurys s'est exorcisée". *Le Provençal* 10 avr. 1983: sans pagination.

Bescós, José-M. "Coup de foudre". *Pariscope* 13 avr. 1983: sans pagination.

Boillon, Colette. "Le Bonheur d'être comédien. Un entretien avec Guy Marchand". *La Croix* 7 avr. 1983: sans pagination.

Breton, Emile. *Femmes d'images*. Poitiers: Messidor, 1985.

Colvile, Georgiana M. M. "Mais qu'est-ce qu'elles voient? Regards de Françaises à la caméra". *The French Review* 67.1 (oct. 1993): 73–81.

Cornuz-Langlois, Nicole. "Diane Kurys: 'Ce sont les détails qui font un film'". *Le Matin* 8 avr. 1983: sans pagination.

Forbes, Jill. *The Cinema in France after the New Wave*. Bloomington: Indiana UP, 1992.

Fournier, Thérèse. "Diane Kurys: en amitié, le coup de foudre est aussi fort qu'en amour". *F Magazine* 14 avr. 1983: 15.

Gastellier, Fabian. "Coup de foudre". *Les Echos* 7 avr. 1983: sans pagination.

Ginsburg, Terri. "*Entre Nous*, Female Eroticism, and the Narrative of Jewish Erasure". *Journal of Lesbian Studies* 4.2 (2000): 39–64.

Holmlund, Christine. "When Is a Lesbian Not a Lesbian?: The Lesbian Continuum and the Mainstream Femme Film". *Camera Obscura* (1991): 145–78.

Jamet, Dominique. "Mais au café de Flore, y'avait déjà des folles . . .". *Le Quotidien de Paris* 6 avr. 1983: sans pagination.

Joecker, Jean-Pierre, et Alain Sanzio. "Coup de foudre pour Diane Kurys". *Masques* 18 (1983): 118–23.

Jullian, Marcel. "Coup de foudre". *V.S.D.* 7 avr. 1983: sans pagination.

Kael, Pauline. "The Current Cinema". *The New Yorker* 5 mars 1984: 130–34.

Kurys, Diane, dir. *Coup de foudre/Entre nous*. Fox Lorber Home Video, 1998.

Leclère, Marie-Françoise. "Les Films-femmes". *Le Point* 4 avr. 1983: sans pagination.

Lejeune, Paule. *Le Cinéma des femmes: 105 femmes cinéastes d'expression française (France, Belgique, Suisse) 1985–1987*. Paris: Editions Atlas Lherminier, 1987.

Maurin, François. "Une histoire d'amitié". *L'Humanité* 7 avr. 1983: sans pagination.

Pally, Marcia. "Come Hither—But Slowly: Dessert with Diane Kurys". *Village Voice* 31 jan. 1984: 52, 62.

Pantel, Monique. "Pour Diane Kurys, le tournage de *Coup de foudre*, c'était le bonheur total". *France-Soir* 7 avr. 1983: sans pagination.

Pascaud, Fabienne. "Coup de foudre". *Télérama* 16 avr. 1983: sans pagination.

Powrie, Phil. *French Cinema in the 1980s. Nostalgia and the Crisis of Masculinity*. Oxford, UK: Clarendon Press, 1997.

Quart, Barbara Koenig. *Women Directors. The Emergence of a New Cinema*. New York: Praeger, 1988.

Rochereau, Jean. "Féminisme bien tempéré". *La Croix* 7 avr. 1983: sans pagination.

Simon, John. "Dishonesty Recompensed". *National Review* 4 mai 1984: 54–56.

Straayer, Chris. "The Hypothetical Lesbian Heroine". *Jump Cut* 35 (avr. 1990): 50–57.

Tarr, Carrie. "Changing Representations of Women in the Cinema of Diane Kurys". *Women in French Studies* 5 (hiver 1997): 233–41.

————. *Diane Kurys*. Manchester, UK: Manchester UP, 1999.

————. "Maternal Legacies. Diane Kurys' *Coup de* foudre (1983)". *French Film: Texts and Contexts*. Ed. Susan Hayward et Ginette Vincendeau. London: Routledge, 2000. 240–52.

Tarr, Carrie, et Brigitte Rollet. *Cinema and the Second Sex. Women's Filmmaking in France in the 1980s and 1990s*. New York: Continuum, 2001.

Thévenon, Patrick. "Ce que Sophie savait". *L'Express* 8–14 avr. 1983: 23.

Tranchant, Marie-Noëlle. "Au bonheur de Diane". *Le Figaro* 6 avr. 1983: sans pagination.

Vincendeau, Ginette. "Women's Cinema, Film Theory and Feminism in France. Reflections after the 1987 Créteil Festival". *Screen* 28.4 (1987): 4–18.

15

André Téchiné

Les Roseaux sauvages

(1994)

André Téchiné, *Les Roseaux sauvages*: François (Gaël Morel) et Serge (Stéphane Rideau) vont à Toulouse à mobylette.

Réalisation ....André Téchiné
Scénario .... André Téchiné, Gilles Taurand, Olivier Massart
Directeur de la photographie........................Jeanne Lapoirie
Son .... Jean-Paul Mugel
Montage ....Martine Giordano
Décors... Pierre Soula
Costumes ....Elisabeth Tavernier
Scripte..Claudine Taulère
Production ....Alain Sarde, Georges Benayoun,
.............................Paul Rozenberg, Chantal Poupaud
Durée 1h50

Distribution

Elodie Bouchez (*Maïté*), Gaël Morel (*François*), Stéphane Rideau (*Serge*), Frédéric Gorny (*Henri*), Michèle Moretti (*Mme Alvarez*), Jacques Nolot (*M. Morelli*)

Synopsis

Printemps 1962, un mariage apparemment anodin dans un coin tranquille du sud-ouest. Mais Pierre, le marié, doit retourner faire son service militaire en Algérie, où l'OAS fait régner la terreur à deux mois de l'indépendance. Mme Alvarez, son ancienne professeure de français, une militante communiste, ne veut pas l'aider à déserter. De son côté, Serge, le frère de Pierre, se fait éconduire par Maïté, la fille de Mme Alvarez, qui refuse son invitation à danser car elle préfère discuter avec François, un camarade de classe de Serge que ce dernier connaît à peine.

De retour à l'internat, Serge cherche à sympathiser avec François afin qu'ils s'entraident pour préparer le bac . . . et séduire les filles. Ils échangeront aussi des caresses, jeux érotiques sans suite pour Serge, mais expérience très troublante et déterminante pour François. Henri, le nouveau du lycée, s'invite dans leur amitié naissante. Il est pied-noir et sympathisant de l'OAS, ce qui n'est pas du goût de Maïté, communiste comme sa mère, ni de Serge, qui apprend bientôt la mort de son frère en Algérie. Commence alors un ballet de désirs et de répulsion entre les quatre protagonistes, dans lequel Henri joue les trublions.

Le Réalisateur

Cinéaste, scénariste et acteur occasionnel, André Téchiné (1943–) a réalisé plus de vingt-cinq films depuis le début des années 70. Comme François dans *Les Roseaux sauvages*, une sorte d'alter ego selon lui, Téchiné était un adolescent doué en classe et passionné de cinéma. Il a quitté son Sud-Ouest natal—le décor des *Roseaux*—pour faire des études cinématographiques à Paris, où il est devenu critique aux *Cahiers du cinéma* (1964–68) et assistant réalisateur.

Téchiné avoue qu'il a fait ses premiers films en réaction à la Nouvelle Vague, même s'il défendait souvent les cinéastes de ce mouvement dans les *Cahiers*. Ses premiers longs métrages se caractérisent en effet par une grande recherche formelle. Il connaît la réussite avec la sortie de *Souvenirs d'en France* (1975), une saga familiale du Front populaire aux années 70 avec Jeanne Moreau. Téchiné décrit son film suivant, *Barocco* (1976), un polar avec Isabelle Adjani et Gérard Depardieu, comme une "réflexion sur l'expressionnisme dans le cinéma américain qui m'avait marqué" (Kaganski). Il enchaina avec *Les Sœurs Brontë* (1979), un film d'époque.

De l'avis des critiques et de Téchiné lui-même, le mélancolique *Hôtel des Amériques* (1981), histoire d'une rencontre entre un jeune paumé et une veuve qui n'arrive pas à faire son deuil, marque un tournant vers plus de réalisme dans sa cinématographie. Il s'agit aussi de sa première collaboration avec Catherine Deneuve, qui deviendra sa comédienne-fétiche, et du premier film dans lequel il introduit un personnage (secondaire) homosexuel. "Peu à peu", dit-il à propos de sa propre évolution, "j'ai construit mes propres films dans mon coin et me suis libéré non seulement de ma réaction à la Nouvelle Vague, mais aussi de la tutelle imaginaire de cinéastes qui m'avaient donné envie de faire du cinéma", au rang desquels on compte Murnau, Tourneur, Dreyer, Renoir, Rossellini et Demy, entre autres (Kaganski).

Il signa ensuite quelques drames bien reçus qui révélèrent aussi de nouveaux talents. En 1985 *Rendez-vous*, une histoire de triangle amoureux, fut récompensé par le Prix de la mise en scène à Cannes et révéla Juliette Binoche. *Les Innocents* (1987), quatre nominations et un prix aux Césars, est le récit d'un autre triangle amoureux qui montre l'intérêt de Téchiné pour les questions de société—la montée du Front national dans ce cas. On y remarque Abdellatif Kechiche, futur cinéaste (réalisateur de *L'Esquive*; voir Chapitre 8), dans son deuxième rôle au cinéma. *J'embrasse pas* (1991) développe un thème favori de Téchiné, l'histoire d'un provincial qui rêve d'ailleurs, interprété ici par Manuel Blanc, lauréat du César du Meilleur espoir masculin.

Téchiné obtint son plus grand succès critique et public dans les années 90. *Ma saison préférée* (1993), six nominations à Cannes et sept aux Césars, aborde un de ses sujets de prédilection, les relations familiales difficiles. Daniel Auteuil et Catherine Deneuve y campent un frère et une sœur désunis qui se retrouvent auprès de leur mère en fin de vie.

Selon la critique, *Les Roseaux sauvages* marque l'aboutissement du cheminement de Téchiné d'un cinéma formaliste à un style plus classique mais personnel, qui rappelle à Lalanne le parcours de Truffaut: "On peut voir dans cette trajectoire un mouvement similaire [. . .]. Le désir de Truffaut, comme celui de Téchiné, ne semble pas avoir été de faire autre chose que du cinéma classique, mais plutôt de le faire autrement" (Lalanne, *Roseaux Sauvages* 17).

Téchiné a réalisé depuis une dizaine de films qui reprennent certaines thématiques de ses œuvres antérieures. Parmi les plus remarqués, mentionnons *Les Voleurs* (1996), un film noir sur les relations familiales avec le duo Auteuil-Deneuve, dans lequel Deneuve incarne une professeure de philosophie lesbienne. *Loin* (2001) est situé à Tanger, au Maroc, où l'on retrouve le Serge des *Roseaux sauvages* dans le rôle principal, toujours interprété par Stéphane Rideau. Celui-ci a raté son bac et travaille comme chauffeur routier entre l'Europe et le Maroc, où il retrouve sa petite amie et son copain d'enfance pendant les escales. Le trafic de drogue et l'immigration clandestine forment le contexte du film, dans lequel on retrouve aussi François, maintenant cinéaste, qui est venu présenter un film de Renoir au ciné-club local.

Les films suivants mettent en scène des rencontres entre hommes et femmes d'âge mûr dont certains n'ont pas coupé le cordon avec leur passé (*Les Temps qui changent* avec le couple mythique Deneuve-Depardieu en 2004, et *Impardonnables*, filmé à Venise, en 2011). Ils traitent de questions de société telles que le SIDA dans *Les Témoins* (2007) et les tensions religieuses et ethniques dans *La Fille du RER* (2009), dans lequel une jeune femme mythomane affirme avoir été victime de violences antisémites perpétrées par des hommes de couleur. Ce film est inspiré d'un fait divers, de même que le thriller *L'Homme qu'on aimait trop* (2014), basé sur la disparition de la fille d'une propriétaire de casino. Dans son dernier film, *Quand on a 17 ans* (2016), Téchiné revisite un des thèmes des *Roseaux sauvages*, la découverte de l'homosexualité à l'adolescence. Ce sujet très personnel lui tient à cœur. En 2009, il a d'ailleurs présidé le jury d'un concours de scénarios contre l'homophobie intitulé "Jeune et homo sous le regard des autres", qui était organisé par le ministère de la Jeunesse et des sports et l'Institut national de prévention et d'éducation pour la santé.

Avec ses quelque soixante-dix nominations et ses six prix, dont le Prix René Clair récompensant l'ensemble de son œuvre en 2003, Téchiné est un grand nom du cinéma français. Il a fait des films de genre et des œuvres personnelles parfois autobiographiques, et il a tourné avec des inconnus—qui ne le sont plus grâce à lui—et des comédien(ne)s de prestige (ajoutons Marie-France Pisier, Isabelle Huppert et Emmanuelle Béart aux noms déjà cités). Ses films expriment l'esprit du temps et touchent à des sujets de société (la drogue, le SIDA, la prostitution, la délinquance, la politique, l'immigration, l'identité sexuelle) sans "tomber dans le poster sociologique" et sans délivrer de thèse ou de message, comme il s'en défend lui-même (Kaganski). Ce que Téchiné aime avant tout, c'est filmer "les moments où on se remet en question et où tout ce qu'on a construit vous échappe en partie et vous paraît étrange. S'il y a un sujet qui parcourt tous mes films", dit-il, "c'est le dépaysement humain" (Roth-Bettoni 51).

La Genèse et la réalisation

Les Roseaux sauvages est la version longue d'un téléfilm intitulé *Le Chêne et le roseau* commandé à Téchiné par la chaîne de télévision Arte. Arte avait décidé de produire une série de neuf téléfilms d'environ une heure chacun, *Tous les garçons et les filles de leur âge*, sur le passage à l'âge adulte dans les années 60, 70 et 80. Les producteurs en ont confié la réalisation à des cinéastes qui avaient dix-huit ans au moment de l'histoire. C'était le cas pour Téchiné au début des années 60, période dans laquelle se situe *Les Roseaux sauvages*. Arte a fixé d'autres contraintes: les films devaient être autobiographiques, inclure une scène de fête avec des adolescents et des chansons populaires de l'époque, et mêler le sentiment amoureux et le contexte politique. Le tournage devait durer entre une et trois semaines, avec un budget limité.

Téchiné a répondu favorablement car il considérait ce projet comme une récréation après *Ma saison préférée*, son succès de l'année précédente. Il appréciait d'être dégagé de toute responsabilité financière, mais le thème ne l'inspirait pas particulièrement: "une love story d'ados, ça me cassait un peu les pieds", dit-il (Lalanne, "Pour la sortie"). C'est seulement quand il s'est remémoré l'intrusion de la guerre d'Algérie en la personne d'un élève pied-noir dans son lycée de province que le film a pris corps. Téchiné et ses collaborateurs ont écrit le scénario du téléfilm, qui se terminait sur François en train de lire une fable de La Fontaine, "Le Chêne et le Roseau". Puis ils ont eu envie de prolonger le scénario pour développer les fils narratifs en suspens, mieux entremêler l'aspect politique et l'aspect sexuel et approfondir le personnage de Maïté.

Téchiné a utilisé la guerre d'Algérie comme "fil conducteur sous-terrain du film". Il voulait montrer la manière dont elle a retenti dans un "coin perdu de la France profonde" en la rendant de plus en plus présente au cours du récit pour qu'elle oblige les personnages à se définir (Jousse 13). Même si sa famille et ses proches n'ont pas été personnellement affectés par ce conflit, le jeune Téchiné a vécu un des éléments déclencheurs de l'intrigue, qui lui a ouvert des perspectives: "L'arrivée d'un pied-noir dans un lycée, je l'ai vraiment vécue. Et je suis passé ainsi d'une sorte d'idéologie catholico-progressiste [...] et de l'idéologie communiste, puisque les professeurs étaient communistes, à un autre son de cloche que j'ignorais ou plutôt auquel je ne m'étais jamais frotté et qui était pour moi l'autre absolu" (Roth-Bettoni 51). Il avait pourtant filmé un personnage d'extrême droite dans *Les Innocents* (1987), mais pas dans le contexte algérien.

En réalisant *Les Roseaux sauvages*, Téchiné souhaitait faire une réflexion sur l'expérience qui s'acquiert mais ne se transmet pas: "Les humains se trompent toujours. On a affaire dans la vie à une succession de corrections, et ce sont ces corrections que j'ai envie de montrer comme la seule forme d'apprentissage possible" (Roth-Bettoni 51). En particulier, il voulait filmer ce qui se passe quand des personnages aux opinions opposées se rencontrent: "Je n'ai pas cherché à faire un film politiquement correct [...]. Je souhaitais un face-à-face avec l'ennemi qui ne se passe pas comme on pourrait le prévoir, et qui soit une remise en cause réciproque" (Jousse 13).

Le film a été tourné à Villeneuve-sur-Lot, au sud-ouest de la France, dans le collège que Téchiné avait fréquenté et dans les paysages qu'il connaissait. Le réalisateur a utilisé deux caméras en seize mm qui lui ont permis d'introduire une part d'improvisation et d'obtenir un jeu plus naturel (l'acteur donnant la réplique étant toujours devant une caméra au lieu d'être hors champ dans le classique champ-contrechamp à une seule caméra, technique que Téchiné voulait éviter). A son habitude, il a tourné chaque scène comme s'il s'agissait d'un court métrage, sans souci de continuité narrative (Kaganski). Les acteurs ne connaissaient de l'histoire que la partie qu'ils étaient en train de tourner (Jousse 13). Cette approche a rendu le tournage très facile et agréable ("[il] s'est déroulé dans un climat de jubilation, d'euphorie, avec une ivresse de liberté que je n'avais jamais connue", dit Téchiné). Par contre, le montage a duré six mois et s'est avéré compliqué "parce qu'il a fallu à ce moment-là donner une forme cohérente et introduire une continuité" (Roth-Bettoni 50).

Téchiné trouve paradoxal qu'un film de commande soit devenu son plus grand succès, et il a été très surpris par sa réception. Dans son esprit, il avait fait un film sur un sujet politique, la guerre d'Algérie, mais les spectateurs et les critiques y ont surtout vu une histoire sur la découverte de l'homosexualité. Il explique: "Le film a circulé dans les festivals gays, aux USA; au risque de paraître prétentieux, je suis même devenu une idole gay (rires). La découverte de l'orientation sexuelle par un adolescent avait un caractère inédit et du coup la guerre d'Algérie est passée à l'as (rires). C'est souvent comme ça, on ne prémédite pas ce que vont retenir les spectateurs des films" (Lalanne, "Pour la sortie").

Il aimerait surtout qu'on tire une leçon de vie du film: "Si *Les Roseaux sauvages* ne témoigne pas et ne débouche pas sur le goût de la vie, ce film n'a pas de nécessité" (Degoudenne 64).

Les Interprètes

Pour réaliser *Les Roseaux sauvages*, Téchiné s'est entouré d'un groupe de nouveaux venus pour incarner les jeunes et de quelques acteurs professionnels dans les rôles d'adultes. A son habitude, il s'est révélé expert au casting, car ses trois interprètes adolescents ont été nommés au César du Meilleur jeune espoir masculin et qu'Elodie Bouchez a remporté le César du Meilleur jeune espoir féminin. D'autre part, ils ont tous fait carrière au cinéma.

Gaël Morel (François) a joué dans six films après *Les Roseaux sauvages*, y compris *Loin* de Téchiné, où il incarne un personnage secondaire qui est cinéaste. Il est devenu réalisateur dès 1995 et a tourné ses deux premiers longs métrages, *A toute vitesse* (1996) et *Premières neiges* (1999) avec deux des acteurs des *Roseaux*, Elodie Bouchez et Stéphane Rideau, dans les rôles principaux. Morel a réalisé une dizaine de films à ce jour. Son quatrième long métrage, *Après lui*, un drame avec Catherine Deneuve, égérie de son mentor Téchiné, a reçu quatre nominations à la Quinzaine des Réalisateurs à Cannes en 2007.

Stéphane Rideau (Serge) a tenu le rôle principal dans *Loin* et a joué dans vingt-cinq films, y compris six des huit films de Gaël Morel. Il a aussi épaulé Téchiné en tant que Directeur du casting pour *La Fille du RER* (2009).

Frédéric Gorny (Henri) est lui aussi devenu comédien. Il a joué dans une trentaine de courts et longs métrages et de séries télévisées. Il est surtout connu pour sa participation aux douze saisons d'*Avocats associés*, une série judiciaire.

Élodie Bouchez avait joué dans quelques films avant *Les Roseaux sauvages*, mais c'est sa prestation dans ce film qui l'a rendue célèbre. Son talent fut confirmé quelques années et une quinzaine de films plus tard par l'obtention de trois récompenses prestigieuses pour son interprétation d'Isa dans *La Vie rêvée des anges*: le César de la Meilleure actrice, le Prix d'interprétation féminine à Cannes et le Prix Lumières de la Meilleure actrice (voir Chapitre 7, consacré à ce film). Elle a joué dans plus de soixante-dix films et séries télévisées en France et aux Etats-Unis, y compris plusieurs films de Gaël Morel et les séries américaines *Alias* et *The L Word*.

Les rôles des professeurs sont endossés par des comédiens connus. Michèle Moretti (Mme Alvarez) a joué dans une centaine de films depuis les années 60. Elle a reçu le César de la Meilleure actrice dans un second rôle dans *Les Roseaux sauvages*, sa septième collaboration avec Téchiné. La rencontre avec le cinéaste a été déterminante aussi pour Jacques Nolot (M. Morelli), acteur—plus de soixante films à son actif—, scénariste, réalisateur et écrivain. Comme Moretti, il a joué dans sept films de Téchiné, et il a aussi collaboré à deux œuvres de ce dernier: il a écrit le scénario de *J'embrasse pas* à partir d'un récit de sa propre vie, et il a fourni la matière du moyen métrage *La Matiouette*, adapté de sa pièce du même nom. Comme son ami Téchiné, Nolot était homosexuel et originaire du Sud-Ouest. Ses écrits, comme ses quatre films, parlent d'homosexualité. Il a reçu des nominations à la Quinzaine des Réalisateurs et au Prix Delluc pour *Avant que j'oublie* (2007), l'histoire d'un écrivain quinquagénaire en panne d'inspiration.

Téchiné aime suivre ses comédiens et leur servir de mentor. La réussite des jeunes interprètes des *Roseaux sauvages* et le fait qu'ils ont collaboré dans des projets ultérieurs montre que Téchiné a su leur insuffler le goût du cinéma et créer une grande complicité entre eux.

La Réception

Les Roseaux sauvages a reçu un accueil critique et populaire enthousiaste. Il a été présenté dans la section Un Certain Regard à Cannes (qui regroupe une vingtaine de films originaux et audacieux réalisés pour la plupart par de jeunes cinéastes), où les spectateurs lui ont fait une ovation debout pendant dix minutes (Lalanne, *Roseaux Sauvages* 6). Le film a reçu le prix Louis-Delluc en 1994 et, l'année d'après, deux nominations et quatre prix aux Césars: le prix du Meilleur film, du Meilleur réalisateur, du Meilleur scénario et du Meilleur jeune espoir féminin; une nomination pour le César de la Meilleure actrice dans un second rôle pour Michèle Moretti, et une autre pour le Meilleur jeune espoir masculin pour l'ensemble formé par Gaël Morel, Stéphane Rideau et Frédéric Gorny. A l'étranger, *Les Roseaux sauvages* a représenté la France aux Oscars et il a été récompensé par le prix du Meilleur film étranger par la Los Angeles Film Critics Association, le New York Film Critics Circle et la National Society of Film Critics.

Les critiques louent la spontanéité et le lyrisme du film, la manière dont il reproduit la vie sans exprimer de thèse et sans faire des personnages les représentants de tel ou tel groupe. "Si *Les Roseaux sauvages* est, par son origine, un film 'sur' la jeunesse", écrit Euvrard, "alors c'est aussi un film 'sur' la province, 'sur' la guerre d'Algérie, 'sur' l'homosexualité . . . En réalité, ce n'est pas un film 'sur' quoi que ce soit mais, à une échelle modeste, une œuvre véritable qui, à partir de ces éléments-là (et d'autres), recrée d'une manière qui semble organique, la vie" (31).

Quelques opinions discordantes se font aussi entendre, même si leurs auteurs ont par ailleurs apprécié le film. Frodon reproche par exemple à Téchiné son utilisation trop explicite de la fable de La Fontaine comme grille de lecture du film, et donc comme message. A son avis, le cinéaste crée aussi une dichotomie trop forte dans l'attitude à adopter face à l'OAS: d'un côté, "l'indifférence hédoniste" et les baignades dans la rivière, de l'autre "le raidissement borné", c'est-à-dire le rejet ou l'approbation catégorique prônés par certains personnages.

On loue aussi l'importance de la nature dans le film: "[Elle] garde, comme chez Renoir, un 'visage humain', entre en résonance avec les vibrations des personnages, qui en retour semblent investis par une germination quasi végétale" (Kohn). Dans la même veine, Vatrican écrit de la longue séquence de la baignade qu'"il s'en dégage la saveur toute renoirienne d'une vie captée dans son plus intime surgissement, dans sa fragilité inaugurale" (11). Si la filiation avec Renoir semble la plus remarquée, certains critiques mentionnent aussi les similarités avec Truffaut dans la "maturité innocente" de ses jeunes interprètes (Degoudenne 64) et dans les scènes où l'on voit François devant le miroir et chez le marchand de chaussures, scènes qui "se placent dans la filiation de *Baisers volés* de Truffaut" (Horguelin 55).

Les critiques voient plus que tout dans *Les Roseaux sauvages* une libération du formalisme et de la théâtralité des films précédents du réalisateur: "Le Téchiné que l'on voit surgir là n'a guère de parenté dans la filmographie du cinéaste", écrit Benjo; "Il y a un véritable plaisir à le voir s'affranchir de ses maniérismes dans ce qui est sans doute son film le plus libre et le plus délié à ce jour", renchérit Horguelin. Pour Murat, "*Les Roseaux sauvages* est, sans nul doute, le film le plus personnel que Téchiné ait tourné depuis longtemps. Et le plus réussi. On le sent libre". Lalanne pense que le film trouve le bon équilibre entre la nouveauté et les thèmes déjà traités par Téchiné, et qu'il ressemble à la fois à une sonate et à une symphonie, "sonate parce que Téchiné s'essaie à nouveau à une structure de production légère, avec des acteurs peu connus [. . .]. Symphonie parce qu'il réorchestre la plupart des motifs de ses compositions précédentes" (*Roseaux Sauvages*).

Gaspéri, quant à elle, y voit le film-phare sur les années 1960. Elle estime que Téchiné a bien dépeint l'impact de la guerre d'Algérie sur les jeunes de cette époque. La présence de ce conflit dans le film "montre comment s'est fabriquée l'étoffe d'une génération qu'on a dit perdue et qui déjà prépare Mai 68".

Le Contexte: la guerre d'Algérie

L'histoire des *Roseaux sauvages* se passe aux environs de mai et juin 1962, pendant les derniers mois de la guerre d'Algérie (1954–62), qui opposa le gouvernement français au Front de libération nationale (FLN) algérien et se termina par l'indépendance de l'Algérie en juillet 1962. On peut dater l'action des *Roseaux* grâce à quelques événements mentionnés dans le film, qui seront explicités plus bas.

La guerre d'Algérie a marqué les mémoires parce qu'elle a été particulièrement brutale et que l'Algérie, contrairement aux autres colonies françaises d'Afrique et d'Asie, était une colonie de peuplement. De nombreuses familles françaises s'y étaient installés à partir de la prise d'Alger en 1830 et composaient entre dix et douze pourcent de la population—soit environ un million de personnes—aux alentours de 1954. Les "pieds-noirs", comme on appelait les Français d'Algérie, possédaient une grande partie des richesses du territoire. Le reste de la population (à peu près quatre-vingt-dix pour cent) était constitué de personnes d'origine arabo-berbère et de religion musulmane qui, dans leur grande majorité, travaillaient pour les colons. Dans le film, Henri est un pied-noir né près de Constantine où ses parents tenaient une boulangerie.

Encouragés par les nombreux mouvements de décolonisation après la Deuxième Guerre mondiale et l'exemple de l'Indochine, qui était sortie de l'Empire colonial français en 1954 à l'issue d'une guerre sanglante, les nationalistes algériens ont créé le FLN en 1954 et ont commencé à perpétrer des attentats qui ont été très durement réprimés. Dans le film, on peut penser que le père d'Henri a été tué par une bombe posée par le FLN. Pour lutter contre cette violence, la France a envoyé davantage de soldats de métier ainsi que des jeunes faisant leur service militaire obligatoire. Pierre, le frère de Serge, fait partie de ce dernier groupe.

Le conflit a engendré une crise politique en France qui a causé la chute de la IVe République. On a alors fait appel au général de Gaulle, qui avait pour tâche de préparer une nouvelle constitution et de résoudre le problème algérien. Initialement, de Gaulle était pour le maintien de l'Algérie française, et cela a donné espoir aux colons, surtout lorsqu'il a prononcé une formule devenue célèbre, "Je vous ai compris", lors de son discours du 4 juin 1958 à Alger. Les Français d'Algérie ont interprété cette formule assez vague comme une marque de soutien. Mais de Gaulle a vite jugé que la survie de l'Algérie française était impossible, et il a proposé à toute la population d'Algérie et de France métropolitaine un "référendum sur l'autodétermination en Algérie" le 8 janvier 1961 (il fallait décider si les populations vivant en Algérie avaient le droit de décider seules de leur avenir). Soixante-quinze pour cent des votants ont répondu oui (mais seulement soixante-neuf pour cent en Algérie et vingt-huit pour cent à Alger, où était concentrée la population française). Les pieds-noirs se sont sentis trahis par de Gaulle et par les Français de la métropole. Dans le film, Henri exprime ce sentiment dans sa composition pour Mme Alvarez et lorsqu'il cite la formule "Je vous ai compris" sur un ton ironique lors d'une discussion avec M. Morelli.

A la suite de ce référendum, les opposants à l'indépendance de l'Algérie se sont mobilisés. Ils ont créé un groupe terroriste, l'OAS (l'Organisation de l'Armée Secrète), qui a organisé des attentats sur tout le territoire français à partir de 1961. En Algérie, une petite faction de l'armée, menée par quatre généraux (dont le général Salan), a fait une tentative de coup d'état manquée le 22 avril 1961 pour s'opposer aux négociations. Les généraux ont été condamnés à des peines de prison, sauf Salan, qui a réussi à s'enfuir et a dirigé l'OAS jusqu'à son arrestation un an plus tard. Il a été condamné à la détention à perpétuité lors de son procès le 23 mai 1962. Dans le film, Henri apprend cette nouvelle à la radio, et il est si déprimé qu'il n'arrive pas à se concentrer sur son travail. Il dit à M. Morelli à propos de Salan: "le seul qui voulait nous sauver! Ils l'écrasent, ils le trainent dans la boue".

Les négociations entre le gouvernement français et le FLN ont mené aux accords d'Evian (18 mars 1962), qui ont imposé la fin des combats et prévu un référendum sur l'indépendance de l'Algérie. Ce référendum fut approuvé par 90,7 pour cent des votants en France métropolitaine le 8 avril 1962 et par 99,72 pour cent des votants en Algérie le

1er juillet. *Les Roseaux sauvages* a lieu après le référendum métropolitain (c'est la raison pour laquelle Mme Alvarez dit à Pierre qu'il n'a plus besoin de déserter, car le cessez-le-feu est en vigueur et que l'indépendance est proche).

Malgré les accords d'Evian, la situation était extrêmement dangereuse en Algérie, car l'OAS, qui rejetait l'indépendance, faisait régner la terreur en s'attaquant à l'armée française aussi bien qu'au FLN. Dans le film, on apprend que Pierre a été tué dans une opération de l'OAS.

La grande majorité des pieds-noirs (800 000 environ) ont choisi de quitter l'Algérie en 1962 et ont été rapatriés en masse, comme on le voit dans le reportage télévisé qu'Henri regarde dans le film. 150 000 autres suivront avant la fin des années 60. Un grand nombre se sont installés dans le sud de la France dans des conditions souvent précaires, car il n'y avait pas assez de logements. C'est le cas de la mère d'Henri, qui habite avec une famille pied-noir de sa connaissance à Marseille.

DOSSIER PÉDAGOGIQUE

Qu'est-ce qui se passe dans ce film?

1. Pourquoi Pierre a-t-il décidé de se marier, et comment a-t-il trouvé sa femme?

2. Pourquoi est-ce que Mme Alvarez a été invitée au mariage?

3. Au lycée, qui est le nouvel élève, et comment se comporte-t-il en classe?

4. Pourquoi est-ce que Serge et François sont sortis de la salle de classe pendant un examen pour se retrouver aux toilettes? Comment Henri a-t-il interprété cette rencontre?

5. Qu'est-ce que François a avoué à Maïté quand ils étaient à la boum? Comment a-t-elle réagi?

6. Qu'est-ce qui est arrivé au père d'Henri? Comment Henri a-t-il vécu cet événement?

7. Qu'est-ce qui s'est passé quand Serge, François et Henri se sont retrouvés aux toilettes une nuit, après la mort de Pierre?

8. Pourquoi M. Morelli a-t-il remplacé Mme Alvarez?

9. Que pense M. Morelli de l'attitude d'Henri? Comment propose-t-il de l'aider?

10. Où est-ce qu'Henri est allé après avoir raté son train? Qu'est-ce qu'il voulait faire? Qu'est-ce qui s'est passé?

11. Dans quel magasin est allé François pendant que Maïté achetait un maillot de bain? Pourquoi?

12. Qu'est-ce que François, Maïté et Serge ont fait en attendant les résultats du bac? Qui s'est joint à eux? Racontez ce qui s'est passé.

Vrai ou Faux?

Si la phrase est fausse, corrigez-la!

1. Pierre et son frère Serge sont issus d'une famille de riches paysans.

2. Mme Alvarez trouve la composition d'Henri trop narcissique et trop abstraite.

3. Henri reproche aux Français de métropole d'être indifférents à la situation des Français d'Algérie.

4. Henri vient d'arriver d'Algérie avec les autres pieds-noirs rapatriés en métropole.

5. François a changé de lit avec Serge pour se rapprocher d'Henri.

6. Dans la fable de La Fontaine lue par François, le roseau est détruit par la tempête, mais le chêne, plus fort, survit.

7. Pendant l'absence de sa mère, Maïté est allée vivre chez François.

8. Henri a quitté le lycée car il était déprimé d'apprendre que le général Salan, le chef de l'OAS, avait été condamné à la prison à vie.

9. La mère d'Henri a préféré rester en Algérie malgré la situation politique.

10. Quand François va voir M. Cassagne, celui-ci lui dit qu'il a eu de grandes difficultés à accepter son homosexualité quand il était adolescent.

11. Lors de la sortie au bord de la rivière, François pense que Maïté s'intéresse à Henri et qu'elle et Henri vont pouvoir devenir de bons amis.

12. Henri a vendu la montre de son père pour faire le deuil de son passé.

Contrôle des connaissances

1. Qu'est-ce qui caractérisait les premiers films de Téchiné, et pourquoi *Hôtel des Amériques* marque-t-il un tournant dans son cinéma?

2. Quel autre film très primé Téchiné a-t-il réalisé dans les années 90?

3. Quels films de Téchiné abordent le thème de l'homosexualité?

4. Pourquoi a-t-on demandé à Téchiné de réaliser le téléfilm sur lequel est basé *Les Roseaux sauvages*?

5. Qu'est-ce qui l'a surpris dans la réaction des critiques à la sortie des *Roseaux*?

6. Quel(le) comédien(ne) est devenu(e) célèbre grâce à ce film et a fait une grande carrière dans le cinéma par la suite?

7. A quel réalisateur célèbre est-ce qu'on a comparé Téchiné dans les commentaires sur *Les Roseaux sauvages*, et pourquoi?

8. Comment appelait-on les Français d'Algérie et quelle était leur situation au début de la guerre?

9. Pourquoi les Français d'Algérie se sont-ils sentis trahis par de Gaulle et abandonnés par les Français de la métropole?

10. Qu'est-ce que c'était que l'OAS, et quel rôle est-ce que cette organisation a joué pendant la guerre?

11. Pourquoi est-ce que le personnage d'Henri dans *Les Roseaux sauvages* vénérait le général Salan?

12. Qu'est-ce que de très nombreux Français d'Algérie ont fait après le référendum de 1962 sur l'indépendance de l'Algérie?

Pistes de réflexion et de discussion

1. L'Entrée en matière: le mariage

Quel est l'intérêt de commencer le film par une fête? Qu'est-ce qu'on apprend sur le milieu dont sont issus Serge et son frère Pierre? Quels personnages sont introduits?

Où est-ce que François aurait préféré aller? Lorsqu'il raconte à Maïté un film qu'il a vu récemment (il s'agit d'*A travers le miroir* d'Ingmar Bergman), il dit qu'il a particulièrement aimé l'héroïne parce qu'"elle doit choisir son camp et c'est un combat épuisant". **Peut-on voir dans ce commentaire une allusion à ce qui va arriver à certains personnages?**

La chaîne de télévision Arte, qui a commandé le film à Téchiné, exigeait que le film comporte un thème personnel et un thème politique. Comment Téchiné a-t-il incorporé ces deux éléments dans la séquence d'ouverture? Quelle est la situation personnelle de Pierre par rapport à la guerre? Que veut-il faire? Pourquoi espère-t-il que Mme Alvarez va pouvoir l'aider?

Lorsque Pierre, déçu par la réaction de Mme Alvarez, arrête la musique, la cuisinière entonne le refrain d'un hymne du peuple occitan, "Se Canto", que l'on entend souvent lors de manifestations culturelles et sportives. **Comment cette évocation du peuple occitan, qui se sent souvent dominé par le pouvoir politique centralisé à Paris, pourrait-elle être pertinente à ce film?**

2. Les Personnages

+ *François*

De quel milieu François vient-il? Quels sont ses intérêts? Pourquoi Serge pense-t-il que lui et François pourraient être de bons amis?

Dans les entretiens, Téchiné est d'accord pour dire que François est son double. **Quels éléments du récit suggèrent cela, au vu de l'introduction à ce film?**

Comment François découvre-t-il son homosexualité? *Visionnez la scène où François, Henri et Serge quittent la salle de classe pour aller aux toilettes* (Extrait 1, 16'50–19'10). Pourquoi Serge voulait-il que François le retrouve aux toilettes? Quels principes de vie François et Serge évoquent-ils tous les deux dans leur discussion? **Pourquoi François change-t-il d'avis sur le devoir de mathématiques?** A la fin de leur conversation, comment interprétez-vous les gros plans sur François en train de prendre le devoir, puis sur Serge et enfin sur François? Quel est le rôle d'Henri à la fin de cette scène?

Comment Maïté aide-t-elle François à reconnaître et assumer son orientation sexuelle? Par exemple, que dit-elle quand il lui avoue qu'il a couché avec Serge? Comment explique-t-elle, plus tard, la fascination soudaine de François pour Henri? *Visionnez la séquence dans laquelle François avoue son homosexualité* (Extrait 2, 50'00–53'25). Qu'est-ce que François finit par avouer en ce qui concerne Serge et Henri? Comment Maïté le rassure-t-elle?

Dans la scène où François se regarde dans le miroir (fin de l'Extrait 2), **pourquoi répète-t-il "Je suis un pédé" de plus en plus fort?** Comment Téchiné filme-t-il l'image du visage de François dans les miroirs? Quelle signification symbolique peut-on trouver dans cette progression?

Comment la découverte de son homosexualité affecte-t-elle les principes de François et ses idées sur les gens? Par exemple, comment son intérêt pour Serge affecte-t-il son intégrité d'élève? Au début de l'Extrait 2 comment change-t-il d'opinion sur Henri une fois qu'il se sent attiré par lui?

Quel est le rôle de François dans les relations triangulaires qu'il entretient avec Maïté et Serge, Serge et Henri, et Maïté et Henri? Dans le cas du trio François-Serge-Henri, comment Téchiné montre-t-il le rôle de François dans la mise-en-scène au début de l'Extrait 1, quand François arrive aux toilettes?

+ *Maïté*

Sur quoi est basée l'amitié de Maïté pour François? Qu'est-ce que nous apprenons sur l'ambivalence de Maïté en ce qui concerne les relations sexuelles dans la scène de la boum (une scène de fête avec des adolescents exigée par Arte)? *Visionnez cette scène* (Extrait 3, 27'30–30'30). Comment réagit-elle à l'aveu de François? Quel impact cet aveu va-t-il avoir sur leur relation?

Quand Maïté accompagne Serge à la rivière pendant l'enterrement de Pierre, il lui demande si elle a connu des garçons. Que lui répond-elle? **Qu'est-ce qu'elle pense de la période de l'adolescence?** Pourquoi Maïté tient-elle Serge, en particulier, à distance (rappelez-vous qu'elle avait refusé de danser avec lui pendant la noce au début du film)?

Revisionnez la scène dans laquelle François parle d'Henri à Maïté (début de l'Extrait 2, 50'00–50'55). Comment réagit Maïté quand François lui dit qu'il aimerait qu'elle fasse la connaissance d'Henri? En quels termes parle-t-elle des partisans de l'OAS? Comment est-ce que la manière dont elle a été élevée pourrait expliquer cette attitude? **Que répond Maïté quand François lui dit qu'elle est trop sectaire et ne comprend pas Henri?** D'après vous, pourquoi est-elle si énervée dans cette scène?

Pourquoi la maladie de sa mère est-elle un tournant pour elle? *Visionnez une séquence de sa visite chez François* (Extrait 4, 1h06'05–1h07'17). Quel genre de discours la mère de Maïté tient-elle pendant sa maladie? Pourquoi est-ce si troublant pour Maïté?

Que ressent Maïté lorsqu'elle fait la connaissance d'Henri au local du PC (Parti communiste)? Qu'est-ce qui la décide, par exemple, à l'inviter à boire un café, puis à passer la nuit? Pourquoi change-t-elle finalement d'avis, et pourquoi pleure-t-elle quand il part?

+ *Serge*

Comment Serge se distingue-t-il de François et de Maïté? Comment imagine-t-il son avenir? **Pour lui, que signifie le fait d'avoir couché avec François?** Pourquoi envisage-t-il d'épouser la femme de son frère?

Comment expliquez-vous l'animosité de Serge à l'égard d'Henri avant même la mort de Pierre?

+ *Henri*

Que sait-on du passé d'Henri? Quel épisode l'a particulièrement marqué?

Pourquoi Henri passe-t-il son temps à écouter la radio? Quelle est sa position sur le conflit algérien? *Visionnez la scène où il regarde la télé et celle où il étudie avec M. Morelli* (Extrait 5, 1h10'00–1h13'10). Qu'est-ce qu'on apprend sur la situation en Algérie à la télévision? A qui est-ce que le journaliste en attribue la responsabilité? Lorsqu'il travaille avec M. Morelli, pourquoi est-ce qu'Henri manque particulièrement d'attention ce jour-là? Qu'est-ce qui souligne sa solitude dans cette scène?

Pourquoi Henri a-t-il décidé de quitter le lycée, d'après vous? **Qu'est-ce qui lui a donné l'idée de mettre le feu au siège du PC?** Comment sa rencontre avec Maïté a-t-elle changé ses résolutions, du moins pour un temps? Pendant cette rencontre, comment apparaît-il un peu plus humain?

De manière générale, quel rôle joue le personnage d'Henri dans le film?

+ *Mme Alvarez et M. Morelli, les professeurs de français*

En quoi consistait le devoir que Mme Alvarez rend à ses élèves? **Pourquoi aurait-elle donné un zéro à Henri au baccalauréat?** *Visionnez la scène ou Mme Alvarez rend des compositions* (Extrait 6, 9'45–12'15). A qui Henri compare-t-il les bourgeois que détestait Rimbaud? Comment défend-il les colons français lorsque Mme Alvarez évoque les droits des Algériens? Comment trouvez-vous le jugement que Mme Alvarez porte sur le devoir d'Henri?

Qu'est-ce que M. Morelli et Henri ont en commun? *Visionnez la scène ou M. Morelli parle avec Henri après son cours* (Extrait 7, 56'05–58'30). Pourquoi M. Morelli dit-il qu'il comprend Henri? Qu'est-ce qu'il lui propose?

Quelle différence voit-on dans la manière dont M. Morelli et Mme Alvarez traitent ceux, comme Henri, qui ne partagent pas leurs opinions? Qu'est-ce que leur discussion sur Henri révèle sur leur attitude face à la vie? *Visionnez la scène où Mme Alvarez et M. Morelli mangent au restaurant* (Extrait 8, 1h26'55–1h30'06). D'après vous, à quel camp Mme Alvarez pense-t-elle que M. Morelli appartienne concernant la guerre d'Algérie? **Imaginez ce qu'elle pense quand elle apprend que M. Morelli est marié avec une Algérienne.**

Selon Julie McQuinn, les quelques apparitions de musique extra-diégétique dans le film (l'*Adagio pour cordes* de Samuel Barber) ont pour but de souligner les moments où les personnages vivent des expériences inhabituelles qui leur procurent un bonheur intense (comme lorsque François et Serge se rendent à Toulouse à mobylette) ou qui les font douter de leurs certitudes. Autrement dit, ce sont des moments qui font réfléchir profondément les personnages en question. **Si l'on accepte cette analyse, comment peut-on interpréter la présence de la musique de Barber sur la bande-son après le départ de M. Morelli et de sa femme à la fin de l'Extrait 8?** Comment le mouvement de la caméra souligne-t-il aussi l'état d'esprit de Mme Alvarez?

Téchiné a décrit la femme de M. Morelli comme étant "un peu autiste, exilée et frileuse [. . .] une figure inoubliable" (Jousse 12). **Pourquoi Mme Morelli est-elle si craintive et timide, d'après vous?**

3. *"Le Chêne et le roseau"*

Quelle est la signification de la fable de La Fontaine que les élèves doivent commenter dans le cours de Morelli? *Visionnez la scène où François lit la fable en classe* (Extrait 9, 54'10–55'52). Dans cette fable, que pense le chêne de lui-même et du roseau? Comment se termine la fable? Quelle en est la morale?

En intitulant son film *Les Roseaux sauvages*, Téchiné nous invite à étudier les rapports entre la fable et le film. D'ailleurs, M. Morelli tire lui-même un enseignement de la fable lorsqu'il fait la remarque suivante à Henri: "Vous ressemblez au chêne de la fable, Mariani. Faites attention à vous". **Que veut-il dire par là? En plus d'Henri, quels personnages se comportent comme le chêne? Quels dangers les menacent?**

Pour Lalanne ("Roseaux Sauvages"), le film "nous parle de chênes qui apprennent à devenir des roseaux". **Etes-vous d'accord avec cette analyse?** Est-ce qu'elle s'applique à tous les personnages? **Qui sont les "roseaux" du film?**

4. *Un Film "sur" la guerre d'Algérie ou l'homosexualité?*

Comme nous l'avons vu dans l'introduction, Téchiné s'est intéressé à la commande d'Arte une fois qu'il a conçu l'idée de développer son film autour de la guerre d'Algérie. "Mais ce que tout le monde a vu", dit-il, "ce n'est pas l'intrusion de la guerre d'Algérie dans la France profonde, mais l'autre versant de l'histoire, la découverte de l'homosexualité" (Lalanne, "Pour la sortie"). A supposer que le film soit "sur" un de ces deux thèmes, lequel vous semble le plus marquant? **Comment la guerre d'Algérie fait-elle intrusion dans le film, et quel est son rôle? Qu'avez-vous pensé de la représentation de l'homosexualité?**

Est-ce qu'un autre thème vous semble aussi important, sinon plus important? Ou partagez-vous plutôt l'opinion d'Euvrard, pour qui "ce n'est pas un film 'sur' quoi que ce soit", mais tout simplement un film qui recrée la vie?

5. *L'Air du temps: les années 60*

Pour la plupart des critiques, le film exprime l'ambiance des années 60 sans tomber dans la fresque historique. Téchiné lui-même dit avoir voulu éviter "la maniaquerie de la reconstitution" car "c'est incompatible avec le cinéma, qui est un art du présent" (Jousse 13). **Quels éléments situent pourtant le film dans les années 60?**

Les critiques s'accordent aussi pour voir dans le film un climat de contestation du gaullisme et de la société patriarcale qui va mener à Mai 68. En dehors d'Henri, **quels autres personnages sont critiques à l'égard du général de Gaulle, en particulier ses idées de grandeur et d'héroïsme?**

Quelle est la place de la famille dans la vie de François, Maïté, Serge et Henri? **Que sait-on des pères, en particulier?**

Les années 60 ont été marquées par la libération sexuelle, exprimée par un fameux slogan de Mai 68, "Jouissez sans entraves". **Peut-on dire que le film reflète l'esprit du**

temps dans ce domaine? Un critique a reproché à Téchiné de proposer des alternatives trop catégoriques aux problèmes de la société de l'époque (dont le conflit algérien): "l'indifférence hédoniste" d'un côté et les idéologies de l'autre (Frodon). **Pensez-vous que les adolescents du film soient indifférents au monde qui les entoure et ne pensent qu'à s'amuser pour faire abstraction des problèmes de la société?**

6. *La Dernière Séquence*

S'il faut en croire Freud, l'eau qui coule symbolise la jouissance sexuelle. Etant donné le titre du film et la centralité de la fable de La Fontaine, **comment pourrait-on interpréter la dernière séquence du film, celle de la rivière?**

Comme nous l'avons noté plus haut, de nombreux critiques ont commenté les liens entre *Les Roseaux sauvages* et les films de Jean Renoir, citant notamment le rôle de la nature. Plusieurs scènes, comme celle de la balançoire et celle des relations amoureuses entre Henri et Maïté près de la rivière, rappellent en particulier *Partie de campagne* (1936/1946). Dans ce film, les Dufour, un couple de commerçants parisiens, vont passer le dimanche au bord de l'eau en compagnie de leur fille Henriette et de leur futur gendre. Ils rencontrent deux canotiers, Rodolphe et Henri, qui proposent à Henriette et à sa mère de faire un tour en bateau et finissent par les séduire dans de jolis coins tranquilles au bord de l'eau. Téchiné semble faire allusion à ce film quand Serge dit à François que son frère emmenait des filles au bord de la rivière et que "le paysage, ça les faisait craquer".

Comment Téchiné représente-t-il l'apprentissage de l'acte d'amour par Maïté? *Visionnez la scène où elle discute avec François* (Extrait 10, 1h39'45–1h40'35). Comment François interprète-t-il la peur de Maïté dans cette scène? **De quoi a-t-elle peur en réalité?** A quelles autres scènes est-ce que cet épisode fait écho? (Dans quelles autres circonstances a-t-elle avoué avoir peur?) *Visionnez la scène où Henri regarde Maïté en train de se baigner* (Extrait 11, 1h42'00–1h43'15). Comment Téchiné rend-il Henri menaçant quand Maïté le remarque et se retourne vers lui? Quel déclic se fait quand Maïté se retourne dans l'eau et se présente au regard d'Henri? (Qu'est-ce qu'elle accepte enfin?) Est-ce que vous avez été surpris que Maïté fasse l'amour avec Henri?

Comment se terminent les expériences amoureuses des quatre jeunes gens? *Visionnez la séquence où les deux couples discutent près de la rivière* (Extrait 12, 1h46'06–1h48'27). Quelle question importante François pose-t-il à Serge, et que lui répond ce dernier? **Quel message sur la vie exprime le réalisateur par l'intermédiaire de Serge?** Que signifie leur expérience sexuelle pour Maïté et Henri? Pourquoi Maïté n'accepte-t-elle pas de partir avec Henri?

Comment interprétez-vous la course de Maïté vers François et le fait qu'elle l'embrasse frénétiquement? *Visionnez la fin du film* (Extrait 13, 1h49'00–1h51'55). Pourquoi pleure-t-elle? Pourquoi Téchiné fait-il un gros plan sur Serge?

Le dernier plan du film (quand François, Maïté et Serge s'en vont en sifflant "Se Canto" à la fin de l'Extrait 13) rappelle à la fois l'arrivée de François et Maïté au début du film (on entend d'ailleurs le même air sifflé) et la scène où Maïté, sa mère et François quittent la noce pendant que les invités chantent la chanson occitane. *Visionnez cette scène* (Extrait 14, 9'10–9'45). Au niveau visuel, Téchiné utilise aussi des panoramiques frappants dans les Extraits 13 et 14. **A votre avis, qu'est-ce que le réalisateur voulait communiquer en structurant son film ainsi?**

Filmographie d'André Téchiné

1975   *Paulina s'en va*

1975   *Souvenirs d'en France*

1976   *Barocco*

1979   *Les Sœurs Brontë*

1981   *Hôtel des Amériques*

1984   *L'Atelier*

1985   *Rendez-vous*

1986   *Le Lieu du crime*

1987   *Les Innocents*

1991   *J'embrasse pas*

1993   *Ma saison préférée*

1994   *Le Chêne et le roseau*

1994   *Les Roseaux sauvages*

1996   *Les Voleurs*

1998   *Alice et Martin*

2001   *Loin*

2003   *Les Egarés*

2004   *Les Temps qui changent*

2007   *Les Témoins*

2009   *La Fille du RER*

2011   *Impardonnables*

2014   *L'Homme qu'on aimait trop*

2016   *Quand on a 17 ans*

2016   *Nos années folles*

Œuvres consultées

Barclay, Fiona. "The Pied-Noir Colonial Family Romance in André Téchiné's *Les Roseaux sauvages*". *Expressions Maghrébines* 12.2 (2013): 67–78.

Benjo, Caroline. "Brèves Rencontres: de Cannes à Toronto, 1994". *Vertigo: Revue d'esthétique et d'histoire du cinéma* 11–12 (1994): 155–61.

Degoudenne, Laurence. "*Les Roseaux Sauvages*". *Grand Angle* 174 (août–sept. 1994): 63–64.

Euvrard, Michel. "Quêtes d'indépendance". *Cinébulles* 14.1 (1995): 30–31.

Everett, Wendy. "Film at the Crossroads: *Les Roseaux Sauvages* (Téchiné, 1994)". *French Cinema in the 1990s: Continuity and Difference*. Ed. Phil Powrie. Oxford, UK: Oxford UP, 1999. 47–57.

Frodon, Jean-Michel. "*Les Roseaux sauvages*". *Le Monde* 2 juin 1994: sans pagination.

Gaspéri, Anne de. "*Les Roseaux sauvages*". *Le Quotidien de Paris* 1er juin 1994: sans pagination.

Horguelin, Thierry. "*Les Roseaux sauvages*". *24 images* 73–74 (sept.–oct. 1994): 55.

Jousse, Thierry, et Frédéric Strauss. "Entretien avec André Téchiné". *Cahiers du cinéma* 481 (juin 1994): 12–17.

Kaganski, Serge. "Entretien André Téchiné–*Loin*". *Les Inrocks* 28 août 2001

Kohn, Olivier. "*Les Roseaux sauvages*". *Positif* juill.–août 1994.

Lalanne, Jean-Marc. "Pour la sortie de *La Fille du RER*, le réalisateur André Téchiné évoque sa filmographie". *Les Inrocks* 18 mars 2009 <www.lesinrocks.com/2009 /03/18/cinema/ actualite-cinema/pour-la-sortie-de-la-fille-du-r-e-r-le-realisateur -andre-techine-evoque-sa-filmographie-1143164/>.

———. "*Les Roseaux sauvages*". *Le Mensuel du cinéma* 18 (juin 1994): 49.

———. *Les Roseaux sauvages*. Coll. Lycéens au cinéma. Paris: Bifi, 1998.

Marshall, Bill. *André Téchiné*. Manchester, England: Manchester UP, 2007.

"La Master Class d'André Téchiné". <http://www.forumdesimages.fr/les-programmes /toutes-les-rencontres/la-master-class-dandre-techine>.

McQuinn, Julie. "Listening Again to Barber's Adagio for Strings as Film Music". *American Music* 27.4 (2009): 461–99.

Murat, Pierre. "*Les Roseaux sauvages*". *Télérama* 1er juin 1994: sans pagination.

Roth-Bettoni, Didier. "André Téchiné. Le dépaysement humain". *Le Mensuel du cinéma* 18 (juin 1994): 50–51.

Téchiné, André, réal. *Les Roseaux sauvages*. LionsGate, 2008.

Vatrican, Vincent. "Au seuil de la vie". *Cahiers du cinéma* 481 (juin 1994): 10–11.

Wood, Robin. "*Wild Reeds*: A Film of the Past, for our Future". *Film International* 23.4–5 (2006): 20–24.

16

Agnès Varda

Les Glaneurs et la glaneuse

(2000)

Agnès Varda, *Les Glaneurs et la glaneuse*: L'amour de la glane—une pomme de terre en forme
de cœur.

Réalisation . . . . .Agnès Varda
Scénario . . . . .Agnès Varda
Directeur de la photographie. . . . . .Agnès Varda, Didier Doussin,
. . . . Stéphane Krausz, Didier Rouget, Pascal Sautelet
Son . . . . .Emmanuel Soland
Montage . . . . Agnès Varda, Laurent Pineau
Musique . . . . .Joanna Bruzdowicz
Production . . . . .Ciné-Tamaris
Durée 1h22

Distribution

Agnès Varda (*la narratrice*), Claude M. (*l'homme de la caravane*), Guilène M. (*l'amie de
Claude*), Edouard Loubet (*le chef-cuisinier*), Jean Laplanche (*le viticulteur psychanalyste*),

Nadine (*la femme de celui-ci*), Maître Raymond Dessaud (*l'avocat des champs*), Hervé (*alias VR 2000, le biffin*), Bodan Litnanski (*l'auteur du palais idéal*), Louis Pons (*l'artiste peintre*), Jérôme-Noël Bouton (*l'arrière-petit-fils d'Etienne-Jules Marey*), Maître Martine Sirol (*la juge*), François L. (*l'homme aux bottes d'Aix-en-Provence*), Salomon G. (*le SDF noir*), Charly P. (*le vieux Chinois*), Robert M. (*le multi-glaneur*), Maître Brigitte Espié (*l'avocate urbaine*), Alain F. (*le mangeur de persil*)

Synopsis

La glaneuse, c'est Agnès Varda. Emue de voir des gens se nourrir des restes du marché et frappée par la ressemblance entre leurs gestes et ceux des glaneuses d'un tableau de Millet, elle sillonne la France à la recherche d'informations sur une pratique qu'on croyait révolue, le glanage. Les glaneurs, ce sont les gens qu'elle rencontre au gré de ses déambulations et qui ramassent des fruits et légumes invendables ou invendus ou des objets abandonnés par leurs maîtres. Certains, anonymes, glanent par nécessité ou par éthique. D'autres, parfois renommés, ont fait de la récupération la base de leur art. Derrière chacun se cache un personnage dont Varda révèle des facettes inattendues, à l'image d'Alain, qui mange des restes de persil à même le marché—et peut en énumérer les vertus nutritives—et se transforme le soir en enseignant de français bénévole dans un foyer pour immigrés. Les non-glaneurs du film sont à l'avenant, tel ce sympathique viticulteur-psychanalyste qui se met à lui réciter des vers de Du Bellay.

Vagabonde et curieuse dans l'âme, Varda glane aussi des objets, des impressions et des images parfois insolites, comme celle de sa main surprise par l'objectif. Son documentaire sur le glanage est aussi un autoportrait et une réflexion sur la place du hors-norme dans la société, qu'il s'agisse d'une patate en forme de cœur ou d'une main ridée de vieille dame.

La Réalisatrice

Avec plus de soixante ans de carrière et presque autant de films, Agnès Varda est l'une des cinéastes les plus originales et talentueuses de sa génération. Son œuvre protéiforme comprend des courts et longs métrages de fiction, des documentaires, des films hybrides et des installations. Selon un critique, "sa 'carrière' cinématographique est exactement à l'image du fouillis de la vraie vie: faite d'allers-retours, d'escarpements et de balades en roue libre, de chagrin et de rires" (Assouline).

Après des études d'art et de photographie à Paris, Varda est engagée comme photographe en 1949 par son ami Jean Vilar, créateur du Festival d'Avignon et directeur du Théâtre national populaire. Elle trouvera parmi les acteurs du TNP les interprètes de son premier film, *La Pointe Courte* (1954). Ce film, dont la structure est inspirée d'un roman de Faulkner, fait alterner des séquences fictives montrant la crise d'un couple avec des segments documentaires sur la vie des pêcheurs d'un quartier de Sète, la ville où elle a passé son adolescence et rencontré Vilar. Ce coup d'essai très bien accueilli et primé, réalisé avec un petit budget, sera perçu rétrospectivement comme un des premiers films de la Nouvelle Vague et vaudra à Varda le sobriquet de "grand-mère" de ce mouvement (ainsi qu'une rue en son nom à la Pointe Courte). Il annonce l'intérêt de Varda pour la fiction et le documentaire ainsi que pour les œuvres hybrides mêlant les deux genres, une caractéristique de sa "cinécriture".

Tout en continuant son travail de photographe, Varda filme quelques courts et moyens métrages documentaires—dont *L'Opéra Mouffe* (1958), sur les vieux et les clochards de la rue Mouffetard—et elle fréquente d'autres réalisateurs de courts, comme Jacques Demy (son futur mari), Chris Marker et Alain Resnais (le monteur de *La Pointe Courte*), qui formeront avec elle et d'autres cinéastes le groupe "Rive Gauche" de la Nouvelle Vague. Après le succès d'*A bout de souffle* (Godard, 1960), le producteur du film demande à Godard le nom de "gars" susceptibles de tourner d'autres bons films à petit budget. C'est sur la recommandation de Godard que Varda reçoit la commande qui mènera à *Cléo de 5 à 7* (1961), le film qui la propulse sur le devant de la scène française. Ce deuxième long métrage—l'histoire d'une chanteuse qui se promène dans Paris en temps réel en attendant nerveusement les résultats de ses examens médicaux—est sélectionné pour les festivals de Cannes et de Venise et reçoit le Prix Méliès.

Les années 60 sont très fertiles pour Varda. Du côté de la fiction, elle signe *Le Bonheur* (1964), qui met en scène une famille heureuse dans un cadre impressionniste inspiré par les tableaux d'Auguste Renoir et le film *Déjeuner sur l'herbe*, de son fils Jean Renoir. Lorsque le mari avoue une infidélité, la femme se noie (accident ou suicide?), et le film se termine sur une scène montrant une famille reconstituée (avec l'ancienne maîtresse) en train de déjeuner au même endroit. Ce film dérangeant au message opaque a reçu le prix Louis Delluc et un Ours d'argent à Berlin en 1965. Il fut suivi par *Les Créatures* (1965), moins réussi, une histoire de couple juxtaposée à la naissance d'un roman. *Lions Love (. . . and Lies)* (1969), tourné à Los Angeles, raconte l'histoire d'une cinéaste indépendante qui tente de réaliser son premier film hollywoodien mais ne peut se plier aux exigences des studios. Mi-fiction, mi-documentaire, le film est aussi un récit de sexe et de politique filmé dans le milieu hippie et qui révèle la société américaine au moment de l'assassinat de Robert Kennedy, pendant la campagne présidentielle de 1968. Varda fait aussi de nombreux courts et moyens métrages pendant les années 60, surtout des documentaires sur des thèmes politiques comme *Salut les Cubains* (1963), un hommage à la révolution castriste réalisé à partir de quelque deux mille photos prises lors d'un voyage dans ce pays, et *Black Panthers* (1968).

Dans la décennie suivante, Varda s'intéresse davantage à la situation des femmes. Elle avait découvert le mouvement féministe anglo-américain pendant son séjour aux Etats-Unis, et elle s'est impliquée dans le mouvement français à son retour, militant en particulier pour le droit à l'avortement. Elle tourne, notamment, *L'Une chante, l'autre pas* (1976), une ode à l'amitié féminine et à la liberté de choisir sa vie, où la maternité et l'avortement ont chacun sa place.

Varda retourne à Los Angeles au début des années 80 pour y filmer *Mur murs* (1980), un long métrage sur les peintures murales de la ville, puis elle enchaîne avec des films de fiction centrés sur des femmes seules. *Documenteur* (1981), tourné lui aussi en Californie, est l'histoire d'une Française divorcée qui élève son fils dans la solitude lors d'une affectation professionnelle à Los Angeles. *Sans toit ni loi* (1985), un de ses plus grands succès (Lion d'or à Venise), fait le portrait d'une marginale découverte morte dans un fossé à travers les témoignages de ceux qui l'ont croisée. *Kung-Fu Master* (1987) est une autre histoire de femme "monstrueuse" mise à l'index par la société. Il s'agit encore d'une mère divorcée déprimée, qui vit cette fois une liaison avec un camarade de classe de sa fille, âgé de quatorze ans. Jane Birkin, qui interprète la mère, est aussi le sujet du documentaire *Jane B. par Agnès V.* (1988), un portrait fait de minifictions et de conversations avec Varda assorti d'une réflexion sur la capacité des images à révéler l'individu. Dans *Ulysse*, César du Meilleur court métrage documentaire en 1984, Varda s'interroge aussi sur l'image en revenant sur une photographie d'un petit garçon qu'elle avait prise une trentaine d'années plus tôt.

Après avoir réalisé quelques films en hommage à son mari, le cinéaste Jacques Demy, dans les années 90 (dont *Jacquot de Nantes* en 1990, un film de fiction en noir et blanc sur sa vie et son œuvre), Agnès Varda se concentre sur le documentaire à partir des années 2000, et elle se lance aussi dans les installations vidéo. *Les Glaneurs et la glaneuse* marque un retour au cinéma social qui reprend le thème de la marginalité de *Sans toit ni loi*, mais on y retrouve aussi le goût de Varda pour les portraits de petites gens, son intérêt pour l'art, ses réflexions sur les images fixes et le cinéma, sa tendance à se mettre en scène en tant que femme et artiste, et la résistance et l'éclectisme qui, selon Bénézet, caractérisent l'ensemble de son œuvre. *Les Glaneurs* aura une suite, *Deux ans après* (2002), dans laquelle Varda retrouve certains de ses "personnages" et réfléchit sur son film à la lumière des commentaires qu'elle en a reçus.

Toujours dans le registre documentaire, mais cette fois carrément autobiographique, Varda tourne quelques années plus tard *Les Plages d'Agnès* (2008), décrit sur son site officiel comme une "autobiofilmographie ludique". Ce film a reçu l'Etoile d'or du documentaire de la Presse du cinéma français et le Prix du Meilleur film français du Syndicat français de la critique en 2009. Il se termine par la célébration du quatre-vingtième anniversaire de Varda, pour lequel elle a reçu quatre-vingts balais, cadeaux on ne peut plus appropriés pour cette cinéaste excentrique amoureuse des objets et des mots ("balai" signifie "année" en argot).

Varda a obtenu un nombre impressionnant de prix et de reconnaissances pour l'intégralité de son œuvre: un César d'honneur pour l'ensemble de sa carrière en 2001, le Prix René Clair de l'Académie française en 2002, une nomination au jury officiel du Festival de Cannes en 2005, le Prix Henri Langlois d'honneur en 2009, Le Carrosse d'or de la Société des réalisateurs de films en 2010, le Prix d'honneur au Festival de Locarno et le Prix du cinéma européen (catégorie "Lifetime Achievement Award") en 2014, et une Palme d'or d'honneur à Cannes en 2015. Varda est la seule réalisatrice parmi les six cinéastes lauréats de ce prix prestigieux depuis 1997, aux côtés d'Ingmar Bergman, Woody Allen, Manoel de Oliveira, Clint Eastwood et Bernardo Bertolucci.

La Genèse et la réalisation

A l'origine de ses films, nous dit Varda, il y a toujours une émotion. Dans le cas des *Glaneurs et la glaneuse*, il s'agit du choc ressenti en voyant des gens, en particulier des vieilles femmes, "faire le marché après le marché" et se baisser pour ramasser de la nourriture qu'on allait jeter. Et lorsqu'elle a vu une émission de télévision expliquant qu'on ne perdait plus un grain de blé dans les champs grâce aux machines ultra performantes, elle a pensé, "Qu'est-ce qu'il reste, alors, pour les glaneuses, celles du tableau de Millet et celles que je connais?" (Piazzo). Cette interrogation, doublée d'une curiosité sur les capacités de la caméra digitale, a donc conduit Varda à réaliser *Les Glaneurs et la glaneuse*. La nouvelle caméra lui rappelait le tournage d'un de ses premiers documentaires, *L'Opéra-Mouffe*, avec une petite caméra 16 mm en 1957. "C'est très rigolo de se retrouver presque quarante-cinq ans après dans les mêmes conditions, avec cette même liberté de tourner, d'arrêter pour monter le film", dit-elle (Levieux).

En faisant ce film, Varda voulait montrer "une réalité sociale terrible" qu'elle avait pratiquée elle-même pendant la guerre, mais aussi parler "du plaisir qu'il y a à trouver des choses, dans les rues ou dans les champs. Et du simple bon sens qu'il y a à glaner" (Bonnaud et Kaganski). Elle a commencé à sillonner les routes de France en septembre 1999 à la recherche d'images et de témoins, selon une méthode très fluide qu'elle explique ainsi: "Je rode beaucoup. Je ne sais pas ce que je peux trouver. Rien n'est concerté. Je pars, seule. Je suis en état de réceptivité. Donc, je fais des rencontres! Après, je reviens … avec une caméra. On est à deux, trois ou quatre et on tourne. Puis je monte— c'est là que je mets de l'ordre—, le commentaire se profile … et, parfois, il appelle un autre tournage! Mon film se fait … en se faisant" (Piazzo). Une bonne partie du film a été tournée par son équipe avec une caméra numérique professionnelle, et elle a réalisé de nombreux plans seule avec sa caméra digitale.

Pour trouver ses glaneurs, elle a demandé à tous ses collaborateurs de parler du film autour d'eux afin de débusquer des "personnages". C'est ainsi qu'elle a trouvé François, l'homme aux bottes, "seigneur de la ville" d'Aix-en-Provence. Dans d'autres cas, elle a eu recours à la ruse, prétextant de chercher quelqu'un qui n'existait pas pour engager la conversation avec des inconnus. C'est la méthode qu'elle a utilisée pour s'immiscer parmi les habitants des caravanes et parler à Claude et à ses amis. Certains témoins potentiels ont refusé de se laisser filmer par pudeur ou pour protéger leur territoire, craignant qu'elle ne révèle les "bons coins" à tout le monde. Elle a donc pris son temps pour mettre en confiance ceux qui ont accepté de participer.

Varda avoue dans un entretien qu'elle a commencé *Les Glaneurs* en partant d'un sentiment de pitié pour les gens qu'elle filmait mais que celui-ci s'est estompé quand elle s'est rendu compte de la richesse de leurs expériences de vie. "Ces personnes sont tellement extraordinaires", remarque-t-elle, "qu'on les croirait des personnages sortis d'un roman. Ces pauvres ne sont ni pauvres d'esprit, ni bêtes, ni victimisés. Souvent, ils ont ce que d'autres n'ont pas, du bon sens" (Frois). Elle explique qu'elle a préféré montrer le glanage à travers eux, sans intervenir, parce que leur seule présence est un commentaire; ce sont eux qui expliquent le sujet mieux que quiconque (Anderson 25).

Varda, qui dit aimer "laisser trainer quelques petites choses d'[elle-même]" dans chacun de ses films (Piazzo), a vite eu envie de s'inclure parmi les glaneurs. Elle donne plusieurs explications à cette décision: la souplesse d'utilisation de la caméra DV, qui lui permettait de s'"infiltrer dans le film, de façon charnelle" (Bonnaud et Kaganski), le hasard qui l'a conduite à parler en filmant sa main et à découvrir plus tard un monologue qu'elle n'avait pas prévu, et, finalement, le désir d'honnêteté par rapport à ses témoins. Elle a pensé qu'elle leur demandait tant en les conviant à se révéler, à lui parler, à être honnête avec elle, qu'elle devait révéler quelque chose d'elle-même aussi (Anderson 24).

Varda a passé "un hiver instructif et passionnant" à réaliser son film, appréciant particulièrement de pouvoir tourner spontanément et ajouter des plans en plein montage. Tourner en numérique lui a permis aussi de réduire les coûts, car elle n'a trouvé que des aides modestes pour son projet jugé excentrique, qui était destiné à l'origine à une diffusion télévisuelle sur Canal +. Aussi fut-elle surprise et honorée lorsque Gilles Jacob, le directeur du Festival de Cannes, a décidé d'y inclure *Les Glaneurs et la glaneuse* en sélection officielle hors compétition avant même qu'il ne soit terminé. Varda a dû mettre les bouchées doubles pour ne pas rater l'occasion, car, dit-elle, "être invitée sur la Croisette avec pour vedette de son film une patate, cela me réjouit" (Gasperi).

La Réception

Les Glaneurs et la glaneuse a joui d'une réception assez exceptionnelle pour un documentaire d'art et d'essai. Suite à sa présentation à Cannes, où il a peu fait parler de lui, il est sorti dans quelques salles le lendemain de sa programmation sur Canal +. Il y a reçu les applaudissements du public, événement assez rare dans les salles de cinéma selon Varda, et le bouche-à-oreille a fait le reste. Les demandes de projection ont commencé à affluer, et Varda a été invitée dans de nombreux festivals internationaux. Grâce au soutien de l'Agence pour le Développement Régional du Cinéma, quelques copies ont même circulé dans des petites villes de province, ce qui a ravi la réalisatrice: "C'est comme ça qu'il est passé un jour sur l'île d'Aix, un jour sur l'île d'Yeu, dans des petits villages de Vendée, de Gironde ou du Massif Central. Pendant ce temps, des grandes villes attendent la copie. Ça me fait beaucoup rire . . . " (Lequeret 33).

La réception critique est elle aussi élogieuse, et *Les Glaneurs et la glaneuse* a reçu le Prix du Meilleur film français du Syndicat français de la critique de cinéma en 2000. Les critiques présentent le film comme l'aboutissement de l'œuvre de Varda, établissant des filiations thématiques et formelles avec ses films antérieurs: "*Les Glaneurs et la glaneuse* est un nouveau bijou dans sa riche et longue filmographie, un documentaire aussi libre et joueur que *Mur murs*, une expérience aussi ouverte et aléatoire que *Daguerréotypes* [un documentaire de 1974 sur ses voisins commerçants de la rue Daguerre], un travail politique aussi puissant et fort que *Sans toit ni loi*" (Bonnaud et Kaganski); "[Ce film est] la confirmation de son credo cinématographique qui érige ici sa méthode vagabonde en sujet" (Mandelbaum). "Libre", "joueur", "aléatoire", "politique", "vagabond" et leurs synonymes sont des adjectifs qui reviennent souvent sous la plume des commentateurs.

Le documentaire est applaudi pour son aspect politique. C'est "un témoignage à nul autre pareil sur la misère, hélas, de notre beau pays" (Copperman), un "patchwork social" dans lequel Varda "parvient à questionner notre société du gaspillage et de la satiété, à dénoncer sa violence sociale, à chanter l'utilité de la récupération" (Bonnaud et Kaganski), à ouvrir nos yeux sur "une réalité révoltante" (Landrot), tout en évitant les lieux communs.

Les critiques louent la manière dont Varda choisit et traite ses témoins, avec "son œil de colibri fureteur" qui "excelle à dégotter les perles rares dans la foule des anonymes" et sait en "débusquer la beauté rieuse sous la laideur bougonne" (Landrot). On apprécie le respect qu'elle leur prodigue, sa simplicité à leur égard, et le fait qu'elle "ne s'octroie nul droit de propriété sur ses personnages" (Mandelbaum).

On apprécie aussi l'aspect personnel du film et la singularité de la démarche de Varda, qui mêle le documentaire social et l'autoportrait en se présentant comme glaneuse. Les critiques notent sa capacité à créer des associations inattendues, entre le glanage et son activité de cinéaste par exemple, ou entre son corps vieillissant et les objets dont on ne veut plus. On commente souvent l'inclusion d'images de sa main ridée, et nombre de critiques notent l'intérêt, voire l'obsession de la réalisatrice pour le temps qui passe.

L'originalité formelle du documentaire est un autre thème saillant de la critique. On le qualifie de "réjouissant voyage non organisé, une sorte de road movie" (Bonnaud et Kaganski), de "puzzle", de "patchwork" ou d'"ovni" (Assouline). Si certains, comme

Landrot, pensent et se réjouissent que le film "saute d'une rencontre à l'autre, sans autre règle que celle du coq-à-l'âne", d'autres font remarquer que le projet est plus construit qu'il n'en a l'air. Mandelbaum le trouve "à la fois puissamment cohérent et délicieusement arbitraire", et Bonnaud et Kaganski écrivent qu'"au fur et à mesure du film, on voit bien la cohérence du projet, on saisit ce qui cimente tous ces fragments divers de vie, de destins, de métiers, de lieux". Chacun, à sa manière, voit dans le film une leçon de vie et de cinéma. Pour Boujut, "du puzzle hétéroclite se dégage peu à peu une autre façon de voir et de vivre". Bénoliel, quant à lui, admire le lien étroit entre la forme et le sujet du film: "Varda applique à son film son sujet même: elle glane des plans au hasard, [...] elle bouscule sans arrêt le plan de tournage, ajoute et récupère". "Glaner, c'est filmer", conclut-il (62–63).

Et ce que tous apprécient par-dessus tout, c'est l'humour de la réalisatrice ainsi que l'énergie et la joie de vivre qui se dégagent du film. Notant que Varda a intitulé la partition musicale de son documentaire "Agnès-vieillesse", Landrot ajoute, "A la sortie de la projection, devant tant d'énergie partageuse, c'est surtout Agnès-jeunesse, Agnès-drôlesse, Agnès-allégresse, qu'on a envie de remercier".

Petite Histoire du film documentaire français

Les Glaneurs et la glaneuse fait partie d'une longue tradition documentaire française qui naît avec le cinématographe des frères Lumière en 1895 et connaît des hauts et des bas jusqu'à sa renaissance à partir des années 90. Une fois passé le succès des "films d'actualités" des Lumière, le genre est vite concurrencé par le film de fiction, à commencer par les réalisations de Georges Méliès. Après la Première Guerre mondiale, il se développe surtout dans le monde anglo-saxon—*Nanouk l'Esquimau* (Robert Flaherty, 1922) est considéré comme l'un des premiers longs métrages documentaires—et en Union soviétique avec les films de propagande avant-gardistes de Dziga Vertov. Ceux-ci influenceront en particulier Jean Vigo—son premier film, *A propos de Nice* (1930), est un documentaire sur la ville qui critique les inégalités sociales—et des réalisateurs de l'après-guerre comme Jean Rouch et les cinéastes militants des années 70.

Une tradition documentaire française commence à pointer à la fin des années 30. Il y a tout d'abord des films militants sur le monde ouvrier réalisés pendant le Front populaire, comme *La Vie est à nous* de Jean Renoir (1936). Dans le domaine scientifique, les films de montagne de l'alpiniste et explorateur Marcel Ichac et ceux de Jacques-Yves Cousteau sur la vie sous-marine ont une renommée mondiale dès les années 40. Cousteau obtient la consécration avec deux films oscarisés, *Le Monde du silence* (1956), coréalisé avec Louis Malle, qui obtient aussi la Palme d'or à Cannes, et *Le Monde sans soleil* (1964), Grand prix du cinéma français en 1964. On remarque aussi les documentaires de Georges Rouquier sur la France rurale—essentiellement des courts métrages, à l'exception de *Farrebique*, une chronique paysanne primée à Cannes en 1946 dont Rouquier réalise un deuxième volet, *Biquefarre*, en 1983. René Clément tourne également des courts sur la vie rurale et urbaine française, ainsi que sur l'Afrique et le Moyen-Orient. C'est *Ceux du rail* (1942), consacré aux cheminots, qui le fait connaître et lance sa carrière de réalisateur de films de fiction, récompensé deux fois par l'Oscar du Meilleur film étranger.

Un des documentaristes les plus influents de l'après-guerre est Jean Rouch, qui tourne de nombreux films ethnographiques en Afrique à partir des années 40, dont *Moi un noir*, Prix Louis Delluc en 1958. Il réalise aussi, avec le sociologue Edgar Morin, le célèbre *Chronique d'un été*, Prix de la critique au Festival de Cannes en 1961. Rouch y filme, à leur insu, la réaction de Parisiens ordinaires à qui l'on pose la question, "Etes-vous heureux?" Ce film est un exemple du "cinéma-vérité" prôné par Rouch, un type de documentaire sans commentaire explicatif ni musique de fond dans lequel la présence du réalisateur se fait surtout sentir au montage. C'est l'invention de caméras et magnétophones portables capables de capter les sons et les images simultanément qui a rendu possible cette approche et a permis de filmer à l'extérieur avec beaucoup de liberté. Les techniques de Rouch auront une grande influence sur les réalisateurs de la Nouvelle Vague.

Les cinéastes de la tendance "Rive gauche" de la Nouvelle Vague, comme Agnès Varda, Chris Marker et Alain Resnais, reprennent certains éléments du cinéma-vérité, mais ils adoptent une attitude plus subjective pour insister sur le fait que la vérité représentée dans un film est toujours une vérité singulière, celle du réalisateur. Ils s'impliquent donc davantage dans leurs documentaires en interrogeant eux-mêmes leurs témoins, en ajoutant un commentaire ou, plus généralement, en proposant une vision très personnelle de leur sujet, qu'elle soit politique, philosophique ou poétique. C'est le cas pour Varda dès ses premiers courts métrages. Dans *L'Opéra Mouffe* (1958), par exemple, elle filme les habitants de la rue Mouffetard à la manière de Rouch, mais elle évoque aussi sa grossesse. Les "films essais" de Marker et Resnais sont à l'avenant, comme par exemple *Les Statues meurent aussi* (Prix Jean Vigo 1954), une coréalisation sur l'art africain qui critique aussi le colonialisme, *Le Joli Mai* (1962), une variation politiquement engagée de Marker sur *Chronique d'un été*, et *Nuit et Brouillard* (Prix Jean Vigo 1956), le court de Resnais sur les camps d'extermination nazis de la Deuxième Guerre mondiale.

Après une décennie marquée surtout par le cinéma militant post–Mai 68 et le chef-d'œuvre de Marcel Ophüls, *Le Chagrin et la pitié* (1971), sur le comportement des Français pendant l'Occupation, les années 80 sont une étape importante pour le documentaire. Suite à la dérégulation de la télévision, de nouvelles chaines sont créés, dont certaines encouragent la production de longs métrages documentaires d'auteur. Ceci déclenche des vocations et mène à la réalisation de documentaires pour les salles de cinéma qui bénéficient, initialement, des aides mises en place pour le film patrimonial. Par conséquent, le nombre de documentaires en salles a presque doublé pendant les années 2000, et certains ont eu un succès retentissant au box-office français et international. Les thèmes abordés incluent la nature et l'environnement, comme dans *Microcosmos: Le peuple de l'herbe* (Claude Nuridsany et Marie Pérennou, 1996), *Le Peuple migrateur* (Jacques Perrin, 2001), *La Marche de l'empereur* (Luc Jacquet, Oscar du Meilleur film documentaire en 2006) et *Océans* (Jacques Cluzaud et Jacques Perrin, 2010); la France rurale, avec *Profils paysans* (Raymond Depardon, 2001–08), *Etre et avoir*, un film-événement de Nicolas Philibert sur une école rurale à classe unique (Prix Louis Delluc 2002 et César du Meilleur montage en 2003) et *Tous au Larzac* (Christian Rouaud, César du Meilleur film documentaire en 2012); l'industrie alimentaire et l'impact de la globalisation, comme dans *Nos enfants nous accuseront* (Jean-Paul Jaud, 2008), ainsi que les banlieues et l'immigration, par exemple dans les films de Yamina Benguigui, dont *Mémoires d'immigrés* (1997).

Le parcours de Varda illustre cette évolution du genre documentaire. Elle a en effet commencé sa carrière par des courts métrages dans les années 50 et réalisé la plupart de ses longs métrages depuis la fin des années 80 (voir "Filmographie", ci-dessous). Son œuvre offre aussi un exemple extrême du rapprochement entre le film de fiction et le documentaire depuis les mutations technologiques de l'après-guerre.

DOSSIER PÉDAGOGIQUE

Qu'est-ce qui se passe dans ce film?

1. Que signifie le verbe "glaner"? Qu'est-ce qu'on glanait autrefois, comme dans le tableau de Millet?

2. Qui est la glaneuse du titre? Qu'est-ce qu'elle glane?

3. Quelle est l'histoire de Claude, l'homme qui habite dans une caravane? Comment fait-il pour survivre?

4. Quelle est la différence entre glaner et grappiller? Donnez quelques exemples des deux activités.

5. D'après le Code Pénal, dans quelles circonstances est-ce que le glanage est autorisé?

6. Qu'est-ce que Varda a glané pendant son voyage au Japon?

7. En quoi consiste le glanage "artistique"?

8. Quel spectacle amusant Varda nous offre-t-elle quand elle oublie d'arrêter sa caméra?

9. Quelle construction reliée au cinéma est-ce que Varda a trouvée dans un vignoble?

10. Quel est le problème des jeunes que Varda filme avec leurs chiens sur une place de village dans les Pyrénées?

11. Pourquoi est-ce que l'homme aux bottes d'Aix-en-Provence se nourrit dans les poubelles?

12. Que représente le tableau que Varda a fait sortir de la réserve d'un musée? Quel heureux hasard a accompagné la découverte du tableau et suscité l'enthousiasme de la réalisatrice?

Vrai ou Faux?

Si la phrase est fausse, corrigez-la!

1. Claude, l'homme de la caravane, a averti l'association "Les Restos du cœur" qu'un industriel venait de déverser des tonnes de patates invendables dans un champ.

2. Edouard Loubet, le restaurateur, glane et grappille surtout pour proposer des plats moins chers à ses clients.

3. Varda rencontre un viticulteur, Jean Laplanche, qui est un homme politique célèbre.

4. Le glanage est autorisé depuis le seizième siècle.

5. Varda est horrifiée lorsqu'elle voit les infiltrations d'eau sur son plafond en rentrant du Japon.

6. Voir l'autoportrait de Rembrandt donne à Varda l'envie de se filmer elle-même.

7. Varda est allée dans le "magasin de trouvailles" car on lui avait dit qu'elle y trouverait un tableau de glanage combinant les œuvres de Millet et Breton.

8. Bodan Litnanski a une fascination particulière pour les horloges, et on en voit partout dans ses "tours totem".

9. Varda a peur des camions sur l'autoroute.

10. Pendant ses voyages, Varda a rencontré un vigneron qui est un descendant des frères Lumière.

11. Salomon arrive à peine à se nourrir avec la nourriture qu'il trouve dans les poubelles.

12. Alain, le mangeur de persil, gagne sa vie en donnant des cours d'alphabétisation à des immigrés.

Contrôle des connaissances

1. Quels sont les rapports entre Varda et la Nouvelle Vague?

2. Quel film a fait connaître Varda au grand public, et dans quelles circonstances l'a-t-elle réalisé?

3. Nommez quelques films que Varda a réalisés aux Etats-Unis au cours de sa carrière.

4. Quels thèmes liés aux femmes trouve-t-on dans *L'une chante, l'autre pas*?

5. Qui était Jacques Demy, et quelle importance a-t-il eue dans la vie personnelle et professionnelle de Varda?

6. Qu'est-ce que *Les Glaneurs et la glaneuse* a en commun avec les films antérieurs de Varda?

7. Pour quelles raisons Varda a-t-elle souhaité réaliser *Les Glaneurs et la glaneuse*, et comment a-t-elle trouvé les décors et les témoins de son film?

8. Qu'a-t-elle découvert concernant ses témoins, et pourquoi est-ce qu'elle a décidé de ne pas inclure de commentaire, contrairement à un documentaire traditionnel?

9. Pourquoi est-ce que Varda s'est filmée dans *Les Glaneurs et la glaneuse*?

10. Citez quelques aspects du film appréciés par la critique.

11. Comment est-ce que les changements technologiques ont affecté le genre documentaire après la Deuxième Guerre mondiale?

12. Qu'est-ce qui a contribué au regain d'intérêt pour le documentaire à la fin du vingtième siècle, et quels sont les thèmes saillants des films les plus renommés?

Pistes de réflexion et de discussion

1. L'Entrée en matière

Comment Varda introduit-elle le sujet du glanage? *Visionnez le début du film* (Extrait 1, 0'20–2'13). Est-ce que le chat qui apparaît dans cet extrait est relié au sujet du film? Qu'est-ce que son apparition dans le plan nous indique sur la manière de tourner de Varda?

Comment le titre du film exprime-t-il une des différences entre le glanage d'autrefois et celui d'aujourd'hui par rapport au titre du tableau de Millet, *Les Glaneuses* (1857)? Quelles sont d'autres différences et des ressemblances entre le passé et le présent concernant le glanage? *Visionnez la transition temporelle* (Extrait 2, 2'40–4'07). **Comment Varda marque-t-elle le passage au glanage d'aujourd'hui par la bande-son?** De qui est-ce qu'elle rapproche implicitement les glaneurs urbains par son choix de musique?

Varda présente le glanage d'aujourd'hui sous la forme d'un road movie à travers la France. Pourquoi se dirige-t-elle d'abord vers Arras, dans le nord du pays? Quel est l'intérêt de la Beauce, où elle nous emmène ensuite? Plus loin, elle met le cap sur la Bourgogne. Qu'est-ce qui l'intéresse là-bas? Et pourquoi va-t-elle sur l'île de Noirmoutier? **Qu'est-ce que les scènes de transition sur l'autoroute nous apprennent sur la personnalité de la réalisatrice?**

2. Les Glaneurs

✦ Claude, l'homme de la caravane

Quel genre de questions Varda pose-t-elle pour faire parler Claude? Dans quelles conditions vit-il actuellement? Qu'est-ce qu'elle apprend sur sa vie passée et les raisons de sa déchéance? *Visionnez ses conversations avec Claude* (Extrait 3, 11'50–15'23). **Qu'est-ce que les gens du voyage pensent de Claude?** Pourquoi Varda inclut-elle leurs commentaires, à votre avis?

✦ Edouard Loubet, le chef-cuisinier

Comment se distingue-t-il des autres glaneurs de nourriture? Qu'est-ce qui plaît à Varda chez ce personnage? D'après-vous, pourquoi juxtapose-t-elle son portrait à celui de Claude en utilisant une transition abrupte?

✦ *François, l'homme aux bottes d'Aix-en-Provence*

François, c'est l'homme qui vit "cent pour cent recup" et se nourrit "cent pour cent poubelle" depuis plus de dix ans. **Contre qui et quoi est-il en colère?** Comment François se considère-t-il par rapport aux autres quand il dit, "C'est un peu moi le seigneur de cette ville, quoi; tous ces tarés, ils sont en train de tout jeter, et moi, je passe derrière, je rafle la mise"? Varda l'a surtout filmé en train de marcher. Pourquoi, d'après vous?

✦ *Alain, le glaneur-enseignant*

Varda dit qu'Alain est la personne qui l'a le plus impressionnée, et elle finit son film avec son portrait. **Comment expliquez-vous cette préférence?** *Visionnez sa conversation avec Alain* (Extrait 4, 1h10'50–1h14'10)? Comment le filme-t-elle avant de lui adresser la parole? D'après vous, pourquoi le fait-elle parler en voix *off*, lorsqu'elle montre le persil, par exemple, ou même lorsqu'elle montre son visage?

✦ *Hervé (alias VR 2000), Bodan Litnanski et Louis Pons*

Qu'est-ce que ces trois glaneurs ont en commun? Comment ressemblent-ils ou diffèrent-ils des autres glaneurs du film? **Est-ce que leur présence dans le film affecte votre perspective sur le glanage? Comment?**

Parmi les glaneurs de nourriture du film présentés ci-dessus, lequel vous a le plus intéressé? Pourquoi? Est-ce que Varda s'apitoie sur la situation de ceux qui glanent par nécessité? **Quels aspects de leur vie est-ce qu'elle met en valeur?**

3. La Glaneuse

Dans un entretien, Varda dit qu'elle s'est faufilée parmi ses témoins comme une "filmeuse-glaneuse" (Bonnaud et Kaganski). **En se positionnant comme glaneuse, quel rapport établit Varda entre elle-même et les autres glaneurs du film, et entre elle-même et les spectateurs?** Cette dernière relation est-elle différente de la relation habituelle qu'un(e) documentariste entretient avec son public? Expliquez votre réponse.

Comment Varda utilise-t-elle la caméra digitale pour se montrer physiquement? *Visionnez la scène où elle se présente en glaneuse* (Extrait 5, 4'15–5'50). Quel aspect de ses cheveux et de sa main nous montre-t-elle? Pourquoi? Est-ce que ces images sont traditionnelles dans un autoportrait? Pourquoi (pas)? Est-ce qu'elle utilise les possibilités de la caméra digitale de la même façon avec ses témoins? Pourquoi (pas)? **Que dit-elle de la vieillesse dans cet extrait?** (Note: elle cite un vers d'une pièce de Pierre Corneille, *Le Cid* (1636): "O rage, ô désespoir, ô vieillesse ennemie!")

Qu'est-ce qu'on apprend sur Varda en tant que "personnage" dans le film? *Visionnez par exemple la scène où elle rentre d'un voyage au Japon* (Extrait 6, 31'20–33'15). Dans cette scène, comment signale-t-elle qu'on va entrer dans son intimité? Quels éléments de la scène nous renseignent sur sa vie personnelle et professionnelle? Pensez, par exemple, aux photos qu'elle déverse sur son bureau. Pourquoi Gérard Philipe au Festival d'Avignon? Pourquoi un poster du film *Jeanne et le garçon formidable*? (Cherchez les noms des interprètes de ce film.)

Varda filme sa propre main ici et a l'impression de "rentrer dans l'horreur". **De quelle "horreur" s'agit-il?** Quelle impression a-t-elle quand elle fait des plans de plus en plus rapprochés de cette partie de son corps? Au sujet de cet épisode, Varda a dit, "Quand j'ai vu ma main tenir la carte postale de cet autoportrait de Rembrandt que j'avais ramenée du Japon, j'y ai vu un rapport fulgurant et immédiat avec le sujet du documentaire" (Bonnaud et Kaganski). **Quel est ce rapport, d'après vous?** Peut-on relier la manière dont elle filme sa main à celle dont elle vient de filmer les moisissures de son plafond? Comment fait-elle ensuite la transition entre les réflexions sur sa main et sa visite chez Hervé, le "biffin"? (Quels sont les motifs importants de la courte séquence de transition?)

En tant que glaneuse d'images ou "filmeuse-glaneuse", qu'est-ce que Varda a en commun avec Robert, le "multi-glaneur"? **Quels parallèles trouvez-vous entre l'approche de Varda et celle des autres artistes glaneurs?** Pour répondre à cette question, basez-vous, par exemple, sur les remarques suivantes de Louis Pons et d'Hervé à propos des objets de récupération: "Pour les gens, c'est un tas, c'est un tas de saloperies, pour moi c'est une merveille, c'est un tas de possibles" (Louis Pons), "la rencontre se fait dans la rue en fin de compte. C'est l'objet qui m'appelle parce qu'il a sa place ici" (Hervé).

4. Images glanées

+ *Les Patates-cœur et l'horloge*

Comme les glaneurs ruraux et urbains du film, Varda glane de la nourriture et des objets. **Comment est-ce que les pommes de terre en forme de cœur reflètent l'état d'esprit de Varda dans ce film?** *Visionnez sa découverte de pommes de terre en forme de cœur* (Extrait 7, 9'45–10'52). Quelle idée a-t-elle eue en contemplant ces patates chez elle?

Un autre objet glané par Varda est une horloge. Comment diffère-t-elle des autres horloges du film (comme celle du Musée d'Orsay, par exemple)? **Pourquoi Varda aime-t-elle cette horloge-ci en particulier? Comment relie-t-elle à elle-même, visuellement, le thème évoqué ici?** *Visionnez sa découverte de l'horloge* (Extrait 8, 1h08'58–1h10'20). Comment la musique de François Wertheimer (le musicien avec qui elle fait de la récupération) renforce-t-elle ce thème? Qu'est-ce qui est arrivé aux patates-cœur dans cet extrait? **Quel parallèle voyez-vous entre elles et Varda?**

+ *"Le Jugement dernier"*

En général, quelle est la fonction des visites de musées et des scènes où Varda nous montre des tableaux? **A votre avis, est-ce que le tableau de Rogier van der Weyden, *Le Jugement dernier*, a un rapport avec son sujet autre que le rapport géographique?** (On le trouve à l'Hospice de Beaune, en Bourgogne, où elle filme les vignobles.) *Visionnez ses images du tableau et son entretien avec un viticulteur* (Extrait 9, 20'46–22'54). Quels personnages du tableau montre-t-elle successivement? D'après-vous, fait-elle un parallèle entre ces personnages et ceux de son film? Peut-on voir un message dans la juxtaposition entre le tableau et l'entretien avec le viticulteur? Comment celui-ci explique-t-il l'absence de grappilleurs dans les vignobles de Bourgogne?

+ *Jean Laplanche, le viticulteur psychanalyste*

Jean Laplanche est un célèbre psychanalyste, co-auteur du *Dictionnaire de la psychanalyse* (1967), un ouvrage de référence traduit dans de nombreuses langues. Varda ignorait cette identité avant de le questionner en tant que viticulteur. **Selon vous, pourquoi Varda a-t-elle inclus ce qu'il dit sur sa philosophie**—l'idée que "l'homme trouve son origine d'abord dans l'autre"? En plus de son métier, qu'est-ce qui fait l'originalité de ce témoin? *Visionnez l'entretien de Jean Laplanche* (Extrait 10, 23'30–25'32). **De quoi** parle sa femme à la fin de l'extrait, et quelle autre digression est-ce que cela intro-duit? (Laplanche a lui aussi glané des idées dans sa rencontre avec Varda. Il dit dans le film ultérieur de celle-ci, *Deux ans après*, qu'un psychanalyste est aussi un glaneur, car c'est quelqu'un qui "fait attention à ce qui tombe du discours" et ne sait pas d'avance ce qu'il va trouver.)

+   *L'Avocat des champs et l'avocate des villes*

Agnès Varda nous a confié (email du 2 mai 2017) qu'elle s'était inspirée d'une fable de La Fontaine, "Le Rat des villes et le rat des champs" (sans vouloir dénigrer les avocats!), lorsqu'elle a imaginé les deux avocats en robe, Maître Dessaud dans les champs, Maître Espié en ville. En général, quand on voit des avocats en costume, ils sont au tribunal. La fable à part, pourquoi Varda les filme-t-elle dans les champs et dans une rue? **Quel est leur rôle dans le film?** *Visionnez Varda mangeant des figues, puis Maître Dessaud dans les choux* (Extrait 11, 27'40–29'56). D'après vous, pourquoi Varda juxtapose-t-elle la scène avec Maître Dessaud et sa conversation avec l'homme qui dirige l'exploitation de figuiers? Dans la première partie de l'extrait, **pourquoi fait-elle des gros plans sur les figues au lieu de montrer son témoin lorsque celui-ci dit qu'on n'autorise pas les gens à manger les fruits?**

5. *Un documentaire social et politique?*

+   *La Précarité et les classes sociales*

Un critique, O'Shaughnessy, voit dans *Les Glaneurs et la glaneuse* un exemple réussi du retour du politique dans le cinéma français de la fin du vingtième siècle, car Varda montre diverses manières de résister face à l'exclusion et à la violence du système social. Selon lui, le documentaire ressemble aux autres films sociaux de cette période en envi-sageant la résistance de manière locale et pragmatique plutôt qu'idéologique (193; les films politiques des années 70, par contraste, montraient souvent les divisions entre les classes et la résistance collective). **Quelle sorte de solutions les exclus du film trouvent-ils pour lutter contre la précarité, des solutions individuelles ou collectives?** Varda insiste par moments sur une forme de solidarité entre les exclus (dans le segment sur Salomon, le glaneur noir, par exemple). Qu'est-ce qu'elle suggère aussi dans la scène où une vieille dame repousse Salomon d'un coup de canne sur le marché?

Lorsque les bénévoles des Restos du cœur ont fini de glaner des pommes de terre, Varda conclut, "Ce jour-là, ils en ont ramassé à peu près trois cents kilos, c'était toujours ça de pris sur l'ennemi". **Qui est l'ennemi dont elle parle? Pensez-vous qu'elle juge les patrons qui figurent dans le film?** Si oui, comment exprime-t-elle son désaccord ou son hostilité?

Varda inclut une scène d'action collective dans son film, lorsqu'elle montre le "Frigo Manifestation", puis enchaîne sur une manifestation du Parti communiste dans son quartier, autour de la statue du lion de Denfert-Rochereau. **Quel est le propos de Varda ici, selon vous?** Quel rapport peut-il y avoir avec son autoportrait dans le film? *Visionnez les manifestations* (Extrait 12, 1h01'00–1h01'55). Dans cet extrait, analysez la ma-nière dont Varda passe de l'exposition de réfrigérateurs au glanage de fruits en Provence. **Sur quels éléments repose la transition?**

Dans un entretien, Varda a dit, "Je m'indigne contre ces directeurs de supermarché qui mettent de la Javel sur les produits qu'ils jettent . . . Il y a une volonté manifeste de ne pas rendre le déchet accessible, c'est foncièrement antipathique" (Frois). **Ressentez-vous cette indignation dans la scène qui illustre cette pratique dans le film?** Comment présente-t-elle les points de vue du directeur de supermarché, des jeunes et de la juge? **Est-ce qu'elle prend parti?** *Visionnez cette scène* (Extrait 13, 50'24–53'06).

+ *Politique et esthétique*

Après avoir filmé les patates-cœur en train de pourrir dans l'Extrait 8, Varda fait le commentaire suivant: "J'aime filmer des pourritures, des restes, des débris, des moisissures et des déchets. Mais je n'oublie pas du tout que, après le marché, il y en a qui font leur marché dans les déchets". **Que veut-elle dire par là en ce qui concerne son activité d'artiste?** Quel rapport y a-t-il entre cette citation et sa présentation de l'initiative "Poubelle, ma belle", qui enseigne aux enfants à recycler les déchets?

Certains critiques pensent que Varda oublie son projet social en faisant de nombreuses digressions artistiques et personnelles et en esthétisant la réalité au lieu d'en montrer le côté sordide. D'autres, au contraire, trouvent que c'est en mêlant le thème social et les considérations esthétiques et intimes que Varda fait passer un message fort sur différents aspects de notre société et propose, en creux, un modèle différent. **De quel côté penchez-vous plutôt?**

6. Leçons de vie

La majorité des critiques et les gens dont Varda partage les témoignages sur le film dans *Deux ans après* trouvent dans *Les Glaneurs et la glaneuse* une leçon de vie. Que veulent-ils dire, à votre avis? **Quels enseignements trouvez-vous dans la partie du film consacrée au glanage?**

Alain, le glaneur-enseignant, a dit à Varda dans *Deux ans après* qu'il avait bien aimé son documentaire, sauf les parties où elle parle d'elle-même et de sa vieillesse. Trouvez-vous, comme lui, que ces digressions sont gênantes? **Y a-t-il une leçon de vie dans le portrait personnel aussi?**

Filmographie d'Agnès Varda (longs métrages)

1954 *La Pointe Courte*
1961 *Cléo de 5 à 7*
1964 *Le Bonheur*
1965 *Les Créatures*
1967 *Loin du Vietnam* (documentaire collectif)
1969 *Lions Love* (. . . *and Lies*)
1974 *Daguerréotypes* (documentaire)
1976 *L'Une chante, l'autre pas*
1980 *Mur murs* (documentaire)
1981 *Documenteur*
1985 *Sans toit ni loi*
1987 *Kung-Fu Master*
1987 *Jane B. par Agnès V.* (documentaire)

⌐uot de Nantes

; Demoiselles ont eu 25 ans (documentaire)

Univers de Jacques Demy (documentaire)

es Cent et une nuits de Simon Cinéma

.es Glaneurs et la glaneuse (documentaire)

Deux ans après (documentaire)

2006 Quelques veuves de Noirmoutier (documentaire)

2008 Les Plages d'Agnès (documentaire)

2016 Visages, visages (documentaire)

Œuvres consultées

Anderson, Melissa. "The Modest Gesture of the Filmmaker: An Interview with Agnès Varda". *Cineaste* 26.4 (automne 2001): 24–27.

Assouline, Florence. "Agnès Varda ne filme que les restes". *L'Evénement* 6 juill. 2000: sans pagination.

Bénézet, Delphine. *The Cinema of Agnès Varda: Resistance and Eclecticism*. New York: Wallflower P, 2014.

Bénoliel, Bernard. "La Main de l'autre". *Cahiers du cinéma* 548 (juill.–août 2000): 62–63.

Bonnaud, Frédéric, et Serge Kaganski. "*Les Glaneurs et la glaneuse*, le ciné-brocante d'Agnès Varda". *Les Inrockuptibles* 4 juill. 2000: sans pagination.

Bonner, Virginia. "The Gleaners and 'Us': The Radical Modesty of Agnès Varda's *Les Glaneurs et la glaneuse*". *There She Goes: Feminist Filmmaking and Beyond*. Ed. Corinn Columpar et Sophie Mayer. Detroit, MI: Wayne State UP, 2009. 119–31.

Boujut, Michel. "Les Beaux Restes". *Charlie-Hebdo* 19 juill. 2000: sans pagination.

Cooper, Sarah. "Film Portraits: From Jane B. to Agnes V". *Selfless Cinema?: Ethics and French Documentary*. London: Legenda, 2006. 77–90.

Copperman, Annie. "A la recherche du grain perdu". *Les Echos* 6 juill. 2000: sans pagination.

Euvrard, Janine, et Michel Euvrard, "Situation du documentaire en France". *Ciné-Bulles* 15.3 (1996): 50–53.

Frois, Emmanuèle. "La Cinéaste retrouve le documentaire. Une glaneuse nommée Varda." *Le Figaro* 6 juill. 2000: sans pagination.

Gasperi, Anne de. "La Patate d'Agnès Varda". *Le Figaro* 16 mai 2000: sans pagination.

Landrot, Marine. "*Les Glaneurs et la glaneuse*". *Télérama* 5 juill. 2000: sans pagination.

Lequeret, Elisabeth. "Le Bel Eté de la glaneuse". *Cahiers du cinéma* 550 (oct. 2000): 32–33.

Levieux, Michèle. "Agnès Varga, une 'glaneuse' résistante". *L'Humanité* 7 juill. 2000: sans pagination.

Levine, Alison J. Murray. "Contemporary French Documentary: A Renaissance, 1992–2012". *A Companion to Contemporary French Cinema*. Ed. Alistair Fox et al. Hoboken, NJ: Wiley-Blackwell, 2015. 356–75.

Mandelbaum, Jacques. "Biens sans maître glanés par maîtres sans bien". *Le Monde* 5 juillet 2000: sans pagination.

O'Shaughnessy, Martin. "Post-1995 French Cinema: Return of the Social, Return of the Political?" *Modern and Contemporary France* 11.2 (2003): 189–203.

Piazzo, Philippe. "Agnès Varda, glaneuse sachant glaner". *Le Monde* (Aden) 5 juill. 2000: sans pagination.

"Les Plages d'Agnès". *Ciné-Tamaris. Agnès Varda, Jacques Demy: le site officiel*. Consulté le 25 avr. 2017. <www.cine-tamaris.fr/boutique-9/les-plages-d-agnes-208>

Rachlin, Nathalie. "L'Exclusion au cinéma: le cas d'Agnès Varda". *Women in French Studies* (2006): 88–111.

Rosello, Mireille. "Agnès Varda's *Les Glaneurs et la glaneuse*: Portrait of the Artist as an Old Lady". *Studies in French Cinema* 1.1 (2001): 29–36.

Smith, Alison. *Agnès Varda*. Manchester, UK: Manchester UP, 1998.

Varda, Agnès, réal. *Les Glaneurs et la glaneuse*. Zeitgeist Video, 2002.

Witt, Michael. "The Renaissance of Documentary Filmmaking in France in the 1980s and 1990s". *Critical Studies in Television: Scholarly Studies in Small Screen Fictions* 7.2 (2012): 10–29.

287

VI

La Comédie

Josiane Balasko, *Gazon maudit* (1995)

Agnès Jaoui, *Le Goût des autres* (2000)

Jean-Pierre Jeunet, *Amélie* (2001)

Olivier Nakache et Eric Toledano, *Intouchables* (2011)

La tradition de la comédie date des débuts du cinéma, et à l'époque du muet la toute première grande vedette comique française, Max Linder (1883–1925), fut un des modèles de Charlie Chaplin. Dans les années 30, "l'âge classique" du cinéma français, le genre comique connaît la gloire avec les farces délirantes de René Clair et les mélodrames méridionaux de Marcel Pagnol ainsi que l'avènement, dans les films de ce dernier, de nouvelles vedettes comme Raimu et Fernandel (*La Femme du boulanger*, *Le Schpountz*, 1938). Dans les années 50, le grand comique Bourvil triomphe aux côtés de Jean Gabin dans *La Traversée de Paris* (1956), mais le genre comique est marqué surtout à cette époque par le burlesque original de Jacques Tati et son excentrique M. Hulot (*Les Vacances de M. Hulot*, 1953; *Mon Oncle*, 1958). Les deux décennies suivantes voient le grand succès au box-office de films comiques classiques tels que *La Grande Vadrouille* (1966) et *Les Aventures de Rabbi Jacob* (1973) de Gérard Oury (interprétés tous deux par Louis de Funès), et *La Cage aux folles* (1978) d'Edouard Molinaro.

Plus près de nous, dans les années 80 et 90, la réussite de la comédie se maintient, et des réalisateurs de génie tels que Jean-Marie Poiré, Patrice Leconte, Michel Blanc, Josiane Balasko, Claude Zidi, Etienne Chatiliez et Francis Veber (pour n'en citer que quelques-uns) s'imposent sur le grand écran. *Les Visiteurs* de Poiré, par exemple, est le champion du box-office en France en 1993, et *Gazon maudit* (1995) de Josiane Balasko vend le plus grand nombre d'entrées en 1995, de quatre à cinq millions, après le blockbuster comique *Les Anges gardiens*, également de Poiré. A la fin de la décennie, comme au début du vingt-et-unième siècle, Francis Veber connaît un succès hors du commun avec des comédies telles que *Le Dîner de cons* (1998, trois fois césarisé) et *Le Placard* (2001).

La veine comique ne décroît pas dans les années 2000, bien au contraire, comme on le voit dans les chapitres suivants sur *Le Goût des autres*, comédie d'auteur d'Agnès Jaoui (2000), *Le Fabuleux Destin d'Amélie Poulain* de Jean-Pierre Jeunet (2001) et *Intouchables* d'Olivier Nakache et Eric Toledano (2011). Ces deux dernières œuvres atteignent des taux de popularité mondiale jamais vus pour un film français—même si le champion du box-office en France, pour un film français, reste la comédie *Bienvenue chez les Ch'tis* de Dany Boon (2008) avec plus de vingt millions d'entrées. Certaines séries comiques, comme *Taxi* (1998, 2000, 2003, 2007), *La Vérité si je mens* (1997, 2001, 2012) et celle basée sur les aventures d'Astérix (1999, 2002, 2008, 2012) ont connu un vif succès auprès du grand public, et la toute récente comédie dramatique de Michel Hazanavicius,

The Artist (2011), a étonné le monde du septième art et rempli les cinémas partout en raflant cinq Oscars, trois Golden Globes et six Césars, cent cinquante prix en tout dans des festivals internationaux. Avec les thrillers, la comédie continue de tenir le haut du pavé au cinéma en France.

17

Josiane Balasko

Gazon maudit

(1995)

Josiane Balasko, *Gazon maudit*: Marijo (Josiane Balasko) et Laurent (Alain Chabat) se
disputent Loli (Victoria Abril).

Réalisation . . . . Josiane Balasko
Scénario . . . . Josiane Balasko, Telshe Boorman
Dialogue . . . . Josiane Balasko
Directeur de la photographie . . . . .Gérard de Battista
Son . . . . .Pierre Lenoir, Dominique Hennequin
Musique . . . . .Manuel Malou
Montage . . . . Claudine Merlin
Décors . . . . Carlos Conti
Costumes . . . . Fabienne Katany
Script . . . . .Patrick Aubrée
Effets spéciaux . . . . .Jacques Gastineau
Régie . . . . Eric Vidart-Lœb
Production . . . . .Claude Berri
Durée 1h47

Distribution

Victoria Abril (*Loli*), Josiane Balasko (*Marijo*), Alain Chabat (*Laurent, le mari de Loli*), Ticky Holgado (*Antoine, l'associé et l'ami de Laurent*), Catherine Hiegel (*Dany, l'ancienne amante de Marijo*), Catherine Samie (*la vieille prostituée*), Catherine Lachens (*Fabienne, la patronne du club Le Sopha*), Michèle Bernier (*Solange, l'amie de Marijo et Dany*), Telsche Boorman (*Dorothy Crumble*), Katrine Boorman (*Emily Crumble*), Miguel Bosé (*Diego, l'Espagnol séducteur à la fin du film*), Véronique Barrault (*Véro*), Sylvie Audcœur (*Ingrid*), Maureen Diot (*Christelle*)

Synopsis

Espagnole barcelonnaise, Loli est une femme au foyer, mère de deux petits enfants, qui vit en Provence près d'Avignon dans une grande et belle maison avec son mari Laurent, agent immobilier. Celui-ci connaît à la fois une grande réussite professionnelle et beaucoup de succès auprès des femmes, séduisant toutes les belles disponibles du coin, y compris la baby-sitter de ses deux enfants. Amoureuse de son mari et ne se doutant de rien, Loli s'énerve pourtant de passer tant de soirées seule pendant que son mari s'occupe de ses "clients". Quand Marijo, une franche lesbienne "hommasse"—trapue, cheveux courts, vêtements masculins, cigarillo au bec—, tombe en panne devant sa maison et lui répare son évier, elle l'invite à dîner pour narguer ce mari qui la néglige. Or, il se trouve que Marijo n'est rien moins qu'insensible aux charmes évidents de Loli, et elle n'hésite pas à lui faire la cour, ce qui provoque la fureur de Laurent lorsqu'il s'en rend compte. Mais Loli, de son côté, finit par apprendre les multiples infidélités de son mari et se révolte en refusant de se passer de la présence de Marijo....

La Réalisatrice

Née Josiane Balašković le 15 avril 1952, fille d'un cafetier parisien d'origine yougoslave, Josiane Balasko est à la fois scénariste, dialoguiste, actrice et réalisatrice, se spécialisant dans les films comiques. Jeune fille, elle quitte le lycée pour préparer l'Ecole des Arts Décoratifs mais se trouve bientôt dans les célèbres cours d'art dramatique de Tania Balachova où elle se découvre, nous dit-elle, le talent de faire rire les gens en jouant sur son physique un tant soit peu ingrat (Grenier 150, 154). Elle devient actrice à partir de 1973, interprétant d'abord des seconds rôles dans des films mis en scène par des réalisateurs chevronnés, tels que, entre autres, Jacques Doillon, Roman Polanski, Claude Zidi, Yves Robert, Claude Miller, André Téchiné et Gérard Oury. En 1976 elle rejoint une troupe de comédiens de café-théâtre qui s'appelle "Le Splendid" (voir "La Tradition comique et le café-théâtre" ci-dessous) et qui réunit quelques-uns des acteurs et actrices comiques qui deviendront parmi les mieux connus en France quand ils passeront à l'écran: Christian Clavier, Michel Blanc, Gérard Jugnot, Thierry Lhermitte, Marie-Anne Chazel et Valérie Mairesse, notamment, et même Anémone pour plusieurs films.

Entre 1976 et 1977, la carrière de Balasko s'envole, avec des apparitions dans neuf films, mais elle commence à percer vraiment avec Le Splendid dans des comédies loufoques créées d'abord au théâtre, puis portées à l'écran. Il s'agit, notamment, des films de Patrice Leconte (*Les Bronzés*, 1978; *Les Bronzés font du ski*, 1979) et de Jean-Marie Poiré (*Le Père Noël est une ordure*, 1982—qui deviendra un véritable film culte—, et *Papy fait de la résistance*, 1983). Petite et rondouillarde, Balasko tient le rôle principal dans une autre comédie de Poiré qui connaît un franc succès (deux millions de spectateurs), *Les Hommes préfèrent les grosses* (1981), dont elle est coscénariste avec le metteur en scène. Portée sur l'écriture dès un très jeune âge, elle a été reconnue comme "une des meilleures dialoguistes du cinéma français, tous sexes confondus" (Castiel, "*Gazon maudit*" 31).

En 1985, Balasko passe pour la première fois derrière la caméra, ce qu'elle explique en avouant, "C'est seulement pour pouvoir me donner des rôles que j'ai envisagé de passer à la mise en scène" (Riou). Elle s'est rendu compte, dit-elle, qu'une fois atteinte la quarantaine, si l'on ne veut pas être "réduit à rien", il faut écrire des rôles pour soi-même, parce que le cinéma préfère "de la chair fraîche" (Vincendeau, "Twist and Farce" 26). Elle réalise une première œuvre, *Sac de nœuds* (1985), un film sur des marginales dont elle écrit le scénario et où elle est aussi une des vedettes (avec Isabelle Huppert et Jean Carmet). Ce premier jet, plutôt maladroit, aura un succès relatif grâce à son origi-nalité et sera suivi d'une deuxième tentative, *Les Keufs* (1987), une comédie policière où elle s'attaque au racisme, puis *Ma vie est un enfer* (1991), une variation féministe sur le thème de Faust et dont elle est toujours scénariste et vedette, toujours sans grand succès commercial ou critique.

Balasko trouvera ses repères et son rythme propre comme metteur en scène en 1995 avec *Gazon maudit*, qui est choisi pour représenter la France dans la compétition pour le Meilleur film en langue étrangère aux Oscars aux Etats-Unis. Le film a égale-ment été nominé pour le même prix aux Golden Globes et a obtenu ce prix en 1996 au Festival de Film international de Palm Springs. Sans jamais reproduire le grand succès de *Gazon maudit*, Balasko poursuivra une carrière active de réalisatrice, actrice et scéna-riste jusqu'à nos jours, recevant en 2000 un César honoraire pour l'ensemble de ses contributions au cinéma français.

La Genèse et la réalisation

Tourné pendant quatre mois en été 1994 dans les paysages magnifiques du Lubéron et du Vaucluse et dans les villes de Cavaillon, Roussillon et Avignon, *Gazon maudit* est à la fois le fruit de l'influence de Bertrand Blier, "père géniteur et spirituel de cette famille comique" qui a l'audace de s'attaquer aux tabous (Strauss 60), et une déclaration d'in-dépendance. Comme le raconte Balasko, elle avait écrit une première version du film juste après avoir tourné dans *Trop belle pour toi* (1990) de Blier, à un moment où elle se trouvait complètement sous son emprise: "Travailler avec Bertrand Blier m'avait telle-ment captivée que j'étais devenue une femme sous influence. C'était un scénario fran-chement monstrueux; je l'ai jeté au fond d'un tiroir" (Riou). Elle s'est rendu compte que "la difficulté résidait dans le fait de réaliser une comédie sans [se] référer à un modèle, les modèles de comédies étant souvent des modèles masculins" (Jousse 62).

Inspirée sans doute par l'exemple de Coline Serreau, qui avait osé montrer dans *Pourquoi pas!* (1977) un ménage à trois (puis quatre) bisexuel et heureux, Balasko réin-vente le trio conjugal (un homme, sa femme et sa maîtresse) en mettant une femme—lesbienne—entre un homme et sa femme. La réalisatrice constate "un véritable manque dans la représentation de l'homosexualité féminine", tandis qu'"il y a beaucoup de bons films qui montrent avec justesse les hommes qui aiment les hommes. Pour les femmes qui aiment les femmes, rien, sauf des mélos vaguement littéraires, ou des films érotiques faits pour exciter les mâles. Sur la lesbienne de base, l'archétype, rien" (Riou).

Le grand défi pour Balasko fut de trouver le moyen de représenter les lesbiennes de manière vraisemblable, d'éviter la caricature ou le burlesque à la manière de *La Cage aux folles*. Par ailleurs, elle voulait éviter de faire un film qui invite au voyeurisme: "Le voyeurisme est purement masculin", dit-elle, "et le voyeurisme devant deux femmes faisant l'amour, on le trouve dans n'importe quel film porno" (Jousse 63). Pour lutter contre le voyeurisme, Balasko donne un rôle croissant aux sentiments dans les rapports entre ses personnages, persuadée que les sentiments sont plus "violents" et "beaucoup plus dérangeants" que l'acte sexuel (Jousse 63). Elle se félicite, au demeurant, d'avoir fait, dans la séquence où Laurent et Marijo s'accouplent pour faire un enfant, "la première scène de non-amour à l'écran: deux êtres qui n'ont aucune envie de se toucher et qui sont obligés de le faire" (Jousse 62), une scène érotique—selon Balasko—qui refuse de satisfaire le désir voyeur du spectateur.

Quant au dénouement de *Gazon maudit*, qui propose sur un ton tant soit peu utopique un modèle de famille triangulaire heureux, Balasko adoucit son propos et ménage ses arrières en jouant du prestige bien établi de son aînée Serreau: "Ce n'est pas un dénouement qui affirme, 'C'est comme ça que ça devrait être', mais qui rêve un peu et qui dit: 'Pourquoi pas'?" (Tranchant).

Les Interprètes

Les quatre comédiens qui tiennent les rôles principaux dans *Gazon maudit* sont déjà bien connus du grand public en France. Josiane Balasko, qui joue le rôle de la lesbienne Marijo, avait rencontré, comme nous l'avons vu ci-dessus, un grand succès avec les adaptations des spectacles du Splendid à l'écran dès la fin des années 70. Elle connaît une réussite croissante comme interprète, nominée aux Césars comme Meilleure actrice pour sa prestation dans le film à grande diffusion de Bertrand Blier, *Trop belle pour toi* (1990), où elle partageait la vedette avec Gérard Depardieu, et pour celui de Jean-Jacques Zilbermann, *Tout le monde n'a pas eu la chance d'avoir des parents communistes* (1993). Dans ses propres films, elle aura tendance à jouer des personnages qui sortent de l'ordinaire, comme elle le reconnaît volontiers: "Même si les rôles que j'ai tenus étaient tous plus ou moins ceux de personnages un peu perdus, marginaux et délaissés, j'ai l'impression d'avoir toujours incarné des êtres différents" (Jousse 63).

Pour jouer le rôle d'une lesbienne d'allure très masculine dans *Gazon maudit*, elle avait observé des lesbiennes pour l'aspect extérieur, comme les vêtements et la coiffure. Elle a imité des gestes masculins, une manière de se tenir et de s'asseoir, une certaine confiance en soi. Quant à "l'intérieur", dit-elle, elle a essayé de se sonder, de trouver son côté masculin, "et je l'ai trouvé, ce qui était amusant" (Vincendeau, "Twist and Farce" 26). Mais, avant tout, elle s'est rendu compte, dit-elle, que l'amour est pareil, qu'il soit hétérosexuel ou homosexuel: les sentiments, la jalousie, le désir de possession sont les mêmes, bien que la technique soit différente . . . (Rodgerson 44). Quoi qu'il en soit, certaines critiques féministes l'ont prise à partie pour avoir réalisé ce film et joué le rôle d'une lesbienne tout en arborant une image publique de femme hétérosexuelle et de mère de deux enfants, de sorte qu'il ne pouvait s'agir—pour elles—d'un vrai film "gay" (Hayward 133). Balasko obtiendra une ultime nomination de Meilleure actrice aux Césars de 2004 pour le drame noir de Guillaume Nicloux, *Cette femme-là*.

Alain Chabat, qui incarne Laurent, le mari de Loli, vient de la télévision, où il est bien connu du grand public pour sa participation aux émissions comiques des "Nuls", un groupe d'acteurs comiques créé à la fin des années 80 et dont la forme d'humour vole très bas. Les Nuls ont obtenu plusieurs Sept d'or (prix décerné autrefois par le magazine de télévision *Télé Sept Jours*) pour leurs diverses émissions, mais ils sont surtout connus pour *Le Journal Télévisé Nul (JTN)*, qui était un faux journal paraissant tous les soirs sur la chaîne Canal + pendant la saison 1987–88, avec des portraits loufoques d'un invité, des fausses publicités, et des sketchs comiques. Chabat reçoit une nomination comme Meilleur acteur aux Césars de 1996 pour son interprétation dans *Gazon maudit*, ainsi que des nominations pour ses rôles dans plusieurs autres films par la suite. Comme Balasko, il est également réalisateur et scénariste, obtenant un César de la Meilleure première œuvre pour *Didier* (1997), pour lequel il est nominé aussi pour un prix de Meilleur acteur pour le rôle de Didier, un chien transformé en homme . . . qui conserve le comportement d'un chien. Son film comique *Astérix et Obélix: Mission Cléopâtre*, où il joue également le rôle de Jules César, obtient un prix aux Césars en 2003.

Victoria Abril est née à Madrid mais vit à Paris depuis 1982. Caractérisée par une critique comme "la suprême comédienne du cinéma" (Brown 63), c'est une actrice notoire pour des rôles quelque peu scandaleux depuis sa prestation dans *Cambio de sexo* (*Changement de sexe*) de Vincent Aranda (1976) où un garçon de dix-sept ans, José María, devient María José. Elle est nominée aux Césars pour un prix de Meilleure actrice dans un second rôle pour le film de Jean-Jacques Beineix *La Lune dans le caniveau* (1983). En 1989 elle incarne une vedette de films porno dont un malade mental tombe amoureux dans le film de Pedro Almodóvar, *¡Átame!* (*Attache-moi!*, 1989), pour lequel elle obtient de multiples prix d'interprétation, comme pour son rôle dans un autre film d'Aranda, *Amantes*, en 1991. Ayant tourné dans une douzaine de films avant *Gazon maudit*, elle est connue surtout pour ses rôles d'un érotisme torride dans les films d'Aranda et d'Almodóvar, avec qui elle finira par faire une quinzaine de films, et c'est cette réputation qui la suivra dans le film de Balasko. Comme le dit celle-ci, "Choisir Victoria Abril, c'était choisir quelqu'un ayant un passé de *sex symbol*" (Jousse 62). Les critiques sont unanimes sur l'excellence de la composition d'Abril dans *Gazon maudit*, l'une d'entre eux la trouvant "épatante dans un rôle pour le moins délicat" (Trémois). Ces trois·comédiens, Balasko, Chabat et Abril, sont donc précédés d'une identité cinématographique bien caractérisée qui sert à développer et à étoffer leurs personnages dans *Gazon maudit*. Et Chabat ne se prive pas d'un petit clin d'œil lorsque son personnage, Laurent, dit à sa femme Loli: "J'étais *nul* hier soir. Pardonne-moi".

Ticky Holgado, qui joue le rôle d'Antoine, avait joué des seconds rôles au cinéma et à la télévision depuis le début des années 80, paraissant, notamment, dans *Manon des sources* (1986) de Claude Berri, *Les Keufs* (1987) de Balasko, *Le Château de ma mère* (1990) d'Yves Robert, *Uranus* (1990) de Claude Berri et *Delicatessen* (1991) de Jean-Pierre Jeunet et Marc Caro. Atteint d'un cancer aux poumons dès 1992, il connaîtra son plus grand succès dans *Gazon maudit*, nominé aux Césars pour le prix du Meilleur acteur dans un second rôle, et jouera dans *La Cité des enfants perdus* de Jeunet et Caro la même année, ainsi que dans *Un long dimanche de fiançailles* de Jeunet en 2004, l'année où il succombe à sa maladie.

Et pour finir la distribution principale du film, on trouve deux sociétaires vétérans de la Comédie-Française, Catherine Hiegel et Catherine Samie, dans les rôles respectivement de Dany, ancienne amante de Marijo, et d'une vieille prostituée philosophe, "toutes deux étonnantes" dans leur composition (Coppermann).

La Réception

Sorti sur les écrans le 1er mars 1995, *Gazon maudit* est l'un des films français les plus populaires de 1995, vendant de quatre à cinq millions d'entrées en France et faisant également un carton en Espagne, en Italie, au Mexique, au Québec et aux Etats-Unis. Cette année-là, il n'a été battu au box-office français que par *Les Anges gardiens*, une comédie de Jean-Marie Poiré avec Gérard Depardieu et Christian Clavier (encore un ancien du Splendid) qui relève, sans surprise, de la tradition de la comédie masculine où les femmes sont l'objet du ridicule. Il obtient le prix du Meilleur scénario et des nominations de Meilleur réalisateur, Meilleur film, Meilleur acteur (Chabat) et Meilleur acteur dans un second rôle (Ticky Holgado) aux Césars de l'année suivante, ainsi que le Prix Lumières du Meilleur scénario.

Certains représentants de la presse cinématographique se montrent réticents devant ce film tant soit peu déconcertant où le lesbianisme, rarement représenté au cinéma, est traité, par-dessus le marché, sur un mode comique. Les uns ne voient que le côté "vulgaire" du film, "vulgarité sans surprise, scénario convenu avec les enchaînements graveleux que l'on devine" (De Bruyn 43), et tout le monde note les clichés—"tous les clichés, toutes les plaisanteries vulgaires attendus sur l'homosexualité ressortent" (Fontana)—, comme les personnages stéréotypés, que ce soit le mari coureur, la femme au foyer ou même la lesbienne hommasse ("butch"). Certains s'arrêtent là, reléguant le film à la catégorie des vaudevilles et de la grosse farce vulgaire. D'autres voient pourtant plus loin, au-delà des situations comiques trop connues, constatant que ce ménage à trois, "balançant entre grosse farce, clichés éculés, satire grinçante, et, mais oui, discrète émotion, se danse devant nous avec une certaine élégance" (Coppermann).

Parmi les critiques plus favorables, bon nombre encensent le film, celui-ci le traitant d'"histoire explosive, *sacrément* bien écrite et bien vue" (Strauss 60), celui-là opinant: "Tel quel, *Gazon maudit* est déjà une étonnante réussite, une réponse cinglante au cinéma masculin et à ses femmes-fantasmes siliconées, une claque dans le conformisme ambiant. Entre émotion, verdeur gauloise et gravité, Josiane Balasko confirme un vrai talent de moraliste à l'œil vif et à la verve étonnante" (Pascal). Alain Riou abonde dans le même sens approbateur: "Mais l'art d'approfondir les personnages que Balasko a appris au théâtre, l'art d'éclairer brusquement des zones insoupçonnées qui font que les pantins grandissent, ouvrent les yeux et le cœur jusqu'à toucher le nôtre, font en définitive de ce film [. . .] une œuvre véritable, importante et subtile". Ginette Vincendeau a peut-être le dernier mot en observant, tout simplement, que *Gazon maudit* a rendu une relation lesbienne acceptable à tout un public familial du cinéma, "ce qui n'est pas rien" ("French Twist/Gazon maudit" 42).

La Tradition comique et le café-théâtre

Gazon maudit s'inscrit dans une longue tradition de farces vaudevillesques en France, à commencer, au dix-neuvième siècle, par les œuvres d'Eugène Labiche, Georges Feydeau et Georges Courteline, entre bien d'autres de moindre envergure, et qu'on retrouve au vingtième siècle dans les œuvres de Sacha Guitry, par exemple. Dans ce genre théâtral, il s'agit de spectacles relativement licencieux, pleins de rebondissements imprévus et de caricatures de la bourgeoisie, et où il y a souvent un couple marié dont la tranquillité conjugale est troublée par l'arrivée d'une tierce personne, un homme qui fait la cour à la femme, qui est toujours jolie et volage. Les personnages principaux du vaudeville français traditionnel sont donc le mari, la femme et l'amant, et son thème principal l'adultère. Le ménage à trois des vaudevilles devient le motif principal du *théâtre de boulevard*, c'est-à-dire les spectacles mélodramatiques proposés habituellement à la bourgeoisie dans les grands théâtres parisiens.

Le film de Balasko présente donc la situation d'un vaudeville traditionnel, à cette exception près, et elle est de taille, que l'amant est une amante, une lesbienne. Les critiques ne manquent pas de le noter: "*Gazon maudit* réussit l'alliance improbable de la comédie de vaudeville et le cinéma d'auteur sur un sujet piégé: l'homosexualité féminine" (Roy 59). Comme le remarque Balasko elle-même, *Gazon maudit* est la toute première comédie lesbienne du cinéma, et on y voit le premier mari cocu dont le rival est une femme. Une des grandes originalités du film, c'est qu'on y rit des hommes, qui sont présentés sous un jour négatif, et Balasko ne s'en excuse pas: "Que les cinéastes femmes aient parfois envie d'être sévères avec les personnages masculins est plutôt une réaction saine. On a tellement vu au cinéma de rôles féminins imbéciles . . . " (Jousse 63). La réalisatrice opère donc une subversion des plus flagrantes du vaudeville auquel le public français est habitué, et pourtant celui-ci applaudit à pleines mains. Il faut dire que son attente a été formée en quelque sorte par le même courant comique qui a servi de tremplin à Balasko et à toute la troupe du Splendid, celui du *café-théâtre*.

Le tout premier café-théâtre à Paris, créé au Café Royal par Bernard Da Costa, date de 1966, mais cette nouvelle mode doit son envol surtout à Mai 68. Le nombre de cafés hébergeant un petit théâtre à Paris va proliférant à partir de cette date, atteignant une vingtaine au début des années 70. Parmi ceux-ci, les mieux connus restent le Café de la Gare de Romain Bouteille et Le Vrai Chic parisien de Coluche (tous deux à Montparnasse), ainsi que Le Splendid (installé dans le quartier des anciennes Halles), où ont débuté de nombreux acteurs et auteurs comiques devenus célèbres en France par la suite, dont surtout (en plus de la troupe du Splendid) Coluche, Patrick Dewaere, Miou-Miou, Gérard Lanvin, Rufus, Renaud, et, oui, Gérard Depardieu. S'il faut en croire Da Costa, "tous les acteurs connus ou pas connus passèrent par le Café-Théâtre" (151). Les réalisatrices à succès Coline Serreau, Diane Kurys et Tonie Marshall sont également passées par ce moule.

Le café-théâtre cultive l'éthique de protestation, de contestation et de radicalisme général sur un mode humoristique, moqueur, parfois farceur et grossier et foncièrement irrévérencieux. Lorsque Le Splendid présente son premier spectacle, on peut lire dans *Le Nouvel Observateur* qu'il s'agit d'"un jeu burlesque, mené dans un café-théâtre tout neuf par une bande de dangereux délirants qui ne respectent rien" (Grenier 175). Comme le vaudeville traditionnel, il prend pour cible la bourgeoisie française, qu'il soumet à une caricature souvent cruelle, mais, avant tout, l'esprit du café-théâtre "a comme credo de traquer la bêtise, la vanité et la connerie" où qu'elles se trouvent (Grenier 188–89). Le café-théâtre était rien moins que "politiquement correct", et c'est tout à fait dans le goût de Balasko, qui avoue: "Parler des choses dont on ne parle pas, imposer des images habituellement refusées a toujours été un moteur pour moi" (Jousse 62).

Comme nous l'avons dit plus haut, Bertrand Blier était une grande source d'inspiration pour Balasko, à commencer par *Les Valseuses* (1974), dont la réalisatrice nous dit, "C'était la première fois qu'on parlait ce langage au cinéma. Il a ouvert une voie de liberté, abordé des sujets plus ou moins tabous, plus ou moins occultés" (Tranchant). C'est d'ailleurs Blier, avoue-t-elle, qui lui a soufflé le titre de *Gazon maudit*, qui l'a séduite tout de suite: "J'adore cette image, à la fois hermétique, poétique et explicite. 'Gazon' pour la toison pubienne, et 'maudit', comme l'interdit qui frappe les amours des femmes. Relisez Baudelaire . . ." (Pascal).

Dans la foulée de la révolution sexuelle des années 60, comme des mouvements pour la libération des femmes et la reconnaissance des droits des homosexuels des années 70—sans parler de l'influence des publications satiriques comme *Charlie Hebdo* et *Hara-Kiri*—, le café-théâtre a joué un rôle particulièrement important dans l'épanouissement des femmes dans le monde du théâtre et du cinéma. Pour commencer, il a donné aux comédiennes leur franc-parler en leur permettant d'utiliser un langage cru, souvent obscène. Il leur a permis aussi de sortir des rôles dans lesquels elles étaient habituellement cantonnées—objets de convoitise masculine ou de ridicule, soumises à certaines bienséances—pour exploiter leur corps de manière rabelaisienne sur scène, en insistant, par exemple, sur ses fonctions physiologiques. Elles ont pu donner expression aux thèmes d'actualité, tel le féminisme: "la libération des femmes, la dénonciation de leur 'aliénation', leurs grossesses, leurs menstruations, leurs orgasmes, l'avortement, le contrôle des naissances . . ." (Da Costa 199). En plus, le café-théâtre a donné une place importante aux comédiennes dont le physique ne correspondait pas aux canons de beauté classiques, et Balasko remarquera, au sujet des *Hommes préfèrent les grosses*, que "c'était la première fois qu'une fille tenait un premier rôle sans être une fille superbe" (Lejeune 78).

Balasko n'est, certes, ni la première ni la seule femme à réaliser des films comiques en France—un genre pourtant complètement dominé par les hommes jusqu'à l'après–Mai 68. L'année où elle réalise son premier film, *Sac de nœuds* (1985), Coline Serreau connaît un succès retentissant avec *Trois hommes et un couffin* (la même année qu'Agnès Varda réalise un de ses plus grands films, *Sans toit ni loi*, bien que celui-ci soit loin d'être une comédie). D'autres femmes réaliseront des comédies dans les années 80 et 90, telles que Tonie Marshall, Marion Vernoux, Laurence Ferreira-Barbosa, Valérie Lemercier et Catherine Corsini, mais, comme le remarque Brigitte Rollet, Balasko est "probablement la seule qui supprime presque systématiquement les limites des comportements qui sont socialement et sexuellement acceptés et acceptables" ("Unruly Woman?" 136). En fait, Balasko ne quitte jamais tout à fait le café-théâtre; elle "en garde l'esprit de provocation, de boutade, de dérision" (Baignères).

Gazon maudit et le lesbianisme

En ce qui concerne le lesbianisme dans *Gazon maudit*, et bien que Balasko fût élue marraine de la Gay Pride en 1994, celle-ci tenait à se démarquer du courant lesbien qui s'impose au début des années 90 aux Etats-Unis (Pascal). Considérant que ses films à elle étaient destinés au grand public, elle ne souhaitait pas se rendre dans des festivals de films de femmes ou de films gays et lesbiens pour montrer *Gazon maudit*. Certains critiques épousent son point de vue jusqu'à nier que ce soit un "film lesbien": "*Gazon maudit* n'est pas un film sur le lesbianisme, mais plutôt un marivaudage décalé, une brillante variation sur un trio pas comme les autres. Son goût du paradoxe, de la situation inversée, pourrait venir en droite ligne de Bertrand Blier. Y caricature-t-on les lesbiennes? Bien sûr, [mais] jamais Balasko ne ridiculise son héroïne" (Ferenczi 19). Il est vrai, en tout cas, que c'est bien la bisexualité de Loli qui finit par se trouver au centre du film, malgré l'irruption de Marijo au sein du couple conjugal. (Pour des renseignements plus amples sur le lesbianisme—et l'homosexualité—dans le cinéma français et mondial, voir l'introduction à la Partie V: **Histoires personnelles: drames et documentaires.**)

DOSSIER PÉDAGOGIQUE

Qu'est-ce qui se passe dans ce film?

1. Pourquoi Marijo frappe-t-elle à la porte de la maison de Loli au début du film? Que pense le fils de Loli quand il voit Marijo? Quel service Marijo rend-elle à Loli?

2. Comment réagit Loli quand son mari annonce qu'il doit aller rencontrer un client ce soir-là? Qui invite-t-elle à dîner à sa place?

3. Qu'est-ce que Laurent finit par faire quand Marijo danse avec Loli au restaurant?

4. Quel est le but de la promenade en vélo de Laurent et Antoine? Qu'est-ce que Laurent révèle à son ami au café?

5. Comment Loli apprend-elle la vérité sur les infidélités répétées de son mari? Quelle décision prend-elle, en conséquence?

6. Quelle décision Marijo annonce-t-elle après la nuit où Loli fait l'amour avec son mari?

7. Quelle solution à leur dilemme est-ce que Loli propose à Marijo et à son mari? Est-ce que ça marche?

8. Comment Loli se comporte-t-elle le soir où ils reçoivent les deux amies de Marijo?

9. A quelle condition Marijo accepte-t-elle de partir de la maison?

10. Pourquoi Laurent et Loli se rendent-ils à Paris? Où vont-ils?

11. Quelle est la situation chez Laurent et Loli après l'accouchement de Marijo?

12. Qu'est-ce qui se passe quand Laurent se rend chez Diego, l'Espagnol de Barcelone, à la fin du film?

Vrai ou Faux?

Si la phrase est fausse, corrigez-la!

1. Nous rencontrons Laurent pour la première fois dans son agence immobilière avec un client.

2. Quand Laurent rentre à la maison, il se comporte froidement envers Marijo, disant à sa femme que c'est une "gouine".

3. Ce soir-là, Laurent fait visiter une belle propriété à un couple qui cherche une nouvelle maison.

4. Loli et Marijo sont très gênées de dîner ensemble; elles ne savent pas quoi se dire.

5. Quand Loli veut faire l'amour avec son mari ce soir-là, il préfère dormir.

6. Marijo revient tard le soir, après avoir dîné avec Loli, parce qu'elle avait oublié son portefeuille. Quand Loli le lui rend, elle la remercie et s'en va.

7. Quand Laurent se baisse pour ramasser ses lunettes au restaurant, il voit que Loli a enlevé ses chaussures.

8. Quand Laurent demande à Marijo si elle a peur de sortir du minibus pour se battre avec lui, elle descend avec une batte de cricket.

9. Pendant que Laurent et Antoine font du vélo, Loli demande à la voisine de garder les enfants, et elle part faire des courses avec Marijo.

10. Laurent décide de suivre les conseils d'une vieille prostituée pour tenter de récupérer sa femme.

11. Quand le ménage à trois est établi, Laurent commence à amener sa femme dans des maisons à vendre pour lui faire l'amour.

12. Quand Loli retrouve Marijo dans la boîte de nuit lesbienne, elle lui dit d'aller vivre dans un foyer pour mères célibataires.

Contrôle des connaissances

1. Qu'est-ce que c'est que "Le Splendid"? De quelle tradition fait-il partie?

2. Nommez quelques films comiques issus de la troupe du Splendid.

3. Quel est le quatrième film réalisé par Balasko? Quel prix obtient-il aux Césars?

4. Dans quel film à grand succès de Bertrand Blier est-ce que Balasko a joué un rôle principal pour lequel elle a été nominée pour un prix de Meilleure actrice aux Césars?

5. Pourquoi Alain Chabat était-il bien connu du grand public avant de jouer dans *Gazon maudit?*

6. Quel rôle Victoria Abril joue-t-elle dans le film de Pedro Almodóvar, *Attache-moi!*? Quelle réputation avait-elle comme actrice?

7. Pourquoi Balasko voulait-elle faire un film sur le lesbianisme? Qu'est-ce qu'elle voulait éviter avant tout?

8. Pourquoi est-ce que certains critiques cinématographiques sont assez réticents devant le film de Balasko? Quelle est la conclusion de Ginette Vincendeau?

9. Quelle est la situation comique la plus courante des vaudevilles? Quelle est la grande originalité du film de Balasko à cet égard?

10. Quel rôle essentiel le café-théâtre a-t-il joué pour les femmes au théâtre et au cinéma?

11. Quels films importants de Coline Serreau et d'Agnès Varda sortirent tous deux en 1985?

12. Pourquoi Balasko ne veut-elle pas être identifiée au courant lesbien au cinéma?

Pistes de réflexion et de discussion

1. Le Titre du film

"Gazon" est une expression argotique qui fait allusion au sexe de la femme. **Que signifie "maudit" dans ce contexte?** Pour bien comprendre le titre, Balasko suggère de relire Charles Baudelaire, qui consacre des poèmes aux "femmes damnées" dans sa célèbre œuvre *Les Fleurs du mal* (1857). Cherchez un de ces poèmes sur Internet et expliquez de quelles femmes il s'agit. **Trouvez-vous le titre *"Gazon maudit"* vulgaire ou, au contraire, comme le prétend Balasko, "poétique"?** Auriez-vous préféré un autre titre? Lequel?

2. L'Entrée en matière

Où commence l'action du film? Qu'est-ce que nous comprenons, sur le plan géographique, pendant le générique de début?

　　Qu'est-ce que nous apprenons sur le personnage de Marijo pendant le générique? Est-ce que son véhicule, un Volkswagen Microbus, est significatif à cet égard? **Avec qui ce genre de véhicule est-il identifié dans les années 60?** On entend un des grands tubes de Procol Harum, "A Whiter Shade of Pale" (1967), de la même époque. **Cherchez les paroles de cette chanson sur Internet.** Selon vous, quel rapport cette chanson peut-elle avoir avec le film qui commence?

3. Les Personnages

+ *Stéréotypes*

Au début du film, il y a trois personnages principaux dans des rôles fortement stéréotypés. **De quels stéréotypes s'agit-il?** *Visionnez les trois premières séquences du film après le générique du début: au café* (Extrait 1, 2'45–5'30), *à la maison* (Extrait 2, 5'30–6'35) *et l'arrivée de Marijo* (Extrait 3, 6'35–8'45).

+ *Laurent, Antoine et le machisme*

Comment est-ce que le machisme de Laurent, le mari de Loli, est établi dès le début? Pourquoi Laurent demande-t-il à Antoine de lui téléphoner à sept heures? Quels **clichés machistes** (en ce qui concerne l'amour et les sentiments) les deux hommes utilisent-ils, plus loin, pour justifier l'infidélité conjugale? *Visionnez la séquence où Laurent et Antoine discutent à la terrasse du café lors de leur promenade en vélo* (Extrait 4, 39'30–42'20). Quelle explication "noble" Laurent trouve-t-il pour expliquer pourquoi il prend tant de précautions pour cacher ses aventures à sa femme?

    ✦ *Loli et Marijo*

Comment est-ce que les personnages de Loli et de Marijo sont dessinés dans les deux séquences au début du film (Extraits 2 et 3)? Comment Marijo est-elle "autre" par rapport au couple Laurent-Loli? Est-ce uniquement sur le plan de la sexualité (conflit de mœurs)? Y a-t-il autre chose (sur le plan social, par exemple) qui les sépare?

    Pourquoi Marijo plaît-elle tant à Loli dès leurs premiers moments ensemble? Qu'est-ce que Marijo lui apporte (à l'encontre de son mari)?

4. La Séduction

Comment expliquez-vous la séduction rapide de Loli par Marijo quand celle-ci revient "chercher son portefeuille" après son départ? Y a-t-il un rapport avec le comportement de Laurent cette nuit-là? Pourquoi ne veut-il (ne peut-il) pas faire l'amour comme le veut Loli? *Visionnez les séquences où Loli va retrouver Marijo dehors puis revient se coucher à côté de son mari* (Extrait 5, 22'30–23'15 et Extrait 6, 23'15–23'45). **Quel rôle la musique joue-t-elle dans la dernière partie de cette séquence** (Extrait 6)? Quand Loli se couche, on entend la version française d'une chanson espagnole, "Historia de un amor" ("Histoire d'un amour"). **Quelle en est l'implication évidente pour la suite du film?**

5. Au Restaurant

Décrivez le comportement de Laurent et Antoine au début de cette scène en ce qui concerne les lesbiennes. Comment Laurent se rend-il compte qu'il y a des rapports intimes entre Loli et Marijo? *Visionnez la première partie de la scène du restaurant* (Extrait 7, 25'00–27'00). Comment Laurent réagit-il d'abord à sa découverte? **Quelle opposition (rivalité) fondamentale est préparée ici?**

6. Le Ménage à trois

Quelles circonstances amènent Loli à installer Marijo chez elle, à la barbe de Laurent? **Quel rôle l'épisode avec la vieille prostituée joue-t-il dans l'avènement du ménage à trois?** *Visionnez cet épisode* (Extrait 8, 52'00–54'55).

    Pourquoi Loli renoue-t-elle avec son mari par la suite? Laurent finit par amener Loli dans les maisons à vendre pour lui faire l'amour. **Pourquoi est-ce à la fois comique et ironique?**

7. Le Dîner avec les amies de Marijo

Qu'est-ce qui vient troubler les relations entre Loli et Marijo après que le ménage à trois est établi? **Quel est le rôle de Laurent là-dedans? Pourquoi est-il si accueillant avec**

Marijo et ses amies, Dany et Solange? Comment expliquez-vous le comportement violent de Loli? *Visionnez l'épisode de l'engueulade entre Loli et Marijo dans la cuisine pendant que Laurent bavarde tranquillement avec Dany et Solange au salon* (Extrait 9, 1h12'30–1h14'00). Commentez le comportement de Laurent.

Quand Laurent joue au tarot avec Marijo et Dany après dîner, il dit à celle-ci, en parlant de Marijo, "T'en fais pas, on discute … entre hommes". **Qu'est-ce que cette petite phrase indique quant à sa nouvelle attitude envers Marijo en tant qu'adversaire?**

8. *La Scène de la copulation*

Que pensez-vous de la scène où Laurent est amené à copuler avec Marijo pour lui faire un enfant? *Visionnez cette séquence* (Extrait 10, 1h23'00–1h25'10). **Cet épisode est-il "érotique", comme le prétend Balasko? Comment ces deux personnes qui se détestent arrivent-elles à avoir des rapports intimes ensemble?** Comment interprétez-vous l'expression de visage étrange, étonnée, de Marijo tout à la fin de la scène? Que ressent-elle? Balasko en parle sans rien résoudre: "On ne saura jamais s'ils ont éprouvé du plaisir ou non, l'ambiguïté persiste" (Jousse 63). **Etes-vous d'accord?**

Selon une critique britannique, certaines lesbiennes anglaises ont fait grise mine devant cet épisode, trouvant que Marijo aurait aussi bien pu se passer de Laurent en faisant appel à un donneur de sperme (Rodgerson 44). **Pensez-vous que Balasko aurait pu adopter cette stratégie dans son film sans le modifier profondément? Aurait-elle dû le faire?**

9. *La Rupture et les retrouvailles*

Pourquoi Loli rompt-elle avec Marijo, finalement? Quand elle apprend que celle-ci va accoucher bientôt, elle va la retrouver à Paris. **Qu'est-ce que nous remarquons quant à l'apparence de Loli à présent (coiffure, vêtements)? Qu'est-ce qui a changé? Pourquoi, à votre avis?** Marijo a-t-elle changé d'aspect physique, elle aussi, à la fin du film? Comment?

Quelle image le film donne-t-il des lesbiennes dans la séquence de la boîte de nuit à Paris? **Pourquoi Balasko les a-t-elle représentées ainsi dans son film?** Y a-t-il un rapport avec le dénouement de cette histoire?

10. *La Nudité*

Qu'est-ce que la nudité fréquente de Loli indique quant à son caractère? Se montre-t-elle nue dans un but quelconque? Trouvez-vous que cette nudité contribue à la qualité du film, qu'elle a une fonction thématique importante? Ou est-ce qu'il ne s'agit que de racoler, d'exciter les spectateurs?

Et que penser de la nudité également fréquente de Laurent? **A quelle fin Laurent se sert-il surtout de sa nudité (par rapport à Marijo)? Que signifie le mot "phallocratie"?** Est-ce qu'il peut y avoir un rapport entre la nudité de Laurent devant Marijo, le fait qu'il affiche son sexe masculin devant elle de manière agressive, et la menace qu'elle représente pour lui?

11. Le Lesbianisme

Balasko a remarqué, au sujet du succès du film aux Etats-Unis, "Ici, on m'a reproché de montrer le lesbianisme sous un jour caricatural. Là-bas, en revanche, des lesbiennes journalistes américaines m'ont félicitée en disant, "On en a marre des *lipstick dikes*, autrement dit des lesbiennes très belles, maquillées, très féminines" (Lequeret 90). **Quelle est l'image de la lesbienne présentée dans *Gazon maudit*?** Est-ce que cette "image" est uniforme dans le film?

    Pourquoi Laurent devient-il si perplexe, si dépourvu, devant les rapports qui s'installent entre Marijo et sa femme? *Visionnez encore la séquence où Laurent et Antoine discutent à la terrasse du café lors de leur promenade à vélo* (Extrait 4, 39'30–42'20). Lucille Cairns rappelle la consternation de Marcel dans *A la recherche du temps perdu* de Marcel Proust, lorsque le narrateur doit faire face à une rivale lesbienne, bien plus redoutable qu'un autre homme, pour les affections d'Albertine: "Mais ici le rival n'était pas semblable à moi, ses armes étaient différentes, je ne pouvais pas lutter sur le même terrain, donner à Albertine les mêmes plaisirs, ni même les concevoir exactement" (231). **Est-ce que cette réflexion est pertinente au dilemme de Laurent?**

12. L'Homophobie

Comment est-ce que l'homophobie de Laurent s'exprime dès sa première rencontre avec Marijo? Quelle expression utilise-t-il en parlant d'elle à Loli? Que devient cette homophobie lorsque Laurent comprend que Marijo a des rapports physiques avec sa femme? **Comment se comporte-t-il envers Loli?** A votre avis, est-ce que l'homophobie va de pair avec le machisme?

    Le philosophe Michel Foucault suggère que ce qui choque vraiment en ce qui concerne l'homosexualité, c'est la question du sentiment: "Je pense que c'est cela qui rend 'troublante' l'homosexualité: le mode de vie homosexuel beaucoup plus que l'acte sexuel lui-même. Imaginer un acte sexuel qui n'est pas conforme à la loi ou à la nature, ce n'est pas ça qui inquiète les gens. Mais que des individus commencent à s'aimer, voilà le problème" (Le Bitoux et al. 38). **Qu'en pensez-vous? Est-ce que l'idée que deux personnes du même sexe s'aiment est plus dérangeante que celle de l'acte sexuel, comme le prétend aussi Balasko?**

13. Le Comique et le sentiment

Balasko affectionnait particulièrement la comédie de situation, et la source principale du comique dans *Gazon maudit* vient clairement de la situation créée quand Marijo fait irruption dans la vie du couple Laurent-Loli. Mais Balasko vient de la tradition du café-théâtre où la vulgarité comique—dont on voit maints exemples dans le langage cru des personnages de ce film—et la grosse farce étaient courantes. **Dans quels épisodes est-ce que le comique dans *Gazon maudit* glisse vers la pure farce, le burlesque?**

    Balasko reconnaît qu'il y a des clichés dans son film, mais elle ajoute qu'au fur et à mesure du film ces clichés sont détruits: "Ce que j'aime bien", dit-elle, "c'est prendre les clichés, les archétypes, et les démolir" (Lejeune 78). Pour ce faire, elle insiste sur le rôle critique des sentiments. Un critique constate aussi que "le typage initial, vaudevillesque, des personnages [...] ne résiste pas longtemps" à la force des sentiments (Strauss 61), et un autre remarque encore que "Balasko détourne ainsi le vaudeville, point de départ scénaristique, et fait du film une vraie comédie sentimentale, c'est-à-dire là où priment les sentiments" (Roy 59). **Etes-vous d'accord avec ces deux critiques? Comment est-ce que la mise en valeur des sentiments contribue à démonter les stéréotypes?**

Par ailleurs, une autre critique rappelle le célèbre ouvrage d'Henri Bergson, *Le Rire. Essai sur la signification du comique* (1940), où le philosophe soutient que "le rire n'a pas de plus grand ennemi que l'émotion" (3), et que "le comique exige [...] pour produire tout son effet, quelque chose comme une anesthésie momentanée du cœur" (4), ce qui revient à dire que le sentiment et le comique ne font pas bon ménage (Rollet, "Unruly Woman?" 129). Est-ce que la notion de "comédie sentimentale" serait donc un oxymore, une contradiction interne? **Est-ce que le principe de Bergson est pertinent pour *Gazon maudit*? Est-ce que le côté sentimental nuit au côté comique, ou les deux aspects du film sont-ils plutôt complémentaires?**

14. *L'Enfant et le dénouement du film*

Après leur premier dîner ensemble, Loli demande à Marijo si elle n'avait jamais eu envie d'avoir un enfant. Plus loin, Antoine se lamente de ne pas avoir vu ses enfants depuis douze ans, "ce qu'il y a de plus dur au monde". **Pourquoi Balasko introduit-elle, ici et ailleurs, le thème des enfants?**

Dans la boîte de nuit à Paris, Loli dit à Marijo qu'"un enfant a besoin d'une mère et d'un père". **Décrivez la nouvelle famille qui se constitue à la fin du film.** *Visionnez la première partie du dénouement du film* (Extrait 11, 1h34'00–1h35'25). Une critique remarque que *Gazon maudit* ne fait qu'exploiter le lesbianisme pour renforcer l'"unité sociale légitime", la famille traditionnelle et le couple hétérosexuel (Cairns 236–37). **Qu'en pensez-vous? Est-ce là le vrai propos de Balasko?** Cairns demande, au demeurant, pourquoi Balasko n'a pas créé, dans son film, un ménage avec Loli, Marijo et les enfants, sans Laurent, au lieu de proposer une famille alternative sous l'égide du Père. **Pourquoi, selon vous, Balasko a-t-elle choisi le trio conjugal qu'on voit à la fin du film? A-t-elle eu tort?**

L'accent méridional très prononcé d'Antoine rappelle les films de Marcel Pagnol. Dans *La Fille du puisatier* (1940) de celui-ci, une des plus grandes réussites de l'Occupation en France, le problème de l'inégalité sociale entre les deux familles concernées est résolu par l'enfant qui naît à la fin du film. **Est-ce que l'enfant de Laurent et Marijo joue le même rôle en quelque sorte?** Ginette Vincendeau observe que le dénouement de *Gazon maudit* prouve que c'est la maternité et non l'amour qui triomphe de tous les problèmes ("French Twist/Gazon maudit" 42). **Qu'en pensez-vous? Est-ce là le "message" définitif du film? Sinon, quel serait, selon vous, le sens du dénouement de *Gazon maudit*?**

A la fin du film, Laurent dit à Diego, le bel Espagnol, qu'il sera "toujours le bienvenu" chez lui s'il veut revenir dans la maison qu'il lui vend. Celui-ci répond, "Attention. Je pourrais vous prendre au mot". **Que suggère cet épisode dans le contexte du dénouement du film?** Si Laurent avait une aventure avec un homme, est-ce que ce serait moins grave qu'avec une femme?

Filmographie de Josiane Balasko

1985   *Sac de nœuds*

1987   *Les Keufs*

1991   *Ma vie est un enfer*

1995   *Gazon maudit*

1998   *Un grand cri d'amour*

2004   *L'Ex-femme de ma vie*

2008   *Cliente*

2013   *Demi-sœur*

Œuvres consultées

Andreu, Anne. "Le Cinéma s'intéresse enfin à la femme de ma voisine". *InfoMatin* 8 févr. 1995: 19.

Baignères, Claude. "Sonate à trois, rire à la clef". *Le Figaro* 8 févr. 1995: sans pagination.

Balasko, Josiane, réal. *Gazon maudit*. Miramax Home Entertainment, 2003.

Brown, Georgia. "Strange Ways". *Village Voice* 41 (23 janv. 1996): 63.

Cairns, Lucille. "*Gazon maudit*: French National and Sexual Identities". *French Cultural Studies* 9 (1998): 225–37.

Castiel, Elie. "*Gazon maudit*". *Séquences* 178 (mai–juin 1995): 29–31.

———. "Victoria Abril". *Séquences* 178 (mai–juin 1995): 30–31.

Coppermann, Annie. "Entre grosse farce et émotion". *Les Echos* 10 févr. 1995: sans pagination.

Da Costa, Bernard. *Histoire du café-théâtre*. Paris: Buchet-Chastel, 1978.

De Bruyn, Olivier. "*Gazon maudit*". *Positif* (mars 1995): 43.

Ferenczi, Aurélien. "La Femme qui aimait les femmes". *InfoMatin* 8 févr. 1995: 19.

Fontana, Céline. "Amours en herbe". *La Croix* 11 févr. 1995: sans pagination.

"*Gazon maudit* (*French Twist*) 1995". *Lesbian Film Guide* (2000): 83–84 (sans auteur).

Gianorio, Richard. "Victoria Abril. Lesbienne et ménagère". *France Soir* 8 févr. 1995.

Grenier, Alexandre. *Génération père Noël. Du Splendid à la gloire*. Paris: Belfond, 1994.

Hayward, Susan. "Hardly Grazing," Josiane Balasko's *Gazon maudit* (1995): the mise-en-textes and mise-en-scène of sexuality/ies". *Gay Signatures: Gay and Lesbian Theory, Fiction and Film in France, 1945–1995*. Ed. O. Heathcote, A. Hughes et J. S. Williams. Oxford, UK: Berg, 1998. 131–50.

Howze, Jennifer. "Hands Off, She's Mine". *Première* (mars 1996): 45.

Jousse, Thierry. "Rencontre avec Josiane Balasko". *Cahiers du cinéma* 489 (mars 1995): 62–63.

Le Bitoux, Jean, René de Ceccatty et Jean Danet. "De l'amitié comme mode de vie: un entretien avec un lecteur quinquagénaire". *Le Gai Pied* 25 (avr. 1981): 38–39.

Lejeune, Paule. *Le Cinéma des femmes*. Paris: Atlas Lherminier, 1987.

Lequeret, Elisabeth. "Pour Josiane Balasko, l'Amérique valait bien un baiser". *Cahiers du cinéma* 568 (mai 2002): 90.

Majois, Isabelle, "*Gazon maudit*". *Ciné-Fiches de Grand Angle* 180 (mars 1995): 19–20.

Pascal, Michel. "Feydeau à Lesbos". *Le Point* 4 févr. 1995: sans pagination.

Riou, Alain. "Lesbos people". *Le Nouvel Observateur* 8 févr. 1995: sans pagination.

Rodgerson, Gillian. "Oo la la"! *Diva* (févr. 1996): 42–44.

Rollet, Brigitte. "Transgressive Masquerades at the *Fin de siècle? Gazon maudit* and *Pédale douce*". *France: Fin(s) de Siècle(s)*. Ed. T. Unwin et K. Chadwick. Lewiston, NY: Edwin Mellen P, 2000. 139–53.

———. "Two Women Filmmakers Speak Out: Serreau and Balasko and the Inheritance of May '68". *Voices of France. Social, Political and Cultural Identity*. Ed. Sheila Perry et Máire Cross. London: Pinter, 1997. 100–113.

———. "Unruly Woman? Josiane Balasko, French Comedy, and *Gazon maudit*". *French Cinema in the 1990s. Continuity and Difference*. Ed. Phil Powrie. Oxford, UK: Oxford UP, 1999. 127–36.

Roy, André. "*Gazon maudit*". *24 Images* 77 (été 1995): 59–60.

Strauss, Frédéric. "L'Empire des sens". *Cahiers du cinéma* 489 (mars 1995): 60–61.

Tarr, Carrie, et Brigitte Rollet. *Cinema and the Second Sex: Women's Filmmaking in the 1980s and 1990s*. New York: Continuum, 2001.

Tranchant, Marie-Noëlle. "Josiane Balasko: 'Mon film n'est pas une provocation'". *Le Figaro* 4–5 févr. 1995: sans pagination.

Trémois, Claude-Marie. "*Gazon maudit* de Josiane Balasko". *Télérama* 8 févr. 1995: sans pagination.

Vincendeau, Ginette. "French Twist/Gazon maudit". *Sight and Sound* 6 (mars 1996): 41–42.

———. "Twist and Farce". *Sight and Sound* 6.4 (1 avr. 1996): 24–26.

18

Agnès Jaoui

Le Goût des autres

(2000)

Agnès Jaoui, *Le Goût des autres*: Clara (Anne Alvaro) donne une leçon d'anglais à Castella (Jean-Pierre Bacri).

Réalisation . . . . Agnès Jaoui
Scénario . . . . Jean-Pierre Bacri et Agnès Jaoui
Directeur de la photographie . . . . Laurent Dailland
Son . . . . . . Jean-Pierre Duret, Michel Klochendler, Dominique Gaborieau
Montage . . . . Hervé de Luze
Musique . . . . Jean-Charles Jarrell
Décors . . . . François Emmanuelli
Costumes . . . . Jackie Stephens-Budin
Scripte . . . . Brigitte Hedou-Prat
Production . . . . Daniel Chevalier
Durée 1h52

Distribution

Jean-Pierre Bacri (*Jean-Jacques Castella*), Anne Alvaro (*Clara Devaux*), Alain Chabat (*Bruno Deschamps, le chauffeur de Mme Castella*), Agnès Jaoui (*Manie*), Gérard Lanvin (*Franck Moreno, le garde du corps de Castella*), Christiane Millet (*Angélique Castella, la femme de Castella*), Wladimir Yordanoff (*Antoine*), Anne Le Ny (*Valérie, la costumière*), Brigitte Catillon (*Béatrice Castella, la sœur de Castella*), Xavier de Guillebon (*Weber, le collaborateur de Castella*), Raphaël Defour (*Benoît, le peintre*), Bob Zaremba (*Fred, le propriétaire du bar*), Robert Bacri (*le père de Castella*), Céline Arnaud (*Virginie, la nièce des Castella*)

Synopsis

Monsieur Castella, petit patron provincial râleur mais pas méchant, a ses habitudes et se prête de mauvais gré aux nouvelles activités qu'on veut lui imposer. Des cours d'anglais pour pouvoir ânonner quelques mots lors de la signature d'un contrat avec des Iraniens? Pas pour lui. La première séance tourne court, car la prof, Clara Devaux, ne connaît pas de méthodes "un peu marrantes". Par contre, pas moyen d'échapper à la soirée théâtre avec sa femme, Angélique, aussi peu enthousiaste que lui d'ailleurs: leur nièce a un petit rôle dans la pièce. Les deux rouspètent un peu, puis prennent leur mal en patience. A la grande surprise d'Angélique, le regard de Castella s'illumine soudain et se fixe sur l'actrice en train de déclamer ses vers d'amoureuse éplorée. Il a reconnu sa prof, transfigurée dans le rôle de Bérénice.

Le beauf qu'il était va alors s'intéresser à la culture de Clara et de sa bande et devenir étudiant assidu de la langue anglaise, poète à ses heures. Il va au théâtre en cachette, s'invite au café après les pièces et essaie tant bien que mal de suivre les conversations intellectuelles du groupe, sans comprendre qu'on se moque de lui et qu'on profite de ses largesses.

Clara et ses amis feront-ils un pas vers lui? Bruno et Franck, chauffeur et garde du corps de Castella, se le demandent. Angélique, elle, est surtout préoccupée par son petit chien Flucky et son intérieur rose bonbon.

La Réalisatrice

Lorsqu'Agnès Jaoui passe à la réalisation avec *Le Goût des autres* en 2000, elle a déjà derrière elle une longue carrière d'actrice (une dizaine de films), de dramaturge (deux pièces) et de scénariste (cinq scénarios). Elle se passionne pour les histoires depuis son enfance, quand sa mère psychothérapeute l'emmenait assister à des thérapies de groupe où elle entendait des récits de vies, et elle suit depuis plusieurs années une psychanalyse, "la meilleure école scénaristique au monde" selon elle (Grassin). Elle écrit depuis qu'elle a découvert le *Journal d'Anne Frank* au moment de l'adolescence, livre qui l'a beaucoup touchée parce que ses parents étaient des Juifs tunisiens immigrés en France. Enfin, elle a une solide culture cinématographique acquise en accompagnant son frère Laurent— aujourd'hui réalisateur—dans une salle de quartier qui passait des films soviétiques et, plus tard, en fréquentant les salles quand elle était étudiante. Elle éprouve alors une ferveur particulière pour "Lubitsch, Capra, Renoir, Allen, Bergman, Kurosawa", auxquels se sont ajoutés plus tard "Tim Burton, Pedro Almodovar, Cédric Kahn ou Lars von Trier. Des 'inventeurs' [...]. Des gens qui, comme elle, se moquent du qu'en-dira-t-on" (De Bruyn).

Après des études brillantes au prestigieux lycée Henri-IV, Agnès Jaoui suit des cours de théâtre au cours Florent, puis au Théâtre des Amandiers de Nanterre, dirigé par Patrice Chéreau. Mais elle trouve celui-ci un peu trop sectaire et refuse d'intégrer sa troupe à la fin de ses études. Commence alors une période difficile marquée par les petits boulots et l'attente de propositions de rôles, qui fait naître en elle le désir de prendre sa destinée en main.

En 1987, sa rencontre avec l'auteur et acteur de théâtre, de télévision et de cinéma Jean-Pierre Bacri, qui a déjà vingt-cinq films à son actif, marque un tournant important de sa vie personnelle (un quart de siècle de vie commune jusqu'en 2012) et surtout professionnelle. Le duo se met en effet à écrire des pièces et des scénarios à quatre mains, ce qui leur permet aussi de s'offrir des rôles sur mesure parallèlement à ceux qu'on continue de leur proposer.

Deux de leurs premiers scénarios, adaptés de leurs pièces et portés à l'écran sous le même nom, *Cuisine et dépendances* (Philippe Muyl, 1992) et *Un air de famille* (Cédric Klapisch, 1996), annoncent déjà les thèmes et l'humour cinglant des futurs films de Jaoui: les deux films traitent de repas entre amis ou parents qui se transforment en règlements de comptes et révèlent l'insécurité ou les mesquineries de chacun. *Un air de famille* les fait connaître du grand public grâce au César du Meilleur scénario et une nomination au César du Meilleur second rôle féminin pour Agnès Jaoui. Le couple Jaoui-Bacri signe aussi deux scénarios césarisés pour le célèbre réalisateur d'*Hiroshima mon amour*, Alain Resnais (*Smoking/No smoking* en 1993 et *On connaît la chanson* en 1997), qui les surnomme affectueusement les "Jabac". Malgré tous ses succès comme scénariste et actrice, Jaoui a décidé de passer derrière la caméra pour filmer ses histoires à sa manière et parce que la réalisation constituait selon elle le stade ultime de son évolution artistique: "J'ai toujours pensé qu'être actrice, c'était être une enfant. [...]. Ecrire, c'est être adulte. Réaliser, c'est être le parent des autres, de l'équipe" (Guichard).

A partir du *Goût des autres*, le couple "Jabac" se consacre donc à l'écriture de scénarios pour des longs métrages réalisés par Agnès Jaoui. Moins moqueur et plus ouvert aux différences que leurs œuvres antérieures, ce film constitue une "grande aventure" et une "prise de risques maximum" selon Lalanne, car il dépasse "le cadre étriqué de la caricature et du typage sociologique". La prise de risque se révélera productive, car le film sera l'événement cinématographique de l'année 2000.

Le Goût des autres sera suivi par *Comme une image* (2004), prix du Meilleur scénario au Festival de Cannes. Ce film choral est centré sur la relation difficile entre une jeune femme mal dans sa peau et son père écrivain (interprété par Bacri). Selon Jaoui, "le film contient beaucoup plus de thèmes que *Le Goût des autres*" et traite des "rapports à l'ambition, à l'arrivisme, au pouvoir, au physique, à l'image" (Carrière). C'est aussi un film qui témoigne de la passion de la réalisatrice pour le chant: on y assiste aux répétitions d'une chorale avec Jaoui comme chef de chœur. D'ailleurs, elle se consacrera à la musique avant son prochain film en sortant un album de chansons latines en espagnol et en portugais, *Canta*, qui fut primé aux Victoires de la musique en 2007 dans la catégorie Musiques du monde.

Jaoui revient au cinéma en 2008 en tant que réalisatrice, coscénariste et actrice de la comédie *Parlez-moi de la pluie*, qui marque aussi la première collaboration des Jabac avec le comédien Jamel Debbouze dans son premier rôle d'adulte. Debbouze et Bacri y jouent les rôles de reporters (amateurs) échouant lamentablement à interviewer Agathe (Jaoui), une candidate féministe à une élection locale en Provence. Aux thèmes habituels de Jaoui et Bacri se greffe celui de la discrimination raciale, évoquée plusieurs fois par le personnage de Debbouze, dont la mère algérienne a passé sa vie en tant que femme de ménage dans la famille d'Agathe.

En 2013, Jaoui a réalisé *Au bout du conte*, une autre comédie chorale co-écrite et interprétée avec Bacri. Elle y tient le rôle d'une comédienne qui prépare de très jeunes enfants à jouer un conte de fées pour la fête de leur école tout en aidant sa nièce très fleur bleue à gérer sa vie amoureuse. C'est le premier film de Jaoui avec des enfants (dans des rôles certes mineurs), dont on avait critiqué l'absence dans l'œuvre de la scénariste-réalisatrice.

Enfin, celle qui se considérait à une époque comme "la gauchiste de service dans le cinéma français, toujours là pour prêcher la bonne parole" (Guichard) s'est engagée dans des causes cinématographiques. Elle a pris la défense du cinéma français, notamment en s'insurgeant publiquement contre les pratiques de la distribution des films hollywoodiens, qui réduisent la visibilité des films français en salles (Libiot, "Agnès Jaoui"). Au moment des discussions sur le statut des "intermittents du spectacle" (les artistes qui travaillent de façon irrégulière) en 2004, elle a interpellé le ministre de la Culture lors de la cérémonie des Césars pour critiquer son projet de loi visant à diminuer les indemnisations de chômage et les retraites de ces travailleurs.

Agnès Jaoui est donc une artiste éclectique, "une personnalité singulière qui, depuis quelques années, bouscule les conventions du cinéma français" (De Bruyn). Son cinéma cherche à "dénicher les petits travers de nos comportements. Et révéler qu'ils ne sont qu'entraves à notre liberté et à la vie en communauté" (*Le Goût des autres*). C'est un cinéma basé sur l'analyse sociale qui fait ressortir le conformisme et le sexisme ambiants et reflète l'engagement à gauche de ses coscénaristes. Il est intellectuel et un brin moralisateur, repose sur les dialogues plutôt que la mise en scène, et fait la part belle aux arts (la peinture, la musique, le chant, la littérature). Coppermann avait vu juste en prédisant une moisson de récompenses à celle qui venait "grossir avec bonheur la petite bande de réalisatrices qui, ces temps-ci, contribuent pour beaucoup à la vitalité du cinéma français [...] après Tonie Marshall et ses quatre Césars [pour *Vénus Beauté (Institut)*] en 2000".

La Genèse et la réalisation

Avec *Le Goût des autres*, Jaoui voulait parler d'un sujet qui lui tenait à cœur depuis ses années de lycéenne et d'étudiante, pendant lesquelles elle s'était sentie en décalage par rapports aux groupes qui l'entouraient: "A l'origine du *Goût des autres*, explique Agnès Jaoui, il y a mon mépris féroce pour les clans, les réputations. Pour ces chapelles qui sévissent partout: depuis la cour d'école jusqu'au monde des adultes. Et qui dictent leurs lois aussi bien sur la façon de s'habiller que sur les idées" (De Bruyn). Elle voulait parler de l'exclusion qui fait que "99 pour cent de nos amis, de nos maris ou de nos femmes appartiennent au même milieu que nous" et de la tendance à mépriser ceux qui ne nous ressemblent pas (Pliskin).

Bacri et elle ont commencé à écrire un scénario de film policier, mais ils ont laissé tomber au bout de deux ou trois mois, car ils n'arrivaient pas à sortir des contraintes du genre et faire une œuvre personnelle (Kelleher 20). Ils ont donc conservé trois de leurs personnages (le chauffeur, le garde du corps, la dealeuse) et se sont remis au travail en appliquant leur technique habituelle: commencer par le thème, puis créer les personnages à partir de leur vécu et inventer une histoire pour chacun avant de les inclure dans le récit. Jaoui, plus romanesque, s'occupe davantage de la narration, et Bacri des dialogues (Baurez; Mandelbaum, "Jaoui-Bacri"). Pour leur premier scénario original, Jaoui souhaitait "une fiction polyphonique, chorale, avec une ribambelle de personnages" (De Bruyn). Elle tenait aussi à filmer plusieurs scènes dans des cafés, comme le réalisateur Claude Sautet, car, dit-elle "J'aime filmer ces lieux de foule, j'aime l'énergie qui s'en dégage. Celle des visages" (Douguet).

Le tournage a eu lieu à Rouen pendant l'été 1999, sauf pour les scènes dans la loge de Clara, filmées à Paris. Jaoui est restée rigoureusement fidèle au scénario et a permis très peu d'improvisation. Elle a minimisé les mouvements de caméra car, pour elle, "les dialogues priment. A trop bouger la caméra, on entend plus les gens parler" (Alion 78). Comme nous le verrons dans la section "La Réception" ci-dessous, cette décision de subordonner la mise en scène aux dialogues lui a valu quelques critiques acerbes.

Les Interprètes

Agnès Jaoui a dit de son travail avec les acteurs du *Goût des autres* que "c'était comme diriger des premiers violons" (Douguet). Les interprètes de ce film choral sont en effet parmi les meilleurs de leur époque, et, à part Alain Chabat (Bruno Deschamps), ils ont la particularité d'avoir commencé leur carrière au théâtre.

Jean-Pierre Bacri est apparu dans plus de cinquante longs métrages depuis 1979. Il a joué dans tous les genres et incarné des personnages souvent bougons et râleurs, pas tout à fait en phase avec leur entourage. La réussite d'*Un air de famille* (1992) et de *Cuisine et dépendances* (1996)—il était acteur et coscénariste—lui a donné une grande liberté, et il choisit désormais ses rôles en fonction de la qualité des scénarios qu'on lui propose, que ce soit dans des films populaires ou dans des films d'auteur (sa préférence). Comme Jaoui, Bacri est engagé à gauche, et il apprécie les histoires qui traitent de sujets sociétaux. Dans un de ses derniers films, *Cherchez Hortense* (Pascal Bonitzer, 2012), il incarne un homme passif et déprimé qui retrouve le goût à la vie lorsque les circonstances l'obligent à aider une immigrée clandestine. Bacri a reçu, entre autres, le César du Meilleur acteur dans un second rôle pour *On connaît la chanson* en 1998 et cinq nominations au César du Meilleur acteur de 2000 (*Le Goût des autres*) à 2016 (*La Vie très privée de Monsieur Sim*). Notons que son père incarne le père de Castella dans *Le Goût des autres*.

Jaoui et Bacri ont choisi Anne Alvaro et ont écrit le rôle de Clara pour elle, car ils ont ressenti une émotion proche de celle de Castella en la voyant jouer dans une pièce de Brecht et que c'était selon eux une des rares actrices capables d'interpréter à la fois Bérénice et Clara. Jaoui pense qu'elle est injustement méconnue: "C'est comme si les gens qui aiment la musique ignoraient l'existence de la Callas!" (Fajardo). Passionnée par les planches depuis l'adolescence—elle séchait le lycée pour suivre des cours de théâtre—, Alvaro a joué dans une centaine de pièces depuis 1970, interprétant les grandes héroïnes de Corneille, Racine, Shakespeare, Kleist, Ibsen, Tchekhov et d'autres dramaturges classiques et contemporains. Elle a débuté au cinéma dans *Danton* (Andrzej Wajda, 1982) et est apparue dans une trentaine de films. Elle est lauréate de nombreux prix au théâtre et de deux Césars de la Meilleure actrice dans un second rôle pour *Le Goût des autres* et *Le Bruit des glaçons* (Bertrand Blier, 2010).

Alain Chabat (Bruno Deschamps) est un acteur très populaire, actif au cinéma et à la télévision depuis 1984, après des débuts à la radio. Ses rôles dans *La Cité de la peur* et *Gazon maudit* (voir Chapitre 17) en 1995 l'ont fait mieux connaître, et il a interprété plus de soixante-dix rôles à ce jour. Il a été nominé trois fois au César du Meilleur acteur (pour *Gazon maudit*; pour son propre film, *Didier*, en 1998 et pour *Prête-moi ta main* d'Eric Lartigau en 2007) et une fois au César du Meilleur acteur dans un second rôle pour *Le Goût des autres*. Alain Chabat est aussi réalisateur, scénariste et producteur. Les quatre longs métrages de fiction qu'il a réalisés ont tous eu un grand succès au box-office. Son premier film, *Didier*, dans lequel il joue aussi le rôle d'un chien (avec Jean-Pierre Bacri), a fait trois millions d'entrées et reçu le César de la Meilleure première œuvre en 1998. *Astérix & Obélix: Mission Cléopâtre*, dont il a signé le scénario et la mise en scène en 2002, est un des films français les plus populaires, avec près de quinze millions d'entrées en France et vingt-cinq millions à l'étranger. Plus récemment, il a endossé les casquettes de producteur, scénariste, réalisateur et acteur (auprès de Jamel Debbouze) pour la comédie *Sur la piste du Marsupilami*, plus de cinq millions d'entrées en 2012. Alain Chabat se consacre de plus en plus à ses activités de producteur et à sa carrière internationale. Il a joué dans *Night in the Museum 2* (Shawn Levy, 2009) et *A Thousand Words* (Brian Robbins, 2012) avec Eddie Murphy.

Gérard Lanvin (Franck Moreno) a vécu de petits boulots avant de devenir acteur de café-théâtre. C'est grâce à l'acteur et humoriste Coluche qu'il a obtenu son premier rôle important au cinéma dans une comédie de ce dernier, *Vous n'aurez pas l'Alsace et la Lorraine* (1977). Il a enchaîné les rôles depuis, incarnant les hommes virils et les machos au grand cœur dans des polars, des drames et des comédies. Il a reçu le Prix Jean Gabin (décerné à un espoir du cinéma français ou francophone) pour *Une étrange affaire* (1981), le César du Meilleur acteur en 1995 pour *Le Fils préféré* de Nicole Garcia et le César du Meilleur acteur dans un second rôle pour *Le Goût des autres*.

Comme Anne Alvaro, Christiane Millet (Angélique) et Wladimir Yordanoff (Antoine) sont davantage connus comme acteurs de théâtre. Ils ont joué chacun dans plus de cinquante pièces avec des metteurs en scène renommés. Ils ont aussi interprété de nombreux rôles à la télévision et au cinéma. Avant *Le Goût des autres*, Yordanoff avait donné la réplique à Bacri et Jaoui dans *Un air de famille* de Cédric Klapisch en 1996.

Enfin—à tout seigneur tout honneur—Agnès Jaoui s'est réservé le rôle de Manie dans le film pour se reposer de ses responsabilités de réalisatrice car, dit-elle, "c'était rassurant de me retrouver dans ma fonction traditionnelle, d'être prise en charge, dorlotée par les techniciens" (De Bruyn). Jaoui aime répéter dans ses entretiens qu'elle est devenue actrice pour conjurer le temps en vivant plusieurs vies. Et en effet, elle a joué dans plus de vingt-cinq films en tous genres depuis 1983, incarnant souvent des femmes intelligentes, rebelles et un peu hargneuses (Tranchant, "Agnès Jaoui"). En plus de ses rôles principaux, Jaoui s'est illustrée dans de nombreux rôles secondaires—y compris dans tous ses films et ceux pour lesquels elle a co-écrit le scénario—qui lui ont valu le César de la Meilleure actrice dans un second rôle (*On connaît la chanson*, 1998) et trois nominations au même prix pour *Un air de famille* en 1997, *Le Goût des autres* en 2001 et *Comme un avion* en 2016.

La Réception

Le Goût des autres a engrangé les prix. Il a reçu quatre Césars (Meilleur film, Meilleur scénario, Meilleur acteur dans un second rôle pour Lanvin, Meilleure actrice dans un second rôle pour Alvaro) et autant de nominations. Il a été sélectionné pour le Festival de New York et pour les Oscars et s'est vu décerner le Grand Prix des Amériques au Festival des films du monde de Montréal. Enfin, il a fait un triomphe au box-office avec près de quatre millions d'entrées, ce qui en fait le deuxième film français de l'année après la comédie grand public *Taxi 2*, de Gérard Krawczyk. Son succès a créé la surprise, car les genres populaires du moment étaient plutôt les films d'action, comme *Taxi 2* et *Le Cinquième Elément* (Luc Besson, 1997), et les comédies farcesques comme *Les Visiteurs 2: les couloirs du temps* (Jean-Marie Poiré, 1998), *Le Dîner de cons* (Francis Veber, 1999) et *Astérix et Obélix contre César* (Claude Zidi, 1999).

Ce premier film de Jaoui a aussi reçu un excellent accueil critique. "Coup d'essai, coup de maître", titre Royer en empruntant une réplique bien connue du *Cid* de Corneille pour faire allusion à l'importance du théâtre classique dans le film. "Un coup de maître" aussi pour Baignières, qui ajoute, "C'est drôle, désinvolte, moqueur, tendre, sensible, vibrant, incisif, souple, énergique. Tout sonne juste, les mots comme les cœurs". Mérigeau ne tarit pas d'éloges sur le film: "Ce qui est extraordinaire, c'est [...] qu'il est, donc, d'une justesse sidérante, d'un esprit inimitable, qu'il transpire l'amour de l'autre, que les acteurs sont prodigieux [...]. Bon film, excellent film? Non, grand film".

Les commentateurs louent le message du film, sa critique du snobisme et des clans: c'est "une brillante satire contre l'exclusion, l'esprit de chapelle, les modes, les dictatures idéologiques et sociologiques" (Gouslan) qui épingle "une forme d'exclusion proprement 'française' dont chacun de nous se sent à la fois porteur et victime: l'ostracisme culturel" (Assouline). On apprécie les leçons que l'on peut tirer du film—"un éloge de la curiosité" (Lalanne), "un film magnifique sur la tolérance" dont on sort "un peu plus fort, un peu plus heureux et un peu plus critique vis-à-vis de nos propres œillères" (*"Le Goût des autres"*)—qui réconcilie les amateurs de télévision et de Culture avec un grand "c", "le public de TF1 et celui d'Ibsen" (Pliskin).

Pour certains, *Le Goût des autres* apporte un nouveau souffle au cinéma français avec ses dialogues peaufinés, sa caméra discrète qui met en valeur le texte et les acteurs, et son humour: "Elle [Jaoui] s'inscrit à contre-courant du politiquement correct qui englue le cinéma français dans la lamentation sociale et la désespérance molle. Bref, c'est le bonheur!" (Baignières). Jaoui est présentée comme l'héritière de réalisateurs comme Claude Sautet dans sa "pertinente radioscopie de la société française" (Alion 2) et ses portraits de groupes (Royer). Lalanne voit une influence de *La Règle du jeu* de Jean Renoir dans le rapprochement des classes sociales, opinion partagée par Mérigeau qui voit "du Lubitsch aussi, ou du Mankiewicz, ou bien du Renoir" dans "le regard des humbles" (celui du chauffeur et du garde du corps). On évoque aussi une filiation avec Resnais pour "la précision élégante du montage" (Tranchant, *"Le Goût des autres"*), Sacha Guitry pour le respect des personnages ("Théâtre de la cruauté") et Woody Allen pour l'humour (Pliskin).

Malgré les éloges, le film a aussi reçu des critiques très négatives, en particulier dans *Les Cahiers du cinéma*, qui rappellent l'attaque virulente de François Truffaut contre les films de la "qualité française" dans cette revue en 1954. On se souvient que dans son essai "Une certaine tendance du cinéma français", un texte important de la Nouvelle Vague,

Truffaut pourfendait les cinéastes qui privilégiaient le scénario plutôt que la mise en scène et le travail bien fait plutôt que l'audace et l'originalité, ce qui leur garantissait le succès auprès des spectateurs. Comme le fait remarquer Leahy, les comptes rendus négatifs reprennent ces arguments. Burdeau, par exemple, parle de la "dictature du scénario": il trouve que "les personnages sont déterminés avant le film", que Jaoui ne montre pas leur psychologie en action et qu'"il ne se passe rien: ce qu'ils vivent n'est plus vraiment une vie, c'est déjà du scénario, rien que du scénario" (5). Mandelbaum critique lui aussi "l'usage des dialogues et des bons mots comme essence de la mise en scène" ("Que cache"), et pour Loutte le film inaugure "une nouvelle dictature du goût: le tiède de très bonne facture" et "déçoit par son côté consensuel, son savoir-faire prévisible", commentaires évoquant la "tradition de la qualité" vilipendée par Truffaut.

Comme pour réfuter ces accusations, des critiques ont mis un point d'honneur à démontrer la qualité de la mise en scène. Garbarz fait valoir qu'"Agnès Jaoui évite soigneusement le piège de la théâtralité, en dépit d'un scénario reposant largement sur les dialogues", et il cite des exemples de mouvements de caméra et la présence de motifs (comme Deschamps jouant de la flûte) pour prouver qu'"Agnès Jaoui, qu'on savait excellente scénariste et comédienne douée, n'en est pas moins metteur en scène" (30).

Notons enfin que le film de Jaoui a donné son nom à un concours annuel de scénarios ouvert aux collégiens et lycéens de plusieurs régions de France, qui peuvent soumettre un projet de court métrage sur le thème "Vivre ensemble dans la diversité et l'égalité". Le concours "Le Goût des autres" est subventionné par l'Agence nationale pour la cohésion sociale et l'égalité des chances et le Ministère de la Culture et de la Communication. Gageons que "la gauchiste de service du cinéma français" a apprécié cet hommage.

DOSSIER PÉDAGOGIQUE

Qu'est-ce qui se passe dans ce film?

1. Qu'est-ce que Mme Castella (Angélique) reproche à son mari au restaurant? Que pense-t-elle de Weber, l'homme d'affaires qui négocie ses contrats?

2. A quel type de pièce assistent les Castella? Quelles sont les réactions de M. Castella au cours de la représentation?

3. Pourquoi est-ce que Manie a reconnu Deschamps quand il est passé au bar pendant la pièce?

4. Qu'est-ce que Moreno n'aime pas dans le mode de vie de Manie?

5. Pourquoi est-ce que Clara demande à Castella d'arrêter de raconter des blagues au bar où ils dînent avec ses amis de théâtre?

6. Pourquoi y a-t-il une gêne terrible quand Castella traite de "pédés" les journalistes qui ne sont pas venus au vernissage de l'exposition de Benoît?

7. Où et comment Castella fait-il sa déclaration d'amour à Clara?

8. Qu'est-ce qui arrive à Castella et à ses affaires quand Clara lui dit qu'elle ne partage pas ses sentiments?

9. Qu'est-ce qui s'est passé quand Castella a pendu le tableau de Benoît dans son salon?

10. Pourquoi est-ce que Castella est allé chez Manie, et qu'est-ce qu'elle a pensé de lui?

11. Qu'est-ce que Castella commande à Benoît après lui avoir acheté un tableau? Pourquoi est-ce que cela met Clara mal à l'aise?

12. Pourquoi Clara est-elle anxieuse avant d'entrer sur scène pour jouer *Hedda Gabler*?

Vrai ou Faux?

Si la phrase est fausse, corrigez-la!

1. Les Castella vont au théâtre pour accompagner les clients japonais avec qui Castella doit signer un contrat.

2. Dans la rue, un passant se met en colère parce qu'Angélique l'a heurté en sortant de sa voiture.

3. La petite amie de Deschamps est partie faire un stage de six mois aux Etats-Unis.

4. Après avoir fait l'amour avec Manie, Deschamps lui avoue qu'il a le SIDA.

5. Au théâtre, Clara joue le rôle d'une femme dominatrice qui fait exiler son ennemi Titus.

6. Pendant une leçon d'anglais, Clara et Castella passent du temps à travailler la prononciation du mot "the".

7. Moreno a démissionné de la police quand on lui a demandé, ainsi qu'à son collègue l'inspecteur "Tortue", de ne plus enquêter sur une affaire de corruption.

8. Castella et sa femme aiment regarder les émissions politiques à la télé.

9. Quand il entend un air d'opéra au salon de thé, Castella le reconnaît, car il l'a entendu dans la chanson populaire "Juanita Banana".

10. Weber a décidé de démissionner car il a trouvé un poste mieux payé.

11. Valérie, la costumière, avait compris dès le premier jour qu'elle s'entendrait bien avec Fred.

12. A la fin du film, Moreno monte chez Manie pour lui dire au revoir et l'inviter à le rejoindre plus tard.

Contrôle des connaissances

1. Comment Agnès Jaoui a-t-elle développé son goût des histoires et de l'écriture?

2. Pour quels réalisateurs Jaoui et Bacri ont-ils écrit leurs premiers scénarios, et quel était leur thème principal?

3. Quels rôles tenait Jaoui dans *Comme une image* et *Parlez-moi de la pluie*, et avec quel comédien beur devenu célèbre a-t-elle collaboré pour la première fois dans ce dernier?

4. En dehors de son travail d'actrice, scénariste et réalisatrice, pour quelles activités est-ce que Jaoui est connue?

5. Quelles sont des caractéristiques générales du cinéma de Jaoui?

6. Pourquoi Jaoui a-t-elle fait *Le Goût des autres*, et qu'est-ce qu'elle tenait particulièrement à inclure dans son film?

7. Comment Jaoui et Bacri abordent-ils l'écriture d'un scénario? Quelle importance a le scénario au moment du tournage?

8. Dans quels types de rôles Jean-Pierre Bacri joue-t-il généralement?

9. Qu'est-ce qu'Anne Alvaro a en commun avec la plupart des acteurs du film?

10. Qu'est-ce que la carrière d'Alain Chabat a en commun avec celle de Jaoui?

11. Pourquoi est-ce que *Le Goût des autres* est considéré comme un "film événement", et qu'est-ce que les critiques ont apprécié dans le film?

12. Comment la réception du film rappelle-t-elle certains débats qui ont marqué les débuts de la Nouvelle Vague?

Pistes de réflexion et de discussion

1. Le Titre du film

L'expression "Le Goût des autres" peut signifier "ce que les autres apprécient" (leurs intérêts culturels, sportifs, culinaires, vestimentaires, etc.). Elle peut aussi s'interpréter comme "avoir le goût des autres", c'est-à-dire s'intéresser aux autres. Quel sens Jaoui donne-t-elle à son titre, à votre avis?

2. L'Entrée en matière

Visionnez l'arrivée de Castella à l'usine (Extrait 1, 4'30–6'50). Quels sont les sujets de conversation du couple? Pourquoi Jaoui a-t-elle donné au chien une position centrale dans la voiture, entre Castella et sa femme?

Quel type de musique entend-on dans cette scène? Fait-elle partie de l'action? Quel thème du film Jaoui annonce-t-elle avec ce choix de musique?

3. Les Personnages

+ *Castella*

Qu'apprend-on sur Castella (sa vie professionnelle, sa manière de parler et ses centres d'intérêt) au début du film?

Quelle est l'attitude de Castella envers son collaborateur Weber, que sa femme admire tant? Qu'est-ce qu'il lui reproche?

D'après vous, pourquoi Jaoui a-t-elle inclus la scène au jardin public, dans laquelle on voit Castella avec son père et sa sœur?

+ *Clara*

Dans quelle sorte de pièces joue Clara? Quel type de personnes est-ce qu'elle fréquente? Pourquoi donne-t-elle des cours d'anglais? **Quel bilan fait-elle de sa vie personnelle et professionnelle?**

+ *Angélique*

Qu'est-ce qui est important pour Angélique dans la vie? Quels sont ses goûts en matière de décoration et de divertissement? *Visionnez la scène montrant les Castella dans leur salon* (Extrait 2, 36'55–39'35). De quoi parle Angélique pendant que la caméra tourne autour de la pièce? **Pourquoi Jaoui a-t-elle choisi de filmer la scène ainsi?** Qu'est-ce que les Castella regardent à la télévision, et de quoi parlent-ils? **Peut-on voir une mise en abyme ici?** (Est-ce que l'épisode du feuilleton a quelque chose à voir avec leur couple?) De manière générale, comment se comporte Angélique quand il s'agit de juger les goûts d'autrui (comme celui de sa belle-sœur Béatrice en matière de papier peint)?

+ *Moreno et Deschamps*

Quelles attitudes (très différentes) face à la vie est-ce que ces deux personnages représentent? Pourquoi est-ce que Moreno parle souvent de corruption? Qu'est-ce que Moreno a fait quand l'inspecteur Tortue et lui n'ont pas réussi à attraper un "gros poisson" soupçonné de corruption? **Pourquoi a-t-il fait cela, d'après vous?** Qu'apprend-on à la radio sur la résolution de cette affaire (quand Deschamps et Angélique regardent Flucky dans un champ)? **Quel message implicite est-ce que cette résolution suggère concernant Moreno?**

Comment est-ce que la vision du monde (les rapports avec les autres) de Moreno affecte son opinion de Deschamps—et de Manie elle-même? *Visionnez la scène où Moreno et Manie discutent chez elle* (Extrait 3, 49'10–52'15). Qu'est-ce qu'on apprend sur la vie amoureuse de Moreno quand ils parlent des problèmes sentimentaux de Deschamps? Qu'est-ce qu'il prédit pour Deschamps dans la vie, et partagez-vous ses craintes? Qu'est-ce qui divise Moreno et Manie à la fin de la scène?

D'après vous, pourquoi est-ce que Jaoui insère des vignettes montrant Deschamps en train de jouer de la flûte? Est-ce qu'elles jouent un rôle dans l'intrigue? Est-ce qu'elles nous apprennent quelque chose sur Deschamps? (Cette question sera développée plus bas, dans la Piste 6 sur "Le Dénouement".)

+ *Manie*

Quel genre de vie mène Manie? **Qu'est-ce qu'elle préserve jalousement?** *Visionnez la scène où Moreno lui rend visite vers la fin de son contrat avec Castella* (Extrait 4, 1h14'15–1h15'45). D'après vous, est-ce que Moreno et Manie plaisantent quand ils parlent de mariage? **Comment envisagent-ils la vie à deux?** Comment expliquez-vous que Manie tienne des propos hostiles à la vie d'une femme au foyer alors qu'elle a dit à Clara un peu plus tôt qu'elle en avait assez de sa vie précaire et envisageait le mariage et des enfants?

Pourquoi est-ce que Manie est ambivalente vis-à-vis de sa relation avec Moreno? Qu'est-ce qu'elle se reproche dans son attitude à l'égard de celui-ci? *Visionnez la scène où elle discute avec ses amies au comptoir* (Extrait 5, 1h21'50–1h23'00). Quelles sont les opinions de Valérie, Manie et Clara quant aux concessions qu'il faut faire pour vivre en couple? Que veut dire la réalisatrice en juxtaposant la scène des femmes au bar avec celle des hommes dans la boîte de nuit?

Quelle est la place de Manie par rapport aux différents personnages du film? Quel rôle joue-t-elle, par exemple, auprès de Clara, Deschamps et Castella?

4. La Relation entre Castella et Clara

D'après vous, qu'est-ce que Castella et Clara ont pensé l'un de l'autre lors de leur première rencontre (pendant la leçon d'anglais)? **Quand Castella est-il tombé amoureux de Clara?** Comment expliquez-vous son brusque changement d'attitude envers elle? *Visionnez un extrait de la soirée au théâtre* (Extrait 6, 15'30–17'20). Que pensait Castella de la pièce avant de voir Clara? Qu'est-ce qui montre qu'il est en train de vivre un moment exceptionnel? Pourquoi Jaoui fait-elle alterner les plans montrant les Castella dans la salle de théâtre et les autres personnages à l'extérieur? (Existe-t-il un rapport thématique entre ce qui se passe dans ces deux lieux?)

Comment Castella va-t-il tenter de se rapprocher de Clara, et quels obstacles va-t-il rencontrer? *Visionnez le repas au bar après une représentation du Malade imaginaire de Molière* (Extrait 7, 58'30–1h00'35). **Pourquoi Castella suggère-t-il à Clara de jouer dans des comédies?** (Est-ce uniquement parce qu'il préfère ce genre de pièce?) Comment sa suggestion est-elle accueillie? **Quelles blagues les amis de Clara font-ils à propos des dramaturges Ibsen, Strindberg et Tennessee Williams?** Est-ce que vous avez trouvé cette scène drôle? Sinon, pourquoi pas?

En plus des soirées au théâtre, Castella s'intéresse aux activités des amis de Clara, et aux tableaux de Benoît en particulier. **Comment Castella se distingue-t-il de la plupart des autres invités au vernissage de l'exposition de Benoît?** (Que fait-il pendant le vernissage, et que font les autres?) Que suggère Jaoui par ce contraste? *Visionnez la scène du vernissage* (Extrait 8, 1h06'00–1h07'05). Castella annonce plus tard à Antoine qu'il a acheté un tableau de Benoît. Que pense Antoine de cette décision? A votre avis, pourquoi Castella a-t-il acheté ce tableau?

Jaoui a mis dans cette scène la même musique qu'au salon de thé (un air de Verdi que Castella avait reconnu car il apparaît dans une chanson populaire, "Juanita Banana"). **Est-ce que la musique de Verdi a le même effet (comique) ici? Pourquoi Jaoui a-t-elle créé ce parallèle, à votre avis?** De manière plus générale, quel(s) rapport(s) établit Jaoui entre la musique classique (qu'on entend souvent dans le film) et la vie intérieure de Castella?

Comment Castella travaille-t-il sur lui-même pour plaire à Clara? Quel usage fait-il de ses leçons d'anglais? *Visionnez la scène au salon de thé* (Extrait 9, 1h09'10–1h12'00). Qu'est-ce qui a changé dans son apparence et ses manières? Que veut-il dire quand il déclare: "She teach me English, but that is not the only thing she teach"? Comment réagissez-vous face à ses erreurs en anglais (par rapport aux leçons précédentes, par exemple celle où il pratique le son "the")?

En dehors du domaine culturel, comment est-ce que le contact avec Clara et ses amis change la perspective de Castella? Par exemple, qu'est-ce qu'il apprend sur ses préjugés et sa façon de parler? Lorsqu'il s'excuse auprès d'Antoine d'avoir traité de "pédés" les journalistes qui ne sont pas venus au vernissage, qu'est-ce que cela montre sur lui?

5. Les Clans

Comme nous l'avons noté dans l'introduction, une des inspirations pour *Le Goût des autres* est le dédain d'Agnès Jaoui pour les clans qui divisent les gens, et les critiques ont apprécié la manière dont elle exprime cela dans son film. Gouslan, par exemple, décrit le film comme "une brillante satire contre l'exclusion, l'esprit de chapelle, les modes, les dictatures idéologiques et sociologiques". **Quels sont les goûts de Clara et de ses amis en matière d'art, et comment traitent-ils les gens qui ne les partagent pas?** *Visionnez par exemple la scène où Clara, Antoine et Benoît visitent la galerie* (Extrait 10, 39'40– 40'40). Que pense Antoine des œuvres exposées dans la galerie? Que veut-il dire quand il remarque que "les gens, ce qu'ils veulent, c'est continuer à dormir?" Comment Benoît traite-t-il l'homme qui expose ses toiles?

Comment réagissent Clara et ses amis à la sortie du *Malade imaginaire*? *Visionnez la scène où ils parlent de la pièce* (Extrait 11, 56'05–57'10). **Selon quels critères pensez- vous qu'ils jugent la pièce?** (Quelle sorte de pièce correspond mieux à leurs goûts d'in- tellectuels?) Comparez l'opinion du groupe et la critique que Clara a lue avant de voir la pièce. Qu'est-ce que cela suggère quant à l'attitude de ce groupe avant même d'assister à la représentation? **Et Castella, sur quoi se base-t-il pour juger la pièce?**

Clara (et ses amis) et Castella représentent, respectivement, le monde de l'art et celui des affaires. Quelles sont les valeurs importantes dans chacun de ces domaines? **Que pensent Clara et ses amis du monde des affaires?** Où se situe la fresque comman- dée par Castella par rapport aux domaines de l'art et des affaires? Est-ce le type d'art auquel Benoît aspire et que son clan respecte? **Que suggère Jaoui ici quant à l'opposi- tion entre le monde des affaires et celui de l'art?**

6. Le dénouement

✦ Castella et Angélique
Comment Angélique réagit-elle quand elle découvre que son mari a remplacé un tableau du salon par la peinture moderne abstraite de Benoît? *Visionnez cette scène* (Extrait 12, 1h16'30–1h17'40). Que pense-t-elle quand son mari lui dit que le tableau lui plaît? Comment trouve-t-elle son mari sans sa moustache? Qu'est-ce qu'Angélique ne comprend pas du tout en ce qui concerne le tableau et la moustache de son mari? A qui demande-t-elle s'il veut un gâteau à la fin de l'extrait? Pourquoi Jaoui inclut-elle le chien dans cette scène? **Que ressentez-vous pour Castella et pour Angélique ici?** Etes- vous surpris(e) qu'Angélique disparaisse si vite de l'histoire et de la vie de Castella?

✦ Castella et Clara
Comment Clara réagit-elle aux changements chez Castella? Qu'est-ce qui la fait finalement changer d'avis sur lui? **Quel rôle jouent ses amis (et leur perception de Castella) à cet égard? Quel effet a l'expérience de Virginie, la costumière, sur elle?**

(Que ressent Clara quand Virginie lui parle de sa relation avec Fred avant qu'elle entre sur scène à la fin?)

Qu'avez-vous pensé quand le personnage interprété par Clara s'est suicidé? Quelle interprétation symbolique peut-on donner à cet acte en ce qui concerne Clara?

Pensez-vous que le couple de Castella et Clara ait des chances de durer?

✦ *Manie et Moreno*

D'après-vous, pourquoi est-ce que Moreno a décidé de ne pas sonner chez Manie à la fin? Juste avant cette scène, Deschamps lui a appris que l'inspecteur Tortue avait finalement réussi à arrêter l'homme que Moreno et Tortue recherchaient plus tôt. Comment interprétez-vous la juxtaposition de la scène concernant Tortue et celle où Moreno part sans Manie?

Symboliquement, comment peut-on interpréter le fait que Moreno ne peut pas bouger en tant que garde du corps de Castella dans le film?

Que pensez-vous du sort de Manie, qui reste seule à la fin alors que Valérie et Clara semblent avoir trouvé l'âme sœur?

✦ *Castella et Weber*

Quelle importance peut-on attacher à la dernière scène entre Castella et Weber vers la fin de l'histoire? Quel rapport y a-t-il entre cette scène et les thèmes majeurs du film? A votre avis, Weber va-t-il revenir sur sa décision de démissionner?

✦ *La Dernière scène: Deschamps et l'orchestre*

Le film se termine sur la mélodie d'une chanson célèbre interprétée par Edith Piaf dans les années 1950, "Non, je ne regrette rien". Cherchez les paroles de cette chanson. **Comment s'appliquent-elles aux personnages du film?**

Comment interprétez-vous cette dernière scène? Pourquoi Jaoui a-t-elle terminé son film ainsi? On a vu de courts plans de Deschamps jouant de la flûte tout seul à plusieurs reprises dans le film. Y a-t-il un rapport entre ces plans, le fait que Deschamps joue dans un orchestre, et les thèmes du film?

7. Quelques perspectives critiques

Dans son ouvrage *La Distinction. Critique sociale du jugement* (1979), le sociologue Pierre Bourdieu défend la thèse selon laquelle les goûts sont déterminés, même inconsciemment, par l'origine sociale plutôt que par une inclination naturelle de l'individu. Jaoui semble abonder dans le sens de Bourdieu quand elle dit, "*La Distinction*, de Pierre Bourdieu, je l'ai lu après avoir tourné *Le Goût des autres*, et ça m'a ravie de retrouver ce que j'avais imaginé en fiction, cette fois sous forme de concepts" (Guichard). La critique académique a surtout analysé *Le Goût des autres* sous l'angle des idées de Bourdieu, souvent pour conclure pourtant que le film propose une vision moins déterministe que la sienne. **Comment comprenez-vous la notion que le film de Jaoui est "moins déterministe" que la théorie de Bourdieu?**

Selon Lalanne, *Le Goût des autres* est un film très modéré dans sa critique par rapport aux scénarios précédents de Bacri et Jaoui: "L'altérité n'était pas vraiment le point fort de leurs précédents succès", écrit-il, "le monde se partageait en deux catégories distinctes: d'une part, les personnages du bon côté du manche, interprétés par Agnès Jaoui et Jean-Pierre Bacri; de l'autre, ceux dont il s'agissait de se moquer, en un mot: les autres". **Comment ce film est-il différent à cet égard?** A quels personnages va la sympathie de Jaoui? Envers lesquels est-elle la plus critique? Sur quelles bases?

Un commentateur a dit à propos du film qu' "on en sort un peu plus fort, un peu plus heureux et un peu plus critique vis-à-vis de nos propres œillères" (*"Le Goût des autres* d'Agnès Jaoui")? Que veut-il dire par "un peu plus critique vis-à-vis de nos propres œillères"? Le film a-t-il eu sur vous le même effet que sur le commentateur?

Filmographie d'Agnès Jaoui

2000   *Le Goût des autres*
2003   *Comme une image*
2008   *Parlez-moi de la pluie*
2013   *Au bout du conte*
2016   *Place publique*

Œuvres consultées

Alion, Yves. "*Le Goût des autres*, un film d'Agnès Jaoui". *L'Avant-Scène Cinéma* 493 (2000): 1–92.

Assouline, Florence. "Le Film qui dynamite le snobisme culturel". *L'Evénement du jeudi* 24 fév. 2000: sans pagination.

Baignières, Claude. "Etourdissant! *Le Goût des autres* d'Agnès Jaoui". *Le Figaro* 2 mars 2000: sans pagination.

Baurez, Thomas. "Agnès Jaoui, Jean-Pierre Bacri: 'Au départ, *Le Goût des autres* devait être un polar'". *L'Express* 7 mars 2013: sans pagination.

Burdeau, Emmanuel. "L'Affaire du Goût". *Cahiers du cinéma* 545 (avr. 2000): 4–5.

Carrière, Christophe. "L'Une Jaoui, l'autre pas". *L'Express* 20 sept. 2004: sans pagination.

Coppermann, Annie. "L'Amertume des préjugés. *Le Goût des autres* d'Agnès Jaoui". *Les Echos* 1er mars 2000: sans pagination.

De Bruyn, Olivier. "Portrait [Agnès Jaoui]". *Le Point* 25 fév. 2000: sans pagination.

Douguet, Gwen. "*Le Goût des autres*. Agnès Jaoui a bon goût". *Le Figaroscope* 1er mars 2000: sans pagination.

Fajardo, Isabelle. "Belle de scène". *Télérama* 1er mars 2000: sans pagination.

Garbarz, Franck. "*Le Goût des autres*. Le dégoût des autres". *Positif* 469 (mars 2000): 29–30.

Gouslan, Elizabeth. "*Le Goût des autres* d'Agnès Jaoui". *L'Evénement du jeudi* 24 fév. 2000: sans pagination.

"*Le Goût des autres* d'Agnès Jaoui". *Le Monde* 1er mars 2000: sans pagination.

Grassin, Sophie. "Agnès Jaoui. *Le Goût des autres*". *L'Express* 24 fév. 2000: sans pagination.

l, Louis. "Agnès Jaoui: 'Etre actrice, c'était être une enfant. Réaliser, c'est être le t'". *Télérama* 2 mars 2013: sans pagination.

Jaoui, Agnès, réal. *Le Goût des autres*. Comstar Home Entertainment, 2002.

Kelleher, Ed. "A Taste for Comedy: Actress-Director Agnès Jaoui Offers Gallic Treat". *Film Journal International* 104.2 (2001): 18–20.

Lalanne, Jean-Marc. "Le Bonheur, c'est les autres". *Libération* 1er mars 2000: sans pagination.

Leahy, Sarah. "A (Middle-)Class Act: Taste and Otherness in *Le Goût des autres* (Jaoui, 2000)". *France at the Flicks. Trends in Contemporary French Popular Cinema*. Ed. Darren Waldron et Isabelle Vanderschelden. Cambridge Scholarly P, 2007. 117–29.

Libiot, Eric. "Agnès Jaoui: 'Je pense que le goût s'éduque'". *L'Express* 6 sept. 2001: sans pagination.

———. "Jean-Pierre Bacri 'fait ce métier pour ne pas se raser tous les jours'". *L'Express* 10 sept. 2016: sans pagination.

Loutte, Bertrand. "*Le Goût des autres*". *Les Inrockuptibles* 29 fév. 2000: sans pagination.

Mandelbaum, Jacques. "Jaoui-Bacri: 'On bouge, on caricature moins'". *Le Monde* 5 mars 2013: sans pagination.

———. "Que cache la moustache de Jean-Pierre Bacri? *Le Goût des autres*". *Le Monde* 1er mars 2000: sans pagination.

Mérigeau, Pascal. "Grand Bonheur". *Le Nouvel Observateur* 2 mars 2000: sans pagination.

Messu, Michel. "La Critique sociale du jugement de goût revisitée". *Le Goût dans tous ses états*. Ed. Michel Erman. Bern: Peter Lang, 2009. 69–85.

Nettelbeck, Colin. "Regardez-moi: Theatre, Performance, and Directorship in the Films of Agnès Jaoui". *Australian Journal of French Studies* 45.1 (2008): 3–15.

Pliskin, Fabrice. "La Guéguerre du goût". *Le Nouvel Observateur* 24 fév. 2000: sans pagination.

Reynaud, Patricia. "*Le Goût des autres* d'Agnès Jaoui: de l'adaptation de P. Bourdieu au cinéma à sa subversion". *Stealing the Fire: Adaptation, Appropriation, Plagiarism, Hoax in French and Francophone Literature and Film*. Ed. James Day. *French Literature Series* 37. Amsterdam: Rodopi, 2010. 157–75.

Royer, Philippe. "Chez Jaoui, chacun cherche l'autre". *La Croix* 1er mars 2000: sans pagination.

"Théâtre de la cruauté". *L'Express* 24 fév. 2000: sans pagination.

Tranchant, Marie-Noëlle. "Agnès Jaoui: 'Le malaise, c'est fécond'". *Le Figaro* 2 mars 2000: sans pagination.

———. "*Le Goût des autres*. Castella, Bérénice, le chauffeur et la serveuse". *Le Figaroscope* 1er mars 2000: sans pagination.

19

Jean-Pierre Jeunet

Le Fabuleux Destin d'Amélie Poulain

(2001)

Jean-Pierre Jeunet, *Le Fabuleux Destin d'Amélie Poulain*: Amélie (Audrey Tautou) découvre la petite boîte en métal: le début de tout.

Réalisation	Jean-Pierre Jeunet
Scénario	Jean-Pierre Jeunet, Guillaume Laurant
Dialogue	Guillaume Laurant
Directeur de la photographie	Bruno Delbonnel
Son	Jean Umansky, Sophie Chiabaut
Musique	Yann Tirsen
Montage	Hervé Schneid
Décors	Aline Bonetto
Costumes	Madeline Fontaine
Eclairage	Darius Khondji
Scripte	Anne Wermélinger
Effets spéciaux	Duboi, Les Versaillais
Production	Claudie Ossard
Durée	2h02

Distribution

...utou (*Amélie*), Mathieu Kassovitz (*Nino Quincampoix*), Rufus (*Raphaël Pou-*...*in, le père d'Amélie*), Lorella Cravotta (*Amandine Fouet, la mère d'Amélie*), Serge Merlin (*Raymond Dufayel, le peintre*), Jamel Debbouze (*Lucien, le commis de l'épicier*), Claire Maurier (*Suzanne, la patronne du café*), Clotilde Mollet (*Gina, la serveuse*), Isabelle Nanty (*Georgette, la buraliste hypocondriaque*), Dominique Pinon (*Joseph, l'amant rebuté*), Artus de Penguern (*Hipolito, l'écrivain*), Yolande Moreau (*Madeleine Wallace, la concierge*), Urbain Cancelier (*Collignon, l'épicier*), Maurice Bénichou (*Dominique Bretodeau, l'homme à la boîte de trésors*), Ticky Holgado (*l'homme des photos parlantes*), Michel Robin (*le père de Collignon*), Andrée Damant (*la mère de Collignon*), Claude Perron (*Eva, la stripteaseuse*), Flora Guiet (*Amélie petite*), Marc Amyot (*le réparateur de photomatons*), André Dussollier (*le narrateur, voix* off)

Synopsis

Amélie grandit dans la banlieue parisienne entourée d'un père médecin sévèrement introverti et d'une mère des plus excentriques. En mal d'affection, Amélie a un cœur qui se met à battre très fort au seul toucher de son père quand il l'ausculte, et celui-ci conclut qu'elle est atteinte d'un souffle au cœur. La craignant trop fragile, ses parents la retirent de l'école pour l'instruire à domicile. Elle perd sa mère très jeune quand celle-ci est écrasée sur le parvis de Notre-Dame par le corps d'une touriste suicidaire qui s'était jetée du haut de la cathédrale. Vivant seule avec son père veuf et déprimé, sans amis, Amélie s'échappe en se créant tout un monde dans son imagination, qui devient extrêmement vivace. A vingt-quatre ans, elle vit seule dans un appartement à Montmartre, où elle travaille comme serveuse dans une brasserie, "Les Deux Moulins".

Un soir, au moment où elle apprend la mort de la princesse Diana à la télévision, elle découvre, cachée dans le mur de sa salle de bains, une boîte métallique contenant les trésors d'un enfant qui avait habité son appartement dans les années 50. Quand elle arrive à restituer la boîte à son propriétaire et constate la joie de celui-ci lorsqu'il retrouve ces souvenirs de son enfance, elle se donne pour mission dans la vie de rendre heureux, de manière anonyme, les gens qui vivent autour d'elle...

Le Réalisateur

Né en 1953, Jean-Pierre Jeunet grandit à Nancy, le chef-lieu de la Lorraine. Il quitte l'école à l'âge de dix-sept ans pour devenir postier (comme son père), tout en passant toutes ses fins d'après-midi au cinéma. Fasciné dès son plus jeune âge par le septième art, Jeunet se rend à Paris en 1974 pour étudier l'animation aux Cinémation Studios et il tourne ses premiers courts métrages, ainsi que des vidéoclips et des films publicitaires. Pratiquement autodidacte, il croise en 1974 le chemin de Marc Caro, un artiste graphique spécialisé dans la bande dessinée satirique, et ils font ensemble deux courts films d'animation, *L'Evasion* (1978) et *Le Manège* (1980), primés tous deux, y compris par un César du Meilleur court métrage d'animation pour *Le Manège*. Après une année de travail acharné, le duo réalise en 1981 *Le Bunker de la dernière rafale*, un court métrage de science-fiction où il s'agit d'un escadron de soldats planqué dans un bunker souterrain, vivant dans une ambiance de terreur face à un ennemi invisible et dont l'existence est loin d'être certaine. Primé dans de nombreux festivals, le film devient culte (six ans à l'affiche!), lançant Jeunet et Caro dans le métier de cinéastes à part entière.

Chacun travaillera de son côté pendant les années 80, se retrouvant sur des projets épisodiquement. Jeunet continue de réaliser seul des spots publicitaires et des vidéoclips, ainsi qu'un court métrage, *Foutaises* (1989), qui est comblé de prix, dont un deuxième César du Meilleur court métrage. C'est le début d'une longue association avec le comédien Dominique Pinon et avec son motif "j'aime, j'aime pas", une source importante pour *Le Fabuleux Destin d'Amélie Poulain*.

Les deux cinéastes vont entrer de plain-pied dans le monde du cinéma en réalisant ensemble en 1990 leur premier long métrage, *Delicatessen*. A la fois film d'épouvante et comédie noire, *Delicatessen* se passe dans un univers post-apocalyptique dystopique où le loufoque le dispute au grotesque, mettant en scène un boucher qui assassine les locataires de son immeuble afin d'avoir une source de viande pour ses clients.... Lauréat de quatre Césars (Meilleure première œuvre, Meilleur scénario, Meilleurs décors et Meilleur montage), *Delicatessen*, devenu, lui aussi, un film culte, propulse les deux cinéastes sur le devant de la scène du cinéma en France.

Jeunet et Caro ne tarderont pas à réaliser ensemble un deuxième film, *La Cité des enfants perdus* (1995). Comme pour leur premier grand film, Jeunet s'occupera de la mise en scène et de la direction d'acteurs, tandis que Caro se consacrera à la direction artistique et tout ce qui concerne les effets visuels. Accueilli chaleureusement par la critique, ce nouveau film de science-fiction propose un monde surréaliste cauchemardesque dont le protagoniste est un savant qui vit sur une plateforme dans l'océan et qui vieillit rapidement faute de pouvoir rêver. Pour prolonger sa vie, il fait kidnapper des enfants pour leur voler leurs rêves.... *La Cité des enfants perdus*, qui étonne tout le monde par la prolifération et l'ingéniosité des effets spéciaux visuels, est nominé pour la Palme d'or à Cannes et obtient le César des Meilleurs décors, bien que l'accueil critique et populaire fût modéré en France comme à l'étranger. Ce nonobstant, les sept mois de postproduction qu'il a fallu pour monter les cent quarante-quatre plans et 40 000 images numériques pour les trucages de ce film furent une expérience précieuse pour Jeunet, expérience qu'il ne manquera pas de mettre en pratique en réalisant *Amélie*, après avoir perfectionné davantage l'art des effets spéciaux dans une aventure américaine.

Rendu célèbre par le succès de ses deux premiers films, Jeunet se voit solliciter par Hollywood pour réaliser *Alien: la résurrection*, la quatrième édition de la série. C'est le seul film que Jeunet fera pour Hollywood. Un succès honnête (sans plus), *Alien* sort en 1997 avec Sigourney Weaver, Winona Ryder et l'acteur fétiche de Jeunet, Dominique Pinon, qu'il avait amené avec lui de France. Pinon, que nous avons vu bien plus jeune dans le rôle de l'assassin "Curé" dans *Diva* (1980, voir Chapitre 11), jouera également dans le film suivant de Jeunet, *Le Fabuleux Destin d'Amélie Poulain* (2001), le premier long métrage qu'il réalisera en France sans Marc Caro comme coréalisateur.

La Genèse et la réalisation

Après deux ans de travail à Hollywood, avec toutes les contraintes que comporte le système de production américain, Jeunet brûle de "retrouver un univers dans lequel [il] pouvait [s']exprimer en totale liberté" (De Bruyn 121). Il a surtout envie de tourner un film à Paris et, par surcroît, dans le quartier même où il vit, Montmartre, l'un des plus pittoresques (et donc touristiques) de la ville. Il travaille une année entière sur le scénario

uveau film, se débattant avec une masse de sujets potentiels avant d'arriver à
\ projet, qui sera, dit-il, "un conte de fées", "un film sur la victoire de l'imagi-
\ ⸤elassein). Suivent dix-neuf semaines de tournage en décors réels à l'ombre de
ıa basilique du Sacré-Cœur, dans les rues et commerces mêmes du quartier des Abbesses, tels l'épicerie de la rue des Trois Frères, "Au Marché de la butte" (rebaptisée
depuis la sortie du film "Maison Collignon"!), la brasserie "Les Deux Moulins" dans la
rue Lepic ou encore la rue Saint-Vincent et le Boulevard de Clichy (et ses sex-shops).
Comme il s'agit d'une co-production franco-allemande, certaines scènes intérieures
(les appartements de l'immeuble d'Amélie surtout) sont toutefois tournées en studio à
Cologne (Köln).

C'est la première fois de sa carrière, en tout cas, que Jeunet sort des studios pour
filmer, et c'était une formidable épreuve pour un réalisateur comme lui qui ressentait
le besoin de tout contrôler sur un tournage (Deydier et Libiot 59). La brasserie de la rue
Lepic est restée fermée au public pendant trois semaines pour les besoins du tournage,
ce qui ne décourageait pas certains clients habituels du tabac. "Isabelle Nanty, qui jouait
la buraliste, avait beau leur expliquer qu'elle était comédienne et qu'elle ne pouvait pas
leur vendre de cigarettes, les clients lui répondaient invariablement: 'Ça ne fait rien, voici
l'argent, donnez-moi quand même mon paquet'" (Ageorges 13).

Comme Jeunet tournait au printemps, la pluie était souvent au rendez-vous (vingt
jours de pluie pendant le mois de mai), ce qui l'obligeait à prendre son parti: "Si le temps
était trop gris, on rajoutait carrément de la pluie ou du brouillard pour contrecarrer le
sort. En postproduction, grâce aux techniques numériques, on a pu recolorer le ciel
quand il n'était pas assez bleu" (Ageorges 13). En fait, Jeunet a fait numériser le négatif
entier en six semaines de postproduction, ce qui lui a permis d'y mettre une multitude
d'effets spéciaux, souvent inspirés par la bande dessinée ou le dessin animé et dont certains sont spectaculaires (par exemple, la liquéfaction d'Amélie, qui rend littérale la
métaphore selon laquelle on "fond en larmes" quand on a le cœur brisé . . .). Profitant de
la numérisation, Jeunet a pu également faire en sorte que tout le film baigne dans un vert
doré, couleur qui évoque l'espérance pour les Français et qui ajoute à son ambiance poétique, fantasmatique et rétro (Silberg 20).

Se réclamant sans ambages de Georges Méliès, l'inventeur des tout premiers trucages, Jeunet reconnaît que tout dans *Amélie* "est affaire de stylisation. On a travaillé
avec minutie pour éliminer du cadre les voitures, les tags [graffiti] et les affiches qui nous
déplaisaient" (De Bruyn 121). S'acharnant à mettre au moins une idée visuelle originale
par plan, Jeunet retravaille numériquement chaque image pour obtenir exactement
l'effet qu'il recherche, ce qui était encore une nouveauté en France à l'époque. Travaillant
avec un budget modeste de dix millions de dollars, il apporte néanmoins une attention
aux détails qui sort largement de l'ordinaire: "Bien que filmé en extérieurs, chaque plan
du *Fabuleux Destin d'Amélie Poulain* est entièrement factice, retravaillé à la palette graphique, décoré comme une bonbonnière, ruisselant de couleurs et d'accessoires" (Lalanne et Péron 31); "Comme ses précédents opus, *Amélie Poulain* témoigne d'un soin
quasi maniaque apporté aux couleurs fantasmatiques, aux angles de caméra défor-
mant la réalité, aux décors faisant surgir le féerique du quotidien, aux effets spéciaux—
rarement aussi bien utilisés dans le cinéma français—, aux incroyables gros plans sur les
visages, à la bande-son et à la partition musicale" (Garbarz 30). La prolifération des gros
plans dans le film est frappante, surtout que Jeunet utilise souvent des objectifs à angle

large, combinés à des zooms avant très rapides, pour déformer les visages et les exagérer à la manière des dessins animés.

Les Interprètes

Les gros plans sur les visages mettent en relief aussi la grande qualité du jeu des acteurs, dont, avant tout, celui d'Audrey Tautou, qui incarne l'héroïne d'*Amélie*. On a calculé qu'il y a un gros plan du visage de Tautou toutes les deux minutes en moyenne dans le film (Peters 1048), ce qui, avec les fréquents regards-caméra d'Amélie, crée une grande complicité entre elle et le spectateur. Destinée de toute évidence à une grande carrière d'actrice, Tautou avait obtenu le César du Meilleur espoir féminin en 1999 pour son rôle dans *Vénus Beauté (Institut)* de Tonie Marshall, et c'est en la voyant sur une affiche pour ce film que Jeunet l'avait choisie pour le rôle d'Amélie. Tautou récolte pour sa prestation dans *Amélie* des éloges dithyrambiques de tous les côtés, un critique, visiblement sous le charme, disant qu'elle était non seulement "Vénus beauté" mais aussi "Vénus candeur, Vénus tendresse, Vénus séduction, Vénus délice" (Alion 126). Elle devient l'incarnation de la Française et de tout ce qui est français, y compris le cinéma français, et certains voient en elle le prochain modèle pour Marianne, le symbole même de la France, à la suite de Brigitte Bardot, Catherine Deneuve, Mireille Mathieu et Laetitia Casta, parmi d'autres (Vincendeau 25). En 2004 elle fait un deuxième film avec Jeunet, *Un long dimanche de fiançailles*, et devient l'actrice française la mieux rémunérée. Quelques années plus tard, en 2006, elle est choisie pour jouer aux côtés de Tom Hanks dans l'adaptation du roman à grand succès international de Dan Brown, *The Da Vinci Code*.

Tautou est épaulée par Mathieu Kassovitz (metteur en scène de *La Haine*, César du Meilleur film en 1995; voir Chapitre 5) dans le rôle de Nino Quincampoix, le jeune homme dont elle tombe amoureuse dans le film. Selon Jeunet, Kassovitz est, comme Tautou, "le genre d'acteur dont une caméra tombe amoureuse: il est encore mieux à l'écran qu'en vrai" (Campion). Les talents de comédien de Kassovitz ont, d'ailleurs, déjà été reconnus bien avant *Amélie*: il a obtenu le César du Meilleur jeune espoir masculin pour le premier long métrage de Jacques Audiard, *Regarde les hommes tomber*, en 1995.

Jeunet fait preuve d'une certaine hardiesse dans son casting en choisissant Jamel Debbouze, un comique bien connu de la télévision et de la scène (trois semaines à l'Olympia en 2000) et un pitre notoire, pour incarner Lucien, le garçon épicier beur un peu lent d'esprit et handicapé (comme l'est Debbouze lui-même, ayant perdu son bras droit dans un accident de train en 1990). Malgré le caractère fortement stéréotypé de la plupart des personnages d'*Amélie*, le jeu de l'ensemble des acteurs—une ribambelle de talents dont certains sont des fidèles de longue date de Jeunet et Caro (Dominique Pinon, Ticky Holgado, Rufus, Serge Merlin)—assure aussi le succès du film. La fantaisie, l'imagination débordante et l'ingéniosité de Jeunet, soutenues par une distribution brillante, porteront leurs fruits, parce que le "fabuleux destin" d'*Amélie* sera de se voir accorder une réception mondiale hors du commun.

La Réception

Les instances du Festival de Cannes 2001 boudent le film de Jeunet. Son exclusion de la sélection officielle—motivée en partie par l'absence de la narration en voix *off* d'André

lors du visionnement du film au mois de février—est comme un pied de nez
illions de spectateurs qui avaient rempli les salles de cinéma pour voir le film
lancement deux semaines avant l'ouverture du festival. *Le Fabuleux Destin
d'Amélie Poulain* fait des ravages; c'est un succès foudroyant, sans précédent, et les médias commencent à parler du "scandale" de sa non-sélection. Tenant pendant un mois la
tête du box-office français, il fait trois millions d'entrées en France en trois semaines,
plus de huit millions fin décembre 2001, plus de dix-sept millions à travers le monde
début janvier 2002 et plus de trente millions fin 2003. Comme le remarque Jeunet, "En
Pologne, en Grèce, en Finlande, à Hong-Kong, c'est un carton. . . . Aux Etats-Unis, on
est à 12 millions de dollars de recettes . . ." (Lefort et Péron 21).

En fin de compte, *Amélie* est non seulement le plus grand succès de l'année en
France, mais, dans toute l'histoire du cinéma français, c'est le film qui vendra le plus
grand nombre de places aux Etats-Unis—dépassant même *La Cage aux folles* (1978)—
comme en Grande-Bretagne et au Japon. Son succès aux Etats-Unis est attribué par
certains, en partie du moins, au besoin des Américains de surmonter le choc traumatique des attaques terroristes du 11 septembre, *Amélie* étant sorti à peine quelques semaines après cet événement néfaste (Vanderschelden 87). Quoi qu'il en soit, nominé
pour cinq Oscars (Meilleur scénario original, Meilleure direction artistique, Meilleure
cinématographie, Meilleur son, Meilleur film en langue étrangère), *Amélie* est couronné
en France de quatre Césars: Meilleur réalisateur, Meilleur film, Meilleure musique et
Meilleurs décors. La réussite extraordinaire d'*Amélie* a servi de moteur à l'industrie du
film français en 2001, la part de marché de celle-ci atteignant près de cinquante pour
cent pendant un moment, contre les trente pour cent habituels face à la poussée irrésistible du cinéma américain en France et à travers le monde.

Une grande partie des critiques de cinéma s'accordent à voir dans *Amélie* un chef-
d'œuvre, saluant la maîtrise extraordinaire de Jeunet. Les titres sont éloquents: "Les
délices d'Amélie", "Mathématique et sentimentale, une romance irrésistible", "Jeunet:
un destin de cinéaste", "Audrey Tautou, cent fois la joie", et j'en passe. Comme le dit
l'un des commentateurs, "Bourré d'inventions visuelles et narratives, *Le Fabuleux Destin
d'Amélie Poulain* mêle comédie, tendresse et émotion avec un art consommé. Jean-Pierre
Jeunet y prouve, si besoin était, l'étendue de son talent, s'affirmant comme l'un des réalisateurs les plus prometteurs du panorama cinématographique français" (Taillibert
40). Un autre critique renchérit: "Entre ciel et terre, une éblouissante démonstration de
la maestria technique de Jeunet. . . . En un mot comme en cent, un film de rêve, un film
parfait" (Alexandre 35). Le public est séduit par ce conte de fées où les petites gens,
malheureuses pour la plupart, sont amenées à connaître un peu de bonheur dans leur vie
très ordinaire grâce aux interventions bienfaisantes et anonymes d'Amélie, à qui il arrive
aussi de faire office de justicière (à la Zorro).

Comme les élections présidentielles approchent (2002), les politiciens ne veulent
pas être de reste: le Président Chirac organise une projection à l'Elysée en invitant
Jeunet et son équipe, et le premier ministre, Lionel Jospin, tout en faisant savoir qu'il a
vu le film dans une salle de cinéma de la ville, organise une projection pour les membres
de son gouvernement. Même les maires et jusqu'aux adjoints aux maires y vont de leurs
petites phrases élogieuses dans la presse, ce qui provoque l'observation ironique d'un
critique du *Monde* selon laquelle *Amélie* est "devenu non seulement triomphe commercial mais phénomène de société, et branche à laquelle se sont raccrochés en grappe tous
les politiciens désireux de soigner leur image 'proche du peuple'" (Frodon 18).

Devant ce vaste concert de louanges s'élèvent cependant quelques voix discordantes, fortement irritées par cette image du bonheur du petit peuple dans un quartier de Paris habité par des Blancs stéréotypés, sans diversité raciale ou sexuelle (à part le petit Beur souffre-douleur de l'épicier), sans graffiti, sans déchets, sans laideur aucune, un Paris de cartes postales, édulcoré au maximum. On ira jusqu'à parler de "nettoyage ethnique" et d'"EuroDisney à Montmartre" (Lançon 5, Bonnaud). Comme dans le cas de *Diva* et du "cinéma du look" vingt ans plus tôt, certaines élites de la critique cinématographique fulminent contre ce film, accusant Jeunet d'éblouir le public par des effets visuels clinquants, une esthétique de publicité dissimulant un manque de contenu sérieux.

Mais ils ne s'arrêtent pas là: ils prennent Jeunet à partie pour l'image même qu'il projette de la France, et surtout pour l'idéologie sous-jacente qu'ils y décèlent. Pour certains, comme le signalent Martin-Castelnau et Bigot, il y a "un je-ne-sais-quoi de nostalgique qui fait le jeu du Front national" (6), bien que ceux-ci ne soient pas d'accord avec ce jugement (6). Ces deux critiques, entre bien d'autres, renâclent devant le mépris affiché par les "élites", soulignant que "ce film évoque les 'gens de peu' avec tendresse et respect", qu'il "donne à voir des gens aimables, abîmés certes par la vie, désenchantés, parfois mesquins, mais qui vont pourtant connaître cette forme de rédemption qui s'appelle le bonheur", en ajoutant ironiquement, "C'est là que le bât blesse. Un peuple qu'on ne raille ni ne fustige? [. . .]. Le peuple dépeint sans sarcasme ni condamnation? Inadmissible scénario [. . .]. Jeunet lui consacre, à ce populo, une ode irrésistible" (6).

C'en est trop pour Serge Kaganski, le préposé au cinéma au magazine culturel hebdomadaire *Les Inrockuptibles*. Il riposte vertement contre les deux collègues, fustigeant *Amélie* avec un acharnement particulier, reprochant à Jeunet d'avoir fait un film qui n'est pas "un outil de connaissance du monde, de découverte du réel et d'expérience du temps qui s'écoule, mais un simple moyen technique de recréer le monde à son idée" ("*Amélie* pas jolie" 7). Il condamne chez Jeunet une "volonté de maîtrise et de contrôle absolu de ses images", un "parti-pris ultraformaliste [qui] donne un cinéma étouffant, de la taxidermie animée, un musée Grévin qui bouge" (7). Taxer Jeunet d'irréalisme, de formalisme, soit, mais Kaganski va bien plus loin, traitant *Amélie* de "grand film populiste" et critiquant Jeunet d'avoir fait de Montmartre un "village", et tout le monde sait, dit-il, que "l'idéologie du village est profondément réactionnaire" (7). De là, il n'y a qu'un pas à franchir pour traiter le film de Jeunet d'œuvre d'extrême droite, propre à servir de vidéoclip pour la promotion du Front national, d'autant plus que Jeunet a soigneusement nettoyé son Montmartre, comme nous l'avons déjà remarqué, de la population très diverse qui s'y trouve normalement: "Mais où sont les Antillais, les Maghrébins, les Turcs, les Chinois, les Pakis, etc.?", demande Kaganski. "Où sont ceux qui vivent une sexualité différente? Où sont les Parisiens qui peuplent la capitale en 1997 [année où est censé se passer le film]?" (7).

La réplique du public, indigné, outré, ne se fait pas attendre. Les insultes fusent, et Kaganski s'étonne de se voir traiter lui-même de "stalinien" et de "fascisant" ("Comment je me suis disputé" 17). D'autres lecteurs lui font des objections plus mesurées: "Si un film qui se passe dans Paris fleure bon le pétainisme uniquement parce qu'il n'a pas ses quotas de Pakis, de gays et autres, ça va en faire un certain nombre!" (18). Ou encore:

> Mais dire que Jeunet jongle avec des idées fascistes, qu'il flirte avec Le Pen
> et que son peuple (moi entre autres), bien gentil, très '*sincère*', mais idiot
> dans le fond (puisqu'il ne s'est aperçu de rien) est l'objet consentant d'une

propagande pétainiste! [...] Je crois aussi qu'à force de vouloir prendre de la hauteur vous entrez dans la *sphère* du fantasme, de l'égocentrisme (tous des nazes sauf moi), et du mépris" (18).

Pour bonne mesure, la presse de droite se met de la partie, un journaliste du *Figaro* assimilant Amélie à Arlette Laguiller de l'extrême gauche trotskiste: "Le bonheur du peuple, par le peuple, pour le peuple, c'est son truc" (Baret). Avec la diatribe de Baret contre Laguiller, pour laquelle "Amélie-la-Rouge" n'est qu'un prétexte, la récupération politique du *Fabuleux Destin d'Amélie Poulain* est consommée. Quant à Jeunet, devant l'accusation de populisme, il se contente de répondre, dans une interview disponible parmi les bonus du DVD d'*Amélie* (Disque 2, 2002), "Oubliez la Nouvelle Vague; c'était il y a cinquante ans. Aujourd'hui nous essayons de faire des films pour le public, pas pour nous-mêmes".

Amélie et le réalisme poétique

Bien que l'époque de référence d'*Amélie* soit clairement les années 50 (à commencer par la petite boîte de trésors), de nombreux critiques évoquent le courant du "réalisme poétique" en commentant *Le Fabuleux Destin d'Amélie Poulain*. Il s'agit surtout des films de René Clair (*Sous les toits de Paris*, 1930), de Jean Renoir (*Partie de campagne*, 1936; *French Cancan*, 1955) et surtout de Marcel Carné (*Le Quai des brumes*, 1938; *Hôtel du Nord*, 1938; *Le Jour se lève*, 1939), dont Jeunet est un fervent admirateur. L'univers de Carné et de son scénariste fétiche, le poète Jacques Prévert, est peuplé de petites gens, ouvriers ou petits bourgeois. Les amoureux dans leurs films sont toujours voués à un destin tragique, soit par leur condition socio-économique, soit par la laideur du monde tout simplement (ce qui est loin d'être le cas du film de Jeunet, soit dit en passant).

Les films du courant réaliste poétique sont marqués par la présence de personnages secondaires stéréotypés et pittoresques (ceux de René Clair surtout) et par l'abondance de métaphores et de symboles accompagnés d'un dialogue des plus spirituels (les films de Carné/Prévert surtout). On retrouve cette panoplie de types sociaux, amplement caricaturés, chez Jeunet: l'épicier, la concierge, la patronne de café, l'écrivain, la serveuse, le peintre, la buraliste, le clochard et l'hypocondriaque, entre autres. Ce que le film de Jeunet a le plus en commun avec le réalisme poétique, d'ailleurs, à part ses personnages, c'est l'iconographie, l'image folklorique de Paris qu'on y trouve: "... cobbled streets and steep steps, corner shops and street markets ... postcard views of Notre-Dame, the Sacré-Cœur and the Pont des Arts alternate with Parisian roofscapes, cafés and art-nouveau metro stations.... And inhabiting these locations are the 'little people' of Paris who filled the films of Renoir, Carné and René Clair" (Vincendeau 23). Bref, des images d'Epinal animées.

Le titre du film rappelle celui d'une œuvre de Sacha Guitry, *Le Destin fabuleux de Désirée Clary*, sensiblement de la même époque que celle de Carné (1942) et qui, comme *Amélie*, utilise une narration en voix *off*. Le film de Guitry commence, d'ailleurs, par un album de portraits, l'une des sources d'inspiration, peut-être, de l'album de photos du film de Jeunet (à côté de l'album réel d'un photographe de presse, Michel Folco, qui a servi de modèle direct). Cet album apparaît dans le film de Guitry pour donner une série d'images, page par page, évoquant des scènes (narrées en voix *off* par le réalisateur) ressemblant à s'y méprendre à des story-boards comme ceux que Jeunet affectionne dans tous ses films—et servant d'ellipse entre Désirée petite et la jeune femme qu'elle devient, tout comme l'ellipse dans le film de Jeunet.

L'évocation du cinéma des années 30 contribuerait pour certains à la nostalgie qui est l'un des traits caractéristiques du film de Jeunet et qui en fait le charme pour le plus grand nombre de spectateurs. Le côté nostalgique du film est renforcé par la ressemblance (intentionnelle) de ses images avec celles d'un ami proche de Carné, le célèbre photographe de cette époque Robert Doisneau, dont les clichés touristiques de Paris ont fait le tour du monde. Une petite phrase bien connue de Doisneau suggère bien l'influence qu'il a pu exercer sur Jeunet dans la représentation de Paris: "Je ne photographie pas la vie telle qu'elle est, mais telle que je voudrais qu'elle soit". Jeunet voulait, justement, que l'action de son film se passe dans le "Paris de cartes postales" qu'on lui reproche, un Paris de conte de fées imprégné de la nostalgie de son enfance et de l'enfance de millions d'autres Français. Comme il déclare son intention sans ambages, à plusieurs reprises, reprocher à son film de "manquer de réalisme" pourrait paraître curieux.

DOSSIER PÉDAGOGIQUE

Qu'est-ce qui se passe dans ce film?

1. A quoi sert le générique du début? S'agit-il uniquement de présenter les acteurs et l'équipe? Quel aspect de chaque personnage est révélé?

2. Pourquoi les parents d'Amélie la retirent-ils de l'école? Qui s'occupe de son instruction?

3. Comment Amélie perd-elle sa maman le jour où celle-ci l'amène brûler un cierge à Notre-Dame?

4. Quel procédé, que nous avons déjà rencontré dans ce film, le narrateur utilise-t-il pour présenter les gens qui entourent Amélie (Suzanne, Gina, Joseph, Georgette et Hipolito)? Qu'est-ce qui caractérise en particulier Joseph? Georgette?

5. Pourquoi son voisin Dufayel, le peintre, n'est-il pas sorti de chez lui depuis vingt ans? (Pourquoi l'appelle-t-on "l'homme de verre"?)

6. Quel événement vient bouleverser la vie d'Amélie le 30 août 1997, au moment de l'annonce de la mort de la princesse Diana ("Lady Di") à la télévision? Qu'est-ce qu'elle trouve caché dans le mur?

7. Que peint Raymond Dufayel depuis vingt ans? Quel personnage n'arrive-t-il toujours pas à cerner, qui lui semble "au centre mais pourtant dehors"?

8. Quelle résolution Dominique Bretodeau prend-il dans le café après avoir retrouvé sa boîte de trésors d'il y a quarante ans? Quel grand désir Amélie ressent-elle après avoir constaté le bonheur de Bretodeau?

9. Comment Amélie commence-t-elle à mettre en pratique sa nouvelle vocation en voyant l'aveugle sur le trottoir? Pourquoi est-ce que le fait qu'il s'agit d'un aveugle est particulièrement pertinent au projet d'Amélie? De qui sont les obsèques qu'elle

regarde à la télévision ensuite? Pourquoi y a-t-il des millions de gens qui pleurent ce décès?

10. Quel projet Amélie met-elle en œuvre en ce qui concerne Joseph et Georgette? Quels sont les fruits de son stratagème?

11. Comment Amélie se met-elle en contact avec Nino? Où travaille-t-il? Où se trouve-t-il tous les mercredis (là où elle va le retrouver)? Comment est-ce qu'elle lui donne rendez-vous la première fois? La deuxième fois? La troisième fois?

12. Pourquoi est-ce que Nino et Amélie ne font pas connaissance aux "Deux Moulins"? Qu'est-ce qu'il y a dans le mot qu'elle fait glisser dans la poche de Nino par Gina, l'autre serveuse? Qu'est-ce qui arrive de spectaculaire à Amélie quand Nino part?

Vrai ou Faux?

Si la phrase est fausse, corrigez-la!

1. Le père d'Amélie est très extraverti, tandis que sa mère est très calme et sereine dans la vie.

2. Le seul ami d'Amélie est son poisson rouge, qui est suicidaire. Sa mère s'en débarrasse et lui donne un Kodak pour la consoler.

3. A l'âge de dix-huit ans, Amélie quitte la maison pour s'inscrire à l'université.

4. Amélie pousse son père à reprendre son travail de médecin au lieu de rester toujours à la maison.

5. Amélie aime beaucoup les petits plaisirs, comme faire des ricochets sur le Canal Saint-Martin.

6. L'épicier Collignon maltraite régulièrement son commis Lucien.

7. Amélie échoue d'abord dans ses recherches pour trouver Dominique "Bredoteau" parce que celui-ci n'habite plus Paris.

8. Amélie ramasse dans la rue l'album de photos abîmées que Nino a laissé tomber de sa mobylette.

9. Amélie change l'heure du réveil de Collignon pour qu'il se lève très tard le lendemain matin.

10. Le père d'Amélie reçoit régulièrement des cartes postales qui montrent que son nain de jardin voyage partout dans le monde.

11. Amélie rend le bonheur à la concierge Mado en lui faisant croire que son mari n'est pas mort.

12. Amélie règle définitivement le compte de Collignon en lui faisant croire qu'il devient fou.

Contrôle des connaissances

1. Avec qui Jeunet réalise-t-il ses premiers films?

2. Quel est le sujet de leur premier long métrage, *Delicatessen*, en 1990? Quels prix obtient-il?

3. Quel est le titre de leur deuxième long métrage, en 1995? Qu'est-ce qui étonne les spectateurs qui ont vu ce film?

4. Jusque-là Jeunet a toujours tourné ses films en studio. Comment *Amélie* est-il différent à cet égard? Où est-il tourné précisément?

5. Qu'est-ce qui a permis à Jeunet de mettre un nombre extraordinaire d'effets spéciaux dans son film?

6. Pour quel film Audrey Tautou a-t-elle obtenu le César du Meilleur espoir féminin en 1999?

7. Qui joue le rôle de Nino Quincampoix dans *Amélie*? Quel prix a-t-il gagné pour sa prestation dans le film de Jacques Audiard, *Regarde les hommes tomber*?

8. Quel record *Amélie* détient-il aux Etats-Unis? Quel est son sort aux Césars en France?

9. Que reprochent certains critiques au contenu et à la forme du film de Jeunet? Comment le public a-t-il réagi?

10. Qu'est-ce qu'*Amélie* a en commun avec le réalisme poétique des années 30 en ce qui concerne ses personnages et son iconographie?

11. Comment est-ce que la narration d'*Amélie* rappelle celle du film de Sacha Guitry *Le Destin fabuleux de Désirée Clary*?

12. Quel rapport y a-t-il entre les images dans *Amélie* et les photographies de Robert Doisneau?

Pistes de réflexion et de discussion

1. L'Entrée en matière

A quoi sert le prologue d'*Amélie* en ce qui concerne le style et le ton du film? Quelle opposition fondamentale est introduite par les deux dernières parties du début du prologue, avant le générique? Cette opposition est-elle importante pour le reste du film? Expliquez. Quel rapport y a-t-il entre la présentation de l'équipe technique au début et les jeux d'Amélie? **Visionnez le début du film et le générique** (Extrait 1, 0'50–3'30).

Le narrateur nous dit dans le prologue ce que les personnages n'aiment pas, puis ce qu'ils aiment. **Pourquoi fait-il cela?**

Les images du prologue sont commentées en voix *off* par un narrateur omniscient, qui intervient à divers moments du film. Le narrateur annonce, par exemple, deux jours avant la mort de la princesse Diana (à la fin du prologue de vingt minutes), "29 août. Dans quarante-huit heures, le destin d'Amélie Poulain va basculer ...". **Que représente cette voix, à votre avis: Dieu? Le réalisateur? Tous les deux?** De quel point de vue pourrait-on comparer le réalisateur à "Dieu"?

Quel rôle la mort de Diana (31 août 1997) joue-t-elle dans l'établissement du cadre temporel du film? En fait-elle un film d'actualité, ou est-ce que la temporalité du film est déterminée autrement?

2. Les Personnages

* ✦ *La Vie d'Amélie enfant*

Quel aspect de la jeunesse d'Amélie est exprimé à travers ses jeux dans le générique du début du film? *Revisionnez la dernière partie de l'Extrait 1* (2'00–3'30). Quel rôle ses parents ont-ils joué dans la formation de son caractère? Comment décririez-vous son caractère? Comment expliquez-vous le développement frappant de son imagination? Comment est-ce que le caractère débridé de son imagination est mis clairement en relief quand elle attend l'arrivée de Nino au café?

* ✦ *La Vie d'Amélie adulte*

En quoi consiste la vie d'Amélie après qu'elle déménage à Paris? Quelle sorte de plaisirs Amélie aime-t-elle surtout? Comment est-ce que la mort de Lady Di va changer sa vie? *Visionnez la séquence où Amélie découvre la boîte aux trésors* (Extrait 2, 14'15–16'00). **Pourquoi le projet d'Amélie d'aider les autres à connaître le bonheur est-il si important pour elle?** (Amélie vit-elle par personne interposée?)

Que signifie l'identification d'Amélie au personnage de Zorro? Quel rôle joue-t-elle à cet égard? Trouvez-vous son ingérence dans la vie des autres admirable ou répréhensible?

En quoi consiste, selon vous, la séduction (l'attirance) qu'exerce le personnage d'Amélie sur tant de spectateurs? Une femme politique de l'époque a remarqué, en réfléchissant au film, que "le phénomène d'identification est puissant. D'où son succès massif" (Bresson, Dely et Hassoux 3). Est-ce que la prolifération des gros plans du visage d'Audrey Tautou, ainsi que ses regards-caméra et ses paroles adressées au spectateur, jouent un rôle ici? Quel est l'effet de ceux-ci sur le spectateur?

Paraphrasant un mot célèbre de Flaubert à propos de Madame Bovary, Jeunet a déclaré, "Amélie Poulain, c'est moi"! **Sur quoi Jeunet base-t-il cette identification avec son héroïne, selon vous?** (Qu'est-ce qu'il a le plus en commun avec elle, en tant que cinéaste?) Est-ce que vous vous sentez capable de vous identifier à Amélie? Expliquez.

* ✦ *Collignon et Lucien*

Pourquoi, à votre avis, Jeunet crée-t-il le personnage antipathique de l'épicier Collignon, qui maltraite son commis, Lucien? Quelle fonction a-t-il dans le film?

* ✦ *Raymond Dufayel*

Pourquoi est-ce qu'on appelle Dufayel "l'homme de verre"? Quelle est la conséquence de son handicap sur sa vie personnelle? **De quel point de vue Amélie ressemble-t-elle à Dufayel dans sa manière de vivre?**

Pourquoi Dufayel reproduit-il chaque année depuis vingt ans la même peinture de Renoir, *Le Déjeuner des canotiers*? **Quelle est l'importance des réflexions de Dufayel** sur la jeune fille qu'il a du mal à saisir? *Visionnez la séquence de la première rencontre d'Amélie et Dufayel* (Extrait 3, 27'40–30'40). Quelles sont ses conclusions quant à cette jeune fille? Pourquoi dit-il, plus loin dans le film, "Elle aime les stratagèmes. En fait, elle est un peu lâche"?

Quelle prise de conscience essentielle est suggérée dans la séquence du film télévisé avec Staline (en russe), après la scène où Dufayel fait ses remarques sur "la fille au verre d'eau"? (Cette scène suit l'épisode au café où Amélie n'a pas le courage de se faire connaître de Nino.)

Dufayel aide Amélie à changer sa vie, mais elle lui rend la pareille avec ses cassettes vidéo et leur montage d'extraits d'émissions télévisées américaines. Qu'est-ce qu'on constate quant au style du *Déjeuner des canotiers* auquel il travaille à la fin du film? Quel rapport avec les cassettes d'Amélie? Ou est-ce seulement l'exemple d'Amélie (qui ose enfin prendre un risque dans la vie) qui joue ici?

✦ *Nino*

Nino travaille dans un sex-shop (Video Palace) et à la Foire du Trône. Quelle image avons-nous de son personnage? A-t-il quelque chose en commun avec Amélie? Pourquoi se sent-elle attirée par lui? **Que pourrait représenter cet album de photos ratées qui est si important pour lui?** Comment interprétez-vous la remarque du narrateur quand Amélie feuillette l'album pour la première fois: "Tu parles d'un album de famille!"?

Quel stratagème Amélie utilise-t-elle pour rendre cet album à Nino? *Visionnez cette séquence* (Extrait 4, 1h12'55–1h17'20). Commentez la manière dont Jeunet filme et monte toute cette séquence, en finissant par le gros plan sur le visage d'Amélie et son regard caméra.

Est-ce que l'emploi de l'album de photos dans le générique de la fin, avec les photos des comédiens, ajoute quelque chose à la signification de cet objet?

✦ *Joseph et Georgette*

Qu'est-ce que ces deux personnages ont en commun (comme trait de caractère)? Amélie réussit à faire en sorte qu'ils s'intéressent l'un à l'autre et qu'ils deviennent amants. Pourquoi est-ce que les rapports sentimentaux entre eux tournent mal?

3. *Le Quartier de Montmartre*

Pourquoi Jeunet a-t-il choisi Montmartre comme lieu principal de l'action de son film? Pourquoi, à votre avis, a-t-il fait disparaître des murs les graffiti et les affiches qu'il n'aimait pas, ainsi que toutes les voitures qu'on trouve normalement dans les rues de Paris? Quel effet recherchait-il?

Jeunet a été critiqué par certains commentateurs, comme nous l'avons vu, pour avoir créé un "Paris de cartes postales" pour touristes. **Etes-vous d'accord avec cette critique?** Est-ce pour vous un aspect négatif du film? Où est-ce qu'on voit des cartes postales réelles dans *Amélie*? Qu'est-ce qu'elles représentent? Qu'est-ce que cela peut suggérer quant à l'image de Paris dans la conscience collective du monde, quelle que soit sa réalité?

4. Une vision utopique, euphorique?

Comme nous l'avons vu également, un certain nombre de critiques reprochent à Jeunet de donner une vision utopique de la vie à Paris, de ne montrer que son côté positif, voire euphorique. Qu'en pensez-vous? **Jeunet montre-t-il un monde parfait?** Est-ce que tous ces "gens de peu" qui peuplent l'univers de Jeunet nagent dans le bonheur ou plutôt dans le mal-être?

Le thème de l'enfance est-il pertinent ici? **Est-ce que l'enfance est reliée dans *Amélie* au thème du bonheur?** Quelle image Jeunet donne-t-il de l'enfance à cet égard dans son film (Amélie, Nino, Bretodeau)?

5. Un film de propagande?

Beaucoup de commentateurs du film ont remarqué qu'*Amélie* donne une image rassurante des valeurs françaises traditionnelles. Pour certains d'entre eux, ceci pourrait être perçu comme une tentative suspecte de figer les Français dans une identité nationale anachronique qui relève à la fois de la pure nostalgie et d'un anti-communautarisme officiel. Pour eux, le film de Jeunet serait une œuvre de propagande réactionnaire (d'extrême droite) où la solution aux problèmes sociaux est un retour à un passé à l'eau de rose mythique qui évoque tantôt le populisme de Pétain, tantôt la xénophobie du Front national de Jean-Marie Le Pen. **Qu'en pensez-vous? Une telle interprétation du film est-elle défendable?** Expliquez votre prise de position.

6. Les Moyens de transport

Jeunet a pratiquement supprimé les automobiles des rues de Paris. Il ne reste que le métro, le train—et la mobylette de Nino. **Quel sens pourrait-on donner à cet aspect du film?** De manière générale, qui prend le métro (ou sa mobylette) par rapport à ceux qui se déplacent en voiture personnelle?

Quelle interprétation pourrait-on donner à la dernière scène du film où Amélie et Nino roulent dans Paris sur sa mob (en accéléré, avec le tremblement de la caméra, des images floues, le rythme saccadé du montage avec des sautes à la Godard)? Quelle opposition Jeunet semble-t-il créer dans son film entre le mouvement et l'immobilisme?

7. La Technologie

Quel rôle la technologie joue-t-elle dans ce film? Pensez surtout aux moyens de communication, de représentation et de reproduction: téléphones, caméras, télévision, vidéos, cinéma, télescopes, photocopieuses, photomatons, par exemple. **Quelle importance le problème de la communication a-t-il dans *Amélie*?** Et la médiation des rapports entre les gens (par rapport au contact direct)? Comment Dufayel réussit-il, par exemple, à convaincre Amélie de prendre le risque de rencontrer Nino et de s'engager enfin dans la vie?

Selon un commentateur d'*Amélie*, il s'agit dans ce film du pouvoir de la technologie de changer le monde (Moore 12). **Qu'en pensez-vous, surtout en ce qui concerne les actions d'Amélie?** Cette idée pourrait-elle s'appliquer aussi à l'utilisation des nouvelles technologies numériques par le cinéaste?

8. Cinématographie, effets spéciaux, son, couleurs

Pourquoi Jeunet place-t-il souvent la caméra au ras du sol? Pourquoi se sert-il souvent de plongées prises de très haut dans les scènes de gare? Quel sentiment veut-il communiquer, par exemple, avec la plongée sur Amélie seule dans le grand hall de la Gare du Nord vers la fin du film, quand elle rate sa rencontre avec Nino?

Quels sont les effets spéciaux les plus surprenants? Où y a-t-il des accélérés ou des ralentis? Décrivez le montage de la séquence où Amélie aide l'aveugle dans la rue. Qu'est-ce qui frappe ici? *Visionnez cette séquence* (Extrait 5, 35'15–36'25).

Comment interprétez-vous le plan où Amélie fond littéralement, ne laissant qu'une flaque d'eau par terre dans le café?

Il y a souvent une musique d'accordéon dans *Amélie*, et cela dès le prologue. La musique d'accordéon est une des grandes traditions populaires de la France. Pourquoi Jeunet s'en sert-il dans son film? **Quel sentiment veut-il provoquer?** Y a-t-il un rapport entre cette musique de valse et le personnage d'Amélie? **Quelle sorte d'effets visuels et sonores accompagne la scène où Amélie vole le nain de jardin de son père?** *Visionnez cette séquence* (Extrait 6, 39'05–39'50).

La caméra de Jeunet est extrêmement mobile dans ce film, imitant parfois les déplacements et le regard d'un être humain, comme dans la scène où Nino perd la sacoche avec son album de photos dans la rue et qu'Amélie arrive pour la récupérer et (dans la scène suivante) feuilleter l'album. *Visionnez cette scène* (Extrait 7, 40'30–42'30). **Commentez les mouvements d'appareil.**

Les émissions de télévision sont toujours en noir et blanc. Quel rôle cela joue-t-il dans la stratégie narrative de Jeunet dans son film? Par ailleurs, quelle époque est évoquée de cette manière?

On a pu remarquer que les couleurs dominantes dans *Amélie* sont le rouge et le vert (Vanderschelden 52), et surtout le rouge, à commencer par les vêtements et l'appartement d'Amélie, ainsi que la façade du café, le cœur qui bat, le sex-shop, le chapeau du nain, etc. Est-ce que ces deux couleurs semblent avoir une signification particulière dans ce film?

9. Le Cinéma d'animation

Avant de faire des films avec des comédiens, Jeunet a fait des films d'animation (dessins animés). Il avoue avoir été fortement influencé par Tex Avery, le grand maître du film d'animation américain des années 30 et 40 dont la devise bien connue fut, "Dans un dessin animé, on peut faire n'importe quoi". **Où est-ce qu'on voit l'influence du cinéma d'animation dans ce film? Quel est l'effet recherché par Jeunet?**

10. La Mise en abyme

Quand un peintre représente dans un tableau l'acte de peindre (par exemple, *Las Meninas* du peintre espagñol Vélasquez [1656], où l'on voit le peintre au travail dans un coin de la toile), on parle de *mise en abyme*. Par analogie, on utilise le même terme pour décrire une pièce dans une pièce ou la représentation de l'acte d'écrire dans un roman. **Peut-on parler d'une mise en abyme de l'acte de faire un film dans *Amélie*, littéralement ou métaphoriquement—ou les deux?** Comment pourrait-on interpréter, par exemple, la séquence où Amélie fabrique la fausse lettre d'amour du mari de la concierge? Quel rôle l'emploi de l'accéléré joue-t-il ici? **Visionnez cette séquence** (Extrait 8, 1h22'35–1h23'15).

Comme on le sait, un réalisateur s'occupe de la mise en scène de son film. Est-ce que la "mise en scène" est mise en abyme aussi dans le film de Jeunet? **Qui fait de la mise en scène** (pensez à la manière dont l'album de Nino lui est restitué, par exemple)?

Dans *Amélie*, on voit souvent des personnages qui regardent ou carrément épient d'autres personnages (avec des jumelles, par exemple) à leur insu. Qu'est-ce qui est mis en abyme ici?

Amélie voit, dans son imagination, le "kidnapping" de Nino pendant qu'elle attend son arrivée à la brasserie. Qu'est-ce qui est mis en abyme ici, très clairement?

Filmographie de Jean-Pierre Jeunet

1978   *L'Evasion (court métrage, dessin animé, avec Marc Caro)*

1980   *Le Manège (court métrage, dessin animé)*

1981   *Le Bunker de la dernière rafale (court métrage, avec Marc Caro)*

1989   *Foutaises (court métrage)*

1991   *Delicatessen (avec Marc Caro)*

1995   *La Cité des enfants perdus (avec Marc Caro)*

1997   *Alien: Resurrection*

2001   *Le Fabuleux Destin d'Amélie Poulain*

2004   *Un long dimanche de fiançailles*

2009   *Micmacs à tire-larigot*

2013   *The Young and Prodigious T. S. Spivet*

2015   *Casanova (film pour la télévision)*

Œuvres consultées

Ageorges, Sylvain. "Les Abbesses nous font leur cinéma". *A Nous Paris* 16–22 avr. 2001: 12–13.

Alexandre, Grégory. "Le Fabuleux Destin d'Amélie Poulain". *Ciné Live*, avr. 2001: 35.

Alion, Yves. "La Liberté à tout prix". *L'Avant-Scène Cinéma* 502 (mai 2001): 124–26.

Amar, Marlène. "Travail à l'ancienne". *TéléCinéObs* 11 déc. 2003: 59.

Andrew, Dudley. "Amélie, or Le Fabuleux Destin du Cinéma Français". *Film Quarterly* 57.3 (2004): 34–46.

Baignères, Claude. "Valse à mille temps". *Le Figaro* 25 avr. 2001: sans pagination.

Baret, Guy. "Amélie Laguiller et Arlette Poulain". *Le Figaro* 5 juin 2001: sans pagination.

Bonnaud, Frédéric. "The *Amélie* Effect". *Film Comment* 37.6 (nov.–déc. 2001): 36–38.

Bresson, Gilles, Renaud Dely, et Didier Hassoux. "La Classe politique analyse le succès du film: 'Un besoin de bonheur simple'". *Libération* 2–3 juin 2001: 3.

Campion, Alexis. "Jean-Pierre Jeunet, le miracle d'Amélie et 'le goût de chiotte absolu'". *Le Journal du dimanche* 12 août 2001: sans pagination.

de Baecque, Antoine. "Trois absents de taille". *Libération* 9 mai 2001: 31.

De Bruyn, Olivier. "Les Délices d'Amélie". *Le Point* 20 avr. 2001: 121.

Delassein, Sophie. "Le Fabuleux Destin de Yann Tiersen". *Le Nouvel Observateur* 14 juin 2001: sans pagination.

Delerm, Philippe. *La Première Gorgée de bière et autres plaisirs minuscules*. Paris: Gallimard, 1997.

Deydier, Catherine, et Eric Libiot. "Jeunet: un destin de cinéaste". *L'Express* 19 avr. 2001: 58–59.

Durham, Carolyn. "Finding France on Film. *Chocolat, Amélie* and *Le Divorce*". *French Cultural Studies* 19.2 (juin 2008): 173–97.

Ezra, Elizabeth. "The Death of an Icon: *Le Fabuleux Destin d'Amélie Poulain*". *French Cultural Studies* 15.3 (oct. 2004): 301–10.

Frodon, Jean-Michel. "Une chevauchée fantastique sans pareil". *Le Monde* 1er janv. 2002: 18.

Garbarz, Franck. "Le Fabuleux Destin d'Amélie Poulain. La 'recolleuse' de morceaux". *Positif* 483 (mai 2001): 29–30.

Gorin, François. "Amélie, Loana, Jean-Luc et moi". *Télérama* 25 juill. 2001: 30–32.

Guitry, Sacha. *Le Destin fabuleux de Désirée Clary*. <www.youtube.com/ watch?v=oYR mG_rOf5c>.

Gural-Migdal, Anna. "Paris comme parc d'attractions à la Disney dans *Le Fabuleux Destin d'Amélie Poulain*". *Journal of the Australasian Universities Language and Literature Association* 108 (nov. 2007): 131–48.

Haun, Harry. "Fantasy in Paris". *Film Journal International* (nov. 2001): 14–16.

Jeunet, Jean-Pierre, réal. *Le Fabuleux destin d'Amélie Poulain*. Miramax Home Entertainment, 2002.

Kaganski, Serge. "*Amélie* pas jolie". *Libération* 31 mai 2001: 7.

———. "Comment je me suis disputé à propos d'*Amélie Poulain*". *Les Inrockuptibles* 12 juin 2001: 16–19.

Lalanne, Jean-Marc, et Didier Péron. "Un coup de Jeunet". *Libération* 25 avr. 2001: 31–33.

Lançon, Philippe. "Le Frauduleux Destin d'Amélie Poulain". *Libération* 1er juin 2001: 5.

Larcher, Jérôme. "Le Cabinet de curiosités". *Cahiers du cinéma* 557 (mai 2001): 112.

Lee, Mark D. "*Le Fabuleux Destin d'Amélie Poulain*". *The French Review* 76.5 (avr. 2003): 1061–62.

Lefort, Gérard, et Didier Péron. "Je ne suis pas près de revivre un tel miracle". *Libération* 26 déc. 2001: 21–22.

Lucien, Guillaume. "Pourquoi tant de haine pour Amélie?" *Libération* 3 juin 2001: 4.

Martin-Castelnau, David, et Guillaume Bigot. "Le Secret d'Amélie Poulain". *Libération* 28 mai 2001: 6.

Moore, Rick Clifton. "Ambivalence to Technology in Jeunet's *Le Fabuleux Destin d'Amélie Poulain*". *Bulletin of Science, Technology & Society* 26.1 (févr. 2006): 9–19.

Mulard, Claudine, et Thomas Sotinel. "Amélie Poulain, un tour du monde en 17 millions d'entrées". *Le Monde* 1er janv. 2002: 17–18.

Oscherwitz, Dayna. "Once Upon a Time That Never Was: Jean-Pierre Jeunet's *Le Fabuleux Destin d'Amélie Poulain* (2001)". *The French Review* 84.3 (févr. 2011): 504–15.

O'Sullivan, Charlotte. "*Amélie*". *Sight and Sound* 11 oct. 2001: 40–41.

Parra, Danièle. "Entretien avec Marc Caro et Jean-Pierre Jeunet. Rencontre avec deux tronches de l'art". *Revue du cinéma* 471 (mai 1991): 42–45.

Péron, Didier. "Quatre millions d'adhérents". *Libération* 3 juin 2001: 2–3.

Peters, Jeffrey N. "Tautou's Face". *Publications of the Modern Language Association of America* 126.4 (oct. 2011): 1042–60.

Riou, Alain. "Amélie jolie". *Le Nouvel Observateur* 19–25 avr. 2001: 129.

Scatton-Tessier, Michelle. "Le Petisme: flirting with the sordid in *Le Fabuleux Destin d'Amélie Poulain*". *Studies in French Cinema* 4.3 (2004): 197–207.

Séguret, Olivier. "Cannes, son délit d'Amélie". *Libération* 9 mai 2001: 30–31.

Silberg, Jon. "A Magical Paris". *American Cinematographer* 82 (sept. 2001): 20–22.

Sotinel, T. "Quand Georges Perec rencontre Marcel Carné". *Le Monde* 25 avr. 2001: sans pagination.

Taillibert, Christel. "*Le Fabuleux Destin d'Amélie Poulain*". *Jeune Cinéma* 268 (mai–juin 2001): 39–40.

Vanderschelden, Isabelle. *Amélie. Le Fabuleux Destin d'Amélie Poulain (Jean-Pierre Jeunet, 2001)*. Chicago: U of Illinois P, 2007.

Vincendeau, Ginette. "Café Society". *Sight and Sound* 11 août 2001: 22–25.

20

Olivier Nakache et Eric Toledano

Intouchables

(2011)

Olivier Nakache et Eric Toledano, *Intouchables*: Driss (Omar Sy) promène Philippe (François Cluzet) en fauteuil roulant.

Réalisation .... Olivier Nakache et Eric Toledano
Scénario .... Olivier Nakache et Eric Toledano
Directeur de la photographie........................Mathieu Vadepied
Son .... Pascal Armand, Jean Goudier, Jean-Paul Hurier
Musique .... Ludovico Einaudi
Montage .... Dorian Rigal-Ansous
Costumes .... Isabelle Pannetier
Décors..................................... François Emmanuelli
Scripte..................................... Nathalie Vierny
Production .... Nicolas Duval Adassovsky, Laurent Zeitoun, Yann Zenou
Durée 1h53

Distribution

François Cluzet (*Philippe*), Omar Sy (*Driss*), Anne Le Ny (*Yvonne*), Audrey Fleurot (*Magalie*), Clotilde Mollet (*Marcelle*), Alba Gaïa Kraghede Bellugi (*Elisa*), Thomas Solivéres (*Bastien, le petit ami d'Elisa*), Cyril Mendy (*Adama*), Salimata Kamate (*Fatou, la mère de Driss*), Grégoire Oestermann (*Antoine, l'ami de Philippe*), Christian Ameri (*Albert, le jardinier*)

Synopsis

Philippe est un élégant tétraplégique immensément riche habitant les beaux quartiers de Paris, amateur d'art moderne et de musique classique. Il recherche un auxiliaire de vie. Driss est un gars de banlieue d'origine sénégalaise récemment sorti de prison. Pour lui, Berlioz est un nom de quartier plutôt qu'un compositeur, et sa préférence musicale va à Earth, Wind & Fire. Il doit prouver qu'il cherche un emploi pour continuer à toucher ses allocations de chômage.

Ces deux hommes aux antipodes l'un de l'autre se rencontrent lors d'un entretien d'embauche. Driss impressionne Philippe par sa désinvolture, ses "vannes" (plaisanteries) et surtout son naturel et son manque de pitié. A sa grande surprise, il est pris à l'essai. Malgré quelques hésitations, il ne peut résister à la perspective de vivre dans un cadre luxueux et de côtoyer Magalie, la jolie secrétaire de Philippe.

Philippe et Driss vont peu à peu s'apprivoiser, apprendre à connaitre leurs goûts respectifs et partager des confidences. Ensemble, ces deux blessés de la vie vont devenir . . . intouchables.

Les Réalisateurs

Olivier Nakache et Eric Toledano sont nés en 1973 et 1971 et ont grandi en banlieue parisienne et à Versailles, respectivement. Ils se sont connus à l'adolescence et sont unis par la passion du cinéma, avec une prédilection pour la comédie italienne. Ils ont commencé par faire de petits films pour une association d'aide aux enfants autistes, puis des histoires gravitant autour du thème de l'amitié et souvent inspirées par leurs propres expériences. Ils se sont fait connaître par leur deuxième court métrage, *Les Petits Souliers* (1999), qui raconte les aventures de quatre copains arabes et juifs embauchés comme Pères Noël d'un soir, interprétés par leurs amis Jamel Debbouze, Gad Elmaleh, Atmen Kelif, et Roschdy Zem, tous devenus depuis des stars ou acteurs de premier plan. Leur premier long métrage, *Je préfère qu'on reste amis* (2005), examine l'amitié qui se tisse entre un trentenaire célibataire malheureux en amour (Jean-Paul Rouve) et un quinquagénaire divorcé plein de vie, mais lui aussi meurtri (Gérard Depardieu); cette relation leur permet d'évoluer et de mieux affronter les obstacles. *Nos jours heureux* (2006) est une histoire de colonie de vacances (les deux réalisateurs étaient moniteurs pendant leur jeunesse) durant laquelle la vie en groupe permet à petits et grands de se découvrir et de mieux s'accepter; *Tellement proches* (2009) traite des relations familiales et de la paternité, une nouvelle étape dans la vie personnelle des réalisateurs.

Avec *Intouchables*, Nakache et Toledano s'engagent dans un domaine qui leur est inconnu, la représentation du handicap, et ils s'inspirent pour la première fois d'une histoire vraie n'ayant aucun rapport avec leurs vies. Ils ont fait le film pour donner un premier grand rôle à leur ami Omar Sy, qui avait déjà joué dans certains de leurs courts et longs métrages et dont ils admiraient le potentiel comique, remarquant que "Plus on tournait ensemble, plus il s'imposait comme un grand" (Rouchy).

C'est avec Sy dans le premier rôle qu'ils tournent aussi leur film suivant, *Samba* (2014), une histoire d'amour difficile entre un clandestin sénégalais qui galère et une Française cadre supérieur qui se remet d'une dépression nerveuse en travaillant pour une association d'aide aux sans papiers—interprétée par Charlotte Gainsbourg.

La Genèse et la réalisation

A la recherche d'un récit qui pourrait faire valoir leur ami Omar Sy, Nakache et Toledano se sont rappelé un documentaire qui les avait particulièrement marqués sur la vie de Philippe Pozzo di Borgo, un riche aristocrate et ancien dirigeant des champagnes Pommery, devenu tétraplégique à la suite d'un accident de parapente. Ce documentaire, inspiré du récit autobiographique de Pozzo di Borgo, *Le Second Souffle* (2001), traitait de son handicap, de la mort de sa femme deux ans après l'accident, de son désespoir et de sa rencontre salutaire avec Abdel Sellou, son auxiliaire de vie. Les réalisateurs sont allés lui rendre visite au Maroc et ont été frappés par son charisme, son humour et son optimisme à toute épreuve. Pozzo di Borgo a donné son accord pour que son histoire serve de base au film et leur a donné cette seule consigne: "Si vous faites ce film, il faut que ce soit drôle. Cette histoire doit passer par le prisme de l'humour. Si je n'avais pas rencontré Abdel, je serais mort" (Gandillot).

A leur habitude, Nakache et Toledano ont travaillé avec trois producteurs et éliminé les parties du projet qui n'obtenaient pas l'adhésion de chacun. Avec leurs interprètes, ils ont vu Pozzo di Borgo plusieurs fois pour se familiariser avec son quotidien et le consulter sur le scénario. Pozzo di Borgo a aussi contribué à convaincre Mathieu Vadepied, le chef-opérateur, auparavant directeur artistique pour les cinéastes Jacques Audiard et Maurice Pialat, de revenir sur les plateaux. Vadepied était attiré par la présence d'Omar Sy, un des rares acteurs noirs à obtenir un grand rôle dans le cinéma français, et par le défi de tourner une comédie sur un sujet sérieux.

Le tournage a eu lieu à l'hôtel d'Avaray, siège de l'ambassade des Pays-Bas dans le septième arrondissement de Paris, et dans une cité HLM de Bondy au nord de la capitale. Il s'est déroulé sans heurts, même si les réalisateurs ont senti une certaine tension parmi les habitants de la cité le jour où ils filmaient une scène avec des policiers.

En mai 2011, le film a créé le buzz au festival de Cannes, où un extrait de huit minutes a été présenté aux professionnels. Des distributeurs d'une vingtaine de pays en ont acheté les droits, y compris le très influent producteur et distributeur américain Harvey Weinstein, qui avait assuré le succès de films comme *Amélie* et *The Artist* aux Etats-Unis. Ceci était de bon augure six mois avant la sortie du film en salles.

Les Interprètes

Omar Sy (Driss) est la grande révélation d'*Intouchables*. Né dans une famille modeste originaire d'Afrique de l'Ouest—sa mère était mauritanienne et son père sénégalais—à Trappes, en banlieue parisienne, il envisageait de devenir technicien en climatisation avant de rencontrer l'acteur Jamel Debbouze, frère aîné de son ami d'enfance, qui l'engage dans son émission télévisée sur Canal Plus. Omar Sy forme avec Fred Testot le duo comique "Omar et Fred", qui se produit sur scène et à la télévision à partir de 1997, et notamment dans la série télévisée humoristique *SAV* (Service après-vente) sur Canal Plus de 2005 à 2012. Ses amis Nakache et Toledano l'ont convaincu de jouer dans leur premier court métrage puis lui ont donné des rôles remarqués dans leurs deuxième et troisième longs métrages. Il incarnait un moniteur de colonie de vacances dans *Nos jours heureux* et un interne hospitalier dans *Tellement proches*.

Intouchables a marqué un tournant dans la carrière d'Omar Sy. N'ayant jamais suivi de formation d'acteur, il avait en effet l'impression d'être un imposteur dans ses premiers films, mais il s'est senti véritablement acteur dans ce nouveau rôle: "Ce film, les *Intouchables*, m'a décomplexé. Pour la première fois, . . . je n'y allais pas seulement à l'instinct. J'avais préparé mon terrain de jeu" (Rouchy). Le film lui a aussi valu le César du Meilleur acteur—rarissime pour un acteur comique—et les louanges de la critique. Pour Rouchy, on a assisté à la "Naissance d'un géant": "Débordant d'énergie contagieuse, décapant de drôlerie, touchant et parfois bouleversant, intelligemment fondu, complètement fondant, il déborde de l'écran". *Intouchables* a propulsé Omar Sy sur le devant de la scène française et internationale. Il a joué depuis dans une douzaine de films, dont le dernier film de Nakache et Toledano, *Samba* (2014), et les blockbusters hollywoodiens *X-Men: Days of Future Past* (2014) et *Jurassic World* (2015).

Le personnage de Philippe est incarné par François Cluzet—Daniel Auteuil, pressenti, ayant finalement refusé le rôle. Acteur de théâtre et de cinéma, Cluzet a joué dans près de soixante-dix films de réalisateurs respectés, y compris plusieurs de Diane Kurys—il a débuté dans *Cocktail Molotov* en 1979—Bertrand Tavernier, Tony Gatlif, Claire Denis, Bertrand Blier et les réalisateurs américains Robert Altman et Lawrence Kasdan. Il a surtout tourné avec Claude Chabrol, son réalisateur fétiche, avec qui il a fait, entre autres, *Le Cheval d'orgueil* (1980), une chronique paysanne bretonne, le drame *Une affaire de femmes* (1988) et le thriller *L'Enfer* (1994), dans lequel il joue le rôle d'un mari jaloux. Nommé une dizaine de fois aux Césars dans les catégories Meilleur espoir masculin, Meilleur acteur dans un second rôle et Meilleur acteur, il a obtenu son premier César en 2007 dans le thriller à succès *Ne le dis à personne* de Guillaume Canet, avec qui il a collaboré plusieurs fois depuis. Il avait reçu aussi le Prix Jean Gabin en 1984 (attribué à un espoir du cinéma français ou francophone). Cluzet est un acteur versatile qui est parfois comparé à Dustin Hoffman. Il est capable de jouer à la fois des rôles tourmentés dans des thrillers et des personnages issus de milieux sociaux différents dans des drames et des comédies. On le retrouve dans deux autres films de ce manuel, *Coup de foudre* (Kurys, 1983), brièvement, et *Chocolat* (Denis, 1988).

Cluzet a été conquis par le scénario d'*Intouchables* et a accepté le rôle de Philippe aussitôt: "J'ai immédiatement vu le duo de cirque et son potentiel, j'ai compris qu'Omar serait l'Auguste, celui qui fait rire, et que j'allais endosser le rôle du clown blanc, celui qui a une forme d'autorité, qui donne le *la*. Je voyais ce tandem un peu comme un père et son enfant" (Giordano 165). Sur le plateau, il a servi de mentor à Omar Sy, qui a apprécié ses conseils et sa générosité. Cluzet a trouvé son rôle difficile à plusieurs égards: d'abord parce que, immobile sur son fauteuil, il avait l'impression de jouer "un rôle de flemmard" (166); ensuite parce qu'il a éprouvé beaucoup de solitude et une grande souffrance à incarner un handicapé, d'autant plus qu'il s'est senti mis à l'écart par une partie de l'équipe de tournage: "Ils avaient la réaction que l'on peut avoir à l'égard d'un handicapé, qui fait un peu peur" (167). Cluzet a dit à propos du film, "*Intouchables* est à ce jour le seul film dans lequel j'ai joué qui m'ait fait pleurer" (167).

Parmi les acteurs secondaires, Anne Le Ny (Yvonne) a joué dans de nombreux films, téléfilms et séries télévisées, y compris *Le Goût des autres* d'Agnès Jaoui (2000), dans lequel elle interprète Valérie, l'habilleuse (voir Chapitre 18). Elle est passée à la réalisation en 2007 avec un long métrage bien reçu, *Ceux qui restent*, interprété par Vincent Lindon et Emmanuelle Devos, suivi par les comédies *Les Invités de mon père* en 2010 et *On a failli être amies* en 2014 et un drame, *Cornouaille*, en 2012.

Audrey Fleurot (Magalie) a interprété son premier rôle au cinéma en 2007. *Intouchables* l'a fait connaître, et elle a joué dans une quinzaine de films depuis.

La Réception

Intouchables est le film de tous les records: film le plus vu en France en 2011; deuxième plus gros succès de l'histoire du box-office français après *Bienvenue chez les Ch'tis* (Dany Boon, 2008); film en langue française le plus vu au monde, détrônant *Le Fabuleux Destin d'Amélie Poulain* (Jean-Pierre Jeunet, 2001), qui détenait le record depuis plus de dix ans; film tourné dans une autre langue que l'anglais le plus rentable de tous les temps; film qui est resté le plus longtemps numéro un du box-office français (dix semaines d'affilée, comme *Le Dîner de cons*), etc.

Le film a reçu seize prix et plus de trente nominations, dont neuf nominations et le César du Meilleur acteur pour Omar Sy en 2012, le prix spécial de la critique au Festival ColCoa du film français à Hollywood et une nomination aux Golden Globes dans la catégorie Meilleur film étranger. Il a même fait l'objet d'une projection privée à la Maison Blanche et au Palais de l'Elysée.

Etant donné l'intérêt des distributeurs dès la présentation d'un extrait du film au Festival de Cannes en mai 2011, *Intouchables* était très attendu. Il a reçu un accueil critique dithyrambique malgré les quelques bémols qui accompagnent toujours la sortie d'une comédie populaire, genre trop "commercial" mal vu des critiques les plus intellectuels. Et d'ailleurs, parmi ces derniers, certains ont exprimé leur enthousiasme sans états d'âme, comme Carrière ("Désolé pour cette fois, on aime ce film") ou Libiot, qui ne boude pas son plaisir: "[...] du plaisir. Un mot qui paraît gros tant il est souvent absent chez les critiques". Pour Libiot, qui suivait la progression cinématographique de Nakache et Toledano, *Intouchables* affirme "leur arrivée à (quasi-)maturité". Jacques Mandelbaum, qui considérait leurs films précédents "un cran au-dessus du brouet saumâtre qu'on sert au bon peuple sous le nom de comédie française", juge qu'avec *Intouchables*, ils passent "dans la catégorie supérieure".

Les articles de presse commentent le succès retentissant du film au box-office, d'autant plus remarquable qu'il traite d'"un sujet casse-gueule, le handicap, dans un genre tout aussi casse-gueule, la comédie" (Emery). On apprécie son humour transgressif et l'histoire d'amitié qui transcende les clivages sociaux, tout en reconnaissant que l'intrigue est assez invraisemblable, même si elle est basée sur une histoire vraie. Pagès parle d'une "belle utopie", Gandillot d'"un hymne à la joie, une ode à l'amitié, un conte de fées moderne" dont on ressort "avec une pêche d'enfer, conscient aussi d'avoir assisté l'espace de deux heures à une réconciliation des classes sociales aussi exemplaire qu'exceptionnelle". Ethis, écrivant dans le journal du Parti communiste *L'Humanité-Dimanche*, y voit lui aussi "une grande synthèse sociale, une rencontre multiculturelle" en phase avec les "aspirations du public, désireux de plus de solidarité, d'espoir et d'humanité". Mandel-baum va encore plus loin avec une interprétation politique qui ne fut pas du tout du goût de Jean-Marie Le Pen, fondateur et ex-Président du parti d'extrême droite notoirement xénophobe, Le Front national: "Le film file une métaphore sociale généreuse, qui montre tout l'intérêt de l'association entre la Vieille France paralysée sur ses privilèges et la force vitale de la jeunesse issue de l'immigration".

Intouchables a reçu aussi des critiques très négatives dénonçant les clichés et suggé-rant que les bons sentiments du film masquent les inégalités et la réalité des rapports sociaux. Lalanne le décrit comme "Une fable relou [lourde] et démagogique sur la fra-ternité interclasse" et "un film assez repoussant" sur "un canevas de soap TF1 épicé d'humour Canal" (TF1 et Canal Plus sont des chaînes de télévision privées) ("*Intou-chables*"). Pour Péters aussi, le film endort la capacité du spectateur à s'indigner contre les inégalités: "Au plat pays des Bisounours [une émission pour enfants], les bons senti-ments dans le film, exemples de la même tendance dans la société, mènent à un esprit critique totalement anesthésié". Iacub estime que la fraternité du film est un leurre et que les pauvres comme Driss restent dominés: Driss doit rentrer dans l'ordre, rendre l'œuf de Fabergé et s'assujettir à un ordre social injuste. Delfour voit dans *Intouchables* un remake de Cendrillon "parfaitement réactionnaire" dont le message est simple: "L'instruction, la culture, le désir d'émancipation, la révolte sont inutiles; la beauté cos-métique et le hasard ont seuls quelque puissance. Driss est une Cendrillon raccourcie: de la beauté mais des fringues banales et du chômage; cependant, il tombe sur un prince charmant qui s'en entiche, l'habille en costard, et le sort ainsi du néant social où il crou-pissait". Ce à quoi sa collègue Granotier rétorque [un bon exemple des passes d'armes occasionnées par le film au sein des rédactions]: "J'ai aimé *Intouchables*, et alors? [...] Je n'aime pas être jugée, moi et sept millions de mes camarades spectateurs, assez sotte pour confondre conte de fées et réalité. Mon goût pour la réalité n'empêche pas que j'aime les contes de fées". On croit entendre de nouveau la réaction très vive aux cri-tiques qui descendaient en flammes *Amélie* (2001); ceux-ci aussi s'élevaient contre le côté conte de fées du film qui plaisait tant au grand public.

Si un certain nombre de recensions françaises ont porté sur les rapports de classe, la critique américaine s'est offusquée du portrait de Driss. Des journalistes du *New York Times* et du *New Yorker* ont exprimé des opinions similaires à celles de Weissberg, qui a fustigé les stéréotypes raciaux et le côté "oncle Tom" de Driss, chargé comme les esclaves d'autrefois d'amuser son maître. Pour éviter que ces critiques ne compromettent l'ac-cueil du film aux Etats Unis, le distributeur Harvey Weinstein a organisé des projec-tions pour la communauté noire et les intellectuels, et il a même incité Barack Obama à visionner le film à la Maison Blanche. Grâce à ses efforts, *Intouchables* a joui d'un grand succès aux Etats Unis et a même reçu le prix de l'African-American Film Critics Asso-ciation, entre autres.

Le succès d'*Intouchables* a eu comme conséquence de renouveler la popularité du groupe Earth, Wind & Fire, qui a fait une nouvelle tournée européenne après la sortie du film. Il a mené aussi à une réédition de l'ouvrage *Le Second Souffle* de Philippe Pozzo di Borgo en 2011 et à une nouvelle publication, *Le Diable gardien*, dans lequel l'auteur ajoute des détails sur sa relation avec son auxiliaire de vie, Abdel Sellou. Enfin, le succès du film a profité à des associations de handicapés puisque, sur la proposition des réali-sateurs, un pourcentage des entrées leur a été reversé.

Plus qu'un grand moment cinématographique, *Intouchables* est considéré par beaucoup comme un "phénomène de société", un triomphe de l'humanisme et de la solidarité en temps de crise qui permet d'oublier "les agences de notation, les banques qui flanchent et le chômage qui flambe" (Rouchy). Outre la crise, Giordano explique son impact par un contexte politique conflictuel (la montée du Front national et l'affrontement des candidats aux primaires pendant la campagne électorale en automne 2011) et l'anxiété liée aux commémorations du dixième anniversaire des attentats du 11 septembre (148).

Le Handicap au cinéma

Les personnages atteints de handicaps sont présents sur les écrans depuis les débuts du cinéma, mais leur représentation a considérablement changé en même temps que leur place dans la société. Un des premiers films notables dans lequel on voit des personnes invalides est le film d'horreur *Freaks* (Tod Browning, 1932), qui met en scène des personnes souffrant de malformations dans le rôle de monstres exhibés dans un cirque. Comme dans ce film, c'est longtemps dans des rôles secondaires et négatifs que les personnages handicapés apparaissent au cinéma. Piéral, l'acteur nain le plus célèbre du cinéma français, joue ainsi des êtres pour la plupart maléfiques pendant ses cinquante ans de carrière, à commencer par *Les Visiteurs du soir* (Marcel Carné, 1942) et *L'Eternel Retour* (Jean Delannoy, 1943). Il joue aussi dans *Notre-Dame de Paris* (Delannoy, 1956), adapté du roman de Victor Hugo, film dans lequel on rencontre nombre de personnages monstrueux et révoltants dans la cour des miracles, repaire de criminels et autres indésirables, où les gens "normaux" ne se hasardent qu'au péril de leur vie.

Les invalides ou accidentés de la vie sont aussi représentés dans des rôles de personnages vulnérables, comme la jeune aveugle de *City Lights* (Charlie Chaplin, 1931), de victimes innocentes ou de personnages mi-sage mi-saint, comme c'est le cas des sourds-muets dans *Johnny Belinda* (Jean Negulesco, 1948) et *The Heart is a Lonely Hunter* (Robert Ellis Miller, 1968), respectivement (Pris). A partir des années 70 on les voit de plus en plus dans des drames à grand retentissement qui ont reçu des prix prestigieux. Ce sont des mutilés de guerre, comme dans *Johnny Got His Gun* (Dalton Trumbo, 1971) ou *The Deer Hunter* (Michael Cimino, 1978); des victimes de malformations congénitales, comme le protagoniste de *The Elephant Man* (David Lynch, 1980); des malades psychiatriques comme dans *One Flew Over the Cuckoo's Nest* (Miloš Forman, 1975); des autistes, comme dans *Rain Man* (Barry Levinson, 1989) et *Forrest Gump* (Robert Zemeckis, 1994), entre autres.

Le cinéma francophone n'est pas en reste dans la représentation des personnes handicapées, même si ses films phares sont plus récents qu'outre-Atlantique. Un pas important est franchi avec *Le Huitième Jour* du belge Jaco Van Dormael en 1996. Comme *Rain Man*, le film raconte le rapprochement entre deux hommes dont l'un est valide et l'autre affecté d'un handicap mental. Mais, pour la première fois, c'est un trisomique, Pascal Duquenne, qui incarne un des deux rôles principaux. Sa prestation lui vaudra, ainsi qu'à Daniel Auteuil, le Prix d'interprétation masculine à Cannes, reconnaissance qui a changé le regard sur le handicap et la différence.

Le nombre de films de fiction et de documentaires mettant en scène des handicapés dans des rôles principaux a considérablement augmenté depuis les années 2000. Ils sont dépeints comme des êtres humains normaux, avec leurs qualités et leurs défauts, sans masquer les difficultés de leur vie quotidienne et en évitant le voyeurisme. En plus des drames, comme *Le Scaphandre et le Papillon* (Julian Schnabel, 2007), et des documentaires, dont celui de Sandrine Bonnaire sur sa sœur autiste, *Elle s'appelle Sabine* (2007), on les retrouve aussi dans des comédies déjantées comme *Aaltra* (Benoît Délépine et Gustave Kevern, 2004), un road movie belge où les deux protagonistes sont en fauteuil roulant suite à un accident agricole absurde. Dans ces comédies, l'humour (souvent noir) et la transgression servent à aborder des sujets tabous, comme la sexualité. Le héros de *Nationale 7* (Jean-Pierre Sinapi, 2000), par exemple, est un quinquagénaire atteint de myopathie qui veut faire l'amour avant que sa maladie n'empire et qui demande à ce qu'on lui procure des prostituées.

Au moment de la sortie d'*Intouchables* en 2011, le handicap était donc un thème montant sur les écrans, ce qu'atteste encore la création en 2009 du Festival Cinéma et Handicap, un événement annuel consacré aux courts métrages, et le succès phénoménal, quelques mois seulement après le film de Nakache et Toledano, de celui de Jacques Audiard, *De rouille et d'os* (2012), sur la reconstruction psychologique et amoureuse d'une jeune amputée. Eric Blanchet, directeur général de l'Association pour l'insertion des personnes handicapées (ADAPT), considère pourtant la sortie d'*Intouchables* comme "un vrai tournant". "La présence de personnages handicapés dans des comédies, des films d'action, voire des films d'horreur, permet de sortir d'une vision misérabiliste", ajoute-t-il (Pris).

En effet, *Intouchables* a fait des émules. Le deuxième film au box-office en France en 2014 est *La Famille Bélier* d'Eric Lartigau, une comédie sur une famille dans laquelle seule la fille est entendante et où l'on communique en langue des signes. Ce film est inspiré par une situation vécue et compte parmi ses acteurs des handicapés—sourds de naissance ici—, deux caractéristiques que l'on retrouve de plus en plus dans les films récents. C'est le cas par exemple dans *De toutes nos forces* (Nils Tavernier, 2014), un film financé par la Fédération des APAJH (Association pour adultes et jeunes handicapés) dans lequel un paraplégique de dix-sept ans—à la ville comme à l'écran—défie son père de faire avec lui le triathlon Ironman de Nice en le poussant dans son fauteuil roulant. Cette tendance n'est d'ailleurs pas propre au cinéma français. Au Canada, par exemple, la réalisatrice Louise Archambault a connu un solide succès avec son film *Gabrielle* (2013) dont la protagoniste et son interprète sont atteintes toutes deux du syndrome de Williams.

Notons pour terminer que le thème du handicap s'invite de plus en plus dans la comédie romantique. *Le Goût des merveilles* (Eric Besnard) et *En Equilibre* (Denis Dercourt), sortis tous deux en 2015, ont pour héros un autiste Asperger et un ancien cavalier en fauteuil roulant, respectivement.

DOSSIER PÉDAGOGIQUE

Qu'est-ce qui se passe dans ce film?

1. Qu'est-ce qui s'est passé quand les policiers ont arrêté Driss pour excès de vitesse?

2. Pourquoi Philippe a-t-il embauché Driss comme auxiliaire de vie? Qu'est-ce qui a convaincu Driss d'accepter le poste?

3. Que pense Antoine de la présence de Driss chez Philippe? Lors de leur rencontre au café, qu'est-ce qu'il a appris à Philippe sur les six mois que Driss a passés loin de sa famille?

4. Comment Magalie réagit-elle lorsque Driss lui fait des avances (quand il l'invite à prendre un bain, par exemple)?

5. Qu'est-ce que Driss a fait pour soulager les douleurs fantômes de Philippe une nuit?

6. Pourquoi Philippe tient-il tant à ses œufs de Fabergé? Qu'est-ce qui est arrivé à un de ces œufs?

7. Quel type de relation est-ce que Philippe entretient avec Eléonore? Qu'en pense Driss, et quel conseil lui donne-t-il?

8. Pendant la fête d'anniversaire de Philippe, qu'est-ce que les morceaux de musique classique rappellent à Driss? Si vous avez vu le film d'Agnès Jaoui *Le Goût des autres*, est-ce que cette scène d'*Intouchables* vous rappelle quelque chose?

9. Qui sont Elisa et Bastien? Quelle influence Driss a-t-il eue sur eux?

10. Pourquoi est-ce que Driss a quitté son poste chez Philippe? Qu'est-ce qui est arrivé à Philippe quand il est parti?

11. Comment s'est passé l'entretien d'embauche de Driss avec la représentante d'une société de transport? Comparez cet entretien à celui chez Philippe au début du film.

12. Où est-ce que Driss et Philippe sont allés après l'épisode avec les policiers? Qu'est-ce que Driss avait organisé là-bas?

Vrai ou Faux?

Si la phrase est fausse, corrigez-la!

1. Driss a passé un entretien d'embauche chez Philippe car il cherchait son premier vrai travail. Il s'est présenté en costume-cravate pour faire bonne impression.

2. Berlioz est le nom d'une cité de la banlieue parisienne.

3. Driss est né et a grandi dans une cité de la banlieue parisienne avec ses nombreux frères et sœurs.

4. Alice, la femme de Philippe, est morte dans l'accident de parapente qui a laissé Philippe paralysé.

5. Driss s'est découvert un intérêt pour l'opéra au contact de Philippe.

6. Sur le conseil de Driss, Philippe a envoyé une photo de lui en fauteuil roulant à Eléonore.

7. Lorsqu'elle a vu Driss en costume lors de la fête d'anniversaire, Magalie l'a comparé à Michael Jordan.

8. Philippe n'a pas vu Eléonore au café, car elle est arrivée avec vingt minutes de retard.

9. Driss a fait son baptême de l'air quand il a accompagné Philippe à la montagne.

10. Philippe a réussi à vendre le tableau de Driss à Antoine pour cent euros.

11. Yvonne a commencé une liaison avec Magalie quand Driss est parti.

12. Driss s'est amusé à raser Philippe pour qu'il ressemble à Charlie Chaplin.

Contrôle des connaissances

1. Quels sont des thèmes importants dans les films de Nakache et Toledano?

2. Sur quoi est basée l'histoire d'*Intouchables*?

3. Qui est en partie responsable du succès du film?

4. Que faisait Omar Sy avant de jouer dans les films de Nakache et Toledano?

5. Qu'est-ce que Cluzet a trouvé difficile dans son rôle de Philippe?

6. Quel aspect du film a été interprété différemment par les critiques français?

7. Quelle interprétation politique du film n'a pas plu à l'ex-Président du Front national?

8. A quel aspect du film est-ce que la critique américaine a été particulièrement sensible?

9. Dans quel sens le succès d'*Intouchables* a-t-il fait le bonheur des associations de handicapés?

10. Pourquoi ce film est-il considéré par certains comme un "phénomène de société"?

11. Dans quels types de rôles jouait l'acteur Piéral? Pourquoi?

12. Avant *Intouchables*, quel film francophone a marqué un tournant dans la représentation du handicap? Expliquez pourquoi et donnez des exemples de films ultérieurs dans lesquels on retrouve la même caractéristique.

Pistes de réflexion et de discussion

1. *Le Titre du film*

Pourquoi le film s'appelle-t-il *Intouchables*? Qu'est-ce qu'un "intouchable" en Inde? Pensez aussi à d'autres significations de ce mot. De quel point de vue Driss et Philippe seraient-ils des "intouchables"?

2. L'Entrée en matière

Qu'avez-vous pensé de la relation entre Philippe et Driss en voyant la scène de la poursuite policière? Quel genre de film le début du film semble-t-il introduire? Comment cette première scène annonce-t-elle déjà certains thèmes du film? Quel personnage domine? On entend d'abord de la musique classique, puis (quand la police escorte la voiture) de la musique rock. Pourquoi ces musiques différentes?

3. Le Cadre: la banlieue et les beaux quartiers

Quels contrastes les réalisateurs utilisent-ils entre la banlieue et les beaux quartiers de Paris? Comment sont les bâtiments et les logements individuels? Quels moyens de transport sont associés à chaque espace? **Visionnez et comparez les deux scènes suivantes** (Extrait 1, 17'22–18'53 et Extrait 2, 19'20–21'22). Pourquoi, à votre avis, les réalisateurs ont-ils mis en scène des cadres de vie diamétralement opposés?

Quels clichés sur la banlieue et ses habitants sont véhiculés par certains personnages, comme Antoine et Elisa, l'ami et la fille adoptive de Philippe? Est-ce qu'Antoine a raison de s'inquiéter pour Philippe? **Visionnez les scènes avec Antoine** (Extrait 3, 34'36–36'25) **et Elisa** (Extrait 4, 58'16–58'41).

4. Les Personnages

   + *Philippe et Driss*

Philippe et Driss constituent un duo assez improbable. Faites une liste des oppositions physiques, sociales et culturelles entre les deux hommes.

Qu'est-ce qui attire Philippe chez Driss? Comment évoluent leurs rapports? Comment influent-ils l'un sur l'autre? Quels sont des moments clés de cette évolution?

L'intimité grandissante entre Philippe et Driss leur permet aussi de découvrir des similarités entre eux. Qu'est-ce qu'ils ont en commun?

Au-delà de l'histoire individuelle, quelle interprétation symbolique peut-on donner de l'amitié entre Philippe et Driss?

   + *Philippe, Driss et les femmes*

Comparez les méthodes de séduction de Philippe et de Driss. Quel regard portent les réalisateurs sur ces deux approches? Comment expliquez-vous l'approche choisie par Philippe?

Les personnages féminins sont souvent accessoires et objectivités dans le genre du *buddy movie* masculin. Est-ce le cas dans *Intouchables*? Quels rôles les femmes jouent-elles dans la vie de Philippe et de Driss?

5. Les Oppositions culturelles

Dans le domaine de la peinture, quelles émotions éprouvent Driss et Philippe devant un tableau d'art moderne ou devant le tableau d'une femme nue vue de dos? Visionnez les scènes au musée (Extrait 5, 32'35–33'35) **et chez Philippe** (Extrait 6, 1h26'45–1h27'09). Si vous avez déjà vu *La Haine*, quels parallèles pouvez-vous faire avec la scène où les trois protagonistes banlieusards se retrouvent dans une galerie de peinture pour un vernissage?

Pourquoi Driss se met-il à peindre, et pourquoi Philippe vend-il un de ses tableaux à Antoine? **Peut-on interpréter cela comme un commentaire sur l'art moderne?** Etes-vous d'accord avec un critique des *Inrockuptibles* pour qui "cette fixette sur l'art contemporain comme grande escroquerie dont chacun ferait bien de profiter vite fait est sûrement la seule touche de vraie méchanceté. Dommage que la critique sociale, quand elle pointe enfin son nez, se trompe à ce point de cible" (Lalanne, "Briser les classes")?

Dans le domaine de la musique, comment réagit Driss à l'opéra et en écoutant l'orchestre lors de l'anniversaire de Philippe? Quel type de musique Driss préfère-t-il et pourquoi? **Le mélange de différents types de musique dans le film a-t-il une signification?**

Les différences culturelles sont un thème privilégié de la comédie (on retrouve le contraste entre la culture populaire et la culture intellectuelle dans *Le Goût des autres*, par exemple). **Est-ce qu'un type de culture est présenté comme supérieur à l'autre dans *Intouchables*?** Quel effet a la culture populaire sur Philippe? Et la culture intellectuelle sur Driss? En particulier, pourquoi Driss réussit-il son deuxième entretien d'embauche? *Visionnez cet entretien* (Extrait 7, 1h37'42–1h39'10). D'après cette scène, qu'est-ce qui facilite l'intégration des jeunes de banlieue? Est-ce un modèle que tous ces jeunes peuvent émuler?

6. *Le Handicap*

Quel regard les différents candidats du début du film portent-ils sur le handicap physique? Comment Driss se différentie-t-il?

Dans l'ensemble, les spectateurs handicapés ont réagi positivement au film, appréciant le refus de l'apitoiement. Pour le président de l'Association pour Adultes et Jeunes Handicapés, l'humour est parfois limite, mais c'est "un moyen de faire tomber le handicap dans le domaine de l'ordinaire" (Rocfort-Giovanni et Vigoureux)—et d'ailleurs certaines répliques politiquement incorrectes avaient été suggérées par Philippe Pozzo di Borgo lui-même. **Quels exemples d'humour "limite" avez-vous relevés dans le film?** Est-ce que certaines "vannes" de Driss vous ont choqué(e)? **Qu'avez-vous pensé, par exemple, de la scène au Musée d'art moderne** (Extrait 8, 33'36–34'28) dans laquelle Driss refuse de donner un chocolat à Philippe en disant "Pas de bras, pas de chocolat!"? Quelle est la référence de cette plaisanterie de Driss? (Cherchez cette expression sur Google pour voir son contexte.)

Quels autres types de handicaps sont présentés dans ce film?

7. *La Comédie*

Le film contient différents types de comédie. Donnez des exemples de comique de mots, de gestes et de situations. **A quoi sert la comédie dans le film? Qui ou qu'est-ce qui en est la cible?**

Un critique a écrit à propos d'*Intouchables*: "Le défi, c'était de rendre fructueuse la rencontre entre deux univers que tout oppose: la comédie grand public d'un côté [...]. De l'autre, un cinéma intello, plus sombre, très exigeant sur le fond comme sur la forme" ("De Pialat et Audiard à Nakache et Toledano"). **Quels aspects du film appartiennent à la comédie grand public? A un cinéma plus intellectuel?**

Le propre de la comédie est de résoudre les conflits et de restaurer l'harmonie individuelle et sociale. **Au-delà de la relation entre Driss et Philippe, quels autres conflits sont résolus dans le film?** Quels types de réconciliation trouve-t-on? Quel effet positif a Driss sur les autres personnages?

8. *La Mise en scène*

Les réalisateurs utilisent **des scènes parallèles** qui mettent en relief des oppositions pour montrer les motivations et l'évolution des personnages. **Analysez-en quelques-unes:** Driss dans sa salle de bains en banlieue et la découverte de la salle de bains chez Philippe; les deux entretiens d'embauche de Driss; les deux scènes où Driss corrige un automobiliste garé illégalement devant la résidence de Philippe; les deux rendez-vous de Philippe avec Eléonore.

9. *La Fête d'anniversaire de Philippe*

Quels grands thèmes du film apparaissent dans cette scène? Quel est l'effet le plus important de la musique et de la danse de Driss sur tout le monde? *Visionnez des extraits de cette scène* (Extrait 9, 1h04'20–1h05'37, et Extrait 10, 1h11'26–1h12'30).

Comme nous l'avons constaté plus haut, la scène de l'anniversaire a fait l'objet de critiques virulentes de la part de critiques américains qui ont failli compromettre le succès du film aux Etats-Unis. Etes-vous d'accord avec l'opinion de Weissberg selon lequel cette scène renforce tous les stéréotypes sociaux et raciaux et représente Driss comme un serviteur chargé d'amuser son maître? **Est-ce que certains stéréotypes de l'homme noir transparaissent dans cette scène et ailleurs dans le film? Lesquels?**

Filmographie d'Olivier Nakache et Eric Toledano

1999   *Les Petits Souliers (court métrage)*

2005   *Je préfère qu'on reste amis*

2006   *Nos jours heureux*

2009   *Tellement proches*

2011   *Intouchables*

2014   *Samba*

Œuvres consultées

Carrière, Christophe. "*Intouchables*. Chronique d'un succès annoncé". *L'Express* 3 nov. 2011: sans pagination.

Delfour, Jean-Jacques. "*Intouchables*: Cendrillon des temps modernes ". *Libération* 29 nov. 2011: sans pagination.

"De Pialat et Audiard à Nakache et Toledano". *Marianne* 12 nov. 2011: sans pagination.

Dubois, Régis. *Les Noirs dans le cinéma français*. Lille: TheBookEdition.com, 2012.

Emery, Elodie. "Deux millions et demi de Français ont déjà vu la comédie signée Nakache et Toledano". *Marianne* 12 nov. 2011: sans pagination.

Ethis, Emmanuel. "*Intouchables* est une proposition de réconciliation". *L'Humanité-Dimanche* 24 nov. 2011: sans pagination.

Gandillot, Thierry. "*Intouchables*, imparable ". *Les Echos* 2 nov. 2011: sans pagination.

Giordano, Isabelle. *Dans les coulisses d*'Intouchables. Paris: Grasset, 2013.

Granotier, Sylvie. "J'ai aimé *Intouchables* . . . et alors?" *Libération* 5 déc. 2011: sans pagination.

"Harvey Weinstein trouve 'répugnant' l'avis de Jean-Marie Le Pen sur *Intouchables*". *L'Express* 2 mars 2012. 3 jan. 2016. <www.lexpress.fr/culture/cinema/quand-harvey-weinstein-trouve-jean-marie-le-pen-xenophobe-et-raciste_1089021.html>

Iacub, Marcela. "*Intouchables*: la preuve par l'œuf". *Libération* 11 déc. 2011: sans pagination.

Lalanne, Jean-Marc. "Briser les classes". *Les Inrockuptibles* 23 nov. 2011: sans pagination.

———. "*Intouchables*, une fable relou et démagogique". *Les Inrockuptibles*. 1 nov. 2011: sans pagination.

Libiot, Eric. "Comme dans un fauteuil". *L'Express* 3 nov. 2011: sans pagination.

Mandelbaum, Jacques. "*Intouchables*: derrière la comédie populaire, une métaphore sociale généreuse". *Le Monde* 2 nov. 2011: sans pagination.

Michael, Charlie. "Interpreting *Intouchables*: Competing Transnationalisms in Contemporary French Cinema". *SubStance* 43.1 (2014): 123–37.

Nakache, Olivier, et Eric Toledano, réal. *Intouchables*. Sony Pictures Home Entertainment, 2013.

Pagès, Frédéric. "*Intouchables*". *Le Canard enchaîné* 2 nov. 2011: sans pagination.

Péters, Sophie. "Au plat pays des Bisounours". *La Tribune Desfossés* 17 nov. 2011: sans pagination.

Pris, Frédérique. "Les Handicapés, nouveaux héros des comédies". *Le Soleil* 25 déc. 2014. Consulté le 29 déc. 2016. <www.lapresse.ca/le-soleil/arts/cinema/201412/25/01-4830962-les-handicapes-nouveaux-heros-des-comedies.php>

Rocfort-Giovanni, Bérénice, et Elsa Vigoureux. "*Intouchables*: radiographie d'un succès foudroyant". *Le Nouvel Observateur* 1déc. 2011: sans pagination.

Rouchy, Marie-Elisabeth. "Naissance d'un géant". *Le Nouvel Observateur* 3 nov. 2011: sans pagination.

Weissberg, Jay. "Review: *Intouchable*". *Variety* 29 sept. 2011: sans pagination.

APPENDICES

Contexte historique des films

Repères majeurs de l'histoire de France 1980–2017	Films français présentés dans ce manuel
	1980 François Truffaut, *Le Dernier Métro*
1981 François Mitterrand (socialiste) élu président de la République	1981 Jean-Jacques Beineix, *Diva*
	1983 Diane Kurys, *Coup de foudre / Entre nous*
1984 Création de SOS Racisme pour lutter contre le racisme	
1985 Création des Soficas (Sociétés de financement du cinéma et de l'audio-visuel)	
Création de la Fête du cinéma (manifestation annuelle)	
Convention de Schengen permettant la libre circulation au sein des pays de l'Union européenne	
1986–88 Jacques Chirac (droite classique) premier ministre	1987 Louis Malle, *Au revoir les enfants*
1988 François Mitterrand réélu président de la République	1988 Claire Denis, *Chocolat*
1989 Jack Lang, ministre de la Culture, instaure de nouvelles subventions aux superproductions de films portant sur le patrimoine français.	
L'"affaire du foulard": trois élèves qui refusent d'enlever leur voile islamique (*hijab*) sont suspendues de leur collège à Creil.	
1990 Financement du cinéma par les chaînes de télévision (3 % du chiffre d'affaires) généralisé	

1991 Emeutes de jeunes à Mantes-la-Jolie, en banlieue parisienne	
	1992 Régis Wargnier, *Indochine*
1993 Accord général sur les tarifs douaniers et le commerce / *General Agreement on Tariffs and Trade (GATT)*: obtention par la France d'une exception culturelle à l'accord de libre échange pour les films	
La loi Pasqua de 1993 durcit les conditions d'entrée et de séjour des étrangers en France.	
1993–95 Edouard Balladur (droite classique) premier ministre	
1994 Emeutes de jeunes dans la banlieue d'Avignon	1994 André Téchiné, *Les Roseaux sauvages*
1995 Jacques Chirac élu président de la République sur le thème de la réduction de la "fracture sociale" (l'exclusion); Alain Juppé premier ministre	1995 Josiane Balasko, *Gazon maudit* Mathieu Kassovitz, *La Haine*
Emeutes violentes en été dans la banlieue parisienne; des jeunes en colère brûlent des voitures.	
Le plan Juppé sur les retraites et la Sécurité sociale provoque des grèves qui paralysent le pays pendant des semaines en automne.	
1996 Expulsion très médiatisée de sans-papiers de l'Eglise Saint-Bernard à Paris	
1997 Elections législatives anticipées; la gauche l'emporte: Lionel Jospin (socialiste) premier ministre	1997 Bruno Dumont, *La Vie de Jésus*
	1998 Erick Zonca, *La Vie rêvée des anges*
1999 Ouverture d'un centre d'hébergement pour les immigrés à Sangatte, près de Calais	
Loi instaurant le PACS (Pacte civil de solidarité)	

	2000 Agnès Varda, *Les Glaneurs et la glaneuse* Agnès Jaoui, *Le Goût des autres*
	2001 Jean-Pierre Jeunet, *Le Fabuleux Destin d'Amélie Poulain*
2002 Jacques Chirac réélu président de la République contre Jean-Marie Le Pen du Front national (extrême-droite) Nicolas Sarkozy, ministre de l'Intérieur, ferme Sangatte, créant la "jungle de Calais" (habitations de fortune). Passage officiel à l'Euro	
	2003 Abdellatif Kechiche, *L'Esquive*
2004 Loi interdisant le port de signes religieux "ostentatoires" (*hijab*, kippa juive, crucifix trop grand) dans les écoles publiques	
2005 Emeutes violentes en automne dans les banlieues parisiennes et à travers la France; des milliers de voitures et de bâtiments brûlés Nicolas Sarkozy traite les jeunes banlieusards de "racaille" et menace de "nettoyer au Karcher" la cité des 4000 à La Courneuve.	2005 Michael Haneke, *Caché*
2006 Article L622-1 du Code de l'entrée et du séjour des étrangers et du droit d'asile est voté: ceux qui viennent en aide aux clandestins sont passibles de 5 ans de prison et d'une amende de 30 000 euros ("délit de solidarité").	
2007 Nicolas Sarkozy (droite classique) élu président de la République contre Ségolène Royal (socialiste), première femme à accéder au second tour de l'élection présidentielle	
	2008 Laurent Cantet, *Entre les murs*
	2009 Philippe Lioret, *Welcome* Jacques Audiard, *Un prophète*

2010 Loi interdisant la dissimulation du visage dans l'espace public (vise le port du voile intégral—*la burqa*—en public)	
	2011 Olivier Nakache et Eric Toledano, *Intouchables*
2012 François Hollande (socialiste) élu président de la République	
2013 Le "délit de solidarité" est supprimé. Loi autorisant le mariage homosexuel	
2015 Attaques terroristes à Paris contre *Charlie Hebdo* (jan.), puis à la salle de spectacle du Bataclan, au Stade de France et à d'autres endroits au centre-ville (nov.)	
2016 Attaque terroriste à Nice (14 juill.)	
2017 Emmanuel Macron (centriste, fondateur du mouvement "En Marche") élu président de la République contre Marine Le Pen (Front national)	

Palmarès des films français contemporains (1980–2016)

Dans cette dernière rubrique nous présentons une liste des films français lauréats d'importants prix français ou internationaux qui comprend aussi, pour chaque année, le film français en tête du box-office en France. Etant donné le grand nombre de récompenses françaises et internationales, nous nous sommes limités à celles qui suivent, présentées dans l'ordre que nous avons choisi pour le palmarès, à savoir prix français hors festivals, prix obtenus dans des festivals, prix étrangers hors festivals.

Les Césars sont les prix nationaux les plus prestigieux décernés aux films français chaque année. Ils sont attribués dans une vingtaine de catégories. Nous ne retiendrons que les suivantes: **Meilleur film, Meilleur premier film, Meilleur réalisateur, Meilleur scénario original ou adaptation, Meilleur film documentaire, Meilleur film d'animation (décerné depuis 2010).**

Le Prix Louis Delluc est décerné chaque année au meilleur film et, depuis 1999, on discerne aussi **le Prix Louis Delluc du premier film.**

Le Prix Jean Vigo est décerné normalement à un jeune réalisateur qui fait preuve d'indépendance d'esprit et d'originalité stylistique.

Les Prix du Festival de Cannes. Parmi les nombreux prix attribués lors du Festival de Cannes, nous mentionnerons les suivants:

+ **La Palme d'or**, décernée au meilleur film du festival;

+ **Le Grand Prix** (1995–) / Grand Prix du Jury (1989–94) / Grand Prix Spécial du Jury (1967–88), attribué au second meilleur film;

+ **Le Prix de la mise en scène** (nommé *Best Director Award* à l'international), décerné au cinéaste jugé comme étant le meilleur réalisateur parmi ceux des films en compétition;

+ **Le Prix Un Certain Regard**, décerné au meilleur film de la sélection parallèle depuis 1998;

+ **La Caméra d'or**, attribuée au meilleur premier film parmi ceux de la Sélection officielle, de la Quinzaine des réalisateurs et de la Semaine de la critique.

Le Lion d'or est le prix du Meilleur film au Festival international du film (la Mostra) de Venise.

L'Ours d'or est le prix du Meilleur film au Festival de Berlin.

Pour les **Oscars** et leurs équivalents britanniques (**les prix BAFTA**), nous nous limiterons aux mêmes catégories que pour les Césars, en ajoutant l'Oscar du Meilleur film en langue étrangère et le BAFTA du Meilleur film non anglophone.

1980   François Truffaut, *Le Dernier Métro* (Césars du Meilleur Film, du Meilleur réalisateur et du Meilleur scénario original ou adaptation)
Alain Cavalier, *Un étrange voyage* (Prix Louis Delluc)

René Gilson, ***Ma blonde, entends-tu dans la ville?*** (Prix Jean Vigo)
Alain Resnais, ***Mon oncle d'Amérique*** (Grand Prix Spécial du Jury à Cannes)
Jean-Pierre Denis, ***Histoire d'Adrien*** (Caméra d'or à Cannes)
Louis Malle, ***Atlantic City*** (BAFTA du Meilleur réalisateur)
Claude Pinoteau, ***La Boum*** (film français en tête du box-office)

1981   Jean-Jacques Annaud, ***La Guerre du feu*** (Césars du Meilleur film et du Meilleur réalisateur)
Jean-Jacques Beineix, ***Diva*** (César du Meilleur premier film)
Claude Miller, ***Garde à vue*** (César du Meilleur scénario original ou adaptation)
Pierre Granier-Deferre, ***Une étrange affaire*** (Prix Louis Delluc)
Jean-Pierre Sentier, ***Le Jardinier*** (Prix Jean Vigo)
Alain Tanner (Suisse), ***Les Années Lumière*** (Grand Prix Spécial du Jury à Cannes)
Francis Veber, ***La Chèvre*** (film français en tête du box-office)

1982   Bob Swaim, ***La Balance*** (César du Meilleur film)
Andrzej Wajda, ***Danton*** (César du Meilleur réalisateur; Prix Louis Delluc; BAFTA du Meilleur film non anglophone)
Daniel Vigne, ***Le Retour de Martin Guerre*** (César du Meilleur scénario original)
Pierre Granier-Deferre, ***L'Etoile du Nord*** (César de la Meilleure adaptation)
Philippe Garrel, ***L'Enfant secret*** (Prix Jean Vigo)
Romain Goupil, ***Mourir à 30 ans*** (César du Meilleur premier film; Caméra d'or à Cannes)
Gérard Oury, ***L'As des as*** (film français en tête du box-office)

1983   Ettore Scola, ***Le Bal*** (Césars du Meilleur film et du Meilleur réalisateur)
Maurice Pialat, ***A nos amours*** (César du Meilleur film, ex-aequo avec *Le Bal*, et Prix Louis Delluc)
Euzhan Palcy, ***Rue Cases-Nègres*** (César du Meilleur premier film)
Patrice Chéreau, ***L'Homme blessé*** (César du Meilleur scénario original)
Jean Becker, ***L'Eté meurtrier*** (César de la Meilleure adaptation; film français en tête du box-office)
Gérard Mordillat, ***Vive la sociale*** (Prix Jean Vigo)
Robert Bresson, ***L'Argent*** (Prix de la mise en scène à Cannes)
Jean-Luc Godard, ***Prénom Carmen*** (Lion d'or à Venise)

1984   Claude Zizi, ***Les Ripoux*** (Césars du Meilleur film et du Meilleur réalisateur)
Richard Dembo, ***La Diagonale du fou*** (Prix Louis Delluc; César du Meilleur premier film)
Bertrand Blier, ***Notre histoire*** (César du Meilleur scénario original)
Bertrand Tavernier, ***Un dimanche à la campagne*** (Prix de la mise en scène à Cannes; César de la Meilleure adaptation)
Michel Blanc, ***Marche à l'ombre*** (film français en tête du box-office)

1985   Coline Serreau, ***Trois hommes et un couffin*** (Césars du Meilleur film et du Meilleur scénario original ou adaptation; film français en tête du box-office)

Michel Deville, ***Péril en la demeure*** (César du Meilleur réalisateur)

Mehdi Charef, ***Le Thé au harem d'Archimède*** (César du Meilleur premier film; Prix Jean Vigo)

Claude Miller, ***L'Effrontée*** (Prix Louis Delluc)

André Téchiné, ***Rendez-vous*** (Prix de la mise en scène à Cannes)

Agnès Varda, ***Sans toit ni loi*** (Lion d'or à Venise)

1986   Alain Cavalier, ***Thérèse*** (Césars du Meilleur film, du Meilleur réalisateur et du Meilleur scénario original ou adaptation)

Régis Wargnier, ***La Femme de ma vie*** (César du Meilleur premier film)

Leos Carax, ***Mauvais sang*** (Prix Louis Delluc)

Jacques Rozier, ***Maine-Océan*** (Prix Jean Vigo)

Claire Devers, ***Noir et Blanc*** (Caméra d'or à Cannes)

Claude Berri, ***Jean de Florette***, (Prix BAFTA du Meilleur film; film français en tête du box-office)

Eric Rohmer, ***Le Rayon vert*** (Lion d'or à Venise)

1987   Louis Malle, ***Au revoir les enfants*** (Césars du Meilleur film, du Meilleur réalisateur et du Meilleur scénario original ou adaptation; Prix Louis Delluc; Lion d'or; BAFTA du Meilleur réalisateur; film français en tête du box-office)

Serge Meynard, ***L'Œil au beur(re) noir*** (César du Meilleur premier film)

Jean-Luc Godard, ***Soigne ta droite*** (Prix Louis Delluc, ex-aequo avec *Au revoir les enfants*)

Maurice Pialat, ***Sous le soleil de Satan*** (Palme d'or à Cannes)

Laurent Perrin, ***Buisson ardent*** (Prix Jean Vigo)

1988   Bruno Nuytten, ***Camille Claudel*** (César du Meilleur film)

Jean-Jacques Annaud, ***L'Ours*** (César du Meilleur réalisateur)

Etienne Chatiliez, ***La Vie est un long fleuve tranquille*** (Césars du Meilleur premier film et du Meilleur scénario original ou adaptation)

Michel Deville, ***La Lectrice*** (Prix Louis Delluc)

Luc Moullet, ***La Comédie du travail*** (Prix Jean Vigo)

Marcel Ophüls, ***Hôtel Terminus*** (Oscar du Meilleur documentaire)

Luc Besson, ***Le Grand Bleu*** (film français en tête du box-office)

1989   Bertrand Blier, ***Trop belle pour toi*** (Césars du Meilleur film, du Meilleur réalisateur et du Meilleur scénario original ou adaptation; Grand Prix du Jury à Cannes; film français en tête du box-office)

Eric Rochant, ***Un monde sans pitié*** (César du Meilleur premier film; Prix Louis Delluc)

Dai Sijie, ***Chine ma douleur*** (Prix Jean Vigo)

Bertrand Tavernier, ***La Vie et rien d'autre*** (Prix BAFTA du Meilleur film non anglophone)

1990   Jean-Paul Rappeneau, ***Cyrano de Bergerac*** (Césars du Meilleur film et du Meilleur réalisateur)

Christian Vincent, ***La Discrète*** (Césars du Meilleur premier film et du Meilleur scénario original ou adaptation)

Jacques Doillon, ***Le Petit Criminel*** (Prix Louis Delluc)

Patrice Leconte, *Le Mari de la coiffeuse* (Prix Louis Delluc, ex-aequo avec *Le Petit Criminel*)

Patrick Grandperret, *Mona et moi* (Prix Jean Vigo)

Yves Robert, *La Gloire de mon père* (film français en tête du box-office)

1991   Alain Corneau, *Tous les matins du monde* (Césars du Meilleur film et du Meilleur réalisateur; Prix Louis Delluc; film français en tête du box-office)

Marc Caro et Jean-Pierre Jeunet, *Delicatessen* (Césars du Meilleur premier film et du Meilleur scénario original ou adaptation)

Eric Brazier, *Le Brasier* (Prix Jean Vigo)

Jacques Rivette, *La Belle Noiseuse* (Grand Prix du Jury à Cannes)

1992   Cyril Collard, *Les Nuits fauves* (Césars du Meilleur film et du Meilleur premier film)

Claude Sautet, *Un cœur en hiver* (César du Meilleur réalisateur)

Coline Serreau, *La Crise* (César du Meilleur scénario original ou adaptation)

Christine Pascal, *Le Petit Prince a dit* (Prix Louis Delluc)

Olivier Assayas, *Paris s'éveille* (Prix Jean Vigo)

Régis Wargnier, *Indochine* (Oscar du Meilleur film en langue étrangère; film français en tête du box-office)

1993   Alain Resnais, *Smoking/No Smoking* (Césars du Meilleur film, du Meilleur réalisateur et du Meilleur scénario original ou adaptation; Prix Louis Delluc)

Tran Anh Hung, *L'Odeur de la papaye verte* (César du Meilleur premier film; Caméra d'or à Cannes)

Anne Fontaine, *Les Histoires d'amour finissent mal* (Prix Jean Vigo)

Krzysztof Kieslowski, *Trois couleurs: Bleu* (Lion d'or à Venise)

Jean-Marie Poiré, *Les Visiteurs* (film français en tête du box-office)

1994   André Téchiné, *Les Roseaux sauvages* (Césars du Meilleur film, du Meilleur réalisateur et du Meilleur scénario original ou adaptation; Prix Louis Delluc)

Jacques Audiard, *Regarde les hommes tomber* (César du Meilleur premier film)

Raymond Depardon, *Délits flagrants* (César du Meilleur film documentaire)

Cédric Kahn, *Trop de bonheur* (Prix Jean Vigo)

Pascale Ferrand, *Petits Arrangements avec les morts* (Caméra d'or à Cannes)

Hervé Palud, *Un Indien dans la ville* (film français en tête du box-office)

1995   Mathieu Kassovitz, *La Haine* (César du Meilleur film; Prix de la mise en scène à Cannes)

Bernard Campan et Didier Bourdon, *Les Trois Frères* (César du Meilleur premier film; film français en tête du box-office)

Claude Sautet, *Nelly et Monsieur Arnaud* (César du Meilleur réalisateur; Prix Louis Delluc)

Josiane Balasko, *Gazon maudit* (César du Meilleur scénario original ou adaptation)

Xavier Beauvois, *N'oublie pas que tu vas mourir* (Prix Jean Vigo)

Tran Anh Hung, *Cyclo* (Lion d'or à Venise)

Bertrand Tavernier, *L'Appât* (Ours d'or à Berlin)

1996   Patrice Leconte, **Ridicule** (Césars du Meilleur film et du Meilleur réalisateur; BAFTA du Meilleur film non anglophone)
Bertrand Tavernier, **Capitaine Conan** (César du Meilleur réalisateur, ex-aequo avec *Ridicule*)
Sandrine Veysset, **Y'aura t'il de la neige à Noël?** (Prix Louis Delluc et César du Meilleur premier film)
Edric Klapisch, **Un air de famille** (César du Meilleur scénario original ou adaptation)
Pascal Bonizer, **Encore** (Prix Jean Vigo)
Gabriel Aghion, **Pédale douce** (film français en tête du box-office)

1997   Alain Resnais, **On connaît la chanson** (César du Meilleur film et du Meilleur scénario original ou adaptation; Prix Louis Delluc)
Alain Chabat, **Didier** (César du Meilleur premier film)
Luc Besson, **Le Cinquième Elément** (César du Meilleur réalisateur et film français en tête du box-office)
Robert Guédiguian, **Marius et Jeannette** (Prix Louis Delluc, ex-aequo avec *On connaît la chanson*)
Bruno Dumont, **La Vie de Jésus** (Prix Jean Vigo)
Gilles Mimouni, **L'Appartement** (BAFTA du Meilleur film non anglophone)

1998   Erick Zonca, **La Vie rêvée des anges** (César du Meilleur film)
Bruno Podalydès, **Dieu seul me voit** (César du Meilleur premier film)
Patrice Chéreau, **Ceux qui m'aiment prendront le train** (César du Meilleur réalisateur)
Francis Veber, **Le Dîner de cons** (César du Meilleur scénario original ou adaptation, film français en tête du box-office)
Cédric Kahn, **L'Ennui** (Prix Louis Delluc)
Claude Mourieras, **Dis-moi que je rêve** (Prix Jean Vigo)

1999   Tonie Marshall, **Vénus Beauté (Institut)** (César du Meilleur film, de la Meilleure réalisatrice et du Meilleur scénario original ou adaptation)
Emmanuel Finkiel, **Voyages** (César du Meilleur premier film et Prix Louis Delluc du premier film)
Otar Iosseliani, **Adieu plancher des vaches!** (Prix Louis Delluc)
Noémie Lvovsky, **La Vie ne me fait pas peur** (Prix Jean Vigo)
Luc et Jean-Pierre Dardenne (Belgique), **Rosetta** (Palme d'or à Cannes)
Bruno Dumont, **L'Humanité** (Grand Prix à Cannes)
Claude Zidi, **Astérix et Obélix contre César** (film français en tête du box-office)

2000   Agnès Jaoui, **Le Goût des autres** (Césars du Meilleur film et du Meilleur scénario original ou adaptation)
Laurent Cantet, **Ressources humaines** (César du Meilleur premier film et Prix Louis Delluc du premier film)
Dominik Moll, **Harry, un ami qui vous veut du bien** (César du Meilleur réalisateur)
Claude Chabrol, **Merci pour le chocolat** (Prix Louis Delluc)
Patricia Mazuy, **Saint-Cyr** (Prix Jean Vigo)

Orso Miret, **De l'histoire ancienne** (Prix Jean Vigo, ex-aequo avec *Saint-Cyr*)

Gérard Krawczyk, **Taxi II** (film français en tête du box-office)

2001   Jean-Pierre Jeunet, **Le Fabuleux Destin d'Amélie Poulain** (Césars du Meilleur film et du Meilleur réalisateur; BAFTA du Meilleur scénario original; film français en tête du box-office)

Danis Tanovic, **No Man's Land** (Oscar du Meilleur film étranger; César du Meilleur premier film)

Jacques Audiard, **Sur mes lèvres** (César du Meilleur scénario original ou adaptation)

Patrice Chéreau, **Intimité** (Prix Louis Delluc; Ours d'or à Berlin)

Eugène Green, **Toutes les nuits** (Prix Louis Delluc du premier film)

Emmanuelle Bourdieu, **Candidature** (Prix Jean Vigo)

Alain Guiraudie, **Ce vieux rêve qui bouge** (Prix Jean Vigo, ex-aequo avec *Candidature*)

Yves Caumon, **Amour d'enfance** (Prix Un Certain Regard à Cannes)

2002   Roman Polanski, **Le Pianiste** (Césars du Meilleur Film et du Meilleur réalisateur, Palme d'or à Cannes, BAFTA du Meilleur Film et du Meilleur réalisateur)

Costa-Gavras, **Amen** (César du Meilleur scénario original ou adaptation)

Nicolas Philibert, **Etre et avoir** (Prix Louis Delluc)

Zabou Breitman, **Se souvenir des belles choses** (César du Meilleur premier film)

Rabah Ameur-Zaïmeche, **Wesh, wesh, qu'est-ce qui se passe?** (Prix Louis Delluc du premier film)

Charles Najman, **Royal Bonbon** (Prix Jean Vigo)

Julie Lopes-Curval, **Bord de mer** (Caméra d'or à Cannes)

Alain Chabat, **Astérix et Obélix: Mission Cléopâtre** (film français en tête du box- office)

2003   Denis Arcand (Canada), **Les Invasions barbares** (César du Meilleur film, du Meilleur réalisateur et du Meilleur scénario original ou adaptation)

Julie Bertuccelli, **Depuis qu'Otar est parti . . .** (César du Meilleur premier film)

Noémie Lvovsky, **Les Sentiments** (Prix Louis Delluc)

Lucas Belvaux (Belgium), **Un couple épatant / Cavale / Après la vie** (Prix Louis Delluc, ex-aequo avec *Les Sentiments*)

Valeria Bruni Tedeschi, **Il est plus facile pour un chameau . . .** (Prix Louis Delluc du premier film)

Jean-Paul Civeyrac, **Toutes ces belles promesses** (Prix Jean Vigo)

Abdellatif Kechiche, **L'Esquive** (César du Meilleur film, du Meilleur réalisateur et du Meilleur scénario original ou adaptation)

Gérard Krawczyk, **Taxi 3** (film français en tête du box-office)

2004   Arnaud Desplechin, **Rois et reine** (Prix Louis Delluc)

Yolande Moreau, Gilles Porte, **Quand la mer monte . . .** (César du Meilleur premier film et Prix Louis Delluc du premier film)

Patrick Mimouni, **Quand je serai star** (Prix Jean Vigo)

Tony Gatlif, *Exils* (Prix de la mise en scène à Cannes)
Christophe Barratier, *Les Choristes* (film français en tête du box-office)

2005   Jacques Audiard, *De battre mon cœur s'est arrêté* (César du Meilleur Film, du Meilleur réalisateur et de la Meilleure adaptation, BAFTA du Meilleur film non anglophone)
Hubert Sauper, *Le Cauchemar de Darwin* (César du Meilleur premier film)
Radu Mihaileanu, *Va, vis et deviens* (César du Meilleur scénario original)
Philippe Garrel, *Les Amants réguliers* (Prix Louis Delluc)
Antony Cordier, *Douches froides* (Prix Louis Delluc du premier film)
Jérôme Bonnell, *Les Yeux clairs* (Prix Jean Vigo)
Michael Haneke, *Caché* (Prix de la mise en scène à Cannes)
Luc Jacquet, *La Marche de l'empereur* (Oscar du Meilleur documentaire)
Cédric Klapisch, *Poupées russes* (film français en tête du box-office)

2006   Pascale Ferran, *Lady Chatterley* (César du Meilleur film et de la Meilleure adaptation, Prix Louis Delluc)
Guillaume Canet, *Ne le dis à personne* (César du Meilleur réalisateur)
Isabelle Mergault, *Je vous trouve très beau* (César du Meilleur premier film)
Rachid Bouchareb, *Indigènes* (César du Meilleur scénario original)
Karl Zéro et Michel Royer, *Dans la peau de Jacques Chirac* (César du Meilleur film documentaire)
Jean-Pierre Darroussin, *Le Pressentiment* (Prix Louis Delluc du premier film)
Laurent Achard, *Le Dernier des fous* (Prix Jean Vigo)
Bruno Dumont, *Flandres* (Grand Prix à Cannes)
Patrice Leconte, *Les Bronzés 3* (film français en tête du box-office)

2007   Abdellatif Kechiche, *La Graine et le Mulet* (Césars du Meilleur film, du Meilleur réalisateur et du Meilleur scénario original; Prix Louis Delluc)
Marjane Satrapi et Vincent Paronnaud, *Persepolis* (Césars du Meilleur premier film et de la Meilleure adaptation)
Barbet Schroeder, *L'Avocat de la terreur* (César du Meilleur film documentaire)
Mia Hansen-Løve, *Tout est pardonné* (Prix Louis Delluc du premier film)
Céline Sciamma, *Naissance des pieuvres* (Prix Louis Delluc du premier film, ex aequo avec *Tout est pardonné*)
Serge Bozon, *La France* (Prix Jean Vigo)
Olivier Dahan, *La Môme* (film français en tête du box-office)

2008   Martin Provost, *Séraphine* (Césars du Meilleur film et du Meilleur scénario original)
Jean-François Richer, *Mesrine, l'instinct de mort, Mesrine, L'ennemi public n° 1* (César du Meilleur réalisateur)
Philippe Claudel, *Il y a longtemps que je t'aime* (César du Meilleur premier film; BAFTA du Meilleur film non anglophone)
Laurent Cantet, *Entre les murs* (César de la Meilleure adaptation; Palme d'Or à Cannes)
Agnès Varda, *Les Plages d'Agnès* (César du Meilleur film documentaire)
Raymond Depardon, *La Vie moderne* (Prix Louis Delluc)

Samuel Collardey, *L'Apprenti* (Prix Louis Delluc du premier film)

Emmanuel Finkiel, ***Nulle part, terre promise*** (Prix Jean Vigo)

2009   Jacques Audiard, ***Un prophète*** (Césars du Meilleur film, du Meilleur réalisateur et du Meilleur scénario original; Prix Louis Delluc; Grand Prix à Cannes; BAFTA du Meilleur film non anglophone)

Riad Sattouf, ***Les Beaux Gosses*** (César du Meilleur premier film)

Stéphane Brizé, ***Mademoiselle Chambon*** (César de la Meilleure adaptation)

Serge Bromberg et Ruxandra Medrea, *L'Enfer d'Henri-Georges Clouzot* (César du Meilleur film documentaire)

Léa Fehner, ***Qu'un seul tienne et les autres suivront*** (Prix Louis Delluc du premier film)

Olivier Ducastel, Jacques Martineau, *L'Arbre et la forêt* (Prix Jean Vigo)

Laurent Tirard, *Le Petit Nicolas* (film français en tête du box-office)

2010   Xavier Beauvois, ***Des hommes et des dieux*** (César du Meilleur film; Grand Prix à Cannes)

Roman Polanski, *The Ghost Writer* (César du Meilleur réalisateur et de la Meilleure adaptation)

Joann Sfar, ***Gainsbourg (Vie héroïque)*** (César du Meilleur premier film)

Michel Leclerc, ***Le Nom des gens*** (César du Meilleur scénario original)

Jacques Perrin, Jacques Cluzaud, ***Océans*** (César du Meilleur film documentaire)

Sylvain Chomet, *L'Illusionniste* (César du Meilleur film d'animation)

Rebecca Ziotowski, ***Belle Epine*** (Prix Louis Delluc)

Katell Quillévéré, ***Un Poison violent*** (Prix Jean Vigo)

Mathieu Amalric, ***Tournée*** (Prix de la mise en scène à Cannes)

Guillaume Canet, ***Les Petits Mouchoirs*** (film français en tête du box-office)

2011   Michael Hazanavicius, *The Artist* (Césars du Meilleur film et du Meilleur réalisateur; Oscar du Meilleur film et du Meilleur réalisateur; BAFTA du Meilleur Film, du Meilleur réalisateur et du Meilleur scénario original)

Sylvain Estibal, ***Le Cochon de Gaza*** (César du Meilleur premier film)

Pierre Schoeller, *L'Exercice de l'Etat* (César du Meilleur scénario original)

Roman Polanski, ***Carnage*** (César de la Meilleure adaptation)

Christian Rouaud, ***Tous au Larzac*** (César du Meilleur film documentaire)

Joann Sfar, *Le Chat du Rabbin* (César du Meilleur film d'animation)

Aki Kaurismäki, *Le Havre* (Prix Louis Delluc)

Djinn Carrénard, ***Donoma*** (Prix Louis Delluc du premier film)

Rabah Ameur-Zaïmeche, ***Les Chants de Mandrin*** (Prix Jean Vigo)

Olivier Nakache et Eric Toledano, *Intouchables* (film français en tête du box-office)

2012   Michael Haneke, ***Amour*** (Césars du Meilleur film, du Meilleur réalisateur et du Meilleur scénario original; Palme d'Or à Cannes; BAFTA du Meilleur film non anglophone)

Cyril Mennegun, ***Louise Wimmer*** (César du Meilleur premier film et Prix Louis Delluc du premier film)

Benoît Jacquot, ***Les Adieux à la reine*** (Prix Louis Delluc)

Jacques Audiard, *De rouille et d'os* (César de la Meilleure adaptation)

Sébastien Lifshitz, *Les Invisibles* (César du Meilleur film documentaire)

Stéphane Aubier et Vincent Patar, *Ernest et Célestine* (César du Meilleur film d'animation)

Héléna Klotz, *L'Age atomique* (Prix Jean Vigo)

Alain Chabat, *Sur la piste du Marsupilami* (film français en tête du box-office)

2013   Guillaume Gallienne, *Les Garçons et Guillaume, à table* (César du Meilleur film, du Meilleur premier film et de la Meilleure adaptation)

Roman Polanski, *La Vénus à la fourrure* (César du Meilleur réalisateur)

Albert Dupontel, *9 mois ferme* (César du Meilleur scénario original)

Pascal Plisson, *Sur le chemin de l'école* (César du Meilleur documentaire)

Eric Omond, *Loulou, l'incroyable secret* (César du Meilleur film d'animation)

Hélier Cisterne, *Vandal* (Prix Louis Delluc)

Jean-Charles Fitoussi, *L'Enclos du temps* (Prix Jean Vigo)

Abdellatif Kechiche, *La Vie d'Adèle* (Palme d'Or à Cannes)

Pierre-François Martin-Laval, *Les Profs* (film français en tête du box-office)

2014   Abderrahmane Sissako, *Timbuktu* (César du Meilleur film, du Meilleur réalisateur et du Meilleur scénario original)

Thomas Cailley, *Les Combattants* (César du Meilleur premier film et Prix Louis Delluc du premier film)

Olivier Assayas, *Sils Maria* (Prix Louis Delluc)

Volker Schlöndorff, *Diplomatie* (César de la Meilleure adaptation)

Karl Zéro et Michel Royer, *Dans la peau de Jacques Chirac* (César du Meilleur film documentaire)

Thomas Szabo et Hélène Giraud, *Minuscule, la vallée des fourmis perdues* (César du Meilleur film d'animation)

Jean-Charles Hue, *Mange tes morts* (Prix Jean Vigo)

Marie Amachoukeli, Claire Burger et Samuel Theis, *Party Girl* (Caméra d'or à Cannes)

Philippe de Chauveron, *Qu'est-ce qu'on a fait au Bon Dieu* (film français en tête du box-office)

2015   Phillipe Faucon, *Fatima* (César du Meilleur film et de la Meilleure adaptation)

Arnauld Desplechin, *Trois souvenirs de ma jeunesse* (César du Meilleur réalisateur)

Deniz Gamze Ergüven, *Mustang* (César du Meilleur premier film et du Meilleur scénario original)

Cyril Dion et Mélanie Laurent, *Demain* (César du Meilleur film documentaire)

Mark Osborne, *Le Petit Prince* (César du Meilleur film d'animation)

Nicolas Pariser, *Le Grand Jeu* (Prix Louis Delluc)

Damien Odoul, *La Peur* (Prix Jean Vigo)

Jacques Audiard, *Dheepan* (Palme d'Or à Cannes)

Arthur Benzaquen, *Les Nouvelles Aventures d'Aladin* (film français en tête du box-office)

2016   Paul Verhoeven, *Elle* (César du Meilleur film)
Claude Barras (Suisse), *Ma vie de courgette* (Césars de la Meilleure adaptation et du Meilleur film d'animation)
Houda Benyamina, *Divines* (César du Meilleur premier film et Caméra d'or à Cannes)
François Ruffin, *Merci Patron!* (César du Meilleur film documentaire)
Stéphane Brizé, *Une vie* (Prix Louis Delluc)
Maud Alpi, *Gorge cœur ventre* (Prix Louis Delluc du premier film)
Albert Serra, *La Mort de Louis XIV* (Prix Jean Vigo))
Olivier Assayas, *Personal Shopper* (Prix de la mise en scène à Cannes)
Olivier Baroux, *Les Tuche 2 – Le Rêve américain* (film français en tête du box-office)

Index

Les numéros de page en caractères gras indiquent les sections les plus importantes sur le sujet en question.